les origines de la France contemporaine
Hippolyte Taine

现代法国的起源Ⅳ：
大革命之革命政府

［法］伊波利特·泰纳 著
陈思宇 谢璇 尹伟 等译

吉林出版集团股份有限公司

图书在版编目（CIP）数据

现代法国的起源. Ⅳ，大革命之革命政府/（法）伊波利特·泰纳著；陈思宇，谢璇，尹伟译. —长春：吉林出版集团股份有限公司，2018.1
ISBN 978-7-5581-4117-1

Ⅰ. ①现… Ⅱ. ①伊… ②陈… ③谢… ④尹… Ⅲ. ①法国大革命-研究 Ⅳ. ①K565.41

中国版本图书馆 CIP 数据核字（2017）第 305274 号

现代法国的起源Ⅳ：大革命之革命政府

著　　者	[法] 伊波利特·泰纳
译　　者	陈思宇　谢　璇　尹　伟　等
出 品 人	刘丛星
创　　意	吉林出版集团·北京汉阅传播
总 策 划	崔文辉
责任编辑	齐　琳　史俊南
封面设计	朝圣设计·阿正
开　　本	650mm×960mm　1/16
印　　张	27
版　　次	2018 年 5 月第 1 版
印　　次	2021 年 6 月第 2 次印刷
出　　版	吉林出版集团股份有限公司
发　　行	北京吉版图书有限责任公司
地　　址	北京市西城区椿树园 15-18 号底商 A222
	邮编：100052
电　　话	总编办：010-63109269
	发行部：010-63104979
官方微信	Han-read
邮　　箱	beijingjiban@126.com
印　　刷	三河市元兴印务有限公司

ISBN 978-7-5581-4117-1　　　　定价：68.80 元

版权所有　侵权必究

目 录

前　言	001
第一章　大革命政府的创立	001
第二章　雅各宾派计划	047
第三章	083
第四章　领导者	112
第五章　当权者	154
第六章　领导者（序）	202
第七章　被压迫者	259
第八章　民生	313
第九章　革命政府的终结	370

前　言

"据克来孟德·亚力山大里亚（Clément d'Alexandrie）所言，埃及神庙的内殿里挂着一帷金色薄纱；当您走向神殿深处去寻找雕像的时候，一位神情严肃的神父会向您走来，用埃及语低声哼唱着国歌，他掀起薄纱的一角，似乎在向您指明神灵。您看到了什么？一条鳄鱼？一条当地的蛇？抑或某种危险的动物？埃及人的神灵出现了：一头躺在红色地毯上的野兽。"

见证对鳄鱼的崇敬，无须亲自去埃及，也无须追溯到如此久远的时代：上个世纪，我们在法国已经见过了。然而可惜的是，对于追溯往事来说，一个世纪似乎有些漫长。今天从我们所在的地方，我们只看到了身后在微风中变得更加美丽的形态，每个参观者都可以以自己的方式尽情诠释的蜿蜒起伏的轮廓，这里没有任何清晰而鲜活的人类的面孔，只有流动的曲线在美轮美奂的建筑周围形成的模糊的圆点。

我想近距离地看一下这些模糊的圆点，我想象自己置身于18世纪后半叶，我一生中的12年是在这段时期度过的。像克来孟德·亚力山大里亚那样，我看得更清楚，我先是看到了庙宇，然后看到了神灵。用双眼去看，这远远不够，必须要理解奠定一种信仰的神学。有一种神学，像其他1789年被称为教理的意识一样，看似合理地解释了信仰的问题。它们也正是在那个时候显露出来的。在这之前,只有卢梭提到过:人民至上、人权和社会契约,我们早已熟知。而一旦被接受,它们就产生了实际的效果。3年后,他们把鳄鱼带入了神殿,安放在金色帷幕之后的紫红色地毯上。由于它强大的咀嚼和消化功能,鳄鱼事先被指定为神物。正是因为鳄鱼作恶、吃人,它才成了神灵,这是可以理解的。

当人们不再蒙昧于对鳄鱼的神化以及世俗的浮华时,人们就像对待普通动物那样看待鳄鱼,当鳄鱼不具攻击性,而去抓东西、咀嚼、吞咽、消化的时候,人们追着它看它变换各种动作。

我曾详细研究过鳄鱼器官的构造和功能,并记下了它的饮食习惯和生活习性,观察了它的天性、能力和胃口。我观察了很多鳄鱼,接触过的有几千只,解剖过的也有几百只,涉及的种类数不胜数,我还保存了珍贵的标本及具有代表性的品种。但是因为场地有限,而我的收藏又林林总总,我不得不放弃很大一部分。在此您可以看到我带回来的收藏成果,尤其是20多头体型各异的鳄鱼,这是我费力让它们活着的时候保存下来的,这绝对不是一件轻而易举的事。无论怎样,它们都被完整无损地保存下来了,尤其是最大的那3只,我觉得它们确实是了不起的动物,所以它们才能最好地诠释神性。

从保存完好的古代烹饪书里,我们可以得知对鳄鱼的崇拜所需要的费用,可以大致估算出被赋予神性的鳄鱼10年中所摄入的食物,它们的日常食谱以及它们喜欢的食物。显然,我们的神灵喜欢吃块头比较大的动物,但由于鳄鱼天生能吃,它也决不放过个头瘦小的猎物,而且吃得更多。由于它的本性和不可避免的环境因素,一年之中有一两次,它也会吞食同类,否则它会被它们吞食。这就是启迪、警示我们的神灵,至少历史学家、纯粹的学者是这样认为的。如果它们还有虔诚的信徒,我也不会考虑让他们改变信仰。在信仰方面,永远也不要和虔诚的信徒讨论。所以,同前几卷一样,本卷也是写给那些精神上的动物学爱好者的,同时也是给思想上的博物学家、真理的探寻者的，而不是针对大众的，因为他们对于大革命已经有了既定的立场和观点。在1825至1830年间，这种观点就已然形成，那时，大革命的见证者已经隐退或去世：他们死了，我们就可以说服民众，鳄鱼具有仁爱之心，有些还有神性，它们只会吃掉身负罪名的人，如果它们吃得太多，那也是本性使然，或者对众生心怀自我牺牲的精神。

1884年7月于芒东－圣贝尔纳

（Menthon-Saint-Bernard）

第一章 大革命政府的创立

Ⅰ.前任政府的软弱无力—有活力的新政府—雅各宾派的政策和专制的天性。Ⅱ.雅各宾派言行不一—如何掩盖其政策的大转变—1793年6月的宪法—对自由的承诺。Ⅲ.预选大会—缺席比例—投票者一致同意—接受宪法的原因—对投票施加的压力—代表们的选择。Ⅳ.到达巴黎—对他们采取的预防措施—限制与诱惑。Ⅴ.他们立誓支持雅各宾派—他们在8月10日庆典中的角色—他们的狂热情绪。Ⅵ.山岳派的行动—8月11日雅各宾俱乐部之夜—8月12日在国民公会的会议—代表们发起恐怖时代—雅各宾派独裁被认可。Ⅶ.行动的效果—各省暴动的范围和宣言—根本弱点—大批人民群众心存疑虑,不积极参与—少数吉伦特派—支持者的温和行为—逃亡代表和起义者们的顾虑—他们没有成立中央政府—他们让国民公会掌管军事权力—做出让步导致的必然结果—各省——收回前言—取消受到损害的权力机构—政府管理体制的效果—温和派的软弱和幻想—雅各宾派截然不同的性格特征。Ⅷ.地方最后的反抗—起义城市的传统政治观念—它们只提出一个条件来接受归顺—国家同意的原因—宗派拒绝的原因。Ⅸ.暴乱城市的溃败—波尔多—马赛—里昂—土伦。Ⅹ.吉伦特派的溃败—右派代表被流放—73名被监禁—21人被执行死刑—其他接受酷刑、自杀或逃跑。Ⅺ.革命政府的创立—革命政府的起因、目的、手段、工具和机构—公安委员会—国民公会和内阁的附属关系—社会安全委员会和革命法庭的职责—中央集权化—派遣议员、国家官员、革命委员会—关于叛国罪的法律—旧制度机构的复辟与恶化。

I

时至今日,合法政府的软弱无力已无药可救。四年来,无论什么类型的政府,都无一例外地被彻底推翻。四年来,无论什么类型的政府,都不敢动用武力。因为被纳入有教养的文明阶层,国家的统治者们将那个时代的偏见与敏感也带入了权力之中:受当时盛行的信条的影响,他们顺从于民众的意愿,过于相信天赋人权,几乎不考虑行政长官的权力。出于人道主义,他们害怕流血,不愿意镇压,任凭自己处于被动地位。

就这样,从1789年5月1日到1793年6月2日,数千次暴乱未受到任何惩罚,由此,暴民制定法律,治理国家,然而他们的宪法、理论与恐怖行为产生的怪胎,仅仅是把无意识的无政府状态变成了合法的无政府而已。因为抱有偏见,并且对权力心存疑虑,他们逐渐削弱了各级指挥机关,让国王变成了傀儡,甚至废除了中央权力:从等级制度金字塔的顶端到底层,上层几乎失去了对底层的控制,大臣失去了对省里的控制,省长失去了对县的控制,县长失去了对市镇的控制,所有的部门都是如此。长官由下属就地选出,并依赖他们的下属。至此,每一个被赋予了权力的职位都成了绝缘体,或被摧毁,或成为猎物。

然而,更甚的是《人权宣言》声明"选民的权力高于神职人员"[①],并鼓动暴徒发动暴乱。于是宗派形成了:在叫喊声中,在威逼恐吓下,在长矛的淫威下,无论是在巴黎还是在外省,无论是在选举中还是在议会里,大部分人缄口不言,少部分投票表态、颁布法令、开始当政,立法议会被清洗,国王被废黜,国民公会被解散。中央政府的部队,无论是保皇党、立宪派,还是吉伦特派,没有一个懂得抵抗,不懂如何成立政府、如何拔剑出鞘进行反击:在第一场进攻中,有时候甚至是在第一声命令中,就拱手投降,现在中央机构和其他公共机构一

---

① 马拉·布尔雅著,《马拉之语》,I,420页。

样,被雅各宾派占领了。

这一次的占领者与众不同。他们大部分本性温和、彬彬有礼、文明开化。大革命挑选了一批头脑狂热、性情粗鲁、心狠手辣、做事不计后果的偏执分子,并把他们聚集在一起。这是一个新的派别:疯狂而丧失理智的宗派分子、由于职业关系而冷酷无情的刽子手、觊觎权力而且野心勃勃的人。对于生命,对于人性,他们没有任何的顾忌。就像我们所看到的那样,他们在实践中把理论贯彻到底,把人民的绝对权力据为己有。

雅各宾派认为公共事务非己莫属。他们认为,公共事务也包括所有的个人事务,无论是肉体还是财富,无论是灵魂还是信仰,一切都属于他们。仅此一点就可以认定他们是雅各宾派,他们成了合法的沙皇和教皇,漠视法国人的现实意愿。雅各宾派的统治不是来自选举:他的统治权来自天意,是真理、理性、道德赋予他们的。雅各宾派是唯一有远见卓识的爱国者,是唯一可以统治国家的派别,他们不可一世,高傲地认为一切反抗都是罪恶。大部分人之所以抗议,是因为他们是腐化堕落的白痴,仅凭这点就应该镇压他们,之后他们也确实被镇压了。所以从一开始,除了针对个人、官员、议会、法律、国家的各种暴动、僭越权力、谋杀、恐怖行为,雅各宾派就再也没有做其他的事情。

受本能的驱使,他们走向了极端,他们既是个体也是整体,并且一直是一个整体,既然权力已经属于他们,更因为一旦实力被削弱,他们就会感到大势已去,所以为了不上断头台,他们没有其他的更安全的选择,只能实行独裁专政。这样一个政党是不会让自己成为别人的猎物的,就像他们的前任一样。但与前任不同的是,他们不遗余力地让民众俯首听命,他们当机立断地重新恢复中央权力和行政机构,重建古老的国家强制机器,实行更加严厉、更加专制的统治,与路易十四和拿破仑相比,他们对私法和公众自由更是不屑一顾。

II

雅各宾派只有将最新的言论付诸行动才不至于食言,但乍一看,使言行统一似乎并不那么容易,因为他们许下的诺言就早已把蓄积已久的行动带入了死胡同。前一天他们还在夸大被统治者的权利,以致要取消统治者的权力,但是第二天,他们又强调统治者的权力,甚至要取消被统治者的权利。按他们的说法,政府只是仆人,但给予政府的却是苏丹的特权。刚刚他们还把政府行使哪怕一点点权力都视为犯罪,现在又把任何抵抗政府的行为视为犯罪。

如何看待这种翻云覆雨的两面行为呢?他们又该从哪一方面否认作为他们僭越权力基础的理论呢?至于该如何否认这些理论,他们非常谨慎:因为可能会把已经暴乱的外省逼急。然而,他们却对这些理论进行了大张旗鼓的宣传:因为这种伎俩,无知的民众看到他们拿出来的总是同一个小瓶,于是认为里面的液体也是一样的,而雅各宾派则可以顺利地让民众饮下贴着自由标签的专制之水。在6个月的时间里,雅各宾派创造出了各种标签、招牌、江湖骗子的满口谎言来对新的药品进行伪装。倒霉的是民众,即使他们后来发现这药是苦的。无论是否情愿,他们早晚都会吞下这种药,因为在这段时间里,各种工具早已准备就绪,然后雅各宾派就可以利用这些工具把药送到他们的喉咙里①。

首要的是要赶紧制定期待已久并且早已许下诺言的宪法②:共计35条的《人权宣言》,24条的《宪法条例》,各种各样的政治和法律

---

① 勒让德对雅各宾派说:"当我们制定好宪法后,我们就让联邦主义者跳舞。"
② 《法国国家档案》,FIC,54页(1793年7月6日,司法部长高耶尔对法兰西人民的通报),"我们很乐意通过赤裸裸的谎言和极度的夸张来歪曲5月31日到6月2日的事件,我们让大家转移对这些事件良好结果的注意力。我们只希望看到在以加快宪法出台为目的的行为中,人民代表对自由的侵犯和亵渎,而一种全民的自由应该建立在宪法之上。展现在你们面前的宪法的制定者到底是谁,这又有什么重要性呢?即使它是山岳派在闪电的光芒中制定的,就像《摩西十诫》被西伯来人接受一样,也是无所谓的事情。即使宪法就像罗马最初的法律,从渴望肃静的上帝的寂静的避难所获得灵感,这又有什么关系呢?这部宪法是否值得拥有自由的人民?这就是不带有任何宗派色彩的人民所应该审视的问题。"

法规,包括选举的、立法的、行政的、管理的、司法的、金融的以及军事的①。仅用了三个星期,所有这些法令就被迅速颁布。当然,新的制宪会议的议员们并不打算制定行之有效的法令,这是他们最不关心的。

报告人埃罗特·德·塞舍尔(Hérault de Séchelles)在6月7日难道没有写过吗:"马上就拥有一部米诺斯式的法律,这正是他们迫切需要的②。"因为迫切需要,所以一周后就得颁布《宪法》吗?这样一段话足以评价编纂者们以及他们的成果:这是一部炫耀吹嘘之作,至于编纂者们,有一些是心思缜密的政治家,他们没有其他的目的,只是想给民众一些堆砌的词汇,而不是具体的事物;另外一些是具有空想精神的蹩脚作家,或者说是一些思想呆板的人,他们没有能力把"事物"和"词汇"区分开来,自认为把句子写出来就是编纂法律。在这个差使里,根本没有任何困难,因为句子已经提前写好了。

"反人民的制度的始作俑者是多么费尽心思地把他们的计划联合起来啊!"报告官③写道,"法国人只需要到他们的心里,他们能在那里读到共和国。"编纂于《社会契约论》之后,受希腊和拉丁语作家的影响,这个法律方案"用简洁的文体"对当时流行的名言、卢梭式的严密教义和规范、"理性的格言和这些格言所产生的最初的效果"进行了概括,总之,《宪法》要求初中生在毕业的时候都能够自己做出决定。这就像张贴在新开业的商店门口的广告一样,让顾客们可以想象他们最想得到的最美好的东西。

你们不是想要权利和自由吗? 好,给你们,权利、自由都在这里!我们从来没有如此明确地说过政府是创造物、是被统治者的仆人和工具:它被创立出来是为了"保证臣民的快乐和他们天赋的、不受时

---

① 比舍和胡克斯,XXVIII,177页(1793年6月10日埃罗特·德·塞舍尔的报告),出处同上,XXXI,400页(6月11日讨论、6月24日完成的宪法全文)。
② Sybel II,331页,根据《评论季刊》(Quarterly Review)里面刊登的便条手稿的复制品的记载,埃罗特·德·塞舍尔说他和他的14个同事"为周一的宪法提纲做准备"。
③ 比舍和胡克斯,XXVIII,178页(埃罗特·德·塞舍尔的报告)。

效约束的权利"。①我们从来没有如此严格地限定它的权责,"或者通过新闻媒体,或者通过其他方式表达的思想和言论自由、和平集会的权利、信仰的自由,都是不能被剥夺的"。我们从来没有如此小心地让国民提防僭越和滥用公共权力,"法律必须保护公共和个人自由来对抗统治者的压迫,议员和官员的违法行为必须得到制裁。任何僭越最高权力的个体都应该立即被自由的人类处死。任何针对个人的行为,一旦超出了法律所规定的范围都是专制蛮横的,我们有权利运用武力来对抗暴力行为。如果政府践踏了人民的权利,对于人民、对于人民的每个个体来说,起义就是最神圣的权利和最基本的义务"。

在公民权的基础上,慷慨的立法者又增加了政治权利,并且非常谨慎地保证,统治者是依赖于人民的:首先,人民通过直接选举或间接直接选举的方式任命他们,预选大会要选出众议员、市政官员、初审法庭的审判员和第二阶段的选民,后者会在第二阶段选出省里的官员、主审法官、刑事审判官、最高法院法官以及84名候选人,然后立法议会从中选出"执行委员会(Comité exécutif)"。其次,无论什么样的权力,也只是在短暂的时期内有效:议员、第二阶段的选民、民事主审法官、各个级别的法官任期都是一年;每年要更换一半数量的省市县的官员,于是每年的5月1日,权力的源泉又开始涌动,预选大会的选民自发聚集在一起,民众会根据自己的意愿保留或更换代表。最后,即便选出来的代表已经走马上任,如果民众愿意的话,也可以与他们合作。

我们赋予了民众与议员"磋商"的各种方式。议员们会在不甚重要的、投机的年度事务上颁布法令。但是一旦涉及巨大的长远利益,他们就只是提建议了,尤其是在是否宣战这一点上,决定权就在民众手里了。民众有暂缓否决权和最终否决权,他们可以选择有利于自己的否决权。为此,民众自动地在预选大会中聚集起来,因为为了保

---

① 比舍和胡克斯,XXVIII,400页(《人权宣言》的条款,第1、7、9、11、27、31、35条)。

证预选大会能够成立，需要1/5有选举权的公民提出要求。一旦提出了要求，就要对立法会议的计划进行投票。如果40天后在大部分省里，超过1/10的预选会议投了反对票，就是暂缓否决权。然后共和国的所有预选大会被召集起来，如果它们中的大部分又投了反对票，那就是最终否决权。《宪法》的制定也依法遵循同样的程序。

在这方面，山岳派的计划与吉伦特派的相比更胜一筹。因为我们从未对统治者如此吝啬，也从未对被统治者如此大方过。雅各宾派公开表示尊重公民立法提案权，而这种尊重又带着顾虑[1]。他们认为民众必须成为事实的、永久的、不会出现空缺期的统治者，他们必须能参与一切重大事件，不仅仅是权利的问题，也包括把他们的意愿强加到议员身上的能力。为了制度的确立，我们更有理由给予他们这种权利。这就是为什么国民公会在结束阅兵的时候于6月24日召集了预选大会，然后在预选大会同意的情况下提交了事先准备好的宪法条例。

III

宪法条例已经获得批准，这是毫无疑问的；为了获取他们所期待的效果，他们之前已经策划好了一切，表面上看几乎是自然而然的意见一致，全票通过。事实上预选大会并不是座无虚席。城市里只有1/3的选民来投票，农村[2]只有1/4，或者不到1/4：因为受到了之前预选大会的打击，他们十分清楚这些预选大会的操作流程、雅各宾

---

[1] 比舍和胡克斯，XXVIII，178页（埃罗特·德·塞舍尔的报告），"我们大家本着同样的愿望，即达到最民主的结果。人民的绝对权利及人的尊严总是在我们眼前。一种内心神秘的情感告诉我们，我们的作品或许是历史上曾经存在过的最孚众望的作品"。

[2] 《法国国家档案》，BII，23页（1793年8月20日，负责收集宪法接受程度的委员会的统计），"很多预选委员会都寄来了他们的记录，有6589份（516个选区没有寄记录表）。1795908名选民通过唱名表决，1784377票通过，11531票反对，297个预选大会投票一致通过，但不是通过唱名表决的方式。在巴黎有40990人投票，在特鲁瓦有2491人，在利摩日是2137人"。对于弃权的细节和动机，请参考索泽，IV，157页到161页；阿尔伯特·巴布，II，83页和84页，《箴言报》XVII，375页德斯瓦尔的报告。

派是如何实现统治又是如何表演选举大戏的、雅各宾派是如何通过威胁和暴力把反对者变为配角或者鼓掌者的。根据以前的传统,有四五百万的选民更愿意弃权或者待在家里不出门。但是大部分预选大会还是组织起来了,据统计大概有7000个,这是因为每个选区都有一小撮雅各宾派。

和雅各宾派一起的还有天真的民众,他们仍然相信官方的声明:他们认为,必须接受一部确保个人权利的构建共和国的宪法,宪法是谁制定的无所谓,而且篡位者本来就要弃权。实际上,国民公会刚刚庄严地宣布:一旦宪法被接受,民众就要聚集起来选出新的国民议会,一个深受人民信任的代表。[①]选民们觉得称心如意,于是兴高采烈地去选举公正的议员,排斥占统治地位的追名逐利之人。在这一点上,甚至是在发生起义的省份,大部分支持吉伦特派的民众犹豫再三之后还是不得不去投票,在里昂,在卡尔瓦多斯省,只是在7月30日那天。很多立宪派和中立派也是如此:有一部分是害怕内战,迫于和解的需要;另外一些则是担心受到迫害,不愿意被贴上保皇党的标签。最终还是做出让步,这样也许会让山岳派放弃动用暴力的念头。

在这一点上,他们真的搞错了。从一开始,他们就观察到,雅各宾派是如何理解选举自由的。首先是所有登记的选民,尤其是反革命嫌疑分子,他们被责令投票,而且必须投"同意","否则的话",一份雅各宾派的报纸报道:"他们会施展出舆论的力量——民众对他们的观点所持有的看法,对于如此合理的怀疑,他们也没有什么可抱怨的。"所以他们来了,"谦逊而又淡定",但民众还是排斥他们,对他们不理不睬,把他们撵到大厅的一角或是赶到门口,甚至对他们高声谩骂。很明显因为受到了如此待遇他们噤口不言,也不会提出任何异议。比如在马孔,"几个贵族低声嘀咕,但不敢反对"。

---

① 《箴言报》,XVII,20页(1793年6月27日巴雷尔做的关于预选大会召开的报告),出处同上,102页(7月11日康邦的报告)。

事实上，这确实是非常不谨慎的。之前，在蒙布里松，6个拒绝投票的人被提起公诉，1个议员指出国民公会针对他们的措施过于严厉。在塞纳河畔的诺让，3个犯了同样错误的高级教士将被免职。几个月后，这种轻罪变成了死罪，有人因为对1793年的宪法投了反对票而被处决。于是几乎所有具有异端思想的人都嗅到了这种危险。这就是为什么几乎在所有的预选大会上，宪法都是全票或几乎全票通过。在鲁昂，只有26个反对者，在卡昂——吉伦特派的抗议中心，有14个；在兰斯只有2个。在特鲁瓦、贝桑松、利摩日和巴黎，一个都没有。其中有15个省份，反对者的数量从5个到1个不等。在瓦尔省，一个也没有。这会是一场感化人的音乐会吗？在法国位于北滨海省的偏远小镇圣-杜旺，竟有人敢要求恢复教士的权利，要求卡佩的儿子成为国王。所有其他市镇都严格按规定投票，他们理解全民投票的真谛：不是达到一种真实可靠的选举，而是把雅各宾派的思想强加于民众的集会①。事实上，由当地政治俱乐部发起的运动，其实就是由当地俱乐部操纵的。俱乐部利用全民投票的方式，把所有的人力物力都动员起来了，它不遗余力，高声喧哗，它任命领导机构，提出议案，撰写报告。派遣议员、政府特派员为地方政府的权力又增添了中央政府的权力。在马孔的预选大会上，"关于每一条款，他们都对民众发表了演说。这些演讲获得了无数的掌声和喝彩：共和国万岁！宪法万岁！法兰西民族万岁"。要警惕那些没有一起呼喊的温和派，我们强迫他们用一种"清晰而高亢的声音"投票。他们必须一起高声呼喊，必须签署雅各宾派激情洋溢地表达了对国民公会感激之情的致辞，他们还必须让预选大会指定的杰出的革命党人听到他

---

① 《箴言报》，XVII，375页，1793年8月11日国民公会会议上沙伯的演讲："我要求你们发布法令，那些没有正当原因缺席预选大会的人、所有拒绝宣誓拥护宪法的人，都没有资格担任任何立宪委员会的职务。"出处同上，50页，7月4日巴黎公社会议上莱奥纳多·布尔东以格拉瓦里耶选区的名义，要求列一个同意宪法通过的人员名单，"以便我们了解是哪些人没有投票通过宪法"。索泽，IV，159页，贝莱埃尔布的布瓦庸被逮捕，罪名是"尽管出席了沃克吕兹省的投票通过宪法章程的预选大会，但没有投票就离开了"。

们的声音,以便向巴黎汇报①。

IV

大戏的第一幕刚刚结束,第二幕就开启了。雅各宾派在巴黎召见了一些预选大会的代表并不是没有原因的。就像预选大会一样,这些代表必须成为雅各宾派政府的工具、实施专政的助手,必须让他们具有这种作用。

说实话,并非所有的代表都对这种安排听之任之。因为在7000名政府专员里,几名由顽抗分子集会任命的代表并不同意②;更多的代表③则负责提出反对意见、指出缺陷:很明显,被吉伦特派控制的省份的特派员要求释放他们被放逐的代表。最终,那些诚心诚意接受宪法的代表则希望尽快实施宪法,并且要求国民公会兑现诺言,将权力让位于新的议会。

其实应该提前镇压空喊独立的反对派。因此,国民公会的法令"允许安全委员会逮捕可疑的代表",安全委员会尤其要监视那些"负责特殊任务的人,这些人希望控制议会,诱惑同僚接受他们的观点,并且让他们参与与其职责背道而驰的活动"④。在他们来到巴黎被接见之前,他们的雅各宾主义就已经得到了执行委员会(Comité

---

① 《箴言报》,XVII,11页,关于宪法投票方式的命令,出处同上,302页,8月2日伽哈的演讲:"我派了一些特派员到预选大会去宣传宪法章程。"出处同上,XXIV,89页,共和第三年芽月8日的会议,佩尼埃尔的演讲:"当我们任命预选大会的时候,我们并不愿意任命精明博学的人,我们更青睐听命于我们的人。"杜兰·德·梅朗回忆录,150页,"预选大会的特派员都是从无套裤汉里选出来的,这是当时流行的做法,因为他们在国民公会里占多数"。

② 索泽,IV,158页。

③ 《箴言报》,XVI,363页,8月9日戈苏安的报告:"有一些预选大会,它们审议的范围已经超出了如何实施宪法的问题。"出处同上,333页,8月6日拉克鲁瓦的演讲:"必须严惩国民公会里的造反派任命的反对大革命的代表。"

④ 《箴言报》,XVII,333页,8月6日巴兹尔的演讲和提案;出处同上,XIX,116页,1794年1月2日,午朗德的报告:"马亚德和他的同党的薪金达到了2.2万利弗尔。"出处同上,XVII,324页,8月5日的会议上戈苏安、蒂博和拉克鲁瓦的演讲;出处同上,XXIV,90页,共和国第三年芽月8日的会议上波登的演讲:"我们不得不在特派员里进行选择,以便找出是哪些人要求实行严密的措施。"

exécutif）的验证，就像海关的货物一样，尤其是得到了著名的"九月法官斯塔尼斯拉·马亚尔以及68名每天领取5法郎的无赖士兵和军官的验证"，甚至在离首都15至20古里（法国1古里约合4公里）的地方，代表们就要被搜身，检查人员打开他们的行李箱，拆开他们的信件。在巴黎入城征税的地方，政府以保护他们不受妓女和骗子的骚扰为由布置下了一些检查员。在那里，代表们被控制，然后被带到市政府给他们发放借宿证，之后哨兵把他们带到规定的住处。他们就像被关进羊圈的羊，每个人只能待在被编了号的小屋里。

异端分子无法逃跑，也不能离群独处。有个人去国民公会那里为自己和同僚要求一间房子，结果遭到毒打被赶了回来。他被认定在耍阴谋，而且控告他企图为叛徒库斯蒂纳辩护，这个人的名字以及对他的诉讼都被记录下来，并威胁他要对其进行调查。这个不幸的演说家听到有人在谈论修道院，他应该庆幸当晚没有在那里过夜。可以确定的是从此以后他不会再有话语权了，他的同僚也将被禁言：主要是因为他们发现革命法庭一直存在，在革命广场上，断头台的数量增加了，被送上断头台的人数也不断增长。巴黎公社颁布新法令，命令警察局的官员进行"严密的监视"，并且命令武装力量进行"不间断的巡逻"。

从8月1日到4日，关卡被关闭；2日在3家剧院进行了大搜捕，关押了500多名年轻人①。即使有人对此不满也无济于事，因为他们很快就会发现，他们既没有抗议的时机也没有可以抗议的地方。

至于已经加入雅各宾派的人，要让他们更"雅各宾派"。这些在大巴黎迷失的外乡人无论心理上还是身体上，都需要有人指引。要尽可能地对他们施行"共和者最温和最热情的一面"②。这就是为什么被选区选中的96名无套裤汉在市政府等待着成为他们的联络人、担保人、领路人，为他们发放借宿证、护送他们、安顿他们，就像1792

---

① 比舍和胡克斯，XXVIII，408页。
② 《箴言报》，XVII，330页，8月6日巴黎公社的法令。

年的联盟派那样给他们灌输思想，防止他们产生错误的认识，把他们引向激情洋溢的会议，还要让他们高亢的爱国热情迅速染上巴黎雅各宾主义的色彩①。禁止他们去剧院看与大革命精神②相左的戏剧，以免亵渎眼睛和耳朵。下令每周上演3次与共和国有关的悲剧作品，比如布瑞图斯、吉约姆·泰勒、盖约·格拉古等人的作品以及其他为了宣扬自由平等的原则而创作的戏剧。剧院每周都有1次免费演出，玛丽·谢尼尔的亚历山大诗体在舞台上回荡，这一切都是为了感化花国家的钱住宿的代表们。

第二天他们就要成群结队被带到国民公会的法庭③，在那里他们会看到同样的演出，古典而容易理解，夸张而咄咄逼人，不过这出戏不是虚构的而是真实的，剧中的大段台词是散文式的而不是诗歌。那些像光荣的罗马人那样拿军饷的大声嚷嚷的人包围着他们，在那些常客的示意下，这些外省人就像前一天那样热情地鼓掌。另外一天，法院的长官把他们召集到主教管辖区，目的是让他们"和巴黎政府机构友好相处"④。兄弟会（Fraternité）召集他们参加日常会议；雅各宾派俱乐部早上就给他们准备好了巨大的会议厅，允许他们晚上参加雅各宾派的会议。这样他们就被控制了，如同被关在潜水钟里，在巴黎他们呼吸到的只有雅各宾派的气息。

从雅各宾主义到雅各宾主义，当他们置身于这种炽热的气息中的

---

① 《箴言报》，XVII，332页，8月6日国民公会的会议。请参考8月6日博里厄（Beaulieu）日报，里面提到了同一类型的几个使节和提案，并且观察到了山岳派的焦虑。杜朗·德·梅雅纳（Durand de Maillane），回忆录，151页："各省的特派员里有一些谨慎理智之人，他们不同意同僚们提出的方法，而是相持相反的态度。他们因此受到虐待，被捕入狱。"外交事务，第1411卷，8月10日和11日的代表们的报告："一般来说，省里的特派员们都对我们心存好感，但是他们中间也有几个阴谋家。我们跟踪了其中几个，我们与他们友好相处，尽力阻止他们受到一些联邦制拥护者的卑鄙提议的教唆和干扰。已经有几名爱国人士揭露，他们的几个同行被控告支持王权和联邦制。"
② 出处同上，XVII，307和308页，8月2日库东在公民公会上的报告："如果你们允许继续在他们面前无休止地上演侮辱性的影射自由的戏剧，就会伤害、侮辱这些共和党人。"
③ 出处同上，XVII，324页，8月5日的会议。
④ 出处同上，XVII，314页，8月4日吕耶尔的信；322页，8月4日巴黎公社的会议；332页，8月6日国民公会的会议；比舍和胡克斯，XXVIII，409页，8月5日雅各宾派的会议。

时候，变得血脉贲张。他们中的很多人最终变得"单纯而无杂念①"。因为背井离乡对这种情绪又无丝毫防备，他们很快就染上了大革命的激情。同样，在美国耶稣教的复兴运动中，在连续的讲道、叫喊、圣歌的刺激下，温和派以及对宗教不冷不热的人都兴奋起来了，也疯狂地加入了狂热分子中。

V

8月7日，最后的行动开始了。在省里和市里的指挥带领下，很多代表来到了国民公会的法庭来证明他们是雅各宾派。

"很快，"他们说，"我们就会去塞纳河边，找要把我们干掉的卑鄙的沼泽派算账。尽管保皇党人和阴谋家们怒不可遏，但我们活着是山岳派，死了也是山岳派！"②之后便是掌声与拥抱。从此他们认为自己是雅各宾派，其中一位还建议提前准备好演讲词，"有必要对5月31日和6月2日的事件下个论断，并且要让外省人擦亮双眼"，向联邦派宣战，"那些污蔑巴黎的诽谤者快点死吧！我们现在只有一种感情；我们的灵魂已浑然一体……我们这里只有一个伟大的山岳派，它的火焰马上要吞噬保王党和暴政的维护者"。又是阵阵掌声、尖叫声和喝彩声！

罗伯斯庇尔宣布他们刚刚拯救了国家③。第二天，即8月4日④，致辞被提交到国民公会，在罗伯斯庇尔的提议下，国民公会宣布会把致辞寄往军队、国外及所有乡镇。接下来又是掌声、拥抱和尖叫声。8月9日⑤，根据国民公会的命令，议员们在杜伊勒利宫的花园里集会，然后按照省份分成小组研究达维的计划，以便领会在第二天的庆典

---

① 比舍和胡克斯，XXVI，411页，山岳派报纸的一篇文章。
② 《箴言报》，XVII，342页。
③ 比舍和胡克斯，XXVIII，415及之后几页。
④ 《箴言报》，XVII，348页。
⑤ 出处同上，XVII，352页，请参考8月9日博里厄修道院的日课书。

中扮演的角色。

这是一场记录了时代精神的意义非同寻常的庆典：政府在街上上演了一出戏剧，我们可以看到坐着胜利者的马车、香炉、祭台、圣约柜、骨灰瓮、华美的衣服，还有一些神灵，代表着自然、自由，此外还有穿着大力士海格力斯（Hercule）服装的人民：这只是抽象的化身，就像在剧院的天花板上画的那些形象一样，没有什么不合乎规矩，也没有什么是真实的。演员，他们的意识告诉他们只是演员，他们向这些象征人物表达着敬意，而他们知道，这些人物只不过是些化身而已，在这机械式的行为中，祝圣、歌功颂德的诗歌、各种姿势，就好像是由芭蕾舞大师编排的。

对于追求真实的人来说，这似乎就是木偶玩的猜谜游戏，难以理解①。但仪式非常盛大，借助各种感官的亢奋在激发想象力和荣耀感②。在华美的布景中，代表们陶醉于他们的角色中，因为很显然，角色是第一位的：他们代表着2600万法国人，仪式没有其他的目的，只是为了颂扬民族意识，而他们正是民族意识的承载者。

在巴士底狱的广场上③，矗立着巨大的自然女神（Nature）的雕像，圣水从两只乳房汩汩而出，国民公会议长埃罗特在饮酒之后向这位新的女神致意，然后把酒杯传给了87个省的87位最尊贵的议员。这87位议员在鼓声中被叫到名字，依次举起酒杯一饮而尽，然后鸣炮，就像对待国王那样。当第87位放下酒杯时，所有大炮一齐鸣放。游行队伍开始前进，议员们依然占据着贵宾席。最尊贵的议员一只手里拿着橄榄枝，另外一只手里拿着一把长矛，长矛上的旗帜上写着他们所代表的省份的名称。这些议员们由"一面轻薄的三色带子联

---

① 为了更好地理解大革命节日的特征，有必要阅读公民庆典的节目单，这是纪念社会风俗和价值观的节日，这个庆典是富歇在纳韦尔定下来的，是共和第二年第二个月第一旬的第一天（马泰尔伯爵，《富歇研究》，202页），同时也需要阅读一下索镇的上帝节的节目单，这个庆典是由革命党人巴罗伊组织的，举行于共和国第二年牧月20日；道邦，《1794年的巴黎》，387页。

② 这个庆典花费了120万法郎，还不算7000名代表的旅费。

③ 比舍和胡克斯，XXVIII，439页（8月10日关于国庆节的报告）；道邦，《1793年的舆论蛊惑》，317页（《共和国礼仪书》节选）。

系在一起",他们围在国民公会周围,似乎为了证明国家拥有并引导着它的合法代表。

  在他们身后是7000多名其他的代表,手里同样也拿着橄榄枝,形成了一个与众不同的团体,是所有团体中规模最大的,于是所有的目光都集中在他们身上。因为在他们之后,没有"任何一个群众或者官员的团队",在这个团队里,所有人都混在一起。考虑到公平的原则,行政顾问、市政官员、法官四散分布在队伍的各个角落,混在人群里:在每一个祈祷点,凭借徽章彰显身份的议员们总是主祭中最引人注目的。在最后一个祈祷点,即马尔斯广场,他们与国民公会一起踏上了通向祖国祭台①的阶梯。在祭台的最高处,他们当中最年尊的站在同样站立着的国民公会议长身边。围绕在750名议员四周的7000多名代表,按梯队形成了"神圣的山岳派"。在祭台的顶端,议长转向87名最年尊的议员,他把装有宪法条例和选票的箱子交给他们,而他们则把自己的长矛交给议长,议长把这些长矛捆成一束,这象征着国家统一、共和国不可分割。

  于是,礼炮齐鸣,从祭坛的各个角落传来震耳欲聋的欢呼声,"就好像天地也来呼应庆祝人类最伟大的时代一样"。显然,代表们激动不已,情绪亢奋,甚至有点发神经——眼底尽是一派太平盛世。

  在巴士底狱广场上,有几个代表向大家发表演说,还有几个"具有预言家思想"的代表许诺宪法会永远存在。他们感觉"全人类一起重生了",并把自己看成了新世界的缔造者。历史由他们创造,未来掌控于他们手中,他们觉得自己是世间的神灵。在这种亢奋的状态下,他们的理性就像一架任由手指摆布的错乱的天平。在狂热分子的推动下,他们的态度发生了突然的转变,他们把宪法看成一种灵丹妙药,就像放置危险的毒品一样,把它放在被我们称为"档案柜"的箱子里。他们刚刚承认了人民的自由,但是也会把国民公会的专政继续下去。

---

① 大革命时期,市民阶级为取代天主教祭坛而设立的象征市民阶级团结的祭坛。——译者

VI

当然，这种态度的突变是自然而然发生的，我们看不到任何以政府名义进行的干预。根据篡权者的习惯，国民公会将会给人公平谨慎的假象。所以，第二天，即8月11日，会议一开始，国民公会任凭别人说它的"任务已经完成①"。在丹东的心腹拉克鲁瓦的提议下，国民公会发布命令，称将在最短的时间内开启人口普查和选民登记，以便尽早召开预选大会。

国民公会激动地接待了为它带来了宪法的代表们，在装有宪法的柜子面前，国民公会的议员们赶紧起身。他们容忍代表们训诫他们，告知他们的职责。但是在晚上②，罗伯斯庇尔在针对公共危险、造反者、叛徒发表了含糊其辞的长篇演说之后，突然喊出了决定性的话语："我刚刚有了一个最重要的想法。今天早上我们的提议，有助于让匹特和高布尔格的使节接替思想纯正的国民公会的成员。③"竟然从一个严守道德的人口中说出了如此可怕的话！大大小小的领头人，大厅里1500名雅各宾派的精英们顿时明白了这些话，"不，不行！"整个俱乐部的人都大叫起来。代表们也受到了影响。其中一位说："我请求，在战争结束前不要分裂国民公会。"这就是长久以来大家所期待的提议：现在吉伦特派的诽谤要不攻自破了。事实证明，国民公会根本没有一直存在下去的野心。它之所以留在政坛上，是因为人民的代表强迫它这样。

幸运的是，正是这些代表们来规划它的行为准则。从第二天也就是8月12日开始，一帮刚刚接受了雅各宾主义的斗志昂扬的宗派分子挤满了大厅，因为人数众多，国民议会无法表决，只能待在左边，让

---

① 《箴言报》，XVII，366页，8月11日会议上拉克鲁瓦的演讲及相应的决议。
② 出处同上，XVII，374页，特派员里的演说家的演讲："你们是否还记得，你们应该对国家和世界的圣约柜负责。你们是否还记得你们的义务是与其忍受对圣物的亵渎还不如死去？"
③ 比舍和胡克斯，XXVIII，458页，"通过演讲的上下文，显而易见的情况是，罗伯斯庇尔和雅各宾派之所以让国民公会一直存在下去，是因为他们预料到了吉伦特派的选举"。

出右边的地方,以便让他们清除异己①。

两周以来,在他们身上积蓄已久的怨气终于爆发了。他们比最极端的雅各宾派还要疯狂,他们在法庭上不断重复着拉孔布和俱乐部的荒谬观点,他们要超出山岳派给他们勾勒的计划了。"这还不是表决的时刻,"演说家大声呼喊,"必须行动起来!②但愿人民全都奋起反抗,这样仅凭人民的力量就可以毁灭敌人。我们请求逮捕所有的反革命嫌疑分子,尽快把他们发配到边境,后面跟着众多的无套裤汉。他们首当其冲,为四年来被他们侮辱的自由而战,或者成为暴政的牺牲品。女人、孩子、老人和残疾人作为人质,由无套裤汉的妻子和子女看管。"

丹东抓住了时机,以敏锐的洞察力找到了最能表述当时局势的词,他说:"预选大会的议员们刚刚在我们中间开启了恐怖时代。"而且,他在实际的措施中加入了狂热分子的荒谬提议:"奋起反抗吧,但要遵守秩序。"首先征调第一阶层的18到25岁的壮年,逮捕所有可疑分子,但不要把他们交给敌人。"在我们的军队里,他们不会有多大用处,却让我们危险重重。把他们关起来,让他们做我们的人质。"最后他为议员们设想了一份工作,此时议员们在巴黎已失去了价值,但仍然可以服务于外省:把他们变成可以煽动国民的代表。希望他们与优秀的国民以及法定权力机关一起,负责统计粮食、武器及人员征用,也希望公安委员会可以指挥这次崇高的行动。他们要保证回家之后用这种激情感染他们的同胞。所有在场的人员一起鼓掌,代表们大喊"我们发誓",大家共同起立,挥舞着帽子也一起发誓。

发誓完毕:于是一种民间的誓言成就了恐怖时代的政治、人物和原则,甚至定义了"恐怖时代"(Terreur)这一名称本身。至于行动的具体方案,必须马上准备就绪。山岳派本来还担心代表们的提

---

① 《箴言报》,XVII,382页,8月12日会议上拉克鲁瓦的演讲。
② 出处同上,XVII,387页,410页,8月16日的会议上,代表们改变主意坚持全民入伍。他们觉得只动员一等兵还不够。比舍和胡克斯,XXVIII,464页。代表鲁瓦耶即马恩河畔沙隆的神父要求雅各宾派在战斗中要把贵族六人一组拴到一起派到前线,以防他们四处逃散。

议和干预,但代表们被分派到了各自的省份,在那里成了官员和传道士①。人们不再考虑让宪法生效,宪法只是个诱饵,是为了浑水摸鱼而故意制造出来的假象。鱼钓完了,宪法被摆放在了达维设计的一座建筑物的大厅显眼的地方②,丹东说:"我们应该深刻认识到国民公会的神圣庄严,因为它刚刚被赋予了所有的国家力量。"换言之,一个玩笑终结了暴力所开启的一切:由于从5月到6月的恐怖事件,最高议会失去了其合法性。因为从7月到8月的行动,它又恢复了威严。山岳派一直控制着国民公会,但是为了自己的利益,他们让它失去了威望。

VII

以同样的方式,在同样的假象下,他们几乎让敌人缴械。在哲学家的熏陶中成长起来的有教养的一代共和主义者虔诚地相信人权③。从5月31日到6月2日的新闻中,我们听到了他们发出的愤怒的呼声。69名省里的官员进行了抗议④,在几乎所有西部、南部、东部和中部的城市,在卡昂、阿朗松、埃夫勒、雷恩、布雷斯特、洛里昂、南特、利摩日、波尔多、图卢兹、蒙彼利埃、尼姆、贝桑松、马孔和第戎⑤,居民们聚在一起,在欢呼声中通过了政府决议或者支持了政府的决议。

---

① 8月14日和16日的决议。
② 《箴言报》,XVII,375页。
③ 瑞午夫,回忆录,19页,"整整一代人,真正追随让-雅克、伏尔泰和狄德罗的一代人,都被毁灭了,而且大部分是以联邦主义为借口"。
④ 《箴言报》,XVII,102页,康邦在1793年7月11日会议上的演讲,《法国国家档案》,法国档案局,II,46,1793年6月25日在瑟堡的温普芬将军在自由平等之友社的演讲,"已经有60个省把之前委派给代表们的权力重新夺了回来"。梅朗,回忆录,72页,"在波尔多的档案馆里,曾经保管了72个省的决议书,这些省都采取了与我们的记载里相似的措施"。
⑤ 比舍和胡克斯,XXVIII,148页;梅朗,70和71页;贵龙·德·蒙特隆,I,300页,关于里昂,I,280页;关于波尔多,《法国国家档案》,法国档案局,II,46,7月5日南特选区的决议,梅兰伯爵和吉耶的书信,派遣代表,6月12日,洛里昂,"5月31日和6月2日的暴力行动引起的愤怒一目了然,所以梅兰、吉耶、赛外斯特和卡芬雅克在6月14日发表了决议,他们其中一位要去国民公会以他们的名义抗议国民公会表现出来的懦弱,同时也抗议巴黎市僭越权力。索泽,IV,260页。在贝桑松,所有附属于选区委员的行政、司法、市政机构的代表大会在6月16日一起抗议。

官员与民众一致声明，国民公会已失去自由，从5月31日起，它的法令就不再具有法律效力，省里的军队即将进驻巴黎，要把国民公会从压迫者手中解放出来，它的继任者已被邀请去布尔日集合。

在好多地方，他们已将诺言付诸行动。5月底之前，马赛和里昂就已经拿起了武器，控制了当地的雅各宾派。6月2日之后，诺曼底、布列塔尼、加尔、汝拉省、图卢兹和波尔多也出动了军队。在马赛、波尔多和卡昂，有的派遣代表被逮捕或者盯上，像人质一样被扣留①。在南特，行政官员和保安队6天前如此英勇地击退了西部保皇党人，现在则更加大胆。他们限制了国民公会的权力，不许它干预任何事情；他们认为派遣代表到各地是"一种越权的行为，是对国家主权施加的暴力行为"；任命的议员们是"制定法律的，而不是执行法律的，是为了起草一部宪法来限制所有的行政机关，而不是让它们相互混淆或者一起行使这些权力，同时也是为了保护和支持人民赋予的中间人的权力，而不是侵犯或毁灭这些权力。"②更大胆的是，蒙彼利埃要求所有的代表去他们各自的省府，以等待国家法庭的宣判。

总之，关于民主原则，"在已经遭到破坏的国民公会里，我们只能看到僭越权力的议员"，"属于人民群众的工人被责令服从命令，要忍受他们合法的东家对他们的批评"。③国家对首都的议员不再眷顾，撤回了他们斤斤计较才争取到的权责，并且声明，如果他们坚持不让自己假借的权力服从不可剥夺的最高权力，就宣布他们是窃取

---

① 《法国国家档案》，法国档案局，II，46，6月10日卡昂、罗摩和普里厄致公安委员会的书信，"对于卡昂的暴动者来说，公正的法律已经非常清楚了，所以罗摩和普里厄同意逮捕他们，'国民，我们的同事们，这次逮捕意义深远，是关乎自由的事业，可以维护共和国的统一，鼓起大家的信心，即使像我们迫不及待对你们提出的要求那样，你们也可以颁布法令宣布我们是人质，然后批准这次逮捕。我们已经注意到在卡昂人民对自由、公正和顺从的呼声'"。

② 《法国国家档案》，法国档案局，II，46，7月5日南特选区的商议结果，"南特的3个行政机构，逃亡到南特的柯立松、昂斯尼、马施库勒的行政官员，以及逃亡到潘伯夫和沙托布里扬的代表都签署了决定，共计86份签名"。

③ 《法国国家档案》（1793年6月25日在瑟堡的温普芬将军在自由平等之友社的演讲），莫尔提美尔-戴尔农，VIII，126；关于各省的态度，请参考保罗蒂博的《格勒诺布尔和伊泽尔省历史的研究》，路易·吉贝尔的《上维埃纳省的几轮特派》，加兰的《大革命时期的布尔和贝莱》。

权力之徒。

由于这沉重的一击，山岳派也给予强烈反击，宣称山岳派遵守原则，遵循人民的意愿，并且他们通过突然编纂一部超级民主的宪法，通过召集预选大会，通过承认人民赋予的使命，通过召集巴黎的代表，与改宗的、狂热的、受限制的代表达成一致，证明了自己的清白，躲避了吉伦特派的不满，窃取了吉伦特派自认为已经获得的民意[①]，以及作为旗帜挥舞着的理论。从那时起，反对派构建的土地在他们的脚下已经坍塌，他们所收集的武器在他们手里熔化，他们的同盟在缔结之前就已被拆散，他们致命的弱点已完全暴露出来。

首先在外省就像在巴黎一样，这一派别是没有基础的[②]。3年来，明智的忙碌的墨守成规的人对政治既不感兴趣也不把它当成职业，9/10的选民弃权，在这一庞大的群体里，吉伦特派根本没有拥护者。这一群体证明自己[③]仍然忠实于已经被推翻的1791年的宪法，之所以重视这些条例，是因为"这些条例完全公正"。但是这种看法还夹杂着强烈的反感情绪：对狂热的法令进行了批评，但是这些法令是他们和山岳派一起制定出来的，他们还批判了各种形式的迫害、充公、不公正和残暴。在山岳派的双手上总能看到国王的鲜血，但是他们也一样，他们也是弑君者，他们反对天主教，也是破坏者和平均主义者[④]，只是他们也许表现得不如山岳派那么明显。这就是在外省暴乱初期，很多斐扬派以及保王派参与他们参加的区里的集会并和他们一起抗议的原因。

但大部分人也仅限于此，很快便又回归到他们平静的日常生活

---

① 阿尔伯特·巴布，II，83页，克莱尔吉的教士的小册子："每个同意《宪法》的预选大会给了叛乱者致命的一击。"
② 请参考《大革命》第2卷，第2部，第1章。
③ 比佐的讲话，《法国国家档案》，法国档案局，II，107（博多和易沙卜在国民公会上的讲话）。1793年8月19日在波尔多市政厅，他们赞扬了1月21日事件，"一起发出了恐怖的喊叫……一个市政府的官员冷冰冰地回答我们：'你们想干什么？让我们反对无政府状态吗？'"
④ 大革命期间的加兰、布尔和贝莱（安省竞争学会年报，1878年1月、2月、3月版）。

中。他们与首领意见不一①,尽管没有完全表露出来,但已经开始讨厌公开的纲领。他们并不完全信任纲领,只能说是半爱半恨,刚刚萌生的好感却被以前的仇恨掩盖了,因此,他们并没有强烈的意图,只有一丝微弱的想法,没有自始至终的忠诚和无畏的牺牲精神。吉伦特派的代表分布在外省,他们预计在他们的号召下,每个省都会起义进行旺代式的叛乱对抗山岳派,但回应他们的只是有气无力的赞同和投机式的愿望。

剩下的支持者就是共和党的精英了,他们受过中等或者很高的教育,公正、诚实而理性,接受了最新的思想,严格遵循哲学思想。当选的法官、省里市里的官员、国民自卫军里的指挥官和军官、选区的主席和秘书,他们几乎占据了所有拥有地方权力的职务,这也就是为什么他们的一致抗议听起来更像是整个法国的呼声,其实这只是没有武装力量的领导者绝望的呼声而已。迫于选举的压力,他们得到任命,拥有了军衔、职务和各种头衔,却没有威信和影响力。追随他们的只有当时把他们选出来的那些人,大约1/10的人口,少数的宗派分子。而且在这一少数派中,还有很多温和派。

大部分人的信仰和行动之间还是有很大的差距的。既成的习惯、惰性、胆怯和自私,都是造成这种差距的原因。相信《社会契约论》的空想主义是没用的,人们不会为了一个抽象的目标而努力。一旦到了行动的时刻,又开始忧心忡忡,发现未来的道路危险重重,一片黑暗,于是开始犹豫,踟蹰不前,喜欢待在家里,总是担心被过多地卷进去。那些心甘情愿许下诺言的人,却不大乐意出钱,口惠而实不至。还有另外一些人,虽然慷慨解囊,却又明哲保身。

---

① 卢韦,回忆录,103和108页,贵龙·德·蒙特隆,I,305页及以后,梅朗,73,比舍和胡克斯,XXVII,251页,莱藏德利镇代表们的报告,"有位代表注意到征集一支4000人的军队是有困难的"。一位政府官员、卡尔瓦多斯的专员回应"我们会拥有我们需要的所有杰出人士"。在卡昂和里昂的主要军事将领,温普芬、普雷斯、皮瑟都是斐扬派,严格地说,他们只愿意与吉伦特派缔结临时的联盟,由此引发了持续的争执和互相怀疑。比洛杜和沙赛离开了里昂,"因为他们在这个城市找不到共和国的精神"。

在这一点上，吉伦特派和斐扬派是一样的。有个议员说"在马赛①、在波尔多、在几乎所有的大城市，那些做事缓慢、无忧无虑的大地主，根本不能下定决心离开他们的家业。他们让雇佣兵拿起武器去斗争"。只有马耶讷省、伊勒-维莱讷省，尤其是菲尼斯泰尔省，联盟派都是"有教养的，熟稔他们即将参加的论战"。在诺曼底，由于没有更好的办法，不得不在曾经加入过雅各宾派的抢劫犯、逃兵中召集炮兵，这些人会在第一声炮声中临阵脱逃。在卡昂，温普芬召集了国民自卫军8个营的部队，要求17个诚心诚意的人从队伍里出来进行自我介绍。第二天，正式的征兵只征来130名士兵。除了在维尔，按照份额出了二十来个人，其他的城市则拒绝完成他们的应征兵额。总之并未如期组建起急行军，军队行进缓慢，埃夫勒的军队走在了韦尔农的前面，马赛的军队到了阿维尼翁城里。

同时，作为老实有逻辑头脑的人，叛乱者也有顾虑，并限制了他们的造反行为。他们认为，流亡的议员们如果像巴黎的山岳派那样在卡昂组成最高议会，那么自己则会因为僭越国家权力而有负罪感②。他们认为自己没有法定的资格执掌行政权，并且认为自己的权利和义务仅限于承认5月31日和6月2日的事件，并利用能言善辩的本领鼓动人民。在省里有权力履行行政权的，是当地的行政官员、选区代表，或者是省里的执行委员会，但是他们认为自己的权力有限，只能印刷檄文、写请愿书，而且规规矩矩地期待至高无上的人民——他们的委托人，再次把他们推上权力的宝座。

人民的人格一度受到侮辱，该是报仇的时候了。既然人民承认议员，那就应该赋予他们权力；既然人民是一家之主，那么他们就有义务在家里树立自己的权威。至于省里的委员会，也许是在代

---

① 卢韦，回忆录，124页，129页；比舍和胡克斯，XXVII，360页（温普芬将军作序）；请参考皮瑟的回忆录和瓦勒梯耶尔、芒瑟尔的《诺曼底起义》。

② 莫尔提美尔-戴尔农，VIII，471页（巴尔巴鲁来信，卡昂，6月18日）, 出处同上, 133（罗兰夫人致比佐的信，7月7日），"领导各省部队的不应该是你们，你们应该看起来是参加到部队里来报仇"。

理议员的号召下，也许是在由170名成员组成的国家调解委员会（Commission nationale）的召集下，他们最初是有在布尔日成立新的"国民公会"的热情的[1]，但由于时间紧迫，资金也没有凑足，计划被搁浅，两周以后，灰飞烟灭。

各个省已经无力组成联合会，他们不再试图成立中央政府，因为这个原因，他们被迫放弃了，各自打道回府。更糟糕的是，因为信仰和爱国精神，他们自己造就了失败：他们不动用部队，不撤走边境的部队，没有像国民公会计划的那样去国民公会争取在国防方面的权力。里昂甚至放弃了一车车的炮弹，而这些炮弹后来成了炮轰抵抗者的武器[2]。多姆山省的政府最后只好派组建在他们之前的用来对抗山岳派的部队，去对抗旺代保王党的叛乱。波尔多顺从地把桐柏特（Trompette）城堡、战争物资都老老实实地拱手让给派遣议员[3]，守卫布莱伊的两个波尔多的部队被雅各宾派的部队击退。以这种方式理解起义，势必会被击败。

因此，起义者意识到了他们的错误态度。他们隐约觉得，在承认国民公会的军事权力的同时，也相当于承认了它所有的权力，但是他们一次次地让步，并且毫无察觉地在这条道路上滑下去，直至完全顺从。在里昂[4]，从6月16日开始，"我们已经感觉到不能和国民公会决裂"。5周以后，里昂根据宪法组建的机构郑重宣布"国民公会是凝

---

[1] 比舍和胡克斯，XXVIII, 153页（马赛根据宪法建立的机构的决议，6月7日）。

[2] 贵龙·德·蒙特隆，II, 40页，在一个里昂人写给克勒曼将军手下士兵的信件里，这两个派别的对比非常明显，"他们对你们说我们想达到共和国的统一；为了杀死他们的同胞兄弟，他们自己却把边境拱手让给敌人"。

[3] 出处同上，I, 288页，马赛蓝-布德，奥弗涅的国民公会议员，181页。卢韦，193页，《箴言报》，XVII, 101页（7月11日康邦的演讲），"我们更倾向于让这些资本（用于军队的1.05亿法郎）被劫持，而不是中止派送。公安委员会最关心的就是拯救共和国，然后重新让官员承担起责任。他们已经感觉到了，所以他们就让这些资本顺利运输。公安委员会所采取的大规模行动逼迫他们去拯救共和国"。

[4] 《法国国家档案》，法国档案局，II, 43页（1793年6月16日罗伯特·蓝德）。蓝德的信很奇怪，明确表明了里昂人的态度和山岳派的政策："无论里昂的动乱如何，但还是有秩序的。没有人愿意国王或专制君主来统治。大家都在使用同样的词汇：共和国、统一、不可分割（6月8日）。他始终对公安委员会重复同样的建议，出版一部宪法，公开实行逮捕令的动机。这对于把所有人都团结在国民公会周围是非常有必要的。"

聚所有法兰西共和国公民的唯一的中心①",并且决定国民公会颁布的所有与共和国利益相关的法令必须执行。所以在里昂及其他的省份,政府部门按照国民公会的规定召集了预选大会,并在预选大会上投票通过了国民公会提出的《宪法》,接着,预选大会的代表们按照国民公会的命令去了巴黎。于是,吉伦特派铩羽而归。在韦尔农和阿维尼翁,几声炮声便击溃了他们仅有的两支已经开始战斗的军队。

在每一个省,在派遣议员的鼓动下,雅各宾派又重新振作起来。全国各地的雅各宾派俱乐部敦促政府部门赶紧归顺,各地政府也废除了他们的法令,公开道歉请求宽恕。如果有一个省收回前言,其他的省就会起而效仿,紧跟着撤销以前的命令。7月19日,49个省已经归顺。有几个省承认发现了自己的错误,同意5月31日和6月2日的法令,极力阿谀奉承,雅各宾派则承诺为他们的安全提供保障。卡尔瓦多斯省的政府示意布列塔尼的联盟派"因为已经承认了宪法,就不能再容忍他们出现在卡昂"。联盟派被赶回老家,卡尔瓦多斯政府与山岳派秘密和解,只是在3天以后才通知了作为贵客的议员,而且通知的方式也特别简单:在门上贴上了剥夺他们法律权利的决定。

议员们化装成士兵②,与布列塔尼联盟派一起逃离。在路上,他们体验到了人民的真正情感,他们原以为人民拥有无限的权力,具有政治主动性。与他们打交道的所谓的共和国的国民,其实曾是路易

---

① 索泽,IV,268。保罗·蒂博,50。马赛蓝-布德,185。《箴言报》,XVII,102(康邦的演讲,7月11日),《法国国家档案》,法国档案局,II,46(下卢瓦尔河的省议会的登记册的一部分)。"这个省抗议,7月5日的法令并不意味着与国民公会有分歧,也不是公开反抗国家的法律,因为这与国民的感情和议会的意愿背道而驰"。现在,"宪法的方案已经得到了统治者的同意:这种有利的局势应该让大家抛弃分歧,号召人民表达愿望,我们应该赶紧抓住摆在我们面前的挽救局势的方式"。

② 卢韦,119页,128页,150页,193页;梅朗,130页,141页(关于这次安排及外省和公众普遍的态度,可以在逃亡者的散落在路上的回忆录里找到有说服力的细节,尤其是在卢韦、梅朗、沃布朗的回忆录里)。请参考《1792—1795年旅居法国》。马莱·杜·潘在1789年之前就已经观察到了这种安排:"法国人被很好地召集起来了,必须让他们相互动员。在散步的时候,他们拥挤在一条小路上受了伤,在更宽广的地方也是同样的情况"。出处同上,1787年8月(第一次暴乱之后),"我注意到人群的好奇心要大于他们的兴奋之情……这时候我们能更好地评判法国人民和巴黎人民的特性。虚张声势的兵力,空话,愚蠢的行为;无理性,无准则,无条理;这只是纸上谈兵的叛乱,而不是面对下士会颤抖的灵魂"。

十六的臣民,也是拿破仑未来的臣民,即治人与治于人的关系,既然人民天生唯命是从,那么他们就需要政府,就像绵羊需要牧羊人和看家狗一样。只要牧羊人和看家狗具有当官的风度和语调,哪怕牧羊人是个屠夫,看家狗是只恶狼,绵羊也会接受他们,对他们俯首称臣。为了避免离群索居,他们会迅速加入规模最大的那个帮派,不断壮大帮派的规模,他们总是迫不及待地听凭来自上层的鼓动,把没有组织的个体聚集起来,这就是人民群众的本能。

在联盟派阵营里,开始有传言说宪法已经通过,国民公会得到了认可,不能再保护那些被剥夺了法律权利的议员,所以"这必然会形成宗派",于是议员们从部队中脱离出来,他们的小分队继续单独行进。因为他们只有19个人,意志坚定装备良好,所以他们所经过的市镇,政府并没有用武力对抗他们。按理说应该进行战斗,但这超出了官员的意愿。另外,对于他们,人民群众觉得无所谓,甚至很热心。但是后来,人们尽力逮住他们,有时候会围堵突袭他们。因为有针对他们的从上而下派下来的逮捕证,所以当地官员都认为有义务充当宪兵。

在严密的行政体系下,那些逃亡的人东躲西藏,只能从海上逃跑。到达波尔多之后,他们见到了即将成为刀俎之肉的和他们境遇一样的人。赛日的市长提倡和解:他拒绝四五千名年轻人、国民自卫军的3000名精锐士兵、两三百名骑兵以及自发组织起来与雅各宾俱乐部对抗的志愿者服役。他说服他们解散,并向巴黎派了一个使团,目的是让国民公会"忘记暂时的错误",宽恕迷途的兄弟。

作为亲历者[①],一位议员说道:"我们期望能尽快实现归顺,以便平息君主的怨恨,也希望他们能够宽宏大量地宽待在大革命期间比其他城市更出风头的城市。"直到最后,言听计从的波尔多人依然抱有同样的幻想。当达利昂与其他1800多名农民和盗匪进入波尔

[①] 梅朗,143页;莫尔提美尔-戴尔农,VIII,203页(8月10日国民公会会议);马莱·杜·潘,回忆录,II,9页。

多的时候，装备精良、着装统一的 1.2 万名国民自卫军士兵拿着橡树叶花冠来迎接他，并默默地忍受了"那让人生畏的侮辱"，指挥官交出了橡木枝、帽徽和肩章，被就地免职或遣散。回到营地，首领和士兵都低着头听公告，所有公民都必须在 36 小时内把武器放在桐柏特（Trompette）城堡前的地上，违者处死。在这个期限之前，共计上缴了 3.6 万支枪、剑、手枪甚至折叠刀，就像 6 月 20 日、8 月 10 日、9 月 2 日、5 月 31 日以及 6 月 2 日的巴黎。

无论在巴黎还是外省，在大革命所有重要的运动中，在君主制和古老文化的压迫下已习惯于卑躬屈膝的民众对于危险的感知、战斗的本能、依靠自己的能力自救和互助的意愿都变得更加迟钝。可以肯定的是，当无政府把这样一个民族带到自然状态时，已经被驯化的动物必然会被猛兽吃掉。猛兽一旦冲出来，它们的野性就发作了。

VIII

如果山岳派成员当过政治家，或者有见识，他们应该早就表现出了人文精神，即使不是出于人道主义，至少也是出于某种利益。因为在共和国精神还未普及的法国，所有拥护共和政体的人一起努力来成立共和国是绝对有必要的，而吉伦特派正是由于他们的主义、文化、社会地位、人数等原因，成为这一部分人当中的精英和最具实力的代表。

山岳派冒死追逐洛泽尔[①]和旺代的造反者，这很好理解：因为他们举起了王朝复辟的白旗，接见了科布伦茨和伦敦的首领，并且接受了他们的命令。但是波尔多人、马赛人、里昂人都不是保皇派，也都没有与国外结盟。

里昂人[②]写道："我们是反抗者，但我们只希望在我们国家看到三

---

① 埃尔耐斯特·杜岱，《法国南方的保王党复辟历史》（Ⅱ、Ⅲ）。
② 贵龙·德·蒙特隆，Ⅰ，313 页（7 月 30 日给对抗里昂的国民自卫军的致辞）；Ⅰ，40 页（一个里昂人对克勒曼的军队里爱国士兵的致辞）。

色旗，白色旗是叛乱的象征，永远也不会在我们的城市飘扬。我们是保王党人，但是'共和国万岁'的呼声回荡在城市的各个角落。出于自发的意识，在7月2日的会议上，我们已经发誓，谁要国王复辟我们就和谁拼命。你们这些议员，你们说我们是反革命分子，但我们承认了宪法。你们说我们保护流亡贵族，但我们已向你们保证把你们能指出姓名的逃亡者都交给你们。你们说拒绝宣誓的教士遍布我们的大街小巷，但是我们甚至没有释放皮埃尔-昂斯泽的32名教士，他们被之前的政府关在那里，没有审判记录，没有正式的判决，仅仅因为他们是教士就把他们关了起来。"所以在里昂，当时所谓的贵族不仅是共和派，而且成了激进民主派，他们拥护已建立的制度，对哪怕最糟糕的大革命法律都听之任之。

在波尔多、马赛甚至土伦①，情况如出一辙，他们甚至对5月31日到6月2日②的恐怖行为也听之任之。他们已经不再否认巴黎僭越权力的行为，也不再要求遣返被驱逐的议员。8月2日在波尔多，7月30日在里昂，伟大的公安委员会辞职了。国民公会没有任何能与之较量的组织了。

从7月24日③开始，里昂正式宣布承认国民公会的中央权力和最高权力，只提出了里昂享有的某些特权。更值得一提的是，作为政治上的正统观念的表现，省议会规定8月10日是国民纪念日，就像巴黎

---

① 莫尔提美尔-戴尔农，VIII，222页，最初具有吉伦特派特征的土伦起义是属于7月14日的。土伦新的领导者致国民公会的信："我们希望共和国是统一的，不可分割的；在我们身上，我们没看到任何反叛的迹象。巴雷斯和弗雷龙不知廉耻地欺骗我们，他们和英国人以及旺代叛乱的狂热分子联合起来，像对待沉渣一气的反革命分子一样粗暴地对待我们。"土伦的领导者们继续为意大利军队提供物资供给。7月19日，一艘被派来谈判的英国小船不得不降下休战旗，挂上法国的三色旗。英国人进入土伦的日期是从8月29日开始的。

② 贵龙·德·蒙特隆，II，67页（9月20日里昂人致人民代表的信）。"里昂人民一直遵守法律，即使像其他几个省份一样，比如罗讷-卢瓦尔省，一度被5月31日的事件迷惑，但自从它认为国民公会不再受牵制，它就迫不及待地要承认并且执行国民公会的法令。每天所有能传达到它那里的法令都被公布出来并开始实行"。

③ 《箴言报》，XVII，269页，7月28日会议（7月24日罗讷-卢瓦尔省的领导者在里昂致国民公会的信），"我们告诉国民公会我们个人的退缩以及里昂的法定权力机关今天发布的声明。按照法律，我们理应受到它的保护。我们请求国民公会支持我们的撤退，并撤销针对我们的法令，或者把我们排除在外。我们的信仰始终是真正的共和主义者的信仰"。

的纪念日那样。因为城市已经被封锁，里昂人不敢有任何的敌对行为。所以在8月7日①，他们出来与对抗他们的第一批部队和解，但是他们在一点上始终不肯让步，那就是不能缴械投降，这就意味着不能向当地的暴政投降，不能向无耻的雅各宾派的抢夺、放逐、复仇行为投降。

总之，在马赛、波尔多，尤其是在里昂和土伦，各个选区只是为了这一点而奋起反抗：出于本能的突然反应，人民夺过无赖扼在他们喉咙上的刀，他们以前不愿意被屠杀，现在也是一样，但是仅此而已。只要还未得到赦免，哪怕手脚被捆，置于刽子手手中，他们也要奋起一搏。

罗伯特·蓝德通过他所表现出来的稳重和许下的诺言，在比佐的故乡埃夫勒、夏洛特·科黛的故乡卡昂，以及逃亡的吉伦特派的聚集地，进行了永久性控制②。如果能够效仿罗伯特·蓝德，那么山岳派只需要付出微小的代价，就可以在7月末之前结束内战。显而易见，在受到创伤最重的省份实行绥靖政策，势必影响到其他的省份，通过这种政策，轻而易举地就可以为巴黎争取到中部、西南和南方的中心城市。

相反，如果固执地向他们强加马拉的拥护者实行的压迫，可能会把他们赶进敌人的怀抱：物资匮乏的土伦，宁愿把南部最大的兵工场交给英国人，也不愿意让它落到烧杀抢掠的强盗们的手里；波尔多的情况要好一点，它可以冒险去寻求另外一波英国人的帮助；皮埃蒙特的军队到达了里昂，法兰西一分为二，南北分裂，高瞻远瞩的议员们向联盟派提出了南方反抗北方的计划③，如果说这个计划得以推行的话，很可能是因为这个国家已没有希望。

不管怎样，把造反者往死路上逼都是危险的举动。在耀武扬威的刽子手的步步紧逼的独裁下，在包围他们的军队的枪声中，勇敢之人

---

① 贵龙·德·蒙特隆，I，309页，311页，315页，335页；莫尔提美尔-戴尔农，Ⅷ，197页。
② 莫尔提美尔-戴尔农，Ⅷ，141页。
③ 马莱·杜·潘，I，379页及后面几页；I，408页；Ⅱ，10页。

无法再有片刻的犹豫,哪怕在城墙上被打败也不能被押上断头台。面临着上断头台的绝境,他们唯一的办法就是殊死搏斗。

面临紧张的局势,山岳派不得不进行几个月①的戒严和封锁,从瓦尔省和萨瓦地区撤走军队,耗尽了武器,动用1万名士兵②与法国人作对,而这些军需品是与国外势力抗衡所急需的。当时,正逢外国军队占领瓦郎谢讷③和美因茨之际,3万保王党在洛泽尔奋起反抗,西部保王党人包围了南特,每次在南特发生新的动乱都有可能加剧边境的战火④,以及天主教地区持续的动乱。泼一桶及时的凉水,山岳派也许就可以浇灭他在一些拥护共和政体的大城市挑起的战火,否则只能任由动乱越来越大,或者亲手把动乱搞大,冒着让整个国家陷于绝境的危险。除了用一堆废墟湮灭火势再无其他希望,除了统治战败者、统治俘虏、统治死人的幻想,再也没有其他的目标。

但是确切地说,这就是雅各宾派的目的。因为如果不是绝对的服从,他们就不会满足。无论以何种方式,他们都要不遗余力地实现统治,哪怕依靠残兵败将。本能也好,制度使然也好,他们都是独裁者,他们的信条让他们成为神圣的统治者:这源自神圣的自然权利,就像西班牙的腓力二世,受到宗教裁判所的庇佑。这就是他们在权力上不能有丝毫让步的原因,他们不放弃任何原则、不与叛乱者交涉,除非叛乱者无条件投降。就因为这一点,他们才起来与合法的政府斗

---

① 10月9日,共和党部队进入里昂;在土伦是12月19日。波尔多在8月2日宣布投降。因为对8月6日发布的关于流放暴乱的发起者的命令极度不满,波尔多在8月19日驱逐了博多和易沙卜,9月19日再次归顺。但是激愤情绪高涨,达利昂和他的三位同僚在10月16日才敢进城(莫尔提美尔-戴尔农,VIII, 379及后面几页)。

② 需要一支7万人的军队来征服里昂(贵龙·德·蒙特隆, II, 226页)及一支6万人的部队来征服土伦。

③ 《外交事务档案》,329卷(1793年7月26日格勒诺布尔的政治掮客什皮的书信):"我毫不犹豫地说,我宁愿铲平里昂也不愿拯救瓦朗谢讷"。

④ 出处同上,329卷(1793年8月24日格勒诺布尔的什匹的书信):"皮埃蒙特人成了克吕斯的主人。一大批山岳派成员也加入进来。阿内西的女人们砍倒了象征自由的树木,烧毁了政治俱乐部和巴黎公社的档案。在尚贝里,人民也打算做同样的事情,但是让医院的病人掌握了武器,于是医院被控制"。

争,他们成了叛徒和歹徒,甚至是比叛徒还要卑鄙的恶人①。

当山岳派在经历了三年的等待和努力,最终爬向权力宝座的时候,这些"假兄弟"却开始反对他的统治,再没有比这些"假兄弟"更卑鄙歹毒的了!在尼姆、图卢兹、波尔多、土伦和里昂,他们主动停止了对巴黎的援助,击垮了袭击者,关闭了俱乐部,缴获了狂热分子的武器,逮捕了主要的暴徒、马拉的拥护者。在土伦和里昂,有几个刽子手或者杀戮行为的始作俑者,沙利叶、理查德、加梭、斯勒维斯特和勒玛耶,被送上法庭,结束所有诉讼后被立即执行死刑。这就是无法救赎的罪行。因为在这个案件中山岳派也被卷入其中,斯勒维斯特和沙利叶的理论与山岳派如出一辙,他们在外省尝试了山岳派在巴黎所做的事情。如果说他们有罪的话,山岳派也难逃干系。如果不同意对自己进行惩罚,那也不能容许对他们进行惩罚。山岳派必须宣布他们是英雄是殉道者,会把他们尊为圣人②,为他们所承受的痛苦报仇,继续恐怖活动,也会把他们的同谋安排好,让他们成为有绝对权力之人,并且使用伎俩让每个叛乱的城市屈服。

尽管雅各宾派只是少数派,但这并不重要。在波尔多,他们的比例只占到了4/28,在里昂也只有1500名成员③。虽然选票有很多,但他们会仔细斟酌,因为权利是以爱国主义为基础的,而不是以数量为基础,至高无上的人民的队伍中只有无套裤汉。那些反革命分子所

---

① 《箴言报》,XVIII,474页(1793年10月18日俾约-瓦伦的报告):"欧洲势力的联合并没有像地方分权主义者那样损害自由和国家。祸起萧墙是最可怕的。"
② 国民公会故意为纵火者和杀人犯平反,(《箴言报》,XVIII,483页,共和国第二年雾月28日的会议,XVII,176页,1793年7月19日的会议)。1789年被处以绞刑的博尔迪和儒尔丹得到了平反。已经开始的反对1792年9月默伦大屠杀始作俑者的诉讼程序被废除,释放了被告人员。请参考阿尔伯特·巴布(I,277页)。对1789年9月9日在特鲁瓦发生的骚乱的造反者和被判刑的杀人犯进行平反,并且在共和国第二年获月对他们或者他们的父母进行赔偿。《外交事务档案》,331卷(共和国第二年霜月8日,格勒诺布尔的什皮的书信):"省里的法庭和刑事陪审团刚刚理解了目前形势:他们宣布烧毁教堂是无罪的"。
③ 莫尔提美尔-戴尔农,VIII,293页(8月30日向国民公会派遣波尔多24个区的代表);比舍和胡克斯,XXVIII,494页(9月2日卜什-罗讷省的派遣议员们的报告),出处同上,XXX,386页,里昂革命军的指挥官荣塞的书信:"拥有12万个灵魂的人民……在这些人中,甚至不到1500名革命党人,但是有1500个我们可以赦免的人。"贵龙·德·蒙特隆,I,355页,374页(1793年8月17日来自里昂各阶级的2万份联合签名书)。

占比例较大的城市则比较倒霉,情况也更加危急。因为共和的外表下隐藏着反革命阶级、温和派、保王党、大商人、充满敌意的投机派①。这是卑躬屈膝、气节尽失之人的巢穴:除了消灭他们,别无选择。

IX

事实上,无论他们是否顺从,都要把他们消灭。不仅应该消灭省议会的成员,在波尔多所有那些"帮助过或参与过公安委员会的人",在里昂所有那些"召集或者认可罗讷卢瓦尔地区代表大会"的官员、军官,就连"凡是拿起武器为抵抗行为出过力的自己的儿子、职员、仆人、工人——整个国民自卫军以及几乎所有的出钱、投票的法国人民——都被视为叛徒②。

从法令的角度来看,所有的反政府者都是非法的,也就是说仅凭对他们身份的认证、被没收的财产就可以把他们送上断头台。所以在波尔多,没费一枪一弹,没有经过任何形式的审判,就把赛日的市长——归顺行为的主要发起者,押上了断头台③,881名归顺者在惊愕不已的人民群众的沉闷的寂静中步其后尘④。一夜之间,另有200名主要的讲和者被逮捕,1500多人被关入监狱。雅各宾派向家境富裕的勒索钱财,甚至那些对政治没有任何怨言的富裕阶级也受到了敲诈勒索。对"自私的有钱人⑤"共计收取了900万法郎罚金,他们被控

---

① 贵龙·德·蒙特隆,I,394页,1793年8月19日杜布瓦·德·柯昂思致里昂人的信。
② 莫尔提美尔-戴尔农,VIII,198页,8月6日命令;比舍和胡克斯,XXVIII,297页,7月12日的命令;贵龙·德·蒙特隆,I,342页,8月8日杜布瓦·德·柯昂思的敦促声明。
③ 梅朗,142页,《外交事务档案》,332卷,共和国第二年雾月8日在波尔多的戴斯格朗日的信,"泽被人民,深受人民欢迎的赛日市长被处死的消息让人民非常痛苦,但是任何议论都没有引起注意"。
④ 《法国国家档案》,法国档案局,II,46,共和国第二年获月11日,朱利安在波尔多致公安委员会的信,"一段时间之前,沉闷的缄默笼罩着军事委员会的会议以及人民对于判处造反派死刑的反应。同样的缄默把他们送上了断头台。整个城市似乎都悄悄地悲叹他们的死刑"。
⑤ 巴瑞奥特-圣普利,大革命的正义,277页,299页,《法国国家档案》,法国档案局,II,46页,波尔多监督委员会的登记簿。从牧月21日到28日,被监禁者的数量在1504和1529之间,被押上断头台的是882人(赛纳回忆录)

告①"无忧无虑地奉行温和主义",交了2万法郎,原因是"没有全心全意地投身于大革命"。还有一些人,因为"被证实对他们的宗派和穷苦人有蔑视行为,必须每月交30里弗尔",这样共计征收了120万里弗尔。

新的政府、满口谎言的市长,以及12个组成了革命委员会的骗子开始了坑蒙拐骗。在马赛,丹东②说"必须好好教训一下行商的贵族,要像对待贵族和教士那样严厉地对待商人"。于是,1.2万多人被流放,他们的财产被出售③。从第1天开始,断头台就没休息过。但是,代表弗雷隆还是觉得太慢,他找到了提高效率的方法。他自己写道:"我们建立的用来代替革命法庭的特别军事法庭,以一种可怕的方式来对抗造反者。在法律的威严之下,他们的人头像冰雹一样纷纷落地。14个人已经为他们可耻的背叛付出了生命的代价。第二天还有16个人即将被送上断头台,他们都是军队首领、公证人、国民自卫军士兵、人民法庭的成员。第二天,3个商人要跳卡马尼奥拉舞,我们依赖的就是他们"。④无论是人还是物,都必须被消灭:他要破坏城市,还建议填平港口。因为提议被勉强通过,所以他仅限于"捣

---

① 《法国国家档案》,法国档案局,II,46,共和国第二年获月12日朱利安的书信:"在这里,盗用钱财的行为非常严重。已入狱的市长被告知有巨额贪污,以前的监察委员会也有非常大的嫌疑,很多不法之徒交了钱就可以回家。事实已经得到证明,在那些花钱买命的人当中,有些人本就不该被判死刑,但有被处死的风险"。比舍和胡克斯,XXXII,428页;赛纳回忆录节选:"军事委员会的主席叫拉孔布,因为盗窃,经过审判后已被驱逐出城。其他被达利昂利用的人都是一帮乌合之众,由雇工、破产者和骗子组成。"

② 比舍和胡克斯,XXVIII,493页,1793年8月1日丹东的讲话及相应的命令。

③ 马莱·杜·潘,II,17,"成千上万的马赛人和波尔多的商人,一边是神气十足的格拉迪,另外一边是塔尔特雷,他们被杀害,财产也被没收。我见过32名马赛流亡贵族,他们的财产都被充公。共有1.2万人,但统计还没结束"(1794年2月1日)。安娜·普鲁普特,《1802—1805在法国旅居三年日记》,"在这段时期里,马赛几乎成了空城。一个人即使从城市的一端走到另一端,也不会遇到一个可以称为居民的人。那些著名的主张恐怖政策的人,没有一个是马赛人,军人就像他们对自己称呼的那样,是唯一可以在街上见到的人。他们有五六十人,穿着卡马尼奥拉服,系着皮带,拼命打击他们不喜欢的人,尤其是那些穿着干净的衬衣、系着白色领结的人,有几个人就这样被鞭打致死。女人总是胳膊上挎个篮子才出门,所有的男人都穿着卡马尼奥拉服,否则他们就会被当作贵族。"

④ 弗雷龙的回忆录(巴里耶尔和贝尔维勒文集);雾月23日,雪月16日和19日,雨月5日和14日,弗雷龙写给穆瓦兹·培尔的信,细节由伊思纳德提供,350至365页。《法国国家档案》,法国档案局,II,144页(共和国第二年雪月17日,弗雷龙、巴勒斯、锐高尔德和萨利瑟提等代表们的决议)。

毁贵族阶级的巢穴"——两座教堂、一座音乐厅、周围的房子以及造反派的老巢。

在里昂,为了增加战利品,议员们先是许下一些模糊的诺言,然后小心翼翼地安抚工业家和商人,于是商人们重新开张,把藏起来的贵重货物、账簿、票据又都翻了出来——可以源源不断地满足其敲诈勒索欲望的猎物终于被逮住了。他们还制定了"富人以及反革命分子的财产登记表",议员们以"保护革命党人为由将这些财产充公"。除此以外,他们还征收了600万法郎的捐税,这些捐税由那些将财产充公就可以得到赦免的人在一周以内付清①。

他们公开声明,每个人多余的财产都是属于无套裤汉的,保留超过最低生活必需品的财产,就是对国家犯下偷盗罪②。按照这个规定,一场为期10个月的旷日持久的全国性的征收把全城1.2万人的财富转移到了无赖统治者的手里。共计32个革命委员会,它们的成员"看起来无恶不作,选了数千名为他们效劳的卫兵。③他们在保存财产的旅馆和商店门上贴上了封条,但是没有列财产清单"。为了确保没有任何目击者,"他们把女人、儿童、仆人都赶了出去,他们保管着钥匙,随意进出,甚至就在那里安顿下来与妓女寻欢作乐,同时也不忘在断头台上处决造反派。

革命委员会正式对外宣称,在5个月的时间里处决了1682人,但是据罗伯斯庇尔的一个亲信说是6000人④。一些马蹄铁匠被判死刑,就因为他们给里昂骑兵队的马钉了蹄铁,而消防员则是因为扑灭了共和派的炸弹引燃的大火,一个寡妇是因为在围城期间缴纳了赔款,鱼贩子则是因为对革命党人不够尊重"。这是一次有组织的、合法的

---

① 马莱·杜·潘,II,17页;贵龙·德·蒙特隆,II,259页。
② 贵龙·德·蒙特隆,II,281页(10月12日国民公会的决定);II,312页(10月25日库东和其同僚的决议);II,366~372页(雾月26日临时委员会的通知)。
③ 出处同上,III,153~156页(1794年4月13日拉普尔特写给库东的信)。
④ 出处同上,III,135~137页(芽月17日革命委员会的决议以及共和国第二年卡迪约写给罗伯斯庇尔的信),出处同上,III,63页。

持续时间长的"九月大屠杀"。发起者非常清楚这起事件的性质，所以在公开的书信里他们也用了这个词①。

在土伦情况更糟糕，几乎是随意滥杀。尽管4000多名被牵连进来的居民在英国的军舰到来时选择了逃亡，但是按照议员的说法，全城都有罪。400多名海军的劳工来迎接弗雷隆，但弗雷隆注意到在英国占领期间，他们曾经为英国人工作过，于是把他们就地处死。他"禁止优秀公民去马尔斯广场，违者处死"，因此而被处死的人数达到了3000人。骑在马背上的弗雷隆在大炮和军队的保护下，与100多名马拉的拥护者一起到达，这都是勒玛耶、斯勒维斯特以前的同谋，也是他在当地的助手和参谋。他让他们在人群中根据自己的意愿随便选个人。被选出来的人沿着墙站成一排，然后被开枪处死②。第二天以及接下来的几天，行动接着进行，弗雷隆在雪月16日写道："已经有800名土伦人被枪决。"在另外一封信里又写道："枪决，还是枪决，直到没有一个叛徒为止。"在接下来的3个月里，断头台共计处死了1800多人。11名妇女因为参加了共和派的庆典而被押上断头台处死，一位94岁的老人被用扶手椅抬上了断头台，土伦的人口也从2.8万人降到了六七千人。

这还不够，支持围城的两个城市必须从法国的土地上消失。国民公会发布命令，称"必须摧毁里昂③，富人居住的地方必须被夷为平地，只能保留穷人的住所，被杀害、被流放的革命党人的房屋，工业用房，彰显人文精神的建筑物以及学校等"。在土伦情况也是这样④，"城里的房子被铲平了，只保留了与战争、海军、物资供给、军需品供给有关的建筑"，"为此从瓦尔省及邻近的省份征调了1.2万名泥瓦工

---

① 贵龙·德·蒙特隆，II，399页（1793年11月26穆兰的革命委员会的调停委员会的成员佩罗丹的信），"新的委员会将要采取的行动被看作九月大屠杀式的组织，过程一致，但是得到了政令的允许"。
② 弗雷隆的回忆录（巴里耶尔和贝尔维勒文集），350页~380页。弗雷隆的书信。幸存的土伦人的证词和见证者。洛韦尔涅·瓦尔省的历史。
③ 比舍和胡克斯，XXIX，192页（10月12日的决议）。
④ 出处同上，457页（12月24日的决议）。

以便夷平土伦"。

在里昂，1.4万多名工人推倒了皮尔埃-昂斯泽，白莱果广场（Belle-Cour）上的漂亮房子，圣-克莱尔河岸的建筑，弗朗德尔街和布艾涅夫街上的房子，当然还有很多其他的建筑物，每10天这一行动就要耗资40万里弗尔。在6个月的时间里，共和国共耗资1500万里弗尔来摧毁本属于共和国的价值三四亿里弗尔的东西①。

继5到13世纪进行统治的蒙古人之后，就再也没见过规模如此巨大、如此荒唐的破坏，他们竟然会如此粗暴地对待工业建筑和人类文明。但是从蒙古人的角度来看，他们的行为还可以理解，因为他们是游牧民族，他们想把土地变成大草原。但是摧毁兵工场和港口赖以生存的城市，以保护工人和手工制造业为借口处死一个城市工业界的领导者，拆除他们的房屋，既要掐断水源又要保住泉水，这样荒谬的想法却不应该出现在雅各宾派的头脑里。

他们如此兴奋、目光如此短浅，却并不感觉荒谬。他们认为，只能在世上保留他们那个宗派以及他们那种类型的正统派思想，但是这其实是愚不可及的野蛮人的行为与宗教裁判所法官固不可破的观念的不谋而合。他们的表现阴险、歹毒、荒谬、不可理喻，他们宣布要灭绝异端分子：不仅要摧毁他们的住所和生命，而且也要毁灭他们的思想，甚至他们的名字也要从人类历史上消失②。土伦的名字很快就要消失了，这个城市从此以后改称山岳派港口（Port-la-Montagne）。里昂的名字也将从共和国的城市名单中画掉，被侥幸保留下来的房屋从此改称"自由之城"（Ville-Affranchie）。在里昂的废墟上会矗立着这样一座纪念碑，碑文是"里昂为自由而战，里昂从此不

---

① 弗雷隆的回忆录，363页（雪月6日，弗雷隆的信）；贵龙·德·蒙特隆，II，391页。
② 10月12日和12月24日的决议。《法国国家档案》，法国档案局，II，44页，待命议员本打算也把马赛的名字抹掉。（共和国第二年雪月17日，弗雷隆、巴勒斯、锐高尔德和萨利瑟提的决议。）"马赛，这个罪恶之城现在还拥有的名字将会被改变。国民公会会授予它一个新名字，它会暂时叫作'没有名字的城市'，也会一直叫这个名字"。事实上，在之后的一些文件里，马赛被叫作"没有名字的城市"。

复存在"。

X

山岳派的目的,其实不是在巴黎赦免那些起义或别的党派的首领、代表、将领或者部长,相反,他们首先要结束国民公会受约束的状态,遏制来自右派的怨言,让仍在抱怨和抗议的布瓦耶-冯·弗雷德、韦尼埃、库埃闭嘴①。这就是每个星期山岳派的高层都会颁布逮捕令或者死刑令的原因,这让大部分人惊诧不已,就如同往人群里开枪射击一样。

6月15日逮捕迪沙泰尔,17日逮捕巴尔巴鲁,23日逮捕布里索,7月8日逮捕德韦里德和孔多塞,14日逮捕洛塞-德佩雷和伏赛,30日逮捕小迪普拉、瓦雷和曼维耶尔,8月2日逮捕卢耶、布律内尔和卡拉。卢耶、布律内尔和卡拉是在法庭上当场被抓住,这是一种大家容易感知的具体的通告形式,再没有比这更有效的制服反抗者的方式了。7月18日发布了针对库斯塔尔的逮捕令,7月28日发布了针对让-索那、拉苏尔斯、韦尼奥、摩勒沃、加尔迪扬、格朗热纳夫、伏赛、布瓦洛、瓦拉兹、库斯、梅朗的逮捕令。

他们中的每个人都非常清楚,他们必须到案受审的法庭就是等待上断头台的地方。7月12日发布了对比洛杜的判决书,7月28日逮捕比佐、巴尔巴鲁、戈尔萨斯、朗热内伯爵、萨拉、卢韦、贝尔高易、贝提欧、加代、沙塞、尚蓬、里东、瓦拉迪、德菲尔蒙、凯尔维勒岗、拉里维耶尔、拉博-圣-艾蒂安和勒萨日。因为叛徒的罪名,他们被剥夺了法律权利,未经审判就被押上断头台。

10月3日,更大规模的撒网行动在国民议会展开,逮捕了在那里

---

① 比舍和胡克斯,XXVIII,204页(6月24日的会议),"右派里出现了强烈的不满",勒让德说:"我要求第一个造反者,这些造反者的第一人(指向右派),他打断了演说家的演讲,必须被关进圣日耳曼代普修道院监狱。"事实上,库埃因为支持联邦派的请愿书被关进了圣日耳曼代普修道院监狱。请参考《关于这三个月》,莫尔提美尔-戴尔农,VII。

的貌似还能自由行动的人。社会安全委员会的检察官阿玛尔下令关上大门①,在结束了两个小时的论战和诽谤之后,他宣读了两份名单:吉伦特省45名多少有些名气的议员立即被押往革命法庭;73名曾签名抗议5月31日和6月2日决议的议员将被关押在拘留所。没有任何商量的余地,大多数人甚至不敢表态。有几个被流放的人试图为自己辩解,但没有人听他们的。只有山岳派有发言权,但他们只根据个人的仇恨利用这种权力在名单上增加了一些姓名:勒瓦瑟、维杰、杜鲁瓦、黎舒。被叫到名字的时候,所有在场的倒霉的人"乖乖地被关在法庭的旁听席里,就像等待上屠宰场的羔羊",这些人被分成两部分,一边是73人,另一边有10人或12人,他们与关在监狱里的吉伦特派构成了"神圣的来自民众的犯人",22名叛徒②显示了雅各宾派的想象力:左边的即将被关在监狱;右边的马上要上断头台。

为什么竟然还有人想模仿他们或者为他们辩护?其实处理他们的方式已经起了以儆效尤的作用。

那73③名犯人在被押往市政府拘留所的路上,忍受了等待在那里的泼妇的谩骂。他们在人满为患的拘留所待了一夜,或者站着,或者坐在长凳上,挤得几乎不能呼吸。第二天,他们被塞进拉福尔斯镇关押杀人犯和小偷的监狱的七楼,也就是顶楼。因为顶楼空间非常狭窄,只能床挨着床,有两个议员因为没有床只好席地而睡。在楼梯脚下和天窗下面有两个猪圈,监狱的尽头是公共厕所,夜壶放在一个角落里,这使得本来就浑浊的空气更加污浊不堪。所谓床就是爬满了虱子臭虫的麦秸。被强制关押的议员们用饭盒吃苦刑犯的食物,但是花这么一点点钱就可以把吃喝搞定还是很让人满意的。

因为阿玛尔④指责他们的沉默就是阴谋,其他的山岳派也想把他

---

① 比舍和胡克斯,XXIX,175页;道邦,《1793年的舆论蛊惑》,436页(根据见证人杜劳尔的叙述)。
② 事实上,被移送到革命法庭的代表只有21人。
③ 道邦,《1793年的舆论蛊惑》,440页(布朗基的叙述,被逮捕的73人之一)。
④ 比舍和胡克斯,XXIX,178~179页,奥斯蓝:"我要求颁布针对所有人的指控命令"。(转下页)

们送到革命法庭,至少,按照规定社会安全委员会会审理他们的材料,并有权在他们中指定新的罪犯。就这样,刀架在脖子上的他们生活了10个月,每天都胆战心惊,害怕到革命广场上与那22名叛徒会合。

至于这22名叛徒,并不需要对他们进行审判,而是直接杀死他们,打着审判他们的幌子进行司法上的谋杀。在起诉状里,只控告他们对俱乐部说三道四,妄图重建王权,与匹特和高布尔格同谋①,煽动在旺代的叛乱。背叛迪穆里埃将军、谋杀勒佩尔蒂埃和马拉,这都是给他们定的罪名。所谓的证人都是从他们的仇敌中选出来的,这些证人不断地重复已经编排好的结构混乱的谎言:只有含糊不清的言语和显而易见的谬论;没有明确的事实,没有能说服人的证据,因为证据严重不足只能草草结束审判。

"审判席的成员们太勇敢了,"埃贝尔写道,"不要在无关紧要的事情上花时间了,难道需要表面文章来绞死已经被人民审判过的罪犯吗?"但是尤其需要万分小心的是不要给他们发言权,因为加代的逻辑、维吉奥德的雄辩口才在最后一刻可以把一切都搞糟。这就是为什么当所有陪审员都觉得思路清晰的时候,一项突然颁发的命令可以让法院结束论战的原因。

从第七场审判开始,陪审员就是这种状态,死刑判决会突然降临到已无力进行自我辩护的被告身上。其中一名叫瓦拉兹的在庭审过程中用匕首自杀,第二天在36分钟的时间里,国家断头台绞死了剩余的20人。针对那些逃避审判的人实行的诉讼程序更迅速:戈尔萨斯于

(接上页)阿玛尔:"6月2日以来,国民公会少数派所做的表面看来无效的行为,其实是巴尔巴鲁采取的一种新阴谋"。罗伯斯庇尔:"如果在你们逮捕的人中有其他的罪犯,社会安全委员会会给你们提供名单,你们可以自由地惩罚他们"。

① 出处同上,XXIX,432页,437页,447页,阿玛尔的报告(这份报告被当作起诉状):"王室专制主义懦弱的追随者,国外暴君卑鄙的官员,等等"。瓦隆,巴黎革命法庭史,II,407页,409页(富基埃-坦维尔致国民公会的信),"在经过单独的法庭辩论之后,难道每个被告不希望进行普通的辩护吗?"这次诉讼肯定是没完没了的。另外我们会问为什么会有证人?国民公会、整个法兰西都在控诉案件中指责的那些人:他们的罪行证据充分;每个人都坚信他们是有罪的。国民公会有责任消除妨碍法庭运行的繁文缛节。《箴言报》,XVII,291页,10月28日的会议。这个建议由雅各宾派的请愿书挑起,在奥斯蓝的提议下通过,罗伯斯庇尔对这个提议也推波助澜。

10月18日在巴黎被逮捕,当天就被施行绞刑;10月24日比洛杜在波尔多被逮捕,24小时之内就被押上断头台;还有一些人像狼一样被追捕,到处流浪居无定所,乔装打扮从一个藏身之处到另一个藏身之处;而大部分则先后被逮捕,只能在不同的死亡方式中选择其一。

尚蓬在进行自我辩护时被杀死,里东在自我辩护后开枪自杀,孔多塞在布尔-拉兰尼看守所里服毒自杀,罗兰在一条大路上用剑自裁,克拉维埃在监狱里用匕首自杀,雷百克基溺死在马赛港,贝提欧和比左在圣-艾米隆的荒野里被狼咬死,瓦拉迪在佩里格被处决,德谢泽在罗什福尔,格朗热纳夫、加代、萨拉和巴尔巴鲁在波尔多被执行死刑,古斯塔尔、库斯、拉博-圣-艾蒂安、贝尔纳、马瑟耶和勒布朗则是在巴黎被处死。

尽管早在1793年1月就已经辞职,但是凯尔赛和曼努埃尔还是因为支持右派而付出了生命,当然,罗兰夫人因为被视为党派领导,成了最先被施以绞刑的女性之一①。在180名领导国民公会的吉伦特派成员中,共有140名死亡、入狱或者被判死刑后逃脱。经历了这样一场史无前例的排除异己的事件,剩余的议员不会再忘记俯首听命了②。无论是在地方当局还是在中央政府,已经实现了事实上的独裁统治的山岳派再也没有阻力了,现在只需要颁布法律使之名正言顺就可以了。

---

① 卢韦,回忆录,321页(在死亡或入狱的吉伦特派名单中,24名逃犯活了下来)。
② 幸免于难的多数派的恐惧和厌倦情绪通过少数有投票权的人表现出来,他们的弃权因为与选举独裁者有关而更显意义重大(莫尔提美尔-戴尔农,Ⅷ,395页,416页,435页)。7月10日选出的公安委员会的成员们只收集了100至192票。6月16日选出的社会安全委员会的成员只有22至113票。同样是社会安全委员会,9月11日改革之后,也只有52至108票。8月3日组建的革命法庭的法官们只有47到65票。梅朗,85页(关于8月28日革命政府的第一机构和巴兹尔的提议):"60或80代表提出了这个决议,其实这个决议之前还有另外一个,以30票对10票通过。两个月里,参加人数最多的会议也只有不到100名有效代表。山岳派遍布全国各省来蒙骗和恐吓人民。其他失去信心的则弃权,或者不愿意参与制定决议"。

XI

从 8 月 24 日开始，在巴兹尔的提议下，国民公会颁布法令称"法兰西一直处于革命状态，直到被承认独立"。这就意味着虚伪浮夸的时代终结了，之前的宪法只是个招牌而已，那些扛着它招摇过市的江湖郎中已经不再需要它了，于是又把它扔在了卖旧物件的商店里，这也意味着无论是个人自由还是基本的人权，无论是地区自由还是议会自由都被废除了，政府拥有绝对的专制权力，任何机构、法律、行为准则、教义都不能保障与国家对抗的个人权利和人民权利，所有的财产和生命都由政府支配，不再有人权。六周以后，国民公会通过流放67人，逮捕73人，确保了它的统治，所有这些都在议会大厅里被胆大妄为地正式公布出来。

"以共和国现有的处境来看，"圣-茹斯特①说，"不可能通过宪法，它会成为与自由对抗的行为的保障，因为它缺乏惩罚这些行为的最起码的暴力。"重要的不再是"根据和平的准则、天赋的公平来统治，这些准则只适用于自由的支持者"。但是在革命党人和心怀叵测的人那里就行不通了，因为他们"凌驾于最高权力之上"、无法无天、不受社会契约的约束、盲目造反、一味处罚、采取强制手段。在这类人中还必须加入一些"漠不关心无明确态度的人②"。"您只需要惩罚

---

① 《箴言报》，XVII，519 页；在巴兹尔的演说里已经明确表明了此次宣言的意义和目的，他说："自从宪法通过以来，斐扬派又有卷土重来的迹象；他们发动了针对热情的爱国分子和温和主义者的斗争。在制宪议会结束的时候，斐扬派利用法律、公共秩序、和平、安全等字眼，来左右追求自由的人的情绪，现在又故技重演。你们应该打碎敌人手中用来对付你们的武器。"杜兰·德·梅朗，154 页，"针对和平时期制定的履行宪法条款的方式，面对威胁我们的种种阴谋显得无能为力"；梅朗，108 页。

② 《箴言报》，XVIII，106 页（10 月 10 日圣-茹斯特所做的关于革命政府机构的报告和相关法令）；出处同上，473 页（11 月 13 日俾约-瓦伦所做的关于临时革命政府组成形式的报告和相关法令）；出处同上（1793 年 11 月 22 日的会议上，康塔尔省的国民议会议员里的演说家埃博拉德的报告）："在我们省已经建立了中心监督委员会和一支革命军队。贵族、反革命嫌疑分子、温和派、利己主义者，那些未做过任何不利于大革命事情的人，以及反对大革命的人，都要在拘留中心等待日后对大革命有利的措施。我说过无责任感的人与嫌疑分子无一例外。因为我们坚守梭伦的言论：凡是不支持我们的就是反对我们"。

共和国里消极被动没有为共和国做过任何事情的人",因为他们的惰性就是一种背叛,属于国家公敌。然而"在人民与他的敌人中间,除了战争再无其他共同点。对那些无法用司法手段进行统治的人,只能诉诸武力"。必须削减拥护君主政治和保持中立的多数派,只有"国家唯一的代表、唯一的公民——无套裤汉,通过争夺权利实现统治之后,共和国才能真正建立起来"。

这是不言而喻的[①],少数入侵者可以在一个被征服的国家确立并维持其统治,这个制度正是圣-茹斯特设想的那个社会制度。因为有了这种制度,在希腊被多利亚人入侵之后,1万名斯巴达人制服了30万希洛人。就是在这种制度下,黑斯廷斯战役之后,6万诺曼底人征服了200万萨克森人。通过这种制度,在爱尔兰,博因河战役之后,20万名英国新教徒征服了100万天主教爱尔兰人。通过这种制度,30万法国的雅各宾派可以征服六七百万的吉伦特派、斐扬派、保王派和中立派。

其实很简单,根本就在于稳住极度胆怯和恐惧的受压迫的人民大众。为此,要让他们卸下武器[②],时时监视着他们,禁止他们进行一切公共活动,要让他们看到举起的斧头和打开大门的监狱,要毁灭他们杀害他们。6个月以来,所有这些严格的措施都以法律的形式被颁布出来,并付诸实施,比如收缴反革命嫌疑分子的武器、对富人征税、最大限度地与商人作对、征用房屋、大规模的逮捕、草率的判决、随意下

[①] 《箴言报》(1794年3月26日的会议),丹东的演讲"在创立各种革命委员会的同时,我们也希望设立一种专制制度,这种制度是对自由梦寐以求的国民用来对抗反革命嫌疑分子的专制制度"。

[②] 马莱·杜·潘,II,8页(1794年2月):"此刻,整个法兰西人民都手无寸铁。无论在城市还是在乡村,连一把步枪都找不到。如果某种东西可以证明国民公会的领导者享有超自然的权力,那就用很短的时间看一下他们的命令所带来的行为,没有人敢反抗也没有人抱怨。从佩皮尼昂到里尔,国家失去了抵御压迫的防御力量,比1789年的王室军备力量的溃败更快"。《旅居法国》,II,409页。作为一个特殊的机构,从1793年夏天开始,国民自卫军的很大一部分被撤销了,那些组成国民自卫军的人也逐渐被解除武器。我们继续提高警惕,但是除了个别情况,只给服役的国民配有长矛,而且他们也只是暂时的使用。"每个人在结束站岗的时候,都要把武器上交,而且必须准时"。

死刑命令、施加各种酷刑。6个月以来,许多处决方法被发明出来并被开始运用,包括公安委员会、社会安全委员会、拥有至高权力的流动的独裁分子、可以收税并可以关押犯人的地方委员会、革命武装力量、革命法庭。但是因为缺乏内部的协调和中央的推动,国家机器并没有完全运转起来,它的行动既不是直接的也没有普遍性,而且不够强硬。

"您离恐怖行为还差得远,"圣-茹斯特说,"必须尽快让司法的威严权畅通无阻,您的威力必须笼罩全国以便停止罪行。部长们承认,他们觉得除了低两级的官员,他们在下属身上只看到了懒惰迟钝和心不在焉。"

"在所有政府官员身上,"俾约-瓦伦①补充道,"我们看到了一样的麻木不仁,作为大革命重要支柱的地方政府成了绊脚石。"由各级政府传达的法令,不是延迟发布就是执行起来缺乏力度。"你们缺少相互协作的力量和精神,这是政府存在、运转和执行的根本……所有好的政府都应该有一个决议中心及相关的执行机构。所有的治安力量必须有迹可查。"库东②最后说:"在一个普通的政府里,选举权是属于人民的,不能剥夺。在一个特殊的政府里,所有的推动力都来自中央,一切选举都出自国民公会。在给予人民选举官员权利的同时,也会损害他们的利益,因为这是在把他们置于危险的境地,即选举出背叛他们的官员。"所以,1789年的宪法准则被迥然相反的准则替代,非但没让政府听命于人民,反而让人民听命于政府。

尽管打着革命的旗号,但旧制度下的等级制度又卷土重来了,从此以后,权力不再是自下而上得到授权,而是自上而下被传达,这是比旧制度下的权力更可怕的地方。

在等级制度的顶端,由12名成员组成的类似于原来的国王枢密

---

① 马莱·杜·潘,II,473页(11月13日俾约-瓦伦的报告)。
② 出处同上,XVIII,591页(12月4日库东的演讲);巴雷尔的演讲:"选举委员会是君主制的机构,它们坚持君主主义。在革命时刻必须避免这些机构"。

院（Conseil du roi）的委员会行使整个统治。名义上权力是在12名成员中平等分布，事实上则是集中在个别人手里。有几个成员只占据着次要职位，尤其是巴雷尔这位时刻待命的演说家和执笔者，他既是秘书又是政府发言人。其他几个享有特权的人，让－蓬·圣－安德烈、蓝德、普里厄·德·拉科多尔和卡诺特，各自占据着一个特殊的部门，比如海军、国防、物资供给等，并对其全权负责，作为补偿，他们把签名的权力授予政治上的领导者，我们称后者为"政治家"。罗伯斯庇尔、库东、圣－茹斯特、俾约－瓦伦、科洛－德布瓦是真正的统治者，负责运筹帷幄主管大局。说实话，他们的任期应该每个月延期，但似乎总是被忘记。

国民公会所处的状态、已经获得的表决权，其实是一种毫无意义的形式主义。国民公会比路易十四时期的议会更顺从，只是一个负责登记的议会，不经讨论就接受公安委员会提呈的法令，因为它放弃了自己组成内部委员会的权利，将其委托给公安委员会负责，它投票全盘通过公安委员会给它提供的名单[1]。当然，公安委员会只安插自己的亲信或者心腹，这样就掌握了所有的立法权和议会权。至于行政权和管理权，就由各个部长来负责，"他们每天在指定的时间来听取它的决议和命令"，[2]他们向公安委员会提交寄往各个省和国外的"一份详尽的有关所有官员的名单"，事无巨细都得向公安委员会请示，他们就像管家、傀儡，毫无主见，一无是处，是"负责对外事务的专员"，以至于最后头衔被剥夺。

掌权者甚至还曾委任当过小学老师且百无一能的人为政治俱乐部成员，他酗酒成性，勉强认识几个字，天天在咖啡馆打发日子，就在那里签署递到跟前需要签字的文件[3]。公安委员会的一帮奴仆组成了

---

[1] 莫尔提美尔－戴尔农，VIII，40页（关于9月13日丹东的提议所做的决议）；丹东的理由是"他仍然在委员会里，他们的观点接近联邦主义"，所以，必须肃清委员会，尤其是社会安全委员会。六人被除名（9月14日），公安委员会提供的名单不经讨论就予以通过。

[2] 《箴言报》，XVIII，592页（1793年12月4日的会议上罗伯斯庇尔的演讲）。

[3] 米罗·德·莫里多，回忆录，I，47页。

国家的第二层权力机构，而最高权力机构则是一帮溜须拍马的人。

为了让他们尽职尽责，公安委员会采取了两手行动。

一手行动是主要由山岳派组成的社会安全委员会搞突然袭击、强行抓人，巴尼斯、勒巴斯、若弗鲁瓦、阿玛尔、达维、瓦迪尔、勒邦、茹勒、拉维孔特里都是由社会安全委员会任命的官员，是委员会的下属和心腹。他们是它的警察局长官，每周与社会安全委员会商议一次工作，就像以前萨尔提讷、勒努瓦和财政大臣共事一样。无论被秘密会议判为反革命嫌疑分子的是什么人，无论是议员、大臣还是将军，他们突然被捕之后的第二天早上，都会被关押在新建的10座监狱的其中一座里。

在那里，另外一只手会扼住他们的喉咙，这就是革命法庭——一个与众不同的法庭，类似于旧制度下的特别委员会，但更加恐怖。在警察的协助下，公安委员会自己选出了16名法官，60名陪审员①，这些法官和陪审员都是从那些最善于阿谀奉承、最冷酷无情、最狂热的人里面选出的②：富基埃-坦维尔、赫尔曼、仲马、巴彦、考费那尔、弗雷锐奥特-莱斯科特，在他们之下还有弃教的教士、变节的贵族、一事无成的工匠、勉强认字的工人、细木工匠、鞋匠、裁缝、理发师、以前的仆人、像嘉耐一样的白痴、像8月10日的勒鲁瓦一样的聋子。他们的名字和身份已经很能说明问题了。

这都是公认的拿钱的杀人凶手，作为同行中的名人，他们每天领

---

① 比舍和胡克斯，XXVIII，153页；莫尔提美尔-戴尔农，VIII，443页，（1793年9月28日的决议）；瓦隆，巴黎革命法庭史，IV，112。

② 比舍和胡克斯，XXXIV，300页（对富基埃-坦维尔及同僚的诉讼）诉讼状："他们中的某一位曾公开吹嘘只投过死刑票。按照其他人的证言，他们只需要瞥一眼这些人就可以确定他们的判决。仅凭对外貌的审查就让他们确定是否要投死刑票。另外一个人说，如果没有罪行，那就要杜撰一个。还有一个酗酒非常严重，每次出席会议都是醉酒状态。其他人来开会只是为了充数，等等"。（作为证据的证言）还要注意到，法官和陪审员必须判他们死刑（出处同上，301页）。"富基埃-坦维尔说，牧月22日，他与沙特来、布若什、勒鲁瓦做了同样的尝试（为了辞职），他们遇到了刚从国民公会回来的罗伯斯庇尔，他挎着巴雷尔。富基埃补充道，他们被当作贵族和反革命分子，受到威胁，如果他们不继续待在自己的职位上，将会被揭发"。皮哲奥特、嘉奈、吉拉尔、杜普雷、富柯、诺兰和迈尔也做了类似的声明。"赛里耶补充说，革命法庭指责牧月22日的法律，仲马以逮捕威胁他。如果我们辞职，仲马就要砍我们的头"。

取18法郎，以便工作的时候更用心。其实他们的工作就是在没有任何证据、不进行任何辩护，甚至不进行审讯的情况下就匆匆给一大批人定罪，这些人都是公安委员会指定的，甚至包括山岳派的代表人物丹东——革命法庭的倡导者。通过政府的这两个机构，每个人都处在公安委员会断头台的铡刀之下，为了不让人头落地，大家选择了屈服①，无论是在巴黎还是在外省情况都完全一样。

那是因为无论在巴黎还是外省，由于地方等级制度的破坏和新的权力机关的确立，公安委员会的绝对权力无处不在。"有关政府和公共安全的所有措施，有关人、治安及国内安全的所有事宜，所有的机构团体、所有的官员，都直接或间接地处在它的监督审查之下"。②值得思考的是，他们的自己人是否也有被押上断头台的危险。

为了提前消除管理部门的不作为，公安委员会收回了某些省的政府部门享有的特权，取消了他们的"政治威信"③，这都是一些势头强劲、受重视、主张联邦制的省份。公安委员会只让它们分担捐税、看管道路和水渠，它不仅要肃清省里的政府部门，也要肃清市镇里的异己势力。为了尽可能阻止人民起义，它把选举的会议减少到每周两次，每人每天发放40苏，其中大部分是无套裤汉，并且暂停了市镇议会选举，直到"有新的命令④"。最后，为了实现更直接的控制，公安委员会任命了一些内部的人员，比如派遣议员和专员，他们是公安委员会派到每个省的具有无限权力的临时总督⑤；任命国家警察，他们是

---

① 《箴言报》，XXIV，12页（共和国第三年风月29日会议上巴叶乐的演讲），"恐惧萦绕在所有人的心头，让所有人感到压抑。它是政府的武器，以致广袤土地上的大批居民丧失了把人和家畜区别开来的品质。他们似乎只拥有政府让他们拥有的生命。人类的自我已不复存在，每个人都变成了一台来回走动的会思考抑或不思考的机器，这取决于专制制度是否给予他活力"。
② 共和国第二年霜月13日的决议（1793年12月4日）。
③ 《箴言报》，XVIII，473页，474页，478页（俾约-瓦伦的演讲），"达摩克勒斯的利剑必须树立在整个法兰西的土地上"。彼洛德的这句话概括了所有新机构的精神。
④ 《箴言报》，XVIII，275页（1793年10月26日会议上巴雷尔的演讲）："这是你们所能采取的最革命的措施"（掌声）。
⑤ 出处同上，520页（共和国第二年霜月5日巴雷尔的报告及相应的决议）："被派去执行使命的代表们必须完全遵循公安委员会的决议，行政机构的将领及其他人员不能以任何特殊命令为借口而拒绝执行上述决议"。

常任总督代理人,他们在每个辖区、市镇代替行会理事行使职责①。

在市镇以及大的乡村,这个官员队伍里又设立了革命委员会,他们每人每天可以拿到三或五法郎,负责执行公安委员会的决议并向它汇报:从来没有如此巨大而密集的网由上而下铺展开来,以控制2600万人。这就是雅各宾派用来取代庄严的宪法的事实上的"宪法"。在他们所摧毁的君主政体的管理制度中,他们需要最独裁、最专制的制度:中央集权、国王枢密院、警察总监、特别法庭、总督和总督代理人。他们又翻出了弑君的古罗马法律,重新准备恢复被文明所埋没的古老的裁判权,而这一切都是为了控制所有的公民:通过对自由、财富、生命和信仰的控制,一下就把所有的人置于它的掌控之中,这就叫"革命政府"。根据政府的官方宣言,它将一直存在下去,直到和平到来的那一刻。在真正的雅各宾派的思想里,它要一直存在,直至所有的法国人都按照规定得到改造。

---

① 《法国国家档案》,法国档案局,II,22页(公安委员会的文件中对于革命政府成果的评论,既无日期也无签名),"霜月14日的法律创立了两种具有推动力的机构,它们必须在公安委员会内部采取行动,然后再作用于其他权力机关。这两个机构存在于公安委员会外部,是革命政府的中枢机构,主要由派遣议员和行政区委员会的国家警察组成。仅'革命政府'这几个字就具有一种神秘而巨大的影响力"。马莱·杜·潘,回忆录,II,2页及其后几页。

第二章　雅各宾派计划

Ⅰ.雅各宾派的计划—抽象的起源和理论的自然发展。Ⅱ.对社会的构想—社会契约—集体中个体的自我放弃—国家：财富拥有者—没收财产，把有争议的财产交与第三方管理—对食物和商品的征收及优先购买权—国家：个体的主人—征调居民服兵役—征调人员服务于民事部门—国家：慈善家、教育家、神学家、道德家、监察官、思想及内心情感的导师。Ⅲ.国家目标：改造人—这一事业中的两部分—自然人的重建—对社会人的培养—事业的伟大之处—使用武力是权利也是义务。Ⅳ.自然人的两种畸形—实证宗教—流放东正教人员—针对不宣誓教士的措施—针对虔诚东正教教徒的措施—对崇拜宪法的活动进行破坏—对宣誓教士施与压力—关闭教会，取消宗教仪式—把迫害活动延长至执政府时期（1799—1804）。Ⅴ.社会不平等—正统贵族阶级的危害—对抗国王和贵族—富有贵族的危害—针对有产者、资本家和高利贷者的措施—消除大宗财富—阻止财富重新大规模聚集的措施。Ⅵ.造就公民所需的条件—消除贫困的计划—恩泽穷人的措施。Ⅶ.抑制利己主义—针对农业种植者、工业家和商人的措施—社会主义的计划—压制联邦主义——反对地方主义、行会和世袭精神的措施。Ⅷ.精神与灵魂的培养—公民信仰—国民教育—平等观念—义务的公民责任感—与雅各宾派精神相符的人性的重铸和还原。

I

再没有比狭隘空洞的头脑里滋生的无边无际的空想更危险的东西：因为头脑空洞，这种想法就不会遇到任何给它造成障碍的知识；因为狭隘，它迫不及待地要主宰所有的意识。从那时起，头脑不再属于自己，而是被这种想法征服和控制，它影响着人们，由人们的行为表现出来。严格按照词意来说，人已经被控制了，变成了一种失去了其本来面目的东西、一个可怕的寄生虫，一种奇怪的与他本人格格不入的思想会在他身上发展起来，并且会衍生出一些有害的想法，而空想就是其中最有害的，但它并没有预料到这一点，它不清楚它的信条到底意味着什么，意识不到会产生何种遗害无穷的致命后果。随着形势的发展，这些后果必然显现出来，首先是无政府状态，接着是独裁专制。登上权力宝座之后，雅各宾派也带来了其固执的思想。无论在政府还是在反对派里，这种无上权力的是万能的思想都具有强烈的繁殖力，并且很快就会在新的领域急速蔓延开来。

II

鉴于国内形势的发展，让我们和雅各宾派一起追溯一下社会的起源、形成及最初的条款。

唯一公正的社会应当是建立在"社会契约论"基础上的社会。显然，"社会契约论的所有条款都可以归结为一点：个人要把他所拥有的一切以及所有的权利都让渡给社会团体，他的状态、他的生命、他的权利、他所拥有的财富，都是社会的一部分"。①他以前的身份，以前所拥有的，都不再属于他自己了。从今以后，无论是身份还是财产，得到授权才归他所有。他的财富和生命本身现在都是公共事物

---

① 这段文章及之后的几段摘自卢梭的《社会契约论》，请参考173~175页，182~186页。

的一部分。如果他拥有了,那也是间接的;如果他享受了,是因为得到了赏赐。他是受托者、享有者、管理者,仅此而已①。换而言之,对于他们来说,他们的身份就是个代理人,也就是说,他们是和其他人没有任何区别的管理人员,他们的"头衔"是临时的,任命他的国家可以随时撤销他的头衔,"就像自然赋予人对他的所有器官拥有的绝对权力一样,按照社会契约的规定,社会团体对它的成员也拥有绝对的权力"。作为绝对的君主和万能的所有者,国家可以随意对人和物实施它无限的权力。所以国家的议员们,不仅控制着人也控制着物。既然人和物是属于国家的,那么也是属于议员的。

被没收的教士资产多达40亿法郎,被没收的流亡贵族的资产为30亿②法郎,处以绞刑者和流放者的被没收的财产也有几亿法郎,我们之后再做统计,因为名单每天都在更新。我们会把反革命嫌疑分子的财产交给第三方保管,这样可以带来几亿法郎的收益。结束了斗争、驱逐了反革命嫌疑分子之后,我们获得了对财产的用益权,这又是几十亿法郎的财富③。而且我们在此期间还接管了医院和其他慈善机构,价值大约8亿法郎。此外,我们还获取了工场、慈善机构、教育机构、文学和科学团体,又是几亿法郎④。3个多世纪以来,国家掌握或让与的领域也被我们接管了,这些东西大概价值20亿法郎⑤。我们把持了乡镇的财产,直至与它们所欠债务持平。通过继承的方式,我们获得了以前君主的财产以及国家领导者的年俸。就这样,我们拥有了超过全国3/5的土地,而且这3/5是最好的。因为在这些土地

---

① 我们很快就见到了这种观念的巨大影响,在1789年8月10的会议上米拉波就引用过(比舍和胡克斯,II,257页):"据我所知,在社会中生存有三种方式,那就是必须在社会里成为乞丐、小偷和雇工。所有者只是雇工的最初形式。被我们通俗地称为'所有物'的东西,不是其他东西,而是社会因为他对其他人所做的贡献,通过消费或开销而支付给他的报酬。财富的所有者都是社会团体里的管家。"

② 罗兰的报告(1793年1月6日);康邦的报告(1793年2月1日)。

③ 比舍和胡克斯,XXXI,311页(共和国第二年风月8日圣-茹斯特的报告和相关决议)。

④ 共和国第二年雾月13日的决议;1793年2月1日康邦的报告。

⑤ 《箴言报》,XVIII,419页和486页,共和国第二年霜月1日和雾月22日康邦的报告,"让我们抛弃之前的法律,从占领卷入政治事件的领域开始"。

上有最宏伟壮丽的建筑、城堡、修道院、宫殿、王宫以及其他奢华的房屋，王室的、主教的、领主的、资产阶级的，那里珍藏着几个世纪前传下来的昂贵的家具、餐具、藏书、各种画作、艺术品等，还有查封的货币以及各种金银制品。

仅仅在1793年11月和12月，被搜刮到国库的资产就多达三四亿法郎①，这可不是大革命期间发行的纸币，而是掷地有声的金银。总之，无论何种形式的固定资产，凡是我们可以得到的，我们都要得到，大概占国有固定资产的3/4，甚至多于3/4，剩下的不是固定资产的那部分——消费品，则会在使用过程中被消耗掉，比如农作物、各种必需品、用来维系生命的所有艺术品和人类劳动的产品。

通过"优先购买权"和"征用权"，共和国成为法兰西土地上所有商业、工业产品和农产品的所有者。②在属于所有者之前，任何产品和货物都是属于我们的。我们从所有者手中掠夺我们需要的，然后会支付给他们不名一文的纸币，其实很多情况下连纸币都不给。我们会直接从生产地查封我们需要的，比如问农场主要谷物，问牧羊人要草料，问养殖者要牲口，问葡萄种植者要红酒，问屠夫要毛皮，问皮革商要皮革，问商人、工场主、仓库老板要肥皂、油脂、糖、烧酒、布匹、毛呢等。我们会在路上扣留马车和马匹，我们会进入从事运输业的人家里，把他们的马厩抢劫一空。为了获得铜，我们把厨房的金属用具抢走，把人们赶出房间以便抢夺睡觉的床。仅仅在同一个城市，我们在1天之内就抢夺了1万人的大衣和衬衣。在为了满足公共需要的情况下，代表依左黑说"一切为人民所有，没有任何东西是属于个人的"。③

---

① 马莱·杜·潘，回忆录，II，19页；《箴言报》，XVIII，565页（共和国第二年霜月11日康邦的报告）。在图卢兹社会团体的劝说下，上加龙省命令所有拥有金银制品的人把它们交到各自城市的国库，以便换取纸币。"这个决议使得图卢兹的国库拥有了150万或160万里弗尔的金银。在蒙托邦和其他城市也同样如此。" "我们的几个同事，"康邦说，"甚至把那些没有按时上交金银制品的人判死刑"。

② 《箴言报》，XVIII，320页（共和国第二年雾月11日的会议），演讲者巴雷尔的言论。

③ 《法国国家档案》，法国档案局，II，106页，共和国雨月2日代表博尚在伊思勒（转下页）

依照同样的权利，共和国颁布了全民入伍的法令，用处理物品的方式来处置人。更不可思议的是，在最初的几个月里，有好几个地方实行了这个法令：在旺代以及北部、东部省份，所有50岁以下的健康男性都要入伍与敌人作战①，之后又有整整一代人被招募入伍，即所有18岁到25岁的年轻人，大概有100万人②。凡是征兵时缺席的，都要被判10年监禁，然后被视为逃兵，财产也被没收，父母也将一起受罚，有些人甚至像流亡者一样被判死刑，他的父亲、母亲、直系亲属也都将被视为反革命嫌疑分子，被判监禁并被没收财产。

配备武器、供应衣服鞋子、提供装备，这一切都需要工匠，于是武器制造商、铁匠、铜匠、所有的裁缝和鞋匠纷纷被召集到省府，"无论是师傅、学徒还是伙计③"，凡是不来的一律被关进监狱。其他的则被分到一些公共机构去完成分配下来的任务，并禁止他们为个人服务。从此以后，法兰西的鞋匠只为我们制造鞋子，每位鞋匠必须每隔10天向我们上交一定数量的鞋子，否则就要缴纳罚金。但是为民众服务与为军队服务同样重要，给人民提供必需品与保卫人民同样紧急。这就是我们要"征调所有那些在生产、运输、食品和生活必需品的销售方面有贡献的人④"，尤其是在燃料和日用品领域工作的人的

（接上页）茹尔丹的决议："所有蓝色和绿色的外套，无论是上加龙省，还是朗德省、热尔省以及其他省份，从现在开始一律被征用。在24小时之内，所有拥有蓝色或绿色大衣的公民必须声明，然后交到所在地的市政府"，否则，将被视为"反革命嫌疑分子"。出处同上，法国档案局，92页（共和国第二年雾月3日达勒费尔在维勒弗朗什的决议）；马特尔伯爵，《富歇研究》，368页，共和国第二年雾月21日富歇、弗洛·德·艾尔布瓦在里昂的决议；《箴言报》，XVIII，384页，雾月19日的会议，巴勒斯和弗雷隆在马赛的书信；《箴言报》，XVIII，513页，共和国第二年雾月24日和25日勒邦和圣-茹斯特在斯特拉斯堡的决议；1793年11月4日依左黑写给部长布绍特的信（乐格茹斯，《大革命的本来面貌》（La Révolution telle qu'elle est）；所有这些措施的原则都是罗伯斯庇尔在1793年4月24日所做的关于财产的演讲中提出的，它在雅各宾俱乐部所做的被一致通过的《人权宣言》里也有体现。

① 卢赛，志愿者（Les Volontaires），234页和235页。
② 康邦的报告，共和国第三年雨月3日，"1/5的劳动力人口被征调参加共同防御"；1793年5月12日和8月23日的决议；1793年11月22日的决议；1798年10月18日督政府的决议。
③ 《箴言报》，XIX，631页，共和国第二年风月14日的决议；《法国国家档案》，DS，I，10页，共和国第二年霜月14日拉克鲁瓦、路沙、勒让德在蓬托德梅尔的决议；《箴言报》，XVIII，622页，共和国第二年风月18日的决议。
④ 花月15日至18日的决议；1793年9月29日的决议，列举了40种必需品。第9条（转下页）

原因。伐木工人、车夫、磨坊主、收割者、打谷的、捆干草的、割草的、农夫,所有的乡下人都要被征调,因为他们是我们的劳动力,他们必须劳动,否则就得入狱或交罚金。没有任何人敢偷懒,尤其是收获庄稼的时候。我们把整个镇或区的人都赶到田地里,虽然其中也有"游手好闲之徒①",但是无论是否乐意,他们必须在我们的监视下开始收割庄稼,就像给自己家干活一样,但是要把麦子都运回公共粮仓。

一切工作都是相辅相成的,从最初的工序到最后一道工序,从最原始的材料到最精致的产品,从大商人到小商贩,当我们开始接触这一链条中的第一个环节的时候,就势必也会接触最后一个环节。这一链条涵盖了所有的工作,每个人有义务完成自己的工作,比如制造商负责生产,商人负责经商,即使这样做会损害他们的利益,但是正是因为他们吃亏了,所以公众才能受益。

一个好公民必须先考虑公共利益,其次才是个人利益②。事实上,无论何种身份,他们都是集体的雇员。所以集体不仅可以开除他们,也可以为他们选择工作,而这都无须征求他们的意见,当然,他们也没有拒绝的权利。这就是我们为什么要在行政机关、指挥机关以及其他所有部门任命官员的原因,哪怕这违背了他们的意愿。他们借故拒绝、逃避都没有用,他们会违心地担任或继续留任将军、法官、警察、市政参议员、特派员等职务③。尽管责任巨大而且危险,尽管没有

(接上页)规定对于那些"没有合法理由而拒绝工作的工人或制造商,要关三天监狱",1793年9月16日和20日的决议,以及9月11日决议的第1、6、9、20和21条。

① 《法国国家档案》,法国档案局,II,111页,共和国第二年获月23日代表费里在布尔日的决议;出处同上,法国档案局,II,106页,共和国第二年花月28日代表达尔提古艾特在欧什的决议。

② 共和国第二年雾月11日的决议,第7条。

③ 谷维侬-圣西尔,从1792年到签订《坎波福尔米奥条约》时对于战争的回忆录,I,91~109页;"在这个时期所有人都担心局势的演变",出处同上,229页,"有点钱财的人都想方设法远离任何形式的紧张局势"。《法国国家档案》,DS,I,5页,阿尔伯特在奥布省和马恩省的任务,尤其是共和国第三年芽月7日他在沙隆所做的决议,以及法官和市政官员请求把他们替换下来的请愿书。画家高斯的信(1882年5月31日出版),对于还原大革命时代的私生活是非常珍贵的:"我的哥哥被任命为慈善专员以及负责部队服装供给的专员。在恐怖时代,拒绝接受职位是不明智之举"。《法国国家档案》,F,3485,巴黎的公证人图桑-吉拉尔事件,他在"共和国第二年热月9日,在法律的审判下丧命"。他在大革命初期太过自由,1789年成为他那个宗派的主席,但是8月10日之后,他就没有什么动静了。爱国人士委员会(Le comité de la section des Amis de la Patrie)(转下页)

空闲时间,尽管他们觉得力不从心,尽管他们觉得自己的职务会把自己送进监狱或送上断头台,但这只能算他们倒霉。当他们抱怨这是份苦差事的时候,他们就会被告知他们是国家的奴仆。

从今以后所有的法国人都必须这样,女人也不例外。我们强迫母亲们把她们的女儿们带到人民团体的大会现场。我们让妇女们在共和国节日期间盛装打扮参加游行。漂亮的女士被从家里抓走,然后被打扮成古代的仙女坐在花车上游行。有时候甚至让富人和革命党人结婚①:没有任何理由,只是为了让宗教仪式里最重要的婚姻不需要像其他仪式那样必须提出申请。

同样,我们进入民宅,抢走孩子,让他们接受公民义务教育。我们成了教育家、慈善家、神学家、道德家。我们不遗余力地让公民接受我们的宗教和信仰、我们的伦理和道德。我们对公民的私生活和道德肆意干涉。我们要支配他们的思想,严密监视他们,对于偷偷变心易虑的人要进行惩罚。我们征税,不仅要把那些心怀敌意的人关进监狱,施以绞刑,而且也包括那些"不表态的温和主义奉行者和利己主义者②"。我们要左右他们的情感,就像左右他们的信仰那样,甚至要根据已经设计好的类型重塑他们的智力、意识和内心。

III

在这次行动中其实没有任何随意性,因为理想的模式已然勾勒出

(接上页)认为"国民吉拉尔只有在君主立宪时期或拉法耶特统治无套裤汉的时候才抛头露面",而且还认为"自从以平等为目标的大革命开始以来,他剥夺了他的同胞获取知识的权利,这是对大革命犯下的罪行。他将会被押送到卢森堡"。

① 吕多维克·斯库特,《教士公民组织法的历史》(Histoire de la Constitution civile du clergé),IV,131、135页(达尔提古艾特和匹耐的决议)。还原斯特拉斯堡的大革命的真实文件汇编,I,230页,施奈德在巴勒发表的关于与革命党人丰克结婚的演讲,似乎施奈德考虑到自己的利益做得更好(出处同上,317页)。

② 比舍和胡克斯,XXIX,160页,1793年10月10日圣-茹斯特的报告,"你们需要惩罚的,不仅仅是叛徒,还有对此漠不关心的人。你们需要惩罚所有在大革命中冷漠被动,没有为大革命做任何贡献的人"。

来。国家之所以拥有绝对的权力,是为了"改造人",赋予它至高权力的理论同时也规定了它的管理对象。

对这一代人的改造有何表现呢？想象一下家养的动物,比如一只狗或一匹马。1000名瘦弱、逆来顺受、受制于人、丧失自由且劳累过度的人,忍受着一个肥胖、神气活现的人的压迫。所有的压迫者无论胖瘦,灵魂比身体还要腐朽。一种虔诚的尊重让受压迫者在重负之下屈服,或者在主人面前阿谀奉承。低三下四、好吃懒做、愚蠢可笑、对意外事件束手无策,被压迫者之所以产生这种奴性,是因为他们沾染上了一些恶习和缺点。习惯荒谬、顽固守旧、居心叵测、一种假装的冗赘性格掩盖了他们的本性。同时,因为没有机会,他们最好的本性没能够显露出来。因为与其他人分离,他们没有集体的意识,就像他们美洲大草原的兄弟一样,他们不懂得互助,没有个人利益服从集体利益的意识。人人只想着自己,没有人关心别人,大家都是利己主义者,社会的本能就此夭折。这就是今天的人类,一种需要重生的变异的生物,一种需要完善的半途而废的创造物。所以我们有双重任务：我们需要破坏,需要重建,我们先塑造自然的人,其次塑造社会的人。

这是一项浩大的工程,我们已经感觉到了。俾约-瓦伦[1]说:"在某种程度上,必须重新塑造我们想让他们恢复自由的人民,因为必须消除以前的偏见,改变古老的习惯,改善道德,杜绝多余的欲望和根深蒂固的恶习。"但是这是一项崇高的事业,因为要"满足自然的愿望[2],践行实现人类命运的计划,履行哲学上的诺言。"罗伯斯庇尔[3]

---

[1] 比舍和胡克斯,XXXIII,338页,1794年4月20日俾约-瓦伦在国民公会所做的关于"民主政府"理论的报告。

[2] 比舍和胡克斯,XXXI,270页,1794年4月5日,罗伯斯庇尔所做的关于在国内事务中指导国民公会行动方针的报告。请参考第I卷,166~167页,卢梭的思想；罗伯斯庇尔只是把这些思想移花接木。

[3] 出处同上,270页,在所有的计划里,都可以看到重塑人类情感的意图。出处同上,305页,1794年2月26日圣-茹斯特的报告,"我们的目的是建立一种秩序,就像确立一种好习惯一样,就像造反分子一下子被扔上断头台"。出处同上,1794年3月13日圣-茹斯特的报告,"我们只知道一种结束弊端的方式,那就是在国内实行大革命,对所有邪恶的行为发动战争,就像在我（转下页）（接上页）们中间为了推动大革命所发起的战争一样"。

说：" 我们希望用伦理道德来代替利己主义,用正直(probité)来代替荣誉(honneur),用行为准则代替习俗惯例,用义务代替惯例,用理性之力代替宗派作风,由鄙视不幸转为鄙视罪恶,由追求金钱转为追求荣誉,用道德高尚之人取代教养良好之人,用功德取代阴谋,用有才之士取代自命不凡之辈,用成功的魔力取代精神上的苦恼,用人类的伟大取代显赫人物的渺小,用一个大度、强大、幸福的民族取代一个殷勤、肤浅、可悲的民族,即用共和国的所有优点和创造的奇迹取代君主政体的罪恶和荒谬。我们不惜任何代价都要做到这些。当代人是什么样子无所谓,因为我们在为后世奋斗。"被迫与世界、与自己决绝的人类向未来启航,看到了在现世的罪恶中诞生出来的纯洁的后代。①为了他的事业,他牺牲了自己和他人的生命。

圣-茹斯特说:"如果有一天,我确信不可能给予法兰西人民稳重、坚强、感性的美德来对抗暴政和不公正,我就用匕首自杀。"博多说:"我在南方做的事情,同样也会在北方做:我要让他们成为革命党人。要么他们死,要么我亡。"卡里耶说:"如果不按照我们的方式改造它,我们宁愿把法国变成坟墓。"

道德败坏的人想抗议也没有用:这是因为他们缺乏理智、道德败坏才去抗议的。个体提出自己的权利也没用:因为他不再拥有权利,根据必须遵守的唯一有效的《社会契约论》的规定,他已经无任何保留地放弃了做人的资格,"他已经没有什么权利了"。也许有几个人依然反抗,但这是因为他们安于所习,而且后来的习惯又掩盖了他们本来的天性。如果我们把马从磨石上解下来,它仍旧围着磨石转圈;如果让狗离开杂耍艺人,它还是会坐在后爪上。为了让它们回归本能的状态,必须使劲地摇晃它们刺激它们。同样,也应该使劲摇晃人类让他们回归正常状态。但在这点上,无须任何顾虑②。因为我们

---

① 出处同上,XXXV,276、287页,圣-茹斯特的体制;《箴言报》,XVIII,343页,雅各宾派的会议,共和国第二年雾月13日博多的演讲。
② 比舍和胡克斯,XXIX,142页,1793年9月25日让蓬·圣-安德烈在国民公会上的讲话,"他们说我们实行一种专制权力,控告我们是暴君。暴君!我们!啊!也许是吧,如果让自由(转下页)

不是让他们低头屈服,而是让他们挺直腰杆。根据卢梭所言,"我们强迫他自由"。我们给予他们人类所能得到的最大的恩惠。我们让他们回归自然状态,重新置于司法约束下。所以,既然他们已经得到了提醒,如果他们固执地反抗,那么他们就会成为罪犯,就必须受到惩罚①。因为他们的行为具有反抗性,他们为自己辩解,因此他们成了人类的敌人,违背了社会契约。

IV

让我们首先想象一下自然人。当然现在我们很难将自然人分辨出来,因为他不同于我们所遇到的非自然的人——这是受压制、受欺诈的被古老的社会制度扭曲的物种,他被充满迷信和压迫的世袭制度束缚,被宗教迷惑了,不得不屈服于制度的淫威,受尽政府剥削,受到不断的打击而唯命是从,总是受制于人,总是违心地违背道德被人利用。无论什么样的人,无论地位高低,无论家境如何,或殷实或贫穷,时不时地要从事奴隶般的工作,就像一匹呆头呆脑的马,眼睛被蒙住,不停地拉着磨,有时候要忙于毫无意义的检阅,就像一条聪明的狗,穿着华丽的衣服,在公众面前显摆它所受到的恩惠②。

但是用思想消除一切华丽的服饰、蒙眼的布条、绊绳之后,你们就

(接上页)胜利的是暴君,那么这个暴君就是政治上的新生"(掌声)。出处同上,XXXI,276页,共和国第二年雨月17日罗伯斯庇尔的报告,"据说恐怖政策是专制政府的动力。我们的政府和专制政府有相似之处吗?是的,自由英雄手里闪着光芒的利剑,就像暴君的仆从所佩带的剑……大革命的政府是自由的暴政来对抗真正的暴政"。

① 出处同上,XXXII,253页,1794年4月20日的决议,"国民公会宣布它是建立在法兰西人民的美德之上,它会让民主的共和国获胜,会毫不留情地惩罚敌人"。

② 在对于旧制度的描绘中,充斥着对那个时代的夸张描写与过分轻信。(比舍和胡克斯,XXXI,300页,1794年2月26日圣-茹斯特的报告。)"在1788年,路易十六在巴黎的麦斯莱街和新桥上屠杀了800名各个年龄段的男女。法庭在马尔斯广场又重新上演了这一幕,在监狱里绞死犯人。人们在塞纳河里捞起的溺水者就是其受害者。大约有40万人被关押,每年绞死1.5万走私贩,对3000人施以车轮刑;当时巴黎监狱里的犯人比现在还要多。看一下欧洲的情况吧,在整个欧洲有你们听不到其喊叫声的400万囚犯"。出处同上,XXIV,432页,1793年5月10日罗伯斯庇尔的演讲:"直到现在,统治的艺术就是抢夺的艺术,就是奴役大多数人为小部分人谋利益的艺术,立法,就是在体制上减少暴力事件"。

会看到一个全新的人出现了,这是原始的人,未受到伤害,思想纯洁,身体和灵魂都很健康。在这种情况下,他就可以免受偏见的影响,不受谎言的蒙蔽,他既不信犹太教,也不是新教徒,也不是天主教徒。尽管他尝试着去接受世界的全部以及一些理论,但他不会被所谓的新事物欺骗,他只听从理性的安排。虽然有时候他有可能是无神论者,但一直以来他都信奉自然神论。在这种情况下,他就不会卷入任何的等级制度,他既不是贵族也不是平民,既不是工人也不是老板,既不是业主也不是无产者,既不高贵也不卑微,独立而平等,他们约定互相合作,他们的良知与判断力规定最重要的就是保持他们之间原始的平等。这就是从自然中诞生、被历史打败、大革命要重新塑造的人①。对于两层紧紧束缚他们的绷带,对于压制和扭曲他的智力的实用宗教,对于违反和歪曲他的意志的社会不平等,我们不能过多打击②。因为每打击一下,我们就会把束缚他们的绑带破坏,但每破坏一条绑带,又会让他们陷入瘫痪的状态。

  让我们关注一下解放的行动。在与教会机构抗衡的过程中,制宪议会总是不够果敢,一味采取治标不治本的权宜之计,划破树皮,但不敢拿起斧头砍断树干。没收教士的财富、废除宗教等级、限制教皇的权力,制宪议会所做的努力仅限于此。它想建立一个全新的教会,把教士转变为宣誓效忠教士公民组织的宣誓派教士,但这就好像天主教甚至在管理上都已经不是天主教了,就好像一棵坏了的树,一旦被盖上公共的印章,就失去了危害性一样。制宪议会还没来得及摧毁制造谎言的场所,就又在它旁边合法地开了一家,于是一家变成了两家,无论是否得到政府允许,它都在法兰西的土地上畅通无

---

① 比舍和胡克斯,XXXII,353页,1794年5月7日罗伯斯庇尔在国民公会上的报告,"自然告诉我们,人是为自由而生的,几个世纪的经验向我们展示了受奴役的人。他的权利铭刻在心,他所受的耻辱镌刻在历史上"。

② 出处同上,372页,"教士负责道德,江湖医生负责治病救人。掌管自然的神和掌管教士的神又有多少区别呢?我不清楚任何和无神论相似的事物,但无神论就像他们所创造的宗教。在制宪会议上,他希望我们禁止父亲在遗嘱里把遗产留给儿子。如果你们的法律没有通过有效而温和的措施来减少财富分配不均的现象,那么你们就没有为自由做任何事情"。

阻,就好像以前把毒品发给民众却不受制裁一样。这才是我们所无法宽容的。

说实话,我们需要挽回面子,口头上重新宣布宗教自由①。但事实上以及实际运作过程中,我们捣毁了制造谣言的老窝,禁止毒品的传播,不再允许在法国信奉天主教,不再有洗礼仪式、忏悔、宗教婚礼、临终涂油礼、弥撒。任何人都不能去传教也不能听讲道,任何人都不能行圣礼,除非是偷偷摸摸的,冒着入狱或斩首的危险。为此我们颁布法令严格执行。对于声称是天主教的教会,没有任何障碍,那些拒绝宣誓的成员将不受法律保护,当他们放弃社会契约的时候,也就意味着与这个社会脱离了:他们已经失去了公民身份,成了由警察监视的普通的局外人。因为他们在散布不满和反抗情绪,他们甚至连局外人也算不上,而是叛乱分子、伪装的敌人,是不断扩大的隐秘的旺代叛乱的始作俑者,我们不需要像追捕江湖骗子那样追捕他们,只需要像镇压叛乱分子那样对待他们就可以了。于是大约40000名拒绝宣誓的教士被驱逐出境,那些在规定期限内没有离开的则被流放。我们只允许60岁以上的老人、残疾人、被拘押的犯人及隐居者留在法兰西的土地上。如果他们不到省府的监狱服刑将被判死刑;流放犯人擅自回来也判死刑;窝藏教士也是死罪②。因此,东正教教士越来越少,也将没人信奉东正教。两个最危险的制造迷信思想的场所之

---

① 共和国第二年霜月18日的法令。请记下一些限制:"国民公会通过之前的部署,并不打算以任何方式违反法律,也不打算违背公安委员会制定的措施,这些措施是对付拒绝宣誓的或造反的教士的,或者是针对那些借宗教之名危害自由事业的人。国民公会也不打算指责时至今日根据人民代表的决议所做的一切事情,也不打算给予任何人扰乱爱国精神或延缓公共精神发展的借口。"

② 1792年5月27日和8月26日,1793年3月18日,4月21日和10月20日,1794年4月11日和5月11日的法令;(《箴言报》,XIX,697页)有关没收教士财产的法令,"他们自愿被流放或被没收财产,他们像老人或残疾人那样深居简出,宁愿被流放也不愿意被判刑"。出处同上,XVIII,492页,霜月2日的会议上弗雷斯蒂耶的演讲,"至于教士,如果他继续从事宗教活动,那将是一种耻辱或罪恶"。《法国国家档案》,法国档案局,II,36页;共和国第二年雪月1日,旺代和德塞夫勒省的人民代表列歧尼奥的决议,"为了让信仰的自由能够绝对存在,禁止任何人讲道来宣扬某种宗教信仰"。尤其是明确禁止任何教派的贵族牧师布道、著书、传授伦理道德,否则被视为反革命嫌疑分子立即逮捕。任何胆敢宣扬某种宗教教义的人都是人民的罪人。他亵渎了社会平等,这种平等不允许个人当众把自己的意愿凌驾于邻居之上。

一被关闭了。

为了更好地停止有毒思想的传播,传播者与信奉者都要受到惩罚,我们不仅要追捕牧师,也要追捕狂热的信教者。他们即使不是教士叛乱的始作俑者,也是支持者和同谋。然而,因为教会分裂,我们得以提前了解他们,在每一个市镇,关于他们的名单早就定好了。所有那些拒绝向教士组织法宣誓的人,都被称作狂热分子,资产阶级称他们为侵入者,修女们不再向他告解,农民们不再去做弥撒,女士们不再亲吻圣盘,父母们不愿意让他们为刚出生的孩子洗礼。所有这些人,以及那些和他们打交道的亲戚、朋友、客人、拜访者,无论男女,在思想上都是叛乱分子,所以就是反革命嫌疑分子。我们剥夺他们的选举权,取消他们的补助金,让他们承担特殊的赋税,把他们软禁在家,关入监狱,把几百人一起押上断头台。

剩下的人逐渐灰心泄气了,他们放弃实践一种难以实现的宗教①。剩下的都是缺乏斗志的温和派,盲从的人群坚持自己的宗教仪式,无论走到哪里都不忘宗教活动,似乎宣誓教会和未宣誓的教会是一样的。他们不去否认教士基本法的神父那里,而是去宣教神父那里。但他们并不虔诚、不信任甚至疑虑重重,他们反问自己,这些由一个被逐出教会的人制定的宗教仪式是否还有价值?

这样一种教会是不会稳固的,我们只需要一种把它摧毁的力量。我们尽力让拥护教士组织法的教士们声誉扫地;我们禁止他们穿道袍;我们用恐怖政策和监狱来约束他们的婚姻。一旦他们还俗,则不会对他们有任何宽恕,有几个教士因此声明自己是伪君子,还有几个因此交回祭司出具的证明书,更多的教士放弃了自己的职务②。

---

① 吕多维克·斯库特,《教士公民组织法的历史》(*Histoire de la Constitution civile du clergé*),第Ⅲ卷和第Ⅳ卷出现多次;索泽,《杜省的革命迫害史》(*Histoire de la persécution révolutionnaire dans le Doubs*),Ⅲ、Ⅴ和Ⅵ,尤其每卷后面附的被流放、被砍头、被拘禁及隐居者的名单。

② 1792年12月17日国民公会日程,1793年1月22日执行委员会的通报,国民公会1793年7月19日、8月12日、9月17日、11月15日的法令;吕多维克·斯库特,Ⅲ,第ⅩⅤ章及之后几章,第Ⅳ章;《箴言报》,1793年11月15日(11月23日巴黎市关于关闭所有教堂的决议)。(转下页)

因为教士或自动或被迫弃教,天主教的信徒们很容易就被带出了羊圈,为了让他们不再有回羊圈的想法,我们把破旧的围墙也拆除了。在由我们掌控的市镇,我们要求雅各宾派废除宗教信仰,在其他城市,派遣的代表也用强硬的手段取消了宗教信仰。我们关闭教堂、推倒钟楼、熔化大钟、把圣器送到铸币厂、打碎圣像、亵渎圣骨、禁止宗教葬礼、鼓励世俗葬礼、规定一旬中的第十日休息而星期天工作。所有这一切必须严格执行,因为一切实证宗教都是过错的根源。

我们流放所有教徒;我们要求所有新教的牧师公开发誓弃绝宗教;我们禁止犹太教徒举行任何宗教仪式;我们"焚烧一切和穆瓦兹宗教有关的书和符号①"。但是在各种使用宗教的伎俩里,天主教是最邪恶、最仇恨自然的,因为它的教士奉行独身主义,因为教条的荒谬性有悖于理性,与民主政体背道而驰,因为在天主教里,权力是由上而下授予的,不受政府机构的管制,因为它的创立人不在法国。所以必须制裁它,甚至是在热月政变之后,我们仍然继续对其进行各种

(接上页)关于对拒绝宣誓的教士采取的恐怖政策,我只给出以下两份文件:(《法国国家档案》,F,3116)"多尔多涅省的主教是一位叫蓬塔尔的公民,他住在圣奥诺雷一位姓波旁的女人家里。他说在一份名为《共和党人》(Républicain)的报纸上,有一篇报道说他在提到的那处房屋召开教士会议,他证明自己对此毫不知情,所有被派去看管房子的人都是按照大革命的旨意。如果需要怀疑这样一件事,那么他可以立刻搬出去。如果说有什么风吹草动的事情,那就是他想和一位名叫卡米纳德的公民的侄女结婚,卡米纳德是位优秀的爱国人士,是香榭丽舍分区第九连队的队长,婚姻会结束他所在省份的狂热情绪。除非这是一个教士昨天在小教堂里对无套裤汉的圣职授任礼,否则就没有任何革命的行为。或许有必要补充一点,已经有个巴黎的本堂神父拜访过他了,神父请他促成这场婚姻。这位神父名叫格雷斐耶—绍瓦日,他仍在巴黎也打算在同一时期结婚。除了这几个可以招致谣言的原因,蓬塔尔不明白还有什么会引起怀疑。而且他是一个光明磊落的人,他的要求只有一个,那就是得到真相,以便可以毫无理由地投身大革命。他签署了他的声明,承诺会一直通过写文章和具体的行动来支持大革命。为了让大家看到他的理论的内容,他提供了在巴黎印刷出版的最新的两期报纸"。"不可分割的法兰西第一共和国的第二年",1793年9月7日,法兰西共和国多尔多涅省的主教F.蓬塔尔于巴黎;道邦,《1793年的舆论盘惑》,557页,"逮捕了代表奥斯蓝,共和国第二年,他的兄弟圣欧班的本堂神父写给穆斯狄斯·瑟沃拉的委员会的信:以布瑞图斯和穆斯狄斯·瑟沃拉为例,我蔑视我以前对我的兄弟的崇拜之情。啊,神圣的共和主义者。啊,真理!你知道我纯洁的感情"(就这样又继续写了43行)"这就是我的感情,我和奥斯蓝手足情深,他是圣欧班的司祭。附言:我是在完成自然使命的时候收到了这个痛苦的消息。"(他大肆运用修辞,就像他所写的这些话;最终,还是个担惊受怕的白痴,头脑空洞,他把最后这一点作为他不是同谋的证据。)

① 证明斯特拉斯堡大革命的真实文件汇编,II,299(裁判辖区的决议)。

程度的迫害,直至执政府时期,依然有大批教士被流放或被枪决。

对于狂热的宗教信徒,重新实行恐怖政策,"我们限制他们的活动,折磨他们的耐心,让他们日忧夜虑,不让他们有半刻喘息的时间①"。我们强制人民遵守每旬十日的历法;让人民甚至在餐桌上都接受我们的宣传;我们改变集市的日期,这样任何虔诚的教徒都不会在斋戒日②买到鱼。我们执行的最好的就是这场针对天主教的战争,所有计划里,只有这一条达到了令行禁止的目的,因为这关乎真理:"我们是真理的获得者、捍卫者和宣传者,然而真理的仆人从未如此不遗余力、旷日持久地根除谬误。"

V

除了迷信,还有另外一个需要摧毁的怪物,于是制宪议会再次发动了进攻。然而因为缺乏勇气和逻辑,这次进攻持续了两三下之后就停止了。

禁止佩戴徽章;禁止授予贵族头衔、土地名号;不发放任何补贴就废除领主按佃农的所有者名义收取的租金;取消以不合理的价格重新购买的权利,以及其他封建君主的权利;限制王权。这就是制宪议会为了重建自然平等所做的一切,由此可见,制宪议会并未做很多事情。

因为篡位夺权者和专制君主仍然存在,必须以另一种方式进行,

---

① 吕多维克·斯库特,IV,426页(共和国第四年霜月督政府对国家特派员的指令),出处同上,第X到第XVIII章。

② 出处同上,IV,688页,督政府的法令(共和国第六年芽月14日):"市镇官员规定,每一旬有固定的一天在各自的辖区举行集市,但是每次都以这些集市正好是以前的某个节日而取消。他们尽量让鱼市不与旧历法所规定的斋戒日发生联系。所有在政府规定的固定日期之外获取食物和商品的个人,都会被带到法庭,因为他们妨碍了公共秩序"。与他们的前任相比,热月党人更加反对天主教,只是他们取消公开的迫害,期待一种缓慢的压制(《箴言报》,XXIII,523页,共和国第三年风月3日布瓦桑·德·昂格拉斯的演讲)。"要警惕你们所不能阻止的事情,让你们所不能禁止的合法化……很快,我们只会知道荒谬的教义、只认识行为不端担惊受怕的孩子,他们会对人类造成长期的危害。很快,苏格拉底、马克-奥勒留和西塞罗的宗教将是世界性的宗教"。

因为他们所享有的特权是对人权的违背和侵犯。所以,我们废黜了国王并把他送上了断头台①。不给予领主任何补贴,废除了所有的封建债券,其中包括封建君主以地主和普通出租者的名义收取的租金。我们按照农民起义的要求,对封建君主的财产进行了分割。我们迫使他们流亡,如果他们留下来就对他们实施监禁,如果他们回来就被施以绞刑。因为他们一直享有较高的地位,与普通人相比,他们似乎成了另外一种生物,而且他们的种族偏见是根深蒂固的,无法进入一个平等的社会。但是我们也不能太严厉地镇压他们,至少要让他们活着②。另外,就因为他们"曾经活过"这一点,他们就是有罪的。因为他们无法无天地享受特权、居高临下,违背所有的法律,欺骗愚弄人民。他们已经享受了地位和身份带来的种种特权,他们因此而受到惩罚也是公正的。

昔日的特权者一旦沦为阶下囚,所处的境遇与以前反抗他们的被统治者就是一样的。警察逮捕了他们及其家人,把他们流放到中部,他们成群结队地被关进监狱,并且被大批处死,即使不被处死,他们至少也会被赶出巴黎、港口和设防严密的城市。被拘禁的人每天必须去市政府,他们被剥夺了政治权利,不能担任公职,不能参加任何"人民团体、监督委员会、市镇议会和选区大会③"。但是我们还是很宽容的,既然他们名誉扫地,我们就应该把他们视为苦刑犯,让他们去修路④,"正义让人民的敌人和暴政的支持者永做奴隶⑤"。

但这样似乎还不够,因为除了封建贵族阶级,还有制宪议会没有

---

① 《箴言报》,XIV,646页(罗伯斯庇尔的演讲,对国王的诉讼),"惩治暴君和废黜暴君是同一回事";圣-茹斯特的演讲:"王权是所有人有权拿起武器反抗的永恒的罪恶……没有人可以无罪地统治"。

② 马拉日记的题词:"Ut redeat miseris, abeat fortuna superbis"。

③ 比舍和胡克斯,XXXIII,323页,共和国第二年芽月26日圣-茹斯特的报告,及芽月26—29日法令的第4、13、15条,出处同上,315页。

④ 出处同上,XXIX,166页,1793年10月10日圣-茹斯特的报告:"这大概是他们为国家做的唯一的好事……现在人民来统治他的剥削者,汗水掩盖了他们高傲的额头,这是公正的。"

⑤ 出处同上,XXXI,309页,共和国第二年风月8日圣-茹斯特的报告。

触动的其他贵族①,尤其是掌控财富的贵族阶级。在所有的统治中,富人对穷人的统治是最苛刻最严厉的。事实上,富人藐视平等,消耗的公共资源也更多,他们消耗却没有任何产出,不仅如此,他们还藐视自由,他们随意决定工资,并且总是毫无人性地把工资尽可能定得很低。在他们与穷人之间,他们总是定一些极不公平的契约。作为土地、资产和所有生活必需品唯一的占有者,他总是强加一些条件,其他人即穷人不得不接受,否则就会被饿死;他们不择手段地剥削那些不能等待的穷人;因为他们的垄断,穷人一直处于赤贫状态。这就是圣-茹斯特②写下如下文字的原因:"富裕是一种耻辱,因为它养育的私生子和养子,还不如我们用1000里弗尔的工资养育的多。"

罗伯斯庇尔说:"不应该让最有钱的法国人的年金超过3000里弗尔。"一旦手里的资产超出了最低的生活需要就是不合法的。凡是有剩余财富的地方,我们都有权没收,不仅仅是现在,因为现在我们需要它造福国家、接济穷人,而且从长远来看,剩余财富会让拥有者在契约中具有一定的决策权,影响工资水平,垄断生活必需品,总之这是比封建贵族更糟糕的垄断。所以,不仅针对贵族阶级,也要针对富裕的资产阶级,我们所仇恨的是有产者和有钱人③,我们要彻底消

---

① 出处同上,XXVI,435页,1793年5月10日罗伯斯庇尔关于《宪法》所做的报告:"我们的习惯和所谓的法律是什么?难道就是鲁莽放肆和奴颜婢膝的规则?在这种规则里,人类的轻蔑取决于某种价格表,而且会随着无数奇奇怪怪的法则增加?鄙视与被鄙视,为了享有权势而阿谀奉承,奴隶与暴君风水轮流转,一会儿双膝跪在主人面前,一会儿又蹂躏人民,无论我们秉性善良还是有教养,无论是普通人还是完美无缺的人,无论是法律人士还是金融人士,无论是法官还是军人,这就是我们的野心。"《法国国家档案》,F731167;共和国第二年雪月10日,观察家沙尔蒙特的报告:"布瓦洛的头像本来放在里修中学,与圣像一起被从壁龛中推倒。于是无一例外:圣人和其他人都成了同一类人。"

② 比舍和胡克斯,XXXV,296页,圣-茹斯特的理论。梅朗,回忆录,17。安娜·普鲁普特,《从1802年到1805年在法国旅居三年的记述》第二册,96页。在马赛,"打算消灭我们的人,我们冠以两个最严重的罪名:财富和贵族。主张实行恐怖政策的人,已经颁布法令,规定任何人每年的年金都不得超过200法郎,我们不能容忍任何超过这个数目的收入。"

③ 《法国国家档案》,F74437,共和国第二年获月7日,克拉维松的人民协会的请愿书:"资产阶级、商人、大地主都有前面提到的意图。法律没有办法让人民擦亮眼睛看清这些新的暴君的财产,协会希望我们能给予革命法庭权力,可以对这个高傲的阶级实行短暂的拘禁。人民将会明白他们犯下的错误,放弃对他们的尊重。"库东的记录:"移交到人民委员会审判。"

灭他们可怕的封建垄断势力①。

　　首先，运用新制度打击他们的唯一手段，就是禁止靠租金生活的人按照惯例攫取别人劳动成果里最好的那部分。大胡蜂不能再像以前那样吃蜜蜂们酿的蜜了。为了达到这一点，只需要发行信用券、强制实现货币流通体制就可以了。因为纸币贬值，有产者或者不劳而获的资产者看到他们的收入在手里化为乌有：他们领到的只是票面价值。在1月1日，他的承租者只给了他一半的租金而不是全部。在3月1日，他的佃农给他拿来了一袋粮食②来偿清租金。如果我们重新修改合同，把借出去的钱的利息、房屋的租金、土地的租金减半，减少3/4或更多，效果也是一样的。

　　当食利者的收益蒸发的时候，他的资产也坍塌了，我们为此做了不少努力。如果他们仍然持有以前民间机构或宗教机构的债券，无论是何种形式：地方性的、宗教团体的、医院的、特殊的抵押契约都要收回，我们把他们的证券兑换成上交给国家的年金。无论他们是否愿意，我们都要把他们的个人财富纳入国家财富，我们要让他们破产，并且让共和国的所有债权人破产③。我们有更直接更迅速的方法让他们破产。如果他是流亡贵族，并且有几十万人一起流亡，我们就把他的财产充公。如果他被砍头或者被流放，并且有几十万被砍头被流放，我们也把他们的财产充公。如果他被"视为是革命的敌

---

①　毛瑞斯1796年1月4日的信："法国的资本家从财力上已经被指券打垮，身体上已经被断头台消灭。"比舍和胡克斯，XXX，26页，1793年6月罗伯斯庇尔所写的记录："国内的危险来自资产阶级。我们的敌人是谁？是邪恶而富有的人。"

②　根据1873年5月23日斯勒维斯特·德·萨锡的讲述，他的父亲当时拥有一块每年收益4000法郎的农场，佃农给他4000法郎的信用券或者一头猪，然后他的父亲选择要一头猪。

③　比舍和胡克斯，XXXI，441页，1793年8月15日康邦所做的关于确立国家公债持有人总册的报告。

人①",并且"所有的富人发誓反革命"②,我们就封存他的财产,收取利润直至和平状态,这样一来,战争结束后我们就拥有了所有权。在这些情况下,用益权和所有权都是由国家继承,顶多是有时候我们给予这些家庭临时救助,因为他们甚至连吃饭的权利都没有。

不可能有更好的把财富连根拔起的方式了,至于那些我们不能一下子夺取的财产,我们会像砍树一样一点点地把它们砍下来。我们有两把斧子对付他们。

一方面,我们在理论上颁布了累进税,在此基础上发行了强制公债③:在收入上我们把生活必需品和过剩产品分别对待,必需品限制在每人1000法郎④。根据过剩产品的多少,分别收取1/4、1/3或者1/2的税,如果超过了9000法郎,则全部征收。除了可怜的食物储备,最富足的家庭每年也只有4500法郎的收入。另一方面,通过革命税,我们干净利索地对资产进行分割。委员会的外省的总督对银行家、大商人、资产阶级甚至寡妇随意征收所能想到的税,300法郎、500法郎甚至是12万法郎,1周付清。如果被征税的人没有钱或者找不到地方借钱,只能自认倒霉,因为他们会被认定是反革命嫌疑分子,我们会把他们关进监狱,没收他们的财产由国家支配。即使他们交了税,我们也会强迫他们把金币或银币交到我们手上,有时候我们会给他们一些信用券作为交换,有时候则什么也不给。从此以后,信用券

---

① 比舍和胡克斯,XXXI,311页,1794年2月26日圣-茹斯特的报告及通过的相关法令,尤其是第2条;《箴言报》,共和国第二年风月12日,科洛·德·艾尔布瓦在雅各宾派会议上的讲话:"国民公会认为被关押的犯人必须承认他们从1789年5月1日起曾是爱国分子。当识别了大革命的爱国者和敌人之后,爱国者的财产是神圣不可侵犯的,而敌人的财产则要为了大革命的利益而被没收。"

② 出处同上,XXVI,455页,1793年5月10日雅各宾派的会议上罗伯斯庇尔的演讲;出处同上,XXXI,1794年2月26日圣-茹斯特的报告;凡是表现得是国家敌人的人,都不能拥有任何财产。

③ 出处同上,XXXI,93页,罗伯斯庇尔关于财产的演说和雅各宾派协会采纳的人权宣言;1793年9月3日的法令(第13、14条)。

④ 《箴言报》,XXII,719页,共和国第二年霜月6日康邦的报告:"在波尔多,拉巴被判120万法郎的罚金,佩绍特是50万法郎,马丁是30万法郎。"请参考罗道尔夫·勒斯的《赛里格曼·亚历山大或斯特拉斯堡一个犹太教徒的倒霉事》(*Seligmann Alexandre ou les Tribulations d'un israélite de Strasbourg*)。

（1789—1797年流通于法国的一种以国家财产为担保的证券，后当作通货使用）开始流通。

贵金属都被征走了①，每个人都把他的银器交了出来，没有人敢私藏钱财：餐具、钻石、金条、铸造成货币的金银、未铸造成货币的金银、所有"我们将来会找到或将来会去找的埋藏在地下、地下室、墙里、屋顶、地板和石砖下面、壁炉、壁炉烟道以及其他隐蔽之处的财宝②"都是属于共和国的。对于揭发者，我们会给予他们财物总价值1/20的奖赏，但是是以信用券的形式。我们不仅搜刮铸币和贵金属，而且还搜刮了布制品、床、衣服、食物、酒，等等，可以想象一下旅馆的状态，尤其是我们住过之后，就好像被大火烧过一样。动产不见了踪影，不动产也是一样，现在它们都被毁坏了，必须阻止它们再恢复原样。为此法律上取消了立遗嘱权③，并规定继承遗产必须遵循平等和服从的原则④，给予私生子与婚生子女同样的权利。我们承认永久的代位继承，这是"为了增加继承者和对遗产进行分割⑤"。我们把直系亲属自由处理的财产减少到1/10，旁系亲属的则减少到1/6，那些收入超过1000担小麦的人则不能继承任何东西。我们设立了收养制度，这在本质上是一个具有共和性质的"值得赞扬的制度"，"因为可

---

① 《箴言报》，共和国第二年霜月1日康邦的报告："之前那些自私自利之人甚至用信用券支付他们从共和国获得的资产都有困难，现在我们把他们的金币拿走了……埋藏了他们的金币的普通的国库税务员来把他们欠国家的金币或银币交了出来，但他们拒绝了，国民议会已经下令没收这些财产。"

② 共和国第二年雾月23日的法令，关于外省的税收和财产充公，请看马泰尔伯爵的《富歇研究》和《证明斯特拉斯堡的大革命的真实文件汇编》。更详细的请看这次行动在特鲁瓦的一些细节。梅朗，90页："在波尔多，我们不是根据商人们是否有爱国心征税，而是根据他们的财富征税。"

③ 1793年3月7日至11日的法令。

④ 《箴言报》，XVIII，274页，雾月4日的法令，出处同上，305页，共和国第二年雾月9日制定的平均分配遗产的法令，其法律效力追溯到1789年7月14日，而非婚生子女不包括在内，执政官庞巴塞雷斯对这种例外感到非常遗憾。

⑤ 菲纳《民法研究》，1793年8月9日康巴塞雷斯对《民法》第一次草案的报告。康巴塞雷斯因为没能够剥夺父亲自由处理的份额而进行申辩："委员会认为这样一种强制义务会严重违背我们的风俗习惯，对社会却没有任何好处，对于道德无一利处，而且我们确信，财产已经进行了分割，已经进行了生前赠予。"他非常厌恶对富人实行的善举，我们眼前还浮现着贫困与苦难，他却对赠予的本性非常反感。这些令人动容的评论使得我们下定决心依法扣押固定的份额，这是一种不允许赠予其他人的最高限额。

以妥善而平稳地对大宗财产进行分割"。在立法议会上,一位议员曾说过:"只有当我们继续对财富进行平均分割的时候,权利的平等才能维系下去①。"现在,我们已经充分考虑到了这一点,未来也依然要重视。寄居在人类这棵大树上的毒瘤已经所剩无几,我们几下子就把它们切除了,如果它们能卷土重来的话,我们所安装的永久运转的机器会把它们最后的残余势力铲平。

VI

通过对自然人的重建,社会人登场了。现在重要的是培养公民,而这只能通过消除社会等级来实现。

在一个根据宪法构建的社会里,"应该既没有富人也没有穷人②"。我们已经摧毁了导致腐化堕落的剩余产品,下一步只需要消除让人失去尊严的贫穷。在财产的暴政下,人败在了自己脚下,这种暴政比人的暴政还要残酷。我们永远不可能把一个仍然是奴才、佣工、乞丐的犯人造就成公民,那些只想着自己、只惦记着一日三餐、可怜巴巴地乞求工作、每天要重复15个小时机械性工作的人,像负重的牲畜一样活着然后终老在救济院的人③,也不可能被改造成公民。适合被改造成公民的人必须有自己的生计、住处、生活必需品,必须适度工作、不焦虑、不受约束,"希望他自由独立、自尊自重、有规规矩矩

---

① 《箴言报》,XII,730页,拉马克伯爵在1792年6月22日的演讲,而且这个原则是针对所有雅各宾派的,"事实上的平等是社会艺术的终极目标"。孔多塞《人类精神进步史表纲要》(Tableau des progrès de l'esprit humain):"博多写道:我们希望把福音书带给基督教徒的平等应用于政治上。"(基内,《法国革命史》,II,407页。)

② 比舍和胡克斯,XXXV,296页(圣-茹斯特的言论);《箴言报》,XVIII,505页(共和国第二年霜月3日巴黎市的法令),"财富与贫穷都应该从平等的制度内消失"。

③ 出处同上,XXXV,296页(圣-茹斯特的理论):"人天生不是为了从事某种工作,不是为了进医院,不是为了接受救济,所有这一切都恐怖至极。"出处同上,XXXI,312页。共和国第二年风月8日圣-茹斯特的报告:"希望整个欧洲都知道你们不愿意在法兰西的土地上看到任何一个不幸的人!……幸福在欧洲还是一个新的理念。"

的妻子、健康强壮的孩子①"。社会应该给他提供基本的物质、安全的环境、不让他挨饿受冻；如果他残疾了，也不抛弃他，如果他死了，他的家人也不会无人照管。

巴雷尔（Barère）②说："搜刮富裕的商人、分割巨额财富，这远远不够，必须让土地从共和国消失，也必须结束贫穷的受奴役的状态。"不能再有乞讨者，"不能再有施舍、收容所"。圣－茹斯特③说："穷人是土地的主宰者，因为他们有权作为主人对无视他们的政府说话，他们有权享受国家济贫行善之举④。""在一个逐渐形成的民主社会里，必须让每个公民都拥有最起码的生活保障，如果他身体健康就让他工作，如果他是儿童，就让他接受教育，如果他身患疾病或年老体弱，就对他实施救助。"

历史上从未有过如此美好的时代，共和国拥有丰厚的财产，让贫穷的国民可以改善生活状况，但是亿万富翁和有钱人却密谋反革命。然而，那些曾要扼杀自由的人却可以让共和国更加富有，"反革命分子的财富都在这里供穷人分享⑤"，希望穷人可以心安理得地认为，我们给予他们的不是施舍，而是一种"赔偿"。在给他提供福利的同时，我们也考虑到了他的自尊心，我们接济他们，但不会让他们觉得受到了侮辱。"我们放弃了君主制度下的慈善事业，这种低级的救济制度只适用于奴隶和奴隶主，取而代之的是涵盖整个共和国土地的更慷慨更伟大的国民救助⑥"。同时，我们在每个市镇设立了"无任

---

① 比舍和胡克斯，XXXV，296页，圣－茹斯特的理论。
② 《箴言报》，XX，444页，共和国第二年花月22日巴雷尔的报告。
③ 出处同上，XIX，568页，共和国第二年风月8日圣－茹斯特的报告。
④ 出处同上，XX，448页，花月22日巴雷尔的报告。
⑤ 出处同上，XIX，568页，风月8日圣－茹斯特的报告及风月13日的相关法令："公安委员会会做出一个如何用大革命敌人的财富救济穷人的报告。"
⑥ 《箴言报》，XIX，484页，共和国第二年风月21日巴雷尔的报告。出处同上，XX，445页，共和国第二年花月22日巴雷尔的报告。1793年6月28日、1793年7月25日、共和国第二年霜月2日和花月22日关于国家救济的法令。另外，1793年的宪法里公布了这个原则。"国家救济是一种神圣的恩债；社会向贫困的居民提供生活必需品，或者是为他们提供工作，或者给那些失去劳动能力的人提供生存的保障"。《法国国家档案》，法国档案局，II，37页。共和国第二年的风月，在公安委员会给各省派遣议员的通报里，已经明确表达了这个措施的特点："必须采取有力行动来打垮贵族阶级，（转下页）

何财产之国民清单表",以及"未出售的国家财富清单表"。我们把这些财产分成小份,"以国家拍卖的形式"分配给穷人。我们以"租用的名义"给所有的一家之主1阿尔邦(1阿尔邦相当于35~50公亩)的土地,因为这些家庭拥有的土地都不足1阿尔邦。"这样所有的国民都归属于国家,他们也都拥有了自己的财产。我们让无所事事身体强壮的人、在工场和城市走投无路的家庭回归土地"。

对于年老体弱的种植者和手工业者,对于他们的母亲、妻子或者贫穷的寡妇,我们在每个省都设立了"国家救济清单"。我们在每1000名居民里会登记4名种植者,2名手工业者,5名妇女、母亲和寡妇。像残疾军人那样,凡是登记在册的都能获得国家补助。因工致残的人与残疾军人享有同样的待遇。通过这些恩惠,我们所救济和帮助的是整个贫民阶级,不仅仅是法国130万贫民①,而且也包括所有那些没有存款,每天靠自己的双手生存的人。

我们已经颁布命令②,通过对大资本家征税,国库给每个市镇或选区提供了必要的资金,以便根据工资水平来发放食品费。外省的议员强迫富人"给他们各自区域内所有残疾人、老人、穷人、孤儿提供住处、食物和衣服③"。通过颁布有关囤积居奇的法令以及最高价格法,穷人可以获得所有的生活必需品。如果参加预选大会,我们每天支付给他们40苏,监督委员会的成员则是每天3法郎。我们从他们之中招募革命军队④,从他们之中选择财产保管人。以这种方式,成千

(接上页)国民公会给了他们致命一击。品德高尚的穷人应该收回别人通过对他们实施罪恶而夺去的他们的财产。国民公会公开声明了他们的权利。所有被监禁人员的状况,都要汇报给负责宣判他们命运的社会安全委员会。公安委员会会收到各个市镇的贫民名单,以此来确定应该给他们多少补贴。这两种行为事不宜迟,而且必须同时进行。恐怖政策和公平公正必须同时作用于所有方面。大革命是属于人民的事业,现在轮到人民来享受大革命的成果了。"

① 《箴言报》,XX,449页,共和国第二年花月22日巴雷尔的报告。
② 1793年4月2日至5日的法令。
③ 《箴言报》,XVIII,505页,共和国第二年霜月3日,富歇和科洛·德·艾尔布瓦的决议,由里昂发给巴黎。马尔泰伯爵的《富歇研究》,132页。1793年9月19日富歇在涅夫勒省的决议:"将会在每个省会设立慈善委员会,它有权根据贫民的数量在富人身上征收相应的税额。"
④ 根据1793年4月2日至5日的法令:"要在大的市镇组织一支国民自卫军,这些士兵是从最贫困的公民里选出来的,这些士兵的武器和报酬都由国家承担"。

上万的无套裤汉进入了公共部门。于是从贫困中脱身的每个穷人都拥有了自己的土地、薪水或者补助,"在一个管理有序的共和国里,人人都拥有财富①"。

从此以后,人与人之间财富上的差别会微不足道,财富的两个极端之间只有一个等级。我们会发现在所有的家庭中,家具几乎是一样的,非常简朴,乡村的小地主、家境殷实的农场主、手工业老板、蒙莫朗西的卢梭、萨瓦地区的代理主教、留宿罗伯斯庇尔的细木工②,他们家里的摆设没什么区别,当然也没有奴仆,"在雇主与被雇用者之间,只存在照料与感激的义务③"。"为一个国民服务的人也是家庭的一员,要和他一起吃饭④。"通过社会等级由下而上的转变,我们让灵魂具有了尊严,在无产者、仆人、工人中酝酿出了国民的雏形。

VII

有两种障碍会阻碍公民责任感的发展,其中最主要的就是利己主义。国民将集体置于自身利益之上,利己主义则完全相反,他们认为个人利益至上。他只想着自己的利益,不考虑公共需要,他看不到优先于他的派生权利的高级权利,他想象他的财产是不受任何限制、不附加任何条件地属于自己的。他忽略了一点,那就是尽管他有权使用这些财产,但永远不能损害别人的利益⑤。这就是现在中产阶级甚

---

① 《箴言报》,XX,449页,共和国第二年花月22日巴雷尔的报告。
② 出处同上,XIX,689页,共和国第二年风月23日圣-茹斯特的报告:"我们向你们谈论幸福,但我们给你们带来的不是波斯波利斯的幸福,而是斯巴达或雅典在他们鼎盛时期的幸福,美德的幸福,衣食无忧的幸福,满足于温饱的幸福,满足于陋室和良田的幸福,一把犁,一块地,可以躲避税收的茅舍,不受强盗欺负的家人,这就是幸福"。
③ 比舍和胡克斯,XXXI,402页,1793年的宪法。
④ 出处同上,XXXV,310页,圣-茹斯特的理论。
⑤ 出处同上,XXVI,93页和131页,1793年4月24日罗伯斯庇尔所做的关于财产的报告,以及雅各宾派协会所采纳的人权宣言。马莱·杜·潘,回忆录,I,401页。加尔省一个众议员的演讲:"现在的财富不以任何所有权的形式属于有别于社会团体的成员,货币模子铸造的有害的金属货币也是如此"。

至下层阶级中生活必需品的持有者所做的。需求越是增长,他们越是提高价格,很快他们就会高价出售。更糟糕的是,他们有时会停止销售,囤积产品和商品,希望将来能卖得更贵。因此他们对别人的必需品进行投机,他们让贫穷的状况更加糟糕,他们成了社会公敌。现在几乎所有的农民、工业家、商人都是如此,无论规模大小,农场主、农民、蔬菜种植者、所有层次的种植者以及手工业主、作坊主,尤其是酒商、面包店老板和肉店老板,他们都是如此。

"所有的商人本质上都是反革命的,为了蝇头小利而出卖他们的祖国①。"我们不能忍受这种合法的抢劫。因为"农民②没有为自由做任何事情,他们只知道钻营取巧",我们要监视他们,必要的时候政府要对其进行管理。因为"商业已经成为一种吝啬的君主",因为"它自身已经瘫痪","通过一种反革命式的怨恨,它忽视了各种产品的生产、管理和运输",我们要逃脱"它野蛮的算计,清除它身上的贵族根源以及纠缠它的让它堕落的人"。于是囤积居奇被定为"死罪③",因为囤货的人"以不正当手段在商品流通中获得商品或生活必需品","他把这些物品随便放在某个地方,而不是每天公开销售"。如果一周之后他没有申报或者做了虚假申报,将会被判死刑。如果个人在家里存放了超过日常生存所需的食物,也是死刑④。如果农夫不是在固定的每个星期把自己种植的粮食拿到市场上卖,也要被判死刑。

---

① 《箴言报》,XVIII,452页,共和国第二年雾月26日,埃贝尔在雅各宾派会议上的演讲。《1792—1795旅居法国的日子》,218页(1794年10月4日于亚眠):今天早上当我在一家商店门口等待的时候,我听到一个乞丐正在买南瓜。但在价格上没有和女卖家谈妥,然后他就说卖家是腐朽的贵族阶级。"我瞧不起你!"女店主回应的时候脸色变得煞白,"我的爱国心可以作证……算了把南瓜拿去吧。""啊,你是优秀的支持共和国的人。"乞丐回答。

② 《箴言报》,XVIII,320页,共和国第二年雾月11日的会议上巴雷尔的报告。梅朗,17页。在5月31日以前,"革命法庭只听到了对囤积居奇的抱怨声,凡是每日的生活标准超过了配给量的人,都被看作囤积居奇分子"。

③ 1793年7月26日、9月11日和29日的法令;共和国第二年雾月11日和风月6日的法令。

④ 《箴言报》,XVIII,359页,共和国第二年的雾月16日,身为经纪人的皮埃尔-龚迪尔被判死刑,他当时36岁,住在巴黎的贝勒枫街道,他被证实在家里囤积大量的面包,在丰年造成了饥荒的现象。其实是因为他患有胃炎,只能吃烤了两次的面包做成的面包汤,面包师专门为他做一炉面包,每次卖给他30个面包。

如果商人不公布仓库里的库存,或者不营业,也是死罪。如果工业家不能证明他每天可加工原料的去向,也是死罪。

至于价格,我们在买者与卖者之间进行协调:食物、水、燃料、衣服,我们都会确定最高价格,任何人胆敢超过所定的最高价格进行交易都会被关监禁。以这个价格销售,商人或者工业家即使不赢利也无所谓。如果最高价格法颁布后,他关闭手工工场或者放弃他的买卖,我们就认为他是反革命嫌疑分子。我们强迫他们去做苦力,让他们破产。

无论猎物大小,我们就是以这种方式来斩断猎物的爪子。但是爪子可能会重新长出来,所以最好把它们完全拔掉,而不是把它们切断。我们中的一些人已经打算这样做了。对于所有物品我们都实行"优先购买权"。"在每个省,我们都成立国家商店[1],种植者、物品的所有者、制造商都必须把超出个人消费部分的所有物品拿到那里以较低的价格出售,国家再把这些商品转给批发商,从中获取6%的利润。批发商的利润会固定为8%,零售商的利润则是12%"。这样一来,农业种植者、工场主、商人都成了国家的雇工,他们可以领到一笔奖金或者回扣。因为国家不允许他们有太大的利润,所以他们也就不会尝试去赚更多的钱。他们不再是贪婪的人,很快他们也将不再是利己主义者。

实际上,既然利己主义是一种罪恶,而且个人财产就是这种罪恶的原动力,为什么不取消个人财产呢?以巴贝特为首的极端的逻辑学家提出了这一观点,圣-茹斯特[2]似乎也同意。关键不在于是否颁布土地法。国家可以保留土地,然后在个体之间进行分割,其实分割的不是土地,而是土地的租用权。关键是我们模糊地看到了关于事

---

[1] 《雅各宾派协会论战日报》(*Journal des débats de la Société des Jacobins*),共和国第二年雾月20日第532期,国民杜普雷提出的由阿尔西协会的众议员们提交给国民公会的方案。道邦的《1794年的巴黎》,483页。共和国二年热月,由蒙特罗的雅各宾派俱乐部提交给公安委员会的与前面提到的方案类似的计划。

[2] 比舍和胡克斯,XXXV,272页,圣-茹斯特的理论。

物的法则,在这个法则里,国家作为土地唯一的所有者、唯一的资本家、唯一的工业家、唯一的商人,所有的法国人都受雇于它,都为它服务,它根据每个人的能力分配任务,根据个人所需供给生活必需品。种种未完成的计划仍然像一团遥远的迷雾,但是它们共同的目标已经向世人阐明了。"所有倾向于把人类情感倾注在卑鄙的利己主义上的一切行为都必须抛弃或制止①"。重要的是摧毁个人利益,剥夺个人可以独立生活的意图和一切财产,消除一切野心和计划,因为拥有野心就会让他以自我为中心,而损害真正的中心利益,总之就是让个体与自己脱离,让他完全依附于国家。

这就是为什么必须消灭狭义的利己主义(以此为原则,个体更在乎自身利益而不是集体利益)而追求一种广义的利己主义,因为通过这种原则,个体更关注自己所属的那个团体。无论如何,他都不能放弃一切。无论如何,我们都不能让他在大的国家里再形成一个小国,因为这样他就会把对于国家的爱转嫁到他那个狭隘的小国上。再没有比政治上的、宗教上的、国内地方上的分权主义更糟糕的了,我们要极力抵制它的各种表现形式②。在这一方面,制宪议会为我们开辟了道路,因为它解散了所有让人与集体分离、另成一派的历史的或自然的机构,比如省、神职人员、贵族阶级、最高法院、宗教等级、行会。

我们完成了使命,毁坏了教堂,取消了文学和科学协会、教育和慈善机构,甚至是金融机构③。我们禁止给任何省市贴上"地域性精神"的标签。我们认为"与所有准则都背道而驰的是,有些城市经济繁

---

① 比舍和胡克斯,XXXI,共和国第二年雨月17日罗伯斯庇尔的报告。
② 《箴言报》,XIX,653页,共和国第二年风月21日巴雷尔的报告。"在所有的机构中,你都应该把联邦制视为你们天生的敌人,然后打败它。与联邦制对抗的最有效的方式,就是设立一个庞大的中央机构来负责共和国的事务"。比舍和胡克斯,XXXI,351页,XXXII,316页,共和国第二年风月23日和芽月26日圣－茹斯特的报告:"道德缺失就是国内事务中的联邦主义……国内的联邦制不仅让国家的各个部分分崩离析,同时也吸干了国家财富"。
③ 共和国第二年芽月26至29日的法令。金融机构处于被取消的状态,国家禁止任何银行家、大商人及其他任何人,以任何借口和名义成立类似的机构。

荣,而有些就很贫困,有的拥有丰厚的遗产,有些却负债累累①"。我们把财富上交国家,同时也让国家承担债务。我们用富裕省份和城市的小麦来养活贫困省份和城市的人口。由国家出资来建桥、修路和修建水渠;"我们大规模地把法兰西人民集中在一起,让他们一起劳动②"。我们不要地方利益、纪念品、方言和当地的爱国主义。

  人与人之间,只有一种纽带,即让他们依附于社会团体的关系。而其他的关系,则要把它们摧毁。我们不能忍受个人成为一种混合体,我们尽可能破坏所有关系中最牢固的那种关系,即家庭。为此我们也将婚姻视作普通的契约,让它变得脆弱、不稳固,像两性之间自由而短暂的结合。在办完手续提交证据一个月之后,如果双方愿意,即使只有一方愿意,也可以解除婚约。如果夫妻双方事实上分居半年,不提交任何证据、不受期限限制就可以离婚。离婚的夫妻可以再婚。同时,我们取消了丈夫的绝对权威,因为夫妻双方是平等的,夫妻中的每一方对共同财产及对方财产都有平等的权利。我们剥夺了丈夫的"财产管理权",把这种权利让与夫妻双方。我们废除了"父权","通过强制约束的方式确定他的权利是违背自然的,监督和保护是父母所有的职责③"。父亲不再指导孩子的学习,国家承担起教育的责任。父亲不再是他的财富的支配者,他通过赠予或者接受遗产的方式得到的那份财产微不足道。我们规定了平等和强制分割财产的原则。最后,我们鼓励收养,并取消了私生子的说法,给予他们与婚生子女同样的权利。总之,我们打破了以家庭为旗号、以利己主义和高傲自大为基础所形成的封闭的圈子④、特权机构、贵族机构。从

---

  ① 卡诺特的回忆录,I,278页,"这不是过家庭生活……如果允许有地方特权,很快就会有个体存在,地方的特权阶级会带来民众的特权阶级"。

  ② 《箴言报》,XIX,683页,共和国第二年风月21日,巴雷尔的报告。如果想更好地理解雅各宾派的共产主义和中央集权制的思想,有必要通读这篇报告。

  ③ 菲纳,《民法研究》,1793年8月9日和1794年9月9日康巴塞雷斯的报告;1793年9月20日和共和国第二年花月4日关于离婚的法令。请参考圣-茹斯特的法案(比舍和胡克斯,XXXV,302页):"相爱的男女可以结为夫妇,如果他们没有孩子,他们可以不公开他们的婚约。"

  ④ 关于雅各宾派纲领的这篇文章和其他文章一样,产生了实际效果。"在巴黎,在1792年9月的法律颁布之后的27个月里,法庭受理了5994件离婚案件,在共和国第六年,离婚的数(转下页)

那时起,爱与顺从不再是疯长的树叶,它们像常春藤一样依附的危险载体,比如社会等级、教堂、行会、省、市镇或家庭都坍塌了。在这片被铲平的土地上,只有国家巍然屹立,成了唯一的据点,围绕着这个巨大的中流砥柱,所有攀缘的常春藤都交织在一起。

VIII

不能让他们迷失方向,必须引导他们,要驾驭他们的思想和灵魂,这样才能让信奉我们理论的人发展起来。他需要我们全部的思想,以及在这些思想指引下的日常实践。他需要一种可以给他解释人类起源和本性的理论,一种可以确定他在社会中的位置和角色的理论,一种告诉他权利与义务、为他规划生活、确定工作日和休息日的理论,一种通过纪念仪式、节日、宗教仪式、教理、立法让他铭刻在心的理论。

目前为止,完成这个使命的一直是宗教,由教会负责理论的解释和传播。现在承担这一使命的是理性,具体的操作者是国家。在这一方面,几个百科全书编纂者的弟子让理性变成了神性,使人们对其膜拜。他们让抽象的概念更具体形象,他们临时选定的女神,只是一个讽刺性的有名无实的人。在她身上,没有人能看到人类社会的高

(接上页)量超过了结婚的数量"。(格拉松,《世俗婚姻和离婚》,51页。)"在1790年被遗弃的孩子不超过2.3万名,但是现在在共和国第十年,却超过了6.3万名"。共和国第十年,省长奥夫雷,《萨尔特省的统计数据》。在洛特-加龙省有大约1500名儿童被遗弃(根据省长皮耶尔在共和国第十年做的统计)。正是在大革命期间,被遗弃的孩子的数量达到了这一惊人的数字,未婚妈妈很容易被承认,而且被遗弃的孩子可以送到孤儿院,军人会在家里短暂居住,宗教教义和道德准则摇摇欲坠,这些都是原因,"所以看到十三四岁的孩子拥有以前20岁左右的年轻人才有的放肆言行也就不足为奇了(摩泽尔省的分析,费里埃),工人们的孩子游手好闲、顽劣不堪,有一些甚至侮辱父母,还有的学会了偷东西、满嘴脏话(省长马尔基做的有关默尔特省的统计数据)"。请参考安娜·普鲁普特的《1802—1805在法国旅居三年记事》第I部,436页:"夫人,您相信吗?尼姆的一个园丁对她说,在大革命的某个时期,无论孩子们犯什么样的错误,我们都不敢责骂他们。自称为爱国者的那些人,坚持认为任何时候都不应该训斥孩子,还把这作为自由的主要原则。这就使得孩子们非常顽劣,如果偶尔有家长训斥孩子,孩子就会嫌他多管闲事,并且说:'我们是自由而平等的,只有共和国是我们的父母。这样说你不高兴,但我高兴,你可以另找个让你称心如意的地方'"。孩子们太放肆无理,让他们懂规矩好好说话得需要几年的时间。

瞻远瞩的事业。其实在心底，他们不承认这种至高的事业，他们所谓的宗教，只是一种伪装的公开的无神论。我们排斥无神论，它不仅不切实际，而且也会让人失去信仰，毒害人的思想①。我们渴望一种有实效的、给人慰藉的、鼓舞人心的宗教。这就是自然的宗教，它真实而贴近社会。正如让-雅克所言："如果没有它②，就不可能成为合格的国民……神性的存在、未来的生活、社会契约和法律的神圣，这就是所有的信条。"

我们不能强迫任何人相信它，但是那些胆敢承认不相信的人就是与法兰西人民、与人类和自然作对。所以我们宣布"法兰西人民承认上帝和不朽灵魂的存在"。现在要向人民灌输这种启蒙哲学式的宗教，我们把它引入社会生活，取消了教会立法，清除了所有基督教圣像，从共和国成立之际开启新纪元，以罗马数字纪年，按照季节更迭给月份命名，"我们用实实在在的季节来代替愚昧无知，用自然的现实来替代教皇历法③"。用一句代替一周，第十日代替星期天作为休息日，世俗的节日代替了宗教的节日④。每到一旬中的第十日的时候，通过一种盛大庄严声势浩大的仪式，让公众理解和接受我们最高级的信条。通过历法日期的确定，我们歌颂了自然、真理、正义、自由、平等、人民、苦难、人类、共和国、后世、荣誉、爱国、英雄主义以及其他的美德。我们特别庆祝大革命中的重要日子，攻占巴士底狱、王权垮台、暴君的酷刑、驱逐吉伦特派，等等。我们也有我们的纪念日、圣

---

① 比舍和胡克斯，XXXIII，364页（罗伯斯庇尔的报告，共和国第二年，花月18日）。
② 同上，385页，雅各宾派的代表在国民议会的演讲，共和国第二年花月27号（居斯塔夫·福楼拜根据家族的回忆讲述）。在巴约代表自由的年轻姑娘的胸前或者后背贴着这样的标语："不要让我放荡不羁"。
③ 比舍和胡克斯，XXXI，415页（法布尔·德爱格兰特，1793年10月6日，格列高列，回忆录，I，34页）："新的历法是由罗摩发明的，是为了取消星期日，这就是他的目的，他向我坦白了"。
④ 同上，XXXII，274页（罗伯斯庇尔的报告，共和国第二年，花月18日），国庆节是国民教育不可或缺的重要部分。一种国家节日体系是改革的重要方式。

人、殉难者、圣物、查理耶和马拉①的圣骨、祭礼、习俗②,等等,我们拥有在风云突变的环境中普及信仰的庞大机构。我们的信条不是让公民迷失在想象的天空,而是通过仪式和教义把他们带到一个鲜活的国家,这就是我们所宣扬的公民责任感。

如果说向成年人宣扬公民责任感非常重要的话,那么教育儿童具有公民责任感更加义不容辞:因为儿童比成人更易塑造。通过国民教育,我们征服了这些可塑性极强的灵魂,于是"我们占领了新生的一代③",再没有比这更迫切更顺理成章的事情了。

罗伯斯庇尔④说:"祖国有抚养儿童的义务,不能让家庭的娇气、个人的偏见影响儿童,因为这是培养贵族精神的温床,也容易滋生让人心胸狭隘的分权制思想。我们希望所有的法国人都拥有平等的受教育的权利,我们赋予教育一个显著的特性,这种特性与我们政府的本质类似,并且接近共和国的崇高精神。所以我们要培养的不是'大老爷',而是共和国的国民。"

我们规定⑤小学老师必须持有"公民责任感证书",即能够证明他们拥护雅各宾主义。如果他们传授"与革命精神背道而驰的行为准则",也就是说,如果教授基督教教义,我们就会关闭他们的学校。孩子们从《人权宣言》和1793年的《宪法》中学习认字。我们编纂了⑥

---

① 比舍和胡克斯,XXVIII,345页,马拉的心脏被放在科尔得列俱乐部祭台上,成了祭拜的对象。格列高利,回忆录,I,341页。"在每一所学校,我们以马拉的名义让大家在胸前王 十字"。
② 马泰尔伯爵,《富歇研究》,137页,在纳韦尔的布瑞图斯的雕像的落成仪式庆典;出处同上,222页。纳韦尔为了纪念美德的公民庆典,道邦,1794年的巴黎,在索镇举行的上帝庆典活动。
③ 拉博-圣-艾蒂安的言论。
④ 比舍和胡克斯,XXXII,373页,共和国第二年花月18日罗伯斯庇尔的报告。在共和国第二年霜月22日的会议上,利用同样的论据,丹东曾发表过同样的观点(《箴言报》,XVIII,654页):"孩子首先是属于国家的,其次才属于他们的父母……谁能反驳我? 被自私自利的父辈们养大的孩子,长大后难道不会对共和国造成威胁吗? 在国家大义面前,个人的情理又算得了什么呢? 我们中的哪一位会无视儿童与国家的长期分离带来的危险呢? 儿童应该到国家的学校里吮吸共和国的乳汁。共和国是唯一的,不可分割的,国民教育必须注重这一点"。
⑤ 共和国第二年葡月30日和雾月7日的法令。索泽,VI,252页,关于外省对这些法令的实施情况。
⑥ 阿尔伯特·杜律伊,《国民教育和大革命》,164~172页(各种入门书教理书的节选);共和国第二年霜月29日的法令,第I部分,第1条和第3条;第II部分,第2条;第III部分,第6条和第9条。

具有共和国精神的教材和教理书供他们使用。"要让他们了解哪些美德可以让自由的人最加高尚,尤其是需要培养他们的公民精神,让他们无愧于自由与平等的法国大革命最本质的特征"。我们在他们面前赞扬7月14日、8月10日、9月2日、1月21日、5月31日的正义之举。我们把他们带到①市政会议、法庭的现场,"特别是人民团体,在这些纯正的源头里,他们可以了解他们的权利、义务,可以获得关于法律和共和国精神的知识",然后,当他们回到社会的时候,他们就会发现已经受到了优秀的行为准则的影响。

除了政治观点,我们也要培养他们良好的日常习惯。我们大规模地实施让-雅克②所描绘的教育计划。我们不希望看到轻浮的文人。在军队里,"从第一场战役开始,纨绔子弟就坚持不下来了③"。我们需要像爱弥儿一样"通过艰苦的劳动"和身体锻炼,从而具备吃苦耐劳能力的年轻人。关于这一部分教育,我们暂且只有一些计划,但是计划的严密性足以展现我们理念的深刻内涵和重要意义。

勒佩勒提耶·德·圣-弗尔戈④说:"所有的儿童,无一例外,男孩从5岁到12岁,女孩从5岁到11岁,由共和国出钱一起抚养。"在每个选区所负责的容纳400~600名学生的寄宿制学校里,本着神圣的平等观念,所有儿童都会得到同样的衣服、食物,接受同样的教育和照顾。"学生每时每刻都要遵守严格的规定……他们作息时间严格,吃的是粗茶淡饭,但干净卫生,穿的是粗布衣衫,但舒服合体"。学校里没有任何仆人,孩子们生活自立,还要帮助与他们住在一起的或住在附近的老人及残疾人。"在每一天的日常安排上,手工劳动占据了大部分时间,其他都是次要的"。女孩们学习纺线、缝纫、洗衣服;男孩

---

① 《箴言报》,XVIII,635页,霜月22日的会议上布奇尔的报告。
② 出处同上,XVIII,351~359页,共和国第二年雾月15日的会议上M.J.什涅尔的报告:"我们制定了法律,规定了道德规范,你们可以对整个国家,对国民教育实行卢梭对爱弥儿实行的教育方式"。
③ 共和国第二年霜月22日的会议上演讲者布奇尔的言论。
④ 比舍和胡克斯,XXIV,57页,1793年7月13日罗伯斯庇尔在国民公会上宣读的勒佩勒提耶·德·圣-弗尔戈的方案。出处同上,85页,同样的法令提案。

子则从事养路工、牧羊人、农夫、工人的工作；他们都忙于自己的工作，或者在学校的工作间，或者在周围的田野和手工工场。他们受雇于周边的工场主和种植者。

圣-茹斯特①做了更细致的描写和分析："国家把男孩子从5岁一直抚养到16岁。他们一年四季穿着粗布衣服。他们直接躺在席子上，每天睡8个小时。统一给他们提供食物，他们吃的只有树根、水果、蔬菜、乳制品、面包和水。在年满17岁之前，他们一点肉也不吃。从10岁到16岁，他们主要接受军事和农业方面的教育。他们每60人分成1个连队，6个连队组成1个营，每个县的儿童组成1个军团。他们每年都要到省会集合，在那里露营，在特意为他们准备的竞技场进行步兵训练。他们还要操练所有骑兵的训练项目，学习所有的军事行动和演习。在农忙的季节，他们被安排去帮助农民收割。"

从16岁开始，"他们开始学习手工艺"，农民、手工业者、商人、工场主都可以成为他们正式的师傅，在他们那里，孩子们要一直待到21岁，"否则会终身被剥夺作为公民的权利②，16岁之前所有孩子的服装都是一样的。从16岁到21岁，他们会穿上工人的服装，从21到26岁则穿军装，除非他们是行政官员"。通过鲜明的例子，我们已经感知到了这种理念的影响，马尔斯军事学院成立了③：在每个县里会"从无套裤汉里"选出6名16岁至17岁半的年轻人，然后把他们召集到巴黎"让他们在那里接受大革命教育，了解有关共和国士兵的所有知识和道德标准。他们会接受关于博爱、守纪、节俭、美德、爱国、仇恨国王的教育"。让三四千名年轻人驻扎在萨布隆的"围猎区里，围猎区由带刺的铁丝网隔开，有看守严密的监视④"。他们住在帐篷里，吃

---

① 比舍和胡克斯，XXXV，229页，圣-茹斯特的理论

② 出处同上，XXXI，261页，雪月17日的会议，委员会公布了关于国民教育法令的定稿，国民公会采纳了以下条文："年轻人从学校毕业后，不必去农田劳动，他们必须学习一门科技、艺术或者对社会有益的职业。"否则当他们20岁的时候，他们会被剥夺10年的公民权利，他们的父母、监护人、财产管理人也要接受同样的刑罚。

③ 共和国第二年牧月13日的法令。

④ 朗格卢瓦，马尔斯军事学院回忆录。

黑面包,变质的猪肉,喝加了醋的水。他们持枪操练,参加国庆节的检阅,爱国演讲让他们激情澎湃。想象一下所有的法国人都毕业于同样的学校,他们少年时代养成的习惯在成年时会一直坚持下去,在每个成年人身上都会发现朴素、毅力、斯巴达或罗马式的爱国主义。

在法令的压力下,公民责任感已经成了一种习惯,它所表现出的种种特征预示着民众的新生。罗伯斯庇尔①说:"法兰西人民似乎比其他民族进步了2000多年。我们也想试图在整个人类中把法兰西民族作为与众不同的民族来观察。在欧洲,农民和手工业者就像是来取悦贵族的经过严格训练的动物。在法国,贵族却努力把自己改造成农民和手工业者,甚至还无法获得这种荣誉。"民众的日常生活逐渐走上了民主的轨道,国家禁止被关押的富人购买甜点或者利用钱财谋取日常生活的便利,他们与被关押的穷人用同样的饭盒②吃同样的饭。面包师只能生产一种面包,即麦麸面包,这是所谓的"公平面包",为了得到定量的面包需要在人群中排长队。节日的时候每个人把面包拿到街上与家人、邻居一起分享③。每一旬的第十日,大家一起在"至尊者圣堂"载歌载舞。

国民公会的法令以及议员的决议规定女性必须佩戴共和国帽徽。公共意志要求男性必须穿无套裤汉的服装。于是我们甚至看到年轻的保王党派蓄着胡子、留着长发、戴着红色贝雷帽、穿着卡马尼

---

① 比舍和胡克斯,XXXII,355页(共和国第二年花月18日罗伯斯庇尔的报告)。

② 《箴言报》,XVIII,326页(巴黎公社议会,共和国第二年,雾月11日)特派员宣布在枫丹白露和其他地方,"在监狱和拘留所确立了平等的制度,在那里穷人与富人分享同样的食物"。出处同上,210页。(雅各宾派议会,共和国第二年葡月29日,拉普朗诗关于他在热尔省的任务发表的演说。)教士们在他们服刑的监狱里住得非常舒适,但是在监狱里,无套裤汉却直接睡在稻草上,教士们给我提供了床垫给无套裤汉使用。出处同上,XVIII,455页(国民议会会议,共和国第二年,雾月26日)。"国民议会颁布法令,拘留所里被拘押的犯人必须吃一样的粗茶淡饭,富人要为穷人埋单"。

③ 《法国国家档案》,法国档案局,II,37页,共和国第二年雪月1日列歧尼奥的法令:"在所有的市镇,每个国民都被邀请去庆祝一旬,饭菜都是居民自己准备的家常饭菜,目的是让出苦力的人忘记疲劳,让穷人忘记他所历经的苦难,让贫民和不幸的人心里有社会平等的观念,并尊重他们的尊严;遏制富人心里任何一点傲慢之情,把官员的贵族思想扼杀在萌芽状态"。

奥拉短上衣、木鞋①。没有人再用"先生"、"女士"来称呼别人,"国民"(citoyen, citoyenne)是准许使用的唯一的称呼,大家都用"你"来称呼对方,这已经演变成了一种习惯。一种近乎粗鲁的不拘礼节代替了君主制下的虚文缛节。所有人平等相待,以同志相称。民众说话的语气、文体、遣词造句的区别消失了。无论口语还是书面语,大革命式的表达形式取代了一切,好像人民只能用我们的思想来思考,用我们的句型讲话。他们的名字、月份、日期、地名、纪念物的命名、命名礼、家族姓氏都发生了变化:圣-德尼斯成了弗朗司亚德,皮埃尔·加斯帕德改成了阿那克萨哥拉,路易·安东尼改成了布鲁特斯,议员勒鲁瓦(Leroi)改名叫拉鲁瓦(Laloy)(因为Leroi与法语的国王拼写一致),陪审员Leroy 勒鲁瓦(发音与法语中的国王一样)改名叫8月10日。

通过对外在形式的改造,我们得以统一内在的思想,通过形式上的爱国达到了思想上的爱国。这两种爱国形式都是金科玉律,必须遵守,但是第二种形式更重要,因为这是"支持民主的人民的政府,让其运转的首要原则和动力②"。如果个人不能严格地遵守第一条,即个人要完全归属于集体,就不可能真正实行社会契约。每个个体

---

① 《法国国家档案》,法国档案局,II,48页,共和国第二年花月25日的法令:"公安委员会邀请人民代表达维介绍一下他对于改变国家目前的服饰,使之与大革命和共和国风尚相匹配的看法和计划"。出处同上。共和国第二年牧月5日,对2万件便服及另外三款共6000件军装、司法立法服饰进行印花染色的法令。

② 比舍和胡克斯,XXXI,271页,共和国第二年雨月17日罗伯斯庇尔的报告;出处同上,272页:"这种崇高的感情认为,大家都应该把公共利益置于个人利益之上,由此导致的结果,是爱国之心意味着能带来更多的美德","因为共和国或民主政体的精髓是平等,所以爱国必然包含着对自由的追求","共和国的灵魂就是美德、自由"。拉瓦莱特,回忆录,I,254页(拉瓦莱特夫人的记述)。她必须每个月参加公共庆典,参加爱国者的游行。"我已经快被我们这个街区的姑娘们折磨死了。流亡贵族的女儿、侯爵的女儿、母亲被监禁的姑娘没有权利与她们一起参加。我们觉得不让她们当学徒是不合适的……奥坦丝·德·博阿尔内在她母亲的裁缝那里当学徒,欧仁在圣·日尔曼的一个镇上的细木工匠那里当学徒"。在普通人的心里,独断主义的效果是非常奇怪的。(《法国国家档案》,法国档案局,II,135页,与国民艾斯施泰什一起被捕的女仆尤尔泽勒致公安委员会成员加纳林的请愿书。)"她请求国民加纳林能够考虑释放她,她活着只为上帝祈祷,因为是他让她获得了第二次生命,而且他还让她拥有了投入未来丈夫怀抱中的钱财,她的丈夫是位名副其实的共和党人,他不会让她有任何狂热主义的荒唐想法"。

都要付出自己的全部,不仅是从行动上,而且要从思想上,完全奉献给公共利益。公共利益是人类的新生,正如我们所定义的那样。真正的国民就是那些和我们并肩作战的人,抽象的哲学理论支配着他们的信仰、驾驭着他们的个人意志。他信奉我们的信条,并一直遵循下去,他得出的结论会和我们得出的一样。他赞同我们所有的行为,背诵我们所有的信条,是恪守、践行雅各宾主义的人,是正统的雅各宾派,他们没有污点,没有任何离经叛道的行为。他们从来不是极端的左派,也不是过于宽容的右派,既不急功近利也不拖拖拉拉,他们在我们已经开辟出来的狭窄陡峭的道路上按部就班地前进。这是理性之路,因为理性之路只有一条,任何人都不能偏离这条道路:路的两旁是无底深渊。请跟随着我们的领路人,最忠实的理论家,比如库东、圣-茹斯特和罗伯斯庇尔。他们是在标准的模具里铸就的优秀典范,我们也要在这独一无二的精密模具里重塑法国人。

第三章

Ⅰ.国家的保守计划—这种思想与古代思想的形似之处—古代社会与现代社会的不同之处。Ⅱ.思想的变化—信仰及其基督教根源—荣誉及其封建制度根源—现在的个体拒绝完全让与他的动机—在现代民主制度下新增加的动机—选举的特点及代表的优点。Ⅲ.现代国家的起源和本质—它的职能、权利和权限。Ⅳ.试图越权—先例及理由。Ⅴ.直接公共利益—建立在不受限制的基础上—追求自由的两个理由—个体的主要特征—现代人的复杂性。Ⅵ.间接公共利益—在于对原始力量最经济的/最有效的使用—自愿劳动和强迫劳动的差别—人类活动的原始力量—这种力量流动、运转、产生效益的种种条件—让力量的所有者掌握、支配它们的原因—私有领域的范围—个体可以随意扩大这个范围—个人放弃的部分就是国家领域—国家必须承担的职责—国家的非强制性职责。Ⅶ.社会性工具的产生—同一原则的运用—如何培养各种形式的有用的劳动者—必要和充分的条件是对原始力量的尊重—国家尊重自发力量的义务—当国家垄断它们的时候它们就干涸了—爱国主义的实现—其他一般意志的实现—所有生产能力的枯竭—雅各宾派体系的破坏性效果。Ⅷ.与其他专制主义的比较—菲利普二世和路易十四—克伦威尔和腓特烈二世—彼得大帝和苏丹—他们所发动的人民力量和所支配的军队相匹配—雅各宾派想发动的人民力量和所支配的军队力量比例失调—雅各宾派行为的荒谬—对于政府机构他们只保留了军队—他们有责任展示力量—他们滥用军队—雅各宾派政府的特点——领导者必备的特征。

I

这是对人类极富逻辑性的构建,是为了让鲜活的个体更加适应社会所作的努力。对每个省份的国民生活都进行政府干预,对工作、贸易、财产、家庭、教育、宗教、风俗、意识、个人对集体的奉献、国家的绝对权威都进行严格规定,这就是雅各宾派的思想。再没有比这更因循守旧的了,因为雅各宾派要把现代化的人重新带入18个世纪以来人类已经经历过的社会形式中。

在历史上,尤其是在古希腊和拉丁的城邦,比如雅各宾派奉为典型的罗马和斯巴达①,当时人类社会由军队的首领或修道院的院长塑造成形。无论是在军队还是在修道院,占主导地位的而且让个体全身心付出的唯一的思想就是,无论如何修道士都要取悦上帝;士兵要不惜一切代价取得成功。这就是他们放弃其他意愿而完全顺从的原因:他们是遵守戒律的修道士,是纪律严明的士兵。

同样,在古代社会,君主主要有两种忧虑。首先,城邦有其创立神和保护神:于是城邦对这些神灵小心翼翼地朝参暮礼,否则神灵就会抛弃它。任何仪式上的疏忽都是对神灵的亵渎。其次,战乱频仍,而且有关战争的法律非常残酷。一旦城邦被攻占,等待着每个公民的命运就是被处死、致残、被卖掉甚至把妻儿卖给出价最高的人②。总之,让我们想象一下古代的城邦,有神殿林立的卫城、有城堡监狱,但邻邦虎视眈眈,这个城邦就像罗得岛或马耳他岛岩石之上的圣约翰骑士团,是位于教堂附近营地里的一个宗教和军事团体。在这样的环境下当然没有自由可言:公共信仰刻不容缓,因为公共危险非常巨大。

---

① 比舍和胡克斯,XXXII,355页(罗伯斯庇尔在国民议会的报告,共和国第二年,花月18日),"斯巴达就像茫茫黑夜里闪烁的灯光"。

② 雅典人攻占了米洛岛,在亚历山大胜利之后攻占了狄奈斯,罗马人胜利之后攻占了科林斯。在伯罗奔尼撒半岛的战争中,Platéen人因为无条件投降而被处死,尼斯亚斯在西西里战役失败后被平静地杀死,AEgos-Potamos的犯人被剁掉拇指,等等。

在这种压力下,个人利益让位于集体利益。集体可以容纳所有的人,因为集体需要更多的人来壮大自己的力量。从此以后,任何人都不能孤立地只为自己发展,任何人都只能在固定的圈子里行动和思考。这样公民的雏形就勾勒出来了,即使不是出于逻辑的考虑,至少也是源于传统。个体与他的财产配给必须一致,否则公共安全就会受到质疑:因为懈怠身体锻炼会削弱军队战斗力。一个路人如果拒绝祭拜圣像,会招致上天对这个城市的愤怒。所以国家作为绝对的主人,为了镇压离经叛道的行为,实施了严格的司法权。个体的人没有任何独立性,他不能保留任何土地,他的财富、子女,他的观点、信仰①都无法躲避行政机关的严格管制。如果说在选举日他属于有决定权的人,那么在其他时间,在内心深处他都是一介臣民。所以,罗马有两种监察官。一位雅典的执政官曾是宗教裁判所的法官,苏格拉底之所以被判处死刑,是"因为他不相信整个城市所信奉的神②"。

总之,不仅是在希腊和罗马,在埃及、中国和印度也是如此,在波斯、在罗马帝国的犹太省,在墨西哥、秘鲁,在所有最先孕育人类文明③的地方都是如此,人类社会的理念仍然停留在动物社会的层次:个人完全属于集体,就像蜜蜂属于蜂窝、蚂蚁属于蚁穴一样,他只是生命有机体的一个器官。这就是具有高屋建瓴优势的专制社会主义的各种表现和实施形式。

在现代社会一切都反乎常理:曾经的规则成了特例,古老的制度只能在临时组建的机构里存在,就像军队一样;或者在个别机构中存

---

① 甫斯特尔·德·库朗日,《古代城邦》,XVII。
② 柏拉图,《为苏格拉底辩护》,甚至在《克力同篇》里也有苏格拉底没有逃跑却被判刑的原因。国家的古老的思想清晰地表现出来了。
③ 请参考马努的《法律》(Les lois de Manou)、《波斯古经》、《摩西五经》和 le Tchéou-li。在最后这部法典里(毕奥翻译),我们能够感到制度的完善,尤其是第 I 部的 241、247 页,第 II 部的 393 页,第 III 部的 9、11、21、52 页。"在月圆的第一天,每个区的长官把自己区的人口集中起来,向他们宣读规章制度;他要检查他们的道德、行为、在品德和科学上取得的进步,并奖励他们。同时也要发现问题、错误,阻止他们犯罪。掌管婚姻的长官要监督公民到法定年龄结婚"。"钳制言论"机构注意到了拥有自由状态的人口的减少,在大规模的追捕和集会中,下令实施缄口计划,在这种情况下,士兵的嘴里被塞上塞口物,于是"他们完成了保持沉默的义务"。

在，比如修道院。随着时间的流逝，个人逐渐摆脱了约束，扩大了他的活动范围，这是因为集体中奴役他们的两个枷锁被打破了。

首先，行政机关不再是监视宗教的宪兵队。通过设立基督教教会，世俗社会和宗教社会成了两种截然不同的统治形式，是耶稣自己把这两种审判权分离的："要物归原主（把属于恺撒的还给恺撒，属于上帝的还给上帝）"。另外一方面，因为新教教会的成立，大部分基督教教会分成了许多教派，既然他们不能互相残杀，就必须共存，所以即使国家倾向保留一种宗派，也得容许其他宗教的存在。由于新教、哲学和科学的发展，思辨性的信仰变得数不胜数，几乎与有思维的人一样多，因为有思想的头脑与日俱增，不同的观点也越来越多：由此证明，如果国家强迫大家接受一种思想，就会有无数的其他思想的信奉者起来反抗。所以如果国家明智的话，会首先保持中立，然后承认自己没有资格干涉。

其次，战乱比以前少了，危害性也小了，因为没有充分的发动战争并将战争进行到底的理由。以前战争只是财富的主要来源：赢得了战争，就可以获得奴隶、臣民、纳贡人等，就可以剥削他们，心安理得地享受他们做苦役的劳动成果。现在完全不是这样了：不可能再奢望通过战争获得当牛做马的奴隶，因为这是最愚蠢、最危险、效益最低的方式。因为借助机器通过自由的劳动，会以一种更快更安全的方式获得物质上的满足。现在主要的任务不是征服，而是生产和商品交换。每天，人们都会干劲十足地投入自己在社会中的工作，于是更加难忍受对他们的限制。他们之所以同意继续当兵，不是为了入侵，而是为了防备受到侵略。战争的装备越来越精良，在战争中越来越讲究技术，但同时耗资也更大。在不破产的情况下，国家并不能一直把所有健康的男性收编入伍，也不能给自由工业设置太多的障碍，因为工业可以通过税收来保障国家的开支。国家深谋远虑，就会节省国内开支，甚至是军费开支。

如此一来，国家用来笼罩人类生活的两张大网，其中一张网已经被撕破了,另一张网也松了。没有任何理由把绝对权力赋予集体,个体也没必要完全放弃权利。在合适的情况下,他可以保留部分权利,现在如果让他签署社会契约,他肯定会给自己保留一部分权利。

II

事实是,不仅外在形势与以前截然不同,人的深层思想也发生了变化,在现代人的身上形成了一种与古代契约相对立的某种感情。受极端情况以及突发情况的制约,迫不得已时我可能会签名,但这只表明我暂时的观点。一旦我明白了条款的具体内容,我不会心甘情愿地签名并永久地放弃自己的一切:这违背信仰,玷污名誉,而信仰和荣誉这两种事物是不能失去的。我的名誉和我的信仰不能从我的手中溜走。我是它们唯一的持有者和看护人,我甚至不能把它们交与我的父亲。

这里有两个新词①,它们所表达的思想对于父辈而言是陌生的,它们具有无限丰富的内涵和深远的意义。有了这两个新词,就像嫩芽从植物的茎上分离出来,在旁边重新扎根,个人也由此脱离了原始社会、部落、家庭、等级社会或者城邦,在这些群体里,他个性模糊。现在他不再是一个器官和附属物,他变成了实实在在的人。第一种思想来自基督教,第二种思想来自封建社会。这两种思想逐渐测量出了古代思想和现代思想之间的鸿沟。

只有当上帝在场的时候,基督教徒才感觉到在他身上所有维系个人生活和集体生活的纽带都融化了,就像蜡烛融化一样。这是因为他与上帝面对面,这位永不会犯错的神能够清晰地一览无余地看透灵魂的本来面貌。在他的审判席上,任何人都不可能依赖其他人,每

---

① 在希腊语和拉丁语里,找不到与这两个词完全对应的词,Conscientia、dignitas、honos与这两个词有着细微差别。当我们记下与这两个现代词有关的短语的时候,就能更清晰地把握它们之间的细微差别:信仰的微妙、信仰的严谨、认为与自己的名誉攸关、吹嘘荣誉、礼节,等等。古代伦理道德词汇里的专用词,例如美、诚实、善良,则凸显了另一种社会秩序下的思想。

个人只为自己辩护,他的行为只能归咎于自己。但这些行为具有无穷的后果,因为这种后果只能由上帝的血来救赎,所以价值也不可估量。因此他到底会得到奖赏还是会受到惩罚就要取决于神的牺牲是否受益于他:于是在终审判决中,酷刑或幸福就展现在他面前。在这种比例失调的利益面前,其他的利益都消失了。从此以后,最重要的就是得到上帝而不是人类的公正对待,每一天都会在他身上进行悲剧性的谈话,在这个谈话里,法官提问,犯人回答。

在这个长达18个世纪而且还会继续延续的对话里,信仰越来越成熟,人类也构建了一种理想的司法。无论这种司法存在于具有无限权力的君主身上,还是以严密富有逻辑的真理的形式存在于司法本身,这都不会丝毫影响它的神圣,也不会因此影响它的权威。它以一种高高在上的语气发号施令,而它所命令的事情无论如何也要完成:因为有严格的义务,所有的人都必须绝对履行。所有的义务都是不让之责;如果他没有遵守义务是因为履行了相反的义务,他并不会因此而免罪,而且还会背上履行了第二种义务的罪名:这是一种参与犯罪的罪名。这样他就有了双重罪名,会接受两次惩罚而不是一次。这就是为什么信仰越是崇高,就越需要抛弃的矛盾一面。

首先,他会拒绝一切可能导致他犯错误的条款,拒绝赋予人类谴责自己良心的权利。同时,另一种感情出现了,尽管没有如此珍贵,但更富有活力,更具人文精神,更有实际效果。在他固若金汤的城堡里,作为领导者,封建领主只能指望自己,因为没有警察,他必须自己保护自己,但防御措施有点过了,因为无政府的军事世界对越俎代庖的事最不能容忍,对轻微的攻击行为则听之任之,不予惩罚,这让他们表现得有些懦弱,很快就会成为别人的猎物。他必须保持目中无人的高傲姿态,否则就会被处死。请相信没有被罚"活着"这一刑罚。世界的主人、绝对的最高统治者,没有人与之匹敌,他是独一无二的高等生物,与其他人没有可比性①。在沉闷忧郁的孤独中,是他无休无止的独白,这种独白整整持续了9个世纪②。因此在他的眼里,他自己以及他的附属物都是不可侵犯的。他宁可不惜一切代价,也不愿被人分割去一小块财产。傲气③是为了保护权利表现出的最好的戒备。因为这种戒备不仅仅是为了保护自己的权利,更重要的是自我满足。

人类表现出了与自己的阶级相符的特性,这就像撕之不去的标签。这样,他不仅受到别人的尊重,而且也自尊自重,因为他有荣誉感。这是一种高贵的自尊心,有了这种自尊心,他就会把自己看成一种高贵的生物,不允许自己有低级下流的行为。但是在识别这些行为的时候,他也会搞错。有时候过多地受到虚荣心或者社会习惯的影响,他就会做出过于极端或错误的行为,有时候又难免幼稚或疯狂。他没有摆正他的荣誉观,但是也正因为有这种荣誉观,他才能巍然屹立,即使是在君主专制制度下,比如在西班牙的菲利普二世、法国的路易十四、普鲁士的腓特烈二世的统治下。从封建社会的大贵族到宫廷贵族再到现代贵族,传统一直未变,并且一步步地深入社会:现在所有道德高尚的人,资产阶级、农民、工人都有自己的荣誉感,就像贵族那样。贵族也一样,在紧紧包围他的各种侵害行为中,他依然保持着个人空间,在这种道德约束下,他有自己的信仰、观点、情感,及所有个人的内心财富,比如儿子、丈夫、父亲应尽的义务等。这块坚不可摧的阵地是属于他一个人的,任何人都不能哪怕是以公众的名义擅自进入这片领域。放弃则意味着懦弱:与其交出钥匙,不

---

① 蒙田,《蒙田随笔》,第I部,第XLII章:"看看远离王宫的省份吧,比如布列塔尼,火车、臣民、官员、隐居的由仆人服侍的高级贵族的饭菜及礼节,同时也要看看他飞驰的想象力,没有比这更奢华气派的了。他可以每年谈论一次他的君主,就像谈论古波斯的国王一样。在法兰西贵族的一生中,君主的绝对权力几乎只能影响他两次。贵族习惯深居简出,懂得如何不起任何纷争把家庭管理好,他比威尼斯的大公还自由"。

② 夏多布里昂回忆录,第I部,在孔堡城堡的夜晚。

③ 在中国是完全相反的一种道德观:"在麻烦与困难面前,中国人习惯说小心,即低估自己的胆量"。于克,《中华帝国》(Empire chinoise), I, 204页。

如战死①。

当这种富有战斗性的荣誉感为信仰服务的时候②,就变成了最高尚的道德。这就是当今欧洲道德中占主导地位的两种思想③:通过其中的一种,个人承认任何事物都不能剥夺自己应享有的权利;通过另一种思想,他赋予自己任何事物都无法剥夺的义务。有了这两种根基,我们的文明长成了根深叶茂的参天大树。请研究一下文明赖以生存的历史视野的广度与深度,这样就可以判断文明的影响是否强大。请研究一下文明这棵大树的高度和无限的生长能力,就可以判断文明是否有益。在其他国家,总是缺乏其中的一种,在中国,在古罗马帝国、在伊斯兰国家,元气耗尽,文明之树枯萎,然后轰然倒地。但是在这两种思想的浸润下,我们的文明之树生机勃勃、蓬勃发展。

这两种思想为最好的枝丫、最优质的果实提供了养料;人类的嫩芽是不是美丽优雅的,这要取决于汲取的汁液是否纯正,而雅各宾派的斧头要砍伐的正是这两种思想。新的社会契约要求他把圣地和坚不可摧的城堡交给现代的人,他既不是一个中国人,也不是古代人,也不是伊斯兰教徒,也不是蛮化未开之人,更不是野蛮之人;同时也要交给受基督教熏陶的,躲在自己的信仰里就像躲在教堂里的人;也交给受封建教育影响的,受到荣誉感保护的,就像在坚固的城堡里一样的人。

---

① 在美国,道德主要建立在清教徒的思想之上,但是我们发现了一种比其他道德更根深蒂固的封建式的道德,那就是公众对女性的尊重。在法国对于女性更具有骑士风度,甚至有些造作。

② 请注意,以这种观点,在现代女性中女性道德的防御措施,对义务的情感是对羞耻之心最好的保护,但是有一种更强烈的辅助情感,即内心的高傲。

③ 道德依据一种约定俗成的法律会发生变化,这就像一种严密的功能。每一个社会都有自己的构成要素、结构、历史、与众不同的居民及必需的生活条件。在蜂群里,一旦蜂王受精产卵,对于活着的雌蜂以及无用的工蜂将是一场灾难(达尔文)。在中国占主导地位的是父权、文学素养和恪守伦理道德。在古代城邦,国家至高无上,重视身体素质,实行奴隶制。在每个时代、每个国家,这些根本的条件总是通过多少带有世袭色彩的命令表现出来,这些命令允许或禁止某个阶级从事某些活动。当个体想到某个命令的时候,他就感受到了约束;当他忘记这些命令的时候,他就会感觉内疚:道德冲突也是规则与个人欲望之间的内心争斗。在欧洲社会,源自根本条件的一般的命令是对每个人的尊重(也包括妇女和儿童)。这种历史上全新的命令与之前的相比有独特的优点:每个受到尊重的个体都可以根据自己的本性发展,在各个方面进行创造,以各种方式造福于自己和别人,这样就使得社会可以持续发展。

在这个建立在数量优势基础之上的民主国家里,该把这两种思想交付给谁呢? 理论上来看,要交与一个社会共同体,也就是说,交给那个用毫无特色的情感冲动取代个人判断的人群。在这个社会共同体里,任何行为都不是个人的,因为这是集体的行为;在这个团体里,任何人都感觉事不关己,因为"自我"就像一粒沙子一样被卷入漫天尘埃,在这个团体里,任何违背常理的行为都已经在国家理性的认可下合法化。在实践上,要允许各抒己见,要交给因为斗争而踔厉奋发的多数派权利,他们过分宣扬自己的成就来强迫少数派就范,在少数派里,"自我"是可以存在的;要交给一个临时的多数派,因为他们迟早会被另一个多数派所代替。因此,即使今天压迫别人,明天也会被别人压迫。

更准确地说,要把它们交给六七百名众议员,在他们中只有一个是我可以选择的。为了选出唯一的代表,在1万人中,我只能投1个人的票,我只是为了这1/10000而选定他;我甚至不是为了这1/10000而投别人的票,是我负责的这六七百陌生人觊觎我的位置和我至高的权力;请记住至高的权力,即"无限的权力"这个词不仅针对我的财富和生命,也针对我的内心。集于一身的权力,比分别授予我最信任的10个人的权力总和还要多,他们是管理我财富的法律界人士,教育孩子的老师,照顾我身体的医生,听我忏悔的神父,执行我遗嘱的朋友们,成为我人生的主宰、生活的管家和幸福守护神的决斗中的证人。更不用说那些无数次在选举中上演的拙劣闹剧以及违背民意的被曲解的选举,还有官方的谎言,有了这些谎言,那些只代表他们自己的一小撮狂热分子声称是国家的代表,甚至在合法的选举结束之后,来左右我对在选举中任命的代表的信任。

经常发生的情况是,我投票支持的候选人落选了,这样我就被另一个人所代表,但他并不是我中意的代表。当我投票支持当选者的时候,通常是因为没有更好的办法,而且我觉得他的竞争者更糟糕。我大部分时间都见不到他,只是偶尔瞥见一眼。我几乎不知道他穿什么颜色的衣服、不清楚他的嗓音以及把手放在心口上的方式。我仅从他夸张而含糊其辞的政治声明、报纸上夸夸其谈的演说中,以及在沙龙、咖啡馆的道听途说中了解他,我所信任的他的头衔都是最不可靠、最微不足道的。任何事物都不能向我证明他值得尊敬,能力超强。他不像教师那样有文凭和担保人;他的行会不会像医生、教士和律师行会那样对我有所保证。对于无任何资历的他,我在犹豫是否要雇用奴仆。而且一直以来,我不得不从中雇用奴仆的阶级是一个政客层出完全靠不住的阶级,尤其是在一个实行普选的国家。因为这个阶级不是由最独立、能力最强、最正直的人组成,而是来自夸夸其谈的阴谋家和自信的政治骗子:他们行为不端导致事业失败,因为在他们所从事的职业中需要严密的监视和审问,于是他们投入另外一条道路,在这条道路上,草率鲁莽、心浮气躁不是弱点反而成了优势。在他们舞弊和鲁莽的行为面前,政府部门为他们打开了双扇门。这就是凛然不可侵犯的人物,我受制于他,理论上我必须毫无保留地放弃我所有的意愿。

当然,如果我必须做出自我牺牲,在我为了世袭的国王或特权阶层的利益而放弃自我的时候,我所遭受的危险就会小一点。这说明至少我是推崇我的代表们的,因为他们可见的地位和潜在的能力。由于本能和社会机构的原因,在民主政体下,个体给予代表们的信任和崇拜最小,这也是民主政体不能赋予代表们太多权力的原因。信仰和荣誉使得个人保留了某种程度的独立。在任何其他地方,他都没有如此顺从过。如果说在现代政体下,国家必须限制自己的特权,那么在现代民主政体下,国家的特权也是最有限的。

Ⅲ

让我们认识一下国家权力的限度。在纷乱的入侵和征服结束之后,在社会解体最激烈的时候,在个人武装力量发动的日常斗争中,在每一个欧洲社会团体中都会出现一种"警察力量",这种力量坚持了几个世纪之后现在依然存在。它是如何形成的?它是通过何种形式形成的原始暴力?在形成过程中,它借助于哪些事件和冲突?它由哪种权力掌管?它的期限长短是根据什么原则确定的?

无论是通过世袭还是选举,这都属于次要方面,重要的是它的职责和履行职责的方式。本质上看,它是一把出鞘的刀,竖立在人类用来互相残杀和自杀的刀丛中,在它的威慑下,别的刀被重新放回刀鞘里,没有人再去动它们,它们因此失去了价值而变得锈迹斑斑。现在,除了歹徒,大家已经忘记了使用它们的习惯,从此以后,在和平的社会里,警察力量这把利剑让人不寒而栗,于是所有个体的反抗行为在一接近它的时候就溃败了。

这种力量的形成主要出于两方面的利益:首先,从规模上要对抗其他社会团体在边境设立的起威慑作用的双刃剑;其次,要对抗国内谋权篡位之徒的利刃。我们想防御境外的敌人,对抗国内杀伤抢掠之徒,但是在经历了漫长而艰辛的探索之后,在各种坚强意志的作用下,产生了唯一可以有效保护财产和生命的武器。如果这种武器的作用仅限于此,那么我就受恩于国家——武器的操纵者,也就是说国家给予我一种离开了它就无法感受到的安全感。作为回报,我分担供养军队所需要的资金:享受了服务就得支付报酬。所以在国家与我之间,即使不是有正式的契约,那么至少也应该有类似于把子女与父母、教徒与教会联系起来的心照不宣的约定,而且我们的约定更具体。

无论在国内还是国外,它让我的安全有所保证。我允诺给他提供资金来表达我的尊敬和感激之情,这些资金是我的公民责任心、我的服役形式、我作为纳税人缴纳的赋税,总之是供养军队、外交官、民事法庭和刑事法庭、宪兵队、警察、中央官员和地方官员、一个健康的社会所需要的一切,我的服从和忠诚就是这个社会的食物、养料和血液。这种忠诚和顺从,无论富有与贫穷,无论是天主教、新教还是犹太教教徒,无论是保王派还是共和派,无论是个人主义者还是社会主义者,总之无论我是谁,信仰和荣誉让我必须顺从忠诚,因为我享受到了同样的恩惠。没有被掠夺、被暗杀、被偷光我已经很庆幸了。我必须回报国家,准确地说,回报国家为了击退突然袭击、大规模屠杀和攻击行为所做的一切,以及国家在基础设施和安全保障上的花费。

如果不是国家一直小心谨慎地保护着,我迟早会成为这些行为的猎物。当国家问我要他的预付款的时候,他拿走的不是我的钱,而是从我手里拿他的钱,这样看来国家可以名正言顺地让我多交钱。但前提是他所要求的不得超出他的债权,如果超出了最初的限额,如果他着手进行一项我没有要求过的物质的或精神的事业,他就会要求得更多,如果他让自己成为宗教信徒、道德家、慈善家、教育家,如果他热衷于在国内或国外传播一种宗教或哲学观,推广一种政治或社会形式,那么它就会要求得更多。

于是在最初的契约之上,又加了一条新条款,因为有了这个条款,执行计划就不必得到大家的一致同意。我们每个人都同意得到保护,不受暴力和舞弊欺诈行为的侵犯。除此以外,在其他事情上则可以意见纷纭。我有属于我的宗教、我的观点、道德准则、看待世界或者对待生活的特有的方式和方法。正是这一切构成了我这个独一无二的个体,这是荣誉和信仰禁止我放弃的,也是国家允许我保留的。所以通过它的附加条款,它试图按照自己的意愿解决这一切。如果它的意愿与我的意愿相左,它就不会履行最初的契约,不会去保护我而是压迫我。当大部分人支持它,当几乎所有的投票者都同意给予它这种额外职权的时候,如果只有一个持不同意见的人,那么他就会受到两种方式的伤害。

首先不管怎样,为了履行新的职责,国家要求他缴纳更多的献纳金,尽更多的义务,因为所有额外的职务都会引起更多额外的费用。当国家负责雇用工人和艺术家、扶持工业或商业、做慈善事业、兴办教育的时候,对于选民已经有预算。如果发动争夺领土的战争或宗教战争,除了军费,还要付出人力和生命。然而对于少数派所反对的这些开支,他们像持支持态度的多数派一样也做出了贡献。如果应征的新兵和纳税人对此不满,那也只能自认倒霉。不管纳税人愿不愿意,收税官还是把手伸进了他们的口袋,宪兵的手则扼住新兵的喉咙。

其次,在很多情况下,国家不仅向我攫取债权之外的东西,而且还利用从我手里掠夺来的钱财对我采取新的强制手段。当他强迫我接受他的宗教或哲学思想、允许或禁止我有宗教信仰、声称可以改变我的生活习惯和方式、限制我的工作和开支、指引我孩子的学业、确定我的商品价格或工资水平的时候,就是这种情况。因为在那种情况下,为了严格执行他的命令或制裁,他颁布法令对顽固分子实行或严厉或轻微的处罚,这种处罚从取消政治权利、民事权利一直到缴纳罚款、坐牢、流放甚至处死。换而言之,就是因为我本不该缴纳的税以及从我手里抢走的钱让我遭受迫害,我不得不让他从我的钱袋里拿钱支付法官、看守、刽子手的工资。很难想象还有比这更残酷的压迫。要当心国家的增添权,不要容许它成为看门狗之外的其他东西。当房子的其他主人让它们的牙齿和指甲变得不如以前锋利的时候,它的犬牙则更显阴森恐怖。现在它如巨人般庞大,只有它有发动战斗的习惯和经验。我们要好好喂养它,以防止狼群的进攻。但它从来只伤害和他和平共存的生物。它的胃口越来越大,很快它就成了狼族里最凶残的恶狼。必须让它待在它的围场的生物链里。

IV

让我们围着围场转一圈:围场很大,它几乎能进入私生活的各个隐蔽的角落。事实上,每一个私人领域无论是身体上的还是精神上的,都有可能被邻居们侵犯,为了不受伤害,这就需要第三方公证人的调解。购买、占有、出售、赠予、遗赠、订立契约、为人夫为人妻、为人母为人子、成为主人与仆人、雇员与老板,所有这些行为或身份都包含一些权利,这些权利或相似或完全相反,在这些权利之间设立界限的是国家。国家不仅设立了这种界限,而且为了承认它,国家还对此进行了细致的描绘,颁布了以法庭和警察作为执行机构的民法,这样做的目的是明确每个人的责任和义务。

于是调解员和监督员出现了,他们不仅负责私人财产,而且也负责家庭及家庭生活。他们的职权的合法性存在于个人意志进行防守的特定范围里。根据当权者的习惯,一旦进入了这个圈子,他就有可能将之完全占领。为此他提出了一个新的原则。作为法人,就像教会、大学、学会、慈善组织那样,他难道不应该像一个永恒存在的有机体一样具有一种高瞻远瞩的目光,把永恒的集体利益置于只持续一生的个人利益之上吗?这难道不是其他目标都必须服从的最高目标吗?应该让这种至高利益迎合两种令人讨厌的天性吗?它们经常表现得不合常理,而且对于充满了神秘狂热行为的信仰及其危险,对于可能导致生死搏斗的荣誉感也危险重重。这当然是不能的。

首先,在国家最重要的事业里,当国家用立法机构来解决婚姻、继承、遗嘱等问题的时候,对于个人意愿的尊重并不是它唯一的行动准则。它不满足于让每个人还债,包括所有的债务,甚至是默示的、不情愿的、与生俱来的债务,它让公共利益备受重视。它考虑到了间接的推动力、对未来产生的影响、对大众的影响等。现在如果国家允许或禁止离婚,如果它增加或减少可支配的份额,如果它鼓励或禁止继承权,则主要是出于某种政治、经济或社会利益,是为了让两性关系更纯洁更稳固,为了在家庭中树立家规、培养亲情,为了让儿童具有创新和协作精神,为了给国家储备领导者或小的资本家。在所有这些活动里,必须得到公众的同意。

不仅如此,它必须一直得到人民的认可,除了本来的事情,它还要负责其他的事情,并且任何人都不会觉得它滥用权力,比如当它铸造钱币、制定措施、实行隔离的时候,当它使用赔偿金,为了公共利益而剥夺个人财产的时候,当它修建灯塔、港口、堤坝、运河、道路的时候,当它为科学探险提供资金，修建博物馆和图书馆的时候。有时候尽管公众容许它出资兴办学校、教堂、剧院，为了证明向个体抽取钱财的行为合法化，它唯一的理由就是公共利益。

为什么不让它承担所有对我们有益的事业呢？为什么国家要犹豫是否要去指挥一项有利于社会的事业呢？为什么当一项事业会损害集体利益的时候，国家却置之不理不去禁止呢？然而，请注意到，在人类社会里，所有个人的行为或渎职，甚至是最遥远最隐秘的，都会对国家带来损失或益处：如果我没有管理好我的财富，没有照顾好我的身体、我的智力或道德，那我就会破产，就会削弱我这个社会团体的一员，而富有、健康、强壮的社会是由成员的财富、力量、健康构成的，所以这样看来，我所有的个人行为都是集体的福祉或危害。

那么国家为什么有所顾虑地鼓励我的一些行为而禁止另外一些行为呢？为了更好地行使权利，更忠实地履行义务，国家为什么不让自己成为所有人工作的承包者和产品的分配者呢？为什么它不能成为唯一的农业种植者、工业家、商人、法兰西唯一的拥有者和管理者呢？确切地说，是因为这样会违背所有人的利益。第二个根源是，我们之前反对个体自由，但突然改变立场，不再是自由的敌人，而成了自由的捍卫者。如此一来不仅没有解开国家的锁链，而是在它的脖颈上又加了第二道锁链，让围墙更加坚固，在这道围墙里就是被荣誉和信仰囚禁的公共守护神。

V

然而所有人的利益究竟意味着什么？在个人利益中，吸引个体的是物质，拥有时喜不自胜，失去时怏怏不乐。在这一点上，即便世人一起否认也是徒然。所有的感情都是属于个人的，我的痛苦和欢乐是无法背叛我的。对于事物的喜爱让我拥有其中的一种感情，对某些事物的厌恶，又让我获得另外一种感情。我们不能随意定义个人利益,不考虑法律的话,这种利益是存在的,只需要确定这一点就可以了,即确定每个人所喜欢的。

种族、时代、地点、环境不同,每个人所青睐的东西也不一样。但是在所有人梦寐以求的、诚惶诚恐怕失去的事物中,有一种事物完全是为了拥有而拥有。随着文明的进步,得到它的方式越来越温和,同样,我们也完全是因为害怕失去它而惶惶不安,一旦失去它,我们就会更加痛苦。我的意思是,对于每一个人,他们可以完全支配自己的生命,完全拥有他自己的身体和财富,拥有思考、信仰、随心所欲祈祷的能力,以及与他人协作从而一起行动的能力或者单独行动的能力,总之在所有的方面,他们都不受束缚,这就是自由。但愿这种自由无边无际,这就是在所有时代人类最重要的需要,也是我们这个时代最迫切的需要。

之所以这样说,原因有两种,即自然的原因和历史的原因。从本质上来说,人是一个个体,是与众不同的小世界,是一个封闭圈子里的独立的中心,一个独立的有机体,他自身是完整的,当他自然的本能受到外界力量干扰的时候他就会非常痛苦。历史原因是,他已经进化成一个复杂的有机体,三四种宗教、五六种文明、30个世纪的文化都留下了它们的痕迹,在这个有机体里,各种才能组合在一起,各种遗传特性交错在一起,不同的个性彰显出来,这都是为了创造最敏感、最与众不同的人。随着文明的发展,人也日益复杂:个性逐渐突出,也越来越感性。由此证明,人的文明程度越高,他就越来越讨厌受制于人和一成不变。

现在我们每个人都是这个神奇的进化过程中的无与伦比的终极产品。进化过程的每一阶段只在这个物种上交错重叠,而人就是这个物种里独一无二的动物,一个离群索居的个体,具有最高级最敏感的本质,他具有与生俱来的结构和不可侵犯的特性,只能结出独有的果实。再没有比违背橡树的利益让它结出苹果更有悖常理的了,也再没有比折磨苹果树让它结出大大的橡栗更荒谬的了。违反橡树、苹果树及其他树的规律,把它们的树皮划开、锯开,改变它们的形状,强迫它们按照数学家用贫瘠而僵硬的想象力在图纸上绘制出来的标本长成一模一样的树木,还有比这更荒唐的吗?所以,大家最主要的利益,就是尽可能地少受压制。

他们之所以设立了一种压迫机制,是为了保护自己不受其他更残酷的机制的压迫,尤其是国外力量以及穷凶极恶之人强加于他们的压迫机制。在这一方面,国家的干预对于他们是有利的,但一旦超过了这个限度,干预就成了一种弊端。所以,如果我们把国家唯一的职责限定在保护公众最重要的利益上:阻止压迫、永远不要有压制行为,除非是为了阻止更严重的压制,除非是为了让每个人在身体上和精神上都得到尊重,然后功成身退,克制一切鲁莽干涉的行为。它要尽可能不危害公共安全,减少以前的苛刻要求,仅限于最低的献纳金和最短的兵役,逐渐缩减它的事务,即便是有益于社会的事务,给自己保留最低限度的任务,给予个体更多的空间,让他们发挥更大的积极性;逐渐放弃它的垄断状态,不要与个体的人相抗衡;尽可能辞去职务,让个体的人去履行。这样我们就会发现,公共利益给国家划定的界限,正是权利与义务对他提出的要求。

VI

现在,如果我们不再考虑公众的直接利益,而是考虑间接利益;如果我们关心一下他们的事业,而不是考虑人;如果我们把人类社会视作一个物质的和精神的工场,那么最完美的状态就是最经济、最具生产力、最具物质条件、管理最好的状态。因为没有给予国家太多新的职责,几乎所有其他的职责都由自由的个体、自然的社会、自发组成的协会来很好地完成,所以以这种观点来看,有了这种无关紧要的次要目标,国家的职责范围似乎就会有所缩减。

请让我们看一下一个为自己工作的人,比如农民、工业家、商人,看看他是如何孜孜不倦地工作的,这是因为他的利益和自尊心促使他这样做,这关系到他及家人舒适的生活,他的财产、名声、地位和他在社会中的进步。反过来说,则意味着生活拮据、破产、信誉扫地、受制于人、济贫院。面临抉择,他早已有所戒备,所以在工作上他不遗余力。他时刻想着工作,寝食难安。他研究工作,不是敷衍了事、投机取巧,而是脚踏实地,小心谨慎,研究与工作有关的一切,不懈地研究困难,想对策。他具有敏锐的洞察力,极富个人见解,所以对于他周围的其他人来说,他每天解决的日常问题都是难以解决的,因为没有人像他如此专业。

请把这种蓬勃的工作热情、非凡的能力与行政部门管理者的碌碌无为、循规蹈矩、无精打采比较一下:只要他们勉勉强强完成了工作,就可以领到薪水,当他在办公室的时候,他的工作也确实马马虎虎,只要他的工作还能说过去,符合规章和惯例,我们就不再苛求什么。除此以外,他也不需要绞尽脑汁地不停探索。如果他打算改进一下,那么受益的不是他自己,而是国民——没有姓名、身份模糊的生物。另外,既然发明和改革只能是一纸报告,而这种报告可能会石沉大海,那又何必费尽周折呢?国家机器过于庞大和复杂,因为零件老化,因为"古老的法规和既定的状态",难以按照意愿让其焕然一新,而改造农场、商店和工场则是另外一码事。所以他避免为此奉献自己的才华,离开办公室之后,他就不再考虑工作。他任凭机器按照自己的方式自动运转,他任凭机器花费巨大但产出微薄,他只是墨守成规地工作。

我们已经计算过,甚至是在像法国这样廉洁的国家,如果一家企业是由国家掌管,与由个人管理的企业相比,成本会增加1/4,产出则减少1/4。因此,如果我们把个人负责的工作让国家来承担,那么对于社会团体来说,会增加一半的损失。

对于任何的工作,无论是精神的还是物质的,都是如此,不仅是农业劳动、工业生产和贸易,科技、艺术、文学、哲学、慈善、教育、传教也都是如此。无论原动力是自私的情感——就像个人利益和庸俗的虚荣心，还是大公无私的精神——比如发现真理、创造美、引起共鸣的信仰、具有感染力的自信、宗教的热情和天生的慷慨大度、广义的爱与狭义的爱、从对全人类的爱到倾注到朋友与爱人身上的爱，这两种情况的效果都是一样的，因为原因是一样的。

在自由的个体领导的工场里，有着巨大甚至是无穷的原动力，因为这种动力是有生命的山泉，泉水奔泻流淌，永不枯竭，就像母亲时刻思念着孩子，学者思考着科学，艺术家思考着艺术，发明家思索着他的发明创造，慈善家想着基金，法拉第思考着电，斯蒂芬森思考着蒸汽机，巴斯德思考着微生物，雷赛布思考着苏伊士运河，贫民救济会惦记着穷人。因为有这种专注，所以人类可以凭借着他的才华，从周围的人那里获得所有可能的工作。此时，个体自身变成了完美的工具，并且这个工具可以制造其他的工具，每天他开动着自己就是第一个齿轮的机器，凭借着无人可以否认的能力和成绩，减少磨损，提高产量，降低成本，维修、维护、改良机器。总之，他以一种更高级的方式进行生产。

但是这个让生产更胜一筹的有活力的源泉不能脱离生产者。因为它是生产者的心脏，是生产者最强烈最深刻的感情，它只供他使用，一旦离开了他的双手落入陌生人手中，它就停止流动、运转和生产。所以，如果我们想让工作卓有成效，必须把工场交给它。它才是工场永远的主人，是事先指定的工作的实施者和天生的管理者。尝试着把这种源泉运到别处都是徒劳之举，为了让它在低洼处枯竭或者把斜坡冲刷成斜坡，我们只能堵住它的泉眼，堵塞水渠，偶尔让水流改道，但只会有所损失。凭借着用武力收集起来的储存在私人蓄水池里的几百万桶泉水，也只能勉强灌满中央人工蓄水池的一半，蓄水池里水位很低，而且是死水，这样的水是不会有足够的活力让代替了个体小车轮的巨大的公共车轮运转起来的，而这个大车轮却要独自承担整个国家的职责。

所以，即便只把人看成简单的创作者，只是把他们视为才能和服务的生产者，即便唯一的目标是为社会提供物品和消费物品，但是，只要私人领域包含着个体出于个人（无论是单独行动还是与人合作）利益或个人爱好驱使所从事的事业，这就足够让他们比政府做得更好。照此看来，应该把这些事务转交到个人手上。所以，在巨大的工作层面上，他们应该自己选择属于他们自己的工作，他们有权给自己确定限度。如果他们愿意，那么他们就可以扩大自己的领域，政府干涉的范围则应该相应地被缩减，或者说，政府应该干涉的就是前者剩下的。

如果前者在被瓜分的土地上，或者在有争议的边境线上不断前进，那么政府就不得不有所后退，让出自己的地盘。无论什么样的职务，政府只能在他们缺位时承担，并且前提是他们已经明确表示放弃。所以，真正属于政府的，是他们从未要求过的一些职务，并且他们是自愿地交到政府的手上。

首先，政府可以拥有唯一的、必不可少的、得心应手的特殊工具，即军队，这就是集体来抵御外敌的防备力量，也是自我保护的力量，士兵起义，征收赋税，执行法律、司法与公安事务都依赖这种力量。其次，要依靠所有人的力量完成，但是和任何人都没有直接的利害关系的工作，也在政府的管理范围之内，这就是对空闲土地、公共森林、河流、海岸线和公共道路的管理。此外，管理附属地区，起草和颁布法律，铸造钱币，让公民具有民事权利，以集体的名义和地方机构或者特殊机构一起管理省、市镇、银行、学会、教堂、大学等也是政府的职责。另外，政府还有根据特殊情况补充的非强制性的职责[①]，比如

[①] 当需要履行的职责不太明确或者职责类型交织在一起的时候，可以实行下列规则来确定到底是应该由国家来承担还是由个人承担。在双方协作的情况下，这一规则也可以明晰个人和国家分别承担的比例。一般规则是，如果这个职责对于个体或集体中的人具有直接的利益和好处，而对于集体则是间接的利益，那么就由个人来承担，而不是由政府承担。相反，如果这个职责对集体有直接的好处，对于个体或集体中的人具有间接利益和好处，则应由国家承担，而非个人。根据这个原则，可以理清私人领域和公共领域的界限，我们注意到根据利益、吸引力、关联性的变化，这个界限也会有所变化。

对私人捐助不能维持其开支的重要机构给予补助,比如给予承担了特殊义务的协会一些特权,比如采取个体所忽略的卫生防御措施,比如通过临时救助的方式帮助和扶持个人,为了他将来不再需要救济。一般来说,现在采取的措施谨慎而不易察觉,但未来成效显著,这是一个影响深远的法则,是一系列相互协调的行为,它可能会威胁个人的自由,但可以构建后代的安宁幸福。

VII

但是,在为美好的未来所做的准备活动中,占主导地位的仍是同样的原则。毫无疑问,在最珍贵的产品中,最宝贵最重要的是有生命的工具,即人,因为他可以生产其他的工具。所以我们必须培训人,培训有能力从事体力劳动、脑力劳动和精神行为的人,培养最活跃、最坚韧、最干练、最有效率的人,但是我们应该知道在何种情况下可以培养出来这样的人——必须具备我们刚刚谈到的有活力的汩汩而流的水源,能做到这一点就够了。它们从自然的泉眼里流出,流到主人的手中。在这种状态下,泉水的喷涌会更为欢腾,因为已有的冲击力会增长原始的动力,并且在实践中得到了锻炼,所以工具的使用者也会更加娴熟,周围的人也会成为更好的工人,因为他的成功激励了他们,然后把他的发现运用于实践。

于是国家通过它所尊重的以及让个体所尊重的个体的能量源泉,在个人身上激发出了一种努力生产和创造的意愿和才华,发展出了创造性的能力和欲望,换而言之,就是发展出了各种活力和才能,它们特色鲜明,规模巨大,效率高。这就是政府唯一的职责,首先是引导冰凉浑浊的水源,比如自爱和自尊,它们的工作需要它的监督,尤其是需要引导温暖纯净的水源,它们的仁爱之心完美纯粹,比如家庭的爱和友谊;其次是引导更高级更稀有的水源,这是对美和真的追求,是协作精神,是爱国主义和人文情怀;最后是引导两种神圣的水源——所有水源里最有益的,这是把意愿变成义务的信仰,是履行权利的荣誉感。但愿政府能阻止别人去触碰这一切,也能克制自己不去触碰;但愿它能做到这一点,并且只做这一点:克制与谨慎都不可或缺。但愿它能对四周提高警惕,有了这种警惕,它就可以每时每刻本能地成长起来,正好是在恰当的时间和地点,比如最勤恳最有能力的劳动者、农民、工业家、商人、学者和艺术家、发明者和传播者、丈夫与妻子、父亲与母亲、爱国者、慈善家和慈善机构的嬷嬷。

相反,如果像雅各宾派一样,企图为了自己的利益把所有的自然的能量据为己有,如果它把绝对君主视为一种爱,而它自己就是爱的对象,如果它试图取消其他的情感和利益,如果它只关心集体和公共利益,如果它被迫把自己的成员改造成斯巴达式的战士或耶稣会会士,那么因为花销巨大,它不仅会破坏私人源泉,为整个国家带来不可估量的损失,而且也会让自己的源泉干涸。

我们爱国家,是因为它以世界救世主的名义为我们提供便利,爱国的程度与它为我们提供的便利、它给我们提供的安全感和自由成正比。当它故意伤害我们最宝贵的利益、最真挚的情感,当它用荣誉和信仰折磨我们,当它变成了世界的罪人,不久之后我们的爱就成了恨。如果这种政体能维持下去,爱国主义精神就会越来越薄弱直至消失,随后,各种其他的优秀水源也会消失。最后,在这个国家里我们见到的只有散发着恶臭味的水塘或者是突发的洪水,受压迫的人民或是土匪强盗。就像在4世纪的罗马帝国,就像17世纪的意大利,就像当今在土耳其的一些省份。

没有被正确引导的人民,麻木漠然不健全的人,他们仅满足于日常需求和动物式的本能,对公共利益和他们的长远利益漠不关心,甚至堕落到忘记了他们独有的创造性,忘记了他们的科学、艺术、职业,更糟糕的是灵魂腐朽卑微、招摇撞骗,既无信仰也无荣誉感。再没有比国家过度的干预更具毁灭性了,即便这种干预是谨慎的关心。在巴拉圭,在耶稣会会士的严格教规下,印第安人"具有落入陷阱的动物般的体格"。他们在监工的监视下、在铃声中机械地中规中矩地劳动、吃饭、喝酒、繁衍后代。但是他们对任何事物都没有欲望,他们甚至不愿意活着:他们已经被变成了唯命是从的木偶。但是这种转变至少是通过比较温和的方式来达到的,因为以前他们就是野蛮之人,而现在革命的耶稣会要通过强硬的方式把人变成木偶。

VIII

在欧洲历史上曾经有残酷的专制制度也这样操纵过人类的意志,但从未如此荒谬,因为任何一个专制政府都未尝试用如此短小的杠杆撬起如此多的民众。

首先,尽管独裁者专政残暴,但是他对国家的干预却是有限的。当菲利普二世烧死异教徒,迫害摩尔人,驱逐犹太人的时候,当路易十四强迫新教徒改宗的时候,他们只是针对异端分子,大约占臣民的1/15或1/20。在成为共和国护国公之后,克伦威尔尽管仍然是教派信徒和圣职人员,但是他依然小心谨慎地让其他宗教教派接受自己教派的宗教仪式和教规①。此外,他镇压了宗教狂热分子的暴力行为,保护再浸礼教派教徒与独立派教徒的地位平等,让长老会信徒担当有报酬的神父,允许他们公开进行宗教活动,他还控制了英国的两所大学,准许犹太人建立犹太教堂。

在接下来的世纪里,腓特烈二世招募了他所能养活得起的健康农民入伍,他让他们服20年的兵役,军纪比管理奴隶还要严格,等待他们的几乎就是死路一条。在他最后一场战争中,他杀掉了几乎1/6的男性臣民②。但他们都是农奴,他的征兵方式没有触及资产阶级。他从资产阶级及其他人的口袋里攫取了他所能获得的所有钱财,甚

---

① 卡莱尔,《克伦威尔的演说和书信》,III, 418页(1656年9月19日,克伦威尔在议会的演说)。

② 西雷,《施泰因的生活和时代》,II, 143页;麦考莱,《传记散文》(*Biographical Essays*),"腓特烈二世",第33、35、87、92页。

至在必要的时候他会让人造假币，不再给官员们发放俸禄。尽管他盯得很紧，但是政府清廉、警察尽责、司法公平、无限宽容、言论自由，"国王让人印刷抨击他的最恶毒的文章，甚至允许在柏林销售"。

之前不久，在伟大的东方帝国，彼得大帝[①]手持鞭子，让那些已经世世代代习惯了鞭子和铁链的俄罗斯公熊们进行欧洲式的军事演习，跳欧洲舞蹈。但是，彼得大帝依然是他们所信奉的宗教正统的代表，而且他没有触动他们的村社组织"米尔"。最后，在欧洲的另一端，甚至是在欧洲大陆之外，在15世纪以及17世纪，苏丹或者是哈里发，穆罕默德或者是奥马尔，一个是粗鲁的土耳其人，一个是刚刚通过战争征服了基督教徒的狂热的阿拉伯人，尽管他让战败者成了纳贡者，地位低下、卑躬屈膝，但是他限定了自己的专制范围，容许他们保留自己的信仰、民法和习俗。他保留了他们的机构、修道院和学校。他让他们在主教或者其他领导者的裁定下，按照自己的方式管理他们的集体。

所以，无论专制君主是什么样的，他们都不会对人进行完全的改造，也不会把所有的臣民都放到大熔炉里。尽管专制制度具有强烈的穿透力，它还是在某种程度上没有干预思想，除了专制的蔓延，意识观念还是自由的。尽管专制覆盖面广，但只是针对某一个阶级，在这个网之外，其他人都是自由的。当专制同时伤害到所有敏感的神经的时候，也只是局限于无力反抗的一个有限的小群体里，对于有反抗能力的大部分人，专制制度还是尊重他们的情感的，尤其是那些最敏感的神经。

无论是哪种专制，它总是根据情况施为，有时候是信仰把人和宗教连在一起，有时是自尊心把人和荣誉连在一起，有时是习惯把人依附于个人的、家族道德的和外部的行为方式。另外，专制是小心翼翼地触犯一些人，而且谨慎地考虑其他敏感的人的感受，因为通过这些

[①] 欧仁斯科勒,《彼得大帝》,第2卷。

人才会拥有财产、物质享受和社会地位。因为这种谨慎的方式，镇压的势头减弱了，任何事业，哪怕是具有危害性，都不再荒谬不合逻辑，只要我们的势力与抵抗势力势均力敌，我们就可以实现这些事业。

另一方面，我们已经大权在握。在君主身后，为了镇压抵抗行为，他有无数身体健硕的助手。在菲利普二世和路易十四身后，为了开展对异端分子的镇压，有与国王同样不宽容豁达的、狂热的天主教徒的支持。在腓特烈二世、路易十四和彼得大帝身后，为了并肩对抗暴力，在统治者周围形成了同心协力的民族，他们拥有君主授予的神圣的称号，拥有毋庸置疑的权力，而且这也是他们的传统和习惯，他们具有履行义务的责任感，以及对公共安全模糊的意识。补充一点：俄国的博学多才、德高望重之士都得到了彼得大帝的重用；克伦威尔的军队纪律严明，打过无数次胜仗；苏丹或者是哈里发则重用特选出来的人民和士兵。有了这样的队伍，就可以把萎靡不振的群众鼓动起来，甚至可以让他们永远意气风发。一旦行动完成了，安定的状态就会稳定下来，这种状态由一种持久的势均力敌的状态维系着，这时被抛弃的人民群众也陷入了孤立无援的境地，为了防止局势逆转，只需要每天稍微费点工夫就可以了。

雅各宾派的行动则出现了反乎常理的一面：随着行动的进行，更加苛刻的理论让抗议的人数增多，反抗形式也更为猛烈，影响力也越来越大。起初，雅各宾派只是反对王权、教会、贵族、议会、特权、教士的财产和古老而根深蒂固的机构、实证宗教、私有财产和家庭。四年之中，它只是一味破坏，但现在它又想重建。现在重要的不是废除实证宗教，消除社会不平等，摒弃启示教义，禁止世袭、等级制度、财富至上的观念和游手好闲的流弊，也不是摒弃烦琐的礼仪和附庸风雅的作风，而是必须塑造国民，培养新的信仰，让个体接受自然宗教、公民常识教育、平等的观念、雅各宾派的作风、斯巴达式的美德。

从此，在大革命中，不仅旧制度的拥护者、教士、贵族、高等法院派、保王党人开始反对雅各宾派，而且所有受欧洲文明影响的个体、教士家庭的家庭成员、大小资产阶级、各种财富的持有者、农业种植者、工业家、商人、农场主、手工业者,甚至大部分的革命者也不打算忍受这种受压制的状态,只乐意看到别人穿给犯人准备的紧身衣。此刻,反抗的意愿已不可控制:似乎推倒一座大山更容易。正是在这个时候,雅各宾派筑起了道德上的壁垒,因为这样政治家就可以左右人们的意志。

雅各宾派不像菲利普二世和路易十四——他们身后的大部分支持者都很宽容,在他们的教会里,1个正统派可以对抗15个或者20个异端分子,而不是15或20个正统派对抗1个异端分子①;也不像合法的君主那样,身后是整个民族固守的忠诚,因为继承权的威望和一直以来俯首称臣的传统,他们紧跟君主的步伐。相反,雅各宾派执政不久,还被视为篡位夺权之辈,他们是通过政变才上台的,尽管当时打着选举的幌子,但其实他们已经在所谓的选举中动了手脚,他们对欺诈舞弊和暴力已经习以为常,甚至在他们自己的议会里,执掌政权的少数派也是通过舞弊和暴力夺得了政权,并且通过暴动控制了多数派,用军队制服了各个省。为了让自己的暴行看起来名正言顺,他们临时进行了两次声势浩大的行动,一方面紧急颁布了被他们束之高阁几乎要发霉的宪法,另一方面则是虚张声势、违背人民意愿的全民公决闹剧。

十来个雅各宾派领导者的权力一手遮天,但他们却声称自己的

---

① 请参考第599~787页、第831~866页,《外交事务档案》,第332卷,共和国第二年雾月14日马赛提贝尔日的书信:"在我的同事富尔奈的陪伴下,我曾经到过马尔泰格,这是一个距离马赛40公里的小城。我发现在这样一个拥有5000人的小城才有17名爱国者"。出处同上,共和国第二年雾月15日,瑞居吕斯·勒克莱尔克的书信。他说:"在贝尔格,市政府由一些商人和啤酒批发商组成,但是最高价格法实行以来,他们的商店里已空空如也。"因此大家热情不高。我们发现"40人组成了人民社团,因为受到恩惠,会每隔5天召开一次……在贝尔格,公共精神被扼杀了,狂热主义是唯一盛行的思想"。《法国国家档案》,F77164,瓦尔省关于共和国第二年的报告。"在德拉吉尼昂,7000名居民里有40名忠诚的爱国者,他们受到蔑视被认为不光明磊落。在维多班有10个,受到了市政府的青睐,他们生活开销巨大,但我们不清楚其具体费用。在布瑞聂勒,那些在大革命初期自称爱国者的小偷经常在路上实施抢盗行为。大家都惧怕他们,没人敢指认他们。在福瑞吉斯,9个主要的顽固分子基本上就在咖啡馆度日"。巴瑞奥特-圣普利,《大革命法庭》,146页。食品杂货店老板布瑞图斯·蒂埃里是昂热的革命委员会的成员,他说在昂热有不到60名革命者。

权力都是借来的,是国民公会授予了他们权力。他们暂时拥有的权力需要每月重新授予,多数派的变化都可以把权力、荣耀一并带走,下层人士的暴乱(是他们让下层人习惯暴乱的)也会让他们的权力、荣耀以及他们的多数派烟消云散。对于他们的支持者来说,他们的权势是具有争议的、有限的、昙花一现的。他们不是军事首领,不像克伦威尔和拿破仑那样,拥有一支奉命唯谨的军队。他们手下都是夸夸其谈、纸上谈兵之流,这些人容易受对他们做出评定的听众的影响,但是这些听众无任何纪律可言。

根据雅各宾派的理论,雅各宾派的每个成员都是独立的。他们是否追随领导者还有待核实,既然之前是自己选择的,现在也可以改变选择,他们的信仰是时断时续的,他们的忠诚也是暂时的,加入雅各宾派也是他们的选择,他们总是保留着放弃自己最青睐的宗派的权利,就像他们放弃了前一天他喜爱的事物一样。在这些听众中,没有任何的从属关系。最能蛊惑人心的,是一个低级的巧舌如簧的人,比如埃贝尔或雅克·胡克斯,他们渴望从宗派中走出来,超越那些身居要职的招摇撞骗之流,以便获得自己的地位,甚至是与头脑固执的领导者打交道,这个领导者指挥着一群言听计从的支持者,雅各宾派的领导者总是不占优势,因为缺乏足够的有把握的方法。因为在这些不够正直、能力欠缺的人之中,并没有太多的狂热信徒。

在克伦威尔周围,为了实施他的严格计划,有民族精神的精英,有严守戒规、信仰坚定的军队,他们要求自己比要求别人还要严格,既不说脏话也不酗酒,既不允许自己贪图享乐,也不让自己有片刻的懈怠,他们禁止自己有任何的疏忽,这样他们就能够拥有最正直、最勤奋、最清心寡欲、最坚韧的人①。他们是唯一可以构建英国和美国至今用以维系民族精神的现实道德的人。在彼得大帝周围,为了实施他

---

① 麦考莱,《英格兰史》,I,152页:"保王党人自己也承认,对于每个正当的行业,退伍士兵比其他人更出色,他们之中没有任何一个被控诉抢劫或盗窃,我们看不到他们中的任何人去乞讨,如果一个面包师、拉车的、泥瓦工因为他们生活节制、工作勤奋吸引了别人的注意,那他很可能就是克伦威尔手下的士兵"。

的欧洲计划，聚集了这个民族的知识界的精英，由国外知识分子和本国知识分子组成的智囊团，所有受过教育的人，定居的外国人，土生土长的俄国人，他们是唯一可以创立学校和公立公益机构、可以设立重要的常设中央政府的人，唯一可以根据个人贡献和功绩论资排位的人，总之，他们就是在未定型的野蛮状态下的泥泞大雪中建立的一个温室，在温室里，文明就像被移植过来的异乡树木，可以扎根发芽，适应新的环境，变得枝繁叶茂。

在库东、圣-茹斯特、俾约和罗伯斯庇尔周围，如果我们把献身的一些特殊人士去掉，比如卡诺特，但是他不是为乌托邦献身，而是为祖国献身。这些人在制度的束缚下，都是法兰西的公仆，为了实施雅各宾派的计划，只有迟钝的有点愚蠢的或狂热到实行恐怖行动的宗派分子，一帮没有社会地位的临时政客，因为力不从心而惊慌失措，因为知识肤浅而举棋不定，才疏学浅却野心勃勃，道德败坏或者因为虚伪而精神不正常，或者因为高傲而冷酷无情，有时候因为犯罪、免受处罚、荣耀而抹杀了信仰。

所以，当其他的专制君主把精英人士或者大部分人民召集起来，动用国家最强的武力，尽其所能延长杠杆来举起微小的重量的时候，雅各宾派却恰恰相反，他们排斥精英和占绝对数量的人民，拒绝动用国家最强大的军队，尽可能缩短杠杆来撬起最大的重担。他们只保留了最粗糙的杠杆的末端，铁楔子咯吱作响，让人精疲力竭。我想说的是武力，警察对反革命嫌疑分子下手非常重，监狱看守对犯人看管严密，无套裤汉用枪托殴打资产阶级的腰，为了让他们直起腰快点走路，更甚的是，在九月大屠杀中，他们用长矛去捅贵族的肚子，铡刀落在断头台上承颈圆孔里的人头上。这就是从今以后他们唯一的政府机器，因为他们众叛亲离，他们不得不扩大他们的装备，因为只有当他们血淋淋的形象在所有人的脑海中打上烙印的时候才有效果。

如果黑人国王或者帕夏希望所有的人在他们所到之处俯首称臣，那他们就得在刽子手的护送下行进。他们必须过度使用国家机器，因为一旦习惯了之后,恐怖情绪也会减少,必须通过以儆效尤的方式加强人民的恐怖感;如果黑人国王或者帕夏想保持人民对他的敬畏,就必须与日俱增地加剧人民的恐惧,宁可错杀也不能少杀,就必须成批地把犯人当场处死,无须审判,全凭偶然,即使是犯了轻罪,即使嫌疑人只是与罪犯待在一起的无辜群众,也必须一律处死。雅各宾派以及他们的亲信,一旦没有遵循这个规律就会日渐式微。所有的雅各宾派,就像所有的黑人国王或者帕夏一样,如果想大权在握,就必须遵守这个规则。这就是为什么宗派的领导者、他们天赋的指挥家,虽然都是能把握原则的理论家、详情度理的逻辑学家,却意识不到他们的事业超出了他们的力量以及所有人类的能力的原因。然而,他们头脑精明,意识到暴力是他们唯一的手段,他们无情地、不遗余力地实行暴力,为了实行恐怖主义,他们开始了惨无人道的大屠杀。

第四章 领导者

Ⅰ.马拉—能力与抱负之间存在差距—疯狂—狂妄自负—迫害狂—同一个噩梦—杀人狂。Ⅱ.丹东—能力广—身份条件与本能存在差距—野蛮—成就业绩—软弱。Ⅲ.罗伯斯庇尔—能力平庸—学究—见解匮乏—咬文嚼字—受自尊心的折磨—自尊心过强—自尊心膨胀—自命不凡—受害人情结—侦探悬疑小说—与马拉的相似性—与马拉的不同点—诚恳却伪善—至上崇拜节和牧月（法兰西共和历9月）22日法律—罗伯斯庇尔个人和法国大革命的内外部因素。

Ⅰ

雅各宾派三巨头，即丹东、马拉和罗伯斯庇尔具有掌权的优势：凭借心智的畸形或扭曲，这3人具备了成为领导人所需的条件。

他们当中，马拉最为残暴，他近乎精神错乱，具备了疯子的基本特征：极度狂热，长期过度兴奋，行为激愤，书写不息，思考娴熟且意志顽强，受固定思维的束缚和引导。除此之外，他的身体具有病态的症状：失眠，青灰色面孔，血液偾张，衣衫和为人肮脏[①]，临终前的5个月

[①] 阿尔芒(德·拉摩斯)《大革命逸事》："他的衣着近乎拮据的马车夫，目光忧切，四处张望；他行动急促，持续的运动甚至连行走都会使他肌肉痉挛收缩；他不走路，跳跃着"。

他还出现了全身蜕皮性皮疹和瘙痒①。

马拉出身于异族,混杂的血统中早已深深注入的法国大革命精神②,使他具备奇异的萌芽。身形上,他瘦小孱弱;精神上,他却是个追求更高角色的觊觎者。从马拉幼年时起,他作为医生的父亲就认定儿子会成为一名博学者,他唯心主义的母亲则想把儿子打造成慈善家。马拉自己则想要向这两座高峰迈进。他说:"5岁时③,我想成为中学老师;15岁时想成为大学教授;18岁时想成为作家;20岁时想成为创造天才;直到最后,我想成为布道使徒和人道主义殉道者。很小的时候,我就极度爱慕荣誉,这种热情的对象虽然在我人生的各阶段有所改变,但从未远离我。"

30年来,马拉在欧洲漂泊,在巴黎游荡,流浪且不被重视,他曾是受冷落的作家、受质疑的学者、被忽视的哲学家、三流政论作者、名人伟人光环的渴望者、永久的候选人或被拒绝的应征者:他的抱负与能力之间的差距太大了。他缺少才华④,不会批判,才智疏浅。他只配教授科学或从事艺术,成为一名多少需要碰运气的、出众的教授或医生,沿着这条早已开辟好的道路前行。

他说:"如果不能取得成绩或成为独创者,我不会继续某项事业。我不容许自己改写一个已经处理过的作品,也不会反复检查别人的作品。"因此,当他想要进行创造时,他就会抄袭或欺骗。

他的论著《论人类》就是一部混杂了生理学和精神学的老生常

---

① 参见两本关于马拉生平的文献:舍伍尔蒙,《让-保尔·马拉》;阿尔弗雷德·布加尔,《马拉》。布加尔,I,11(马拉画像,法布尔·德爱格兰特);I,83页和II,259页;《法兰西共和国报》,马拉著,1793年1月9日第93期。"一天24小时,我只有两小时睡眠,一个小时吃饭、上厕所和照顾家庭……3年多来,我甚至未曾有过15分钟的休息"。

② 舍伍尔蒙,I、1、2页。马拉父亲家族为西班牙人,最早居住在意大利撒丁岛。他的父亲让·马拉摒弃了天主教,在日内瓦生活并娶了一位日内瓦女子,定居在瑞士的纳沙泰尔州。

③ 《法兰西共和国报》,第98期,(人民之友的自画像)。

④ 参见其小说《年轻伯爵普陀温斯基历险记》,露西尔信件:"我只想着普陀温斯基,爱情之火照耀着我,我不停地想象着他可爱的样子。"普陀温斯基婚后书信:"如今,露西尔对待爱情充满腼腆……我心花怒放,感觉神灵都艳羡我的命运。"

谈，阅读并不深入，列举了一连串的名字而没有任何规律[1]。他无理由而缺乏条理的假设将17、18世纪的教义相结合，结果却只产生了空洞的语句。"灵魂和身体是不同的实体，是无必要的关联，只由神经液相统一"。这种液体是非胶状的，因为使之代谢的烈酒不含胶质，灵魂会因此而蜕变；所以，灵魂驻于"脑髓"中。他的《观点》[2]反对了牛顿一个世纪以前提出的、基于另一个世纪的计算实验所得出的真理。对于热能和电能，他只能从中总结出粗浅的假说或是文学普遍性。

一天，他在墙角边把一根针插入树脂棒中，为的是使之成为导体。物理学家查理公然发现他科学造假[3]，他甚至都不理解一些伟大的发明人，比如，他同时期的拉普拉斯、蒙热、拉瓦锡、佛克罗伊；但是马拉用反抗者的方式诽谤他们，因为作为一名没有身份的底层篡权者，他想要获得合法职权。

在政治上，他具备当时流行的愚蠢，收集了基于自然权利的社会契约之后，他进而变得更加愚蠢。在制定物质需求方面的权利时，他还会考虑到拙劣社会学家以及偏离道德的生理学家的推理。"人类的权利来自其需求[4]……如果他们中的一员一无所有，他就有权获取另一个人的多余物资。我说什么？他有权从他人那里获得必需品而不是饿死。他有权将他人杀害，吞食他的血肉……为了维持生命，人类有权依靠犯罪而获取财产、自由，以及同类的生活。为了避免被压迫，他有权压迫、奴役和屠杀他人。为了保证自己的幸福，他有权进行各种行动"。

我们从此看到了后果，但无论结果如何，无论写什么做什么，马拉

---

[1] 序言，XX："笛卡儿、爱尔维修、哈勒、勒卡全都忽略的基本定律：他们把认识人类当作难解之谜"。注释："我们可以在休谟、邦纳、伏尔泰、拉辛、巴斯卡尔的著作里找到证明"。

[2] 《关于光的学院回忆录》，前言VII，他尤其反对牛顿提出的"不同波长的光具有不同的折射率"理论。

[3] 舍伍尔蒙，I，74页（阿拉贡做证，1844年2月24日）。

[4] 出处同上，I，104页（人权和公民权宣言草案）。

总是自我崇拜、违背常理,以自己的处处无能和社会关系上的坏影响为荣。

据他所说,他在物理领域拥有不朽的发现①,"至少,这些发现不仅仅会改变光学的面貌,我认为真正的原色是不为人知的"。他是牛顿,但做得更好。在他之前,"人们忽视了电流的作用,把它当成自然中的宇宙因子……我用毋庸置疑的形式使它被人们所了解②"。至于火液,"这是在我之前不为人知的实体,我从理论中得出了各种假设、猜想和经过雕琢的推理,我使它没有错误,富有直觉,我将此记录在一本注定被遗忘的小册子中,所有的学者团体都未曾以此种形式进行出版③"。他的论著《论人类》出版之前,曾经出现过一份晦涩难懂的关于身体和精神的报告,"笛卡儿、爱尔维修、哈勒、勒卡、休谟、伏尔泰、邦纳都将此视为难解之谜",而马拉则解开了谜团,确定了灵魂的所在,证明了身体和灵魂间沟通的介质④。

在研究自然总体和人类社会的高等科学道路上,他一直走到了尽头。"我认为已经穷尽了人类精神与道德、哲学和政治之间联系的研究⑤"。他不仅找出了关于国家的真实理论,还是一名政治家、实践专家,能够预知并开创未来。他每周进行两次预言:在大革命国民公会前期⑥,他已经实现了"经过事实证明的 300 个关于大革命的预言"。面对被缓慢推翻和重组的机构,他能够迅速进行分解、修补和完善工作。"如果我是人民中的好事之徒,受千万坚决的民众拥护⑦,我会在

---

① 《光的回忆录》的引语,"这些发现挑战风与潮汐"。出处同上,序言Ⅶ,《马拉的发现》,1780 年,第二版,140 页。
② 《关于电的物理研究》,1782,13 页、17 页。
③ 舍伍尔蒙,Ⅰ,59 页。
④ 《论人类》,序言,Ⅶ,第 4 册。
⑤ 《法兰西共和国报》,第 98 期。
⑥ 马拉,《法兰西共和国报》,第 1 期。
⑦ 《人民之友》,第 173 期,1790 年 7 月 20 日,在虚荣的想象膨胀时,记忆是伪造的。在精神病院,我看到患有妄想症的病人在讲述他们臆想的功绩时和马拉一个口吻。(舍伍尔蒙,Ⅰ,40 页、47 页、54 页。)"我神奇的治疗方式引发了反响,吸引了大批病人;我的门前被从各方前来咨询的病人的马车包围……总之,我关于火的试验概论问世了;它在欧洲引发的轰动是巨大的;所有的出版物都对此关注,六个月中,皇室和城里的拜访者络绎不绝。科学院也意识到不能扼杀我的(转下页)

6个月内回答说大革命国民公会很好,政治机器极力运转,国家自由幸福,在一年之内就会繁荣而令人敬畏,只要我在世,国家便会如此"。

在需要时,他会是军队将军,胜利者的统帅:只要观察两次旺代人如何作战,他就能马上找出结束战争的方法[①]。"如果我能忍受过程的艰辛,我会履行我的意图;如果引领的是一支小军队,一天内就会被轻易埋没在叛乱者当中。我并非对军事一窍不通,毫不自夸,我能够为成功担保"。如果遇到了困难,那是因为完全没有听他的意见;他就是政治上的良医:从大革命开始,他的预断就很准确,预兆也确实可靠,他的疗法有成效,通人情且有益身心。他带来了灵丹妙药,使他成为掌管者,为了使灵药见效,他需要自己经营。如果赋予他公众的柳叶刀,他就能医治人道主义。"这就是我的观点,我把它加入我的著作中,我进行署名,不会因此脸红。如果你们不能理解我,那是你们的遗憾[②]"。换句话说,在马拉眼中,他的天才和特质是独具的,他是唯一的救世主。

依照这些特点,医生认定这是一名未被监禁的意识清醒的疯子,因此他更加具有危险性[③]。医生甚至说出了疾病的学名——狂妄症,这在精神病院中极为常见。产生这种疾病有两种病因:习惯性判断失常和自尊心过剩[④],而这两种病因在马拉身上有着最大的体现。

没有人在经历了多变的文化后还会有如此难以改变的错误思维;在实践过程中经历了如此多的失败和罪证后,没有人仍对自己有如此高的评价。在马拉身上,这两种病因相辅相成:有能力换一种角度看待事物,这使他确实具有长处和天资;坚信自己拥有长处和天

(接上页)发现,企图将发现的诞生归功于科学院"。三名院士在一天内轮番前来,询问他是否愿意成为候选人。"直到现在,因为著作的声名斐然,我仍被几位获过奖的大人物研究"。

① 《法兰西共和国报》,1793年7月6日期。
② 《箴言报》(制宪会议专场,1792年9月25日),事实上,马拉从未停止过为自己请求暂时的专制统治。(《人民之友》,第258页、268页、446页、668期,《民族号召》,第53期。)
③ 参见:特瑞拉,《意识清醒的疯子》。
④ 舍伍尔蒙, II, 81页,"攻占巴士底狱之后不久,需要进攻巴黎市政府,我宣布我是人民之眼,我认为如果想要获得自由的胜利,我的笔杆比10万人的军队更有用"。

资,他却将行凶作为功绩,将怪癖视为真理。与此同时,疾病自行变得复杂化:狂妄症加上迫害癖。

事实上,他所带来的显而易见或被证实的事实应当在公众中引起反响。如果它们长期炙手可热,最后却被遗忘,那是因为敌人或嫉妒者的践踏。显然,有人想要谋反,针对他策划的阴谋从未停止。先是有哲学家的阴谋,当他的论著《论人类》从阿姆斯特丹寄往巴黎之后①,"他们预料到我对他们所制定的原理会造成打击,所以在海关拦下了我的书"。然后又有医生的谋反,"他们痛苦地估量着我取得的成果的重要性……如果有需要,我会证明他们经常组织集会,企图找出有力的方式诋毁我"。最后还有院士的预谋,"当确定我对光学的发现会推翻他们几个世纪以来的研究成果,并得知我不会加入他们的组织之后,科学院在10年间不断对我进行可耻的迫害。怎想这所科学机构里的江湖骗子会在整个欧洲诋毁我的发现,他们煽动所有学者团体反对我,让所有的报纸把我拒之门外②"。

自然,这些所谓的迫害都遭受了抵御,也就是说马拉进行了还击。自然,既然他是个侵略者,人们就会排斥他镇压他。在为自己确立了假想敌之后,他招来了真正的敌人,尤其是在政治上,他每天宣扬骚乱和谋杀。自然,法院最终对他发出了通缉,警方对其进行追捕,他只得逃跑,穿梭于不同的避难所,在"小地窖、地道或阴暗的囚室③"中,整月整月地过着蝙蝠般的生活。他的朋友巴尼斯说,马拉曾"连续6个星期煎熬度日",就像是疯人院单人病房里的疯子,孤零零地与梦相伴。在这种条件下,他的梦或是平和或是沉重,这不足为奇。梦也会变为同一个噩梦,在他颠倒的思维里,所有的物品都是颠倒的。甚至在白天,他也只能在扭曲的放大镜中才能分辨出人和物体。有时候,如果写出的文章过于激进或是慢性病急性发作,他的医

---

① 舍伍尔蒙,I,40页(马拉书信,1783)。
② 《法兰西共和国报》,第98期。
③ 马拉和巴尼斯的叙述(舍伍尔蒙,I,197页、203页,第一卷,716页,注释3。)

生①就会前来医治,阻止发病,防止病情加剧。

然而习惯已经养成,从此他的脑中反话连篇,却又像是理所当然,甚至在物理和数学研究上也变得不理智而荒谬。他说:"深究下去②,收益中25%的爱国捐税会产生48.6亿,甚至可能会成倍增长。"利用这笔资金,内克尔可以征收50万人,从而征服法兰西。自攻占巴士底狱以来,"市政厅的贪污盗用就超过了2亿。据估计,巴伊至少将200万装进了腰包,莫提耶(拉法耶特)2年来侵吞的财产不计其数③"。1791年11月15日,流亡集会聚集了"超过12万的贵族、拥护者和有组织的士兵,还不算想要加入其中的德国公爵部队④"。之后,跟比塞特的同行人一样,他不停地在恐惧和罪恶中胡言乱语:凶残的鬼魂或粗俗下流的人依次出现⑤。

在他看来,不愿仰慕他的学者都是白痴、骗子、剽窃者。拉普拉斯和蒙热不过是计算机器一样的"机器人";拉瓦锡"被认为是一切有影响的发现的享有人,但从没有过自己的想法",在没有真正弄懂的前提下抄袭别人,"像换鞋似的轻易将结构改变",拉瓦锡的追随者佛克罗伊更是不值一文;所有人都是无赖,"我可以列举巴黎院士身上100多种不忠实的特征,上百次对钱款的滥用":拨款给他们1.2万法郎用于寻找驾驶探测气球的方法,"他们将钱私分了,挥霍在了吃喝、剧院和妓女那里⑥"。

---

① 米什莱,《法国大革命史》,II,89页(马拉的医生布迪厄向生理学家塞尔讲述);巴尔巴鲁,《回忆录》,355页(拜访马拉之后)。"要知道,马拉写起文章来轻松自如。不认识公众人物,他会询问第一个来访者的意见,并记录下来,他说'我粉碎了罪恶'"。
② 舍伍尔蒙,I,361页(1790年7月,马拉针对内克尔的短篇讽刺)。
③ 《人民之友》,第552期,1791年8月30日。
④ 出处同上,第626期,(1791年12月15日)。关于部队的流亡人数,参见第一卷的635页,注释4,当时,经过确认的公开数字为4000。
⑤ 不可能列举他的卑鄙行径。参见比舍和胡克斯,IX,419页(1791年4月26日);X,220页(6月17、19日,第21期),抨击拉法耶特的文章,他在名单中进行了卑鄙评定,"恶棍和无赖"想要使自己被提名为选民,还有他关于院士的书信。
⑥ 比舍和胡克斯,X,407页(1791年9月),参照上文473页,在马拉看来,测量经纬度毫无意义,埃及人早已提出了测量方法,院士们"被大臣支付了1000埃居的研究经费,这不过是朋友间的利益分红"。

在政治上，将辩论变成斗争是很糟糕的：人民之友只能视邪恶为敌人。

赞扬拉法耶特的勇气和无私，这太荒谬了！如果去了美洲，他会因为被麦瑟琳娜式的女色情狂拒绝而伤心；他在那里还保留了一个炮台公园，"像是军队仆役保管着自己的辎重"，这就是他的所有功绩。此外，他还是个同巴伊一样的小偷，马鲁埃则是个"丑角"，内克尔则制订了"使人民挨饿、受关押的可怕计划，他厌恶法国人，以成为人类为耻"。

制宪大会是什么？一群"肮脏、低劣、愚蠢的人类"，"卑鄙的立法者，下流的恶棍，贪财而嗜血的怪物，你们同君主交易我们的财富、权利、自由和生命"。"第二个立法机构不比第一个好到哪里去"，在大革命国民公会内部，"殷勤的丑角、讽刺作品的伪造者罗兰是卑鄙的垄断者"，"伊思纳德则是个骗子，比左是伪君子，维吉奥德则是戴着颈圈的告密者①"。当疯子看到他周围的板子上、墙上、天花板上，布满了蝎子、蜘蛛，以及发出恶臭、分泌毒液的寄生虫，他只会想到把它们弄死，经历了狂妄症后，马拉在人生的最后阶段患上了精神疾病、迫害癖，同样的噩梦纷至沓来，杀人狂的特征也表露无遗。

自法国大革命初期，马拉也同自己展开了革命，这种革命精神与生俱来，他恰如其分地继承了要义，我们未曾在别处看到过如此理智的疯狂。

一方面，他确定人权来自实际需求，认为"对于没有财产且工作无法满足自身需求的成员，社会应当提供可靠的给养、合适的食物、住房和衣物、医疗、养老和抚养后代的保障，盈余过剩的人则应当为缺乏必需品的人提供帮助"，否则，"如果社会贫穷无望，善良的公民会重新回到原始状态，他们有权手握武器，争取获得更多的利益。任

---

① 舍伍尔蒙，I，238页、249页；《人民之友》，第419、519、543、608、641期，其他假话怪诞滑稽，异乎寻常。第630期(4月15日)，"西莫努是埃唐普的市长，内阁卑鄙的垄断者"。第627期(1792年4月12日)，来萨特公使"为了财富，同意受协定政令处罚"。第650期(1792年5月10日)，"路易十六煽动战争只为了继续其不可动摇的专政统治"。

何阻碍他们的政权都是暴政,对此判处死刑的仲裁者就是懦弱的凶手。因此,无数饥荒引发的骚乱都是合理的,既然饥荒是经常性的,日常的骚乱也是合理的"。此外,他将人民的至高无上作为总原则,推断出"委托人有弹劾他们代表的神圣权利",如果渎职可以为其套上枷锁,让他们有所畏惧从而履行职责,如果想不好好投票或是工作,就拧弯他们的脖子。然而,他们总有这种欲望。

"使人民信服很重要,这是永恒的真理,可是最让人民怀疑的死敌就是政府","在内阁有可能图谋颠覆国家的情况下,任何部长如果两次连续24小时在任工作,就是可疑的[1]"。

城里和乡下的穷人们,不工作的工人,住在桥下的街头托运工,游手好闲的人,没有温暖住所的乞丐,衣衫褴褛的流浪汉,搬运工,站起来吧,扼住那些背信弃义代表人的喉咙。

7月14日,10月5日和6日,"人民获得了权利,不仅有权处决几位谋反者,还有权将他们屠杀,用利剑穿过想要消灭我们的皇家的附庸者、无数背叛国家的乌合之众,无论其身份等级[2]"。如果去参加议会,"口袋里一定要装满石子,准备击向鼓吹君主政体准则的浑蛋";"除了对邻居喊'当心',我不向你们推荐其他任何防范措施[3]"。"我们要的不是部长的退位,我们要的是他们的头颅,是所有议会内阁的头颅,是你们市长、将军、参谋和大部分保安警察的头颅;皇家主要掌权者的头颅"。"权宜之计有什么好?还不是像洗劫破坏了卡斯利特宫一样没有用处[4]"。"你们的报复要理智。死亡,这才是对想要消灭你们的叛徒的惩罚;只有死亡才能让他们恐惧……仿效你们无情的敌人,一定要带着武器,这样他们才不会因为司法判决的庇护而逃脱。要立刻用匕首刺伤他们,或者焚烧他们的脑浆"。

---

[1] 《人民之友》,第24、274期;参考马拉布告,1792年9月18日,"大革命国民公会必须不断受到人民监督,这样人民才能对其进行抨击,大革命国民公会才不会忘记它的职责"。
[2] 出处同上,第108、111期(1790年5月20—23日)。
[3] 出处同上,第258期(1790年10月22日刊)。
[4] 出处同上,第286期(1790年11月20日刊)。

"我听到250万人同时大喊:如果黑人和(极度)腐败的内阁提出军队遣散和重组的计划是轻率行事,公民们,在杜伊勒利花园里搭建800个绞架。把所有的国家叛徒都吊在上面,以卑鄙的瑞克提、米拉波伯爵为首。同时,在水池中央放上大片的柴堆,用来烘烤内阁及其走狗①"。"如果人民之友能够召集2000个果敢的人",为了救国,他会当着大群奴隶的面掏出恶毒的莫提耶的心脏,他会到宫殿中把君主和他的走狗烧死,他会把议员刺死在他们的席位上,埋在他们住所燃烧的废墟之下②。

"听到了边境的第一声炮响,那一定是人民关闭了所有的城门,毫不犹豫地击垮所有叛乱的神父、反对革命的公职人员、著名的阴谋家及其同谋"。"不断地制造锋利刀具,两面刀刃锐利的匕首,这来自人民法官的智慧,每个公民都是国家的朋友,应当获得全副武装。然而,斗争的艺术还在于要把左臂环起,直至腋窝处用各种羊毛面料、破布、垫料或马毛包裹,然后用武装了匕首的右臂攻击敌人③"。"我们要尽早使用刀具,如今还有什么方法能够停止这些迫害我们的罪行?我再重复一遍,只有让人民执行处决"④。终于,皇权被打倒,可是"听从虚假的怜悯同样会使你们惊惶不安……失去驻营地;我建议你们大量屠杀市政当局、司法治安机构、行政部门和国民议会中的反革命者⑤"。

开始时,杀一小部分人就可以了,"在攻占巴士底狱之后,要砍下500个脑袋,这样就会一切顺利"。然而,由于缺乏远见和胆怯,人们让罪恶延续,罪恶越是猖獗,需要铲除的部分就越多。

---

① 出处同上,第198期(1790年11月20日)。
② 出处同上,第532、524期,(1791年7月19、26日)。
③ 出处同上,第626期(1791年12月15日)。
④ 出处同上,第668期(1792年7月8日)。参考第649期(1792年5月6日)。他批准了士兵谋杀狄龙将军的计划,并建议所有军队进行效仿。
⑤ 出处同上,第677期(1792年8月10日),也可以参照之后的期刊,尤其是8月19日的第680期,将修道院的囚徒屠杀,还有8月21日的期刊,"至于军官,他们应当被五马分尸,同路易·卡佩和他的走狗马奈日一样的下场"。

马拉以外科医生的眼光限定了范围,提前做出了计算。1792年9月,他在公社理事会上指出要砍下约4万个脑袋①。6周之后,社会毒瘤又惊人增长,数量成比例增加:他要砍下27万个脑袋②,且总以人道主义之名,"为了保证公共安定",必须由他自己执行这项计划,只有这一个计划,他就像是一个突如其来的伸张正义的人。

除了最后一点,他都做到了,他很气愤不能亲眼看到自己计划的完美实现:巴黎革命法庭的设立,里昂、土伦大屠杀,南特溺亡事件。从开始到结束,他都紧跟着大革命的趋势,因为过于盲目而更显明智,多亏了他疯子的逻辑、他个人疾病和公众弊病的一致性。同其他不完整或迟到的狂热想法不同,他的臆想早熟而全面,唯一不变的就是对凯旋的无悔坚持,他在一开始就选择了一个对手不敢攀登或只敢摸索前行的陡峭山峰。

Ⅱ

丹东不是个疯狂的人,相反,他不仅心智健全,还有卓越的政治能力,以至于就连他的合作者或对手中,也没有一个人能比得上他。大革命时期的人物,只有米拉波能同他匹敌。他是一位特别的、有直觉的天才,与他同时期的大部分人不同,他是一位爱推理的理论家、誊写员③,是一位狂热痴迷的学究,是书籍造就的伪人类,是磨盘上的

---

① 比舍和胡克斯,XXVIII,105页,圣迪耶骑士的书信,第一检委会成员(1792年10月20日)。米什莱,II,94页。(1790年12月,他要求被砍头的人数已达到2万人。)

② 《箴言报》,1792年10月26日刊(10月24日大革命国民公会专场)。"集会中我所认识的一个人听马拉说过,为了保证公众安定,还要砍下27万个脑袋"。

威尔蒙:"我宣誓马拉向我遵守了誓言。"

马拉:"好吧,是的,这是我的看法,我跟你们重复一下。"

直到最后,他还想着外科手术(1793年7月12日,逝世之前)。对于反革命的评论:"为了不使他们(对军队)产生新的影响,我曾经建议,割去他们的耳朵或是拇指,这是必要的谨慎之举"。马拉的党徒,赛特人民协会的众议员后悔没有听从他的意见,割下了30万人的头。比舍和胡克斯,XXII,186页(1794年4月4日大革命国民公会专场)。

③ 丹东从没有写过或发表一篇讲话,他说:"我从不写东西。"(伽哈,《回忆录》,311页)。

马,被蒙上了眼,只会在原地转圈。

他的判断从不会被抽象的成见所羁绊:他不是卢梭,没有带来社会契约这样的作品,也不是西耶斯,能带来原理准则或内阁联合①;本能或轻蔑使他与此脱离,他对此没有需求,也没有了解。制度不过是残废使用的拐杖,而他是健全人;惯用程序只是近视者所需的眼镜,而他的视力很好。

"他读书很少,思考很少,得意得什么都不想推测,但他会观察会看。他天生的能力很强,无须外来的影响,就可以自动屏蔽模糊、复杂或错误的概念,自动接受经过事实证明的经验概念",因此,"他对人和事物的审视果断、公正而真实,稳重且实际"。他表现出的意愿或是存在分歧,或是协调一致,或是肤浅,或是深刻,或是现实,或是代表了不同的派别。对于2.6亿的生灵,只是需要估计可能发生的抵抗以及预备力量的大小,辨别并抓住主要时机,综合多种执行方法,寻找执行者,衡量产生的结果,预测未来产生的影响,不后悔不固执,根据执政能力处理罪行,在困难阻碍下曲折而行,驻足或是迂回,即便受到轻视,也要用制造机械、有计算能力的机械师的方式看待人和事②。

以上就是他在8月10日和9月2日所表现的能力。在8月10日和9月2日,他窃取了独裁权力,之后又窃取了大革命国民公会,在5月31日至6月2日期间又窃取了公安委员会③:我们见证了他的这一切作为。

他曾经不顾拥护者的反对,努力缓和了——或者说至少没有加

---

① 马拉,《回忆录》,311页:"近一个世纪以来的哲学家从人性中发现了社交的艺术,但丹东从未对此进行过研究,在他沉思时,从未考虑过一个伟大帝国所需要的计策。"
② 国家领导人可以被看作病人、神经病、残废收容所的所长。或许,为了管理收容所,需要咨询伦理学家和生理学家。但在布置指示之前,他应当认识到,收容所的所有成员,包括门卫和他自己,都多少是个病人,神经病和残废。
③ 西贝尔,《法国大革命期间的欧洲史》,法语本译者博斯凯,II,303页,"从现在起,我们可以声明这些是丹东和公安委员会采取的工作措施,与使同盟分裂的纠纷相联系,使得法兰西共和国有能力抵抗欧洲。相反,我们看到山岳派采取的措施不但没有加速武装,反而起到了禁锢的作用"。

剧——针对政府的反抗；后来，他不顾对手的意见，扩大了——或者说没有损害——政府可以利用的力量。雅各宾俱乐部叫喊着要消灭普鲁士人，普鲁士国王被擒获，所有的王权被推翻，路易十六被杀，而他通过近乎和平商讨的方式实现了不伦瑞克的退位①；他促成实现了普鲁士退出联盟②；他企图把布道战争变成利益之战；他通过大革命国民公会决定"法国绝不干涉其他国家的政府"；他与瑞典结盟，为巴塞尔条约奠定了基础；他想到了要救出国王③。他不顾想要侮辱迫害他的吉伦特派的怀疑和打击，仍愿意向他们伸出援手，只有在他们拒绝和平时④，他才会发动战争，但在战场上他也极力保全他们。

在众多逻辑不明、情绪盲目的夸夸其谈者和平庸作家之间，在这些唠叨的杀人机器之中，他的才智宽泛而灵活，一针见血，不会歪曲或走偏，能够顺从、适应，理解事态的发展。具备这样的思维优点，在任何道路上都可以走得更远，所以对于丹东而言，他唯一需要做的就是选择一条路。芒德汉也是如此，在旧制度下，在类似的领域，他是一个优越的人⑤；只是在道路的选择上，他的选择更宽广。

蛊惑人心的政客和贪赃枉法者之间有紧密联系：他们都是帮派的领头人，都需要时机组成他们的帮派；为了形成自己的帮派，丹东

---

① 西贝尔，出处同上，I，558页、562页、585页（斡旋人是迪穆里埃和韦斯特曼）。
② 西贝尔，出处同上，II，220页、291页、293页，II，28页。
③ 西奥多·德·拉马特公爵记述，他有四位兄长，是国民议会议员、上校。在国民议会期间，他跟丹东联系很多，九月屠杀之后，他逃亡瑞士，并成为流亡名单上的一员。在国王被处死的前一个月，他想要进行很大的尝试并前往巴黎。"我直接去丹东那里，没有接到任命，我坚持要马上被引荐。最后，我被允许进入，看到丹东正在泡澡。他喊道：'您在这里？您可知道只要一个字我就能把您送上断头台？'我对他说：'丹东，你是个大罪人，但对于一些无耻的行为，您并没有能力达成，其中就包括告发我。''您是来救国王的？''是的。'"此后，友好而充满信任的交谈继续。"丹东说，我同意试着救出国王，但我需要100万用来获得必要的选票，要在一周内实现。我提前告诉你，如果不能确保他的生命，我就投票选择处死他。我想救他一命，但不想因此失去自己的生命。"德·拉马特开始寻求帮助，拜见了西班牙大使，让他跟匹特说，可是被拒绝了。同他说的一样，丹东投了死刑处决票，最后帮助德·拉马特回到了瑞士。（这份记述来自亲耳听到德·拉马特公爵讲述的证人。）
④ 伽哈，《回忆录》，317页，"一天，他对我说了20次，我给予他们和平，但他们并不想要，他们拒绝相信我，只想保留消灭我的权利"。
⑤ 参照238页。

则需要借助大革命。

他"没有发源地,没有保护者",没有财产,为了成为一个巴黎律师,他必须寻找支持。他曾长期在大街或咖啡店闲逛等待,就像是今天小餐馆里的那些和他相似的人。学院咖啡店的老板"戴着圆顶假发,穿着灰衣服,胳膊夹着餐巾",带着微笑,穿梭在餐桌间,他的女儿则坐在后面,像是个吧台女郎①。丹东同她交谈,向她求婚;为了实现目的,他需要规规矩矩,从国王理事会处买来一个律师公职,还得在他的小故乡找到担保人或出资人②。结婚之后,他只能住在可怜的商务院走道,"肩负债务和工作",从事着对出勤、礼仪、分寸、端正的作风、无可挑剔的着装都有严格要求的固定职务,他的饭馆老板岳父甚至不会支付一个旧金币作为帮助,家庭生活也因此拮据而常常入不敷出③。

他的爱好广泛,时而狂热时而倦怠,热衷享乐和统治,再加上他强烈的表达、传授和行动的本能,这些都是反叛的因素,所以他不适合大众职业生涯的常规与平淡,适合他的不是旧社会的规范制度,而是社会崩溃和新社会形成而产生的突如其来的嘈杂。在气质和性格方面,他是一个残酷的人;一个为统治同类而生的残酷的人,像是6世纪效忠王室的近臣,或是10世纪的男爵;一个满脸麻子和疤的鞑靼巨人,让人感到不幸和可怕的丑陋面孔像是戴上了咆哮獒狗的扭曲面具④。

他具有威胁性,布满褶皱的额头下面是一对深陷的小眼睛;他声音洪亮,动作具有攻击性;他热血充沛,精力旺盛而又易怒;他的力气满溢,似乎如自然界一样无穷无尽;他夸夸其谈,就像是哞哞直叫的小牛,声音甚至能透过关闭的窗子传到50步开外的街上。他的

---

① 豪比耐,《丹东》,卷I,584页,注释2。
② 埃米尔·博思,《国王理事会的律师》,515页、520页(丹东的结婚证书和财产讨论。从1787年至1791年,只看到他介入三个分庭委员会的案子)。
③ 罗兰夫人,《回忆录》(丹东夫人对罗兰夫人的叙述)。
④ 根据伽哈和赫德雷的说法,拉·瑞威耶尔－乐博把他称为"独眼巨人"。

形象给人的压迫感,他那真实的表现力以及他那因义愤、复仇和爱国心而引发的震颤和咆哮,这些都能够唤醒最温和宽厚的灵魂中的残酷本能①,能引起别人的粗鲁的咒骂②。这是一个无耻之徒,但并不乏味。同埃贝尔不同,他热情、直率、有活力,却又异常粗鲁,近乎拉伯雷般的露骨,快活而耽于声色,直率而爱开玩笑,真诚而率性,口吻坦诚而友善。总之,他的内外特质很容易获得高卢或巴黎平民的信任和好感,一切都有助于构成他"天生有利的名望",他也因此成为"无套裤汉的领袖③"。

既然有能力承担一个角色,就要试着把它演好,无论剧院是否违法或堕落,无论演员是流氓、无赖或是失足少女,无论角色是卑贱还是致命,对于接受角色的演员来说,结果只会是死路一条。为了抵制诱惑,需要精深的文化为感觉和灵魂带来一种排斥感,而丹东恰恰缺少这种排斥感。

无论是身体上还是精神上,他都可以接受一切:他可以亲吻马拉④,同酗酒者称兄道弟,向九月大屠杀的参加者道喜,对于街头泼妇的辱骂,他会以马车夫的方式回敬,他像是无赖、小偷、惯犯的同党,与卡拉、于格南和罗西尼奥尔为伍,与9月2日法国屠杀之后他派遣进入各个部门的无赖为伍——"您觉得我们要打发走那些贵族小姐

---

① 伏赛的话:"雄辩冥王普路托"。
② 瑞午夫,《监狱回忆录》。在监狱里,"所有的话语都夹杂着粗话和下流的表达"。
③ 法布尔·德爱格兰特和伽哈的话。波钮是个很好的观察家,他把丹东看得很准。(《回忆录》,I,249页、252页。)在1797年巴贝夫被处决之后,狄福尔·德·舍维尔尼在位于旺多姆和布卢瓦之间的一家旅店里,听到了刽子手萨姆森和一位斗争特派员的谈话。萨姆森讲述了丹东和德爱格兰特临死前的时刻。在路上,丹东问能不能唱歌,萨姆森回答说:"没有禁令。""好的,你试试记住我唱的这段。"他用流行曲调唱起来:
我们将要死亡,
受恶人领航,
我们因而惆怅。
时刻即将到访,
他们都将死亡,
我们因而宽慰。
④ 比舍和胡克斯,XXI,108页(贝提欧演说):"马拉亲吻了丹东,丹东也亲吻了他……我证明这是我亲眼所见"。

吗①?""在泥泞中工作就必定满身污泥。当他们来讨要工资时,就不应当捂住鼻子,应当好好犒劳他们,鼓励他们,让他们拥有自由。"

丹东知道如何顾全大局、顺应邪恶;他无所顾虑,任由别人揩油占取。他所获取的既是为了付出,也是为了保留,既是为了维护他的角色,也是为了从中获得好处。他带着窃喜和嘲讽,不按宫廷旨意花费宫廷的钱财,就像是穿着罩衫的农民欺骗了主人之后的窃笑,像是老历史学家描述的法兰克人的窃喜,他们将罗马金币放入口袋,为的是更好地向罗马宣战。

普通的野生树未经过嫁接,无论是在现代花园还是在古老的树林中,都没有区别。它未经改良的汁液带有原始的涩味,也绝不会产出人类文明中所认同的好果实——道德意义、荣誉或良知。丹东既不尊重自己,又不尊重他人。那些对于人的具体而微妙的限制在丹东看来就像是法学家的协议,又像是沙龙礼节。他就像是不断前行的克洛维国王,他拥有和克洛维同样的能力、计策,以及与克洛维相比稍微逊色的团队,他冲向这个摇摆的社会企图推翻它,并按照自己的想法重建它。

从一开始,他就明白大革命的本质特征和标准程序,也就是要利用民众的暴力。1788年,他已经在骚动中成为代表。从一开始,他就知道大革命的最终目标和效果,即少数暴力派的独裁。1789年7月14日过后,他就在自己的居住区②设立了一个小的独立共和国,它具有挑衅性和统治性,是警戒中心、走失儿童收容所、言行激烈者聚集地,也是头脑发热者、游手好闲者、空想家、政要、小道消息和街头新闻爱好者、夸夸其谈者、政府或广场杀人凶手的俱乐部,卡米尔·德穆

---

① 比舍和胡克斯,XXI,126页(《写给马克西米连·罗伯斯庇尔和他的保王党人》,卢韦著),波钮《回忆录》,I,250页。"我来到巴黎时,是部门的议员(国民议会)丹东找到我,想让我加入他的党派。我在他所在的商务院吃了三次饭,每次离开时都被他的意志和精力震慑,他很喜欢跟大臣、他的朋友和我的同事谈论我,波钮就像个虔诚的女修士,他不会做出什么成绩"。

② 科尔得利区(比舍和胡克斯,IV,27页),1789年12月11日,科尔得利区议会商议,为了使丹东的永久任期合法化,他总是在全体一致表决下获得连任:这是他晋升的第一个标志。然而,有时为了避免表面的独裁,他会推选他的教会教师帕瑞,帕瑞后来被任命为部长。

兰、弗雷龙、埃贝尔、少迈特、克劳兹、特胡尔聂、马拉都在其中,而这正是丹东所预测的在未来会出现的政府典范。

这个只剩下雅各宾党人的政府由丹东进行统治,就像他之后作为区常任主席、军营长官、俱乐部演说者、协助策划者进行的统治一样。在那里,篡权是习惯法则,任何合法权利都不会被认同,国王、部长、法官、议会、市政厅、市长、国家警卫司令都是被蔑视的,除了自然和原始准则,人被置于法律之上。

县区把马拉保护起来,在他门口安排了两个哨兵加以保护,并且动用武力抵抗执行逮捕令的武装部队①。更甚的是,国家第一哨兵以巴黎的名义声称要统治整个法国。丹东在国家议会宣布,巴黎公民是法国83个省的自然代表人,根据他们的命令,要取消被交付的政令②。这就是雅各宾派的想法,凭借高于常人的眼光,丹东看穿了这种想法,并用自己的话将其宣布。此时,为了将之完全实施③,他只要从小剧院到大剧院,从科尔得利俱乐部到公社、内阁、公安委员会发起运动。在所有的剧院,他都用同样的道具扮演同样的角色,产生的影响也是相同的。

靠武力获取雅各宾和巴黎平民的专制,靠畏惧获得保障,这就是丹东的目的和方式。他将目的和方式联系起来,领导了重要的运动,引发了革命的决定性措施。8月10日、9月2日④、5月31日、6月2日⑤,根据政令的规定,法国所有的大城市设立了无套裤汉雇佣军。

---

① 比舍和胡克斯,Ⅳ,295页,298页,461页;Ⅴ,140页。
② 出处同上,Ⅷ,28页(1790年10月10日)。
③ 出处同上,Ⅸ,408页,Ⅹ,144页,234页,297页,417页。拉法耶特,《回忆录》,359页,366页,米拉波死后不久(1791年4月),丹东的计划被宣布,他的提议在当时被视为最重要的。
④ 见694页,注释1,720页;伽哈,309页。"6月20日之后,所有人都在城堡里制造麻烦,愈演愈烈;丹东在8月10日进行了处理,城堡也被打垮了"。豪比耐,《丹东主义者的诉讼案件》,224页,229页。(《宪法之友协会报》,第214期,1792年6月5日。)丹东建议"设立古罗马执政官瓦类瑞斯·普比高拉法案,驱逐塔克文家族后,该法案在罗马颁布。按照法案规定,如果有人提出与国家法律规定相左的观点,经过证实后,公民有权处死他"。参见同期刊的第230,231期,1792年7月13日,丹东教唆联盟派"发誓只有在自由建立以及各部门对行政权的要求达成之后,才可以离开首都。"这就是8月10日和9月2日运动的主要原则和指示。
⑤ 伽哈,314页,"有一天,他出现在了公安委员会;5月31日和6月2日的运动突然爆发,他就是始作俑者"。

"为了保证贵族在他们的控制之下",政令还规定,对于谷物价格贵的市镇,要增加对富人的税收,保证穷人买得起面包[1]。政令为工人每次拨款40苏以参加议会分庭的工作[2],以及创立革命法庭的工作[3]。他提议建立临时政府公安委员会,宣告恐怖计划,将雅各宾派的热情倾注到实际工作中,遣散初级议会雇用的7000个议员,使其成为聘用和服役代理人[4],并且用充满激情的语言让年轻人冲上前线,这项明智的提议消除了18至25岁之间群众的反抗,也使得轰动全国甚至传入国民公会大厅的平民卡马尼奥拉歌舞告一段落[5]。

  为了制造机器,丹东清理了场地,熔化了金属,铸造了大零件,修整了不平整的地方,画出了主要马达的轮廓,调整了次要机关,赋予这台机器最初的冲劲和最后的推动力,并且还制造了保护装甲,使其不会被外族人或外来碰撞损坏。机器是他制造的,可是为什么完工之后,他不负责操作?因为他有制造机器的能力,却没有操作机器的能力。危机期间,他能够提供帮助,获取议会和群众的支持,在几周内确立执行委员会,但常规工作让他感到厌烦。他不是为写作而生[6],不是为了无用的文件和行政工作的惯例而生。罗伯斯庇尔和彼洛德这样的公安行政人员是日常文件的仔细阅读者、死亡名单的评注者、冷酷的说谎者、专注而有信服力的审讯者,而丹东不是这种人,他尤其不会成为一个有条不紊的刽子手。

  一方面,他对待理论从不会产生盲点:他对人的观察,绝不像社

---

[1] 1793年4月6日、7日政令。
[2] 1793年9月5日政令。
[3] 1793年3月10日政令。
[4] 1793年8月1日,1793年8月12日。
[5] 比舍和胡克斯,XXV,567页,1793年11月26日专场;《箴言报》,XIX,716页,丹东(1794年3月16日)发出政令:"在国民公会内部,我们只能听到法律条文而非音乐"。
[6] 《法国国家档案》,社会安全委员会文件,134号,德拉克洛瓦给丹东的信,里尔,1793年3月25日,关于比利时现状和迪穆里埃的退位……"长久以来我都怕你不能读完我的信,我会忘记你的迟钝"。沙伯给丹东的信,法兰西共和历二年霜月12日,"我亲爱同事,我了解你的天才,当然还有你与生俱来的迟钝,我害怕如果写的信太长,你不能全部读完。然而我还是相信你的友谊,希望你能将我特殊对待"。

会契约那样,把人视为单元运算的总和①,他把人看成是鲜活的、痛苦的、受伤的,尤其是他所认识的人,每个人都有独特的面容和行为。在那种场面下,有良心的人都会感动的,丹东就是这样一个有良心的人;他甚至是一个有温情的人,他有丰富的同情心,一个血肉之躯的人所拥有的同情心,他的本能的直觉以及对坏事往好处着想的观察也来自此,或者说他的文化习性丝毫没有干涸短缺。他本可以放手任由九月屠杀进行,但他依旧亲力亲为,每天,无尽的杀戮盲目而机械地上演。9月,他从杀人者手下夺回了许多显赫的生命,"咆哮之下掩饰着他的怜悯心②"。当斧头逼近吉伦特派的时候,他为此因"绝望和痛苦而患病"。"我不能救他们,"他写道,"大滴的泪珠滚落他的脸颊"。

另一方面,他的眼上没有蒙上预示着无能和无远见的厚厚眼罩。他分辨出了系统内部的不良习气,意识到大革命最终会不可避免地自取灭亡。"吉伦特派强迫我们投身于将他们吞噬的无套裤汉主义,而它同样也会自我消亡③。""让罗伯斯庇尔和圣-茹斯特做他们想做的吧,很快,法国会只剩下雷巴伊德和二十多个政治上的特拉普派④"。

最后,他看得更清晰了,"在同一天,我建立了革命法院。我为此向上帝和人民请求原谅。在革命之中,权力机关总是最邪恶的。比起统治人民,还不如当个贫穷的渔夫⑤"。但是他仍然想要进行统治,他创立了一个新的统治机器,对自身的尖叫声充耳不闻,这个机器的运行符合机构设置和他所赋予的冲劲。机器就在他的面前,这个可怕的机器有着巨大的轮子,影响着整个法国,其密集的齿轮系统影响了每个人的生活,钢质的断头铡刀不停地抬起落下;它每天的加速转

---

① 有人询问法兰西帝国参议员、数学家朗格朗日,他怎么能每年投票给可恶的征兵招募,他回答:"这不会对死亡率常数表产生明显的区别。"
② 伽哈,305页,310页,313页。"对于他来说,他的朋友是值得尊敬崇拜的"。
③ 出处同上,317页,蒂博多,《回忆录》,I,59页。
④ 基内,《大革命》,II,304页(根据博多未出版的回忆录)。这些来自丹东几位好友的话带有丹东的个人特色;无论如何,这些话很准确地表达了他的思想。
⑤ 瑞午夫,67页。

动需要更多人的生命供给,而供给人也需要同机器一样麻木、愚钝。丹东做不到这一点,也不想做到这一点。他逃避,消遣,享乐,遗忘①;他认为砍头党或许会同意忘记,当然,砍头党不会攻击他。"他们如果敢……人们也不会动我,我就像是一座拱桥"。最坏的是,他更喜欢"被送上断头台,而非成为砍头人"。这样说这样想,他被斩首的时机也成熟了。

III

即使坚决把砍头党任命为领袖,他还不能被视为法国大革命的完美代表。这是一种冷静的抢夺;偷窃和杀人都是他的信条,就像是他箱子里的一把刀,展现在公众面前的应当是闪亮光滑的箱子,不该是锋利的沾着鲜血的刀子。同马拉一样,丹东将刀子展露了太多。

看看马拉,他肮脏,衣冠不整,有着三角形的灰白的脸,闪烁而坚定的圆眼睛,带有坚定和狂热的激情。即使出于基本常识,人们也会出来反抗,不会把一个杀人狂当成向导。看看丹东,听听他说话,他不变的粗话,声音犹如骚乱时发出的警钟,他独眼巨人般的脸颊,灭绝者般的动作,会把人文情怀吓走,人们也因此不会不加厌恶地相信一个大革命屠夫。

大革命需要另外一个代言人,同革命一样②有所准备且外表特别,

---

① 米罗·德·莫里多,《回忆录》,I,40页,42页;米什莱,《法国大革命史》,VI,134页,V,178页,184页(1793年关于丹东第二段婚姻,和一个16岁的年轻女孩结婚,关于他1794年3月在阿尔西的旅行)。瑞年夫,68页。在监狱中"他不停地谈论树木,乡村和大自然"。

② 在警方的档案中,我们能看到他的观点对大众产生的影响,尤其是1793年年底和1794年年初(《法国国家档案》,F,3116,沙尔蒙特报告,法兰西共和历二年雪月8日):"罗伯斯庇尔尤其在公众中获得了影响,特别是在其大革命国民公会演讲之后,他说要所有的同事团结起来,消灭内部的坏人,他请求所有人用他们的智慧和才能援助新政府……我想说我听到四处都有人在提起他时充满了敬意。人民最后会说希望国民议会的所有成员接受罗伯斯庇尔的所有提议"。罗林报告,雪月8日:"公民罗伯斯庇尔在团体中和咖啡馆中处处受欢迎。在马努锐咖啡馆,人们说他对政府的观点是唯一接近艾曼的,可以将所有的公民与大革命紧密相连。这与俾约-瓦伦提出的公民有所不同。"(布尔瓦耶报告,霜月9日):"在一些特殊群体和团体,有人答复了关于把罗伯斯庇尔任命为独裁者的消息……人民承认他朴实的德行,发现他自大革命起就没有改变观点"。

正如罗伯斯庇尔。他的姿态无懈可击,头发搽着粉,衣着整齐①,品行端正,语气坚定,派头考究而平实。因为平庸和贫乏,其他人的思维都不会如此符合时代的思维。同政客不同,他眺望的是空旷的空间,在空想之中,他对信条原则有极高的要求,不能降低标准将重心放到实践中去。丹东说:"他可不光会煮鸡蛋。"同时代的人写道,他宣传的内容普遍模糊,基本不会达成任何措施或法律草案。他反对一切而不提出解决办法②,他执政的秘诀同他思维的无能以及无用的法律构想相一致。

在滔滔不绝地讲述他烦琐的革命哲学时,他毫无保留。至于财务以及军事,他一无所知而且不会在这方面冒险,除非是为了诽谤或中伤对此有所了解的加尔龙和康邦③。事实上,对于外部政策,他关于欧洲状况的演讲也只是小学生水平;在介绍英国部长的计划时,他就一下子变得空想而愚蠢④;去掉作者的语录,这就不再是一个政府首领的讲话,而是雅各宾俱乐部看门人的讲话。虽然生活在现代的有活力的法国,但他缺乏公正准确的想法:他把人看成2.6亿的机械木偶,只要规划好框架,他们就能正常运行且不会产生碰撞冲突。事实上,他们的本质是好的⑤,而且,在肃清之后,他们都会变好;同样,他

---

① L.维里埃,《一个放逐者的回忆录》(1790年的6个月中,他是罗伯斯庇尔的无偿秘书),2页:"考究的整洁",比舍和胡克斯,XXXIV,94页(罗伯斯庇尔画像,在他死后由报纸出版),"他的衣着优雅整洁,头发也保养得很好"。

② 德·艾瑞克特《热月9日革命》(道农的话),梅朗,《回忆录》,4页,"他的口才只是一连串无条理的朗诵,甚至没有结论。他每次说话时,我们必须问他究竟想说什么。他从来不会提出解决方案,他把寻找解决办法的难题留给别人,尤其是丹东"。

③ 比舍和胡克斯,XXXII,437页,438页,440页,441页(罗伯斯庇尔讲话,法兰西共和历二年热月8日)。

④ 出处同上,XXX,225页,226页,227页,228页(1794年11月17日)和XXXI,225页(1794年1月28日),"伦敦办公室政策为大革命运动提供了最初的刺激","在政策风暴中,办公室想要让法国在改朝换代中枯竭分解,让约克公爵替代路易十六……匹特是个白痴,虽然他的名声很大。他在海洋上的某个小岛上获得了影响,然后就想以此对抗法国人民。只有隐居在小木屋里,才可能想出如此荒诞的计划"。出处同上,XXX,465页。

⑤ 出处同上,XXVI,333页,441页(关于宪法的讲话,1793年5月10日),XXXI,275页:"为了一切顺利,人民应当更喜欢那个不真实的自我;为了一切顺利,行政官员应该为人民牺牲","先提出这个无可争辩的格言:人民是好的,但他们的代表确实易腐败变质"(XXX,464页,1793年12月25日讲话)。"美德是不幸的固有属性,是人民的财富"。

们的集团意愿也是"明智的声音,代表着公众的利益"。这就是为什么一旦聚集起来,他们就会变得明智。"如果可能,需要人民代表议会同全体人民一同商议",至少,立法系统应当设立在"宏伟堂皇的大厦中,向1.2万观众开放"。

要知道,4年以来,在国民制宪议会、国民选举议会、大革命国民公会、市政厅、雅各宾派俱乐部,处处都能看到罗伯斯庇尔的身影。法庭内从未停止过叫骂,在如此明显而常见现象的影响下,所有的思维都被打开了,但他自己的思维却被偏见和利益所禁锢,真理无法接近他,或者是因为他不能够理解,或者是因为他想要排斥真理。他因此而变得愚蠢,成了骗子,这两点他都占了,因为这也是成为学究的必要条件,或者说是思维的空虚和膨胀,他想说的话太多了,他因此觉得自己有很多思想,他因而很享受,自欺欺人地对别人发号施令。

他的特点和角色就是如此。在大革命中,这种角色本身就是一种人为的夸张的悲剧。在学究面前,疯子和残忍的人会渐渐退到第二位,最后,丹东和马拉都被忽视了,或者说是他们自己让开了位子,罗伯斯庇尔一个人吸引了所有的目光[1]。如果想要理解他,就要观察他,从他所在的环境出发观察他。在最后阶段,智力的增长停止了,静止于18世纪的枝丫上,它极度孱弱,却又是古典思想的精髓[2]。哲学用尽之后,它只剩下死亡的残渣,固定的公式,卢梭、梅伯利、雷纳尔的"关于人民、自然、理智、自由、暴君、叛乱者、品德、道德"的格言,这是些已经形成的用语表[3],也是一种过于宽泛的表达,其意思甚至还没有被老师确定好就已经被学生淡忘了。

罗伯斯庇尔从未想过停止,他的写作和演讲只是一连串抽象模糊

---

[1] 参照阿麦尔,《罗伯斯庇尔记》,卷3。这是一个完整详细的记载。48年之后,罗伯斯庇尔凭借他的姿态和话语,仍欺骗了不少人。阿麦尔暗示过两次说他就像是耶稣。事实上,如果说他与耶稣相似,那就像是说复活节的耶稣会成员和福音中的耶稣相似。

[2] 参照151页。

[3] 伽哈,《回忆录》,84页,观念学者伽哈提出"他没完没了的关于人权的啰唆,关于人民绝对权力的唠叨,但他从没有传播过更准确、更新的观点"。

的格言，言之无物，缺少带有特征的细节，没有能深入人心之处，不会让人联想起生动的形象，没有个人主观评注，缺乏一手的真实感受。他似乎什么都没有看见，但他却不能也不想什么也不看，于是在他和客体之间出现了虚伪的想法①。他用逻辑方法将这些观点联系起来，用借用的行话掩饰思维的空缺，仅此而已。

虽然他身边的其他雅各宾派也使用这种学院行话，但没人会像他那样滔滔不绝，长篇累牍。连续几小时，人们都试着跟上这些难以捉摸的政治思辨，如即将消散的冷雾般的基本训导。在连篇乏味的空话中，人们很难抓住一些要点，甚至是什么也没抓住。于是，在诧异之中，人们回忆他到底讲了什么，而结论是他什么都没讲，他说话的目的就是说话。作为集团的一分子，当他站在其他人面前的时候，无论是说教者还是他的听众，都绝不允许信条偏离方向。所以，他演讲空虚是件很好的事，越是空虚，越容易很快地见风使舵。但糟糕的是，他在这些空话里加了相反的意思，他所指的公正和人道只会堵塞大脑。因此，当看到《福音书》里烧死异教徒的规定，他就设立了审讯者。凭借这种极端败坏的方式，学究使他的思维扭曲。自此以后，他可以按照他的喜恶随意使用，却自以为是真理。

然而，他最大的爱好就是空虚的文字。即使是在关键时刻，也从没有哪个宗派或政府的领导人的语言会如此无可救药的浮夸、拘泥、乏味。

热月9日的前天，涉及采取攻占或消灭措施之时，他走上讲台发表了华丽的演说，演说词写了又写，改了又改②，镶饰了许多花哨效果③，因为花了时间和工夫，所以演说词具有精美的学究外表、对称的

---

① 阅读他关于宪法(1793年5月10日)以及关于共和国政府的信条(1793年12月25日)的讲话，关于宗教和道德信条之间的关系，以及共和国信条的讲话(1794年5月7日)，热月8日讲话。加尔龙，《回忆录》，II，512页："在商议政务时，他只会提出模糊的一般性意见"。
② 比舍和胡克斯，XXXII，406页(热月8日演说)，带有改动的手写本复印件。
③ 出处同上，420页，422页，427页。

对比装饰、时间的穿插、感叹句、暗示以及其他技巧①。在他最重要也是最著名的报告中②,有80个拟人用法是模仿卢梭和其他先辈的,而且许多都很拖沓;还有那些为逝者、为布鲁特斯和年轻的巴勒斯而写的文章;还有一些是为教士、贵族、不幸的人、法国妇女而写;还有写给抽象名词的东西,例如自由或友谊。

他的信念坚定而不可动摇,内心愉悦,他认为自己是演说家,因为他能从旧机器中抽出旧丝线。他技巧丰富的演讲中没有一点真实,只带有一种过时艺术的秘诀,包括希腊和拉丁语中的老生常谈③,苏格拉底和他的毒药,布鲁特斯和他的匕首,古典隐喻,"不和的火炬以及国家的巨轮"。这种词语的结合和文笔的效果,正像是一个修辞学家坐在校园长椅上所寻求的④。他有时表现得特别勇敢,像是在公共检阅⑤,有时又有些讨厌,因为当时他应当内心敏感⑥。总之,马蒙泰尔的《贝利撒留》和托马斯的《颂词》的处理方法都借鉴了让-雅克,但是逊色一筹,就像是一个冰雹般尖锐的声音想要装出浑厚的声音,然而这是一种无意的滑稽模仿,更为让人反感的是语言影响到了行动。

多愁善感、语气夸张的特里索旦成为了国家首领,他在政府表现出的完美优雅也是闲暇时瞄准活人胸口的子弹,只要一个灵巧的修饰语,他就可以把人送上断头台。他的角色和能力之间的差距太大

---

① 出处同上,428页,435页,436页,"啊,法国人民再也不会有如此走运的日子,全体人民聚集向自然的创作者致敬! 多么感人的聚会,所有的东西都让人赏心悦目! 啊,荣耀的衰老! 啊,祖国孩子的慷慨热情! 啊,青年公民天真纯洁的笑容! 啊,母亲怜悯的芬芳泪水! 啊,无辜和美的神灵! 啊,因为力量、荣耀和美德而感到幸福的人民的威严",等等。"不,少迈特,死亡绝不是长眠"。"人民,你们要记住在法兰西共和国","如果让我掩藏美德,那就请为我拿来毒药"。

② 1794年5月7日演讲(关于道德、宗教观点与共和国信条的关系)。

③ 比舍和胡克斯,XXXIII,436页:"我们国家的韦雷斯人和卡提利纳人"(热月8日演讲),尤其是1794年5月7日演讲,充斥着模糊的古典回忆。

④ 出处同上,XXXIII,421页:"真相有着动人、可怕的口音,会在纯洁的心灵、罪恶的意识中产生共振,就像是萨尔摩纽斯模仿宙斯制造闪电,但他的做法比这更具有欺骗性";437页:"为什么那些前天还告诉你们风暴可怕的人,昨天就只看到了淡淡的云彩? 为什么不久前有人对你们说:我向你们发誓我们正行走在火山上,而今天他们却觉得自己走在玫瑰上"。

⑤ 出处同上,XXXII,361页,369页。(百科全书派画像,埃贝尔派画像)。

⑥ 比舍和胡克斯,XXXIII,"在此,我需要吐露心声",XXXII,375页至378页,以及最后的部分。

了。凭借这一平庸虚伪的才智,没有其他职位比统治更适合他。此外,他还有一项在之前就被发现的才能:在安稳社会,他懂得隐忍。如果法国大革命被取消了,马拉会在疯人病院里终老;丹东会成为骗子律师、强盗,或嫌疑凶手,最后会被抹了脖子或是吊死;相反,罗伯斯庇尔会继续他开始时的工作,专心成为忙碌的、受重视的律师,成为阿拉斯学院中的一员,竞赛获奖者,文艺颂词、道德散文、博爱手册的作者[①]。在新哲学之家,他同其他人一样,桌上的微光亮着,朴实地闪耀着,不会燃烧到其他人,平凡微弱的光亮会照射在周围,光线同窄瓶子中装的油成比例。

然而,法国大革命把他带入了制宪议会。很长一段时间,在这个大剧院中,自尊心就是罗伯斯庇尔敏感的心弦,他因此深感痛苦。自青少年时期起,他的自尊心就受损、受伤,变得更脆弱。这个贫困的孤儿被主教保护,后成为路易勒格朗初中享受助学金的学生,之后跟从布里索成为了司法教士,最后因为诉讼文件的原因在哈博尔特路受挫,跟他一道的还有一个脾气暴躁的修女,这是他的哲学老师、政治老师、教给他卢梭写作风格的老师,他看了一次卢梭的作品之后就不断学习[②]。或许同很多与他身份年龄相同的青年人一样,为了走出僵局,他为自己设想了一个相近的典范,他发表了有影响力的辩护词,参与学院竞赛,在阿拉斯的同事面前朗读论文。此外,他还有其他一些不值一提的成就,他的一篇演讲在阿图瓦历书中获得了评注,梅茨学院只是授予了他二等奖,亚眠学院没有给他颁发奖项,《墨丘利》的评论让他感觉到自己的文笔和巴黎仍有距离。

在国家议会,因为才华和本能,他长期生活在阴影中,许多次因为

[①] 阿麦尔,《罗伯斯庇尔记》,I,34~76页。他23岁成为律师,24岁成为罗萨蒂阿拉斯协会的成员,25岁成为阿拉斯学院的成员。因为其反对侮辱犯人父母的演说,获得梅茨皇家协会授予的二等奖;他的葛和赛颂词没有被亚眠学院授予奖项。他在阿拉斯学院朗读了一个演说,反对无能和折中公民。之后的另一个演讲是关于犯罪判例改革。1789年,他成为阿拉斯学院主席,发表了度帕蒂颂词和对于阿图瓦民族未来议员资质的致辞。

[②] 参看他1794年5月7日演讲,对卢梭的颂词。(比舍和胡克斯,XXXII,396页。)伽哈,85页,"把卢梭作为写作的范例,我希望持续的阅读会对他的性格产生积极的影响"。

坚持或是缺少分寸,他觉得自己很可笑。他的诉讼代理人的形象是有棱角而枯燥的,"他的声音低沉、单调而嘶哑,他的表达让人感觉很累[①]","他的阿图瓦口音",不自然的神情,他采取的意图总是先被放在前面,还会展开对一些常识问题的解释,他的明显用意是使有教养的人和比他聪明的听众接受他带来的难以承受的无聊,没有什么能让议会更能宽容他在实际意义和品位方面所犯的错误。一天,针对委员会的判决,他说:"需要一个简单庄严的形态,用来宣布国家法律,让人民尊重法律。"因此,在颁布的法律中,有了"路易获得了上帝的恩典","有人会说:人民,这是法律赋予你们的,法律对于所有人来说都是神圣而不可侵犯的"。在这一点上,加斯科涅的议员用他的南部口音说道:"先生们,这个做法一点都没用,'我们不需要赞美歌[②]。"全体大笑,罗伯斯庇尔沉默了,内心很受伤:两个或三个相同的灾难会使他从头到脚都受伤。

不光是他的愚蠢让他感到很蠢;卖弄学问、受骗、被喝倒彩、学究气的毛病,这些都配得上他赢来的口哨声。相反,他自认为说起话来像一个法律制定者、哲学家和道德学家:那些狭隘的思维、堕落的心灵如果不能理解这些,那是他们活该。内心的禁欲,疼痛的虚荣心,这使他想要寻找内心的精神食粮,在能找到精神食粮的地方他就会获取营养,但我想说的是他那受到资产阶级节制的规律性的贫瘠。

罗伯斯庇尔和丹东一样,对此没有要求。他很朴实,感官不会使他感到痛苦。如果他对此做出让步,他会不乐意,这很正常。在巴黎

---

① 菲尔文,《通信集》(前言),菲尔文在雅各宾派的看台上见到了他,他说:"他就像一个'旧制度'的裁缝。"拉·瑞威耶尔-乐博,《回忆录》;比舍和胡克斯,XXXIV,94页;马鲁埃,《回忆录》,II,135页(1791年5月31日,在阅读了雷纳尔神父致辞之后)。"这是第一次,也是唯一一次,我看到罗伯斯庇尔显得机智而善于雄辩……按照他的习惯,他冗长地陈述前面的话,虽然同往常一样复杂难懂,但这就是他演说的全部思想,也达到了他预期的效果"。

② 《外省通信》,III,51号(1789年10月7日、8日)。比舍和胡克斯,VI,372页(1790年7月10日)。罗伯斯庇尔其他关于美国众议员的类似差错,总统给了他们一个答复,"全体一致鼓掌"。另外,罗伯斯庇尔想要自己回答这个问题,他坚持己见,不管议会的抗议,而议会迫不及待地想要听他的废话好让他闭嘴。在哄笑之中,莫里神父"带着讥讽地询问对罗伯斯庇尔演说的印象"。

的圣东日大街,他的秘书①说:"7个月以来,我只有一次看到他对待一个女士态度不好……他常常拒绝给她开门。"他工作时不能打扰他,他有条理而勤勉,总需要待在办公室里不出门。在学校他是模范生,在家乡是正派的律师,在议会里是勤勉的议员,他处处抵御诱惑,不会有偏差。"无可非议"这个词就是他从青年时就常常在心底重复的,借此来慰藉他的默默无闻和期待。他曾经是,他现在是,他将来还会是一个无可非议的人。他对自己这样说,他对别人也这么说,在此基础上,他的特点形成了。德穆兰可以用美食引诱,巴纳夫可以用美色引诱,米拉波和丹东可以用金钱诱惑,吉伦特派可以用旧时期或上层社会的礼节讨好,丹东主义者会被宽裕生活和通行证诱惑,但罗伯斯庇尔是不会被腐蚀的。人们不会像对待斐扬派修士那样阻止或忽视他。丹东主义者、吉伦特派、政客、专业人员之所以受到诱惑,是因为出于附带利益的分配、既得现状、过于投入的冒险、机构重组的必要性、把赌注放在人类热情上的必要性、实用和机会动机这几方面的考虑,但是他是不妥协让步的法律捍卫者②。

"一个人,几乎只有我一个人,我不会让我自己堕落;一个人,几乎只有我一个人,我不会同公正妥协;这两个高尚的优点我都拥有,还有的人或许有其他品行,但他们总是互相争斗,或是违背原则;还有人口头主张各种信条,但他们没有品行。有纯洁品行的人不会对信条原则如此忠实;没有人会对真理如此崇尚而又对美德如此奉行,而我是唯一的一个"。还有什么会比这无声的自语更温和呢?

从第一天起,人们就听到罗伯斯庇尔对阿拉斯第三等级议员低沉

---

① L.维里埃,2页。
② 参看他在制宪大会上的主要演说:反对军事法律;反对否决权,甚至反对暂时中止否决权;反对马克银币评定;赞同全体投票;在国家护卫队中接纳非现役公民;允许教士结婚;允许废除死刑;允许有色人种获得政治权利;禁止父亲对某一个孩子赠予特殊遗产;允许制宪大会成员宣誓无资格参与国民议会选举;等等。关于皇权的规定:"国王不是代表,而是国家的代理人"。关于为有色人种赋予政治权利的危害:"如果殖民会有损你们的荣耀和自由,殖民就会消失"。

的致辞①。后来又听到了他在国民公会慷慨的演说②；在所有的间隔，在他所有的作品、演说或报告里，人们听到他的开场白、题外话、结束语比重齐平，语句揉捏在一起就像是个持续的男低音③。因为对此兴趣强烈，他不再听其他东西，对他来说，外界的传闻只能被用来支持他内心的大合唱。在制宪大会后期，有一定能力的人或退隐或遭到除名，他因此成了政治舞台上的男高音之一，当然，对于雅各宾派来说，他是头号人物——"罗曼·法比斯的唯一匹敌者"。马赛分部和布尔日雅各宾俱乐部的人如此评价他；"人民权利不朽的捍卫者"④；1791沙龙里有两幅他的画像，其中之一带有题词：不受腐蚀的人。人民在莫里哀剧院增加了一出剧目，在剧中，"他用他的逻辑和美德打败了浩昂和龚德"。在他到来的路上，巴波姆的革命党人、国家护卫队、当权机构都前来向伟人致意。阿拉斯城灯火通明地欢迎他的到来。在制宪大会闭幕时，人民在街上为他欢呼喝彩。有人为他头顶戴了一个橡木桂冠，想要为他拉马车，人们欢呼着把他护送到了圣-奥诺雷大街的杜普雷家，杜普雷是为他提供住房的细木工匠。在这样一个家庭，半有产者和人民相接近，对于这些拥有新思想的人，广义的观念和三段式演说占有重要地位，他因而找到了拥护者。有人借鉴了他的语言，有人将他的观点占为己有。

  对于所有的家庭成员来说，他是革命党人，是不会犯错的圣人；从早到晚，他都会给出权威性的判断，人们给他燃起乳香，他在房间里就像是个神。为了膜拜他，信徒会在院子里排队⑤：他们一个人接

---

  ① 阿麦尔，1，76页，77页（1789年3月）："我的性情直率，灵魂坚定，我从不会被卑鄙和堕落压迫。"出处同上，"第三方代表所需拥有的美德清单"。出处同上，83页，他说话已经带着哭腔了，态度则像是一个受害人："他们酝酿着将殉道者都换为人民的保卫者。他们会强大到能够夺走他们所羡慕的、我全部的美德吗？他们会抢走我灵魂和意识中我所拥有的善良吗？"

  ② 比舍和胡克斯，XXXIII，422页，"我是谁，有人控诉我？一个自由的奴隶，一个共和国活着的殉道者，一个罪行的受害者和敌人。这就是演讲的全部"。

  ③ 尤其是他对法国人的致辞（1791年8月）：以辩护词的形式，这是他的压轴好戏。参见（阿麦尔，II，212页）他对雅各宾派的讲话，1792年4月27日。

  ④ 阿麦尔，I，517页，532页，559页，II，5页。

  ⑤ 拉·瑞威耶尔-乐博，《回忆录》；巴尔巴鲁，《回忆录》，358页（在他们两个人参观之后）。

着一个人被请入客厅，拿着铅笔、画笔、茶褐色水墨画颜料、水彩，聚集在他的画像前，站在他那用红色土或灰色土制成的胸像前，透过玻璃门看到他的手势，人们就能够进入他宝座所在的圣殿。在他的预留房间，他主要的胸像配有诗句和格言，他不在时，胸像就代替他的位置。罗伯斯庇尔的忠实者在它面前下跪，他们中女性居多。当他在国民公会提出辩护词的时候，"走道被妇女们[1]堵住了……法院里还有700到800人，有200个男人"；她们如何为他鼓掌[2]？就像是一群修女为她们的教士鼓掌。在雅各宾俱乐部，当他滔滔不绝地开始他晦涩难懂的演讲时，会有感动的呜咽声，"叫喊和跺脚简直能让大厅倒塌[3]"。

他是一个冷酷的观众，人们观察他，低声细语，他不得不躲避起来，就像是一个在弥撒时间误闯入教堂的异教徒。随着大革命的闪电更加急剧地落在人们的头上，罗伯斯庇尔就会登上他的压轴好戏所带来的荣耀的巅峰。有人写道，他是"大革命的奠基人，一个不会堕落、能观察并预知一切的天才，他能挫败一切，他既不会被欺骗也不会被诱惑[4]"，"他有斯巴达人一样的精力，雅典人一样的口才[5]，他用他如盾牌般的口才庇护着共和国[6]，他用他的写作照亮了世界，

---

[1] 这些对待罗伯斯庇尔如此虔诚的女人，她们从不缺席雅各宾俱乐部和国民公会，只为了听他的发言，为他鼓掌，人民根据她们的地位和服饰，把她们称为"肥衬裙"。

[2] 比舍和胡克斯，XX，197页（1792年11月1日）.《巴黎专栏》，1792年11月9日，孔多塞文。前者以其对上流社会人物的细致，很好地分辨了罗伯斯庇尔的真正特点。"罗伯斯庇尔说教，罗伯斯庇尔批判；他极端、严肃、忧虑、兴奋而冷漠，受他自己的思想和品行控制。他对权贵不满，清心寡欲。他的任务只有一个，那就是说话，他几乎时刻在说话。他的性格特点也很多，但这不属于宗教领袖的特点，而是派别领导人的特点。他为自己迎来了严肃质朴甚至是圣人的名声。他站在议员席位上，谈论上帝和天意，他说他是穷人和弱者的朋友，他使得穷人和妇女追随他的思想，受到了他们深深的喜爱和尊敬。罗伯斯庇尔是一个神父，但他不会仅限于此"。信奉罗伯斯庇尔的妇人中，有莎拉布赫夫人（阿麦尔，I，515页），还有一个年轻的寡妇（阿麦尔，III，524页），她想要嫁给罗伯斯庇尔并送给他4万本书。"你就是我至高无上的神，"她写道，"在这世上，我只认得你一个神。我把你看成我的守护天使，我只想生活在你的保护之下。"

[3] 菲尔文，《书信集》（引言）。

[4] 《库尔图瓦关于在罗伯斯庇尔找到文件做出的报告》，法律文件，20号。贝一思和宏比卢的书信，他们分别是圣-加莱监督委员会的主席和秘书，法兰西共和历二年雪月15日。

[5] 库尔图瓦报告，18号刊，V的书信，原版权检查员，1792年2月5日。

[6] 出处同上，8号刊，P的书信，布兰库特、瑟当，1793年8月29日。

让他的名誉流传于世,他改革了人的属性①,他的姓名会是且将会是任何世纪所崇拜的对象②,他是救世主,是能够改革一切的不朽人物③"。博瑞德-瓦勒纳说"他的名望巨大"④,这种名望是在制宪会议时期成就的,"在国民议会选举阶段声望大涨,与日俱增,尤其是到了国民公会时期,人们即将把所有的目光都集中在他一个人身上……凭借他对公众观点的巨大影响……凭借这一不可抵抗的优势,当他来到公安委员会之时,他已成为法国最重要的人物"。三年之后,他组织和领导的团队中,有千百个声音不倦地向他重复他的啰唆和信条。他自己创作了三段诗颂歌,每天他都会低声或高声地朗诵这一颂歌:"罗伯斯庇尔是唯一一个找到了公民理想形式的人。罗伯斯庇尔是唯一一个不折不扣将之完全实现的人。罗伯斯庇尔是唯一一个能够领导大革命的人⑤。"在此基础上,冷漠的自命不凡就相当于热忱的渴望。罗伯斯庇尔达成的一些观点甚至接近于马拉。

  首先,在他看来,他和马拉一样是受迫害的人。同马拉一样,他表现出了殉道者的姿态,但他表现得更加博学和有内涵,逆来顺受,像是一个可怜的受害者,他奉献自己,升入天堂,他的美德为世人留下了不朽的记忆⑥。"我让一切自尊心都与我对抗⑦,我将几千把匕首打磨锋利,我将自己献身给一切仇恨……我确信要将头颅贡献给我刚才所说的真理,我奉献出了自己的生命,我像接受善行一样接受死亡","上天或许要召唤我在道路上留下血迹,以此带领我的国家走

---

 ① 出处同上,1号刊,泊松的书信,地址是玛瑙斯克人民协会,法兰西共和历二年牧月23日。
 ② 出处同上,14号刊,D的书信,科尔得利俱乐部成员,前服饰用品商,1792年1月31日。
 ③ 出处同上,12号刊,C的书信,蒂埃里城堡,法兰西共和历二年牧月30日。
 ④ 阿麦尔,III,682页(根据博瑞德-瓦勒纳在国家档案馆的手书)。
 ⑤ 伽哈,85页。"罗伯斯庇尔表露的最明确的看法就是,人民的维护者绝不会出错,这甚至都不是什么秘密"。巴叶乐(引用于加尔龙《回忆录》,I,516页)说:"他把自己当作享有特权的人,在世间就是为了成为如圣水般的再生者和创立者"。
 ⑥ 1794年5月26日演说,以及法兰西共和历二年热月8日演说。
 ⑦ 比舍和胡克斯,X,295页,296页(1791年7月22日,致雅各宾派),出处同上,294页,马拉也说:"我使得善良的法国人民谴责我。"更确切地说,在当天,他写道:"受欢迎的作家会被拖入囚室中;人民之友的最后一丝叹息是为了祖国,他那忠实的声音提醒你们记住自由,他之于墓地是炽热的火炉。"最后这句话表现了两者不同的想象力。

向幸福和自由；我接受这一美妙而荣耀的命运①"。"我们向所有的专制暴君宣战绝不是为了活下去，更危险的是向骗子无赖宣战……他们越是想阻止我完成自己的使命，我越是迫不及待地想要付诸行动，实现我同胞们的幸福②"。"所有的骗子无赖都侮辱我③；别人看来最公正、最合理的行动对我来说都是犯罪。一旦有人认识了我，他就会被恶意中伤。人们不妒忌别人的财富，人们对我犯下的罪也正合我意。让我失去理智吧，我是人类中最不幸的那一个。我不会跟公民享受同样的权利，我甚至都不被允许行使人民代表的权利……对我而言，我的存在对于国家的敌人来说是个障碍，因为我会阻碍他们完成卑鄙的计划，如果他们可怕的帝国还会继续下去，我愿意为此向他们做出牺牲……他们因为犯罪而走上断头台，而我们则是因为美德……为我准备毒药吧，我将在神圣的座椅上等待死亡，我至少会遗赠给我的祖国一份忠贞的爱国心，遗赠给我的人道主义敌人一份死亡的耻辱"。

自然，同马拉一样，在他的身边总是有"坏人，阴谋家和叛徒④"。自然，同马拉一样，罗伯斯庇尔的常识也受到了曲解，同马拉一样，他相信阶层。"我不需要思考，"他对马拉说，"我总相信我的第一印象。"对他而言，"最好的理智就是他自己的怀疑⑤"。同他的怀疑相比，没有什么能够占上风，就连能够感知触碰、显而易见的事实也不例外。1792年9月4日，在同贝提欧的秘密谈话中，他急忙想要提问

---

① 阿麦尔，II，122页（1792年2月10日，致雅各宾派）。"从专制君主那里获得死亡还不够，要配得上死亡，第一批自由的捍卫者需要成为殉道者，如果这是真的，他们的死必须由暴政陪葬"。出处同上，II，215页（1792年4月27日）。
② 阿麦尔，II，513页（在国民公会的讲话，法兰西共和历二年牧月7日）。
③ 比舍和胡克斯，XXXII，422页，445页，447页，457页（在国民公会的讲话，法兰西共和历二年热月8日）。
④ 出处同上，XX，11页，18页（1792年10月29日，雅各宾派会议），关于拉法耶特、斐扬派和吉伦特派。XXXI，360~363页（国民公会会议，1794年5月7日），关于吉伦特派、丹东派和埃贝尔派。XXXIII，427页（法兰西共和历二年热月8日）。
⑤ 伽哈，《回忆录》，87页，88页。

题，最后说："好吧，我觉得布里索跟布伦瑞克一伙①。"自然，他像马拉一样虚构悬疑小说，但并没有那么随意，营造的荒谬感也没那么粗糙，而是更加喜欢精雕细琢，更加喜欢在他爱推理的、侦探般的大脑中灵巧地规划。

他对伽哈②说："很明显，吉伦特派想要谋反。但他们会在哪里谋反呢？他们处处存在，在巴黎，在整个法国，在整个欧洲。在巴黎，让索那在市郊圣-安东尼走街串巷，去每个店铺说服店主，说我们其他的革命党人想要抢劫他们的店。纪龙德省很久以来就谋划着独立于法国，投奔英国，众议员的负责人正是这项计划的始作俑者，他们不惜一切代价想要实现这一计划。让索那对此不加掩饰，他对想要听他讲话的人说他们不是国家的代表，而是纪龙德的全权代表。布里索在他的日志中策划谋反，这也是国民战争的警钟。人们知道他去了英国，也知道他为什么去。我们不会忘记他和外交部长的私人关系，莱布伦是列日人，也是哈布斯堡王朝创建人之一。布里索最好的朋友是克拉瑞，克拉瑞在所有他经过的地方谋反③。拉波是新教徒、哲学家，同时也是个叛徒，他总是老谋深算地遮掩着同朝臣和叛徒孟德斯鸠的通信。他们曾共事6个月，企图将萨瓦省和法国开放给意大利的皮埃蒙特人，塞尔望在决定将法国的要塞拱手交给西班牙之后才被任命为比利牛斯军队的援手。""您对自己刚才所说的没有一点怀疑吗？""没有。"

这一可怕的承诺同马拉做出的保证势均力敌，甚至更坏；因为罗伯斯庇尔的阴谋者名单要比马拉的长很多。马拉的思维里只有政治和社会，所以名单里也就只有权贵。罗伯斯庇尔的脑袋里想的是神

---

① 比舍和胡克斯，XXI，107页（贝提欧关于指控诉讼罗伯斯庇尔的演讲）。贝提欧直接反对，说布伦瑞克会是第一个要砍下布里索脑袋的人，布里索还没疯狂到对此怀疑。
② 伽哈，94页（国王死后，1793年3月10日前）。
③ 伽哈，97页。1789年，罗伯斯庇尔对伽哈说内克尔洗劫了国库，有人看到他让驮着金子的骡子向日内瓦行进，这些金子价值百万。卡诺特，《回忆录》，I，512页，卡诺特和普里厄说："罗伯斯庇尔很少过问共和国的事情，更多的是关注相关人员；他难以承受经常性的不信任，只看得到叛徒和阴谋家。"

学和道德，所以名单里增加了无神论者和不道德的人，也就是说他党派的所有成员都被囊括在内。在这个狭隘、抽象、习惯把人按照对立标签分为两类的大脑里，任何跟他不在同一分栏中的人都被认为是站错了队。在这支错误的队伍中，各阵营的叛乱分子和各类流氓无赖互相勾结是自然而然的。"贵族都是腐化的，腐化的人都是贵族"；因为"共和国政府就是共和国道德①"。这两类坏人不单单是受本能和利益驱使而企图相互勾结，他们之间的联盟已经建立。他们在能力所及范围内策划的阴谋显而易见，"这个可怕的体系会摧毁共和国的伦理道德②"。加代、韦尼奥、让索那、丹东、埃贝尔，"他们这些虚伪的人"都没有别的目标，"他们感到③为了摧毁自由，应该不择手段地促进对自私的维护，让心灵变得冷酷，擦去共和国的伦理道德，而这却是共和国用来区别人道捍卫者和敌人的唯一准则"。继承人还在，但他们小心翼翼。

不道德是政治侵犯；有人想对国家谋反，为此有人宣扬唯物主义，鼓吹赦罪纵容；有人品行恶化，投机倒把；有人山珍海味，阴谋诡计，夸大其词或畏畏缩缩；有人鼓动人民，腐蚀人民，欺骗人民，指责人民，藐视人民④。简而言之，这就是不按照规定步伐走正道，不在罗伯斯庇尔根据原则划定的小道上行走。任何人只要搞错了或者走偏了，就会被认定是坏人和叛徒。然而，还没有算上保王党人、斐扬派、吉伦特派、埃贝尔派、丹东派和其他因为职业性质已经被斩首或监禁的人。国民公会和委员会中还得有多少叛徒！在任的代表、未经清

---

① 比舍和胡克斯，XXXIII，417页（法兰西共和历二年热月8日）。
② 出处同上，XXXII，31页（1794年5月7日演讲）。"不道德是专制政治的基础，而美德则是共和国的本质"。
③ 出处同上，371页。
④ 出处同上，XXXIII，195页（库东的报告和相应的法令，法兰西共和历二年牧月22日）。"革命法庭是为了惩罚人民的敌人而设立的……所有对于不法行为的处罚都是死刑，审判管辖权归革命法庭所有。欺骗人民或人民的代表都是人民的敌人，为了使他们采取阻碍自由的手段，敌人会促使联合起来反对共和国的专制暴君采取行动，他们还会传播假消息以求分裂扰乱人民，他们会误导民意，妨碍人民教育，使风俗堕落，败坏公众良知，或阻止其进步……那些承担社会职务的人，他们会滥用权力为大革命的敌人服务，欺压革命党人，压迫人民"。

洗的行政机构中会有多少叛徒！次级专制者、巴黎和外省统治者和有影响力的人士中又会有多少叛徒！除了二十多个国民公会政治上的特拉普派，除了巴黎一小撮被认为是忠实于雅各宾派的人，除了分散的各省人民协会，在这些所谓的革命者中，还会有多少弗雷龙、达利昂、波旁、科洛！有多少异端分子伪装成了正派教徒，有多少江湖骗子伪装成了革命党人，又有多少帕夏人伪装成了无套裤汉①！想要消灭马拉的人还有一类：这已经不是几千人了，而是几百万人，就像是博多、让蓬・圣-安德烈、居夫互瓦所宣布的那样，要计算犯罪人数，砍下他们的脑袋。根据罗伯斯庇尔的准则，所有的这些脑袋都得被砍下。他对此心知肚明。

罗伯斯庇尔的思维对具体观念充满敌意，有时候独自待在自己的房间，他像马拉一样观察得真切。马拉的幻想神兽飞快地将他疯狂的骑兵带入了坟墓，而罗伯斯庇尔的幻想神兽则天马行空，蹒蹒跚跚，最后绕了一圈才找到了方向和想要吃的东西。表面上看，罗伯斯庇尔的神兽行动更为迟缓，吃的肉也更少，但它更加凶残，利爪和锐齿使它的胃口更大。3年之后，罗伯斯庇尔加入了马拉集团，进入了马拉在大革命前期建立的极端机构。这位医生使政策、目标、方式、成果甚至是用语都变得疯狂②起来：城市无赖的军事独裁，受雇用贱民的偏执疯狂，对资产阶级发动的战争，消灭富人，流放反对派作家、行政人员和议员。怪兽的食物相同，只是罗伯斯庇尔又在自己的食

---

① 比舍和胡克斯，XXXV，290页（圣-茹斯特指令）。"大革命被冻结了，所有的信条都衰弱了，只剩下了戴着红色软帽的阴谋"。库尔图瓦报告，司法文件，20号（贝一思和宏比卢给罗伯斯庇尔的书信，法兰西共和历二年雪月15日）。"只有12到15人是你可以像依赖自己一样依赖的，包括山岳派。其他的人被欺骗、被引诱，误入歧途，他们腐化、堕落。公众的思维因为金钱和老实人的诡计而迷失"。

② 库尔图报告，法律文件，43号，参见阿麦尔，II，43页，71页，这一主要文件属于国家档案，F74446，包括罗伯斯庇尔亲手写的两个记录，1793年6月和7月。"我们的敌人是谁？""罪恶的人和富有的人……用什么手段停止国民战争？惩罚叛徒和阴谋家，还有犯罪的议员和行政人员……内部的危险来自资产阶级。为了打败资产阶级，需要将人民团结起来。应当让现在的起义和暴动继续下去……向着同一个目标发展。无套裤汉应当获得报酬并待在城里，需要为他们争取武器，使他们愤怒，让他们受到启发。"

物配给中增加了"有罪之人",将之作为偏爱的特别美味。

自此之后,他没有必要远离行动,将自己禁锢在语句之中,堵上圣洁的耳朵,用他那说道者的眼睛仰望蓝天。他忍不住倾听、观察身边的一切,在他圣洁的脚下,尸骨破裂,鲜血流淌,这是他造就的坐骑,这怪兽贪得无厌①。它的嘴总是饥饿,每天都需要人肉盛宴。他要做的不仅仅是让它吃东西,还要为它提供食物,常常要亲手喂它,之后,他会把手洗干净,甚至会表示相信自己贞洁的手从没有触碰过血浆。通常情况下,他自我满足于讨好、抚摸这只怪兽,为它辩白,赞美它,随它为所欲为。已经有几次,受时机影响,他放出怪兽为其指定猎物②。现在,他自己去寻找活的猎物,把猎物放入自己的猎网中③,他向它张开的大口中投入食物;他用明确的手势拒绝了朋友、妇女、母亲以及其他想要保命的祈求者④;在挣扎的不幸者的脖子上,他突然加了一个项圈⑤,为了不让他们逃跑,他事先勒住了他们的脖子。最后,这些都不够,怪兽需要更大的猎物、成群的猎狗、猎人,当然,还是由罗伯斯庇尔进行配置安排,并督促奥朗日和巴黎⑥的供应者,让他们按照便捷顺序清空监狱。

在这一屠夫行当,长时间被文明抑制的毁灭者天性又重新抬头

---

① 公安委员会,尤其是罗伯斯庇尔,知道并明确同意南特溺亡事件,卡里耶执行主要的屠杀,等等。(马特尔伯爵,《关于富歇的研究》,257~265页。)(出处同上,《革命典型》,41页,59页。)比舍和胡克斯,XXXIII,101页(1794年5月26日)。巴赫尔报告和国民公会法案规定,不得囚禁英国人。法国士兵不想执行这一法案,对此,罗伯斯庇尔写道(热月8日讲话):"我警告你们,你们已经永久违犯了针对英国人的法案,因为我们的演讲,英国受到了不公正的待遇。至此,我们的军队对英国做出了安排。"

② 例如吉伦特派。

③ 比舍和胡克斯,XXX,157页,关于法布尔·德爱格兰特的演说计划。出处同上,336页。对雅各宾派的讲话,关于克劳兹。XXXII,18页,关于沙伯事件的报告计划。出处同上,69页,支持逮捕丹东的讲话。

④ 出处同上,XXX,378页(1793年12月20日)。成群结队的妇女来到国民公会,请求她们的丈夫获得豁免,"共和国的妇女难道会为了提醒自己的配偶身份而放弃她们的公民资格"。

⑤ 阿麦尔,III,196页。米什莱,V,394页。关于遣送吉伦特派司法辩论的省略。罗伯斯庇尔书写的判决原本被找到了。

⑥ 马特尔伯爵,《革命典型》,44页。对于奥朗日革命法院的指示由罗伯斯庇尔亲笔书写(《法国国家档案》,F7,4439)。

了。他猫一样的相貌开始时是"顺从、焦虑而温柔的,后来却又变得粗野,最后成为了一只大野猫……在制宪议会上,他还只是悲叹地讲演;在国民公会,他讲起话来常常火冒三丈①"。这个严肃摄政者的独白带有个人的愤怒情感,人们能听到他的嘘声和尖锐叫声②;有时通过改变观点,他还会假装哭泣③。但他最激烈的爆发都没有他的情绪控制可怕。由来已久的积怨,腐蚀性的欲望,过分的尖酸,这些都沉淀在了一个灵魂之中;他的痛苦聚集到了顶点,甚至外溢到了死者身上。

为了杀死新对手,将吉伦特派、少迈特、埃贝尔、尤其是丹东④送上断头台,他从不疲倦,或许因为丹东是大革命的活跃分子,是唯一一个使他的教学法无能为力的人;他温热的尸体还怀有仇恨,那是尖酸的诽谤,可感知的谎言。仇恨就是如此通过分泌出的毒汁腐蚀着他的身体,他的身体机能损坏了,同马拉一样,但还有其他的症状。当他在讲台上讲话时,"他的手抽搐着,像是神经性痉挛",他的脖子和头经常痉挛性地左右抖动⑤。"他的脸也是病态的、苍白的",眼镜后面的眼珠眨个不停,这是什么样的眼神!一个山岳派的人说:"啊,在热月9日,如果看到了他的绿眼睛,你们也该会像我们一样为他投票!"无论是身体方面还是精神方面,他都成为了第二个马拉,但他更加痛苦,因为过度兴奋还没有达到平衡,因为同时提出了道德的政

---

① 梅尔兰-德蒂永维尔。
② 比舍和胡克斯,XXXXII,71页(关于丹东):"我们到时候看看国民公会是否会摧毁一个长期以偶像自称的人……同他的同胞相比,丹东的优势又在哪里呢?我想说现在任何惊惶不安的人都是有罪的……刚刚进行的讨论对于党派是危险的",还有反对克劳兹的讲话。
③ 比舍和胡克斯,XXX,358页:"哎呀,可怜的革命党人,被敌人包围,他们在我们的队伍中斗争,可我们能做什么呢?我们要保持警惕,因为党派的灭亡已经不远了",等等。这类大合唱还有天主竖琴的伴奏,但对于出席该场合的人来说,合唱听起来还是有些恐怖。例如,1792年9月3日,大屠杀进行时,在巴黎选举议会:"罗伯斯庇尔先生走上了讲台,他宣布要为了公众的幸福抵御敌人的炮火,他会带着为祖国效力的满足感进入坟墓。他确信法兰西会保留他的自由"(《法国国家档案》,C,II,58页到76页)。
④ 出处同上,XXXII,360页,371页(1794年5月7日讲话):"如果丹东不是党内最懦弱的人物,那他就是党内最危险的敌人……丹东在党内最危险的时候保持冷酷、沉默"。
⑤ 出处同上,XXXIV,94页,参考菲尔文的描述,他在雅各宾派的看台上看到了这些。

策,所以他必须成为根除者。

但他是个有分寸的马拉,性格更腼腆、不安①、克制,他是为说教和辩护而生,而不是为了成为首创人或领导人。他违心地行动,与其成为大革命的独裁者,他更想成为教皇②。首先,他坚持要做一个政治上的格蓝迪松;直到最后,他都对公众、对他人,甚至对自己隐藏自我,他保留着自己的面具,面具甚至粘上了自己的皮肤,他已经分不清两者的界限;不会再有骗子比他更会对自己的意图和行为巧妙地诡辩,为了说服自己,相信面具就是自己的面孔,他把说谎当成讲事实。

对罗伯斯庇尔而言,他对9月的事件不负任何责任③。"在这些事件发生之前,他不再去公社的总理事会……他之后也再没去过"。他在那里不负责任何委托职务,也没有影响力,甚至没有发起任何逮捕和针对吉伦特派的杀害④。只是"他开诚布公地同几位二十一委员会

---

① 梅尔兰-德蒂永维尔,"他的担忧不明确但又让人无法忍受,他的性格是他行为的唯一动力"。

② 巴赫尔,《回忆录》:"他想通过自己的影响力而非秩序统治法兰西",比舍和胡克斯,XIV,188页(马拉的文章)。在国民议会选举的最初几个月,马拉见过一次罗伯斯庇尔,并向他介绍了依靠大众支持的计划和肃清屠杀计划。"罗伯斯庇尔恐惧地听我说着,他脸色苍白,沉默了一阵。这一次的会见坚定了我一直以来对他的看法。他将圣人的完美和革命党人的热忱这两个光环相聚集,但他还是缺少政治家的眼光和果敢"。蒂博多,《回忆录》,I,58页,他是唯一一个没有承担部门工作的公安委员会成员。

③ 比舍和胡克斯,XX,198页(罗伯斯庇尔在国民公会的讲话,1792年11月5日)。

④ 所有这些针对罗伯斯庇尔的论点都是违背事实的。(巴黎公社会议记录),1792年9月1日。罗伯斯庇尔在晚间会议提到了两次。此外,两名证人一致指出他在白天的会议也做出了发言,但发言人的姓名都没有注明。贝提欧说(比舍和胡克斯,XXI,103页):"这项法令可以突破障碍。"(法令于9月1日早晨在国民公会讨论)。"针对这一主题,罗伯斯庇尔关注的是有活力的朗读技巧,脱离昏暗的想象,他注意到了脚下的危险,企图破坏自由的阴谋,他指出了所谓的阴谋家"。卢韦(出处同上,130页)指出了同一时间的证据,只是将晚间会议与日间会议弄混了,当时罗伯斯庇尔第一次检举吉伦特派,罗伯斯庇尔说:"没有人敢指认叛徒?好吧,为了人民的安全,我来揭发。我检举破坏自由的布里索,纪龙德省的叛乱集团,第二十一次国民议会委员会的破坏分子。我指控他们将法国出卖给布伦瑞克,提前用他们的懦弱卑劣换得了金钱。"9月2日,(公社晚间会议记录):"俾约-瓦伦夫人和罗伯斯庇尔培养了他们的公民情感,在省委员会揭发了为布伦瑞克获利的密谋,一支强大的派别想要将他推上法国皇位"。9月3日,早晨6点(比舍和胡克斯,出处同上,132页,卢韦书信),几位公社专员奉命来到布里家要求查看他的文件,其中的一人对布里索说他有8个同样的执法凭证,针对的是吉伦特派的议员,而他会从加代开始下手。(布里索的书信记录了对这次来访的抱怨。《箴言报》,1792年9月7日。)在同一天,9月3日,罗伯斯庇尔出席了公社(各哈尼尔·德·卡沙纳克《吉伦特派》,II,63页),公社有马贡塞耶分庭的国民议会议员。他受委员会委托,办理勒当普乐的事情,9月4日(比舍和胡克斯,出处同上,XXI,106(转下页)

的成员交谈了";凭借他的行政官员职位和市镇管理议会的职位,他难道不应该"坦率地分析危险计划的发起人"? 此外,公社"非但远远没有引发9月2日的事件,反而尽其所能采取阻止行动"。总之,他至死都是一个无辜者,"这是极有可能的。公民们,为这一残酷的错误悔恨吧。我们长久以来就为此悲伤,但你们的痛苦也有终结,就像所有人事终将终结"。

当至高无上的人民获得了他们代表人所拥有的权利,他们就能够行使其不可剥夺的权利。我们只能屈从。此外,人民是公正、智慧和善良的,"他们所做的一切都是合乎道德的,都是真理,不会有逾越之举、错误或犯罪①"。当他们的代表人受到了法律的束缚时,"人民应该在他们的部门联合起来,强迫我们将不忠的议员逮捕起来②"。没什么会比这样的提议更加合法,而这就是罗伯斯庇尔在5月31日所争取的部分。他太过小心谨慎,以至于不能够做出或领导违法的事,而这对于丹东和马拉那样道德懈怠或头脑发热的人来说却是个好事,在需要时,他们会在溪流中行走,将袖管卷到肘部;而对于罗伯斯庇尔,没有什么能公然弄乱或弄脏他作为正直人和完美公民的外衣。在公安委员会,他只执行了国民公会的法案,而国民公会总是自由无拘束的。他就是独裁者!但他只是700个议员中的一位,如果他有职权,那也不过是按照理由和道德行使的法律使然③。他就是杀人犯!然而,如果他揭发了密谋者,那应当是国民公会将他们传送至革命法庭④,然后由革命法庭做出裁决。他就是恐怖主义者!如果他想要简化诉讼程序,那是为了尽快促成对无辜者的解救,对犯罪者的惩

(接上页)页,贝提欧讲话),公社发出了针对罗兰的逮捕令,丹东跟罗伯斯庇尔来到了市政厅并挑起了这一逮捕;最后,罗伯斯庇尔对对贝提欧说:"我认为布里索同布伦瑞克一伙。"出处同上,103页:"罗伯斯庇尔(在9月2日前)在委员会产生了影响。"出处同上,107页;我对他说:"罗伯斯庇尔,您能够做坏事,您的告发、警告、仇恨、怀疑都让人民躁动。"

① 伽哈,86页,参见阿麦尔,I,264页(1791年6月9日演讲)。
② 出处同上,813页(1792年4月3日)。
③ 比舍和胡克斯,XXXIII,420页(热月8日演讲)。
④ 出处同上,XXXII,71页(反对丹东的讲话),您还做了什么"不是为所欲为的事情"。

罚和最后的清洗，使得自由和品行从此符合时代的标准①。所有的这些，在他讲话之前他就几乎深信不疑，而在他说了之后，他就对此完全相信了②。

当自然和历史想要共同谱写关于一个人的戏剧时，它们会比人类有更成功的想象力。无论是莫里哀的《伪君子》还是莎士比亚的《查理三世》，两者都不敢表现出因过于真诚而被忽视的虚伪，也不敢表现该隐对亚伯的信任。而这便是1794年6月8日对上万观众所上演的戏，当时正值他如日中天之时，在至上崇拜节，他的教义获得了极大成功，教皇般的身份也得到了官方的承认。就像他所代表的大革命一样，他一个人身上有双重角色：一个是明显的、平稳的、外露的，另一个则是隐藏的、虚伪的、害羞的。而第二个角色掩盖了第一个角色。

同达维的计划相符，人民成了配角，在用作譬喻的大山前行进，在昂里奥和他的宪兵的监督下做出指定动作，发出规定的喊叫，在指定时间表现出所要求的情感③。在早晨5点，"朋友、兄弟、爱人、亲人、孩子互相亲吻……老年人被喜悦的眼泪湿润了双眼，感觉灵魂变得更年轻了"。下午2点，在圣山草坪的讲坛，"所有人都感动、激动，母亲们让孩子们加快脚步，在那里有她们的幼子，她们把孩子们介绍给自然的造物者；同时，儿子们受到了战争热情的影响，举起剑将它放置在年迈父亲的手中。受到儿子热情的感染，这些欣喜的老人亲吻他们，散发出父辈的至福……所有的男人都聚集在会议场地，一同重复第一部分的曲调，所有的女人都聚集在会议场地，一同重复第二部分

---

① 出处同上，XXXIII，199页和211页（关于牧月22日法律的讲话）。
② 米拉波针对罗伯斯庇尔做出的言论："这人对他所说的一切都深信不疑"。罗伯斯庇尔是杜普雷的老师，他每晚同杜普雷共进晚餐。杜普雷是革命法院的陪审员，18法郎一份的断头台报纸的合伙人。或许在家庭的餐桌上，交谈是关于日常的空想，但有时也会提到当天的处决。即使不对此评论，他们也会想到。如今，只有罗伯特·勃朗宁能在妻女面前重现这些交谈。
③ 比舍和胡克斯，XXXIII，151页；参考道邦，《1794年的巴黎》，386页（石印品），392页，索镇的至上崇拜节，根据革命党人巴罗伊撰写的计划："我们邀请所有公民在门前、窗口聚集，即使是那些住在偏僻地区房屋中的人"。出处同上，339页："年轻的公民在所有的车站抛撒鲜花，父亲们亲吻他们的孩子，母亲们抬眼祈祷上天"。《箴言报》，XX，653页："达维提出了至上崇拜节的计划，国家国民公会颁布法令通过"。

的曲调……所有的法国人将他们的情感都融汇在了兄弟姐妹般的亲吻中"。

在纸板制成的道德和天神象征之前,指挥棒带来了田园曲,对于炫耀的道德家,还有什么比这更美的呢?他从没有分辨出真实中的虚伪,他像敏锐的作家一样敏感异常!他的面容"第一次①"露出喜悦,他流露出快乐,书写起来也热情泛滥,同往常一样,他写出了书中的语句,说道:"这就是人道主义中最有趣的部分!宇宙在此汇集。啊,自然,你的力量是崇高而美妙的!这个节日会让专制君主黯然失色!"这难道不是最美的装饰吗?难道没有一致将其选为国民公会和仪式的代表?这难道不是新信仰的奠基者吗?难道这不是世间唯一可以被道德和理智承认的信仰?

他穿着代表的气派服装,米黄色短裤,淡蓝色礼服,三色腰带,彩色条纹旗帜②,手中拿着一束花穗,走在最前面,带领着国民公会,他在讲台上举行仪式,放火烧毁了代表无神论者的偶像面纱,突然,他凭借灵巧的手段,呈现出令人敬畏的智慧雕像。对此,他反复地激励、斥责、宣讲,将他的灵魂推崇到了至上崇拜的地位,这需要多么高超的演说技巧!这需要怎样的学术造诣才能将这些诗文从头到尾贯穿,从而保证长篇大论更好地传达!这还需要多么平衡的形容词和名词技巧③!奖项的授予,葬礼的祷告,从这些交错的时光和凋谢的玫瑰中散发出圣洁的学院味道;他得意地嗅闻着,自我陶醉。在此时,他可能拥有很好的信仰,他毫不犹豫、毫无保留地自我钦佩,在他眼中,他不仅是个大作家、大演说家,更是个伟大的政治家、公民:他的自我哲学意识为他赢来了赞美。

然而,再往下看或是稍等片刻,在他身后,不耐烦和厌恶便会显现出来。乐库旺特当面顶撞他;窃窃议论、侮辱谩骂,更糟糕的还有讽

---

① 比舍和胡克斯,XXXIII,176页(维拉特叙述)。
② 阿麦尔,III,541页。
③ 比舍和胡克斯,XXXIII,178页,180页。

刺挖苦,这些通通传入了他的耳朵,而且就在同一天,在相同的地点!反对真理的教皇,反对美德的使徒!这些异教徒怎敢如此大胆?他沉默、苍白,克制着自己的疯狂①,因为失去了平衡,他闭上双眼,匆忙走上了杀人者的道路:要不惜任何代价消灭异教徒,即刻执行。为了更快实现计划,就要砍下脑袋,就像在"公安委员会,那时,一切都源自信任②",他没有通知同事,只和库东一起撰写或发布法律,在国民公会投票,通过了可怕的牧月法律,所有的人命处决都由他负责。

在他阴险而笨拙的仓促行动中,他提出了太多要求,思考时,每个人都惶惶不安;他被迫后退,抗议人们的误解,承认代表人的例外性,最后离开时将横在对手喉咙上的刀插回鞘中。但他并没有把刀放下,他警戒着对手,假装退后放弃③,潜伏在自己的角落里,等待敌人丧失威信,进而第二次冲向他们。这一切毫不迟疑,他在牧月22日安置的灭绝机器就在敌人手中,但他要做的是让机器按照他所设定的构造运行。也就是说,要近乎不规则地加速旋转:对于敌人来说,大规模的屠杀是丑恶而盲目的;不仅是因为他对此不予以反对,还在于他在假装克制的过程中推波助澜。他把自己关在秘密办公禁闭室中,自己发布逮捕令④,他派出自己的警探负责人赫尔曼,并且在逮

---

① 出处同上,177页,维拉特叙述,出处同上,170页,罗伯斯庇尔关于波登·德·鲁瓦兹的评比。417页,罗伯斯庇尔热月8日讲话手写稿中涂改的段落。429页,他所发表讲话中的类似语句,所有的这些迹象让我们感觉到了他强烈的不满。

② 比舍和胡克斯,183页,(《俾约-瓦伦,科洛·德·艾尔布瓦、瓦迪尔和巴赫尔回忆录》)。牧月22日的后一天,在公安委员会的早晨会议;"我看得很明白,我是孤家寡人,没有人支持我"。罗伯斯庇尔说:"很快,他就发怒了,对委员会成员粗暴地宣布谋反的人,他的喊叫声如此大,就连杜伊勒利平台上都有几位公民聚集过来了。"然后,"他开始装腔作势直到流下了眼泪"。我更相信他的神经质走到了尽头。委员会的另一个成员,普里厄(卡诺特,《回忆录》,II,525页。)提到,花月,在经历了长期的暴力之后,精疲力竭的罗伯斯庇尔自我感觉很糟糕。

③ 卡诺特,《回忆录》,II,526页:"因为他的办公室被建在分隔开的建筑中,所以我们中没人能够进入。他可以进入办公室而不被我们碰上,在会议结束后,他甚至可以假装穿过委员会,他会签署几个文件,从而避免和我们进行共同商讨。在他家会经常举行同革命法庭主席的会议,而他对革命法庭的影响是空前的"。(普里厄叙述)

④ 参考道邦,《1794年的巴黎》,563页;《法国国家档案》,法国档案局,II,58页。在国家安全委员会执行的许多决定,最后可以看到罗伯斯庇尔的亲笔签字。包括获月5日、7日的决定,还有圣-茹斯特和库东的签字,一直到热月3日、6日和7日。参考,F74437,4438页。

捕令上第一个签了字。他迅速寄发了关于在囚犯中设定谋反者的命令，指定了替罪羊或被贿赂的告发者，建立了强大的断头台帮，从而"在短时间内清除干净了监狱①"。后来他说："这不是我，6个星期以来，我不能做好事，也无力阻止坏事，这迫使我完全放弃在公安委员会的成员职务②。"错过了对手和人们犯下的谋杀罪行，让敌人犯下谋杀罪行，或归罪于敌人的谋杀，用同一支画笔就可以抹白或是涂黑，这是多么让人高兴的事啊！如果有时用天生的意识尝试着低语，而后天重叠的意识又前来介入，那么就可以让其保持沉默，以公众的借口将之伪装成私人恩怨。总之，被送上断头台的是贵族，要被砍头的人都是不道德的。如果方法是好的，目的就会更好；使用这种方法同追求成功一样，都是一项可敬的神圣职业。这就是大革命的背景、一个特别的面具，大革命的内幕就是如此丑陋的面目；有名无实的人道主义原理统治之下实际是低劣坏人的独裁专制；同大革命一样，它真正的代表人处处表现出残暴，冲破了慈爱、学究和刽子手的范畴。

---

① 《法国国家档案》，F74438，赫尔曼在国家安全委员会做出的报告。赫尔曼是民事行政部门、警局和法院的专员，法兰西共和历二年获月3日："委员会负责监狱的监督，需要看守监狱中所有破坏自由的坏人，他们组成帮派，所以使得监管更加艰难，他们是骚乱的常见动因，是越狱未遂的持续源头，他们每日聚集在一起，将生命耗尽在对自由和自由捍卫者的诅咒上……或许可以认识每个监狱中为党派或多个派别阴谋效力的人……或许要一下子消灭监狱，清洗自由土地上的污秽和人道主义的败类"。因此，国家安全委员会负责在巴黎监狱中特别寻找染指了许多已经被国民公会消灭的派别和阴谋参与者。在决定的底部，是罗伯斯庇尔亲笔签写的"同意"以及他的姓名，再往下是彼洛德和巴赫尔的签字。同一决定在获月7日进行了调整，除了有上述几人的签名外，还有另外5个人的签字，决定在当日发送。（该关键性的文件大部分被德·马特尔先生阅读引用，在他的作品《革命典型》中有所体现，57页。）

② 比舍和胡克斯，XXXIII，434页。

第五章　当权者

Ⅰ.国民公会—平原派—山岳派—灵魂的衰落—国民公会检阅。Ⅱ.执行的检阅—奴役和奴性—犯罪份额。Ⅲ.公安委员会—商人—卡诺特，黄金海岸的修道院长，让-蓬·圣-安德烈，罗伯特·蓝德。Ⅳ.政要—俾约-瓦伦，科洛·德·艾尔布瓦，罗伯斯庇尔，库东，圣-茹斯特—他们的执政条件—他们的危险—他们的纠纷—来自恐惧和原理的压力。Ⅴ.他们的政府机构—圣-茹斯特和巴赫尔的报告—报告人和报告的质量。Ⅵ.执行任务的代表人—他们至高无上的权力—他们的危害和恐惧—他们接近于自己的事业—形势的影响。Ⅶ.突如其来的直觉爆发—迪凯努瓦在梅茨市—杜蒙特在亚眠—酒鬼们—库赛特，布尔波特，莫内斯捷，波登·德·鲁瓦兹，达尔提古艾特。Ⅷ.近乎疯狂—失去基本常识—法布尔，加斯顿，居戴尔，东比利牛斯省军队—博多，勒巴斯，圣-茹斯特，他们莱茵军队的前任和继任—疯狂的过度兴奋—阿拉斯的勒邦和南特的卡里耶。Ⅸ.恶习的发展—享乐的虚荣和需求—科洛·德·艾尔布瓦，易沙卜，达利昂—小偷强盗—达利昂，加欧格，罗维尔，富歇—残暴的两个来源—展示其能力的需要—圣-茹斯特在加来海峡省和阿尔萨斯省—科洛·德·艾尔布瓦在里昂—代表人对法庭施加的压力—看到痛哭和死亡的快感—莫内斯捷，富歇，科洛·德·艾尔布瓦，勒邦，卡里耶。

我们通过观察从新政府的发源到最后的偏移,追溯它的发展,企图根据其主体和个人——包括各级别的议会、委员会、代表、管理人和下属——观察政府的运行,就像是将烧热的铁块贴到人的皮肤上,形势在额头上留下了两块烙印,具有不同的深度和颜色;同样,他们把烙印遮上也是徒劳,因为在他们为自己颁发的冠冕之下,在他们用作装饰的头衔之下,人们看到了奴隶或专制君主的标记。

I

在杜伊勒利,剧院大厅被改造成了会议室,拥有绝对权力的国民公会就设立于此。每天,它都骄傲地举行磋商,在此颁发的决定得到了盲目的服从,这使得法国惊恐,欧洲震惊。从远处看,它的权威是巨大的,比罗马的共和国元老院更加庄严,从近处看却完全是另一回事,因为它毋庸置疑的支配者是生活在焦虑中的奴隶。按理说,在任何地方,就连在监狱中,除非我们坐在自己的凳子上,否则就会表现得更为拘束,更为犹豫不决。

自1793年6月起,它的围墙就变成了不可侵犯的地方。所有的合法权力机关都来自这一官方储藏室。它已变为一个养鱼塘,大革命的渔网一次次撒下,为了捕到选定的鱼儿,一次一条,有时也一次12条左右,还有时是大批量的捕捞。开始时,是67个受处决或被剥夺公权的吉伦特派议员,后来是76个右派的成员在一天中被逮捕并转交军队,之后是雅各宾派引起了注意:雾月19日,奥斯蓝被逮捕;雾月24日,巴兹尔、沙伯、德劳内被授予逮捕令;雪月24日,法布尔·德爱格兰特被捕;雨月3日,伯纳德被送上断头台;芽月4日,阿那卡雪斯-克罗茨被砍头;芽月10日,埃罗特-德-塞舍尔、拉克鲁瓦、菲利波、卡米尔·德穆兰、丹东同其他四个人被送上断头台;芽月24日,西蒙被斩首,获月28日,奥斯蓝被斩首。

自然,活着的人被警告且保持警惕。会议开始时,人们看到他们进入了大厅,神色担忧,满腹质疑①,就像是被赶进了围栏的怀疑有陷阱的动物。一名目击者称:"他们中的每个人都留心自己的表达和话语,害怕因而获罪。事实上,没有什么不是无关紧要的,就坐的位置、眼神、动作、低语、微笑,这些都可以成为获罪的证据。"这就是为什么,出于本能的团体都拥向最为安全的左边。"所有人都拥回了山岳派的顶峰,而右派则变得无人问津……许多人不采取任何立场,在会议过程中频繁改变立场,想以此欺骗密探,并给自己中性的角色,不得罪任何人。最谨慎的人从不坐下,他们远离议员席位,在讲台下站着,在争夺激烈的时刻,他们就偷偷溜出大厅"。大多数躲在自己的委员会中,每人都企图被别人遗忘,变得默默无闻,一无是处,企图被人忽略②。

6月2日之后的4个月,国民公会的大厅里有一半或是3/4都是空的,主席的选举只聚集了250个投票者③,只有200、100、50个人投票任命公安委员会和安全保障委员会;革命法庭的法官选举只获得了大约50票,对于他们替补人的选举甚至都没有超过10票④;至于投票通过指控议员杜劳尔的决定,甚至没有获得一张票⑤,因为"没有任何人起来反对或同意,所有没有任何选票"。然而,主席宣布决定已经上报,而且"沼泽派(也称平原派)也听之任之"。在6月2日之前,人们将他们称为"沼泽里的蛤蟆"。在社会底层,他们对着山岳派呱呱乱叫,然而在获得了利益之后,他们又闭上了嘴。他们的旧名字

---

① 蒂博多,《回忆录》,I,47页、70页。杜兰·德·梅朗,《回忆录》,183页。瓦戴尔,《夏绿蒂·科黛和吉伦特派》,II,269页。国民公会的76个主席中,18人被送上了断头台,8人被流放,22人被剥夺法律权利,6人被监禁,3人自杀,4人变疯,这总计61人。所有连续两任担任主席的人都死于暴力。

② 《箴言报》,XVIII,38页(阿玛尔的讲话,报告人,1793年10月3日)。"品行表面上看来一无是处,从6月2日开始成为国民公会的少数派。这是巴尔巴鲁商议的新一轮谋反"。

③ 莫尔提美尔-戴尔农,VIII,44页,1793年6月13日,选举科洛·德·艾尔布瓦为主席时,他获得了241名投票者的151张选票。《箴言报》,XVII,366页。1793年8月3日,选举埃罗特-德-塞舍尔为主席时,他获得了236名投票者的155张选票。

④ 莫尔提美尔-戴尔农,VIII,435页(3个替补人分别获得了9票、8票、5票)。

⑤ 马赛蓝-布德,《奥弗涅的国民公会议员》,206页。

"可以说使他们变得软弱怯懦，他们的耳朵对于无尽的威胁产生回响，他们的内心因为恐惧而萎缩①"，他们的语言因为习惯性的沉默而麻痹，这同他们的部门相联系。他们自我躲藏，赞同一切都是徒劳，只需要为他们请求保全性命，他们就会交出剩下的东西：他们的选票，他们的意愿，他们的良知。我们感觉到生命系于一发，危在旦夕。他们中最沉默的西耶斯，被揭发给了雅各宾派，他正好逃跑了，被他的修鞋匠保护了起来，他说："这个西耶斯我认识，他根本就不管政事，他总是埋头于自己的书中，我是给他做鞋子的，我保证说的是事实②。"

当然，在热月9日之前，他们中没有一个人开口说话，只有山岳派的人发言，而且通常是根据命令发言。丹东的仰慕者、信徒、密友勒让德有一次胆敢介入将他朋友送上断头台的决定，并要求丹东对此提前了解，让他退出正在举行的会议。当晚，"他在泥泞中艰难前行③"，对雅各宾派宣布，表示"他信任革命法庭的裁决"，并发誓要揭发"任何想要阻碍决定执行的人④"。罗伯斯庇尔难道没有用他最高傲的语气教训他？这位伟大的道德家说，还有什么比这更美好，还有什么比一个自我净化的议会更加崇高⑤！因此，猎网不仅带来了许多活的猎物，而且没有被撕裂、撑大、收回，它还左右逢源，热衷于山岳派的高层⑥尤其如此。牧月22日的法律更胜一筹，猎网被收紧了，宽度增加了，所用的设备完善了，人们只有不停地捕鱼直至鱼塘枯竭。

---

① 杜索拉克斯，与国民公会历史有关的摘录。
② 圣－佩甫，《星期一漫谈》，V，216页（根据西耶斯未出版的文稿）。
③ 米什莱先生的话。
④ 《箴言报》，XX，95页，135页（芽月11日，在国民公会和雅各宾俱乐部的会议）。
⑤ 比舍和胡克斯，XXXII，17页（法兰西共和历二年风月26日会议，罗伯斯庇尔讲话）。"我们在哪个国家看到过如此强大的参议院在其内部寻找公共事业的叛徒，并用法律加以制裁？究竟是谁为世界呈现出这一景象？是你们，公民们！"（大厅掌声雷动）《箴言报》，XX，95页。
⑥ 米罗·德·莫里多，《回忆录》，I，44页。在外交部的餐桌上，丹东说："大革命就像是撒图恩，它会吃掉自己的孩子。"提到卡米尔·德穆兰，"他的忧伤表现出他正催促着他所等待的命运快点到来，他说出的只言片语，目的总在于寻找对于革命法庭判决的评论，关于犯人所承受酷刑的意见，或是提出最得体的方法进行准备和容忍"。

在热月9日前的一段时间,罗伯斯庇尔的忠实信仰者之一达维说道:"我们中还有20人是山岳派的。"同时期,勒让德、杜里奥、莱昂纳多·波登、达利昂、波登·德·鲁瓦兹及其他几个人都受到了监视,30个议员会被剥夺了公权,人们将他们的名字口口相传,为此,60个人在外面过夜,因为他们相信第二天早上就会有人到家里抓他们①。

这一制度延续了许多个月,人们的心神消沉受损。"为了接受来自人民的桎梏,所有人都降低了标准②。人们放弃了礼服、风度、优雅、整洁、生活中的便捷舒适、礼貌和规矩"。人们变得放肆粗俗,企图变得像山岳派一样不穿套裤,"像港口的工人一样穿着随意,爆粗口③"。在阿尔蒙维勒,纺织梳理工人坐在了羊毛帽子上面。在库赛特,煤气工人总是醉醺醺的。如果想保证衣着考究,那就要变成罗伯斯庇尔,对于没有影响力的人和平民出身的领导来说,这些旧制度的残余势力是很危险的。他们不会引起不会说话写字的间谍的注意,这一点很好④;尤其是在会议期间,他们跟人群混在一起,即便要同别人一样一起叫喊,在咖啡馆的闹剧中露面,他们也不会被那些被雇用的捧场者、醉酒无赖以及看台上的"肥衬裙"认出来,这一点也很重要。

在14个月间,人民协会的代表前来法院朗读他们或荒诞或乏味的长篇大论。在9个月里⑤,街头的拙劣诗人和咖啡馆里的混混来到

---

① 比舍和胡克斯,XXXIII,357页,363页(关于议员的报告,获月4日及后续的几天)。维拉特,《热月9日至10日关于革命的秘密谈话》,巴赫尔指出了名单。乐库望特的《揭发》,第2版,13页。

② 蒂博多,I,47页,"在平常的日子里,人们都是试图提升自己;而在灾难的日子里,人们都尽力贬低自己,从而使自己被遗忘;或是让自己变得更卑微,从而让别人原谅自己的优越"。

③ 罗兰夫人,《回忆录》,I,52页。

④ 《法国国家档案》,F731167。该文件包括537个警方报告,尤其是法兰西共和历二年雪月25日,"作为国民公会的议员,我的同事带我来到布里得耶前花园中的一个铺了地板的大会客厅吃晚餐。有人要了菜单,在吃完了汤、牛肉、1瓶葡萄酒和2个土豆后,我付了8法郎12苏,因为我不是有钱人。管他呢,我对他们说富人在这里支付什么? 我看到大厅里有侯爵、伯爵、旧制度下的匕首骑士、议员等,不过这也是白搭,我承认记不得这些贵族的名字了,因为他们都乔装成无套裤汉,鬼都不能认出他们"。

⑤ 比舍和胡克斯,XXXIII,237页,308页(1793年7月5日、14日)。《箴言报》,XIX,716页(法兰西共和二年风月26日)。丹东发布决定,"在国民公会内部,我们只能听到法律条文而非音乐"。然而,在他受刑之后,这类卖弄卷土重来。获月22日,"一名公民,在进入法律机构之后,朗读了一首自己创作的诗,为的是庆祝我们的军队在桑布赫取得了胜利。"(《箴言报》,XXI,101页。)

会场,演唱与形势相关的曲调。国民公会成了举办合唱的地方。在 6 个星期内①,教会的渎神者前来大厅展现他们诙谐滑稽的舞会,国民公会不仅要对此忍受,还要在里面扮演一个角色。在罗马帝国,即使是内荣和艾利尔咖巴勒统治时期,元老院也从未如此低级过。

II

你们看看他们的表演,雾月20日、22日或者30日的检阅;化装舞会重复着进行,一周几次,千篇一律,几乎没有变化。泼妇和悍夫组成的游行队伍来到了大厅的门前,他们还"因为吃了圣盘中的烤鱼,喝了杯中的烈酒而醉醺醺"。此外,他们在路上也大量喝酒,"爬上驴背,给驴子套上祭披,显得滑稽可笑,用神父的襟带牵着"。他们停在烟室,伸出圣体杯,在每一站,小酒馆老板手上敷了圣油,往圣体杯斟酒,一杯接着一杯,他们大口饮了三杯酒,模仿着弥撒。在街上,他们用自己的方式表达自我。

此后,他们披上长袍、祭披、罩袍,他们的游行有两条线路,然后沿着国民公会的阶梯行进。好几个人的托盘或篮筐里放着大烛台、圣体盒、金盘、银盘、圣体显供台、圣物盒;其他人执着旗帜、十字架,还有其他的教会战利品。然而,音乐是卡马尼奥拉歌舞的旋律和好战的曲调……当华盖入场时,演奏的是《啊! 美丽的鸟儿》,突然,所有戴面具的人都抛下了他们的乔装物:头巾、襟带、祭披被扔向了空中,"剩下了身着国家制服的党派捍卫者②"。哄笑、喧哗、叫嚷声超过了乐器的声音。一群人精神饱满,要求跳起卡马尼奥拉歌舞,国民公会同意了,甚至还有议员离开席位,下来同喝醉的女孩儿跳起了舞。

---

① 《箴言报》,XVIII,369页,397页,399页,420页,455页,469页,471页,479页,488页,492页,500页,等等。梅西埃,《新巴黎》,II,96页。道邦,《1793年的舆论蛊惑》,500页,505页(普吕多姆和狄余那尔·德·波利尔的文章)。

② 《箴言报》,XVIII,399页,420页。歌曲《啊! 美丽的鸟儿》因为具有代表性、象征性和含有双重意义(田园风格却又下流放荡)而被选中。

为了结束活动，国民公会成员宣布晚上参加理性节，他们也确实去了。议员们在代表着自由和理智的穿短裙、戴红帽的女演员身后行进，也戴着红帽子，笑着唱着，直到到达了新殿。这是人们用木板和纸板在巴黎圣母院的祭坛上搭建的。他们坐在第一排，主演女神则是苏比斯公爵一直以来请去用夜宵的女人，"陪同她的是歌剧中的漂亮演员"，在他们面前展现了她的优雅歌剧①。人们唱起了《自由颂》，按照规定，就连早上国民公会也必须要唱这首歌。我料想她也会唱这首歌②。之后，人们开始跳舞，可惜没有文献证明国民公会的成员是否跳舞了，但至少他们参加了舞会，并且使之成了独特的祝圣酒神节，不仅仅是丰富而神圣的鲁本斯主保瞻礼节露天展开，还有从库尔提耶出发的夜巡，流氓和疯子的狂欢节。

在教堂中殿，"舞蹈演员几乎不穿套裤，脖子和胸口裸露着，把长袜褪低"，他们扭动着腰部，跺着脚，吼着卡马尼奥拉歌曲。在教堂侧殿，那些用高级织锦遮掩的女孩儿尖声叫着，就像在妓院里一样③。他们就是这样轻浮而热闹地堕落着，同醉汉和坏地方来的不知廉耻的女人称兄道弟，接受她们的打嗝与亲吻，这太不容易了，就连那些温顺的议员也很难忍受。大部分人都已经提前感到恶心了，于是都待在家里；此后，他们不愿意再来国民公会了④。但是山岳派还是去找他们，并把他们带回来，因为他们应该对亵渎以及之后的弃教⑤提供

---

① 龚古尔兄弟，《大革命期间的法国社会》，418页（杜什南神父文章）。道邦，出处同上，506页（普吕多姆的文章）："自由在翠绿的自然之中，获得了共和国公民的敬意"。之后，"自由转身，向她的朋友们投以善意的眼神"。

② 《箴言报》，XVIII，399页（雾月20日会议，杜里奥提案）："我要求国民公会去理性殿歌唱《自由颂》"，"杜里奥的提议被批准了"。

③ 梅西埃，出处同上，99页（类似的场景在圣尼斯塔什和圣热尔韦也有上演）。

④ 杜兰·德·梅朗，《回忆录》，182页。格列瓦，《回忆录》，II，34页，1793年11月7日。在发誓弃绝宗教信仰的表演中，格列瓦是唯一一个坚持说："我继续当主教，我祈求信仰自由。""为了压制我的声音，咆哮袭来，我根据音高大小抬高声音……关于魔鬼的剧，堪比弥尔顿……我宣布在进行这场演讲时，我也表达了死亡的中止"。好几天，人们向他派遣了密使、议员或是无赖，为的是让他收回说出的话。11月11日，巴黎城里贴出的宣传标语使他成了让狂热崇拜延续的责任人。"两年来，我几乎是唯一一个在巴黎穿教士服装的人"。

⑤ 《箴言报》，XVIII，480页（雾月30日会议），"应该让人们了解今天在这里举行的仪式。我要求今天的所有讲话内容和细节都要被记录在公报中，还要寄发给各省"。另一位议员说："我（转下页）

合作,出席活动并进行祝贺。他们要同意他们所害怕的事,不光是愚蠢疯狂的行为,还有犯罪、滥杀无辜、残害朋友。所有这些,他们都应当做到。

"经过一致同意并报以最热烈的掌声",左边的人聚集到右边,将他们原来的首领、大革命的伟大发起人和领导人丹东送上了断头台①。"经过一致同意并报以最热烈的掌声",左边的人聚集到右边,为革命政府最糟糕的决定投票②,结果是"一致同意",还包括钦佩和狂热的喊叫,还有同情科洛·德·艾尔布瓦、库东、罗伯斯庇尔的感人证词③。通过自发的多次选举,国民公会继续支持杀人政府,平原派对其杀人行径不满,而山岳派则因政府对其造成的伤害而不满。因为恐惧,平原派和山岳派中的一大部分人和一小部分人最终同意并走上了自取灭亡之路:牧月22日,整个国民公会不再进行努力对抗④;热月8日,罗伯斯庇尔讲话结束之后的15分钟里⑤,国民公会依旧无所作为,听天由命。如果由罗伯斯庇尔任命或指定的五六个人,比如,波登·德·鲁瓦兹、瓦迪尔、康邦、彼洛德、巴尼斯表现出动物的自卫本能,抬起胳膊阻止刀子,对于这些被击垮的灵魂来说,只有令人痛苦的关乎个人的致命危险,才能够凭借更大的恐惧战胜对恐惧根深蒂固的习惯。后来,有人问西耶斯他在这段时间做了什么,他回答

(接上页)们永远不会忘记右边挤满了那么多人"。"人们欢笑、鼓掌"。
① 比舍和胡克斯,XXXII,103页(芽月11日)。《箴言报》,XX,134页(芽月15日)。反对保护丹东及其共同被告的决定。
② 《箴言报》,XX,226页(芽月26日,圣-茹斯特报告和警方决定)。出处同上,XIX,54页,罗伯斯庇尔报告和关于革命政府信条的决定,雾月5日。出处同上,XX,567页,589页,牧月6日。(关于不囚禁英国和汉诺威人的决定。)XXI,13页(获月16日)。
③ 《箴言报》,XX,544页,在元帅给予科洛·德·艾尔布瓦未遂罪之后,科洛·德·艾尔布瓦出现在法庭上,"最热烈的掌声在大厅四处响起"。出处同上,XXI,173页(雾月21日)。关于巴赫尔赞扬约瑟夫·勒邦品行的报告,他唯一指责的是"形式有些尖刻辛辣"。执行当日命令的决定,"获得了全体通过和掌声"。
④ 出处同上,XX,698页,715页,716页,719页(牧月22日、24日)。罗伯斯庇尔和库东讲话之后,"热烈的掌声多次响起;掌声再次响起,持续不断"。库东说公安委员会已经准备好辞职:"四处的人们都大声说不要! 不要"。出处同上,XXI,268页(热月2日),巴赫尔对革命政府的赞美,警方的决定都"获得了全体通过和掌声"。
⑤ 出处同上,XXI,329页。

说:"我活过。"事实上,他和其他人一样,得出这一结论也付出了极大的代价①。他的秘密记录充斥着每日所感受的厌恶,他的私人速写也表现出了这一点②。

"在3月20日的委员会上,巴亚拉斯半醉半醒地谈论他们的战争计划,用询问和审核的方式检查部长,可怜的部长想用喝咖啡和谈论在农村的经历的方式回避问题,但是领导国家、拯救共和国的人物都在这里。在消遣的时候,他的表情很快乐,因为下流的想法而面露微笑"。"人民很容易堕落,尤其是面对犯罪的时候"。"你们怎么不说话了"。"在烈性烧酒的激流里,我有没有酒杯也无所谓"。然而,他并没有仅仅保持沉默或是自我克制。他投票、制定法律、颁布法律、获得了国民公会的一致同意。他不仅凭借被动的出席而进行合作,还主动进行额度分摊,在他当选、就职的政府参与活动,他当选了12次,每周都被欢迎,每天都被奉承,在掠抢和屠杀的行动上一直被允许、被援助。卡里耶在国民公会里说:"这里的一切都有罪,甚至连主席的电铃也有罪。"他们不断重复,拒绝服从也是徒劳。面对死刑,他们中最无辜的那个人如果还有良知,他的良知也会进行反驳:"虽然你不爱听,但我愿意承认,虽然你比其他人罪过小,但你曾经是个恐怖主义者,换句话说,你是强盗和杀人犯③。"

---

① 拉法耶特,《回忆录》,IV,330页:"终于迎来了热月9日,人们不把这归功于诚实的人;他们的恐惧同一位受尊重的议员一样,他的一位同事在没有第三者的情况下对他说:我们还要对这个暴政忍受到什么时候",议员因此在准备检举同事时脑袋搬了家。

② 圣-佩甫,《星期一漫谈》,V,209页(西斯未出版的文稿),《箴言报》,XVIII,631页,杰出人才陷入恐惧的例子就是如此,例如,著名哲学家、议员,后来的国家参议员、公共教育部长佛克罗伊。法兰西共和历二年雾月18日,在雅各宾俱乐部,人们指控他在国民公会发言太少,他回答:"在依靠教授医学工作了20年之后,我能够养活我的无套裤汉父亲和姐妹……关于我的批判指责是我把大部分时间用在科学上……在艺术中学,人们只见过我3次,而这也是无套裤人民的意愿。"

③ 米什莱,《法国大革命史》,V,序言,XXX,第三版。"作为寻找工作的年轻人,一个受关注的杂志和一位知名的慈善家给我写过信,他们都关心人民的教育和幸福。我见过一个特别瘦小的男人,面容忧愁,温和而黯淡。我们待在他家的壁炉边,他一直看着火堆,从不看我。他一直自顾自用一种说教的口吻说话;我感到不自在,感到厌恶,我尽我所能早早地离开了,后来我才得知,这个瘦小的男人正是赶走吉伦特派并将他们送上断头台的人,他在20岁时就取得了这样的成绩"。他的名字叫朱利安·德·拉德豪姆。我在青年时期见过他一次。人们对他的了解很多,首先来自他的通信,之后是他母亲的信件和日志[《一个资产阶级妇人的日志》,爱德华·劳克胡瓦出(转下页)

III

荷马曾说,当一个人成了奴隶,神就夺走了他一半的灵魂;同样的事情也发生在变成独裁者的人身上。在被奴役的国民公会旁边的花廊中,它所效忠的12位国王每日出席两次①,是他们在领导着法兰西②。当然,为了保住这个位置,他们必须有所担保;他们中没有一个不是对抗旧时代的革命者,他们是不悔悟的判处国王死刑的人,本质是新信条的狂热崇拜者和独断专横者。然而,无限权力的美酒并没有让他们同样迷醉。罗伯特·蓝德、让蓬-安德烈、普里厄·德·拉科多尔和卡诺特,他们每个人都蛰居在或重要或从属的机关中,这能够在某种程度上保全他们。作为特别人物,他们负责着必要的工作,

---

〔接上页)版〕。我们有一张达维的速写(道邦的《1793年巴黎的舆论蛊惑》,卷首的摹本),表现了玛丽·安托瓦内特皇后被送去受刑。朱利安夫人和达维在窗口旁注视着葬礼队伍,而达维在画速写。1792年9月3日,朱利安夫人在自己的日志中写道:"如果想获得结果,就要接受方式。容不得一丝野蛮的人道主义。人民站起来了,人民要为3年来的罪恶而报仇。"她的儿子是个敏感的清教徒,是罗伯斯庇尔最为活跃的官员之一;他还记得这些事件,就像是米什莱记述的那样,他垂下眼,直到现在他做出的所有慈善行为都无法弥补曾经的过错。

① 《法国国家档案》,法国档案局,II,46页,国家安全委员会决定记录,卷II,1793年8月3日的决定。

② 关于事务的集中和拥堵,参见《法国国家档案》,出处同上,1793年8月4、5、6日的决定,法国档案局,II,23页,法兰西共和历二年芽月27日。自8月3日起,每天都有两场会议,从早上8点到下午1点,从晚上7点到10点。10点时,执行委员会同公安委员会进行商讨,签字在凌晨2点或3点完成。法国档案局,II,草图,23页到42页,包括委员会内部历史、会议的笔录和信件。只要阅读就可以了解委员会关于立法创议权和责任分配的所有细节,例如,法兰西共和历二年雾月4日,在马赛完成的写给巴勒斯和弗雷龙的书信:"你们对马赛决定采取的相应严格措施,获得了委员会的赞赏。马赛把你们作为榜样,或许你们已经习惯于制造影响,那么就要继续负责领导……公民们,同事们,在长久的工作和不朽的荣耀之后,成为自己是徒劳之举。服从征兆,回到国民公会才是大势所趋"(法国档案局,II,36页)。(法兰西共和历二年雨月7日,致波尔多在任代表人的信,赞成他们反对商人的决定。)"隐藏在阴谋黑暗之后,重商主义无法忍受自由的强烈光亮;斯巴达的风俗应当替西巴利斯的奢侈逸乐"(法国档案局,II,37页)。出处同上,雨月20日,给普里厄·德·拉马赫内的信,他被派遣到南特代替卡里耶。"卡里耶或许没有被很好地照顾,他的状态很差,他采取的措施不能唤起对国家机构的爱,在这座城市,卡里耶精力衰竭……他将前往另一个目的地"。(法国档案局,II,36页,雪月21日,给富歇的信,拉保尔特、阿勒特,于里昂的解放公社,俾约-瓦伦的亲笔签名。)"雪月1日,国民公会同意了您采取的一切决定和措施。对于这一许可,我们不会有附加补充。公安委员会将所有的活动计划运用到同样的原则中;也就是说委员会会追寻您的主张,同您一同行动"。

他们首先希望工作已经被完成；这就是为什么他们从属于其他人，甚至服从于理论约束和雅各宾俱乐部的抗议的原因。对于蓝德来说，首先要为没有小麦的省份和缺乏面包的城市供应食物；对于普里厄来说，需要的是生产和运送饼干、烧酒、衣物、鞋子、火药和武器；而让蓬则需要配备船只并训练船员；卡诺特需要确立战斗计划并且领导军队。一座城市过后还有15座城市需要谷物；一周里还有很多口粮需要备置，在当月还要运往边境；还要把渔民培养成炮兵或水手，许多大船都要在3个月里下水；还有骑兵部队、步兵部队需要按着路线行进，按时到达某个浅滩或山口。这些明确的计划使得人们在思维中扫清了教条的语言，而使用革命的行话，以便于让人们保持常识和理智。

上述4人当中，曾经当过货船船长的让蓬、工兵官员普里厄和卡诺特都是劳动出身的人，他们会亲自到场地工作。让蓬总是在海岸工作，登上从布雷斯特出发的大船营救美洲的船队①。卡诺特在瓦蒂尼让佐登负责决定性的工作，手中拿着步枪，跟突击队一起前行②。自然，他们没有娱乐消遣的时间去参加雅各宾俱乐部或是在国民公会里玩弄手段：卡诺特住在委员会和办公室，没时间和他的妻子一起吃饭，哪怕是吃一小块面包，或者是喝一小瓶柠檬水，他每天都要工作16~18小时③；因为饥饿不等人，所以蓝德不仅是为个人负责，他要亲自阅读所有的报告，"花费日日夜夜的时间④"；让蓬穿着木鞋和羊毛卡马尼奥拉服⑤，拿着一块大面包和一瓶劣质啤酒，书写口述，直到没有力气才会扑到地上的床垫上睡觉。自然，如果人们打扰他们或是破坏了他们的工具，他们就会不高兴；他们太清楚优质工具的价值

---

① 圣-佩甫，《新周一》，VIII，105页（1794年5月28日，海军准将维拉韩·德·茹瓦约斯未出版的报告）。
② 卡诺特，《回忆录》，I，407页。
③ 卡诺特，出处同上，450页，523页，527页，"我们经常在委员会的桌子上匆忙吃块干面包"。
④ 《箴言报》，XXI，362页（康邦讲话，法兰西共和历二年热月11日）。
⑤ 波钮，《回忆录》，II，15页（让蓬·圣-安德烈在一次谈话中说的，1813年，于美因兹）。

了,他们要做的工作需要高效的工具,需要能够始终在办公室而不是在俱乐部出勤的有能力的勤劳雇员。

当一位下属属于这种类型时,他们就会维护他,有时甚至会冒着因为遭受罗伯斯庇尔的敌视而带来的危险。康邦①在他的财政委员会也算是个最高统治者,他在国库拥有五六百名未能获得公民证明的雇员,而雅各宾为了获得他们的位置,不断地对他们进行揭发检举。卡诺特营救并雇用了卓越的工程师德·阿尔松夫人、德·蒙塔朗贝尔、德·奥本恩,这些贵族当中,许多人都是反对雅各宾派的。此外,还有许多被告官员得到了他们的辩护或支持②。凭借庇护者勇敢的人道主义行为,许多无辜者解除了顾虑,虽然这是临时的。

然而,因为时机和不可抗力,有的庇护者成了政客,但是与其说他们是主导者,倒不如说他们是被主导者,与其说他们是本能和体系造就的恐怖主义者,不如说他们必然会成为恐怖主义者。如果和其他10个人合作,普里厄和卡诺特就会大规模地抢劫杀人,如果签署了二三十份杀人命令,那也是因为他们属于一个团体。当整个委员会进行商议时,对于重要的决定,他们在投反对票后被要求服从大多数人的意见。对于次要的决定,如果没有事先达成共同商议,唯一的负责人是第一个签字的人;第二个人的签字"只不过是履行法律规定的手续",只是一个按规定执行的简单凭证。因为"每天有四五百个案件要应付",不可能有别的处理方式;或者说,他们不需要阅读所有的东西,不需要对所有的"物理缺陷"③都投票。归根到底,"公共

---

① 高登,加埃特公爵,《回忆录》,I,16页,28页。"我欠康邦一条命,他凭借自己的勇气保护了所有的金库,而威力极大的雅各宾派一直以来都想掌控财政。热月8日,罗伯斯庇尔"对于财政的管理部门非常严厉,他责备其贵族和反革命态度。人们知道以此作为借口,这位演说家会提出处理负责监管的代表和6位审计员,将他们移交革命法庭,审判也是在所难免的"。比舍和胡克斯,XXXIII,431页,438页,441页,(法兰西共和历二年热月8日,罗伯斯庇尔演说)。"采取不择手段的计划对待侵蚀国家年金的人……没价值的、挥霍贪婪的财政系统完全脱离于您的高层次监督。财政管理系统中有反革命……而至高无上的管理者又是谁?布里索派、斐扬派、贵族、有名的无赖,他们是康邦、马拉美、拉梅尔这样的人"。

② 卡诺特,I,425页。

③ 《箴言报》,XXIV,47页,50页[法兰西共和历三年芽月2日会议,蓝德和卡诺特的讲话,(转下页)

意志，或者说是表面上的公共意志，这是政府唯一能表态的东西，但公共意志本身是否也是极端革命的①"？换句话说，在一个国家中，与100个诚实人的沉默相比，五六个坏人的叫嚣是不是更值得倾听？凭借这一如此粗劣的诡辩，这种雅各宾派的一贯作风，卡诺特最终丧失了他的名誉和良知；与他的同事相比，他的其他方面并未受损，但他在道德和精神上遭受了痛苦；受限于职务和学说的威严，他成功地从自己身上去掉了人类最好的两种能力，其中最有用的就是常识，而最高尚的则是道德观。

IV

如果这对于一个正直、坚定、健康的灵魂来说是个灾难，那么对于堕落、懦弱的心灵来说，当邪恶的本能已经占据了主导时，对于内在的破坏又会是什么！要注意到他们没有卡诺特以及商人们所具有的保护措施，也不会追逐一个受限却显而易见的有效目标。人们称他们为"政府的人"，确切地说是"革命者"、"掌权者"②。事实上，他们有着同样的设想，也有同一个方向。对于恐怖的创造、组织、运用也归咎于他们；他们是机器的制造者、调控者和操作者③、党派和政府

(接上页)包括细节信息]。蓝德说他签了2万个字。出处同上，XXIII，591页（法兰西共和历二年风月12日，巴赫尔讲话）。"委员会的工作分配给组成人员，但所有人都没有对工作进行明确分工。我对军事没有任何了解，但在相关领域却签了2000多个字"。出处同上，XXIV，74页（法兰西共和历三年芽月6日，勒瓦瑟讲话，他见证了卡诺特和罗伯斯庇尔之间的激烈冲突），卡诺特说："我签署了这两个办事员的逮捕令，却不了解具体情况。"出处同上，XXII，116页（法兰西共和历二年风月8日，卡诺特的讲话讲述了胡舍将军因为在旺代犯下的残忍罪行而被逮捕）："来到了公安委员会，罗伯斯庇尔就维护他，他挂着高等级头衔被转交军队，即使不同意，我也不得不签字"。

① 卡诺特，I，573页（卡诺特讲话，法兰西共和历三年芽月2日）。
② 赛纳《回忆录》，145~153页（关于两个委员会成员的细节）。
③ 彼洛德报告，关于革命政府的组织，1793年11月18日；关于民主政府的理论，1794年4月20日；罗伯斯庇尔报告，关于共和国的政治状况，1793年11月17日；关于革命政府的原则，1793年12月5日；关于革命法律的精神指示，由罗伯斯庇尔和彼洛德首先签字，1793年12月25日；罗伯斯庇尔报告，关于领导国民公会的政治道德信条，1794年2月5日；关于共和国信条的宗教和道德观念，1794年5月7日。

的长官,尤其是彼洛德和罗伯斯庇尔,他们从未有过出差任务①,一刻也不放松对中心马达的操控。排在首位的是现役政治,由科洛协助负责组成机构、区县、市镇、国家官员、革命委员会、内部使团代表②;排在第二位的是有头衔的神学家、道德学家、博学者、传道者,负责指导国民公会,贯彻雅各宾派真正的原则;之后是副官库东以及他的门徒和重要工作的执行者圣-茹斯特;他们中间是委员会的代言人巴赫尔,这是个简单却又不可或缺的职位,随时准备好即兴创作人们所想要的军乐,主题契合相关党派的荣耀;在他们之下就是安全保障委员会,包括瓦迪尔、阿玛尔、午朗德、居夫互瓦、巴尼斯、达维、加贡以及其他被剥夺公权的承办人、报告人和代理人。

他们的职位在他们的身上留下了烙印,人们能根据"他们憔悴的脸色③,凹陷的眼睛布满的血丝"辨认出他们,最高权力带来的习惯"在他们的神态和举止上带来了一种无以名状的高傲和轻蔑,安全保障委员会的成员有一副警局前副官的派头,而公安委员会的成员则有一副国家前任内阁的架势"。在国民公会,"人们渴求有幸同他们交谈或是握手,人们以为能从他们的神态中辨认出他们的职位"。如果哪天他们的决定被改编为政令,"委员会成员、报告员,同样要和国家领导、最高权力机构代表人一样等待。当他们步入会议厅时,前面有几个廷臣开路,像是在宣布世界的主宰即将来临④"。确实,他们正在进行统治,但还要看看统治的条件是什么。

巴赫尔说:"不要恳求"⑤剧作家的演出被中止,"随着时间推移,不要将公众的注意力吸引到自己身上。所有人——包括我——我们

---

① 进入了公安委员会之后,彼洛德就没有执行过任务,罗伯斯庇尔也是一样。巴赫尔因为每日的工作驻守在巴黎,其他所有人都去外省执行任务,有些人会去好几次或长期执行任务。
② 《箴言报》,XXIV,50页,卡诺特,法兰西共和历三年芽月2日会议。出处同上,XXII,138页,卡诺特发言,法兰西共和历三年风月12日会议。"彼洛德和我,我们给部门寄发了30万个手写文件,亲手做了至少1万份原稿"。
③ 杜索拉克斯,《国民公会史的补充片段》。
④ 蒂博多,I,49页。
⑤ 阿尔诺,《六十岁人的回忆录》。

难道不都是要上断头台的人吗？"20年之后，在一次特殊的交谈中，有人询问公安委员会的真正目的和私密想法，他说："我们只有一个感觉[1]，亲爱的先生，我们的交谈只有一个要求，那就是维护我们的性命，而我们中的每个人都感到生命受到了威胁。人们将邻居送上了断头台，为的就是不被邻居送上断头台[2]。"坚定的灵魂也受到了同样的恐惧，无论他们因为何种低微的原因而感到畏惧。卡诺特[3]说："多少次，我们着手一项任重道远的事业，却又坚信我们无法将之完成！"普里厄[4]说："如果我们不出现在革命法庭，那么我们走向断头台时可能都没时间跟家人说永别……我们继续每日的任务，为了不使机器承受痛苦，我们每个人似乎都以为有新的生活在等待着自己，而事实上我们很有可能看不到明天的太阳。"在24小时内不可对自己或他人的生命有所指望，如果喉咙上的那只强有力的手再用些力，今晚一切都将结束。"有些日子特别艰难，我们看不到任何可以控制形势的方式。那些对他们个人最具威胁的日子会将他们的命运推向未知[5]。"另一个人说[6]："有些决定使我们备受批评，我们不想每两天或是像从前一样每天都做出决定，是危机促使我们提出决定。我们不想为了杀人而杀人……而是想要不惜一切代价地获得胜利、成为主人，让我们的信条具有威信。"

事实确实如此：他们既是庶民又是专制君主。在国民公会的餐桌上，夜间会议期间，他们的领袖同他们一同出席，这是个了不起的人物，革命思想赋予了他们杀人的权力，可以用于对付所有人，也包括他们自己。凌晨3点，他们都筋疲力尽，思维言语枯竭，不知道该杀

---

[1] 维宏，《一个巴黎资产阶级的回忆录》，II，14页（1815年7月7日）。
[2] 出处同上，蒂博多，《回忆录》，I，46页，"为了逃避监狱或断头台，唯一的办法就是将别人送过去"。
[3] 卡诺特，《回忆录》，I，508页。
[4] 卡诺特，出处同上，I，527页（普里厄·德·拉科多尔讲话）。
[5] 卡诺特，出处同上，I，527页（普里厄·德·拉科多尔讲话）。
[6] 《新智慧女神密涅瓦》，I，355页。(俾约-瓦伦注释，写于圣-多明戈。由舍尔文博士誊写。)"我们的决定在疲惫冗长的公民公会晚间会议中提出"。

左派还是右派,他们焦虑地观察着,尝试从领袖的眼神里读出他的想法。"明天应该打击什么人?"回答总是一样的,就像是无变化的鬼魂写出的一样:"要打击反革命者"。这个名号包括了所有因为种种原因而保持中立、冷漠,没有很好地为大革命服务的人①。剩下要做的,就是将这些名字列在这个范围如此广泛的裁定之下。

这件事将会由谁处理?是彼洛德还是罗伯斯庇尔?彼洛德会不会记上罗伯斯庇尔的名字,或是罗伯斯庇尔会不会记上彼洛德的名字,或者他们都记下了对方的名字以及两个委员会中他们想要选择的其他名字?奥斯蓝、沙伯、巴兹尔、朱利安·德·图卢兹、拉克鲁瓦、丹东从委员会退出后,脑袋就落地了②。在位的埃罗特-德-塞舍尔还安然无恙,受到了保护,还光荣地获得了国民公会的接纳③,也成为了12个有头衔、有职位的人之一。但是除他之外的11个人提出决议,然后突然逮捕他并将其送至革命法庭处决。这次又该轮到这11个人中的哪一位了呢?在国民公会的一致同意的条件下,这个问题被出其不意地解决了,三天的司法闹剧之后,马车将埃贝尔带到革命广场,萨姆森把他绑起来,捧场者拍起手来,第二天,所有关心政治的人民都高兴地在断头台简报上看到了大叛徒的名字④。

---

① 1793年9月17日关于嫌疑人的决定。巴黎公社决定,1793年10月10日,为了拓宽定义,尤其是为了理解"那些没有对反抗自由做出努力的人同样无法对革命做出贡献"。参考《罗伯斯庇尔押文件》,III, 370页,巴彦信件:"所有没有对大革命付出过的人,都因此被看成反革命者,因为他们从未对党派付出过……在人民委托和个人人道主义的条件下,以公正作为面具的节制是一种犯罪"。

② 莫尔提美尔-戴尔农,VIII, 394页及后文;出处同上,414页及后文(关于两个委员会的所有继任人)。

③ 瓦隆,《巴黎革命法庭史》,III, 120~131页。埃罗特-德-塞舍尔,与丹东相牵连,因态度宽容而被指控,他刚在阿尔萨斯做出了保证,并实行了革命政体,其强硬态度可以与彼洛德相媲美(《外交事务档案》,1411卷):"人民代表埃罗特对国民监察员的指示"(科尔马,法兰西共和历二年霜月2日),包括对需要"寻找、逮捕应立即被送往禁闭室"的各类人员的指示,也就是十之八九的居民。

④ 道邦,《1794年的巴黎》,285页及下文(法兰西共和历二年芽月警方报告),逮捕埃贝尔及其同伙,"在整个早上,人们只谈论谋反者的残忍罪行,人们认为他们比卡佩夫妇罪恶千倍,人们希望他们能承受千百次酷刑……人民对埃贝尔及其同伙的憎恨……人民不能原谅欺骗他们的埃贝尔。看到阴谋家被送上断头台,人民都感到喜悦"。

在此情况下，为了让当时的某个国王像这样从国家历书转移到丧葬名单上，只需要他的同事一同做出协定，或许协定已经做出即可。是谁相互协商？反对的又是谁？ 当然，想到这里，围坐在桌旁的这11个人用眼神传递疑惑，并且带有轻微的战栗，他们计算着概率，并且回忆着过往，一些没有被人们遗忘的字眼仍然在回响。许多次，卡诺特对圣－茹斯特说："你和罗伯斯庇尔，你们追求的是独裁专制①。"罗伯斯庇尔对卡诺特说："我等着你的第一次失败②。"另一次，罗伯斯庇尔生气地叫喊说"委员会要谋反"；他转身对彼洛德说："我现在是认识你了。"彼洛德回答道："我也是，我把你当成反革命③。"委员会内部就有反革命和密谋者，如何做才能避免这一死亡判决的代名词出现？寂静之中，致命而威严的人物在他们当中产生了，厄里尼斯展现了他的权威，成了他们统治的工具，所有人都同意一点："你们中的人会成为不想当刽子手的谋反者和反革命。"

V

他们像这样前进了一年，而推动他们的是理论、畏惧和两个分岔道路，穿过了他们修建的日益变深的红色池沼，他们团结一致，没有人敢脱离团队，每个人都沾满鲜血，别人脚上的血也会溅到他们脸上。他们的视线很快变得混乱模糊，他们不再向前进发，堕落的语言

---

① 《箴言报》，XXIV, 53页（法兰西共和历三年芽月2日会议）。普里厄·德·拉科多尔："委员会出现的第一次争吵发生在圣－茹斯特和卡诺特之间。卡诺特对圣－茹斯特说他看得很清楚，圣－茹斯特和罗伯斯庇尔想要独裁专政"。出处同上，570页（法兰西共和历三年芽月11日会议，卡诺特的话），"每次同他说话时，我都把罗伯斯庇尔称作专制君主。我对待库东和圣－茹斯特的态度也一样"。

② 卡诺特，I, 525页（普里厄做证）。出处同上，522页，圣－茹斯特和卡诺特的对话："你同爱国人士的敌人相联系，你要明白，我只要写几行字，就能确立你的逮捕文件，并在两日内把你送上断头台"。

③ 比舍和胡克斯，XXX, 185页（彼洛德、科洛、瓦迪尔、巴赫尔答复乐库望特针对他们的指控）。《箴言报》，XXIV, 84页（法兰西共和历二年芽月7日会议）。巴赫尔的话："热月4日，罗伯斯庇尔在国民公会讲起话来像是可以发号施令指定受害人。他说：'而你，巴赫尔，你还记得热月2日以及你那天做出的报告。'"

表现出了思想的愚昧。当政府在讲台上发表重要的政令时,那就是在国家、欧洲和历史的面前出庭。如果顾及自身的荣誉,政府会选择称职的报告人,让他们理智地紧密相连;当他们的建议被考虑并被接纳后,报告便是衡量其能力常识的标准。为了拥有这一测量标准,他们阅读以委员会之名发布的报告,权衡动机,标记语气,倾听两个一般报告人的话,圣-茹斯特起草了一般和特殊放逐决定①,巴赫尔也同样撰写决议,尤其是军方通告以及针对外国的决议,还没有任何公众人物对法国人民和他们的后代如此过分地胡言乱语,如此无耻地撒谎。

第一个人,他的身体僵直,高领带让他显得耸肩缩颈,他的头就"像是一个圣体杯",他比罗伯斯庇尔更会说教、更加专制。他来自高高在上的讲台,要求法国人平等、正直、节俭,拥有斯巴达人的品行,身居陋室但满足于美德②。骑士圣-茹斯特对此也十分赞同,他渴望获得阿图瓦公爵护卫一职,偷了很多银餐具卖到了巴黎妓女聚集的地方并在那里挥霍,后因他亲生母亲的控告而被拘押了6个月③,他还作了一首下流诗,他尝试轻佻的风格因而使得诗文变得淫荡。事实上,现在他变得庄重,不苟言笑,他杀人,但原因和做派荒唐④!相比之下,年轻的劳巴尔德蒙——受雇于罗马帝国的告密者和控告者——对人类智力的玷污还更少些;因为蒂贝拉或黎塞留的手下还讲理智,多少被言之有理的论据束缚住了手脚。但是圣-茹斯特没有任何束缚,他的狂想曲没有任何结果或进展,他的思维像是一架过度

---

① 圣-茹斯特,关于吉伦特派的报告;1793年7月8日,关于拘押革命敌人的必要性报告;1794年2月26日、3月13日,关于埃贝尔派的报告;3月17日,关于逮捕埃罗特-德-塞舍尔的报告;3月31日,关于逮捕丹东及其同党的报告;4月15日,关于警方的报告;1793年10月10日,关于使革命政府宣布和平的报告;还有法兰西共和历二年热月9日的报告。

② 比舍和胡克斯,XXXI,346页(1794年3月13日);XXXII,314页,4月13日报告。

③ 出处同上,794页。

④ 有时,一句话就可以衡量一个人的思想和特点。圣-茹斯特的这句话便是如此(关于路易十六,8月10日,为了不再抵抗,他离开了杜伊勒利,躲到了议会)。"他来到了你们之间,凭借武力打开了一个通道……他进入了立法机关的内部,他的士兵闯入了避难所,为了躲避,他们凭借利剑闯入了国家腹脏的内部"。

绷紧的受压制的乐器,只能错误地演奏,生硬而极度地颤动着,至于逻辑的连续性和规律都随着展开主题的艺术性消失了。

他原地踏步,堆砌格言警句、教条语录。当他阐述事实时,他的讲话中只剩下关于事实的谎言,同讲台上的江湖骗子一样胆大妄为[1];他甚至不屑于通过似是而非的伪装进行掩饰。在打击吉伦特派、丹东、法布尔·德爱格兰特以及其他对手时,无论他们是谁,无论他们是新人还是旧人,他都需要绞绳;不管它是粗糙的还是最先被找到的,也不管它合适还是不合适、能不能系牢,这些都不重要,重要的是要能勒紧;这样对于他们来说就是极好的。对于被证实的阴谋家,没有必要为他们编制最细的绞绳,只需要根据俱乐部的流言蜚语和教廷圣职部的教理书,就可以完成控诉。

他的智力什么也无法掌握,所以他一无所获;这是个好用格言警句和华丽辞藻的易于激动的演说家[2],他的思维是造作的、效仿他人的,将所有的才华都化为偶尔闪现的昏暗想象,他是罗伯斯庇尔的学生,就像罗伯斯庇尔是卢梭的学生一样,他是被用功学生严格要求的另一个学生,总是采取极端措施,有分寸地发怒,违犯受制方的思维和语言[3],一直存在于戏剧化和阴郁的悖论中,就像是奥斯曼帝国的大臣[4],摆出不折不扣的道德家和敏锐的领导人姿态[5]。出于嘲讽,人

---

[1] 尤其是他关于丹东的长篇报告,包括对于党派的纪事(比舍和胡克斯,XXXII,76页),还有他关于警方的报告(出处同上,304页)。"布里索和荣塞被认作保王派⋯⋯从内克尔上台一直到今天,他就在策划一个针对饥荒的计划⋯⋯内克尔染指了奥尔良的党派;有人为它想到了双重代表身份(第三方)"。其中包括反对丹东的控诉人。1791年7月战神广场的枪决执行之后,"你可以在奥布河畔阿尔西过着幸福的日子⋯⋯在你得知专制君主的下台是有所准备且不可避免之时,你在8月9日重回巴黎。在这个阴沉的夜晚,你想要睡下⋯⋯你说仇恨对于我是不可忍受的;(然而)你对我们说过,我一点也不喜欢马拉",等等。针对缺席的马拉,他连续写了8页的质问。

[2] 比舍和胡克斯,出处同上,312页:"自由离开了暴风雨,就像是世界离开了混沌,出生的人儿哭喊着"。(人们鼓掌)出处同上,308页,参考他的画像《革命者》,这是"理智和正直的宝藏"。

[3] 比舍和胡克斯,312页,"自由不是宫殿的挡板,它是通往罪恶的直接道路"。

[4] 巴赫尔,《回忆录》,II,347页:"圣-茹斯特深思熟虑,像是个重要高官"。

[5] 比舍和胡克斯,XXXII,314页,"历史为我们留下的教训,伟大人物的榜样难道已经失传于世? 他们为我们所有人建议黑暗的生活;窝棚和美德都是世界的伟大之处;让我们住在河岸边,哄孩子,教育他们无私和无畏"。至于他的政治能力、经济能力和总体观点,需要阅读他的讲话和指示(比舍和胡克斯,XXVIII,133页,XXX,305页,XXXV,269页),简单抽象的空话、废话。

们试图耸耸肩膀；然而以国民公会现有的状态来看，他们只有害怕的份儿。由于急迫地想要打退进攻者，所以他单调的话语总是从高处落下，落在人们低垂的头上，在经过五六次这样的捶打之后，最坚定的人也被慑服了，变得愚不可及。如此一来，他就没什么好说的了：当圣-茹斯特以委员会的名义进行确认时，人们只得相信他；他的论述是具有威力的命令，而不是理智的成果；他的论述需要受到服从，因为它禁不住考验：他从口袋里拿出的不是一份报告，而是让人厌倦的东西。

报告人的语气同样令人厌烦。巴赫尔是个"长篇大论专利持有人"，讨人喜欢的加斯科涅则灵活而无拘束，他甚至在公安委员会开玩笑①，处于暗杀之中仍感觉到自在，最后，他谈到了恐惧，就像是谈论一件最简单、最无害的事情②，从没有人像他这样如此被自己的良知所困扰。事实上，良知也包括很多种，前两天的良知，前夜的良知，当天的良知和第二天的良知，还有其他人们所需要的良知，随和而温顺的良知，为强者对抗弱者而服务，准备好及时见风使舵，但它们之间相互结合，被本能天性指引到了不变的方向。本能的天性是不道德、机灵和轻浮的人类身上唯一不变的东西，它轻快地流转于事物中，除了自我维护和自我消遣之外没有其他目的③。

早晨，他穿着睡袍，以"文雅内阁"的方式亲切地接见请愿者团体，接受申诉书，首先是接受女士们的申诉书，并"为她们中最漂亮的献殷勤"；他做出承诺，微笑，然后回到工作间，把所有文件扔进火里说："好了，我的通信完成了。"在他克里希的别墅里，他每10天里就会有两天和3个非常轻浮的女人在一起，他享用夜宵，心情舒畅，他拥

---

① 卡诺特，I，527页（普里厄叙述）："当我们在国民公会的餐桌上匆忙吃干面包时，巴赫尔常常用一些善意的玩笑给我们带来微笑"。
② 维宏，II，14页。阿尔诺，II，74页。参见巴赫尔《回忆录》和麦考莱《关于巴赫尔的随笔》。
③ 维拉特（栅栏出版社版本），184页，186页，244页："轻佻，开放，温和，喜欢社交，尤其是同女性交往，寻求奢华，通宵挥霍"。卡诺特，II，511页。在普里厄眼中，"巴赫尔仅仅是个好孩子"。

有和蔼庇护者的殷勤和体贴；他参与到女人们的竞争中，怨恨占有美貌优势的女人，嫉妒刚刚炫耀金黄假发和声称引领时髦的女人。有时，他马上唤来国家官员，严肃地宣布这样的假发是效仿被送上断头台的贵族，是赞同反革命的标志，第二天又向公会理事会告发消灭假发；"巴赫尔一想到这一善举，就笑得喘不过气来"。这是送葬者的善举，是职业旅客的伎俩——他玩弄恐惧。

同样，他也玩弄自己的报告，在此过程中，他即兴创作。很简单，他只需拧开水龙头，让水流淌。"当他想解决一些问题的时候，他亲近罗伯斯庇尔、埃罗特、圣-茹斯特，窃取他们所有人掩饰的想法，之后出现在讲坛上，使所有人吃惊地看到自己的观点被原封不动地和盘托出"。在委员会和国民公会，没有人能在机敏和才能方面比得上他；他讲话无须思考；在他身上，语言就像是个能独自运行的器官，冷漠的心灵和空洞的大脑都不会影响他的口若悬河。自然，他说出来的都是现成的句子、雅各宾派的通用行话，弥漫着夸张而令人厌恶的平庸，以及学院和屠宰场的隐喻①。这一辩术之下没有任何思想，没有收获，也没有积极的可实施的才能。

波拿巴利用包括富歇在内的所有人，还想利用巴赫尔，即使从他那里会一无所获。开始他只是个低层次的办报人、平凡的间谍、雅各宾派幸存的煽动者，之后是房门前的倾听者、每周的民意收集者，他还是个无法应付简单工作的人，所以他很快就被免职了，因为拿破仑没时间听他啰唆的废话。然而，这些废话正是被公安委员会所容许的，并且如今成了代表法国的发言。正是这个唠叨的人、帝国未来的间谍和密探、金色假发阴谋的戏谑发明者，被政府派遣到了讲台前，让他成为胜利的宣告者、军事英雄主义的军号手和死亡战争的公布者。

---

① 《箴言报》，XXI，173页（约瑟夫·勒邦的辩解及其"尖酸的形式"）："谈论起革命不应当只抱有尊重，对于革命的方式也不应当只存有敬重。自由就像是个贞洁的少女，揭开她的面纱会受到谴责"。此外，"有了专制君主之血的浇灌，自由之树才能够繁花似锦"。

牧月7日，巴赫尔以委员会之名建议重新使用不合规定的法规，声称"不会再制造任何英国囚犯或汉诺威囚犯①"；这个决定由卡诺特负责，得到了国民公会的一致同意和通过。如果某人因为报复受到了处决，那么按照囚犯比例，一个英国人被枪决，就会有3个法国人被吊死，所以军队中没有荣誉和人性。同黑人一样，基督教徒之间的敌对会变为一场劫难。收到了枪决囚犯的命令后，一位勇敢的士官回答："我们不会枪毙他们；你们把他们带去国民公会，如果代表人能从杀害囚犯中获得乐趣，那他们完全可以自己杀了他，吞噬他，他们是如此的野蛮。"这说明这个士官是个没文化的人，达不到委员会和巴赫尔的要求。然而，巴赫尔尽力而为，为公众写了27页的公诉状，使用了时髦的前奏、明目张胆的谎言和炫耀的傻话，解释"英国豹"已经雇用了暗杀代表；伦敦办公室为身材矮小的塞西尔·雷诺配备了武器"新科黛"，用来对付罗伯斯庇尔；天性野蛮的英国人不能"违背他们的出身，他们是迦太基人和腓尼基人的后代；从前贩卖野兽皮毛和奴隶；他们没有改变自己的营生；恺撒下船来到这个国家之后，只找到了一个凶忍的部落，他们同豺狼争夺森林，威胁要烧毁所有接近的船只；这个部落一直没有变"。集会的参与者高谈阔论，建议进行大规模缩减，集会的说明手册也如此粗劣，以至于连可怜的下士都不会上当受骗。政府针对印第安人做出决定所陈述的理由便是如此；除了大量的行动之外，还有语言上的堕落，而这只会证明残酷暴行的荒谬。

---

① 出处同上，XX，580页，582页，583页，587页，菲尔维尔，《东比利牛斯大区的法国革命运动》，II，36页及后文。杜高米埃尔将军在攻占土伦之后，囚禁了英国将军奥哈拉，收到了公安委员会下面的信件："委员会会对你的胜利和创伤进行补偿"。11月24日，为了不参与土伦大屠杀，杜高米埃尔要求回到国民公会，人们把他派遣到东比利牛斯省的军队。1797年，英国有3万名法国囚犯。

VI

公安委员会派遣了一部分代表人,有时是单独派遣,有时是联合派遣2~3个人,为了建立并巩固革命政府,宣言书当中说明了政府的构成①。"勇敢而精力旺盛的无套裤汉②,"一位议员在任务结束后对他的继任者如是说,"你们似乎想要一个好的代表人,他从不会偏离准则,也就是说他是一个真正的山岳派。我能够满足你们的愿望,你们中间有公民安格兰。想想吧,勇敢的无套裤汉,有了革命党人安格兰,你们什么都可以做,什么都可以实现,什么都可以破坏,什么都可以监禁,什么都可以审判,什么都可以流放,什么都可以处决,什么都可以改革。不要对他们有一丝耐心;因为他,一切都会战栗,一切都会倒塌,瞬间重回稳定的状态。"代表人来到省会首府任职,代表他的职权,转瞬间,所有的权力机关倾倒崩塌;当晚,凭借军刀和翎饰,他在人民协会发表演说,煽动群众烧毁雅各宾派的据点。此后,根据他的个人经验,根据安全保障委员会的记录,他再次归来,选择了五六个当地"最积极的无套裤汉",将他们培养成革命委员会所需要的类型,并将他们长久地安置在自己身边,有时甚至与他们住在同一屋檐下,或是将他们安置在他卧室隔壁的房间③,他本人则会连续处理他

---

① 《箴言报》,XVIII,291页(法兰西共和历二年雾月8日,巴赫尔讲话)。在当天,140位议员来到了军队和各个部门。公安委员会做出指示之前(1793年4月7日),各部门有180个代表人,他们被派遣出去为的是促使30万人进行反抗(《箴言报》,XVII,99页,康邦讲话,1793年7月11日)。委员会逐渐召回了大部分的代表人,7月16日,只有63个代表人还在执行任务(出处同上,XVII,152页,戈苏安,7月16日)。法兰西共和历二年雾月9日,委员会指定了58个代表人建立革命政府,制定他们的区划。(《法国国家档案》,法国档案局,II,22页。)之后,很多人被召回并被取代。执行任务代表人的信件和决定按照部门被分成两个等级,列入了《法国国家档案》,其中第一个等级包括热月9日之前的任务,第二个包括之后的任务。

② 蒂博多,《维埃纳省恐怖主义历史》,4页:"雾月15日,巴黎,无套裤汉皮奥里代表人民,无套裤汉组成了普瓦提埃的人民协会"。

③ 《法国国家档案》,法国档案局,II,116页,"在人民协会挑选好人员之后,我把他们组织起来参加革命委员会。他们在我的眼皮底下工作,他们的办公室在我卧室的隔壁……我需要当地准确的情报,不用联系地区的协作者我就可以获得这些信息……根据他们工作的结果,我在当天夜间逮捕了60个贵族、嫌疑人和外国人"。马特尔伯爵,《关于富歇的研究》,84页,少迈特尔信,他向富歇提供了纳韦尔雅各宾派的信息,"代表人富歇身边聚集着联邦派、保王派和盲信者,他只会(转下页)

们不间断提供的名单和口头信息。

首先，必须清理当地所有的权力机关。权力机关都应该记住，"为了人民的事业，做任何事情都不过分；如果有人不能领悟到这一原则，不能将之付诸实践，他就不会占有领先岗位"[1]；因此，在人民协会、各省、各区域、各市镇，所有可疑的人都被开除、打倒、监禁；如果弱小的人受到宽限被暂时保护起来，人们就会粗鲁地训斥他们，用主子的口吻教育他们需要履行的职责。虽然"凭借着更具热忱的爱国主义，他们试图弥补犯下的过错，却也不会做出原本能够做出的好事"。有时候，一个心血来潮的想法就会改变所有行政人员的安排，很快就会有另一批一样的人员补上来。

考虑到整个沃克吕兹省萎靡不振，"可怕的节制主义麻痹了最具革命性的措施"，一道令下[2]，马奈提名了行政人员和各省的秘书、国家代理人、裁判区的行政人员和委员、阿维尼翁国家代理人、主席、公共控诉人、犯罪法庭的书记员、法官、国家特派员、公民法庭的书记员、商业法庭成员、调解法官、裁判区税务员、邮局负责人、宪兵连队负责人。要确保新的公职人员立即上任，各就其位，人们用扼要的方式骤然清扫了第一排的傀儡，然后以同样迅速的方式安排了第二排傀儡。"每个被提名的公民都会履行一些上述指定的职能，各司其职，没有任何质疑，只是简单的通告任命"。行政人员和被治理者全体被动服从，独立公职人员不再由选举产生，而是由代表人确立，所有的权力机关都在他的掌控之中，只有承蒙他的恩惠，这样的权力机关

（接上页）对三四个受迫害的革命党人提供建议"。

[1]《法国国家档案》，法国档案局，II，88 页，鲁瑟兰德讲话，法兰西共和历二年霜月 13 日。出处同上，F74421，鲁瑟兰德讲话和决定，雾月 25 日。参考，阿尔伯特·巴布的《大革命期间的特鲁瓦历史》，卷 II，145 页，加尼尔、鲁瑟兰德和博欧的任务。

[2]《法国国家档案》，法国档案局，II，145 页，法兰西共和历二年花月 13 日、14 日布告。出处同上，法国档案局，II，111 页，格勒诺布尔，法兰西共和历二年牧月 8 日，阿勒比特和拉普尔特提出了相似决定，格勒诺布尔权力机关也都进行了更新。出处同上，法国档案局，II，135 页，锐高尔德在格拉斯做出类似决定，雨月 28 日，针对整个瓦尔省。出处同上，法国档案局，II，36 页，法兰西共和历二年雾月 13 日。公安委员会对各省执行任务代表人的通告："在离开自己的岗位之前，你们应当对权力构成机关和公职人员进行完全清洗"。

才可能产生,建立任何机关都要得到他的首肯,并且需要服从他的命令。在他负责的区域,他会直接或间接介入,征用、保管、占有对他来说有用的,对于那些对他有利的人,他可以对其征税,也可以将其监禁、放逐、斩首。

然而,这是个受束缚的长官,自1793年12月起,他就被规定"遵守公安委员会的规定,并且每10日就要和委员会联系①"。他自己领导的区域被"严格控制";"他在其他区域被公认为无实权②",人们也不因为他一直在位而感到痛苦。"在行政官员任职期间,庞大的权力需要依靠短暂的任期来抵消。如果执行任务时,需要延期很长时间,那么这会被认为是一笔财产③"。因而,一般在两个月或三个月之后,有时甚至是在一个月之后,任期短暂的官员就会被召回巴黎或是被遣送到别处,人们对待他们不像是同事,而像是下属,用简短而坚定,有时甚至是带有威胁性的语气命令他们,而他们一下子就被解职或调动,则会被判定为能力不足或是"精力衰竭"。

为了保险起见,委员会的成员如库东、科洛、圣-茹斯特,还有委员会成员的近亲如勒巴、小罗伯斯庇尔,通常会当场亲自表达自己的观点。有时,委员会的一般代理人在自己并不确定的情况下,会逮捕国民公会之外的年轻人。鲁瑟兰德、朱利安·德·拉德豪姆,他们以自己拥有的权力代为监督代表人。同时,在上级机构和中心机构,代表人会被逼服从领导;人们为他选择当地的顾问和议事领导④;人们

---

① 法兰西共和历二年霜月6日和14日决定。
② 《法国国家档案》,法国档案局,II,22页(法兰西共和历二年雪月公安委员会决定)。
③ 《法国国家档案》,法国档案局,II,37页(战争委员会书信,由巴赫尔和俾约-瓦伦签署,法兰西共和历二年雨月25日)。
④ 《法国国家档案》,法国档案局,II,36页(法兰西共和历二年雾月19日,公安委员会给在奥恩省执行任务的勒·卡尔邦提耶的书信):"除了区县之外,阿朗松的所有行政体系都腐败堕落了;那里的一切都归斐扬派所有,或是更加有害的思想所影响……为了选择理由,执行监禁,你们可以求助于无套裤汉;最烦躁激动的是斯玛豪利和普瑞瓦尔。在摩尔达涅,需要更换行政机构,还要更新区县的税务员和岗位负责人……肃清人民协会,驱逐贵族、法官、被免职者、神职人员、青年保王派,等等。瓦解两个团体,一个是投弹手,另一个是猎人,纨绔子弟和游行的爱好者……重组智囊团和国家警卫队官员。为了这些保障手续的执行更加迅速可靠,你们可以求助于当前的市政当局、监督委员会和枪手"。

训斥他对代理人和住房的选择①；在革职、提名、逮捕、处决的刺激下，他走上了恐怖和酷刑的道路。在他身边的是受聘的密使②和不断为公安委员会和安全保障委员会写信的义务监督者，这样做通常是为了告发他、汇报他的品行，或是评价他所采取的措施，为的就是让那些他没有采取的措施受到关注③。

　　无论他做过什么，无论他要做什么，只要一将目光转移到巴黎，他就会看到致命的危险，这种危险处于委员会、国民公会、雅各宾俱乐部之中，将如暴风雨一般积聚到他身上。在被围攻的瓦朗西纳，布瑞艾展示了他的勇气，国民公会刚刚在公安委员会欢呼，但是紧接着他就听到自己被人批评还活着："那个在瓦朗西纳的人，当敌人进城后，他从来不回答这个问题：'您死了吗④'"。他能做的也就只有承认自己无能，拒绝国民公会无意间给予的荣誉，低三下四。杜布瓦·德·柯昂思占领了里昂，为了这项庞大工作的报酬，他消灭了雅各宾派；因为没有迅速地攻占城市，他被指控叛变。投降前的两天，公安委员会逮捕了他，并由护卫队把他送到了巴黎⑤。如果这样的人在经历了此类事情之后被如此对待，别人又会被怎样对待？小朱利安在完成任务之后，南特的卡里耶、波尔多的易沙卜和达利昂感到他

---

① 《法国国家档案》，法国档案局，II，37页。给在马赛执行任务的锐高尔德，法兰西共和历二年雨月7日，强烈而严格的警告：他做出退让，住到了圣-米姆，成为了嫌疑人；在围攻期间，他对马赛人太好，"为了获得衣食他做出了牺牲"，他对他们做出的逮捕进行了指责，等等。法兰西共和历二年花月13日，在布艾、芒付省和卡尔瓦多斯省执行任务："委员会相信你一直被阴险狡诈的秘书以及他提供的坏消息所欺骗，使你一直为了贵族的利益做出决策"，等等。法兰西共和历二年风月13日，在桂美贝尔多，瑟堡海岸军队附近执行任务："委员会只会对军事委员会习以为常，军事委员会由你建立，可能是为了砍下阴谋家的脑袋，却也是第一个可以将他们宽赦的。你不认识委员会的组成人员，那你为什么选择了他们？如果你认识他们，又怎么能让他们担任如此职责"。出处同上，风月23日，桂美贝尔多决定，调查他的秘书比埃尔。
② 见《外交事务档案》，324至334卷，内务秘密代理人的通信。
③ 《法国国家档案》，法国档案局，II，37页。在弗朗卡斯泰尔，法兰西共和历二年花月13日，在安德尔-卢瓦尔执行任务："委员会寄给你了一封希农人民协会的信件，要求清洗、组织该区划的所有权力机关。委员会邀请你在最短的时间内对这一重要事件进行处理"。
④ 罗伯斯庇尔的话，国民公会会议，1793年9月27日。关于另一个人代表人，梅尔兰-德蒂永维尔，也将他的证据丢进了火里："梅尔兰-德蒂永维尔，因美因兹投降书而闻名，因为得到奖金而被怀疑"。
⑤ 贵龙·德·蒙特隆，II，207页；《富歇》，马特尔先生，292页。

们肩膀上面的脑袋岌岌可危。小罗伯斯庇尔在东部和中部地区执行任务之后，巴勒斯、弗雷龙、伯纳德·德桑特感觉自己失去了目标①。富歇、罗维尔、加欧格以及其他很多人，受到党派或他们曾在党派的牵连，埃贝尔派和丹东派的委员会首领如果屈服了，他们也必死无疑。如果他们的委员会领袖被保护起来，他们也可能幸存，全然不知自己的脑袋会不会被用来为别人偿命，他们受制于最狭隘、最严格、最坚定的正统信条。如果当日的正统在第二天变成了异端，那么他们也就成了有罪之人，会受到生命威胁。首先是180个专制君主，在革命政府集权之前，有8个月时间在外省进行了不受控制的统治，之后是50多个当权的山岳派，他们是一丝不苟的盲信者，蛮横的寻欢作乐者，他们在那时践踏人道，像森林中的野猪一样专横跋扈，亦像是泥沼中的猪一样在丑闻中打滚。

  他们没有任何避难所，甚至连临时的避难所也没有，他们要严格地按照委员会所希望的那样表现出顺从和热忱。贝都因的纵火者马奈后来说："国民公会会实现所有它想要达成的事……我受时势操控……爱国联络员要求我不要退让……我一直都受任于最急迫的岗位②。"南特的灭绝者卡里耶急于赦免前来自首的造反派："你们想要让我被送上断头台吗？我没有权力救这些人③。"还有一次他说："有了命令我就要遵守，我不想被砍头。"在死刑的威胁下，执行任务的代理人同国民公会和公安委员会的同事一样成了恐怖主义者，这也强

---

  ① 阿麦尔，III，395页及下文。比舍和胡克斯，XXX，435页（雅各宾派会议，法兰西共和历二年雪月12日，科洛·德·艾尔布瓦的讲话）："今天，我不承认公众的观点，如果我晚了3天回巴黎，可能已经被指控了。"

  ② 马赛蓝-布德，《奥弗涅的国民公会议员》，438页（马奈未出版的回忆录）。

  ③ 比舍和胡克斯，XXXIV，165页，191页（卡里耶诉讼，证人陈述）。帕尔斯，II，113页，《约瑟夫·勒邦传》，勒邦说："圣-波勒监狱人满为患，我在那里放出了200个人，好吧，虽然我下了命令，许多人还是被监督委员会逮捕，达赫德的朋友勒巴斯批准了。我如何同这个被达赫德和圣-茹斯特支持的勒巴斯抗衡？他会告发我的。"出处同上，128页，一个名叫列斐伏尔的"革命老兵"，受勒邦的命令被逮捕，并转交革命法庭，勒邦说："需要在被审判和被揭发之间做出选择，对自己提出诉讼而不做出担保。"波利尔，《随笔》，V，233页："我害怕，也使别人害怕，这同样也是所有革命暴行的规律"。

烈地撼动了他的神经和道德。他不会远距离地通过书面方式执行抽象、匿名或含糊的命令。他对事业的感知不是依靠智力，而是靠想象和感觉。如果他和勒·卡尔邦提耶、巴勒斯、勒邦、加欧格、库东、安德烈·杜蒙特以及其他一些人一样是当地人，他会认识被他剥夺公权的那些家庭，这些名字对于他来说也不是简单的字母汇合，而是属于个人的回忆，对活生生人物的追忆。

无论如何，他是自己独裁专制的目击人、实现者和获利人；他没收的碗碟和银器出现在他的眼前，被送到他手中；他看到了自己监禁的嫌疑犯鱼贯而出，法院做出司法裁决时他也在场；断头台就在他的窗下处决他提供的死刑犯；他住在流亡贵族的宾馆中，征用家具、床单以及地窖，将宾馆用作砍头或囚禁①，他睡在贵族的床上，喝他们的酒，大批人在他们的地盘上用他们的钱大吃大喝。领头的强盗虽然不会亲手杀人抢劫，但他们会亲自上阵看别人杀人抢劫，通过这种方式，他们会亲身获得直接的领导快感。在这一等级作用和物理作用下，至高无上的权力成了有毒气体，没有任何健康的躯体能够抵御。因为重新回到了野蛮地区，并且受到了毒害，所以人们再次遭到了精神疾病的侵袭，他们本以为能对此免疫，却衰退到了东方和中世纪所经历的腐化阶段；他们原以为被遗忘的祸害似乎已经式微，外来的瘟疫似乎被文明国家拒之门外，但事实上它们却体现在他们灵魂的疮痂和炎症中。

---

① 吕多维克·斯库特，《神职人员公民宪法史》，IV，136页（匹耐和卡芬雅克决定，雨月22日和风月20日）；《箴言报》，XXIV，469页（法兰西共和历三年牧月30日会议，布瓦斯马丁在法庭揭发代表人拉普朗诗）。法兰西共和历二年雾月24日，拉普朗诗和赛菲尔将军来到了圣-洛，住在了一位70多岁的老人勒莫尼埃家里，他在当时被逮捕了起来；"他们刚一进来，各类储备、床单、衣物、家具、首饰、书籍、银器、车具、财产凭证，所有这些都不见了"。圣-洛的居民靠几盎司的黑面包过活，"从勒莫尼埃家里抢到的最好的面包、最美味的葡萄酒，被挥霍浪费在了平底锅以及拉普朗诗和赛菲尔将军为马匹准备的小锅里，勒莫尼埃获得自由后，已经不能再重回空空如也的家里，他的家后来被改成了仓库；他住进了旅店，用光了价值6万里弗尔的所有财产，他最后只剩下一套随身带去监狱的银餐具"。

VII

一位与马奈交往已久的证人说:"五六年以来,他做的所有事似乎都是病态的妄想,在此之后,他的生活和健康状况又恢复正常,似乎什么也没有发生过①。"马奈自己写道:"我可不是来处理这些动荡骚乱的。"这确实是事实,他粗野的本性更是如此,从属身份使得他的本性受到了抑制;而专制则使它们得到了展现,暴力的粗野兽性本能也喷薄而出。

看看迪凯努瓦,他就是一条时刻都会狂啸着咬人的看门狗,如果吃饱了则更为狂躁。作为摩泽尔省的代表人,他经过梅茨②时,当场召见公共告发人阿尔特梅耶,他坐着吃饭,而对方则在前厅等待了三个半小时却没被接见,他又来了第二次,最后才被接见。他听到雷鸣般的声音:"你是谁?公共告发人。你像是个主教,你以前是神父或修道士,你不能成为革命者……我带着无限的权力来到梅茨。在这里,公众的思维有问题,我要获得服从。我要整顿这里的居民,梅茨的人民还有南锡的人民,我要在两周内枪决五六百人。"同样,要塞的指挥官贝西埃尔将军也会见了指挥官副手、老军官柯雷达先生,他从头到脚地打量他:"你真是一副青年保王派的派头。你从哪儿来?你一定是个不称职的革命党人,一副来自旧制度的样子。""我的头发白了,但我不会因此成为不称职的革命党人,你可以去问问将

---

① 马赛蓝-布德,446页(伊纳斯·德·巴航特先生评注)。出处同上,440页(马奈未出版的回忆录)。

② 《法国国家档案》,法国档案局,II,59页,梅茨人民协会会议笔录节选,法兰西共和历二年花月12日,在社会安全委员会做出的关于迪凯努瓦品行的陈述,他在前夜的下午6点来到梅茨。一共有32个陈述,包括阿丽玛耶夫人、朱利和柯雷达。一个证人说:"说到这些,我看了看公民迪凯努瓦,他沉醉而满足,像是已经超脱了自我。"这是迪凯努瓦习惯采取的态度。参见《约瑟夫·勒邦传》,I,273页、370页和《外交事务档案》329卷,咖道尔书信,1793年9月11日:"周一的圣灵降临节晚上11点,我看到了议员迪凯努瓦醉死在贝尔格"《1792年至1795年,旅居法国》,136页,"由于滥用烈性甜烧酒,他天生的野性气质近乎疯狂……将军向我们保证,说看到他从马背上逮捕了受人尊敬的老者、阿韦讷的市长,前者向他提出了要看看城市的请求,而迪凯努瓦则同类相残,将老人推到了地上","他和他的兄弟是圣-波勒的啤酒花小零售商,他让他的兄弟当上了将军"。

军或是城里的任何人。""给我腾出营地,快点儿,否则我会让人逮捕你……"同样,走在路上他会当面同路人发生争吵,和解仲裁员朱利为他确认了该人的公民身份,他从头到脚地打量着朱利:"你也是个贵族,我从你的眼睛里看出来了,你可从来都骗不了我。"他夺下了朱利仲裁员的胸章,把他送进了监狱里。

搬运场的火炉引发了一场很快被扑灭的火灾,官员、资产阶级、工人、乡下人,甚至连孩子都工作起来了,迪凯努瓦用他的方式激发了群众的热忱:他对遇到的人拳打脚踢,包括一位后勤处的雇员、一位还处于康复期的官员、两个一起工作的人以及其他一些人。他对其中的一个人喊道:"你是个纨绔保王派。"他对另一个人叫道:"我从你的眼睛里看出来了,你是个贵族。"他对这个人说:"你是个乞丐,是个贵族,是个浑蛋。"他对着这人的肚子就是一顿猛击,第四个人被他揪住了衬领扔在地上①。此外,他们都被送进了监狱。火灭了,一个想要小心专注的冒失鬼"邀请"了一位暴力狂参加工作。"你,你的眼神不对劲。你是谁?"他对另一个温和了一点:"代表人,没有什么比这更值得受到尊敬的了。"迪凯努瓦对着倒霉廷臣的鼻子就是一拳:"你还狡辩,滚去监狱吧。""我马上照做。"顺从的被统治者回答道。当晚,"一想到火灾期间没有一个境遇优越的居民前来救火②,想到只有无套裤汉、驻军和公社前来帮忙",迪凯努瓦"决定对梅茨公社征收4万里弗尔的税款,在10天之内征收富人的财产用来救济穷人③"。"我要把他们全都关进监狱④","这4个要被砍头的浑蛋⑤。"

---

① 亚历山大·德艾舍豪勒,《一个生活在恐怖政策之下的贵族家庭》,209页。里昂,审计员马里诺,"一个高大、强壮、结实、声音洪亮的男人",他因为一连串"拥护共和政体的诅咒"而被开庭审讯……一群求者都退下了,只有一位女士还敢为他求情。"你是谁?"她自报姓名。"什么?你竟然如此放肆,敢在这里说出叛徒的名字!滚出去!"他用胳膊把她推了出去,又在门口加了几脚。

② 《法国国家档案》,法国档案局,II,56页。大量见证人一致表明事实与此相反,各类人都来帮忙灭火了,这就是为什么火灾很快就被扑灭了。

③ 《法国国家档案》,出处同上,人民协会一致证明了这些事件,派遣了六名代表人去国民公会提出异议。直至热月9日,人民协会都一无所获,迪凯努瓦的征税被落实。法兰西共和历二年果月5日,迪凯努瓦的决定被公安委员会废除,但征收的收款并没有被归还。

④ 巴黎,I,370(迪凯努瓦对勒邦说的话)。

⑤ 卡诺特,《回忆录》,I,414页(迪凯努瓦给阿拉斯代表人的书信)。

同在梅茨一样,这个粗鲁的人在阿拉斯也做了同样鲁莽的暴力行为。

还有人行事粗鲁而无忧无虑,比如村里的前任检察官安德烈·杜蒙特,他如今是庇卡底的国王、有名无实的苏丹、"傀儡代理人",他有时很快活,但通常极为恬不知耻,他对待女囚犯和祈求者的态度就像是在参加主保瞻礼节的集会①。一天早晨,一位女士来到了他的前厅等候他,请求释放自己的丈夫,她的身边有20个无套裤汉。杜蒙特穿着睡袍过来坐下,倾听她的请愿:"公民,你请坐。"他把她抱在自己的大腿上,把手放在她的胸部乱摸了起来:"我从不知道这样一位侯爵夫人的乳头会在一位人民代表人的手中融化。"无套裤汉哄堂大笑起来,他打发走了这个可怜的女人,而她的丈夫仍然被关在牢里。晚上,他给国民公会写信说要自己进行调查,近距离审查贵族。为了保持这种革命活力,他的大脑需要处于顶峰状态的酒精含量,而大多数人都对此保持警惕。在里昂②,"代表人被派遣到这里以保证人民的幸福,阿勒比特和科洛请求保管委员会派人给他们带来200瓶上等葡萄酒,还有500瓶一等波尔多红酒以供应他们的餐桌"。

3个月间,破坏了旺代的代表人们在餐桌上一共喝干了1974瓶葡萄酒③,这都是从城里流亡贵族那里拿来的。"因为与公社协作完成贮藏工作,就理所当然有在共和国喝酒的权利"。酒库的主管是代表人布尔博特,同他碰杯的是罗西尼奥尔,曾经的首饰工匠,后来的九月屠杀者,过着强盗般的荒淫生活,现在成了将军领袖;罗西尼奥尔的

---

① 《旅居法国》,158页,171页(1795年1月);马莱·杜·潘的《日志手稿》,参见他写给国民公会的信件,比如,他具有暴虐和狱卒的快活(《箴言报》,XVIII,214页,法兰西共和历二年雾月1日,340页,雾月14日书信)。拉克禾戴尔,《十年的证据》,178页,"他想要人们在他的庇卡底封地跳舞,在监狱里跳舞,如果不跳舞就会被认为可疑。在理智节,他遵守严格的戒律,每一旬中的第十日,人们都要去女神庙,也就是大教堂(在努瓦永)。女士、资产者、裁缝、厨子在那里组成了人们所说的平等链条。我们其他的监护人就成了这场表演的必然演出者"。

② 马特尔伯爵,《富歇》,418页(阿勒比特和科洛决定,法兰西共和历二年雾月13日)。

③ 卡米尔·布赫什尔,《关于安茹恐怖主义的评论》,225页。瓦舍龙信件,法兰西共和历二年霜月15日,"革命党人!你要马上派人或亲自给代表人家里送去大批的红酒,现在红酒的消耗量比任何时候都多。在共和国,与公社协作完成贮藏工作就理所当然有喝酒的权利,我让你负责我的需求。签字:革命党人瓦舍龙"。

军士格拉蒙曾经是个喜剧演员，阿扎尔曾经是个教士；优秀的革命党人瓦舍龙同他们一起强暴妇女，如果女人拒绝就会被枪杀①；还有些"光鲜亮丽"的小姐可能会被送往巴黎，"她们中最漂亮的那个要同罗西尼奥尔和布尔博特轮流过夜"，其他人则要陪伴低级别的官员。这伙人无论男女，全都被安顿在丰特奈宾馆，他们打破了封条，将"家具、首饰、衣裙、衬裙甚至瓷器②"据为己有。

在尚托奈，代表人波登·德·鲁瓦兹同唐克将军一同喝酒，微醺之时他就变得疯狂，午夜就把昨晚问候过的爱国行政人员从家里的床上抓走。同他一样，南特的卡里耶、阿拉斯的迪凯努瓦、蒂永维尔的库赛特、塔布的莫内斯捷，他们都会在酒后变坏。在蒂永维尔，库赛特"喝起酒来像是个拉皮斯人"，喝醉了就会发布"高官"的命令，并且要人们执行③。在塔布，莫内斯捷"吃完饭后激动振奋"，狂怒之下在法庭上高谈阔论，他亲自审问嫌疑犯前军官德·拉萨勒先生，给他判了死刑，签署了即刻送往断头台处决的命令，德·拉萨勒先生当晚午夜时分就在火把的光亮中被斩首了。第二天，莫内斯捷对法院主席说："好吧，昨晚我们可把拉萨勒给吓坏了！""什么，吓坏了！可他已经被处决了。"莫内斯捷很惊讶，因为他已经记不得自己签署

---

① 卡米尔·布赫什尔，出处同上，210页，恩丹夫人的证言，法兰西共和历三年雾月12日，关于26岁的女孩柯尼侬和女孩罗斯。博纳本和斯克提类似的证言。

② 道邦，《1793年的舆论蛊惑》，369页（梅西埃·杜·浩什未出版回忆录的节选）。出处同上，370页，"波登·德·鲁瓦兹同唐克一起住在尚托奈，他们负责把好酒喝光。波登是个卓越的革命党人，他心灵脆弱，面对难以实现的计划，就会在醉酒中度日"。他说："把这些浑蛋管理人抓起来就好了！"然后，他把头探向窗户，听到一匹奔驰的马挣脱了笼头："这又是一个反革命，我们要把它们都抓起来！"参考佩勒波尔将军《回忆录》，21页。在佩皮尼杨，他参加了理性节："指挥要塞地区的将军做出了厚颜无耻的演讲，涵盖了最无耻而令人厌恶的内容。这位可怜人相识的高级妓女们也占据了一个看台，她们挥舞着手帕高喊：理性万岁"。在听了代表人苏布蓝内、米约德、佩勒波尔发表的同类演讲之后，无论好坏，他都会回到营地："在城里我无法自如地呼吸，只有和敌人或战友在一起时，我才能对自己有信心"。

③ 《外交事务档案》，卷332，同密使的通信，1793年10月，"人民的代表人，公民库赛特在执行公务时没有一丝庄重；他喝起酒来像个拉皮斯人，喝醉了就为所欲为，像是个重要高官"。想了解库赛特的文笔和拼写可以看看他写的信（道邦，《1794年的巴黎》，134页）。巴瑞奥特-圣普利，《法国大革命司法》，（第2版），339页。

了命令①。

对于其他人来说,酒精除了会释放嗜血的本性,还会释放淫邪的本性。在尼姆,宝怡穿着代表人的服饰和市长库尔比斯、法官吉亥和漂亮女孩一起绕着断头台跳法兰多拉舞。在欧什,法国中部最坏的专制暴君之一达尔提古艾特总是喜欢豪饮,之后就会对前来向他讨公道的妇女"喷出各种猥亵的话"。母亲把女儿带到人民协会,就是为了听听他针对地方的不三不四的说教。一天晚上,在剧院里,狂欢过后他在幕间休息期间斥责了所有女人,对她们说出了骂人的话,为了示范更实际的结论,他最后在她们面前裸露身体②。这一次,最纯粹的野蛮显现了;几个世纪的文明为他编织的服装、最后的人性衣褶落到了地上,只剩下了原始的兽性,像一只被别人认为已经驯服的、凶残而淫荡的猩猩,但这种兽性依然无限期地残留在人的躯壳中,而专制独裁加上酒精的作用则唤醒了人性最初的丑恶。

VIII

如果需要靠醉酒来唤醒野蛮,那么只需用专制独裁就能唤醒疯狂。对于大部分的新兴统治者来说,精神的平衡性被打乱了;一个人的过去与现在之间存在的差距是巨大的;曾经的小律师、村镇医

---

① 《外交事务档案》,371页(根据法仲发表的文件和资料)。《箴言报》,XXIV,453页(法兰西共和历三年花月24日会议),圣·让迪加尔公会地址。——XXI,528页,(法兰西共和历三年果月2日会议):尼姆人民协会地址。

② 《箴言报》,XXIV,602页(法兰西共和历三年牧月13日会议),杜兰·德·梅朗报告:"文件证明了这一告发。国民公会如果想要阅览,那它也要做出证明。我提前告知国民公会没有比这更令人反感而又证据确凿的事了"。马特尔伯爵,《富歇》,246页(涅夫勒省当局机构对于科洛·德·艾尔布瓦、拉普朗诗、富歇、普旺特的报告,法兰西共和历三年牧月19日会议)。最下流的要数曾经的本笃会修士拉普朗诗。"在一次对穆兰—昂吉尔贝尔、圣皮耶尔—莱穆蒂耶和纳韦尔人民发表的讲话中,拉普朗诗邀请妓女们肆意放纵,忘记廉耻。生孩子吧,他说,共和国需要更多的孩子,禁欲是傻瓜的美德"。法国国家图书馆,LB41,编号1802(第戎公会的6个分庭在国家国民公会对伦纳德·波登、皮欧舍费尔·伯纳德·德·桑特在科多尔省执行公务的起诉)。关于伯纳德同市镇官员狂饮、波登和当地最坏的流氓一起酗酒放荡的细节,原始文件证明了伯纳德抢劫杀人的事实,他把米高尔特先生的家掠抢一空,4小时后他就将房屋的主人逮捕、判刑并送上了断头台。他当晚亲自在米高尔特先生的家中见证了酷刑,当着受害人女儿的面,他与同伙载歌载舞。

生、中学教师、当地俱乐部的无名提案人,昨天还只是国民公会750个投票人中的一位,今天就进入行政部门,成了所有财产和自由的仲裁人,成了50万人的主人。就像是在天平上放置了一枚不相称的砝码,骄傲远远重于理智。一些人自以为他们的能力无边,权力无限,连夜进入军队①,想要成为合法的将军统帅。法布尔在公安委员会②写道:"郑重宣布,从此以后将军不再仅仅是国民公会代表的副官。"。等待获得请求宣言期间,他们窃取了领导权,并行使了这一权力。前任和解仲裁员加斯顿对军官说:"我既不认识将军,也不认识一般人,部长内阁也不受待见;在这里,只有我能够指挥,人们将会服从我。"他的同事居戴尔补充道:"当将军有什么好?我们郊区的妇女都知道这一点。算计、冷酷的阴谋、帐篷、军营、舞会?这些都是无用处的。入侵、冷兵器,这是唯一适合法国人的战争。"免职、送上断头台、破坏、闭着眼前进、滥杀无辜、命令军队斗争、有时自相残杀,他们只知道这些,如果军官的忠诚和士兵的热情仍不能促使他们改善自身的无能和傲慢,他们可能会失去一切。

同样的场景也在查尔斯罗瓦上演了,凭借荒谬的命令,圣-茹斯特尽其所能地损坏军队的名誉,从那时起他觉得自己是个大人物③。在法国阿尔萨斯,拉科斯特、博多、如昂普斯、苏布蓝内、米约德、圣-茹斯特和勒巴,凭借他们极其荒谬的行为解散了军队,并以此为荣。革命法庭在司令部设立,受邀的士兵揭发他们的军官,许诺给告密者

---

① 《回忆录》,佩勒波尔将军,8页,II,在神殿广场,他因为在图卢兹军营而受到了执行公务代表人的审查。"我似乎还能看到这个江湖骗子,他摇晃着那个丑陋的、用羽毛装饰的脑袋,带着军刀,就像是个喝醉的士兵想让别人相信他的骁勇,他让我难受"。

② 菲尔维尔,《东比利牛斯大区的法国革命运动》,I,169页(1793年10月)。出处同上,201页,206页。参见188页,法布尔夺取罗斯和菲贵热斯的计划,同行8000人,没有口粮和交通工具,"好运是为疯狂的人准备的"。自然,计划失败了,科利乌尔镇失守,灾难席卷而来。作为弥补,优秀的达戈贝尔特将军被免职,参谋部长官拉梅尔被送上了断头台,面对代表人提出的难以实行的命令,炮兵队指挥自杀身亡,以面对军官的忠诚和士兵的热情。出处同上,II,105页,106页,130页,121页,262页。

③ 西贝尔(多斯凯翻译),II,435页,III,132页,140页(关于细节和行政机构)。参考马尔沙勒·苏尔特《回忆录》。

金钱或机密，同被告人之间没有任何对质，"没有任何命令，没有任何笔录，甚至对于判决书的起草也只有一句审问，没有人进行记录，被告人在8点被抓，9点被判决，10点被枪决①"。自然，在这样的制度下，没有人想要做统帅；圣-茹斯特到来之前，默尼耶只愿意做临时的代理将军，"每天的任何时间"，他都请求被别人接替；在请求无法获得满足时，他拒绝下达任何命令；为了给自己找到接班人，代理人最后甚至找来了一位名叫卡尔朗克的拘留所的总管，他大胆而又无知地接过了发号施令的特许证和断头台的特许证。

如果这就是他们对军事问题的推测，那他们在民事问题上又会如何自负呢！在此方面，没有任何来自外界的约束，西班牙或德国军队不能够马上打击这种自负无能、恶意介入的现行犯罪。无论是何种社会机构、司法、行政、信贷、商业、工业、农业，他们都能够不受制裁地将它摧毁打破。他们对此从不错过，在电报中，他们为所做的破坏自得叫好，这本身也是他们的任务。此外，人们把他们看成不称职的雅各宾派，所以他们很快就会成为嫌疑人；他们统治的条件是自负和毁灭；对于他们来说，对常识的打破是国家的恩惠，是机关的必要做法。在这一普遍的无理性的基础之上，所有的机体都会产生狂热与妄想。我们可以近距离地观察他们，不但他们的判断力受到了曲解，连他们的神经器官也受损了，出现了持续的过度兴奋和病态的躁动。

约瑟夫·勒邦是警长的儿子，曾经在博内的奥拉托利会工作，再后来在讷维尔维塔斯做神父。他被教区的精英们视为不速之客，在这里，他得不到尊敬，没有资产，甚至没有教徒②。两年之后，他却成了省里的统治者，头昏脑涨。这只脑袋时刻转动着，他不过只有28岁，

---

① 谷维侬-圣西尔，《1792年坎波福尔米奥合约运动纪事》，I，91页至139页。出处同上，229页。"这使得有能力的人坚决远离晋升"。出处同上，II，131页（1794年11月），同样的愚蠢依旧继续，在代表人的命令之下，军队一整个冬天都在美因兹莱茵河左岸的木板房里驻营，这一无用的措施纯粹是矫揉造作的卖弄。"不需要任何理由，一支优秀的军队，精锐骑兵部队会无意义地在本能避免的露营中冻死、饿死"。具体细节令人痛心，从未有公民领袖如此愚蠢地滥用军队的英勇。

② 帕尔斯，《约瑟夫·勒邦传》，I，章节一，关于他生平和性格特点的所有细节。

还不牢靠,也毫无先天的负载①,但因为被自负、雄心、怨恨、弃教撼动了,所以他与因教养而获得的习惯和对过去的情感完全决裂,致使他的荒谬和伟大打破了这一切。他穿着代理人的服饰,戴着亨利四世式的有三色羽毛饰的帽子,装饰着飘逸的肩带,佩带着拖地的军刀,用钟声将村民聚集在了教堂里,站在高高在上的主教座上——他曾经穿着旧长袍在这里宣讲。现在,他向村民展现了自己的变身:"谁能想到我又回到了这里,成为了拥有无限权利的人民代表人!②"在这一虚假的威严面前,人人都变得低微、屈服、缄默。

一位康布雷的市镇官员因为没有低下头而遭到了勒邦的审问,因为简短地回答了勒邦提问了两遍的同一个问题,而且胆敢两次用同样的话作答,于是遭到了斥责,"闭嘴,你竟然蔑视我,你不配成为国家代表。"会议结束后,他把这个人免职,并把他送进了监狱。

一天晚上,在剧院里,他进了一个包厢,坐在前面的夫人们都没有起身。他气急败坏地走出了包厢,冲向剧院,抽出大军刀,大声叫骂,威胁所有的观众,他大步地在戏台上走来走去,张牙舞爪地跳着,一副逃脱了的野兽的模样,几个女人晕了过去。他吼道:"你们看啊,这些纨绔女子③不屑于为欢迎250万人民的代表而离开自己的座位!从前,所有人都会为一位王公贵族让座,她们却不会为我这么一个代表人挪一下身子,我可比国王的地位要高④!"

可这是个惊慌失措的国王,只想着谋反⑤,白天走在路上,他看到路人通过语言或手势对他谋反。在阿拉斯大道上看到一位母亲和女儿说佛拉芒语,他也觉得可疑。他对女孩儿说:"你去哪儿?"不认

---

① 巴黎,出处同上,I,13页,他的母亲疯了被关起来,勒邦说扰乱他思维的不是别的,正是对于"反对我宣誓和任命讷维尔维塔斯神父的愤慨"。
② 巴黎,出处同上,I,123页,勒邦在博航教堂的演说。
③ 帕尔斯,《约瑟夫·勒邦传》,II,71页,72页;参考85页,"公民沙蒙纳尔特是个葡萄酒商,他站在酒窖门口看着代表人经过而没有致敬,勒邦走到他跟前逮捕了他,把他当作反革命处理,他被搜了身,钱包也被抢走,最后被送进了监狱"。
④ 出处同上,II,84页。
⑤ 《箴言报》,XXV,201页(法兰西共和历三年获月22日会议),勒邦的话:"在(国民公会)讲台上,人们宣布了囚犯的阴谋……我也在构想着囚犯的谋反"。

识他的孩子回答:"这和你有什么关系?"于是女孩儿和她的父母都被送进了监狱①。在城墙边,另一个年轻女孩儿在母亲的陪伴下散心读书,代表人说:"把书给我。"母亲把书递给了他,是《克拉丽莎·哈尔罗威传》,女孩儿伸出手想要拿回这本书,或许还微笑着加了一句:"这书没什么可疑的。"勒邦一拳打在女孩儿的肚子上把她打倒,命人搜查了这对母女,然后亲自把她们带到了办公地点。一句简单的话、一个手势动作都会刺激他;如果看到不理解的活动,他也暴跳如雷,就像被电击了似的。

刚到康布雷,有人向他汇报,一名妇女超出了规定的最大购买限额,多买了一瓶葡萄酒,在口录过后刚被释放;他来到市政厅,喊道:"这里的人都要去教务会议!"市政服务官员为他开了门,给他引路,但勒邦一个人也不认识,有些惊慌。市政官员说:"他气得发狂,着魔般地叫道:'停下,停下,浑蛋,你要逃走!'他抽出军刀,跳过来抓住我的领子,我被他和他的手下拽住,他喊道:'我抓住他了,我抓住他了!'事实上,他像疯子一样,咬我、抓我、踢我。最后,他对我说:'恶棍、怪胎,你是侯爵吗?'我回答说:'不是,我是无套裤汉。''啊,人民们,你们听到了吗?他说他是无套裤汉,可是看看他是如何想要废除《全面限价法令》吧!我把他免职了,快来人把他关进监狱!②"

当然,阿拉斯和康布雷国王也近乎于狂躁发疯。如果有人表现出同样的症状,他早就该被送进精神病院了。少了些自负,在政体中炫耀起来也少了些快活。

最野蛮凶残的人、南特最大的危险之一就是卡里耶,最黑暗的想法不会使他感到困扰,他的疯狂是最猛烈而持久的。有时,他发病的时候甚至会引起幻觉。一个证人说"他带着在讲台上高谈阔论的热情,想以此控制舆论,我看到他用军刀砍断蜡烛",好像是在砍贵族

---

① 出处同上,211页(勒邦在国民公会的解释)。帕尔斯,II,350页、351页(法庭裁决)。
② 帕尔斯,II,85页。

的脑袋一样①。还有一次,在餐桌上,在说了法兰西无法养活过多的人口,要铲除党派中过量的成员、贵族、行政官员、神职人员、大商人等之后,他狂热激昂,觉得自己在作战,喊道"杀!杀",就像是自己已经开始在指挥战斗一样②。即使是在日常生活中,他也很少会沉着冷静。当部门的行政官员过来跟他说话时③,他们首先都会半推开门,观察他的脸色,以确定他没有生过气,能听进他们的话。无论是对于请愿者还是对于前来汇报工作或接受命令的公职人员,他只会咒骂;他卑鄙的天性涌上口头,令人厌恶的词语泛滥而来:"滚去××吧,妈的,我没有时间④。"只是碰上翻滚而来的污言秽语还算幸运;更通常的情况下,他会抽出军刀:"第一个跟我提军需的人,我会把他的头砍掉⑤。"

军事委员会的主席提出要在执行处决之前先提交判决,卡里耶对他说:"就是你这个老浑蛋,要被砍头的人想要判决?那就判决吧。如果在两小时之内仓库还没有清空,我就把你和你的同事砍头。"他做着威胁性的动作,眼神直逼灵魂和腑脏。几日之后,一个坚强的人死于震惊⑥。因为他不光抽出了军刀,还使用了武器,他将要打击的请愿人和船员不得不快点逃走,他把穆兰将军逼到了窗子边的炮眼处,枪杀⑦了他。人们接近他就会"发抖",如果要反对他则更是胆战心惊。公安委员会代表朱利安·德·拉德豪姆小心仔细地"保持了很大的距离,站在卧室的角落里",以便于机灵地在第一时间逃跑;更机智的是,每当卡里耶喊叫,他都会用充分的理由说:"如果你今天让我

---

① 比舍和胡克斯,XXXIV,181页(大商人蒙内朗的证词)。
② 出处同上,XXXIV,184页(舒克斯的证词);参考200页(蒙内朗和商人魏乐芒的证词)。
③ 出处同上,204页(部门行政官员拉马瑞的证词)。
④ 出处同上,173页(笔录办事员,艾赫尔德的证词);168页(卫生官员托马斯的证词),"对于他的所有请求,卡里耶说:'妈的,妈的,还有其他类似的粗话'"。
⑤ 出处同上,203页(商人伯纳密的证词)。
⑥ 出处同上,XXXIV,156页(军事委员会公共控诉人瓦股瓦斯的证词)。
⑦ 出处同上,169页(托马斯的证词)。巴瑞奥特–圣普利,34页,35页。比舍和胡克斯,148页。"他对人民协会的成员侮辱谩骂,对索要给养的市镇官员拔出军刀","他对一位海员抽出军刀,刺了一刀,这人躲闪着逃走了"。

死了,你就会在一个星期后被送上断头台①。"

如果被一条疯狗咬了,就要对着它的喉咙来一剑;没有其他任何方法能使它收回獠牙和涎液。卡里耶就像是条疯狗,对于他来说,他的整个脑袋都被固定住了,充斥着无意识的幻想、杀人画面和死亡画面。关于旺代的孩子,他对主席菲利普斯-特荣朱立说:"送上断头台,依然是送上断头台②。"对于溺亡事件,他说:"你们其他法官,你们需要做出判决;把他们全部扔进水里,这再简单不过了。"在南特人民协会,他说:"所有的富人、所有的商人都是囤货者,都是反革命;向我揭发他们,我要让他们的脑袋在国家的刀片下滚压;向我揭发那些狂热崇拜者,他们在周末关起店门,我要把他们送上断头台。""这些无耻商人的脑袋什么时候会被砍下来?""我看到了断头台上的乞丐,昂尼斯人和南特人一样可怜。你们忘记了这些大商人的财产、金钱归你们所有吗?杀人的河流不就在那里吗?""勇敢的浑蛋们,我好样的无套裤汉,是时候轮到你们享受了;向我揭发举报,只要两个无套裤汉的证词我就能砍下一个大商人的脑袋。""与其说用我们的方式革新法兰西,倒不如说我们把法国变成了墓地③。"他的吼叫最后变成了痛苦的叫喊:"我坚信我们会一个接着一个地被送上断头台。④"这就是在任代表人工作时的精神状态:大限将至的卡里耶身边还有些活路的人,想到自己工作和职务带来的不可避免的死亡就面色苍白。站在他们挖掘的所有墓穴的尽头,他们隐约看到自己的墓穴也被挖好了;掘墓人什么都不用干,除了利用自己的工作日复一日地挖掘:至少,他会靠片刻的快乐麻醉自己。

---

① 出处同上,196页(朱利安的证词)。"卡里耶狂怒地对我说:'就是你这个见鬼的乞丐到公安委员会揭发我……既然有时候对于将军来说,秘密地消灭一些人员很重要,我就不必费心把你送去断头台了,我自己就是你的刽子手'"。

② 比舍和胡克斯,XXXIV,175页(特荣朱立的证词),205页(商人让娜·拉维涅的证词;民事专员阿尔诺丹和商人高尔那亥),179页(魏乐芒的证词)。巴瑞奥特-圣普利,34页:"为他捎信的宪兵戴斯克尔说:与其说卡里耶是人民的代理人,不如说他是只咆哮的狮子"。另一个证人说:"他既像是个江湖骗子,又像是头老虎。"

③ 出处同上,204页(拉马瑞的证词)。

④ 出处同上,183页(舒克斯的证词)。

IX

大部分人出于本能和厌倦而做出了决定,因为权力之上又被加上了炫耀。"6匹马拉着的豪华马车,被侍卫包围,坐在放有30副餐具的餐桌旁,吃饭时有音乐伴奏,有演员、美人和御用军陪伴[1]",他们在想象中复制了他们的最高权力,因为排场大,他们则更容易屈服。

在特鲁瓦,为了迎接小鲁瑟兰德的到来,人们鸣放礼炮,就像是在欢迎一位王子;纳韦尔的所有人民都要为富歌女儿的降生祈祷,民事和军事机构也前来祝贺,国家警卫队士兵收归军队[2]。在里昂,"科洛·德·艾尔布瓦的庄重上任就像是个帝王,只有在重复请求3次之后才能获得接见;他的会客厅能够通向公寓套间,任何人都要和他保持15步的距离,还有两位佩枪的侍卫在他左右,眼睛时刻不离来访的请愿者[3]"。

波尔多代表人身边的戒备措施少一些,但也同样威严,要想接近他们,需要经过好几个关卡,得到"一份卫兵上尉的通行证[4]"。他们中的一位是易沙卜,在把许多人送上了断头台之后,他几乎成为了个好商量的人,任人阿谀奉承,就像是来到了凡尔赛宫的黎塞留公爵,尝试着人民君主职位带来的所有好处。在剧院,如果他来了,人们就会表演芭蕾舞剧,"戴着花叶边饰的牧羊人说:易沙卜,自由,平等"。他让自己的画像在人们的手中传递,惠予演员微笑。在反映形势的插图下,他写了这样的题词:"人民代表人易沙卜的到来所引发的大事件"。"走在街上,人们向他脱帽致敬,鼓掌,叫喊着:易沙卜万岁!波尔多的救星,我们的朋友,我们的父亲"。"贵族的孩子在他的

---

[1] 马莱·杜·潘,《回忆录》, II, 6页(1794年2月1日回忆录)。关于安德烈·杜蒙特,《旅居法国》, 158页, 171页。关于梅尔兰-德蒂永维尔, 米什莱, VI, 97页。

[2] 马特尔伯爵,《富歌》, 109页。

[3] 马莱·杜·潘, II, 46页。

[4] 比舍和胡克斯, XXXII, 413页, 423页(朱利安给罗伯斯庇尔的信件)。

车门下接受斥责,他的马车有很多车厢,一位马车夫,几匹骏马。无论到哪儿,这样一位贵族的车马随从、宪兵都在前面领路,甚至连到了农村也不例外"。他的新大臣称他为"大人",为了迎接他,要展现出"亚洲的奢华"。在他的餐桌上放满了珍馐佳肴,他食用的"绝伦的白面包"又被称作"代表人的面包",而周边的乡巴佬吃的都是植物根茎,波尔多居民每日的口粮也不过是4盎司发霉的面包。

在周围居民生活困苦的情况下,里昂的代表人也享受同样的盛宴。在科洛的报告中,人们可以看到分级排列的4法郎的烧酒酒瓶、石鸡、肉鸡、火鸡、肥美的小母鸡、梭鱼、鳌虾,还有白面包;另一种被称为"平等面包",这是为普通人准备的,庄严高贵的胃口可不喜欢吃这个;还要加上阿勒比特和富歇的要求,有一次要700瓶精美的葡萄酒,还有一次要了50里弗尔的咖啡、160古尺的平纹细布、3打丝质手绢用以搭配领带、3打成对的手套、4打成对的短袜,他们为自己供应生活必需品①。

在这些走南闯北、骄奢淫逸的人中,我认为最厚颜无耻的好色之徒就是达利昂。他是巴黎九月大屠杀的参与者、波尔多断头台的刽子手,更是个下流货和抢劫者,一切都是为了口腹之欲。他的父亲为一位大领主当厨师,可能是遗传了家族的传统,他的政府成了他的食品储藏室,他就像是个《吉尔·布拉斯报》中的酒店领班,他吃所有想吃的东西,用剩下的东西赚钱。当时,他公认的宠儿是戴尔莎·卡

---

① 《法国国家档案》,法国档案局,II,111页。布尔博特决定(图尔,法兰西共和历二年获月5日会议),"除了要满足他个人的要求,还要满足他所在委员会公民的要求,为此他要求区划的管理人员为他准备40瓶红葡萄酒和30瓶白葡萄酒,这些酒来自逃亡贵族和死刑犯的酒窖。此外还有50瓶红葡萄酒或白葡萄酒"。获月13日,这些酒都被喝光了,新的决定又要求获得50瓶红葡萄酒和50瓶白葡萄酒和2瓶烧酒。马特尔伯爵,《富歇》,419页,420页。《箴言报》,XXIV,604页(法兰西共和历三年牧月13日会议)。"度戈阅读了针对马拉美指控的概要,他被控告征购他餐桌上或其他所需的任何物品却从不付钱,甚至包括马匹和马车夫的钱"。出处同上,602页,波黑·杜·吉尔斯报告。"他控告了达尔提古艾特同秘书出席了被判刑者达斯浦家具的拍卖,将其中最珍贵的物件据为己有,之后自行裁定价格,并提前告知负责买卖的人员,如果胆敢将属于他的物品加价,就会面临监禁的处罚"。在卢瓦雷省执行公务时,前本笃会修士拉普朗诗说:"那些不喜欢革命的人应当为参加革命的人埋单"。

巴如斯，是他从监狱里释放出来的一个半上流社会的女人。他的敞篷马车"前后都有随从"，他把戴尔莎带在身边，她有时头戴红帽，手里拿着手杖①，他为民众展示他的女神。他最好的情感是否就在于此呢？在决定时刻，情人遭到的危险使他有勇气反对罗伯斯庇尔，但是这位漂亮的女人也是善良的，她叫他不要杀人，要宽恕。

其他人像他一样风流殷勤，但没他那么有品位，为了享乐粗暴地在所到之处寻欢作乐。在布卢瓦，为了这类开销，桂美贝尔多通过职务之便偿清革命税款收入②。在南特，有人给卡里耶让出了一栋别墅和花园，让他修建自己的"府邸"。我禁不住想，如果他想成为一户人家中的第三者，这家的丈夫定会提出反对意见。还有一次，在亨利四世宾馆，"他同朋友与征用的妓女一同举办狂欢酒席"，他也在用来溺死囚犯的帆船上狂饮，在大吃大喝结束后，人们唱起欢快的歌，比如《饭盒之歌》③，因为他需要娱乐消遣。

还有几个小心谨慎的人，他们想到的是实物，并为以后做打算。带头人是达利昂，他是强盗首领、挥霍的浪子，打开口袋只是为了变得空空如也；加欧格开发利用了蒙布里松；罗维尔用8万法郎的指券为自己要求了法定价值为50万法郎的土地；富歇在涅夫勒省为今后聚集了120万或140万法郎④；梅尔兰–德蒂永维尔拥有一些乡下的房子、豪华的马车、瓦勒里昂山领地和其他领地；拉普尔特、萨利瑟

---

① 比舍和胡克斯，XXXII，426页（赛纳《回忆录》节选）。阿麦尔，III，565页（请求者和目击证人巴胡瓦侯爵对戴尔莎的描写）。

② 比舍和胡克斯，XXXIII，12页（赛纳《回忆录》节选）："该性质的职务证明文件存放于社会安全委员会"。

③ 库尔图瓦报告，360页（朱利安给罗伯斯庇尔的信件，法兰西共和历二年雨月15、16日）。比舍和胡克斯，XXXIV，199页，200页，202页，203页，211页（魏乐芒、蒙内朗、乐格茹斯、豪班的证词）。巴瑞奥特–圣普利，35页。

④ 关于达利昂，赛纳《回忆录》。加欧格，《箴言报》，XXIV，461页，法兰西共和历三年花月24日。反对加欧格的请愿书，包括许多页的签字，尤其是蒙布里松居民的签字："在他为国民公会提交的报告中，法定价值和指券的统计清单只接近774696里弗尔，而对一个受害人的掠夺品就能给他提供超过50万里弗尔的法定价值"。马特尔侯爵，《富歇》，252页。关于杜诺特，马莱·杜·潘《手写注释》（1795年1月）。关于罗维尔，米什莱，VI，252页。卡诺特，II，87页（德国人奥艾莱斯奈尔回忆录，他当时在督政府统治下的巴黎）："巴勒斯沙龙的色调像是讲究的游戏房，勒贝尔的房屋像是一家高雅饭店，门前停着马车"。

提、勒贝尔、鲁瑟兰德、沙特罗夫-杭东,还有其他的挥霍者或督政府的渣滓。还没有提到被他们完全忽略的税款和充公用度。为了获得钱财,他们手中积攒了嫌疑人及其家人交付的赎金,没有比这更方便中饱私囊的方式了,安全保障委员会更加听之任之,因为追捕山岳派"可能会让大革命倒退①"。他们想着安排有用的奴隶,让他们完成艰难的工作,以及类似于九月屠杀工人的工作。同九月屠杀参与人一样,要原谅他们的参差不齐,赋予他们利益,让他们尝到甜头②。

这些都还不够让他们将这项事业坚持到底,还需要用更有吸引力的条件。对于有文化的普通人来说,九月屠杀参与者这个头衔是令人痛苦的。进行了一些实践之后,灵魂会变得专制暴虐,在理论的担保下和维护公共安全的借口下,专制的天性得到满足,厌恶之情纷至沓来。在绝对权力的行使中会产生极度的享乐,在任何时候都有人很乐意通过各种行为证明自己有绝对权力,这些行为中最具说服力的则是摧毁的力量。摧毁得越是彻底、激进、迅速,人们就越能感受到它的力量;无论阻力如何,他们既不愿意后退,也不愿意停滞不前。他们打破了所有被人们称为常识、人性、公正的障碍,享受将它们摧毁的过程。于是,粉碎和征服成了强烈的享乐,他们也享受傲慢自得。

祭祀的烟雾来自专制君主在自己祭坛上的焚烧物;在每日的祭祀中,他既是偶像又是神父,为了感知到自己的神性,他为自己准备了牺牲品。圣-茹斯特就是如此,因为将代理人的身份依托在公安委员会成员的职务之上,他越发独裁专制。想要找到和他口气一致的人,则需要离开现代社会,追溯到罗马帝国皇帝卡利古拉的时代,去10世纪的埃及寻找穆罕默德的继承者哈克曼③。他同这两个恶毒的

---

① 比舍和胡克斯,XXXII,391页,XXXIII,9页(赛纳《回忆录》节选)。
② 卡诺特,《回忆录》,I,416页。卡诺特在公安委员会介绍了北部军营贪污受贿的证据,圣-茹斯特发怒地说:"共和国只有一个敌人能够指控他的同事贪污受贿,就像一切都不会直接归咎于革命党人。"
③ 关于卡利古拉,参见苏艾道尔和菲隆的叙述。关于哈克曼,见德·撒西先生《德鲁斯宗教报告》。

人一样,只是做法有区别。他自认为是地球上的偶像或第二偶像,因化身为真理而享有专制,代表神秘无边且至高无上的权力,他就是人民。为了威严地表现这一权力,需要有剑一般的灵魂①。圣-茹斯特的灵魂便是如此,但也仅限于此:他其余的情感只是为了成就这样的灵魂;它由不同的金属构成,比如,淫荡、自负、所有的缺点、所有的抱负、所有的狂躁和青年的忧郁,它们激烈地混杂在一起,融合在大革命的铸模里,从而铸造成了形状怪异和坚硬锋利的金属。设想这是一把活着的利剑,想要符合淬火和结构的要求;他很乐意被武器威胁,他需要暴力,没有任何其他的需求。他沉默、沉着、同别人保持距离,他是如此的蛮横急切,仿佛全体人民的意愿和超验性理智的权威都集于他一身,他似乎将自己的激情缩减成了破坏欲和恐吓欲。

我们可以说,同鞑靼征服者一样,他们因为所作所为而自以为是。没有其他人能像他们一样,可以如此广泛地掠夺财富、自由、生命;没有其他人能像他们一样能够更好地将简短的话语、突如其来的打击变得如此具有恐吓力。他命令在24小时内逮捕或是秘密处理法国大革命时期四省内的贵族,无论男女;命令斯特拉斯堡资产阶级在24小时内交付900万;斯特拉斯堡有1万人在12小时内丧命;被草率地集体枪决的莱茵河军队军官。这就是他采取的措施②。无辜的人真是不幸,因为他们没有时间辨别黑白。"一个在尘土中寻找别针的盲人,结果得到的也只是灰尘③"。无论是何种命令,甚至是无法实施的命令都必须执行,受到命令的人只有自认倒霉。对于代表人所指定的要在规定时间内架起炮台的上尉,需要一整夜全力以赴地工作,

---

① 圣-茹斯特在国民公会的讲话,1794年2月26日:"构建共和国需要毁灭所有的反对者"。
② 圣-茹斯特和勒巴斯对于加来海峡省、北部省份、索姆省和埃纳省的决定。参考斯特奥贝尔《阿尔萨斯史》;《斯特拉斯堡大革命期间历史的文件汇编》,3卷。《法国国家档案》,法国档案局,II,135页。法兰西共和历二年雾月10日,被征税的96人的名单。
③ 比舍和胡克斯,XXXI,32页(圣-茹斯特对市长莫奈说的话)。西贝尔,II,447页,448页。第一次会见之后,圣-茹斯特对施奈德说:"要这么多礼节仪式做什么?你不知道贵族犯下的罪行吗?你用24小时进行询问调查,用同样的时间可以做出24个宣判"。

"工地上能挤多少人就挤了多少人①",如果炮台没有按时准备好,圣-茹斯特就会把上尉送上断头台。对于统治者做出的决定,任何人都不得违反,兴奋发狂使他变得更弱小②。

为绝对权力服务时,傲慢永远不会被满足。为了满足傲慢,所有的野蛮都不显得过分。曾经的演员科洛·德·艾尔布瓦离开舞台来到了城市,极尽奢华地表演音乐剧中的暴君。一天早上,在里昂,他要求革命法庭在傍晚之前逮捕并审判一名青少年嫌疑犯。"将近6点时③,科洛还在餐桌上同妓女、街头艺人和刽子手狂饮,吃饭喝酒时还有奏乐,在场的还有一位法庭的法官,履行常规手续之后,有人给代表人带来消息,说经过审讯之后,法院同意释放那个年轻人",科洛看都不看法官一眼,抬高嗓音对他说:"我命令你们惩罚这个人,我要他在傍晚之前死。如果宽赦了无辜的人,会有无穷无尽的罪犯逃脱。去吧!""音乐和欢乐仍然在继续,下一小时,年轻人就被枪杀了"。

同样,在其他代表人的管辖区,已经被代表人在心里判刑的人如果没有及时被杀,代表人就会为司法的延误而愤怒,那些通常是他自己选择的法官和陪审员也会遭殃。加欧格给胆敢对两位贵族宣告无罪的弗尔委员会写了辱骂信。莱尼罗特、勒·卡尔邦提耶、米约德、莫内斯捷、勒邦打破、重组、替换了丰特奈、圣马洛、佩皮尼杨委员会和奥里亚克、波城、尼姆、阿拉斯法院,因为它们都没有按照他们的愿望进行审判④。勒邦、伯纳德·德桑特、达尔提古艾特和富歇对于同一案件重复审判,被告人被他们的私人法庭庄严地宣告无罪。博欧、勒邦、普里厄·德·拉马赫内将不愿意总是投死刑票的法官和陪审员送

---

① 《佛利卡斯下士的行军日记》,34页(马尔沙勒·苏尔特记叙)。
② 参考《圣经》中的阿秀厄洛出于对君主的尊敬,不能收回针对犹太人的命令,但通过允许他们为自己辩护而避免了纠纷。
③ 马莱·杜·潘,II,47页。
④ 巴瑞奥特-圣普利,《法国大革命司法》,前言,XVII。马赛蓝-布德,《奥弗涅的国民公会议员》,269页。《箴言报》,法兰西共和历三年雾月27日会议(佳莱思报告)。

进了监狱①。巴勒斯和弗雷龙将一队一队的人遣送到巴黎革命法庭，公共控诉人和马赛革命法庭主席被认为是反革命宽恕者，因为他们只将528名被告人当中的162人送上了断头台②。反对不犯错误的代表人，这本身就是一种冒犯；代表人应当自己惩罚这些难管教的人，重新抓住被免予处分的轻罪犯人，用残忍支持残忍。

如果长期饮用令人作呕的强劲饮品，不但味觉会对此习以为常，有时甚至会觉得津津有味；很快，他就会想要味道更强劲的饮品；最后，他会生吞活剥，甚至不会为了使苦涩的饮品变柔和而进行勾兑。血腥场面就是这种饮品，对此习以为常之后就会以此为乐。勒邦、乐其尼奥、莱尼罗特让刽子手在他们的餐桌上用晚餐③；莫内斯捷"和他的强盗一起去囚室寻找嫌疑人，护送他们去法院，如果他们想要自我辩护就会叱骂他们，在为他们定罪之后，穿着礼服"观看他们受刑④。富歇手里拿着双筒望远镜，透过窗子观看杀害了210名里昂居民的屠宰场。在枪决刑徒的日子，科洛、拉普尔特、富歇在众人的陪伴下准备了美味盛宴，伴随着枪声，发出了喜悦的尖叫，还挥动自己的帽子⑤。在土伦，弗雷龙亲自指挥并亲眼目睹了战神广场的第一次大屠杀⑥。在阿拉斯广场上，已经被捆束在板子上的德·维耶尔伏尔特先生等待断头铡刀的掉落。勒邦出现在剧院的阳台上，指示刽子手停下来，打开报纸，在10分钟内大声朗读并评论法国军队最近的胜利；之后，他转向囚犯："浑蛋，去把我们的胜利告诉你的同党⑦。"在弗

---

① 帕尔斯，《约瑟夫·勒邦传》，I，371页；II，341页，344页。马特尔伯爵，《富歇》，153页。巴瑞奥特－圣普利，347页，348页。
② 巴瑞奥特－圣普利，390页。出处同上，404页（关于马赛刽子手苏布芮尼，公共控诉人拉扎尔·吉罗）："他们在断头台上哭泣，所以我要让他们进监狱，处决被我们送去受酷刑的反革命"。
③ 《箴言报》，XVIII，413页（国民公会会议，乐其尼奥、莱尼罗特、罗斯夫特，法兰西共和历二年雾月17日会议）："我们将把革命党人昂斯任命为断头台刽子手，我们将会邀请他来跟我们共进晚餐，通过书面形式使他获得权力，为了共和国的荣耀，通过畅饮而庆祝"。帕尔斯，II，72页。
④ 马赛蓝－布德，270页（巴尔达尼史·德·巴约讷）。
⑤ 贵龙，《大革命期间里昂城市历史》，II，427页，431页，433页。
⑥ 《公民弗雷龙的历史回忆录》（巴里耶尔），357页（幸存者的证词）。
⑦ 帕尔斯，II，32页。

尔,枪决在杜·罗西耶先生家进行,在花园的过道里,屋子里的年轻女人刚刚哭着请求加欧格宽赦自己的丈夫。加欧格回答说:"好的,我的小女孩,明天你就会在家看到他了。"确实,第二天,她的丈夫被枪杀了,被埋在了花园的过道里。

正如之前的九月屠杀的参与者,他们为自己犯下的谋杀而陶醉。在他们身边,人们谈论起"革命剧院,断头台",使用的都是欢快的词句。他们命令贵族"把脑袋伸向国家的窗口,探出移窗[1]",他们也具备角色的风范,喜欢开玩笑。于戈斯说:"明天早上7点,架起神圣的断头台。"勒·卡尔林写道:"断头台开始工作了[2]。"勒邦说:"流亡贵族和逃逸神职人员的双亲和朋友聚集在断头台……[3]前天,贵族德·贝涂姆伯爵的姐妹被砍头。"卡里耶高调承认,看到神父被处决,"他能感受到快感","看着他们死时的狰狞表情,我从来没有如此大笑过[4]"。

人性的极端堕落就在于此,罗马多米田王的堕落源于酷刑效应,体现在他判刑的罪犯的脸上。更糟糕的是黑人看到受桩刑的人开怀大笑,而后强忍笑容,卡里耶也将观看这种血腥痛苦死亡而带来的乐趣转达给了孩子。除了革命法庭的进谏和菲利普斯-特荣朱立主席的诉讼[5]之外,法兰西共和历二年霜月29日,明文命令在不做审判的

---

[1] 卡米尔·布赫什尔,《关于安茹恐怖主义的评论》,164页(伯尼菲斯,曾经的本笃会修士,革命委员会主席,理查德代表人。法兰西共和历三年雾月3日):"我们为你们派遣了任命人亨利·维尔迪耶,又叫拉·索瑞尼耶尔……你们很快就会看到,我们将把他送上断头台。委员会让你们将他送上断头台,共和国部长也对此迷信,我们所希望的、被内阁接纳的任命者络绎不绝"。

[2] 蒂博多,《维埃纳省恐怖主义历史》,34页,48页。巴瑞奥特-圣普利,239页。

[3] 《法国国家档案》,F74435(勒邦书信,法兰西共和历二年花月23日)。帕尔斯,I,241页。

[4] 比舍和胡克斯,XXXIV,184页,200页(舒克斯、蒙内朗和魏乐芒的证词)。

[5] 《南特革命法庭登记簿》,由舍威瑞爱尔先生抄写(舍威瑞爱尔先生非常愿意把这份手抄副本交于我)。巴瑞奥特-圣普利,94页。《法国国家档案》,F74591(立法委员会决议节选片段,法兰西共和历三年花月3日,将亚历山大·隆充公没收的财产归还他的儿子)。在欧什,达尔提古艾特与在南特被送上断头台的卡里耶一样,没有经过判决就直接被斩首了。"通过以下文件可以获知,法兰西共和历二年芽月27日,在晚上八九点之间,亚历山大在欧什公社的共和国广场被犯罪判决执行者处以死刑,但此人没有受到任何审判"。在许多地方,处决对于城里的雅各宾派来说,已经成为了一场表演和快乐的源泉:比方在阿拉斯,在处决广场,人们为观众设立了一个长廊和酒吧,并出售清凉饮料,在德·蒙特龚受刑期间,人们用长筒鼓表演《会好的》[帕尔斯,I,139页;(转下页)

情况下，处死了27个人，其中有7个女人，4个修女，梅泰里贵族小姐，一个28岁，另一个27岁，第3个26岁，最后一个17岁。两天前，卡里耶不顾法院和同一主席负责的部门发出的警告，处决了24位手工业者和耕地者，之后才签署了明文命令，被处决的人中有两个14岁的男孩，两个13岁的孩子；四轮马车将他送到了处决广场，他则追踪着细节。他能够听见其中一个已经被绑在板子上的13岁孩子的声音，他太小了，断头铡刀下只露出了他的头顶，他对行刑者说："你会让我很疼吗？"人们能猜出来三角钢刀落在哪里。卡里耶亲眼看到了这一幕，当行刑者自己感到害怕时，他很快就被处死了。卡里耶安顿了另一个刽子手，重新开始，继续杀人。

（接上页）II，158页］。爱开玩笑的代表人也会在几个人之间或在自己家里重复这一乐曲，"为了再现他残暴血腥的想象，勒茜尼建造了一个小型的断头台，用它砍断所有为他餐桌而准备的家禽的脖子……在用餐期间，他经常会命人将小断头台拿过来，让所有的宴席宾客欣赏这一娱乐项目"。《箴言报》，XXIV，607页，1795年6月1日，贝藏松区域书信，附带证据："报告人说这个断头台在立法委员会被拆毁了"。

第六章 领导者(序)

Ⅰ.巴黎管理人员—集团构成—集团的退化—部门议会清理—人民议会清理—政府压力。Ⅱ.次级领导者资质—他们如何领导部门议会—他们如何独占席位,行使职权。Ⅲ.外事部部长—一位司令统帅—巴黎公社—革命委员会。Ⅳ.外省管理人员—巴黎及其他省市次级雅各宾主义—城里和乡下的次级雅各宾主义—小市镇的革命委员会据点—村庄政府的冷漠—在小城市和乡镇的雅各宾派为数不多—中型和大城市人员中的怀疑者和受约束者—当地聘任人员的不足。Ⅴ.外国人员的引入—巴黎的雅各宾派被派遣到外省—革命热情高涨城市的雅各宾派来到了态度温和的城市—省会地区的雅各宾派前往外区—舆论抵抗—真正的少数雅各宾官员的扩散。Ⅵ.构成人员资质—官员的社会地位—他们的荒谬行为和恶劣品行—马恩省和奥布省管理人—酗酒和饕餮—科多尔委员会和市镇政府—贪污和挥霍—波尔多赦免者—里昂破除封印的人—国家财富获得者—动产变卖—资产隐匿和欺诈舞弊—斯特拉斯堡市长口录—不动产变卖—图卢兹特派员宣言—外省行政人员和收购集团—南特革命委员会。Ⅶ.军队武力,国家警卫员和宪兵队—清理和构成—巴黎和外省革命军队—新成员资质—他们的职责—他们在农村和城市的考察—他们在巴黎和里昂附近的功绩—莱斯萨芬部队,美国轻骑兵和南特日耳曼军团—革命政府和恐怖人员的基本特点。

I

为了给当地的统治者提供其所需的副官和从属官员,只能从当地的雅各宾派当中寻找人手,人们因而能看到他们所构成的新成员是什么样①的:失去社会地位、疯狂而恐慌、没有身份和地位的人,尤其是处于最底层的下级人员,他们满心嫉妒和憎恨,往往是负债的小型零售店主,寻欢作乐和四处游荡的工人,咖啡馆和小酒馆的常客,街头和乡下的流浪者,不三不四的男女,总之都是"危害社会秩序的渣滓"②。在这帮人中,有一些信仰坚定的狂热者,他们精神失常的头脑本能地接受了流行观点;其他的大部分人都是待擒的猎物,他们之所以利用建立的新制度、接受革命信念也只是为了满足他们的贪欲。在巴黎,他们有五六千人,热月革命之后,他们的人数略微增长,符合拥护同一信条的人和恐怖主义者的期望③"。

他们当中的"一些人处于苦难之中,另一些人则是因为工作而失去了身份",所以对"那些住在足以让车马通过的大门之内的浑蛋、富人和必需品掌控者"充满了憎恨,好几个人"在大革命期间过着流氓般的生活,准备重新开始工作,前提是要消灭卑鄙的有钱人、囤积居奇者和商人",他们都"频繁来往于人民协会,认为自己是哲人贤人,然而事实上,他们中的大部分人都不识字"。他们的带头人、政治强盗中最臭名昭著的人之一,就是著名的邮驿局主管德茹艾,他在国

---

① 参见782~787页,821页。
② 如果以上收集的证词都不足以说明问题,还有3个外国人提供的一些证据,都具有说服力。领导人毛瑞斯(1794年12月30日书信):"法国人陷入了苦难和奴役的深渊里,同使他们承受这一切的统治者一样堕落,而统治者则更会受到蔑视"。梅斯纳,《巴黎之旅》(1795年年底),160页。(革命)军队和革命委员会是由犯罪构成的组织,做出所有不公正的事,谋杀、掠夺、抢劫却不受惩罚。政府将所有有才华、有德行人的位置留给了自己人,也就是说"人类"的渣滓。男爵布伦科曼负责瑞典事务(1799年7月11日书信):"我不认为法国社会各阶层比其他地方的阶层更腐化,但是我有胆量希望不会再有哪里的人民在新自由来临后,会被更下流、更蠢、更残忍的人领导……人民的渣滓,由猛烈而急剧的激流推向高处,使得无德的泡沫四处浮现"。
③ 爱德华·弗勒里,《巴贝夫》(大革命期间法国革命家、空想共产主义者),139页,150页。卡尼尔·德·卡沙尼亚克,《革命督政府史》,II,24~170页(巴贝夫诉讼)。以上文字是巴贝夫查封文件的节选,证人的证词,尤其是格瑞郭尔上尉。

民公会讲台上声明自己是"强盗[①]"。加欧格、蒙布里松和"安省内龙镇"的抢劫犯;曾经的丝绸工人,后来的蒂永维尔独裁者——醉汉库赛特;曾经的市长、里昂刽子手沙利叶的朋友贝尔特朗;达赫德,勒邦的前任秘书,阿拉斯的刽子手;罗西尼奥尔,加尔默罗会的九月屠杀者;最后是独裁共产主义的宣传捍卫者巴贝夫,因为伪造共和国证书副本而被判处20年的徒刑,他钻营而腐败,在巴黎的铺路石上留下了受挫的雄心壮志和空空如也的衣袋,陪伴他的是一群被剥夺了权利的无赖,如果他们没有通过再次发动屠杀而登上御座[②],就会永远拖着后跟穿坏的鞋在路上趿拉。因为没有钱"从鞋匠那里赎回一双靴子",或者为了买早晨的烧酒,他们卖掉了最后的财物——鼻烟盒[③]。

在此情况下,我们能勉强清楚地看到,掌权的恶棍同受约束的参与者及为其服务的行政傀儡有所区别,他们像是在行使另一种权力,纯粹而无中立色彩;从他的身上能看到社会污水管的持久残余物,固定而深入的卑劣特性,而革命政府总是在无知和罪恶的社会底层寻找领导班子和成员。

当局不可能从别处招人。为他们安排的每日工作需要自己亲手完成,而这工作就是抢劫和杀人。除了罕见的最盲从的人之外,只有粗鲁荒谬的人才能具备这一职位所需要的能力和意愿。在巴黎和外省,他们会就地招兵买马。巴黎的每个分部至少有一个人,所以一共有48个人,他们都聚集在圣-奥诺雷路的中心俱乐部,48个区的联盟由专业闹事者和吵吵嚷嚷的人、军队的反抗者和随军仆役等男男女女组成[④]。他们不适合循规蹈矩的生活和实用的工作,他们

[①]《箴言报》(1793年9月5日会议)。德茹艾讲话:"既然我们的美德,我们的节制,我们的达观思想没有对我们产生任何作用,那就为了人民的幸福成为强盗吧;成为强盗"。

[②] 巴贝夫,《人民法案评议委员会委员》,40期,对九月屠杀者的辩护词,"他们只是担任了一次期盼公共至福祭祀的神父和祭司,如果有值得后悔之处,那就是一场更为广泛的屠杀,但没有消灭所有的囤积粮食者和掠夺者"。

[③] 格瑞资尔的证词。罗西尼奥尔说:"我只剩下这么一个鼻烟盒用来生存。""马萨尔有一双靴子,他不能把它从鞋匠那里赎回,因为他没有钱。"

[④]《法国国家档案》,F73116(法兰西共和历二年雪月23日,罗林报告):"在先贤祠分区,女人们一直都有人民议会的决议权",在其他的俱乐部,她们出席会议。

中当然有5月31日和6月2日帮助公社和山岳派破坏国民公会的那部分人。他们意识到这样一个征兆：如果在反革命的形势下，"他们中的每个人都会被吊死[①]"，"如果放过了一个贵族，他们就全都会被送上断头台[②]"，他们似乎把这"当成了一个无可置疑的真理"。自然，他们都保持着警惕，在小帮派中互相聚拢，"所有的事都是同僚所为"[③]，他们不会承认，除非有人拿出"8月10日和5月31日"[④]的证据。他们像是追随着得胜的领导人，被挤入了革命会社和委员会，他们可以通过随意接受或拒绝公民证书的方式，而将所有不属于这一小帮派的人排斥在政治生活和公民生活之外。

一位通信者对丹东写道："看哪[⑤]，看看都是什么样的人轻而易举地获得了这些证明：荣塞、佐登、马亚德、文森特之流，破产者，开赌场的人，强盗。你问问这些人有没有缴纳爱国赋税，有没有如数缴纳他们的一般性税款，他们有没有给分部的穷人、志愿兵捐款。你会发现结论都是否定的。公会将公民证明发给了他们的附庸者，却拒绝发给最好的公民。"垄断独占显而易见，他们却对此没有避讳，6周之后这更是成为了正式程序[⑥]："许多分部决定不给不再是人民协会成员的人提供公民证明"。月复一月，排斥的条件也越发苛刻。旧版证明被废止，强制使用新证明，新证书使用的是新的形式，要求有更多的担保人，但也拒绝几种类别的担保人，缴纳的抵押比资质的要求更严格，在掌握更多的情况以前，候选人会被传讯，如果对他们有一

---

① 《箴言报》，XIX，103页（1793年12月28日，雅各宾派的会议），杜布瓦·德·柯昂思为每个参加肃清投票的人员提出了以下问题："如果反革命来袭，你会因为做了什么而被吊死？"
② 出处同上，XVIII，410页（马瑞邦－蒙托演说，雅各宾派会议，法兰西共和历二年雾月21日）。
③ 道邦，《1794年的巴黎》，142页（警方报告，法兰西共和历二年风月13日）。
④ 莫瑞雷，《回忆录》，II，449页。
⑤ 道邦，出处同上，35页（1794年1月记录的评述，记录人可能是医生拉莫特·德·拉蒙特）。出处同上，82页。参见莫瑞雷，II，434~470页（关于1793年9月公民证书发放的细节）。
⑥ 《法国国家档案》，F731167（拉图尔－拉蒙塔涅报告，法兰西共和历二年风月1日）："这些为协会带来了太大的影响力，消灭了（各分部的）集会。同样，人们发现公共议会开始变得无人问津，为了更好地管理，阴谋者和玩弄诡计的人使得人民协会变成了所有公共事务的中心"。

丝怀疑就会被开除①。一位公民如果被共和国容许获得负债国民的身份,如果人们满足于对他收税或用判决处理他,如果没有把他送进监狱同嫌疑人相会,他就应当感到无比荣幸,任何不属于这一集团的人也就不属于这座城市。

在这些人之中,在他们所属的人民协会之中情况更糟,因为"想要拥有地位的欲望使他们接二连三地互相揭发举报②"。结果,在圣-奥诺雷路上的雅各宾俱乐部和街区的分支机构里,人们不停地发动清洗,且目标总是一致,直到将他们派别内所有正派合格的人清除掉,只为自己留下一小部分在每次的筛选后越发为恶的人。有人在他的俱乐部中宣布已经辞退了80个值得怀疑的成员,另一个人说他们已经开除了100人③。风月23日,在好意见协会,大部分受审查的人员都被开除了④。"他们如此严格,一个人如果在危机时刻没有表现出坚定的态度,他就不能成为议会成员;因为很小的原因,有人就会被抛弃"。风月13日,在同一协会中,"26个受检查的人中只有7个被接纳了。一位公民是烟草商,68岁了还在工作,他被除名是因为称主席为'先生',并且在讲台上讲话时没有戴假发。在此之后,两位成员声称这位公民只能算是温和主义者,把他开除不需要更多的证据"。被留下的人都是最明目张胆、胆大妄为的无赖流氓,都是最喜欢搬弄是非的残暴冷酷之徒。俱乐部自我损毁,成了江湖骗子和无赖的聚集中心。

---

① 道邦,出处同上,203页(巴贡·达孔报告,风月19日):"在巴黎公社之家分区的公共议会,人们对于所有在团体中拥有头衔的公民进行清理投票。最微不足道的不符合公民品质的污点,服务中最微不足道的疏忽就会使他们被否决。25个被审查的人当中有至少19个人被开除……大部分人因为他们的饭店老板、修鞋匠、细木工匠或裁缝的职业身份而被拒绝"。出处同上,274页、306页。

② 出处同上,141页(沙尔蒙特报告,风月12日)。出处同上,140页,他在林荫大道的伟人咖啡馆里说"只有一个办法能避免被抓到,那就是当国民和革命委员会有空缺职位时,通过阴谋诡计进入这些机构。没被雇用之前,这些人没一个想要进入这些部门;可一旦他们想要进入这些部门了,就互相争夺看谁能获得提名"。

③ 出处同上,307页(芽月7日报告)。

④ 出处同上,225页(巴贡报告)。142页(巴贡报告)。参见66页、79页、116页、117页、226页、302页。

这些自发的除名使得机构越发恶化，再加上公安委员会作祟，更会使其胆战心惊、堕落腐败。革命政府越是施压、集权，它聘用的官员就越是奴颜婢膝、嗜血成性。政府对各派进行打击，以此作为警告，将它的拥护者关进监狱或是斩首，先是不安分爱闹事的人，之后是迫不及待地想成为第一批煽动者的蛊惑民心者，一些厚颜无耻的人想在街头做出新的举动，即雅克·胡克斯、文森特、埃贝尔、莫诺柔、科尔得利俱乐部和公社的领导人；之后是想在恐怖政策中引入判断力和温和主义的宽容者，即卡米尔·德穆兰、丹东和他们的追随者；还有其他的一些多少有些值得怀疑的人，比如，无纪律者、折中主义者，从马亚德到少迈特，从安东奈尔到沙伯，从韦斯特曼到克罗茨。每一个被剥夺公权者都有他的同党，他们都需要骤然逃跑；那些能够有立法创议权的人卑躬屈膝；那些有怜悯心的人则变得冷酷无情。

独立自主、人情味、忠诚磊落的根须，即使在卑鄙下流或残酷的灵魂中也很难连根拔除。然而，在雅各宾派的部下中，这些特质的最后一丝纤维都已经被拔除了，因为这些革命人员本已卑劣低贱，堕落到了同委任职务相称的地步。埃贝尔的亲信，少迈特的听众，韦斯特曼的同僚，安东奈尔的同党，荣塞的军官，卡米尔·德穆兰的忠实听众，丹东的崇拜者和忠实追随者，他们会当众背弃他们的朋友或领导，赞成将他们送上断头台的决定，对他们的恶意中伤者拍手叫好，在诉讼中指控他们。正如丹东的审判者、陪审员或拥护者，明知他无辜却宣布他有罪；还有和卡米尔·德穆兰吃过20次饭的人，不但把卡米尔·德穆兰送上了断头台，还处决了他年轻的妻子。在革命委员会、公社、公安委员会办公室、中央警局办公室、军队、革命法院，所有的工作都被束缚住了，当权的雅各宾派每天都变得更加迟钝而令人厌恶。

举报邻里，逮捕同事，逮捕睡梦中的正直人，每天从监狱里收集30、50或60个不幸的人，他们就是断头台每日的口粮。施暴者所做的就是把他们偶然地"混合"在一起，共同审判，集体定罪，押送24岁的女人和16岁的孩子到断头台上，看他们的脑袋落地，身体摇晃着歪倒，并且警告手下要清理堆积的尸体，遮盖明显的血迹。何类物种的灵魂能够接受此等工作并且每天都乐此不疲，甚至还期待着永远这样做下去？富基埃-坦维尔自己也因此而丧失了性命。一天晚上，在去公安委员会的路上，走在新桥上的他"感觉很糟"，说道："我觉得看到了死人的魂灵跟着我们，尤其是那些被我送上断头台的革命党人。"还有一天，他说："与其当公共行刑人，我更愿意去耕地。如果可以，我会提出辞呈①。"

随着制度的恶化，为了获取合适的手段，政府需要加强控制，继续堕落，因为它已经处于最低级别，它从芽月就开始更新公社，在花月重组内阁，在牧月改组革命法庭，月复一月地肃清、重组地区委员会②。罗伯斯庇尔不停地写秘密名单，寻找能够拥护体系的人也是徒劳。他总是重复同一个名字、陌生人的名字、文盲的名字③、流氓或蠢货的名字。他们中有四五个二流的独裁者和狂热者，同罗伯斯庇尔一样作恶多端、目光短浅。用来净化的熔炉长期频繁运行，过度发热，强制性地蒸发未加工烧酒中的好成分，剩下的东西发酵变酸，容器的底部只剩下了愚蠢和罪恶的残渣，浓缩的萃取物，辛辣而污腐的酒渣。

II

在巴黎，次级④统治者便是如此，14个月以来，他们随意处置着

---

① 瓦隆，《法国大革命法庭史》，IV，129页。
② 《法国国家档案》，法国档案局，II，46（公安委员会决议，牧月15日）："公民皮隆、古斯特、内恩是马拉分区革命委员会的成员，他们被纷纷免职，他们的职务由公民马丁、马仲、密海尔接替。冒维耶尔，自由路32号被指定为上述革命委员会的补充机构，只有11名成员"，还有其他类似的决定。
③ 比舍和胡克斯，XXXV，405页及下文。
④ 迪韦尔热，（法兰西共和历二年霜月14日决定）："革命法律和公共安全措施的实施被市政当局和革命委员会确认了"。见卷I，第七册第二章，领域范围受到界定，包括了几乎所有的内容，剩下的只要浏览一些革命委员会的登记簿，就能够确保他们巨大的权力，获得介入所有个人生活细节的方式。

财富、自由、生命。开始时，分区议会打着人民绝对权力的幌子，进行着不容置疑的独裁统治。"12或15个人①戴着红帽子，无论是内行或外行，都窃取了口无遮拦、肆意妄为的权利，如果一位公民的意愿坚定，可以向他提议他所认同的且实际上很公正的办法，无论这些措施有没有被倾听，这不过是为了让所有的议会成员能成为为数不多的案件的证人。提议因而都被否决了，从没有被戴红帽的人或他们这种获得分部秘密的人呈递过"。这些领导者中的一位②说："有时，在分部的公共议会中，我们只能找到10位协会成员，但这已足够让我们震慑住其余的人。如果分部中的一位公民提出了不能让我们满意的提议，我们会群起而攻之，大叫着他是个阴谋家、(旧时期宪法政体请愿书)签署人。我们就是这样让那些不符合协会主张的人保持沉默。"

自1793年9月之后，行动计划也因为大多数兽化的人提出的命令而变得更加无所约束。"如果是涉及阴谋诡计或个人利益的想法③，提议总是由分部的革命委员会成员提出，或是由言辞激烈、通常为委员会提供间谍工作的革命党人提出。当时，丹东每次会议都会给这些无知的人发放40苏，他们之后就成群结队地前往他们之前从不涉足的议会，用雷鸣般的掌声赞同提议，高喊投票，使决议获得一致赞同，而不管有文化或有意愿的公民是否有异议。如果有人敢反对，他就很可能会被作为嫌疑犯加以监禁④"。然而，就算处理完了贵族、温和派、联邦派，公民证明也不一定能到手，如果不幸的是他恰巧需要证明，那么他的衣食就只能依靠雇员或寄宿身份了。

"在公社之家分区，大部分的审核员都是泥瓦工"。"杰出的革命

---

① 《法国国家档案》，法国档案局，31167（法兰西共和历二年雪月1日，勒阿瑞威尔报告）。
② 道邦，《1794年的巴黎》，307页（1794年3月29日报告），在此涉及的是皮克分部（旺多姆广场）。
③ 道邦，出处同上，308页，丹东文件中所找到的评注，记录人可能是医生拉莫特·德·拉蒙特。
④ 道邦，出处同上，125页（赫尔德报告，风月10日）。领报分会的妇女的说法："4个月前，我丈夫被关起来了，可是他做什么了？他是第一批攻占巴士底狱的人之一，他一直拒绝获得职位，为的是让位给无套裤汉。他之所以招致了敌人，那是因为他不愿意把位子让给无知者或新来的人，这些人爱发牢骚而嗜血，然而他们却显得充满活力，身边聚集环绕着拥护者"。

党人，"街区的政治俱乐部成员说道①，"他们总是为我们投票，我们想让他们做什么，他们就做什么。"无数的壮工、马车夫、赶车人、各行各业的工人就这样赚得了他们的40苏。他们在会议开始时来到会场，进行登记，然后离场去"喝一瓶"，因为他们想象不到自己还要听演说人晦涩难懂的发言；会议快结束时，他们再次进入会场，扯开喉咙，手脚并用，发出各种造势所需的喧闹和吵嚷，之后去"拿回他们的卡片并领取工资"②。

因为有这类捧场者，所以很快也就有了反对者，但是任何异议都被提前扼制了。在分区议会，"最优秀的公民保持沉默"，"或者不会到场"，因为那里不过是"藏垢纳污的地方"，"最荒唐、最不公平、最失策的决定时刻于此诞生"③。此外，巴黎地区国民自卫军兵士无穷尽的开销也让公民们破产了，这笔钱超出了已经数量可观的一般税款和市镇开销。很快，细木工匠、锁匠、革命委员会成员都希望建立一座大厅，让它变大变美。很快，又会出现一次糟糕的演讲，充斥着夸张和拙劣的习气，演讲者还整理了数千份印刷副本。夸张地说，以公社为例，但凡它稍有动作，就可能被认为是可疑的。作为公民身份的拥有者和发放者，12位领导者必须和睦相处，从而分配利润；他们每个人都想要满足自己的欲望；此后，在公共利益的掩饰下，贪婪和虚荣心使他们自如地侵吞公共财物。

牺牲品是无穷尽的，身居高位的人可以轻而易举地召唤他们。昂里奥说："在这些每日的议程安排中④，我很高兴地通知我军队的兄

---

① 道邦，出处同上，307页（1794年3月29日报告）。

② 道邦，出处同上（风月14日报告）。《法国国家档案》，F731167（雪月9日和25日报告）："在分部中有大批被任命的公民，他们为了在会议过后得到40苏。我观察到他们中的大部分人是泥瓦工，甚至还有马车夫，作为国家的驾驶员，他们可以放弃这一笔只能让他们喝酒叫嚷的国家津贴"，"人们抱怨这些每天无所事事、去分部议会里领40苏的人，他们可以去不同的行当工作，却只指望着这40苏。"

③ 道邦，《1794年的巴黎》，312页（拉莫特评注）。《箴言报》，XVIII，508页（公社会议，法兰西共和历二年霜月11日）："博雷佩尔县分部想要限制大区内红酒商的贪得无厌，于是将所有酒窖都加了封条"。

④ 道邦，出处同上，345页（昂里奥花月9日议程）。

弟们，所有的广场都供政府部署。现在的政府是革命的政府，它的意图很明确，那就是希望所有人都获得好处……去吧，到物产丰富的地区寻找道德高尚、品质正直的人……穷人和纯粹的无套裤汉。"这里有能使他们满足的东西，仅首都就有3.5万个公共职位①——这是一场角逐。

在1793年5月之前，"雅各宾俱乐部协会就夸耀说'将9000名官员安置在了行政部门②'，6月2日之后，'高尚正直的人、穷人和纯粹的无套裤汉'大批地'离开他们的谷物仓、陋室、有装饰的卧室，去争得他们的土地。这里还没有提到他们所围攻的从前的战争办公室、海军办公室、公共工事办公室、财政办公室和外事办公室，他们获得权力在此定居，不停地举报揭发剩下的有能力的雇员，从而得到空缺职位③"，20个新政府职务都被他们内部保留下来了。第一批国家财政特派员、将流亡贵族和被判刑者的财产充公的国库特派员、可以征用豪华马匹的特派员、置备服装的特派员、负责收采和制作硝石的特派员、囤积特派员、48个分部的民事特派员、部门宣传特派员、给养特派员，巴黎有1500个位置④，且都有报酬，令人满意的职位数量就是那么多，但是很少有留给贱民的位置。在皇宫、杜伊勒利宫以及国民公会讲坛和市政厅⑤集团中负责引导民意的叫嚣者，每日可以得到

---

① 马莱·杜·潘，II，56页（1794年3月）。
② 比舍和胡克斯，XXVII，10页（巴尔布鲁讲话，1793年5月14日）。《库尔图瓦关于在罗伯斯庇尔处找到文件的报告》，285页（法兰西共和历二年霜月3日，科洛·德·艾尔布瓦书信，请求将巴黎的雅各宾派派遣到里昂）："如果我能够请求我们的前辈，我早就会这么做了，可是他们都必须在巴黎，几乎所有人都是公职人员"。高登，加埃特公爵，《回忆录》，I，28页。
③ 梅斯纳，《巴黎之旅》（1795年年末），160页："一些不识字也不会写字的人获得了多少有些重要的会计职位"。《外交事务档案》，324卷（皮奥在俱乐部反对他的同事）。道邦，出处同上，35页（拉莫特评注，1794年1月）："知道工作的正直人进入内阁办公室，尤其是战争、海军、公社和省市办公室就会感到心头一紧。位置没有都被占满，大部分都是公社的人，他们通常既没有天赋又缺乏正直廉洁。此后，揭发举报总是被接受，无论它们是如何肤浅而无依据，都能够引发混乱"。
④ 《箴言报》，XXIV，397页（杜布瓦·德·柯昂思在国民公会的演讲，法兰西共和历三年花月16日）。《法国国家档案》，F731167（罗林讲话，法兰西共和历二年雪月7日）："同样的控诉针对分部的公民特派员，他们中的大部分没有任何智商，甚至是不会写字的文盲"。
⑤ 《外交事务档案》，1411卷（1793年8月）。为了警局组织而"采纳的计划"，"除了没有对执行进行修改"。事实上，几个月后，男女捧场者的人数变得更多，竟然达到了千人［波利尔，《随［转下页］

20到200苏。另外的200人,比如,在咖啡馆、赌场、宾馆负责监督外国人和消费者的服务员,每年收入400法郎。还有一些人是贴封条场所的守卫和嫌疑犯家中的守卫,除了管饭外,他们每日可以得到2法郎、3法郎或5法郎。此外,几千人都有奖金、薪水和特赦权。荣塞领导的土匪强盗组成了革命军队,包括枪手、领军饷的侍卫、昂里奥的宪兵。但是,对主要职位的任命由它们的占有人决定,因为拥有了这一超越皇权的权力,就拥有了其他的权力,组成48个革命委员会、公安委员会办公室、国民公会、军队参谋部的人就拥有这样的权力。他们是工人阶级的钉子、恐怖政策的活跃弹簧,所有的雅各宾派成员都必须仔细挑选,在多次的筛选后并且需要经过核查,这些都由中心协会认定或批准,中心协会为自己赋予了爱国主义的独占权,设立了至高无上的派别教规评议会,只为它的走狗帮凶发放正统性的证明①。

很快,他们采取了独裁的傲慢口吻。"在巅峰时期,狂妄自大彰显无遗②……曾经没有工作的温和正直的人变得骄傲、蛮横无理、高傲,因为他们的同胞被他们的外表迷惑了,任命他们为特派员,随便给了他们一个职务"。从此以后,他们就在不忠诚的人当中拥有了领袖气派,做出指挥时就会高抬双手。

法兰西共和历二年葡月20日,"正值子夜",皮克分庭委员会传唤了建筑师布朗吉先生,当时,他被告知有人需要他的房子,用来建造

〔接上页〕笔〕,V,220页〕。同样的计划包含了15个被支付2400法郎的官员,"他们被从俱乐部的常客中挑选出来",每天早晨记录获得的名单,将30到1000法郎用于监督人民协会,96到1200法郎用于监督分部议会。

① 《法国国家档案》,F74436(战争部长布绍特信,法兰西共和历二年牧月5日):"罗森任命书,他的参谋部还是民意的争论对象。为了做出防备,委员会把名单寄发给了雅各宾派,他们也获得了同意"。出处同上,法国档案局,II,58页:"巴黎,法兰西共和历二年雾月11日,自由平等友人协会,圣-奥诺雷雅各宾派出席,即将前往里昂作为国家特派员的公民名单(在名字之后)。当日,所有的提名公民都接受上述协会的会议审查"(之后有主席和3位秘书的签名)。《雅各宾派协会争论和通信日志》,543期,法兰西共和历二年3月5日。关于新的中心俱乐部,"特拉松认为这一协会会破坏自由,于是提出委托进行检查,将其废除,但特拉松的委托遭到了拒绝"。人们看到,他们坚定地维持自己的专营权。参考,《箴言报》,XIX,637页(风月16日)。雅各宾派接受提议,要求部长将被协会开除的人都赶出办公室。

② 道邦,《1794年的巴黎》,307页(芽月9日报告)。

新的防御工事城堡。他说:"可是,我没有别的财产了。这里还住着好几个房客;房屋的装饰风格很艺术,不适宜军事用途。""你的房子也可能变成监狱;至于赔偿,在拉福斯和圣·佩拉热,我们为你和你的房客准备了空闲住房。"部门的12个公务员马上去占领了房屋,给房屋主人6小时用来搬家。此后,主人就被禁止进入自己的房子,相关办公室将他的强制服从解释为"默认地赞同",很快,屋主就被关进了监狱①。

如此干脆决绝的行政机关需要细心维护,为此,人们常常要为它上些润滑剂②。1793年7月20日,政府为48个委员会分别拨款2000法郎,给昂里奥将军拨款30万法郎;"为了挫败阴谋,保证自由的胜利",为市长拨款5万法郎"用于拆穿心怀恶意的人的阴谋";9月10日,拨款4万法郎给市长、主席和各省行会理事检查员,用于采取安全措施;9月13日,拨款30万法郎给市长,"为了防止心怀恶意的人做出行动";11月15日,10万法郎拨给了人民协会,"因为这对于好信念的传播是必须的"。

此外,除了额外报酬和固定的处理,还有职务带来的红利和好处③。昂里奥将他的同事都安排为监督部门人员或担保揭发者,自然,他们都利用公职填满自己的口袋;他们以无公民责任心为借口,增加了家访的次数,敲诈屋主或是从他们家中偷走想要的东西④。在公会

---

① 《箴言报》,XXII,353页(法兰西共和历三年雾月20日,布朗吉先生的请求,在国民公会法庭)。
② 《法国国家档案》,F7,II,46页(标注日期的公安委员会决议)。波利尔,《随笔》,V,200页(标注日期的公安委员会决议)。公安委员会的记录包括对协会和外省爱国党人颁发的红利,比如,(法国档案局,II,58页,雾月8和9日)给拉普朗诗发了5万法郎,给库东发了5万法郎,"为了支持卡尔瓦多斯省的公共精神,唤起里昂熄灭的公共精神,目的是满足没有财产、将时间热情地奉献给祖国服务的革命党人的援助需求"。
③ 道邦,《1794年的巴黎》,171页(风月17日报告)和243页(风月25日报告),关于国民委员会和革命委员会,他们在病人面前吃肉,为他们的朋友和妻子的朋友提供同样的服务。出处同上,126页(风月10日报告)。《法国国家档案》,F72475(皮克分区的革命委员会商议登记),法兰西共和历二年雾月27日:"涉及安全措施时,委员会决定,今后,拉马尔史的两匹马和有篷马车将收归分区及委员会所有"。在这一记录以及同一系列的其他记录中,人们很清楚地看到委员会内部状况及其专断独行。在所有的委员会,成员的拼写书写水平都非常低。
④ 《外交事务档案》,1411卷(1793年8月21、22日报告):"昂里奥将军跟我提出了很(转下页)

和革命委员会,所有敲诈勒索都不受制裁。拉莫特说:"我知道有两个公民被抓进了监狱,没有人告诉他们是因为什么,3周或一个月之后,他们出狱了,你知道是怎么出来的吗?他们一个人付了1.5万里弗尔,另一个付了2.5万里弗尔……为了不与虱子生活在一起,被拘的格兰波那每月要为房间支付1500里弗尔,此外,他在进来时,还交了2000里弗尔的贿赂金。同样的事情还发生在许多人身上,人们只敢对此小声谈论[①]。"

我还遗漏了一般的抢夺贪污、财产清查、有争议的财产查封,以及无数的招标拍卖所盗用或占用的大部分田地。每周,政府都给公社供应资金,用于征求粮食谷物,提供给革命军队的1500人在科贝依和梅克斯附近农场抢掠的机会,使他们像实施酷刑的暴徒一样贪婪掠夺。如果对于这些人有所了解,那么那些无名的偷抢也就没什么让人惊讶的了。巴贝夫是公共文书的伪造者,也是公社军需处的秘书;马亚德是修道院九月大屠杀的参加者,他因为在48个分部领导96个公共思想的观察员和引导者,获得了8000法郎;克里斯提安在法瓦尔特路的烟馆成为了暴力人员的聚会地点,所以他成了革命法庭每日支付18法郎的陪审员,领导他所在的分区委员会,同时也举起了军刀[②];犯罪教授萨德如今是他所在街区的权威,以皮克分区的名义前来国民公会发表祝词。

III

近距离观察这些人物,我们就会发现,他们越是受关注,越是排在前列,他们职务的重要性就越发显示出专制领导的不称职。其中的

(接上页)多意见……也同样适用于公安委员会和社会安全委员会,以及授权我为代表的当局。它们打着无公民责任的幌子去非革命党人的家中进行家访,但这并不是批准他们可以获得钱财,甚至是进行诈骗"。

① 道邦,《1794年的巴黎》,36页,48页(公证人布理查尔德事件)。

② 比舍和胡克斯,XXXV,77页(富基埃-坦维尔诉讼案件)。何博芮亚德证言:"另一天,在公共议会,他用军刀击打一位公民"。

一个人我们已经有所了解，那就是罗伯斯庇尔评价过两次的卜少特。

罗伯斯庇尔亲笔所写，说他是"一个正直廉洁、精力充沛、有能力担任最重要职务的人①"，被公安委员会任命为"外事专员"，也就是外交部部长，他在这一要职上工作了近6个月。他曾经是汝拉省学校的校长②，近期离开了所在的小城市，在那里，"无知卑鄙的行径以及愚昧程度超出了我们的想象，办公领导们放弃了同他一起工作，卜少特不见他们，对他们也没有要求。在办公室从来都找不到他，如果不得不请他为某些法令签字，就要去他每日必去的哈迪咖啡馆找他，他的所有工作职能已经简化为了签字"。当然，他也是个睚眦必报的人，他报复所有让他感到自己很愚蠢的人，他举报他们是温和派，最后终于给他的4位长官发出拘票，热月9日，他残酷地冷笑，对他们中的米罗先生宣布了这一好消息。不幸的是，热月过后，卜少特被撤职了，而米罗则坐上了他的位置。出于外交礼节，米罗探望了他的前任，"向他表示了敬意"。卜少特对恭维话并不敏感，立刻想到了实际好处，他首先要求部长临时保管他的套房。获得同意后，他对米罗表示感谢，说他被任命是件好事，"可是我真是令人厌恶，人们让我来到巴黎，撤销了我外省的职务，现在让我睡大街"。在这点上，他真是厚颜无耻到令人敬佩。他请求他曾经想要送上断头台的人给他一个部长办事员的职位，米罗先生试着说服他，说一位前任部长如此屈尊是不合适的。卜少特觉得这一委婉表述很奇怪，看到米罗先生局促不

---

① 出处同上，XXXV，407页（罗伯斯庇尔亲手列出的名单）。
② 米罗·德·莫里多，《回忆录》，I，46~51页，外交部里类似卜少特的人还有很多。在这位部长档案的324卷中，我们能找到关于皮奥所作所为的记录，他躲避在意大利，假装穷困，展现爱国主义，揭发举报他的上司和同事。从前的公证人皮哲奥特被判了20年的刑，法兰西共和历三年霜月9日处以示众柱刑，后再次获得信任，我在督政府时期见过他，他是使节的引导者。马莱·杜·潘对于瑞士督政府的一位使节进行了以下评论（手写评注，1797年10月）："督政府使节前来要求瑞士人驱逐保镖，贝尔福的任命人芒高德，他是勒贝尔的亲戚，阿图瓦伯爵的前任护卫。他同一个女孩来到了瑞士苏黎世，她是苏黎世的缝衣女工，住在伯尔尼。他们共同居住，开支由苏黎世政府承担。他们邀请她的家人共进晚餐，有车夫、车夫的妻子以及其他的一些人参加，他们喝酒毫无节制，车夫的妻子很胖，腰身浑圆，在宴席间醉卧。这女人使得芒高德疾病缠身，在瑞士巴塞尔卧床休养"。

安,他最后说道:"如果您觉得我没有能力担任办事员的职务,要是能当办公室服务人员我也会很满足。"这就他对自我价值的评估。

另一个人我们已经提过了,也已经知道他的行为[①],他是巴黎所有军队的首领,11万人的总指挥,他曾经是个侍从,是检察官弗尔米的书记员,因为偷东西被主人赶走,被关在比赛特,但是因为他一次次地告密,在法庭上冒充好汉,所以被任命为证人,成了九月大屠杀的参与人,同时在6月2日肃清了国民公会。总而言之,大名鼎鼎的昂里奥如今变成了平平无奇的雇佣兵、酒鬼。在这一身份的影响下,人们无视他与埃贝尔和科尔得利人的串通勾结,免除了激进者对他的指责,但是因为狭隘短浅、粗鲁野蛮、比其他人更容易妥协,所以他被看管起来,失去了自由,失去了在军队的职务[②],失去了在士兵中的威信,成了没有头衔的街头将军,比贱民的地位还要低。但他拥有官邸、巴黎喜歌剧院的包厢、马匹、节日和检阅中的重要地位,尤其是能够参加狂饮,他对这些也感到满意。

一天晚上,他穿着豪华礼服,由营队助手护送,来到了施瓦兹-上塞纳河,在一个名叫孚卫尔的殷勤人家中,在罗伯斯庇尔的亲信或当地蛊惑人心的政客的陪伴下,他大摆筵席;他们畅饮库瓦涅伯爵的葡萄酒,摔坏了杯子、盘子和酒瓶,他们还在邻居家的舞会上叫嚷,冲破了大门,破坏了长凳和椅子,吃喝玩乐。第二天,醒了酒之后,他口述了当日的命令,那绝对是他的杰作,表现出了白痴的愚蠢、小市民的盲从、酒鬼的伤感、江湖骗子的牛皮、从每日获得50法郎的哲学家那里学来的长篇大论,这些都融合成了一个独一无二的混合物,它既让人恶心,又难以对付,就像是小咖啡馆里供应的辛辣黏稠的利口酒,同时它又因为包含了很特别的成分而适合听众,这就是大革命掺假

---

① 参考,812页,820页,824页。
② 马特尔伯爵,《革命典型》,136~144页。1793年7月3日,战争部长任命昂里奥为特警队将军,9月19日任命其为分区将军,请求书记职位:请您将你们的"职位"转给我,部长不了解这些职位,因为它们一无是处。关于施瓦兹-上塞纳河,见国家档案,W2,500~501页;法兰西共和历二年热月18日、19日调查,公安委员会代理人布朗史写于施瓦兹-上塞纳河。

的烧酒。其中包含着与外国诡计有关的信息，还有造成饥荒的真正原因："有人最近在一些宽裕的地方找到了大量面包；对于这一可耻行径，需要审问匹特、高布尔格家族，还有所有想要掌控公正和理智进而消灭哲理和宗教仪式的平常性①的坏人"。

此外，还有关于宗教的理论，以及异议人士关于公民节制的布道。"内阁和抱有任何宗教信仰的宗派分子都被劝说不要在教堂、寺庙之外进行宗教活动。任何宗派人士都需要谨慎地保证这一决定的执行。若想要向永恒表达敬意，庙堂的内部已经足够大了，没必要为个别人举行冒犯人的礼仪；在圣人看来，纯洁的心灵是神性所渴望的最好礼赞。这就是宗教仪式的平常性。"

田园诗之后是叹息，表达的是消灭军事武装的愿望。"我劝告同胞们，好奇会把人送上犯罪法庭，使他们受到违纪处罚。无论身处何方，任何好的公民都应当履行这一任务。在一个自由的国度，司法不应当依靠武力和恐吓，而是要依靠理智和哲学。需要在社会中引入一只监督的眼睛，肃清社会，消灭坏人和无赖。每个人都应当贡献一份达观哲学的力量，将其转化为明智的社会福利和幸福。这一令人期待的时刻何时能够到来呢？届时公职人员会变少，所有的坏人都会被击垮，整个社会中为公职人员准备的就只有法律。这就是行政部门具有的平常性"。

每天早晨，他们以同一种方式进行仪式。想象一下这个场面：昂里奥在府邸起床，他有一张写字桌，桌子上可能还有一瓶烧酒；在他旁边，无赖扣紧腰带或是穿上靴子，将他烈酒般的嗓音变柔和，却又不知所云，在人道主义说教中加入神经质的感叹词；在他的另一边，

---

① 《外交事务档案》，1411卷。昂里奥当日的命令，9月16日，法兰西共和历二年风月29日，法兰西共和历二年雾月19日。所有的例令都由道邦发布（《1794年的巴黎》，33页）："我们的敌人积聚了大量财富，他们建造房子和宫殿，将之据为己有，这跟我们没什么关系。对于其他的一些革命党人，我们别无所求；为了避难，我们只需要一个简陋的小屋，至于财富，我们也只要品行、美德和爱国心。这就是宗教仪式的平常性"。43页："昨天晚上，奥古斯丁起火……所有人都去救火了，火灾很快就被扑灭了。如果是在旧制度下，火灾会持续好几天，在自由公民的制度下，火灾甚至没有超过一小时。这是多大的差别啊！这就是宗教仪式的平常性"。

沉默焦虑的秘书毕竟懂点拼写，但不敢过多地更正这些奇怪滑稽的语句。

公社任用的总指挥也是同样的货色；因为市镇的剑、刀刃、匕首都是一同在雅各宾工场里被锻造出来的，使用的金属也一样。88个资质和职业为人所知的成员中，有56人是文盲或近乎文盲，只接受过初级教育，甚至没受过任何教育[①]；一些人是小办事员、店铺的伙计、微不足道的书写员，他们中还有一个公众作家；其余还有一些小店主、糕点师、缝纫用品商、针织品商、水果商、葡萄酒商；其他的还有一般工人，还有壮工、屋架工、细木工匠、木器工人、锁匠，还有3个裁缝、4个假发师、两个泥瓦工、两个鞋匠、一个补鞋匠、一个园艺工人、一个砌石工、一个铺路工、一个办公室服务员和一个仆人。在32个识字的人中间，只有身为大学教授、得利勒修道院长候补人的帕尔斯有些名望。唯一一位从前的工程师杜枚，他专心、稳重、关注生计，像是一个有能力而有用的人才。其他一些人聚集在不知名的蛊惑人心的政客之中，他们是6个拙劣的青年画家、6个事务代理人或是曾经的律师，还有7个二级、三级的批发商，一位小学教师，一位外科医生，一位还俗结婚的教士，剩下的也都是一丘之貉。就是这些人在市长弗雷锐奥特－莱斯科特和国家代理人巴彦的领导下，给公共委员会带来的不是行政能力，而是口头理论的才能，还有大量的长篇大论和冗长文章，这都是商议集会不可避免的。在会议上看到他们也是件稀奇的事。

[①] 瓦隆，《法国大革命法庭史》，V，252页，420页（热月10日、11日被送上断头台的巴黎公社成员的姓名和资质）。其他一些人的资质和职业被记载在了艾益莫瑞的《生平传记字典》、莫瑞雷的《回忆录》和阿尔诺的《回忆录》中。《箴言报》，XXI，719页（革命法庭判决，法兰西共和历二年果月15日）。热月9日，43个公民或革命委员会成员、分区委员会特派员、国家警卫队军官、枪手军官在公社公共委员会签到单上签了字，他们被判定为罗伯斯庇尔的同党。但是，他们迅速地画去了他们的签名，除了一个人之外全都被宣告无罪。他们是宗派营区的领导，与他们市政厅的同事是一丘之貉，同流合污。唯一的一个人是从前的年金税务员，没受过多少教育；其他的一些人是屋架工、铺砌工、鞋匠、裁缝、葡萄酒商、大车修理工、面包师、杂货铺商、假发师、细木工匠。他们中还有从前的砌石工、办公室服务员、仆人、刽子手桑松的两个儿子。

1793年9月底①，法兰西学院的一位研究自由主义哲学和政治经济学的学者、年老的神父莫瑞雷因为大革命倾家荡产，他需要公民证明才能领取制宪议会为他写作而提供的1000法郎的小额补助。公社想要打听情况，为他找了3个审查人。自然，他跟着他们办理了各种手续。首先，他写了"一篇非常谦虚而富有公民义务的论战性短文"，文章写给了公共委员会的主席卢班，他曾经是放荡的画家，抛弃了艺术而投奔政治，住在他的屠夫父亲位于圣-奥诺雷路的家里。莫瑞雷穿过肉铺摊子，走在屠宰场的水洼中，在等候了一段时间后获得了接见，其仲裁者还躺着床上，于是他为自己的案件进行辩护。之后，他会见了从前的神父伯纳德，"他就像是一个房屋的纵火者，一个卑鄙的人"，他恭敬地向住所里的女士问好，"这是个年轻的女人，但是很脏很丑"。最后，他把10或12卷作品交给了3个特派员中最重要的那个，即"曾经的女士发型师"威亚拉尔德，这人几乎能算得上是他的同事。他说："因为我一直喜欢机械，所以我为科学学院提交了我的一小部分发明"。

然而，请愿人在8月10日、9月2日、5月31日从未有所公示；凭借这些不痛不痒的表现怎么能给他授予公民证明呢？莫瑞雷毫不灰心气馁，在市政厅等待那位全能的理发师，好几次在过道里走上前同他攀谈。另一个人"比起高不可攀的战事部长更加傲慢而心不在焉"，但他从不在低微的步兵副官面前如此表现，他从不听意见。有十几次，即便不愿意，莫瑞雷还是去参加了会议。在这些奇怪的会议上，使节、志愿者、业余革命党人轮番前来朗诵、歌唱，整个公共委员会都进行合唱，卢班主席"身上有肩带装饰"，也有五六次为《马赛曲》、《会好的》等多段歌曲的喜歌剧旋律而感到惊讶，通常会"超出节制，以一种娱乐的喜剧化的腔调歌唱。我坚信在最后一场会议，他会独唱近45分钟，唱好多次，和与会人员合唱歌曲的最后一段"。莫

---

① 莫瑞雷，《回忆录》，I，434~472页。

瑞雷身边的一个女性说道："可是这很滑稽,每次像这样唱着歌参加他们的会议也太有趣了。他们来这里就为了唱歌?"

其实不仅仅是这些,在集会检阅之后,平常的高谈阔论者,尤其是女士们的发型师,"前来发狂地喊叫,行为狂躁",发布杀人提案。这就是那些说大话的①虚伪的人。其他人不发言,也几乎不会写字,不会采取行动和逮捕他人。公社②中一个叫作卡朗顿的人就是如此,他是军队分区的革命委员会主席,也可能是个很好的杀人者;因为"政府委员会给他授予了监督塞纳河右岸的权利,因而他获得了统治半个巴黎的特权。他所状告的那些人、背叛他的人和没有给他行方便的人倒霉了。在热月10日之前,他一直都是绝对统治者,他的告发就是死亡决定";致使一些道路,尤其是大工地的路已经快"荒无人烟"。这个沼泽派的灭绝者是一个"补鞋匠",是皮革业人员的同事,同时也是西蒙公社成员、小太子的家庭教师和谋杀者。

在这一令人赞赏的市政团体之中,我们尽可能努力地再现了下属的48个革命委员会的完整概貌。其中一派的全体成员是我们所了解的,我们能够对他们的所作所为了如指掌,那就是统治阶级③。这是违法、流浪的阶级,只有革命者的贪欲,没有理论和信仰为引导。大革命的前3年,这一阶层既没有身份也没有关注过公共事务,自8月10日、6月2日以来,它才开始对此有所关注,为的是以此为生,满足贪欲。红帽子委员会的18个联合成员或继承成员中,有14个人在8月

---

① 关于同类多嘴撩舌人的影响,见道邦(《1794年的巴黎》,118页,143页)。如果能信任参加集会的女性公民,"他还到处说要将人民协会中所有他不喜欢的人派遣到别处"(法兰西共和历二年风月13日)。

② 阿尔诺,《六十岁人的回忆录》,II,111页。公社的另一位成员贝尔高特曾经是皮革商场的雇员、公安局的管理人员,可以在《监狱回忆录》中找到相关细节,I,232页,239页,246页,289页,290页。没人比他更粗鲁强硬。在被拘禁者对监狱提供的不干净食物提出抗议时,他说:"对于这些要被送上断头台的蠢货来说,这些食物已经太好了。"他因自己掌管的钥匙圈和任命的公职而自我陶醉。一天,他沿着S形路线走路,打着嗝说话,他想要进入这种状态。房屋的守卫认不出他,人们把他抓了起来",需要看门人不停地重复申明,才使得值班官员"放走了这个放荡货"。

③ 《监狱回忆录》,I,211页(拉扎尔家族的历史年表)。叙述者被安置在德·赛文和斯家族,1793年10月。II,186页(德·赛文和斯路住所的历史概要),叙述者在恐怖政策的后几个月被关了禁闭。

10日、6月2日之前在当地默默无闻,也从未参加过大革命。最值得注意的是3位纹章、车马、彩饰字母画家,被大革命害得倾家荡产、无所事事,还有烛台商、醋商、硝石制造工、锁匠。这7个人中,有4个的职位身份都抬高了,还有的成了小彩票检票员、抵押放贷人,或是赌博游戏的追随者。他们中还有两位大家族的仆人,一个马车夫,一个已经被赶出宪兵队的前任宪兵,一个街区的补鞋匠,一个街区的代理人(他曾经是大车修理工),另外一个街区代理人在两个月之前还是掏粪工,他在进入委员会之前身无分文,衣衫褴褛,此后衣着光鲜,住上了配有家具的房子。还有大革命之前居无定所的贩卖彩票者、造假者、违法惯犯。还有其他的4个人因为不忠诚或是诈骗而被免职;还有3人是出了名的酒鬼;还有两个人甚至都不是法国人。

在这个被经过筛选的团体中,根据惯例,带头的领导人需要是可疑的被剥夺了法律权利的人,曾经的公证人皮哲奥特因为破产而被团体开除,可能是他想出了我们将提到的投机计划。自1793年9月开始,委员会毫无拘束、随心所欲地拘留街区内外的人员,广撒网,4个月里逮捕了"300个家庭的支柱",首先填补了德·赛文和斯路所占领的营房。在这一狭小肮脏的棚屋里,有超过200个拘役者拥挤在一起,有时一个房间里有10个人,两个人挤在一张床上,至于拘役费,他们一天要支付300法郎。由于核查的费用是62法郎,其中除了负责人的占有,还有其他的非官方榨取和贪污,每日有238法郎支付给正直的承包人。他们的生活都排场很大,在议会的房间里享用的是"最华丽的晚餐"。对他们来说,"10或12里弗尔的份子钱根本不算什么"。然而,在这富足的圣-日耳曼城区,许多富有的贵族男女都是需要被体面地豢养的,这样才能从他们那里榨取到更多。因此,在1794年3月底,为了扩大运营,使场地更加完整,委员会租用了一些地方,在林荫大道的街角,他们租用了一座带庭院和花园的房子,在两室的套房里安置了街区的最高协会,每日支付12法郎,一年就要将近15万里弗尔,因为租用了2400法郎的房子,经过操作交易就能赚取 14.76 万里弗尔，还要加上各类消费品和供给物的进口税、交运的进出口税、个人税、赎金和互相交换的奖金。

关在畜栏或围栅里的家畜从不会拒绝它们的放牧人①，这里的情况更是如此。因为如果被用来牟利，它们就会有抵御心理，看守人也会因为它们有利可图而拒绝将之送去屠宰场。在恐怖政策的后 6 个月，红帽子委员会的 160 名领薪酬的人中，只有两个人住在租赁的房子里，后来被送上了断头台。公安委员会只在热月 7 日和 8 日将监狱清空，打乱了珍贵的牲畜群体，扰乱了设计完好的受领导的组合。这个组合太令人满意了，所以也招致了妒忌。热月的 3 个月之后，红帽子委员会被揭发、被审判；10 个人被判决了 20 年监禁，同诡计多端的公证人一同被绑在示众柱上②，人群传来喜悦的欢呼声和谩骂。然而，他们还不是最坏的：他们的贪婪弱化了他们的凶残；还有一些人偷起东西来还不够在行，在杀人时却表现得更加残酷，无论是在外省还是在巴黎，革命委员会每天给每位成员支付 3~5 法郎，人员的职务也几乎是一样的。根据巴赫尔负责的支付清单③，法国有 2.15 万人来自这些委员会。

---

① 《1792—1795 年旅居法国》，281 页（1795 年 6 月 3 日）："下午，我们和国家委员会的一名雇员进行了会见，他可以在请愿中帮助我的朋友。这人曾经是一位侯爵夫人兄弟的侍从，在法国大革命期间，他成立了一家店铺，结果倒闭了，成为了狂热的雅各宾派，最后成为了革命委员会的成员。凭借此职务，他找到了震慑他债主的办法，获得了其债务的收据，不用付钱还债……" "我认识一位老妇人，她因为要求革命党人还给自己 300 里弗尔的钱款而被关进监狱 3 个月"。"我注意到，一般情况下，革命党人几乎都是我刚才提到的那几类人，咖啡馆服务生、小马夫、赌博者、破产者、低级作家，或者是手工业者，他们对于自己的原则更加坚定，更为愚昧、粗鲁，他们都将赚得的金钱用于粗劣的奢侈上"。

② 施密特，《法国大革命全景图》，II，248 页，249 页（代理人报告，法兰西共和历三年霜月 8 日）："公共同意了针对卡耶的诉讼，同样，针对从前红帽子革命委员会成员的判决也得到通过；成员中的 10 个人被判处了 20 年监禁，公众欢呼雀跃"。出处同上（霜月 9 日）；"从前的公社建筑之前聚集了人民，想看看红帽子分区的革命委员会成员，他们在脚凳上等到了 6 点，举着火把，罪犯受到了很多批评和侮辱"。《旅居法国》，286 页（1795 年 6 月 6 日）："我刚才被一个很大的声响和窗下的尖叫打断了，我清楚地听到了有人用辱骂批评的口气喊斯皮翁·绍隆的名字……我让安吉里克去打探消息，她告诉我有一群孩子跟着附近的修鞋工匠，这人是革命委员会的成员，给自己取名为斯皮翁·绍隆。由于人们知道他经常扒窃，所以去他的店铺都会斥责他偷东西，嘲骂他的希腊拉丁名字"。

③ 巴赫尔，《回忆录》，II，324 页。

IV

如果1793年3月21日和9月5日的法律都得到了严格实施,那么应当有4.5万个革命委员会,而不是2.15万个,其成员应当有54万,每年需要花费的公共开支为5.91亿①。与旧制度时期相比,这种常规行政部门的规模和开销都超出了两倍。旧制度时期,因为政府部门增加,仅仅监管就耗费了超出总税费1亿的开支,这种不寻常性使得人民起而反抗。幸运的是,畸形的真菌只能减半生长,无论是雅各宾派的种子,还是其生长所需的坏风气并没有四处滋生。当时有一个人说②:"外省的人民没有达到大革命的要求;他们反对旧风俗,习惯于反对他们不理解的革新。"一位执行公务的代表人③说:"耕地者是值得尊重的。但他通常不是个好革命党人。"确实,一方面,省级城市比巴黎要少些人性堕落;另一方面,农村的人口预防了思想上的瘴气,比城市人口更好地抵御了社会流行病。比起首都,外省少了些腐败阴谋家的侵入,少了些发热的头脑,更难产生出恐怖主义者和审讯者。

首先,几千个市镇居民不足500人④,在其他人口更多的以农耕为

---

① 《箴言报》,XXII,742页(法兰西共和历三年霜月6日,康邦报告)。出处同上,22页(1794年9月20日,蓝德报告):"陆军、海军、战术以及各部门从农业及其他行业中征用了超过150万公民,各公社600万人的费用对于共和国来说开销少些"。弗朗索瓦·马松,《外事部门》,382页。根据法兰西共和历9年普朱莱克斯的《18世纪末的巴黎》:"仅仅在巴黎就有超过3万名(政府)办事员,最多有6000人书写必要的文件,其他人修剪羽毛笔,用墨汁沾黑纸张。从前,这项工作的相关办事处也有太多的办事员。如今的人数达到了从前的3倍,但他们觉得人数还不够多"。

② 华,《回忆录》,196页(1792年至1794年,埃纳省库西-城堡市镇的详细表格)。《外交事务档案》,334卷,法兰西共和历二年风月24日,代理人书信,蒂永维尔。蒂永维尔区受革命党影响很大,服从于上级征调,但不服从于禁止外部崇拜和宗教性集会的法律:"理性的捍卫者布道也没有用,直到现在,人民还是被欺骗的,是时候打破各种偏见的桎梏了,有人回答:'我们非常愿意相信直到今天都被欺骗,可是谁能向我们保证你们不会反过来欺骗我们?'"

③ 乐格茹斯,《真实的法国大革命》(公安委员会未出版的书信),I,366页,普里厄·德·拉马赫内信件:"通常来说,城市是革命党的,但农村距离大革命还有100古里的距离……需要花大力气让农村达到革命的高度"。

④ 根据1866年的统计,1000平方千米的区县平均拥有33个不足500人的市镇,23个市镇有500~1000人,17个乡镇和城市有1000~5000人。一个中型或大型城市有超过5000人。再考虑到70年间发生的变化,我们可以根据数字再现1793年人口分布的方式,这一分布也解释了为什么只有2.15万个革命委员会而非4.5万个。

主的偏僻村落,尤其是那些只讲方言土话的地方,总是缺少组成革命委员会的人员①。这里的人太忙了,起茧的手不能自如地写字,没人想拿起羽毛笔,更不愿意进行登记以免受到牵连。按法律要求在当地为市政部门招收人员、寻找市长并招募两位市镇官员和国家代理人就已经很困难了;在小的市镇,他们是革命政府的唯一代理人,我深信通常情况下他们的雅各宾热忱并不高。真正的农民没有加入任何党派,既不是保王党,也不是共和党②。他们的观点过于浅显拙劣,以至于不能形成政治思想。在大革命中,他们只能明白击中他们要害的事情,以及他们每日亲眼所见发生在身边的事情。1793年和1794年对于他们来说,只是"空头支票和惊恐年代③",仅此而已。凭借耐心,他们像忍受旧制度一样接受新政权,承受着压在肩头的重力,弯曲了肩膀,害怕更坏的事发生。通常,他们不得已成为了市长或是国家代理人:他们被迫这么做④,原本很希望让自己摆脱这些苦差事。因为随着时间的推移,劳役越来越重,如果实行政令和决定,显然会招致很多敌人;如果不这么做,就一定会被送进监狱,所以最好的做法就是待在家里或是回到家里,就像格如斯-让那样。但是他别无选择,一旦被任命或被批准,他就不能拒绝或是革职,否则就会有嫌疑,从而受到处罚——如果不想成为铁砧,就得变成锤头。

于是,在公共部门任职的葡萄种植者、磨坊主、耕地者和采石工

---

① 华,《回忆录》,179页:"当地(库西-城堡)得力于糟糕道路,更受惠于人民的无知,成了少部分较少经受大革命风暴的地区"。
② 其他文件,参考《法国国家档案》,D,I,1~5页,5个草图包括了代表人阿尔伯特在奥布和马恩省执行任务的所有文件(法兰西共和历三年风月、芽月)。从1792年到1794年,依靠更详细的细节,我们在任何地方都看不到比农民、工人和小资产阶级情感更好的了。
③ 道邦,《1793年的舆论蛊惑》,XII(老农民对瓦戴尔说的话,瓦戴尔在圣-艾米隆对贝提欧、加代、比左死前的日子进行了调查)。
④ 《法国国家档案》,D,I,5页(图尔吉的国家代理人、磨工克劳德·德菲尔特的请愿书)。奥布和马恩省大量的市长镇长、市镇官员、国家代理人、行政人员、区和省的名人,请求被更换,阿尔伯特要求他们继续留在他们的位子上。这人写道:"共和国伟大而高贵,她不希望孩子为了她的事业而倾家荡产;相反,她同意将不设报酬的职位给那些拥有生存手段的人。"另一个人马格尔被任命为巴尔-上塞纳河的市长,他在法兰西共和历三年雨月写道:"从昨天开始,我就知道市镇的一些人想要阴险地窃取我的市长职务。"他提前要求阿尔伯特获得他的位置。

人,在恐怖政策有所减缓的时候就"请求解职",借口是"写东西不好,丝毫不了解法律,无法将其实施","他们只能靠手工劳动吃饭","要负担家庭,必须自己驾驶马车",或者是要耕地。总之,他们为了"减轻自己的负担"而做出请求。

在小的市镇上或大的村落,那里有革命委员会,在一些乡镇,被套在车上的马有时假装拉车,但因为害怕碾到人所以什么也没有做。在那时的小村子,尤其是偏僻的没有公路的村子,一小部分人民是很封闭的,比今天要封闭得多,不像在巴黎那样么容易接触到空话废话和外界的刺激。当地的舆论占有压倒性优势,邻里之间都对此拥护,揭发一位认识了20年的正直人士让他们感到耻辱,所以诚实的影响能够暂时抑制"恶习①"。在这样的地方,如果某个市长承认自己是共和党人,那也只是口头上的,或许是为了自我袒护,或者是为了保护市镇,所以要随机应变。

此外,在其他的乡镇或小城市,狂热者和无赖的人数都不足以承担所有的职务。为了填补空缺职位,他们接纳了雅各宾派中的坏人、温和派、冷漠的人、害羞或贫困的人,他们接受了职务就像是获得了避难所,获得了谋生手段。后来,他们中的一位新成员多少有些拘束②地写道:"公民们,我是被强迫安排在了艾尼监督委员会的职位上,也是被强迫就职的。"统治者是三四个狂热分子,如果同他们交谈,"那只能是一种威胁……总是令人战栗、害怕,我就是这样在这个

---

① 华,《回忆录》,178~205页:"这位M.P……科瑞匹-奥盟的市长,他知道如何抵御那些只想让村庄革命化的坏人,虽然他自己也是个革命党人","有一天,他跟我交谈时提到了革命制度,'人们总说这不会持续很久,可是它像癣一样挥之不去'","库西及其郊区的居民有一个公共议会,里面的所有人都要被审讯,不承认自己的姓名、住所、出生地、职业,以及在大革命中的所作所为"。华没有说出他在国民议会期间是一位代表人,而他的这一身份众所周知:"他没有说出有损我的话"。出处同上,183页(库西革命委员会对梅克斯革命委员会的答复)。
② 路易·巴斯,《弗罗舒》,175页(艾尼-勒-杜克革命委员会成员巴卓特信件,法兰西共和历三年风月)。《法国国家档案》,F74421(特鲁瓦革命委员会登记簿)。多名嫌疑人受到了监禁(法兰西共和历二年雾月27日),其中有乐如畚,大革命之前是法官,被怀疑经常固执地拒绝革命职务,还有高尔普斯,在组织期间他拒绝了区域法庭的主席职务,借口是要顾及分庭,成为拒绝接受革命职务嫌疑人的朋友,这也是他令人尊敬的特点。

倒霉的职位上度过了18个月"。

在中型和大型城市，各集团成员争先恐后地想要被免职，无论愿意不愿意，无秩序的临时任命和突如其来的全体人事改革都在加速进行。在行政部门中，很多人自称是雅各宾派，但事实上他们内心深处都是吉伦特派或是斐扬派，由于过分夸夸其谈，他们因为多嘴撩舌而被任命，此后就坐在最坏的雅各宾派身边，担任最坏的职务。一位克莱尔蒙特①的律师写道："弗尔革命委员会成员因此向我提出异议，他们坚信隐居起来的人才是唯一受惊吓的；他们不知道，或许没有人会比那些被迫执行政令的人更强烈地感到恐惧。我们还记得库东的诏令，给公民任意指定了职位，如果拒绝，就会被威胁为嫌疑犯，有可能失去自由和财产。我有拒绝的自由吗？"一旦被任命，就要负责工作，他们中的大部分人都表现出了厌恶与勉强，从他们那里得到的最好的也就是自助服务。康布雷的一位法官②说："去法庭之前，我会吞下一杯利口酒，以确保我有坐在法庭上的勇气。"在这种想法的影响下，除了要去工作，他不再出家门。一旦提交了审判，他就会立即待在家里，闭门谢客，不看也不听。"我想针对陪审团的宣言说几句话，可我能做什么呢？"什么也做不了，只能变得又聋又瞎。"我喝酒，尝试着忘记一切，甚至忘记被告人的名字。"显然，在当地的行政人员中，有太多软弱而虚情假意，甚至私下里采取敌对态度的官员；要用其他人代替他们，需要更有活力更可靠的人，这需要从能找到他们的唯一储备处中进行选择③。在每个省或区，这一储备处成了首府

---

① 马赛蓝-布德，《奥弗涅的国民公会议员》，161页（1794年最后几个月，艾提尔·博纳尔每的辩护）。

② 帕尔斯，《约瑟夫·勒邦传》，II，92页（法官吉哈尔德的声明，他被康布雷革命委员会任命为康布雷法官。）出处同上，II，54页（乐米尔的声明，他在不知情的情况下被任命为康布雷法院法官）："我非常吃惊，我从来都没有当过法官！在11点差一刻的时候给我下了命令，要11点出发，甚至没时间和我的家人说再见"。

③ 《库尔图瓦关于在罗伯斯庇尔找到文件做出的报告》，370页（法兰西共和历二年风月、芽月20日，马奈给拉德豪姆行政人员巴彦的书信）："你了解这里人民经历的饥荒……给我12个坦诚的革命党人……如果你在本省（沃吕吕兹省）找不到，可以去拉德豪姆、伊泽尔或其他省寻找。我希望他们中的一些能够进入革命法庭，甚至希望他们中的一些人在需要时有能力成为国家代理人"。

的雅各宾俱乐部；人们将他们从那里派遣到小的乡镇和区域市镇。在法国，巴黎的雅各宾俱乐部是最大的储备中心，他们从那里将人员派遣到各个省市。

V

因此，大批的雅各宾蝗虫不断地从巴黎拥向外省，从各个首府拥向周边农村。在这大批的害虫中，有许多不同的类型：排在前列的是执行任务的代表人，他们将指挥各省；排在第二位的是"政治代理人"，他们会被安排在边境附近①，此外，他们在居住的城市中也负责人民协会和行政工作的执行。除此之外，受公安委员会的授权或委派，被选定的无套裤汉从巴黎的圣-奥诺雷俱乐部出发，前往里昂、马赛、波尔多、特鲁瓦、罗什福尔、道奈尔或其他地方，成为了软弱无能的本地人当中的传道者，或是组成了工作委员会或清理法院，但是这些机构都没能在当地招募到成员②。

有时，一座城市里更有办法的人民协会会向机构派遣代表人使其顺从。比如，梅茨俱乐部的4个议员来到了毫无防备的贝尔福，向他们的同事进行宣传，参与当地的革命委员会，在没有咨询市镇部门或任何法律当局的情况下，就在会议期间确立了"温和派、狂热者和自私者"的名单，向他们征收了136617里弗尔的特殊税款。60名拉科

---

① 《外交事务档案》，322~334卷，1409~1411页。这些代理人在尼姆、马赛、图卢兹、塔布、欧什、波尔多、罗什福尔等地经常去附近的城市。格勒诺布尔的什匹所做出的报告最多，他的信件有必要被出版。雅各宾派被激怒了，他在法兰西共和历二年风月被逮捕。在法兰西第一帝国时期，他是布雷斯特警署总特派员。几乎所有真正的雅各宾派内心都是专制独裁的，幸存者成为了专制政治极好的工具。

② 比舍和胡克斯，XXX，425页，80名代理人从巴黎的雅各宾派中投票选举，他们是艾尔布瓦改革里昂的助手。他们中的一个人是马里诺，他成为了临时监督委员会的主席，另一个人是帕瑞尔恩，被任命为革命委员会主席。《法国国家档案》，法国档案局，II，59页（巴黎雅各宾协会的商议，任命其中的3个人前往道奈尔，邀请公安委员会"赋予他们必要的权力，以根据实际情况使用，也是为了共和国的好处。法兰西共和历二年霜月6日"。）公安委员会的决定，拨款2000法郎给上述3人"作为他们的旅费"。《外交事务档案》，333卷。

多尔省、上马恩省、孚日省、摩泽尔省、索恩-卢瓦尔省和蒙-特瑞布勒俱乐部的代表,都成了大小报纸的热门话题,在执行任务的代表人和"宣传者"的号召下,他们"改革了斯特拉斯堡市"[1]。同时,在每个省,人们看到首府的雅各宾派分散在道路上为了审查他们的区域对人民发号施令。很快,执行任务的代理人,亲自带着二三十个走狗,从一个区到另一个区巡游,专制政策也到达了各个地区,秘书或代表人随后立即代替他或是以他的名义在二级城市[2]颁布法律。很快,俱乐部选定的"调查和宣传委托人"享有"全权",以代表人的名义在所有的区域市镇[3]工作一个月。很快,首府的革命委员会被宣布是全省的中心,委派了一些人员克服障碍,消灭或重新组织可疑的市政当局[4]。雅各宾主义就是这样,从巴黎中心一级一级地传播到各地,直至最小、最偏僻的乡镇,尤其是传播到了态度冷淡或态度不明确的外省,将其输入或输出的行政管理部门都被打上了标记。

然而,这仅仅是一个表面上的标记。在马孔,加欧格的所作所为都是徒劳[5],他在俱乐部里只找到了"伪装的联邦主义者"。他说:

---

① 《法国国家档案》,法国档案局,II,49页(关于贝尔福革命税的文件,法兰西共和历二年雾月30日颁布)。从中能看到所有交税者的名字和每项税费的数额,格式如下:"公民,或女性公民,姓名……在……时缴纳总额为……的税金,因为被认为是嫌疑犯,并按此处罚"。《斯特拉斯堡大革命期间的历史文件汇编》,I,128页、187页(代表人博多的说明,法兰西共和历二年雾月29日书信)。

② 《法国国家档案》,执行任务代表人的决定和信件都按照省份进行了分类。关于执行任务代表人的助理,我是引用一篇文章(《外交事务档案》,333卷,法兰西共和历二年雨月24日,欧什、嘉瑞格斯书信):"达尔提古艾特的一位代表前往伊思勒的人民协会,想要当地的神父放弃教士身份。这人回答(有人对我这样说)他非常想放弃自己的职务,然而,如果强迫的话,他会去国民公会上诉,不会妨碍舆论自由"。达尔提古艾特的代表说:"我,我会将此上诉给宪兵。""前者会马上要求进行逮捕"。

③ 阿尔福瑞德·拉里,《宣传调查委员会》,7页(这个委员会有12个南特俱乐部选择的成员,走遍了昂斯尼的裁判区,领取6000法郎的自由职业者酬金)。阿尔伯特·巴布,出处同上,II,280页(派遣了60名代理人,特鲁瓦行政部门每人每天支付6法郎,用以确保资金供应)。

④ 比如在波尔多和特鲁瓦。《法国国家档案》,F74421,特鲁瓦革命委员会登记簿,F0164。委员会的两名成员前往吕西尼,将市长和调解法官解职,前者之前是"当地的神父,弃绝祭司崇拜已经有一段时间了"。(《外交事务档案》,332卷,波尔多、戴斯格朗日信件,法兰西共和历二年雾月15日。)代表人前来建立了"革命监督委员会,有12个精心挑选的成员,省里成立的所有委员会都同它有联系并且服从其要求"。

⑤ 《法国国家档案》,法国档案局,II,58页(加欧格给科洛·德·艾尔布瓦的信,法兰西共和历二年雾月28日)。

"人民不想睁开眼睛,我认为这种盲目也存在于国家体制内,而且影响很大。"自然,他暴跳如雷并且被解职了。然而,在革命委员会内部,人们只给他引进并不可靠的候选人,他不知道如何行动以革新当地政权,"这是个行骗者的帮凶,一个骗子,难解之谜"。如果人们一直给他推荐不称职的革命党人,他最后会威胁转移城市的公共机构。在斯特拉斯堡①,执行任务的库图瑞尔和丹泽尔认为,"通过联盟能够获得所有有能力公民的支持,所以他们固执地拒绝市长的职务,使代表人遭到多方不合理的拒绝"。

在马赛②,代理人写道:"虽然我们做出努力,热忱高涨地企图将马赛人民变成共和国人,但我们身心疲惫,几乎没有任何成效……业主、手工业者和短工的思想总是糟糕透顶……不满的人民的人数似乎与日俱增。所有瓦尔省的市镇和该区的大部分市镇都反对我们……这是个要被消灭的种族,这个国家应当重新被殖民……我再重复一遍,在联邦区域,尤其是这一区域进行革命的唯一方法,就是远离所有拥有武器的人,使他们分散在军队里,用驻军取代他们,还要经常更换"。

在国家的另一端的阿尔萨斯,"共和情感还酝酿在摇篮里③,超过限度的狂热崇拜让人难以置信,通常居民的思想都不具有丝毫革命性……只有革命军队和断头台会治愈令人憎恶的贵族政治;只有砍下罪人的头才能完成法律的执行,因为所有的农村政府都只包括富人、教士、大革命之前的执行官,他们几乎全都同旧制度相联系"。在法国其他地区,人口没那么强的抗拒性,更加雅各宾化;那里的人民

---

① 《原始文件汇集》, I, 195页(1793年1月21日决定)。
② 《外交事务档案》, 326卷(布瑞图斯书信, 1793年9月24日, 多匹诺-勒布朗儿子的书信, 1793年9月25日和1793年10月6日)。330卷(布瑞图斯书信, 法兰西共和历二年雪月6日, 嘉龙-布瓦一书信, 法兰西共和历二年雪月9日)。代理人的水平通常由拼写水平体现, 例如, 332卷, 嘉龙-布瓦一书信, 法兰西共和历二年雾月18日:"公众思想, 公众思想总的来说很差。那些说自己是革命党的人没有一点理想。其他人昏昏沉沉, 联邦主义成了固有观念"。
③ 《外交事务档案》, 1411卷(奥普特书信, 法兰西共和历二年雾月26日)。333卷(布莱斯曼和豪斯书信, 法兰西共和历二年雨月4日)。

表现得"谦卑而顺从",像在里昂和波尔多一样,观察者表示这纯粹是因为恐惧①;那里的公众舆论似乎同罗什福尔和格勒诺布尔一样狂热,人们说"这是人造的火焰②"。

在罗什福尔,热情"仅依靠五六个巴黎的雅各宾派维持"。在格勒诺布尔,政治官员什匹也是俱乐部的主席,他写道他"忙得不可开交,为了维护公众思想,使其符合时局而精疲力竭,但他知道如果自己离开一天,一切都会崩塌"。只要有布雷斯特、里尔和敦刻尔克的温和派,他就会一直处于这种状态。如果这些省,比如北部的省,殷勤地接受了山岳派的机构体制,那这就只是一个假象。"一个极小部分的居民替所有人给出了答案③。"一位官员④写道,"在贝尔福,有1000到1200个有孩子的父亲,却只有一个至多三四十人组成的人民协会维护、指挥人民表达对自由的敬慕"。在阿拉斯,"人民协会由三四百个成员组成",1794年的肃清只宽恕了"63人,而其中的10人都缺席了⑤"。在图卢兹,"大约有1400名成员"组成俱乐部,在1793年的清洗过后,相对于大多数来说,只剩下了三四百个平庸的人,"10到12个阴谋家都按他们自己的意愿进行统治⑥"。别处也一样,只有

---

① 出处同上,333卷(查尔特和加拉尔德书信,解放公社,雪月21日)。331卷(戴斯格朗日书信,波尔多,雾月8日和霜月3日):"银器和法定货币捐赠不断增加,军事法庭将杜东判了死刑,他是前波尔多议会总检察官的儿子。省部检察官-法定代表胡拉特、大商人萨拉纳威也被判处死刑。这些判决总使人苦恼,但没有人会低声抱怨"。

② 出处同上,333卷(大居尼书信,罗什福尔,雪月20日)。331卷,332卷(什匹书信,尤其是雾月8日和霜月11日书信)。329卷(什匹书信,1793年8月24日):"在安纳西,女人们砍下了自由之树,烧毁了俱乐部和公社资料。在尚贝里,人民也想这么做"(同样的信件,1793年8月8日。)"受命运的影响,不光是格勒诺布尔的公民没有被发配到里昂,许多曾经服从法律的人,如今带着武器和行李回来了。从圣-罗兰到里昂,没有哪个公社想要运行;农村的行政机构受到了联邦主义的毒害,假装将最坏的住房给分部队,尤其是征用部队"。

③ 出处同上,332卷(小居尼书信,布雷斯特,雾月20日)。"通常,布雷斯特有很少的革命党人,几乎所有的居民都是温和派"(咖道尔书信,敦刻尔克,1793年7月26日。)西蒙书信,梅茨,法兰西共和历二年雪月5日,"昨天,在表演中听到了占领土伦的消息后……我发现只有近1/3的观众享受爱国的喜悦。剩下的2/3都表现得很冷淡,或是拉长了脸"。

④ 出处同上(1793年9月1日,贝尔福、奥普特书信)。

⑤《库尔图瓦关于在罗伯斯庇尔找到文件做出的报告》,274页(达赫德书信,法兰西共和历二年风月29日)。

⑥《图卢兹监狱概览》,公民巴斯卡伊尔(法兰西共和历三年出版),101页。

十几个或二十几个坚定的雅各宾派,特鲁瓦有22个,格勒诺布尔有21个,波尔多有10个,普瓦提耶尔和第戎①有7个。这些就是大城市的"积极分子",但是他们都聚集在餐桌旁。雅各宾派为了扩大势力做出了如此多的努力,但结果却只是将团伙分散开了。他们如此细致地进行筛选,结果却只是遏制了人数,剩下的还是最初的那些人,那一小撮的垄断势力、轮番征服法兰西的无赖②。如果他们散发的恐怖主义使他们的奴仆增多了,那么唤醒他们的恐怖则使他们的新拥护者减少了,人数不多的党派终究是低微的,因为对于合作者来说,他们只能吸收相似的人。

VI

同样,当我们近距离观察革命行政机构的最终人选时,我们就会发现,无论是在巴黎还是在外省,我们几乎只能找到品行不端的邪恶之徒,或是无知、愚蠢而粗鲁的人。

首先,正如他们的名字所暗示的,他们几乎都是"无套裤汉",也就是没有收入、没有资产的人,他们日复一日地靠日常工作赡养,从事低级职业,比如,小买卖、手工业等。简而言之,他们被一直安置在社会阶层的底部,因此,他们需要薪水用来忙于公共事务③,而所有发

---

① 《法国国家档案》,F74421(特鲁瓦革命委员会记录,法兰西共和历二年雾月12日)。阿尔伯特·巴布,第2卷,多处内容。《外交事务档案》,332卷(什匹,格勒诺布尔书信,雾月6日):"分区任命了7个监督委员会,尽管被俱乐部清洗,他们还是使无套裤汉惊恐不安。代表人波提让发布决议,说格勒诺布尔所提的只能有一个拥有21个成员的委员会这个措施很好,保证了无套裤主义的胜利"。《法国国家档案》,F74434(培伍瑞尔给布里索的信,波尔多,1793年3月9日)。6月2日之前,波尔多"国家俱乐部"由马拉主义者组成,"最多只有8至10人"。《箴言报》,XXII,133页(蒂博多关于普瓦提埃人民协会的讲话,法兰西共和历三年风月11日)。出处同上,XXII,355页(法兰西共和历二年雾月5日,佳莱思书信;法兰西共和历三年雾月17日会议,佳莱思报告)。"第戎人民协会震慑了行政机构和周边县区的公民,一切都依从于其制定的法律,有三四个人负责。协会和市政当局合二为一","恐怖主义党派在这里不存在,如果存在,那么也不算什么,这里的2万名居民中只有6个人能被正当地认为是该党派成员"。

② 巴尔利,《摘掉面具的雅各宾派》(8页,法兰西共和历二年):"雅各宾派在巴黎有400个活跃成员,外省的4000名成员同样忠诚,代表了革命的活跃势力"。

③ 《法国国家档案》,D,I,10页(拉克洛瓦代表人决定,法兰西共和历二年雾月5日)。"关(转下页)

布的决议和规定正好可以为他们带来每天3法郎、6法郎、10法郎甚至是18法郎的工作。

在格勒诺布尔,代表人组成了市镇政府,革命委员会有两名卫生官员、三名手套商、两个耕作者、一个烟草商、一个香水商、一个杂货商、一个腰带商、一个油鞣工人、一个马口铁经营者、一个旅店店主、一个细木工匠、一个砌石工。官方决议将他们任命为国家官员"提斯艾尔烧酒商①"。在特鲁瓦②,所有人都被当局控制着,包括糖果商、织布工人、织布工人的同事、制帽工人、针织品商、细木工匠、杂货商、舞蹈教师、城市士官。市长卡什曾经是维克新军团的普通士兵,被任命时是郊区学校的校长。在图卢兹③,人们将小馅饼商戴涵任命为行政机构的主席;革命委员会由贝宙主持,他是假发师的学徒;"俱乐部的激励者和灵魂人物"是一个拘留所的门房;最具讽刺意义的是,在罗什福尔④,人民协会的主席是个刽子手。

如果大城市里的行政人员的构成如此,那么在小城市、市镇或农村的情况又是如何?"到处都是最贫穷的人⑤",比如,运输工、木鞋工人、盖屋顶工人、砌石工、兔皮商、临时短工和壮工、不定时工人,很多人既无身份又不诚实,在从前的动乱和起义中留下过印记,他们

(接上页)于艾维赫尔监督委员会的请愿书,该委员会成员都没有财产,不可能继续其职务,因为他们没有资产供给家庭",代表人给他们中的3位每人发了270法郎,给第4个人发了180法郎,以此作为奖励(除了每日的3法郎之外)。

① 《法国国家档案》,法国档案局,II,111页(阿勒比特和拉普尔特决议,法兰西共和历二年牧月18日)。

② 阿尔伯特·巴布,II,154~157页。《箴言报》,XXII,425页(法兰西共和历三年雾月13日,康邦讲话)。"人们组织了政府,简单的监督工作每年就花费了5.91亿。很快,习惯于农业和作坊活动的人们开始来往于革命委员会……在那里他们每天能领取5法郎"。

③ 《图卢兹监狱概览》,巴斯卡伊尔,102页,166页,435页。

④ 巴瑞奥特-圣普利,《法国大革命司法》,第2版,19页。出处同上,14页。在罗什福尔,革命法庭中有一名砌石工、一个鞋匠、一个捻缝工、一个厨师;在波尔多的军事委员会,有喜剧演员、葡萄酒代理人、药品杂货商、面包师、一个镀金工人,之后还有一个箍桶匠和轻革矾鞣工人。

⑤ 我是从老农民的交谈中得到了这个词。《法国国家档案》,法国档案局,II,111页。"希农人民协会马上会进行改革。公民组成了肃清集团的核心,着手进行协会成员的选择"。出处同上,D,I,10页(法兰西共和历二年霜月9日,代表人路沙、拉克洛瓦、勒让德在下塞纳地区执行任务时的决定,想要撤销孔什的所有行政机构,建立新的、拥有全权的革命委员会)。

热衷于在小酒馆集会,没有工作的习惯,因为工作不规律和经验不足而被公共职务摒弃。即使是在大城市,判决权也很明显被几乎野蛮的人完全掌控了。从旧档案的文件里可以看出,统治委员会人员的拼写和文笔都很拙劣,委员会负责颁发或拒绝发放公民卡片,可以对犯人的意见和资格做出汇报。"这些亿见(意见)①现得(显得)太乏味……他结婚了却每(没)孩子……她的职业是巴耀特-蒙塔贝尔的妻子,她的收入依靠丈夫的收入,这个女人的叙述我们丝毫不再意(在意),我们推断这些意见同她丈夫的相似"。不幸的是,我在这里不能再现他们的书写,那简直像是一个5岁小孩②的笔迹。

"既无能又无德③",这就是国民公会议员阿尔伯特对于雅各宾派的意见,阿尔伯特在特鲁瓦担任职位。事实上,他们的地位都很低,思想和心性更低微,因为在他们的职业或行业中,他们都不是精英,而是败类,尤其是因此,在热月革命之后,他们许多人都被认为是恐怖主义者、蠢货、坏表率、无权者或走狗而被清理了。

在兰斯④,区域主席之前是个"没有才能的守卫,是罗伯斯庇尔政权密探的朋友,同他们一起行动却没有成为他们的从犯,他没有任何行政资质"。他们中的一个人之前也是个"没有才能的守卫,是个玩忽职守的职业酒鬼"。他们身边还有一个"没有财产的马商,他不适合从事行政工作,更适合买卖马匹,此外他还是个酒鬼",是一个没有任何判断力的染匠,任何刺激都会对他产生作用,但是就是这样的

---

① 阿尔伯特·巴布,II,296页。
② 《法国国家档案》,F74421(特鲁瓦第三分区监督委员会决议,为了拒绝72人的公民证,为了将他们作为"银器商、贵族、保王党、温和派、嫌疑犯、阴谋家、自私者、狂热分子,被派遣到中心委员会,被我们委员会的成员逮捕")。出处同上,第五分区审查员回忆,巴黎公民将之命名为自由分区,为了去银具店检查,人名单由公民狄欧特、百利和雅克列出,牧月13日、14日、15日为特鲁瓦的食物花费直到24日。(该人法语语法拼写太差,不知所云)。
③ 阿尔伯特·巴布,II,154页。
④ 《法国国家档案》,D,I,5,(在奥布和马恩省的代表人阿尔伯特)。——之后的评价都由热情高涨的革命党人在场书写,他们了解缘由,有些常识和正义感(法兰西共和历三年雨月,风月)。——阿尔伯特对两省督政府的书信,法兰西共和历三年牧月。"在工作的过程中,我确信了在两省范围内重组市镇政府的必要性。"

人被雅各宾派推到了前面,他做事与其说是残忍,不如说是无知而专断。此外还有一个没文化的鞋匠只知道写自己的名字,还有其他的一些类似的人。在法院,有人如此评价一位法官:"基本上是正义的,但不幸和资产上的不足使他做出了过分的行为,他随着状况改变性格,为的是获得职位,同领导人合作以求保住职位,然而,他的心智敏感,或许犯错都是为了自保或保护家人"。

在市政机构,大多数的人都没有能力,一部分人是纺纱工或拾线工,另一部分人是转卖商或小店主,"愚蠢无能","没有本事"。他们中的有些人精神失常,一个人"脑袋混乱,一无是处,是贵族和雅各宾派",另一个人"因为没有判断力而成为危险人物,是狂热的雅各宾派",第三个人是"专制政权的代理人、杀人狂、一切罪行的始作俑者,名叫牧提尔斯·斯沃拉,公认的无德之徒,不会写字"。同样,在奥布省①的区县,也能找到一些因为流行病而发热的头脑,例如在诺什,国家官员德拉普尔特"嘴里从来都没有提过断头台、革命法庭这些词语,他宣称如果自己成为一个领导者,所有的医生、外科大夫、法院人员都会被监禁,他热衷于找到罪人,如果每天没有收到因为检举告发而获得的3里弗尔,他就会不高兴"。

在这些疯子身边,大部分的行政人员和法官都是不称职的人,因为他们都"愚昧无知",很少受教育,"没有才华","很少参加司法事务","无知","过分关注机关的事务","不会读书不会写字",还有人不配坐在现在的位子上,因为他们"不讲求分寸",是"煽动者"、"暴力狂"、"欺诈者","没有获得公众的信任",多少有些不诚实而受轻视。这种人来自巴黎,首先在特鲁瓦做面包师的帮手,之后成了舞蹈教师,后来他出现在俱乐部,可能就是依靠巴黎人的善辩口才,他一直朝前挤,获得了重要的职务,并很快成了区县的成员,被任命为奥布省第六大队的军官。他在旺代表现得也很好,但是军营弟兄

---

① 《法国国家档案》,D,I,5页。阿尔伯特决定,法兰西共和历三年雨月29日,风月5日。为了重组塞纳河畔诺让、艾弗瑞、阿尔西的行政机构,附加被撤职的人的名单和撤职原因表。

的回归打破了原有的党派阵营,"他被指责不配接受这份荣誉,因为他曾经卑鄙懦弱,做过逃兵"。然而,短期的潜逃过后,他又依靠俱乐部同伙的帮助东山再起,在整个恐怖政策期间,他在党派的行政人员之间复职了,他曾经是恐怖主义者的密友、特鲁瓦的大人物之一。这位面包师帮手的一丘之貉是从前卡什学校的校长,当过士兵,如今在市政府任职。他也是旺代的英雄,只不过没有如他所愿地那样出众;在加入部队之后,他就没有离开过:因为得到了300里弗尔的奖金,他因而改过自新,只出任民事职务为国家效力。"根据同党的招供,他是个酒鬼,做过错事①";在热月革命之后,他还因为其他的罪行被判了8年监禁,被处以示众柱刑",几乎所有的公社都反对他"。他在街上会被女人羞辱,8个分区聚集在一起要求他离职。然而,代表人博欧宣布他有资格留下,因为他是个纯粹的雅各宾派,老资格的恐怖主义者,"唯一一个能让特鲁瓦市镇以之为荣的无套裤汉市长"。

如果把这些人想象为有信念和原则的人,那就太抬举他们了。他们只有仇恨②,尤其是贪欲③,为了满足贪欲,他们利用自己的公职

---

① 《法国国家档案》,法国档案局,II,39页(法兰西共和历二年获月28日,一位被派遣到特鲁瓦公安委员会官员的记载,牧月29日,为了了解城市及当地发生的骚乱情况)。阿尔伯特·巴布,II,112页,122页,203页,205页。参考179页:"在接近晚上11点的时候,卡什喝醉了,身边还有好几个喝醉的女人,他让人打开了理性法庭的大门,威胁门卫要将他送上断头台"。出处同上,166页。在人民协会,他对无套裤汉说:"是你们取代富人的时候了,打击他们,不要拖延。"出处同上,165页,"交给了卡什和委员会42633里弗尔,为了满足秘密的革命支出。从12月4日到10日,卡什收到了2万里弗尔,3个职务用于革命分配和临时援助……党派负责人不受监督地掌握这笔钱,还可以毫无顾虑地增加钱款。卡什只给分区委员会拨款4000里弗尔用于帮助穷人。雪月12日,他的款项中只剩下3738法郎给穷人;也就是说,他挪用或侵吞了1.2万里弗尔"。

② 路易·巴斯,《弗罗舒》,172页(艾尼-勒-杜克革命委员会成员巴卓特书信):"我们会议的大部分时间都被用来揭发举报,我们从中能看出领导我们的同事的仇恨和报复"。

③ 《法国国家档案》,D,I,编号3。关于革命委员会及官员,这里有一份文件,类似的文件有千百件(法兰西共和历三年花月27日,沙提农-上塞纳的前市长马锐奥特的起诉):"法兰西共和历二年雾月23日,我在慕希出差,为共和国工作时被逮捕,我当时受委托,备有战争部长通行证……我受到搜查,受到最下流言行的侮辱;委员会成员、公民梅内特瑞尔对我讲出了最粗鲁的言论……在旅店里,我被逮捕。找两名宪兵看守我本已足够,但事实上来了一个特警队,他们整日整夜地喝葡萄酒和烧酒,以至于我要向旅店支付60法郎。更可恶的是,委员会的两位成员一整夜地看守我,还被付了薪水。还有,有人在我面前说我是个大户,要好好宰……有人给了我准备了一个护送队,好像我是国家最重要的人物,还有3个国家骑马宪兵,6个国家护卫;指挥官还是国家卫兵队的人。公民米艾当是革命委员会的成员,他在队列的最前面。10个人护送一个人!……他让(转下页)

肥私。在特鲁瓦,"所有的食物食品都被征用,用以供应24个无套裤汉的餐桌",博欧为了清理人民协会,把他们都换掉了①。在形成这一"再生核心"之前,革命委员会由民事专员鲁瑟兰主持,他们在小卢浮宫旅馆"胡吃海喝",并写下了一份嫌疑人名单②。在邻近的省份,在第戎、博内、瑟穆尔、艾尼,市政机构和俱乐部的成员在旅店或小酒馆聚会。在第戎市有"十几个革命党③的大人物,每个人手臂下都携着一只酒杯",这是他们喝酒的杯子;每个人都要拿着各自的杯子到山岳酒店;在那里,他们频繁进行丰盛的欢宴,喝下两杯酒之后就"将人置于法律保护之外"。在艾尼-勒-杜克这座小城市,只有五六个革命党人,"他们中的大部分几乎不会写字,贫穷,需要负担家庭,无所事事,日夜不离开小酒馆,腐化堕落"。他们的领导是曾经的税务检察官,现在是"门房、档案保管人、秘书、财务主管、人民协会主席"。他们在酒馆中召开市政会议,"会议结束后,他们就追击女性贵族",他们中的一个人宣布,"如果杀了一半的艾尼居民,另一半会更好"。

刺激残忍心理最好的方式就是酗酒。在斯特拉斯堡,有60个蓄着小胡子的宣传者,留宿在他们固定居住的团体中,还有城里配备的一名厨师,日夜烹饪美味佳肴,"使用精选的征用而来的食品","还有为国家保卫者准备的美酒④"。可能在一次狂饮之后,他们手握军刀,来到了人民协会⑤,投票并强制为"处死修道院中的所有囚禁者"

(接上页)我付钱给刽子手,给国家卫兵队指挥官50法郎,给宪兵60法郎"。
① 《箴言报》,XXI,261页(特鲁瓦一位居民对巴黎雅各宾派的讲话,法兰西共和历二年获月26日)。
② 阿尔伯特·巴布,II,174页(旅馆店主和特派员加尼尔的证词)。
③ 路易·巴斯,《弗罗舒》,170页,172页(巴卓特书信,艾尼市政机构请愿书,1795年3月10日)。法国国家图书馆,L,41,编号1802(第戎公社向国家国民公会的揭发)。
④ 《斯特拉斯堡大革命期间历史的文件汇编》,I,184页,法兰西共和历二年热月25日,布格尔信件。
⑤ 《斯特拉斯堡大革命期间历史的文件汇编》,D,I,6页(第37卷)。斯特拉斯堡革命委员会成员书信,法兰西共和历三年风月13日,由索恩河畔沙隆市长和军官签字,该市镇的两个雅各宾派曾经是斯特拉斯堡的宣传会人员。

投票,"这些囚徒多达700人以上,有各种年龄和性别的人,他们事先都不知道会被判刑"。一个男人想要成为好的刽子手,他就要先把自己灌醉①,巴黎九月大屠杀的参与者也是如此,革命政府就是一个有组织的、持续的、经常性的九月大屠杀机构,大部分的官员都必须喝很多酒②。

---

① 《斯特拉斯堡大革命期间历史的文件汇编》,I,71页(书记员维侬思关于革命法庭巡游的证词,相关成员有施奈德、克拉维尔和达芬)。"除非对酒菜满意,否则法官们不会离开餐桌。在喝醉的状态下,他们聚集在法庭,将嫌疑犯都判处死刑",就连"政府最底层的雇员"也习惯于大排场的生活和"过度花销"。梅斯纳(《1795年年底旅居法国》,371页)说:"我有时看到政府赶大车的人吃家禽、糕点、野味,可是在乘客的餐桌上只有一个剩的羊腿和几个难吃的甜点心。"

② 然而有些人喝了酒后并不会变坏,只是单纯地喝醉。这里就有一个被文章记载、能给我们作为活生生典型的人。1793年3月,沃吕是布卢瓦人民协会主席,之后成了住宅探查的代表,也是整个恐怖政策时期的主要人物之一,他出生后就是个流浪儿,曾经被关在医院里长大,后来成了鞋匠或补鞋工,再后来成了维埃纳省一个郊区学校的校长,最后成了政治俱乐部的演说人、刺杀暴君运动的执行者。他矮而肥胖,戴着红帽,脸色也红润发福。1793年6月,他参观了舍维尔尼城堡,检查是否所有的封建文件都已经交付,他意外到来,遇到了代管人比姆奈特,他们去了市长、小旅店老板家,在那里吃丰盛的冷饮,使得比姆奈特有时间警告狄福尔·德·舍维尔尼销毁嫌疑人登记。做好了这些之后,人们将"沃吕带到了城堡,让他离开酒桌。他喜欢同别人平等;他用'你'称呼别人,就也希望别人这么称呼他;他会把手放在胸口,用另一只手抓住你们,对你们说:'兄弟,你好。'他早晨9点来到,冒失地抓起我的手,说:'兄弟,你好。身体还好吗?''公民,我很好,您呢?''你不跟我用你称呼吗? 你这可不符合大革命的主张。''我们会谈谈这些,您不想来客厅吗?''好的,兄弟,我跟着你。'我们进了客厅,他看到了我的妻子,我敢说,她的着装使她显得庄严端庄,而他放肆地吻了我的妻子,重新把手放在胸前做出了手势,抓住我妻子的手对她说:'你好,姐妹。'我说:'我们要一起去吃午饭了。如果您愿意,可以跟我一起用餐。''我同意,但条件只有一个,那就是你同我用你称呼。''如果可以,我会这么做的,但这不符合我的习惯。'给他倒满了一瓶葡萄酒之后,我们终于摆脱了他,我的儿子和比姆奈特去做巡查。好笑的是他只会认印刷体字母……"之后,比姆奈特和公社的检察官高声念出了标题,省略了封建制度的内容,沃吕没有发觉,总是说:"很好,继续,继续。"一小时之后,他厌倦了,回来说:"结束了,一切都很好,就让我去看看你漂亮的城堡吧。"他尤其听说了顶楼有一个木偶戏大厅。他上去之后,打开了几个剧本,看到了名单上的人物名称,比如国王、王子等,他对我说:"你必须抹去这些,要演共和国的剧目。"我们沿着暗梯下楼。"他看到了我妻子的女仆,非常漂亮。他把她拦下,看着我的儿子说:'作为一名共和党人,你应当和她在一起,娶她为妻。'"我看看他,对他说:"沃吕先生,请您听我说,我们这里有习惯,从来不会听到类似的话,请尊重年轻人和我的家庭。"他有些困惑,变得通情达理,"向德·舍维尔尼夫人表达敬意。""你的办公室里有墨水和羽毛笔",他对我说,"把它们递给我。""什么? 要写我的资产清单?""不,但他们要我做一个笔录,你帮我吧,这对你有好处,因为你总是凭想象写"。他如此愚笨而无能。我们到餐厅吃晚餐。"我的手下为我上菜,我丝毫没有屈从于通常的餐桌礼节,他们都认为这对我来说再合适不过,所以好奇心使他们都过来看我们吃晚餐"。沃吕对我说:"兄弟,所有的这些人都不跟你一起吃饭吗?"(他只看到了4副餐具,市镇机构的两名成员想在办公室吃饭)我回答他说:"兄弟,我比他们更适合这些,你去问问他们。"他吃得很少,喝起酒来像个无底洞,很健谈,跟我们讲他的情史。他激动不已,差点做出让我妻子害怕的下流举动,但什么也没有做。关于大革命和我们所追求的危险,他天真地对我们说:"我难道没有冒险吗? 我听到舆论说我3个月后就会被砍头,但是要坚持自己的打算。"他时不时地说出针(转下页)

同样，如果有偷东西的机会和意愿，他们就会去偷。首先，在给他们发薪水的规定出台前的6个月间，革命委员会"自己给自己发工资①"；之后，他们的工资是每人每天3法郎或者5法郎，但是他们会多少按照自己的意愿增加酬劳，因为他们可以经常性地征收额外的税款，就像是在蒙布里松有"没有收税的单据或登记"。法兰西共和历二年霜月16日，财政委员会宣布，"政府不了解额外的征税和税款使用，不可能对其做出监督，国库从没有收到来自税款的款项②"。两年之后，四年之后③，革命税款的账目、强制债务和所谓的自愿捐献还是个无底洞：交付国库的500亿字据中，只有200亿是经过核实的收据，剩下的都是不正常且无价值的。在很多情况下，不管是收据无效还是缺失，还有证明表示收取的全款或部分款项不知去向。在维勒弗朗什收缴了13.8万法郎，当地金库只入账了4.2万；在博让西，50万法郎的收缴最后只入账5万；在瑞奥勒，50多万的税收入账22650。维勒弗朗什的一位税务员说："剩下的款项被革命委员会挥霍浪费了。"奥尔良的国家官员说："税务员在受到恐吓后，沉湎于引人议论的狂欢之中，如今建起了豪华住宅④。"至于他们所证实的开

（接上页）对无套裤主义的俏皮话，他抓住给他递餐盘的仆人的手说："兄弟，请你坐到我的位子上，让我为你服务。"给他喝了烧酒后，他终于走了，对这次招待很满意，说在德·航高尼夫妇家中也受到过同样的款待，他们同手下在一张桌子上吃饭，他因此高度赞扬。他回到了小酒馆，待到了晚上9点才出门，"大肚子滚圆"，但丝毫没喝醉，"一瓶葡萄酒对他来说太少了，他就算喝空一个酒桶，也看不出醉意。"

① 《箴言报》，XXII，425页（法兰西共和历三年雾月13日会议）。康邦："我在议会中发现革命委员会从来都没有获得过薪水。"一名成员说："他们自己给自己发工资。"

② 出处同上，711页（康邦报告，法兰西共和历三年霜月6日）。事实上，法兰西共和历二年霜月26日，康邦已经对税款有所说法（《箴言报》，XVIII，680页），"没有任何通告或钱款被送至国库，我们或许能看到国民公会上有人进行革命"。

③ 《箴言报》，384页（法兰西共和历五年雪月22日，巴瑞索特在五百人院做出的报告）。

④ 《箴言报》，XXII，711页，720页（康邦报告，法兰西共和历三年霜月6日）。"余额得到了确认，其中的大部分已经入归国库，达到了20166330里弗尔"。在巴黎、马赛、波尔多等大城市，每12座城市就能征收几百万，在三四个区，康邦在热月革命的3个月后，宣布他不能够获得收缴款项的记录清单，在这里我没有用"付款"这个词，国家官员不给他答复，或是含糊其辞，也有人说在他的区县既没有国民捐赠，也没有革命税，马赛的情况就是如此，有人强制借款400万。参见，马特尔伯爵，《富歌》，245页（法兰西共和历三年牧月19日，涅夫勒省行政中心回忆录）。纳韦尔市提供的账目达到了8万法郎，但钱款的使用从来没有被证实，这一战争补助金预付款税只不过是这些政治骗子的谋利手段。出处同上，247页（关于自主捐赠和强制税）。

销，几乎全都是为"革命委员会人员和革命党人提供的补贴"，或者是用作人民协会厅室的维修和维护费用、军事考察费用、对贫穷拥护者的帮助，以至于在1793年前，价值三四亿的金银被勒索。1793年，1794年，几亿的指券（法国大革命时期流通的一种证券，后作为通货使用）被榨取。简而言之，所有额外税款相关的产品①都被无套裤汉当场私吞掉了。入席公共盛宴时，他们是首先被服待的，为他们提供的饮食也非常丰盛。

第二种收益也同样丰厚。他们有权自由支配财富、自由和生命，也就可以凭借该权力进行交易，对于卖家或买家，没什么比这样的交易更有利可图了。如果交易还没有被创立那就太好了，因为任何富有优裕的人，或者说任何有可能被要求交税、被关进监狱或送上断头台的人都会全心全意地同意"妥协②"，为自己或家人赎罪。如果小心谨慎，他会在交税前付钱，这样就不会被追缴太高的税；他如果在税后付钱，就会获得优惠或拖延时间，还可以付钱以求加入人民协会。当危险来临时，他付钱用于获得或更新其公民证，这样就不会被认作嫌疑犯或阴谋家。被告发时，他会付款以求自己能被"拘留"在家中而非拘留所，或是囚禁在拘留所而非监狱，因为监狱里的待遇太艰苦，这也是为了有时间收集法律证明文件，将自己的文件放在书记室其他文件的下面，为了不使自己的名字出现在下批革命法庭的审判名单上。

就这样，无数的赎金不断交纳，诈骗者在革命委员会大量繁殖③，只要张开手掌，他们就能够装满自己的口袋，他们面临的危险也很

---

① 吕多维克·斯库特，《神职人员公民宪法史》，IV，19页（代表人贝克尔报告，《辩论和决定日志》，743，法兰西共和历三年牧月）。贝克尔执行任务后回到了朗道，意识到了雅各宾派官员在莱茵河沿岸的省份的勒索。贝克尔亲眼看了收据，"支付了3345785里弗尔，而我们的同事康邦只说有13.8万里弗尔"。

② 马莱·杜·潘，《回忆录》，II，51页。

③ 《箴言报》，XXII，754页（格列瓦报告，法兰西共和历三年霜月24日），"诈骗，这个词让人想到了从前的革命委员会，它们中的大部分成员都是社会的渣滓，在偷盗和迫害人这一第二职业方面表现出了很大的才能"。

小,因为他们只受到同党的监督,或者说根本不受监督。在大城市①,只需要两个人就可以下达逮捕令,但中心委员会需要24小时进行审核,当然,他们可以确定同事们会愿意帮忙。此外,这些狡猾的人可以提前做出担保。

例如,在波尔多,他们建立了一个非法集市建立,让-达维里耶尔先生②因为同一家大商号合作,所以在自己的家里被逮捕了,由4个无套裤汉看守。法兰西共和历二年雾月8日,有人责怪并警告他,"如果不赞助革命的秘密费用,就会有危险"。勒冒阿尔是一位要人、分区革命委员会成员和行政人员,他说出了自己的要求,判定让-达维里耶尔先生贡献出15万里弗尔。此时,有人敲门,勒冒阿尔只说了一句;"你同意吗?虽然我不能支配当事人的财产,但是不然你就得去监狱了。"在威胁之下,这个可怜人同意了,交给勒冒阿尔15万里弗尔的票据,在20日内付给持票人。两周后,凭借多次抗议,让-达维里耶尔有了来去的自由。

然而,勒冒阿尔在思考过后,慎重地认为要用公开的勒索掩饰私人敲诈,于是他对让-达维里耶尔说:"现在你必须再次公开缴纳15万以满足共和国的需要,我陪你去代表人那里,要把钱交给他们。"鸡就这样被公然地拔了毛,没有人会料想到它们之前已经被偷偷拔过毛了。如果有好奇的人,他们可能会询问当事人,但是如果前者没

---

① 《法国国家档案》,法国档案局,II,107(代表人易沙卜和达利昂的决定,波尔多,法兰西共和历二年雾月11、17日。他们颁布的第3个决定,法兰西共和历二年霜月2日,另一个由12个成员、6个助手组成的机构代替了委员会,每月200法郎。第4个决定,法兰西共和历二年雨月16日,前委员会成员被作为激进者和违抗者撤职。)出处同上,法国档案局,II,46(波尔多革命委员会会议节选。法兰西共和历二年牧月)。18页的节选表现了革命委员会内部阴谋的细节,被拘禁者人数增加,牧月27日达到了1524人。委员会的本质是一个警察办公室:颁布公民证,发布逮捕令,同其他委员会交流,甚至是很远的委员会,例如里摩日。克莱尔蒙特-费昂德委派某个成员去进行调查或家庭检查,贴封条,接受或转达举报,传唤被揭发检举的人,等等。例如逮捕令:"根据公众舆论,骑士穆雷尔被认定为贵族嫌疑人,将被在神学院中逮捕"。其他的例子(《法国国家档案》,F72475,皮克分区革命委员会口录,巴黎,1793年6月3日),比如针对卜什尔的逮捕令,他是新卢森堡路的杂货店主,被认为是无公民品质的嫌疑人,且"对他的妻子有邪恶而不忠的企图"。被捕的卜什尔说"他在家中的所作所为和任何人无关",他因而被送进了监狱。

② 《法国国家档案》,法国档案局,II,30,编号105(对于让-达维里耶尔及其他被检举的人的审判)。

被送进监狱，那么他们自然也会否定。勒冒阿尔想要获得钱财，可怜的达维里耶尔"被夜间逮捕并遭到了恐吓"，总是身居高位的勒冒阿尔最后做出处决：达维里耶尔先是支付了3万里弗尔，后来支付了定金，共计4.1万里弗尔；最后，钱财散尽的他请求重获支票。此时，勒冒阿尔认定鸡毛已被拔光，也变得温和了，在债务人的眼皮下把"支票上的签名"剪下，而属于他自己的那部分收据则留在下面；他仔细地留下了票身，以便在必要时证明自己没有丝毫索取，这可能也是出于爱国心：他想要一个商人做出资助，但是认为这人并无支付能力，出于人道，他取消了认捐承诺。他们就是这样采取预防措施的。此外，不够谨慎小心的人是公开偷抢，绰号为"7个资本罪孽"的军事委员会的7个成员，尤其是他们的主席拉孔布，依靠释放的许诺从八九个被告人那里获得了35.8万里弗尔①。一位严守戒规的雅各宾派②写道："凭借着这些阴谋诡计，许多逍遥法外的人花钱进入了波尔多。"

简而言之，被拔光毛的鸡沉默不语，为了不引火上身，拔它们毛的人手里还握着刀，如果鸡叫了，就会尽快把它们除掉。即使鸡不叫，有时也会被除掉，为的是尽可能地提前压制住它们的叫声。沙特来公爵和其他一些人就遇到过这种事。只有一种可靠的方法可以用来自保③，那就是给头目们付钱，"每月以交纳证券的方式付款，按照砍

---

① 巴瑞奥特-圣普利，313页（热月革命后，拉孔布及其同谋的诉讼案件）。
② 《法国国家档案》，法国档案局，II，46页（朱利安给公安委员会的信，波尔多，法兰西共和历二年热月12日）。《箴言报》，XXII，713页（康邦报告，法兰西共和历三年霜月6日）。"女性公民德哥胡瓦前来请求释放她的丈夫，一位公职人员丝毫不害怕，问她要1万里弗尔，后来减少到了6000里弗尔，也满足了她的愿望"。"一个文件证明，为了出监狱，马瑟依交了2000里弗尔，寡妇德拉普尔特交了600里弗尔"。
③ 马莱·杜·潘（《给热那亚商人的第一封信》，1796年3月1日），33~35页。"人们对于揭露恐怖主义旨意的生死交易并不在意……在无数的交易中，嫌疑犯公民为免于监禁而付款，被囚禁的公民为免受断头台刑罚而交钱，可是对此我们几乎找不到记载……人们对待囚室和酷刑就像是对待集市上的牲口买卖"。这种交易"在所有的城市、村镇、省份上演，由国民公会和革命委员会特派员负责……交易自8月10日起建立。在无数的例子中，我只引用沙特来公爵的例子，再没有人花费更高代价为了免于酷刑"。瓦隆，《法国大革命法庭史》，VI，88页（针对富基埃-坦维尔的举报，由绍尔尼签署）。根据绍尔尼的说法，富基埃-坦维尔习惯每周两次去赛尔彭特路6号的"德玛家吃晚饭逗留，这人是法律界人士。在这个危险的地方，在狂欢之中，有人不受处罚地用金钱交易监禁者的自由和性命。比如布福莱尔斯家族的一个人，依靠这些吸血鬼的诡计逃离了死刑，他的（转下页）

头的频繁性成比例地支付"。无论如何，诈骗犯都很从容，因为这种生命和自由的交易不留痕迹，所以他们在两年之内都没有受到制裁，从法国的一端到另一端，相关的买卖双方都缄口不言。

第三种收益也不少，虽然它更多地暴露在公众监督之下，但更有吸引力：一旦嫌疑人被监禁，他带到监狱和留在家中的所有的东西就变成了掠夺品；因为证明文件不足、仓促而无规律①，缺少监督，相互勾结，各种凶狠贪婪的人都能够自由地掠食。在图卢兹、巴黎和其他地方，特派员抢走了犯人所有值钱的东西，然后，他们根据情况掠夺用来充公国库的金银、指券、珠宝，而上述钱财在中途就被瓜分了②。

（接上页）脑袋价值3万里弗尔"。莫瑞雷，《回忆录》，II，495页。福莱尔斯夫人们的代理人是什瓦力尔神父，他曾在议会代理人那里结识了富基埃−坦维尔，在小酒吧同弗奇气喝酒。"他获得了布福莱尔斯夫人们的文件，这些文件原本要被送到法院的，又重新被放到了纸箱的最下面"。马莱·杜·潘，《回忆录》，II，495页，"富基埃−坦维尔让布福莱尔斯夫人们每月缴纳1000埃居的抚恤金，由于时局的残酷，抚恤金每月增加1/4。这个办法拯救了这些夫人，而那些一次性交完钱的人都被处决了……包租人沃塞尔用500金路易拯救了塔兰托公爵，他还交给雅各宾派的一个领袖300金路易，从而拯救了另外两个妇女"。

① 《图卢兹监狱概览》，拘禁者，巴斯卡伊尔，324页。市政军官古戴尔特原来是修鞋匠，负责夺走受拘禁者的银器，只知道或者说只愿意做一份不规律且无价值的笔录。被拘禁者提出反对，拒绝在笔录上签字，古戴尔特生气地对这人说："你小心点，你这种思想只能让你顽固不化，你不过是个蠢货，你把你自己推到了糟糕的境地。如果不签字，我会把你送上断头台。"1793年10月30日，穆兰革命委员会的决议，命令去穆兰所有的嫌疑人家中夜访，掠夺金银和铜器。他们"被分为了12个队伍，每队负责搜查8到10个屋子。各队的领头人有委员会成员和市政军官，有锁匠和革命卫兵陪同。他们去被拘留者和其他民众的家里，如果找不到钥匙就强行打开写字台和柜子，抢走金银币、掠夺银器、首饰、铜质器具和许多其他的日用品、毯子、挂钟、车。他们丝毫不进行核对，也从不对拿走的东西出具证明。一个月后，他们仅在委员会的会议笔录中，按照访问报告做出确认。他们没有多少金银、银器和食物，所以也没有计算或列举"。

② 出处同上，461页（代表人马拉美出访，法兰西共和历二年风月24日）。大革命之前的贵族德·那尔波诺−拉哈公爵，在84岁的高龄被拘禁，他对马拉美说："公民代表人，原谅我一直戴着帽子，我的头发在监狱里掉光了，还没有获得许可让人做一顶假发。这糟糕透了。""是不是有人偷你东西了？""是的，有人偷了我145金路易，给了我一张为无套裤汉交税的支付收据，这是对本地公民的偷抢，我在这里既没有住所，又没有财产。""是谁偷了你的钱财？""是贝尔吉斯，他是市政官员。""没偷你其他东西？""还拿了我一个银质咖啡壶，两个香皂盒，一个银边盘子。""小偷是谁？""小偷就是公民米罗（理事会的名人）。"米罗承认留下了这些物品，没有拿它们换钱。出处同上，178页（法兰西共和历二年风月20日）。"他们把拘留者的鞋子脱下来，即使只有一双皮鞋。他们保证会给他们木鞋进行交换，但事实上他们从没这么做。还拿走了拘留者的大衣，说是会付钱给他们，但事实上也没有。"艾维赫尔，《一位资产阶级的回忆录和日志》，93页（1795年2月25日）。人民协会的会议"大部分时间被用来审阅革命委员会的无耻和偷盗行为，其成员指定嫌疑人，经常亲自去逮捕他们。他们做出搜查，建立记录，忘记带来找到的首饰和金银"。

在普瓦提埃，7个坏蛋组成了寡头政治集团，在热月革命之后承认偷抢了被拘禁者的物品①。在奥朗日，"女性公民维奥特是公共控诉人的妻子，女性公民费尔纳科斯和哈高特是两名法官的妻子"，她们亲自来到书记室挑选被告人的物品，为她们自己的衣帽间拿回了银扣环、精致的衬衣和花边②。

然而，相比他们留在家中的物品，也就是说被查封财产的拘押囚犯或逃亡者只能够随身携带很少的东西。查封的财产包括法国所有的教士建筑或领主建筑，城堡和府邸连带着家具，还有大部分漂亮的资产阶级洋房，大量家具齐全的小型住宅，储存丰富的地方储蓄。除此之外，还有大工业家、大商人几乎所有的仓库和库存。这就产生了数额巨大的赃物，但人们从来没有见到过，他们想要获得的所有物品都堆成了堆，这些物品分散在了2.6万平方古里的领土上，没有物主，只有国家能负责，但相关人选也不确定；在这些无主的战利品和征服者之间，只有封条的阻碍，也就是说，只有一片盖了两个模糊印章的纸。另外值得注意的是，战利品的保管者就是那些来争夺物品的无套裤汉，他们非常贫穷，这些有用或珍贵的堆积成山的物品更加唤起了他们内心的贪欲，他们的妻子也非常想用它们打点家用。自大革命的第一天起，人们不就向他们许诺"4万个官邸、宫殿和城堡，法国2/3的财富就是英勇的奖赏③"？

执行任务的代表人难道没有允许他们觊觎吗？难道没看到，里昂的阿勒比特和科洛·德·艾尔布瓦、纳韦尔的富歇、蒙布里松的加欧格宣告反革命的财产和富人的多余物资是"无套裤汉的财富"④？

---

① 《箴言报》，XXII，133页（法兰西共和历三年风月11日，热月革命报告）。"这7个人都是坏蛋，他们被人民代表撤职，偷抢了被拘禁者的物品。有一个记载在登记簿上的商议，表明他们确认不记得私吞物品的价值，他们同意为国家交22里弗尔，以赔偿损失"。

② 巴瑞奥特—圣普利，447页。哈高特法官从前是里昂的细木工匠，公共控诉人维奥特曾经是旁提叶威尔军团的背叛者。"其他被告人都被掠夺干净了，只给他们留下不好的旧衣服⋯⋯执达员那皮耶尔后来（法兰西共和历三年获月）被判刑，因为将拘留者的一部分个人物品、首饰、指券据为己有"。

③ 卡米尔·德穆兰在《自由法兰西》中所说（1789年8月）。

④ 马特尔伯爵，《富歇》，362页；出处同上，132页，162页，179页，427页，443页。

在莫内斯捷的声明①中，我们难道没有读到那些乡下人"在出发之前可以估算、丈量、选择他们领主的财产，回来后就能提高茅屋所有权……获得从前的伯爵或侯爵的一小块地或禁猎区"？为什么不是一小部分的动产，例如床或是衣橱？没什么让人惊讶的，在此之后，这个软弱的帮派保护查封的家具和充公的商品，却每时每刻都用粗糙贪婪的手敛财。热月革命之后，主人回到了自己的家里，但家中常常已经空空如也。莫尔文的小住所②的家具被搬空了，只好用倒转过来的大木箱给回来吃第一顿饭的房屋主人当作桌子和椅子。

发生在城市的侵占比农村的更为肆无忌惮。在瓦朗西纳，市镇的雅各宾派领袖以"打破封印和偷盗革命党③"的绰号闻名。在里昂，自称是"沙利叶之友"的马拉主义者"承认自己是雅各宾派、强盗、小偷和无赖"。然而，他们有三四百人，组成了32个监督委员会，150多个主要人员"都是行政人员"，组成了人民协会。据他们说，城里有12万人，而他们有将近3000人，打算"分割里昂所有的财产"。这块巨大的蛋糕归他们所有，他们不仅仅容许外国人染指，巴黎人也前来分一杯羹④，打算私下里全部独吞，不受监督约束。"他们的体系"在于"买卖司法，做揭发举报的交易，查封至少400户的财产"。他们四处游荡，在房屋和仓库上贴封条，没有人能够监督他们，见证他们偷抢行动的妇女、儿童和仆人也都被赶走了。他们不设立财产记录清单，而是雇用每日5法郎的守卫，他们和同党在行政人员的同意下将一切都侵吞挥霍了。"当场抓住他们⑤；要闭上眼睛，或者让他们都

---

① 马赛蓝－布德，175页（莫内斯捷在多姆山省人民协会的讲话，1793年2月23日）。
② 亚历山大·德艾舍豪勒，《一个生活在恐怖政策之下的贵族家庭》，368页。
③ 《法国国家档案》，法国档案局，II，65页（凯尔莫尔文将军给公安委员会主席的信，瓦朗西纳，法兰西共和历三年果月12日）。
④ 库尔图瓦报告，拉普尔特书信，"我不知道为什么这里的革命党人就是不能够忍受他们的外国同行……他们对我们宣传不能忍受'任何一个在位的外国同行'。代表人不敢逮捕那两个小偷和挥霍者，这两人现在自由了，在巴黎攻击他们。'这群人严肃残酷，每天都会揭发我们，对此我们很难拿主意，害怕处罚爱国党人或所谓的那些……犯下了骇人听闻的贪污盗用'"。
⑤ 出处同上，威尔士信件，"所有的这些狂热分子都只希望共和国为他们服务……他们所说的革命党人也只是为了杀害他们的兄弟，获得财富"。贵龙·德·蒙特隆，《法国大革命期间里昂（转下页）

高呼着反对革命党。这样的体制使得任何人都不能被追查……我们做出过一个决定,禁止任何权力机构在没获得我方允许的情况下揭开封条,禁令下达后,有人强行进入了查封的仓库,打破了锁具,在我们的屋子里,在我们的眼皮底下将一切抢掠一空。而这些抢劫者是谁?准确地说是委员会的两个专员,他们没获得我们的同意就抢空了仓库,甚至也没有得到委员会的授权"。这是有规律的每日洗劫,开始于1793年10月10日,我们刚发现在法兰西共和历二年花月23日,也就是1794年4月26日之后,他们就不间断地进行掠夺,而213天之后仍然如此。

最后的争夺也是范围最广的。官员的渎职使得已经受到蹂躏的共和国获得许多东西:第一位的是难以被侵吞的动产、大量的产品、宫殿中的战利品、城堡、修道院和教堂;第二位的是不动产、土地、建筑。为了满足共和国的需求,这些都被出售了,想要获得就要成为买主,最后的竞拍者成了合法物主,花费也很低,通常来说,他们的年收入的一部分就能买下一片树林①。有时候,只要转卖公园的栏杆和屋顶的铅就能买下一座城堡。

在此还有些好牌可打,首先是奢侈品和艺术品。"被掠夺物品的唯一的目录②被毁坏或销毁了,形成了许多遗漏"。一方面,资产盘点员和拍卖审计员将所有能卖的东西卖掉,"避免保留"对于工作有用的物品,将收藏品和藏书以百分之几的价格拍卖。另一方法,几乎所有的审计员都成了转卖商或旧货商,他们小心地使珍贵物件"失去价值",这样"他们的顶替者和同谋就可以用低价买入"。例如,他们将

(接上页)城的历史》,III,166页(富歇报告,1794年4月),"我们看到了一些无辜者,被革命委员会恐怖法庭宣告无罪,被32个委员会的武断判决送进了监狱,因为他们抱怨找不到简陋居所中曾经留下的必需品了"。

① 梅斯纳,《巴黎之旅》,343页:"对于一些领域,革命部门几乎将之白白送给了缔造者,包括从第一次伐木开始产生的产品"《箴言报》,XXIII,397页(波登·德·鲁瓦兹,1795年5月6日):"农夫只卖了一匹马就得到了能买下农庄的5000法郎"。

② 《箴言报》,XXII,82页(格列瓦报告,法兰西共和历二年果月14日)。出处同上,775页(格列瓦报告,法兰西共和历三年霜月24日)。

成套的图书拆开,拆卸机器:将望远镜的镜筒同镜头分开。这些无赖互相商议好了,知道将被分开的廉价零件再重组好。"至于古董、首饰、奖章、珐琅、雕琢的宝石",虽然通常已经被查封,但他们还是会提前下手,这让他们再高兴不过了。法兰西共和历二年热月,"巴黎的市镇官员甚至张贴了不带字的封印,这样的话,无论是谁,只要有一个硬币就可以揭开或再贴上封条",这就是他们的把戏。"为了粉饰偷盗行为,他们用打磨的碎石和假宝石代替真品",在拍卖时,"他们害怕了解情况的正直人参与竞争,于是他们(给前者)送钱以保证他们不参加拍卖;我们在这里举个例子,他们甚至打死了一个竞拍者"。到了晚上,他们就在俱乐部大声叫嚷,因为有市镇机构和革命委员会成员的保护,所以他们不会受到任何怀疑,他们的保护人也知道可以在暗处获得好处,所以如果谁有胆量,就只能去指控公职人员。他们秘密地或是明目张胆地获利,却还给我们看他们干净的手。法兰西共和历三年风月10日,人们在"他们的套房中"找到了一套完美无缺的教士物品,"49件无袖长袍和丝质或锦缎祭披,镶饰有金银,54个带有镶饰的圣杯盖",大量的"圣物盒、圣水壶、勺子、乳香、金银流苏,32件丝绸布料零头",等等。

如果动产的利润体现于此,那么不动产的买卖又是如何的呢?交易使得狡猾的恐怖主义者获得了巨大的财富,这也就解释了热月革命之后,为什么"这些无赖"都能平静地享受"巨大的财富"。在热月革命之前,他们每人都住在各自的区县,是"不起眼的小罗伯斯庇尔",这些"革命党人"在奥尔良周边"建造了宫殿",这些"固执傲慢的人"在瓦朗西纳挥霍侵吞了公共财富和个人财富,占有了流亡贵族的低于其实际价值1/100的房屋和财产[①]。在此情况下,鹰爪般的手立刻不知廉耻地伸了出来,因为每个拘留者都必须申报自己的姓名、职

---

① 《箴言报》,XXII,775页(格列瓦报告,法兰西共和历二年霜月24日)。出处同上,711页(康邦报告,法兰西共和历二年霜月6日)。《法国国家档案》,法国档案局,II,65页(凯尔莫尔文将军书信,瓦朗西纳,法兰西共和历三年果月12日)。

业和财产,包括现有财产和革命前的财产,为当地的贪得无厌者提供精确的、已知的、确实的、直接具体的东西。一个犯人①说:在图卢兹,"每件物品的细节和价值都被作为遗产记录",制作表单的审计员,"也就是我们的杀人犯,他们几乎在我们眼皮底下提前瓜分利益,争夺利益和选择利益,比如,比较拍卖的价格,想方设法地降低价格,讨论转让转卖的利润,提前占有馈赠、买卖的酬金或租赁租约"。

在外省,贪污腐败比别处发生得更早,大革命的思想和影响从那里开始被人理解之后,情况变得再糟糕不过了,没有任何地方的雅各宾派如此恬不知耻地表现出他们的个人特点,从1789年至1799年,在其他地方,这一特色都没有这样表现得赤裸裸。在土伦,蛊惑人心的政客在法兰西共和历三年和五年兴风作浪,"曾经的军工场工人和办事员依仗检举和恐怖政策成为了主人,利用阴谋诡计无偿或低价得到国家财产;四处活动的小商贩得到了多种方式的供给,包括偷盗、征用、转让的物品,或者是民事、军事和海军政府部门的仆人或雇员偷来的日用品。其他市镇里隐匿的人白天在咖啡馆度过,晚上就去妓女那儿打发时间"。

在德拉吉尼昂、布瑞聂勒、维多班、福瑞吉斯和马赛,热月革命过后,恐怖主义时不时地卷土重来,将警方和司法部门的猎物重新放回原处②。"曾经有所作为的手工业者厌倦了劳动,厌倦了付薪酬的俱乐部会员、游手好闲的守卫、受雇用的宣誓教士和说谎者,他们已经完全丧失了道德观",这些流氓将一切变成金钱,像集市上的强盗一样相互勾结,习惯于花费公共开支,"将国家利益转交给同意他们的原

---

① 《图卢兹监狱概览》,184页(法兰西共和历二年风月27日)。
② 《法国国家档案》,F77171(编号7915)。卜什-罗讷省(《一般观点》,法兰西共和历五年)。(督政府审计员米奥利斯书信,法兰西共和历五年风月14日、16日;维罗特将军给部长的信,阿尔勒,风月10日;梅尔勒将军给维罗特将军的信,阿尔勒,法兰西共和历五年雨月12日,还有作为证明的文件,尤其是陪审团负责人关于阿尔勒雅各宾派当时暴力统治的书信。)他们的党派由"多个可怜的手工艺者和几乎占全部人数的海军组成"。市政当局由曾经的恐怖主义者组成,"推行土地法,破坏树林,以收获法为借口让军事部队掠夺丰收的麦子,偷盗耕地牲畜已经有一年"。

则的人,为司法追究的嫌疑犯和自诩为优秀革命党①的人提供避难所和帮助,接受赌场和放荡场所提供的捐税"。

在农村,过去的帮派、"无党派的强盗、乌合之众"曾在无政府统治期间、制宪会议和立法议会期间奔走效力,在督政府期间又进行了重建工作。有人看到他们在阿普特附近"先是小偷小摸,之后由于多次不受处罚及他们的无套裤汉身份,进而冲破了仓房,偷抢,杀害物主,抢劫旅客,对他们沿途所遇到的一切敲诈勒索,将戈尔德镇的房屋抢掠一空,拦住路上的妇女,夺走她们的戒指和十字架,袭击医院,将其彻底地洗劫一空",他们的同僚、市政官员或军队指挥官则对他们听之任之②。从这里,我们就能判别出他们在罗伯斯庇尔时期所做的事,行政官员和国家财产的贩卖者,他们是无可置疑的主人。

这一时期,在瓦尔省、卜什-罗讷省和沃克吕兹省,"一个所谓革命党人的协会"周密地准备要收购财产。协会拥有"被收买的估价者"用于贬价出售的财产,还有用于减少实际购买者的顶替者。"如果不是他们的同伙,就会被排除在拍卖之外;如果继续坚持,马上就会被要求交税以获得拍卖权",也可能会被要求不得给出超过他们团伙规定的价格,为了获得财产,有人支付了"回扣"。之后,"国家财产

---

① 《法国国家档案》,F77171,"如果有人要对这些独断者和骗子发出拘票,(当地的审计员)就会通知他们……为了选举市镇官员,他们在一级议会做的就是这些,去年的热月1日,他们成功地组织了国家护卫队,利用威胁、辱骂、喊叫、暴力行为,强迫有关会议放任赦免人员,将赦免人员任命到主要位置上。事实上,从大队首领一直到下士长的职务,都是由排他的政党所担任。因而得出结论,廉洁正直的人反成为这些令人厌恶的人服务,于是为守卫付款而非自行组织看守。城市的安全也就掌握在那些看管的人手中"。

② 《法国国家档案》,F73273(1790年、1791年行政人员兼法官梅哈尔德,在法兰西共和历三年、四年和五年给阿普特省长的信件):"我对这些恐怖目不忍视。调解法官和陪审团负责人既没有拜访揭发者,又没有探望证人,他们对此表示抱歉。有谁敢反对那些窃取了优秀革命党人名号的人,人们在其他的革命危机中也见过他们,所有的公社里都有他们的朋友,在上级机关里也有他们的庇护人。他们所享受的好处也就在于此,戈尔德公社避免了元老和调遣者的示威起义。有人说不能安排有准备的人去帮助政府部门处理公民判决……当然,自法兰西共和历的五年果月18日,一个如此令人失望的状况侵入了相关组成机构,除了个别例外。所有最邪恶最荒谬的事情发生了,让善良的公民们害怕得不知所措"。出处同上,蒙道班书信,法兰西共和历的七年雨月7日:"正直的人不停地被拉·格拉斯艾尔的安排者和责任人、奥朗日嗜血成性的法庭走狗、贝都因的纵火者侵犯"。他在信中要求保守秘密,"如果信件被拉·格拉斯艾尔人和奥朗日人知晓,责任人就没有活路"。

以极低的价格出售",骗子有理由在他们的眼皮底下为自己辩护。

反革命的财产怎样才能更好地落到革命党手中？在马拉这位布道士、烈士、圣人看来,大革命的目标不是劫富济贫吗[①]？在出售国家财产、保管有争议的财产、交纳赎金、查封财产等方面,这一令人赞赏的推论占据了优势,我没有在任何印制或手写资料中看到革命委员会在实行恐怖主义的同时保持正直廉洁。这些资料极多,唯一的不足就是缺乏委员会所有成员的个人情报和记名情报。然而,委员会凭借详尽的调查,在同一个窝巢里看到了各种类型的人和各种不同的欲望,12或15个雅各宾派胡蜂,每个都去寻觅自己所偏爱的食物,每个人都有自己偏好的赃物。

在南特,"皮那尔德是委员会最大的供应者[②],为每个委员会派遣机构每日所需的人员"。"加仑将油和烧酒据为己有",尤其是"在公民比索依那里拿走了很多桶油"。度哈斯耶进行家访并要求做出捐助,其间,"他让公民勒穆尔那交了2500里弗尔以免于监禁"。"诺德一个人在受监禁的人家贴封条,去被拘留者的家中夜巡,将喜欢的东西据为己有"。"格朗麦松将查封的银器据为己有,巴舍利尔收到了银器作为赠品"。"卓立做出处理,强占了找到的物品、银器、首饰、珍贵的用品"。博洛尼耶尔被要求交出"2万里弗尔的单据,他已经领走了现金"。白如沙克斯要求女性公民奥乐马德-杜当交出"5万里弗尔

[①] 《法国国家档案》,F77164（瓦尔省,法兰西共和历五年,《一般观点》）："国家的志气被消磨,甚至变得无道德,人们像看傻子一样看这些在位却短时间内没有赚到钱的人"。

[②] 《箴言报》,XXII,240页（南特革命委员会的14位成员的起诉状和调查综述,法兰西共和历三年风月23日）。对于另一个委员会,如果缺少个人情报,集体判决几乎都难以得到支持。出处同上,144页（法兰西共和历三年风月12日,费尔尼-伏尔泰公社使节的控告）："杰克斯区县在一年多的时间里都是牺牲品,有五六个无赖躲避在此。在爱国主义面具的掩饰下,垄断了所有的职位。这些坏人制造了各类欺压事件,去别人家偷抢,公开而卑鄙地进行贪污盗用"（费尔尼的议员带来了证人的证词。）《箴言报》,XXII,290页（代表人顾其普的书信,贝济埃,法兰西共和历三年风月28日）："这些食肉者后悔把时间用在不受制裁的偷抢和屠杀上,6个月以前他们还没有面包,现在的生活富足得引人非议……公众财富的挥霍者,私人财富的偷盗者……抢夺贪污的罪犯,强制交税,盗用公款,等等"。普吕多姆,《大革命罪行》,VI,79页（关于富歇在纳韦尔创立的革命委员会）。当地的调查证明了11个主要人员的腐败,受非议的还俗教士,因为不诚实而被团体或是人民协会驱逐的律师和公证人,没收入的演员,没客户的外科医生,没能力或破产的寻欢作乐者,他们中还有一个惯犯。

以避免被监禁",将孀妇戴钮-马莱6万里弗尔的烟草据为己有,这位女士曾经做出请求,他亲自把她送进监狱,借口要为她说情。沙克斯利用恐吓使他的竞争者远离拍卖,使自己获得了巴胡瓦斯艾尔地区所有的分成制租田,他对一位赞赏他的当地人说:"我有办法给自己谋来好处,我逮捕物主所有人,为了离开监狱,他们当然非常乐意将自己的田地让给我。"整体信息收集是完整的,而样本的收集需要去法国的其他地方,因为它们分散在各处。

VII

剩下的是体系最后的诡计。由于军队紧紧管理着人和物,所以人们首先使用到了国家卫兵和普通宪兵。自1792年起,这两类部队就不停地被肃清,直到只剩下狂热者及其机构为止;之后,只要体系有所发展,它就会不停地遭到整肃。雾月14日,在斯特拉斯堡[①],代表人被免职,并被逮捕。直到和平来临前,国家警卫队的所有参谋团被作为人质发配第戎;三天之后,考虑到城市的骑兵部队是自行出资设立的,于是他们将部队判为贵族、资产阶级作风的嫌疑人,扣押了马匹,逮捕了军官。在特鲁瓦,因为同一原因,事情发生得同样突然,"国家特派员"鲁瑟兰一下子解任了所有的宪兵,并"请求征用他们全副武装的马匹,这样,得到同意的知名无套裤汉就可以直接上马"。因为从总体而言,只有贫民、表里如一的无套裤汉才有权利拿起武器,如果一位资产阶级介入其中,虽然会有人给他一根矛,但是一旦完成任务就会有人收走他的武器[②]。

除了一般的军事武装力量,还有一支经过挑选的更为有效的力量,也就是特别宪兵队,既有巡回流动的部队,又有常驻的部队,我想

[①] 《斯特拉斯堡大革命期间历史的文件汇编》,I,21页。《法国国家档案》,D,I,6页(法兰西共和历二年牧月11日,鲁瑟兰决议)。

[②] 《1792—1795年旅居法国》,409页。

说的是"革命部队"。自1793年9月5日起，政府和代表人在巴黎和大多数的大城市建立了"革命部队"。巴黎的革命部队有6000人，其中有1200个枪手，他们将支队派往外省，里昂有2000人①，特鲁瓦有200人；易沙卜和达利昂在波尔多有一支3000人的革命部队；萨利瑟提、阿勒比特和卡斯巴兰在马赛有2000人的部队；依左黑和迪凯努瓦在里尔有1000人；加欧格在蒙布里松有1200人；还有一些人数为60至200的小部队，分布在穆兰、格勒诺布尔、贝藏松、贝尔福、布尔日、第戎、斯特拉斯堡、图卢兹、欧什、南特②。

  1794年3月27日，公安委员会受到了埃贝尔的威胁，部队被作为埃贝尔派解散，但是很多部队继续存在，至少核心部队就能以不同的形式或头衔存在，或是政府部门以"付薪警卫队③"的名号将其保留，退伍士兵和伤残人士也可以因为他们的功绩在他们所在城市的国家警卫队工作。他们提供的这种服务是不可或缺的，因为有了他们，新制度才能得以建立并继续下去。机构的决议决定："革命军队④要消灭反革命，在有需要的任何地方执行革命法和公共安全措施"，也就是说"要看守禁闭者，逮捕嫌疑人，破坏城堡，拆除大钟，搜查教堂里的圣器室，将金银物品拿走，扣押奢华的马车和马匹"，尤其是要"寻找个人的储备金和囤积物品"。简而言之就是要当场执行拘禁行动，

---

  ① 我没有找到拥有革命军队的城市或省级部门列出的完整清单，我通过执行任务的代表人书信和印制文件，找到了这里列举的各城市革命军队的名称。

  ② 马特尔伯爵，《富歇》，338页（公安委员会决定）。派遣到里昂的分队包括1200个射手，600个枪手，150个骑兵。给拨款审核委员提交了30万里弗尔作为旅费，给了科洛·德·艾尔布瓦5万里弗尔，给了随行的平民雅各宾派1.92万里弗尔。

  ③ 《箴言报》，（法兰西共和历三年雾月17日会议）。代表人佳莱思给国民公会的信："第戎市政府以守卫监狱为借口，拥有一支革命军队，但两天前被我粉碎了，军队每月花费6000法郎，但不承认军事机构的领导，军队用于支持阴谋家，士兵也都是不再工作的工人，他们的任务就是占据俱乐部的观众台，他们和妻子在那里用掌声表示支持领导者的见解，如果有公民想要反对就威胁他们闭嘴"。马特尔伯爵，《富歇》，425页，"为了回避国民公会的决定（霜月14日决定），废除各省的革命军队，加欧格使在卢瓦尔大区训练的1200个人改行成了付薪水的警卫兵"。出处同上，432页（古力，布尔日，霜月23日）："昨天，在布尔日-瑞吉尼黑，我碰到了加欧格和他带领的400个革命军队的人"。

  ④ 比舍和胡克斯，XXIX，45页。《箴言报》，XX，67页（巴赫尔报告，芽月7日）。索泽，IV，303页（贝藏松代表人巴萨尔决议）。

实施恐怖行为。在此,我们马上就能看到革命军队的士兵组成状况。

由于革命军队采取自愿招募的形式,所有的候选人都经过了俱乐部的投票筛选,因此留下的都是极端雅各宾派。由于薪水是每日40苏,所以组成人员也都是无产者。由于要做的工作既令人厌恶又残酷暴力,所以组成人员只是①游手好闲的手工业者,工作也只是为了糊口,成员往往是"没有客户的假发师,没有地位的走狗、流浪者,没有能力靠体面工作谋生的穷人","暴力分子",这帮无恶不作的人挥霍完了公共财物之后,又想去挥霍私人的财产,他们习惯居留于堕落的地方,乐意将自己从前的上司推入污沼,自居高位,在那里傲慢而趾高气扬地进行统治,用他们的狂妄自大和炫耀卖弄来证明轮到自己做君王了。他们对波尔多的无套裤汉同事说:"把马带走,由国家付钱②。"他们的"队列华丽",轿式马车由6匹马拉着,前后左右还跟着护送队伍,驶向瑞奥勒·瑞午夫以及另外两位嫌疑人那里。护卫队的首领将犯人带到巴黎,让犯人一路挨饿,之前在阿让当厨师的人现在当了宪兵,利用犯人投机倒把;他让犯人们多走了40里,因为这"尤其关乎他的荣耀",为了"让所有的阿让人看到他掌握国家的财富,用链条束缚了公民"。因此,他在阿让时"不停地出行,而不一定需要马车",他给观众们做手势,"比当年亲手俘虏了12个奥地利人更加得意扬扬"。总之,为了在公共议会表现出他举动的重要性,他让两个马蹄铁匠前来,给每个囚犯双腿的脚镣上加上了沉重的铁球③。

暴徒表现得越是暴虐就越觉得自己伟大。在贝尔福,人们给一

---

① 革命军队在巴黎没有6000人,只有4000人,这对于巴黎是荣耀。马莱·杜·潘,II,52页。谷维侬-圣西尔,I,137页:"同时,代表人在上莱茵省后方组织了他们所谓的革命军队,由脱党分子、他们能找到的所有流浪汉、人民协会的渣滓、坏人所组成"。华,《一位巴黎高等法院律师的回忆录》,196页。
② 瑞午夫,《监狱回忆录》,31页。
③ 瑞午夫,《监狱回忆录》,37页。"这些脚链球也是对人民的预先卖弄。我们的手被铐住,身体被3根绳子束紧,但他认为这些还远远不够;在剩下的道路上,我们还要戴着这些如此的沉重镣铐,如果马车倾斜,我们的腿必定会被压断,这使在巴黎裁判所附属监狱工作了19年的看管人也感到震惊"。

位刚死的革命党人举行了公民丧礼,一个革命分队也加入了送葬队伍。人们带着斧头,来到了墓地,为了更好地举行葬礼仪式,"他们打倒了所有的十字架,举行火刑仪式,卡马尼奥拉歌舞从这天开始永远值得纪念①"。有时场面更是夸张,还会使用火把,这让发起人感觉到做了些非同凡响的值得嘉奖的事,感觉他们救了国家。波尔多的官员写道②:"这一夜,近3000人被雇用参加一次重要的考察。他们的带头者是革命委员会和市政当局的成员,他们去沙尔特隆斯城镇的所有大商人那里,抢夺他们的单据副本,在他们的柜台上贴上封条,将商人们逮捕到修道院,这些倒霉的罪犯!"如果在城市里迅速地把一个阶级的人关进监狱是徒劳,那么逮捕整个城里的人更是徒劳。马赛的党派有一支小部队③,两个无套裤汉作为首领包围了马尔提格。这座城里有5000人,他们找到了17个革命党,剩下的都是联邦派或温和派。因此,当地人被集体解除武装,他们的家也被胜利者进行了搜查,战胜者四处搜查,找到强健的男孩,"500个年轻人受到了征调,在城里留下了一个无套裤汉团体以维持秩序"。可以确定这里的人会服从下去,因为驻军同17个革命党人的联合消磨了城市反抗的决心。

事实上,行政机构和财富都受他们全权处置,他们因此先是在农村行动,去当地人家里参观谷仓和仓房,确保所有人的申报准确无误。如果谷物还没打,他们就会立即行动,将收获的谷物充公,物主则被判处一年的监禁。如果申报不准确,物主就会被判决为囤积者,并被处以死刑。因为这样一个决定④,每个部队都去了农村,不仅收

---

① 《外交事务档案》,331卷(法兰西共和历二年雾月13日,贝尔福、奥普特书信)。
② 出处同上(波尔多,霜月10日,戴斯格朗日书信)。
③ 出处同上,332卷(马赛,霜月14日,提贝尔日书信)。
④ 《外交事务档案》,331卷(代表人巴萨尔决定,贝藏松,霜月5日)。"没有哪位公民能在家中将生活必需品存放超过4个月……任何有盈余的公民都要将多余的粮食送到专门的富余谷仓……很快,在该决定被采纳之后,市政当局就必须要求所有的公民处于劳作状态,要无中断、无延误地打谷麦,如果违反就会被起诉为违反法律者。革命委员会特别负责该决定的部署。革命法庭同军队共同负责法案处罚的执行"。从其他的文件中,我们看到革命军队在杜省及邻近的5个省组织,包括2400人。(出处同上,卷1411,梅扬菲尔德对德佛尔格部长的信件,法兰西共和历二年雾月27日)。

集了所有的谷物,还收集了各类生活必需品。一位官员①说:"格勒诺布尔的部队实现了奇迹,仅仅在一个小县城里就找到了能收150升至300升麦子的土地、1200只鸡蛋、价值600里弗尔的黄油,这些很快就占据了格勒诺布尔的道路。"

在巴黎附近,军队的先行队伍配有"叉子和小刺刀,他们匆忙赶去分成制租田,解开牲畜棚中公牛的绳扣,逮住绵羊和家禽,火烧谷仓,向投机者出售他们通过小偷小摸得到的东西②"。猪膘、鸡蛋、黄油、鸡肉……农民们交出了他们所要求的一切,低声诅咒给他们带来战争和饥饿的共和国,但是他们终究还是顺从了。当有人对他们说"农民公民,我要你的脑袋……没什么好延迟的了③"的时候,他们依然选择顺从。毕竟他们太过幸福了,冒险的代价是如此之低。

雾月9日,将近晚上7点,在科贝依附近的提吉瑞,有25个男人"腰间带着军刀和手枪,大部分人穿着国家警卫的制服,声称属于革命军队",他们进入了吉勒彭家,他是一位71岁的耕作者。为了保证考察不受打扰,50多个人守住了房间的出口。他们的长官图尔洛是将军昂里奥的侍从武官,他问屋子的主人在哪儿。"在床上。""去把他叫醒。"老人起床了。"交出你的武器。"他的妻子上交了一把猎枪,这是家中唯一的武器。这时,这伙人冲向了可怜的老人,"打他,捆起了他的手,把他的头套进了袋子里。"他的妻子,8个仆人和两个侍从也受到了同样的待遇。"现在需要衣柜的钥匙,我们要核查你是否有象征王族的百合花或其他的违法物品。"他们搜查老人的口袋,抢走了他的钥匙。为了行动更快些,他们撞开了衣柜,扣押掠夺了银器,

---

① 《外交事务档案》,331卷(雾月11日,什匹信件)。一个月之前(雾月6日),他写道:"耕地者对城市和全面限价法令怀有很深的敌意。没有革命军队的辅助,将一事无成。"

② 梅西埃,《法国大革命中的巴黎》,I,357页。

③ 华,197页。我在手写和打印的文件资料中,只找到了一个抵抗的范例:这人是沙普荣的兄弟们,他们住在临近桑斯的一个洛基斯的小村子里,他宣布麦子只能供自己人使用,要抵抗军队。宪兵没有足够的人手强迫他们,拉响了警钟,让国家警卫员赶到桑斯及周边,他们带来了大炮,最后点燃了房屋。两兄弟被杀死了,之前,他们曾经打击了桑斯国家警卫队的指挥官,杀死或打伤了近40名进攻者。他的兄弟幸存下来,而姐妹则被斩首了(1794年6月,瓦隆,IV,352页)。

"26套餐具,一只盆子,3个汤匙,3个平底大口杯,2个鼻烟盒,40个银币,2只手表,一只金表,一只金十字架"。"等在梅克斯安定了下来,我们会将这些都记入笔录。你出卖的银器在哪儿?如果你不说出来,断头台可就在门外等着你呢,我就是你的刽子手。"老人没有拒绝,只是要求给他松绑,但是为了"进行敲诈勒索",还是把他捆起来更保险。他被劫持着进了厨房,双脚被放进了炽热的火盆里。他发出了一声大叫,示意去另一个柜子,柜子被撞开了,他们夺走了找到的物品,"72法郎的硬币,5000至6000里弗尔的指券,这是吉勒彭刚刚收到的麦子征用钱"。之后,他们冲破了地窖的门,打开藏醋的房间,把葡萄酒抬到了楼上,吃掉了屋里的晚餐,喝得醉醺醺,最后,把双脚烧伤的被捆住的吉勒彭以及其他的11个人留在了家里,一走了之,他们确定没人跟着他们①。

　　在城市里,尤其是联邦制地区,偷盗和其他行凶事件并发。在里昂,当常规部队被留宿在营房中时,这群革命者则住在革命军队里,2000名②来自巴黎的放荡下流、嗜血成性的流氓由将军荣塞带领,他称这些手下为"流氓无赖,贪赃枉法之徒",他提出借口说"我们不能找来正直善良的人干这一行"。我们能猜出来他们是如何对待自己的主人、妻子、女儿的,同时代人对此窃窃私语,但是出于节制或厌恶,他们避开了细节。有的人只是简单地滥用暴力,还有些人因为断头台的缘故摆脱了惹人讨厌的丈夫,最谨慎稳重的人也随身带着轻浮女人,女仆在凌晨一点要被惊醒,前来点燃进入村庄的仪式火焰。然而,更糟糕的是,坏人还会相互吸引。我们看到了南特革命法庭和执行任务的代表人的所作所为,革命从未在别处如此疯狂、如此猛烈地践踏人类的生命。有像卡里耶、委员会帮凶这样的领导人,我们就

---

① 《箴言报》,XVIII,663页(霜月24日会议,乐库望特报告)。"提耶克斯、朱利及其他地区的公社都是他们掠夺抢劫的牺牲品"。"农村的倒霉人受到此类的欺压,不敢抱怨,他们能保住性命已经太幸福了"。但是这一次,公共敲诈勒索者做错了,因为他们发现吉勒彭是乐库望特农夫。吉勒彭是否也碰巧把这件事告诉了他的所有人,"他去看望所有人,也是因为其他原因"。

② 贵龙·德·蒙特隆,II,440页,III,97页。

能够确认刑罚执行者也是经过优选的人。

  为了更保险,有些南特委员会的成员也亲自忙于处决,合作参与残杀。他们当中的库兰是圣-多明戈的克里奥尔人①,他好色而神经质,习惯于像对待动物一样地对待黑人。在他看来,除了肤色不同,法国人也跟黑人一样,他是九月大屠杀的参与者,溺亡事件的主要煽动者和领导者。他亲自清空了布非的监狱;他依仗自己的职权,增加了偶然抓到的25个人的姓名,只是为了达到自己定的总数。还有尤其擅长于捆绑的委员会特派员卓立,他亲自捆好犯人,两个两个地把他们送到河边②。格朗麦松是委员会成员、曾经的军队上士,在大革命之前因为两起谋杀被判刑,他用军刀击打向他提出请求的哀求者从船板中伸出的手③。皮那尔德是另一位委员会特派员,他在农村偷抢,更喜欢亲自杀妇女和儿童④。

  自然,同他们共同行动或受他们控制的3个部队中也只有他们的同类。第一支部队叫马拉协会,60个成员人人都参与,发誓践行马拉的学说,库兰⑤是创始人之一,对于每个新会员,他都这样问:"难道没有更坏的人选了吗? 我们需要这样的人让贵族们变得更清醒⑥。"自霜月5日起,"马拉派"吹嘘说因为用军刀击打了太多犯人

---

  ① 参见阿尔福瑞德·拉里,《库兰的无套裤汉》;瓦隆,《巴黎革命法庭史》,V,368页(拉卡耶的证词)。剩下的是同样非同一般的怪物,他们聚集在南特的其他政府部门,例如裁缝让·德·艾荣成了部队食物的检查员。"柯立松溃败之后,妻子来伊特加了一个我不敢记录的细节"。(《革命党人艾荣》,L.德拉·司库缇耶尔,9页,10页,来伊特妻子的证词,她是鱼商,还有梅里耐的证词,VIII卷,256页。)

  ② 瓦隆,V,368页(拉卡耶的证词)。

  ③ 出处同上,V,371页(塔布亥的证词)。

  ④ 出处同上,V,373页(马锐奥特的证词)。

  ⑤ 《箴言报》,XXII,321页(菲利普斯-特荣朱立的证词)。巴瑞奥特-圣普利,《法国大革命司法》,第39页。

  ⑥ 康巴尔东,《法国大革命法庭史》,II,30页。他们每天有10法郎,还获得了很多权力。(卡里耶和弗朗卡斯泰决定,1793年10月28日。)"代表人……以集体或个人方式委托革命团体的每位成员监督南特所有其他的嫌疑公民、前来居住的外国人、任何囤积货者,在认为合适时四处进行家庭检查……各处的军事力量要服从征用请求,请求可以是以团体的名义,也可能是以组成成员的个人名义"。

而感到胳膊累,这样做是为了让犯人们一直走到卢瓦尔河①。除了疲惫,我们还能看到,他们只得服从:他们的军官在卡里耶身边钻营,想要负责溺亡的执行,因为这有利可图。将被执行溺亡死刑的男女已经被剥削了财产,有时甚至连衬衣都被抢走了。如果值钱的物件都沉入水底,那就太可惜了。因此,溺亡执行者同他们分享财物。在军士理查德那里,人们找到了一个装满首饰和手表的柜子②;四五千的溺亡者中,六十人协会一定占了不少便宜。

第二个部队被称为美洲轻骑兵,他们在市郊工作,由黑人和黑白人的混血儿组成③,在这座船主的城市,这类人很多。人们给他们提供要枪杀的妇女,但他们会先对她们施暴。他们说:"这是我们的奴隶,是靠我们的辛勤汗水得来的。"两天之后,那些不幸被他们赦免的人都在他们那里变成了白痴,剩下的几乎都是再次被抓住要被枪决的。最后一支部队被称作"日耳曼军队",由德国逃兵或雇佣兵组成,他们几乎不会说法语,军事委员会将他们派遣去打发旺代女人,通常情况下,他们一次射杀25人。一位目击证人④称:"我去到了一个峡谷,那是个半圆形的采料场。在那里,我看到了75具女人的尸体……裸露着,仰面朝上。那些我们当日带去的是16到18岁的女人,她们中的一位对带领人说'我很清楚你们是要带我去死',德国人用他不规范的法语,可能还带着大笑,回答道:'不是,这是带你们去呼吸新

---

① 巴瑞奥特-圣普利,42页。阿尔福瑞德·拉里,《南特溺亡》,20页(高缇耳的证词)。出处同上,22页。卡里耶说:"我是为朗贝尔提准备的这一处决,我很生气别人也受到了处决。"

② 阿尔福瑞德·拉里,《南特溺亡》,21页,90页。参考《箴言报》,XXII,331页(维克多尔·阿巴拉哈姆的证词)。"溺亡执行者跟女人们很亲近,如果喜欢她们,甚至可以利用她们享乐。为了奖赏她们的奉承,让她们获得免于淹死的宝贵机会"。

③ 康巴尔东,II,8页(高默艾的证词)。巴瑞奥特-圣普利,42页。出处同上,28页。卡里耶的其他官员,付凯和朗贝尔提,因为"逃避了德·马尔斯里夫人及其侍女的国家惩罚"而判刑。这些雅各宾派"贪恋丝质衣物",巴瑞奥特-圣普利先生引用了一位雅各宾派1851年在兰斯受审时的供词:有人反对他所认为的共和国不能够长久的说法。他说,"这也有可能,给我们3个月的时间,只需要3个月,我们就能够填满口袋和肚皮,弄皱那些丝质袍子。"1871年,对于同样的事件,另一个人说:"我们还总是会有8天的好日子。"在1863年斯帕耶反对英国人的暴动中,在美国印第安人的历史中,人性本质的审查者找到了类似的细节。1791年、1792年巴黎的九月屠杀以及战争的历史也为我们提供了同样有特点的资料。

④ 阿尔福瑞德·拉里,《南特枪决》,23页。国家警卫护卫队指挥皮卡尔德的证词。

鲜空气。'"他们仇恨地把女人们安排在了前些天处决的尸体前,枪杀了她们,那些没有倒下的女人看到机枪再次被装上弹药,再次被射杀,受伤者也被断绝了性命。之后,德国人过来搜死者的身,还有人脱去了她们的衣服,让她们"转过身仰面躺着"。

为了找到能做出这种恶行的人,不仅需要找到法国最坏的恶棍,甚至还要找到更下等的残暴种族、外国人、因为奴役而堕落的人、因为特权而堕落的人,革命政府的组成人员就是如此①。通过征召、职务和习俗,他们唤起了几乎被前人遗忘的形象记忆,因为无论是在14世纪还是16、17世纪,都有同样的存在。在那时,社会也是被野蛮的暴徒征服和蹂躏,危险的游牧者、失去社会地位的恶人、变成强盗的士兵,都会袭击爱好安宁的人民。因此,在法国有结队抢劫的士兵,在罗马有波旁陆军军队,在法兰德斯有阿尔瓦公爵和帕尔马公爵的部队,在威斯特伐利亚和阿尔萨斯,有瓦朗斯坦和贝尔纳·德·萨克斯-威玛尔的雇佣兵。他们都是地地道道的强盗歹徒,他们自称是剥牲畜皮的人、粗鲁的人、阴谋家,他们不会为人道主义哲学效忠。除了即刻的个人享乐,他们别无所求;他们利用暴力满足贪欲、残忍和淫荡。在他们自私贪婪的欲望的驱使下,他们展开了更广泛的迫害,以及系统而无理由的洗劫,因为充斥在他们的头脑中并控制着他们的是反社会的理论思想。

---

① 索泽,《杜省的大革命迫害史》,VII,687页(1796年12月24日,国民公会议员格列瓦书信):"估略计算,犯下累累罪行的责任人多达30万人,因为每个市镇都有五六个残暴的禽兽,他们以布瑞图斯的名义,揭开封条,把人淹死,杀人的技艺臻于完善。为了建立山岳派,他们侵吞了巨大的财产,为狂欢豪饮买单,一个月举行3次庆祝节日,在一次展示之后,节日变成了两三个演员表演的滑稽模仿剧,但是没有观众。临近结尾,就只剩下鼓声和市镇官员;官员很羞愧,在去理性殿的路上,通常把自己的肩带藏在口袋里……但是,这30万敲诈勒索者的领导是二三百个国家国民公会成员,只召集流氓无赖是必需的,因为语言里没有任何更加坚决的修饰语"。

第七章　被压迫者

Ⅰ.法国大革命的大规模伤亡—4种屠杀手段—通过强制移民及合法流放驱逐出境—被驱逐者的数量—剥夺人身自由—缓刑者、被拘留者、幽禁者、被监禁者—其数量与处境—经过审判或未经审判的杀戮—被判决处以斩刑或执行枪决者的数量—表明其他受害者数量的迹象—实施更大规模迫害的必要性及计划—掠夺—掠夺范围—挥霍—无谓的损失—个人及国家的破灭—最受压迫的名人显贵。Ⅱ.名人显贵们在社会中的重要性—1789年名人显贵的不同等级及种类—社会幕僚—上流社会人士—其处世之道—其知识修养—其人道与仁慈—其道德意志—讲究实际的人们—其成员构成—其权能—其积极善行—其稀缺与价值。Ⅲ.显贵人士的3个等级—贵族—投身军旅的身心双重准备—尚武精神—1789年至1792年军官们的成员构成—贵族隶属何等职务。Ⅳ.教士—其成员构成—这一职业的吸引力—教士们的独立自主—其功德的稳固—其理论教导与实践情况—其在领土内的分布情况—其终身职位的利益—其1789年至1800年的行为表现—他们的勇气—他们的牺牲。Ⅴ.资产阶级—其成员构成—与旧制度下的官吏和现代公职人员的不同之处—终身官职的拥有—同业公会—公职人员的独立与安全—理想抱负既有限又得到满足—深居简出、正派、审慎的作风—寻求尊重—知识修养—自由主义思想—可敬之处与公众热忱—1789年至1800年资产阶级的行为表现。Ⅵ.半显贵人士—其构成—乡村居民代表与行会理事代表—其选民的权能—选民须用心选举—其能力与信誉—旧制度下政客的选拔——个家族维持和发展的条件—显贵人士财产和血统的继承权及个人权利。Ⅶ.社会主义平均原则—任何社会地位的优越性都是不合法的—这一原则的影响—有利影响与公民意识的匮乏—大革命法令如何损害到底层阶级—受波及的大批群体—被流放者名单上平民百姓所占比重—大革命法令如何更加严重地损害到平民显贵。Ⅷ.阶级越高者遭受的迫害越严峻—一地一道道的名人显贵因其显贵的身份受到迫害—泰伊菲尔、米约以及勒菲约颁布的法令—蒙塔日的公开忏悔。Ⅸ.上层阶级的两个特性：财富与教育—每个特性都是一条罪状—针对富豪或有钱人的措施—他们按照等级大批遭受迫害—针对有文化、有教养人士的措施—修养良好以及出身高贵的危害—"绅士们"普遍遭流放。Ⅹ.被统治者与统治者—塞夫尔大街的被解禁者以及红十字革命委员会—王太子与其家庭教师西蒙—法官与受审判者—特兰夏尔与考菲纳勒，拉瓦锡与安德烈·谢尼埃。

I

对于雅各宾派来说，首要目标便是要尽可能地消灭其明确的反对者或疑似的反对者。他们同时或相继采取了4种手段，对那些不是或不再是党派成员的法国人进行肉体折磨或社会迫害。

第一种手段为将他们驱逐出境。自1789年起，他们以强制移民的方式被赶到国外，身陷乡村农民起义以及城市骚乱①中却得不到保护，甚至不准自卫，其中3/4的人只得为了躲避民众暴乱离开法国，因为法律与政府不再支持他们对抗这些暴行。随着雅各宾激进主义的不断深化，法律与政府对他们的敌意越来越强，他们也越来越多地结伴离开。8月10日以及9月2日之后，他们不得不成群结队逃亡，因为自此以后，如果他们中有人坚持留下，十有八九会被关进监狱，在里面等待被屠杀或上断头台。几乎同时，法令使得被放逐者以及整个阶层的约4万名不宣誓的教士也加入了逃亡者行列②。

---

① 参考315~326页，487~513页，522~559页。

② 格列高利，《回忆录》，Ⅱ，172页，"流亡者中，第一阶段约1.8万名教士离开，另外还有约1.8万人在9月2日后自己逃亡或被放逐"。

据统计,在恐怖时代结束时,逃亡者以及被驱逐者共15万多人①。要不是因为有巡逻队看守边境,要不是因为越过边境必须冒着生命危险,可能还会有更多人。为了越过边境,许多人在夜里和隆冬季节,乔装打扮,漂泊游荡,冒着生命危险躲过枪击,下定决心不惜一切代价逃亡到瑞士、意大利、德国甚至匈牙利,去寻求安全保障以及向上帝祈祷的自由权利②。如果流亡者或被放逐者中有人冒险回家,就会像野兽一般被围捕,一旦被抓,他们就会被送上断头台处决③。德·舒瓦瑟尔先生和其他一些不幸的人曾因船舶失事被抛弃在诺曼底海岸,国际法也不足以保护他们。他们被移送到一处军事委员会,由于得到了民众的怜悯,他们暂时保住性命,被囚禁在监狱中,直至首席执政(拿破仑)介入此事,取缔这一杀人如麻的法令,并予以特赦批准将他们流放到了荷兰边境。如果他们武装对抗共和国,则会遭受无情的对待:一个强盗一旦被囚禁尚可得到人道对待,而一个流亡者一旦被囚禁则会被当作豺狼般对待,当场立即枪毙,有时对于逃亡者连简短的法律程序都不会用到。旺达姆将军曾写道④:"当我成功

---

① 格列高利,出处同上,"治安部移民局局长统计(1805年5月9日),约有20万人遭受移民法令的迫害"。拉利-托勒迭勒,《流亡者的辩护》(第2部,62页及其他一些地方)。数千被登记为流亡者的人没有离开法国,当地政府之所以将他们写在名单上,或是因为他们居住在其他省,没能得到法律规定的用来确认居住地的众多证明书,抑或是因为名单的制作者不认可这些已有的证明;他们乐于伪造一个流亡者,以便合法没收其财产,或以不合法的方式将被抓回来的逃亡犯送上断头台。《从督政府到五百人院的启事》,法兰西共和历五年风月3日,"根据财政部长办公室所做的估计,登记在逃亡者总名单上的人数升至12万多人,另外还有几个省的名单一直没有送达"。拉法耶特,《回忆录》,II,181页,"1800年10月19日,根据治安部部长的报告,逃亡者名单共9卷,除了督政府注销的1.3万人和执政官政府的1200人,还包括14.5万人"。

② 参考卢韦、杜劳尔、沃勒朗,《回忆录》。马莱·杜·潘,《回忆录》,II,7页。"我曾和好几个人交谈过,他们多次乔装打扮几乎环法国一周也没能找到脱身之处,在经过一系列传奇般的冒险经历之后,他们终于成功到达瑞士,这里是唯一一段稍稍容易越过的边境"。索泽,V,210页,220页,226页,270页(小镇沙尔克蒙54位居民的流亡,他们赴匈牙利定居)。

③ 出处同上,第IV、V、VI、VII卷(关于留下来继续担任教会神职的被驱逐的神父,以及返回尽其职守的被驱逐出境的神父)。要想了解逃亡者以及亲朋好友的处境,须阅读法兰西共和历一年雾月25日(1794年11月15日)颁布的法令,其更改了先前法律的内容并扩大了其适用范围:14岁甚至10岁的孩子也受到波及;更为困难的是,即使人们留在了法国,也并不意味着他们没有逃亡过。

④ 《箴言报》,XVIII,215页(旺达姆准将给国民公会的信,菲尔纳)。这封信的宣读赢得了"反反复复多次掌声"。

抓到流亡者时，我不会将其移送到军事委员会不辞辛劳审判他们，他们当即便会被判决，我的军刀和手枪将执行这一判决。"

第二种手段为剥夺反革命嫌疑分子的自由，这种剥夺分好几个等级，因为有多种方式用来对付这些可疑分子。有的嫌疑分子被判"缓刑"，换言之，即逮捕令延期，使嫌疑人持续生活在一种命令随时生效的极端不安的状态之中，每天早上可能都要担心晚上就要睡在牢房里了。有的嫌疑分子被勒令禁止离开其所在的城镇。有的嫌疑分子被幽禁在家，或有守卫监视或没有监视，若有守卫的话，则必须给钱讨好他们。最后，也是最常见的情况，有的嫌疑分子被关在牢房或拘留所中。仅在杜省①这一个省，就有1200名男女被判缓刑，300人被禁止离开其所在城镇，1500人被幽禁在家，2200人被关进监狱。在巴黎，大革命委员会不断地将嫌犯投入监狱，36座大规模监狱以及96座拘留所或临时监狱都不能满足需要②。据统计，在法国，忽略不计4万多座临时监狱，1200座爆满的监狱中，每一座都幽禁着200多个嫌疑人③。在巴黎④，尽管每天都有嫌疑分子被送上断头台处决，但是法兰西共和历二年花月9日，囚犯的人数仍然增长至7840人；即便是每天有五六十人被斩首，囚犯也还有7502人。布列斯特的监狱内囚禁有975人，阿拉斯的监狱内有1000多名囚犯，图卢兹的监狱内关押着1500多名囚犯，斯特拉斯堡的监狱内关押着3000多名囚犯，南特的监狱内则有1.3万多名囚犯⑤。在沃克吕兹与罗讷河口两省，特别代表迈涅当场宣布逮捕1.2万人至1.5万人。特别代表博略曾说：

---

① 索泽，V，196页（总共有5200人，或许还应该再增加几百人，因为缺少好几个村庄的名单）。

② 比舍和胡克斯，XXXIV，434页（富基埃－坦维尔案，公民行政委员会处长，提里耶－格朗普雷的证言，警察局与法庭，第51位证人）。

③ 萨拉丁的报告，1795年3月4日。

④ 瓦隆，《恐怖时代》，II，202页。

⑤ 迪沙特里埃，《恐怖时代的布列斯特》，105页。巴黎，《约瑟夫·勒邦传记》，II，第370页。巴斯卡伊尔，《图卢兹监狱概览》，409页。《斯特拉斯堡大革命期间历史的文件汇编》，I，65（法兰西共和历二年牧月7日起逮捕人员名单）。"在下面提及的逮捕嫌犯中，已经有3000多人被关押在斯特拉斯堡"。阿尔弗雷德·拉利耶，《南特溺水案》，90页。

"热月之前的一段时间,囚犯的人数增加到约40万,这是由社会安全委员会当时统计的名单和登记簿中得出的结论①。"

在这些不幸的人当中还有孩子,不仅仅在南特的监狱里,南特的革命搜捕行动将所有乡村人口都送进了监狱。在阿拉斯的监狱里②,在20个类似的案件中,我看到有一个煤炭商人和他的妻子以及他们7个6岁到17岁大的子女,一个寡妇带着她4个12岁到17岁大的孩子,还有一个贵族寡妇带着她9个3岁到17岁大的孩子,以及6个来自同一家庭的9岁到23岁大的孤儿。

几乎在各个地方,这些要犯所受到的对待就如同旧制度下人们对待强盗和杀人犯那般。首先,他们会被"搜身",换言之,他们会被扒光衣服或者只身着衬衫被搜遍全身。许多妇女及年轻姑娘们在遭受搜身时昏厥过去,而这种搜身行为以往只是在苦役犯进入服劳役监狱时才会进行③。被关进单人囚室或多人囚室之前,他们通常会被乱七八糟地丢在一间低矮的房间里,坐在长凳上或是在院子里的石子路上过两三夜,"既没有床也没有草垫"。"这些人身心饱受各种折磨。他们的财产、指券、动产、食物陆续被掠夺,不见日光和灯光,暗无天日,危急情况和残疾人的呼救也得不到响应,对外界的公共事件一无所知,与父亲、儿子及妻子间无论是面对面交谈还是写信交流都

---

① 博略,《随笔集》,V,第283页。早在1793年12月末,卡米尔·德穆兰就曾写道:"请打开那些关押着20万你们称之为反革命嫌疑犯公民的监狱大门"。然而接下来的7个月期间,囚犯大量增加。博略并没有明确说明社会安全委员会如何定义"囚犯":仅仅指关押在政治监狱里的人,或是还应该包括那些被幽禁在家的人?我们可以以一个革命制度严酷程度中等,并且拥有较为完整的囚犯名单统计表的省份为例,核实一下他的说法,得出大概的数字。根据1971年的人口统计,杜省有22.1万居民,法国有2600万居民,我们刚刚看到杜省每个类别囚犯的数量,根据这一比例,在法国,有25.8万人被囚禁在监狱里,17.5万人被幽禁在家,还有17.5万人被禁止离开其所在城镇或被判缓刑,总共加起来,有60.8万人丧失人身自由。前两类共有43.3万人,这一数字与博略的说法相当接近。

② 巴黎,《约瑟夫·勒邦传记》,II,371页,372页,375页,377页,379页,380页。《死亡的恐惧》,普瓦里耶与蒙热·德·敦刻尔克著(第2版,法兰西共和历三年)。"在监狱里,还有孩子们和他们的监护人,他们并不比我们更受宽待……我们孩子们从四面八方来到这里,最小的只有5岁,为了不让他们受到家长影响,有时会有专员被派来向他们宣传一些有违道德的思想"。

③ 《监狱回忆录》(巴里耶尔与贝维勒文集),II,354页。出处同上,II,261页,262页。"女性是最先被搜身的"(阿拉斯监狱与巴黎普莱西监狱)。

被禁止①"。他们食宿要被迫付钱，还必须给看守付钱，他们从外面带进监狱里的食物也几乎被洗劫一空，他们被迫吃盒饭，发放给他们的食物往往数量不足并难以下咽，"有变质的鳕鱼、散发恶臭的鲱鱼、腐烂的肉、烂透了的蔬菜，所有这些再搭配约1/4升塞纳河的水，由于加入了劣质药品，水都变成了红色"。他们被迫挨饿②，受到粗暴的对待，被恣意欺压，仿佛就是要耗尽他们的忍耐力，逼他们造反，从而有借口将他们赶出监狱流放他处，或是被送上断头台处死。在福尔斯监狱，他们被10个人、20个人甚至30个人一起关在一间牢房里，"8个人被关在一间14平方英尺的牢房"，里面所有的床紧挨着，还有好几张床交叠在一起，8个囚犯中有两个被迫睡在地上。牢房里寄生虫大量繁殖，天窗一直紧闭，便桶也一直放在牢房中，再加上过度拥挤，使得牢房内臭气熏天。在多个地方，病人和死亡者所占的比例比贩卖黑奴船的货仓还要大得多。

一个斯特拉斯堡的被囚禁者写道："两个月前，和我一起被关押的90人中，8天之内有66人被送进了医院。"在南特的监狱内，两个月间，1.3万名囚犯中有3000人死于斑疹伤寒和坏疽病③。有400名

---

① 《关于多努的文献资料》，泰郎德利著（多努的叙述，他曾辗转被关押在福尔斯监狱、女感化院监狱、英国本笃会修士监狱、费姆酒店以及利博尔港）。

② 被囚禁在福尔斯监狱的特别代表布朗羣，以及被囚禁在卢森堡和女感化院监狱的特别代表博略的证词。博略，《随笔集》，V，290页。"巴黎裁判所的附属监狱里还关满了许多不幸的被控盗窃和谋杀罪的嫌疑人，他们饱受折磨，处境悲惨……与他们一起被乱七八糟关押在臭气熏天的牢房里的是那些伯爵、侯爵、骄奢淫逸的富人、风雅的纨绔子弟，以及不止一个不幸的哲学家，唯有将他们送上断头台才能在牢房中空出位置。人们几乎总是一进监狱就被关进茅房里，有时甚至在这里待半个多月……晚上，在草垫旁大便完之后，他们还得在排泄物旁睡觉……我度过了3个这样恐怖的夜晚，半坐着，一条腿搭在长凳上，一条腿着地，背靠在墙上"。瓦隆，《恐怖时代》，II，87页（格兰德普雷关于巴黎裁判所附属监狱的报告，1793年3月17日），"26个犯人被关在一间牢房里，睡21个草垫，呼吸着臭气熏天的空气，盖着快要烂掉的破布"，在另一间牢房，45个犯人睡10张破床；另一间牢房里，39个垂死的犯人睡9张小床；还有3间牢房里，80个不幸的犯人睡在16个爬满虱子的草垫上；此外，还有54个女囚犯睡9个草垫，她们轮流站着。巴黎条件最恶劣的监狱便是巴黎裁判所附属监狱、福尔斯监狱、普莱西监狱以及比赛特监狱。《图卢兹监狱概览》，巴斯卡伊尔著，316页，"饥饿难耐，我们跟狗抢骨头吃，然后将骨头弄碎熬汤喝"。

③ 阿尔弗雷德·拉利耶，《南特溺水案》，90页。康帕尼顿，《革命法庭史》（卡里耶案），II，55页。卫生官员托马斯的证言："我曾经看到在（南特的）革命收容所里两天之内有75名囚徒死亡，这里床铺破烂不堪，每张床铺上都有50多人被传染病吞噬掉生命……在仓库里，我发现大量尸体横陈在各个角落，我还看到过被溺死在装满人排泄物的木桶中挣扎颤抖的孩子"。

神父①被幽禁在一艘锚泊在艾克斯岛的大船中,如同沙丁鱼罐头一般人挤人,人人饥寒交迫,精疲力竭,因为空气不流通而呼吸困难,还要忍受着被寄生虫啃噬、挨打以及被嘲弄的痛苦,时刻面临着死亡的威胁,比底舱中的黑奴们还饱受摧残。因为从利益角度出发,贩卖黑奴的船长需要确保其人口货物身体健康,而出于狂热的革命热情,艾克斯岛的所有船员都憎恶这些身着长袍的货物,希望看到他们沉入海底。

这样的制度日益严苛,一直持续到热月9日,相对于砍头之刑而言,囚禁通常也是致命的,但却是一种更为漫长而又痛苦的折磨②。因此,为了求得解脱,尚福割腕自杀,孔多塞服毒自尽。

第三种手段为经过审判或未经审判的杀戮。全国各地共有168个法庭,其中有40个流动法庭,这些法庭宣判死刑,并当场立即执行。从1793年4月16日至法兰西共和历二年热月9日,巴黎法庭将2625人判处斩刑,外省的法庭也基本旗鼓相当。仅在奥朗日这个小城镇里,就有331人被处以斩刑。在阿拉斯市,共将299名男性和93名女性被送上了断头台。在南特市,革命法庭和军事委员会平均每天在断头台上斩杀或枪毙100人,共处决了1971人。在里昂市,革命委员会处决了1684人,而罗伯斯庇尔的一名亲信卡蒂尤则向其报告处决了6000人。

被处决的人的清单并不完整,然而已有1.7万人,"其中大部分都是在不经过任何程序、没有证据的情况下被执行死刑的",他们并没有不法行为。此外还处决了"1200多名妇女,其中有好多八旬老妪和残疾人③",尤其是有60名妇女被判死刑,判决说是因为她们"经常出

---

① 《1794年被流放在艾克斯岛的不宣誓神父们的苦难记叙》,在书中好几处。
② 《监狱史》,I,10页,"一位同时代的人说,去参观一下那些被称为恺撒大帝、贝莱尔、邦贝、圣-文森特(巴黎裁判所附属监狱)等监狱,您就会明白宁死也比被囚禁在这里要好"。实际上,有些囚徒为了能更快地了结残生,甚至写信给检察官认罪,他们如愿被立即处以斩刑。关于囚犯们在狱中所受的折磨,请参考《回忆录》以及《132名南特人被移送到巴黎》的报道。
③ "在奥朗日,已罹患痴呆症多年的80岁的维多·德·拉图尔夫人与她的儿子一起被处以死刑。据说,当被押到断头台上时,她还以为要被带到四轮豪华马车上去参观游览,还这样跟她儿子讲"。热月之后,奥朗日委员会的法官们被提起诉讼,陪审团声称"他们拒绝听取为被告辩白的证人证言,并让出自政府的辩护人为被告辩护"。

席"不宣誓神父的弥撒,抑或是"轻视"宣誓派教士的弥撒。

"许多被告被勒索钱财,被判短期徒刑。上百宗审判,每宗约花费一分钟。7岁、5岁甚至4岁的孩子也被审判。父亲因为儿子的缘故被判刑,儿子因为父亲被判刑,狗也被判处死刑,鹦鹉被当作证人。许许多多的被告被执行死刑,其判决却没有书面记录"。在昂热,400多名男子和360多名妇女因为要清理监狱而被执行死刑,而登记簿上提及他们的判决仅仅以字母F(法语fusillé,枪决)或G(法语guillotiné斩首)标注①。

在巴黎和外省,哪怕最微不足道的托词②也能够构成一项重罪,并被判处死刑。著名画家约瑟夫·韦尔内的女儿③被当作"窝藏者"处以斩刑,因为她在家中囤积了50斤蜡烛,这些蜡烛被国家元首年俸的清算人分发给了拉姆埃特城堡的仆人们。迈莱16岁的幼子被当成"谋反分子"处斩,因为"他朝监狱看守的头儿扔了一块给他吃的烂鲱鱼"。皮·德·里纳夫人被当作"罪犯"处斩,因为她没有从她年老痴呆、又聋又瞎的丈夫手中夺走一袋带有国王头像的赌博筹码。

如果没有借口,就捏造一个谋反的罪名,给收了贿赂的密使们一些空白名册,让他们负责前往各个不同的监狱选择人数。他们按自己的意愿胡乱登记姓名,致使一大批人被处以斩刑。维拉特陪审员说:"对我而言,我从来不觉得为难,我一直很坚定。革命期间,凡是站在法庭受审的那些人都应该被判刑。"在马赛的布鲁图委员会④,

---

① 卡米尔·布赫什尔,《安茹的恐怖时代》,228页(寡妇艾丁的证言):"疾病缠身、带有残疾的拉佩尔萨克修女准备好要宣誓。尼古拉在其他好几个人的帮助下,把她从床上拖下来,押上囚车,有90到94人和她一起被枪决"。
② 贝利亚-圣-普里,161页。这种判决例如:"F(枪决),芽月13日,寡妇梅纳尔,72岁,老贵族,不喜欢任何人,习惯独居。"马赛委员会的判决,芽月28日,判处库兹内利死刑,"因为其一直在游荡,仿佛在逃避由于其缺乏公民意识的行为而招致的民间处罚,还因为其憎恨革命"。法兰西共和历二年,花月15日,吉拉被处以死刑,"1792年9月,因不屑参加乌伊镇种植自由之树的活动,并在多位市镇官员面前散播蛮横无理、破坏自由的言论"。
③ 瓦隆,《巴黎革命法庭史》,V,145页。
④ 贝利亚-圣-普里,395页(特别代表莫约斯·贝勒的信)。出处同上,216页(圣马洛特别代表勒卡庞捷的发言):"所有这些拖拖拉拉的行动有什么好处?这些无休止的审讯对你们有什么用?你们需要知道那么多吗?姓名、职业、破产,案件不就结了"。他公开对告密者说:"你们(转下页)

"那些要被判死刑的人被从监狱带到这里,既没有检察官也没有陪审团。在被询问完姓名、职业以及有多少财产之后,他们被带下去,坐上位于法庭门口的囚车,随后法官出现在阳台上,宣判死刑"。在康布雷、阿拉斯、南特、勒芒、波尔多、尼姆、里昂、斯特拉斯堡以及其他地方也是同样的方式。显然,这只是打着审判的幌子应付一下而已,与其他一些更加过分的手段相比,运用这一看似合理的方式可以清除那些异见人士或是那些属于被流放阶级的人①。身处巴黎的参孙及其外省的同僚们、里昂和南特的行刑队,确切地说就像是一伙屠夫,他们捏造合法的杀戮来遮掩其大屠杀的本质。

在最后一种手段中,首当其冲的便是土伦的枪决案,在那里被枪决的人数远远超过1000人。在南特溺水大案中,共有4800名男子、妇女和儿童丧生②,还有其他的溺水案件③无法确定死亡人数。随后,自1789年7月14日至1792年8月10日,在法国发生的民间凶杀案件多如牛毛;1792年9月在巴黎,1300名囚犯被屠杀;1792年从7月到9月,在3个月当中,谋杀的气氛在全国蔓延;在里昂和西部地区,大量囚犯未经审判便被枪决或处斩。即使排除那些在战斗中死亡以及手握武器反抗而被当场枪毙或处斩的人数,仅仅在安茹省就有约1万人未经审判就被处决。公安委员会的指示、弗朗卡斯泰尔和卡里

(接上页)不知道怎么揭发那些温和主义者吗? 好吧,要知道一个行为,对我来说,一个行为就足够了。"

① 贝利亚-圣-普里,466页。巴彦给奥朗日法官罗曼-福尔摩沙的信:"在负责惩办谋反分子的委员会中,不应该存在任何惯例,法官的信仰在那儿,足以代替它们……委员会也应该成为政治法庭,委员会应该坚持,所有不支持大革命的人就是反对革命,因为他们对祖国没有丝毫贡献……我以祖国的名义对法官们说,要因为放过了一个罪犯而惶恐不安"。法兰西共和历二年霜月19日,罗伯斯庇尔也同样对雅各宾党人说:"在政治上,我们怀着光明正大的爱国心进行审判"。

② 拉利耶,《南特溺水案》,90页(据拉利耶先生查证,11起不同的溺水案一直持续发生至法兰西共和历二年雨月12日)。

③ 《箴言报》,XXII,227页(在国民公会宣读的官方文件,法兰西共和历三年葡月21日)。这些文件证实了一起在军士长列斐伏尔的命令下于法兰西共和历二年风月9日执行的溺水案:41人被溺死,其中有两名男性,一人已78岁且双目失明,12名妇女,12名年轻姑娘以及15名儿童,这些儿童中有10人6到10岁不等,还有5个婴儿;是在布尔纽夫湾行刑的。出处同上,XXII,578页(国民公会上卡里耶就溺亡怀孕妇女案发表的讲话):"在拉瓦勒、昂热、索米尔、贡捷堡等地,到处都这样做,在南特也发生了同样的事情"。

耶下达的书面命令都要求将军们"肃清"造反的地区①，不宽待任何一条生命。据统计，在西部的11省中，包含男女两性各年龄层的死者人数接近50万②。鉴于雅各宾派的纲领与原则，这还算是少的，因为他们应该会屠杀更多人。可惜他们的时间不够，所以在他们短暂的统治期间，凭借手中掌握的工具，他们做尽一切能做的事。

请您细想一下，这台国家机器慢慢地建立起来并相继投入使用，自开始直至热月9日，在如此短暂的时间内便交付运作。分别于1793年3月30日及4月6日设立的革命委员会和革命法庭只存在了17个月，在吉伦特派垮台后，特别是自1793年9月起，它们才开始全力运作，也就是说，它们只运转了11个月。自1793年12月起，在中央权力的推动下，这台国家机器才与其结构松散的各部件协调配合，实现了总体的运转，也就是说这种情况只维持了8个月。经过牧月22日法令的完善，在最后的两个月，它比以前运转得更好，效率和能量每周都在不断提升。在这一天，甚至在这天以前，党的理论家们衡量过党派学说的影响力及其党派所处的环境，作为宗派主义者，他们有一种信仰，他们秉持的正统观念不能够容忍异端思想，而且异端分子的皈依永远都是不真诚、不持久的，因此必须肃清异端分子才能消灭异端思想。

巴赫尔于获月16日说道："只有死者才不会复生。"热月2日及3日，公安委员会送给富基埃-坦维尔一份"以当即受审人员姓名排序"的478名被告的名单。博多与让蓬·圣-安德烈、卡里耶、安托奈勒以及居夫互瓦已经预估该处决的人数达好几百万③，科洛·德·艾

---

① 特别代表弗朗卡斯泰尔宣称"要坚决肃清西部保王党这一代人"。弗朗卡斯泰尔还致信格里尼翁将军：你要让强盗们胆战心惊，绝不能饶过他们中的任何一个；我们的监狱已经人满为患；旺代省的囚徒们……必须将这个地区夷为平地。不得姑息纵容，赦免饶恕……这是国民公会的意见……我发誓：要让旺代省空无一人"。

② 各哈尼尔·德·卡萨涅，《督政府史》，II，241页。奥什将军致内政部长的信，1796年2月2日，"只剩下1789年1/5的人口"。

③ 居夫互瓦在其创办的报纸《le Rougiff》上发表的文章："打倒所有贵族，即便是他们中有好人，他们也该自认倒霉！断头台要在整个共和国长久存在着，法国有500万居民就足够了"。贝利亚-圣-普里，445页(弗维蒂的信，奥朗日，法兰西共和历二年牧月24日)："在我们的地区只(转下页)

尔布瓦时而描绘一些理想化的状态，认为"只有在消灭掉1200万至1500万法国人之后政治清算才能够得以停止"。

在其行动的最后一部分，他们几乎要斩尽杀绝，他们做尽一切可以毁掉个人、家庭甚至国家的事，攫取了一切可以掠夺的东西。在这方面，制宪会议和立法机构以通过毫无补偿地废除什一税以及所有封建特权、没收教士阶层的一切财产为开端，雅各宾派统治者们继续这一运作并将其完成。人们能够发现其颁布的多项法令对集体和个人财产抱有敌视态度，法令规定一切团体的财产都归国家所有，甚至包括中小学、科研协会或文学协会、医院以及公社等非宗教团体。此外，他们通过发行指券、处以极刑的方式间接掠夺个体财富，还通过发行义务公债，征收革命税①，扣押金银币和各种银器，征用各种实用的生活用品，擅自扣押囚犯的财产，没收流亡贵族、被驱逐者、流放犯以及死刑犯们的财产等方式直接进行掠夺。不论财富资源是怎样的——即便没有不动产和动产，没有货币收入或实物收入，哪怕是租约、抵押或私人债券、补助金或公共机构有价证券、工农业或商业利润、储蓄或劳动的孳息；从农场主、批发商及作坊主的原材料到大

（接上页）有8000名囚犯，简直太微不足道了！"出处同上，447页（奥朗日委员会致公安委员会的信，获月3日）："当委员会活跃运作起来的时候，将会审判所有的教士、大批发商以及以前的贵族们"。法官的信，获月2日："根据种种迹象，全省将有3000多人被处决"。出处同上，311页。关于在波尔多建造一个大型断头台的详细情况，该断头台有7个入口，其中两个大的入口呈谷仓门的形状，也就是说是一座有四把铡刀的断头台，从而可以更加高效地执行斩刑。法兰西共和历二年热月3日获准，8日下达建造命令。出处同上，285页，视察罗什福尔的特别代表布鲁特拉的信，热月以后），"少数生活放荡、犯有罪行的人胆敢抛弃合乎道德的爱国心，因为他们残暴的激情与爱国主义情感没有任何共同之处；自由之树只有在人血的浇灌下才能扎根"。

① 《斯特拉斯堡大革命期间历史的文件汇编》，I，174页，178页，革命税的例子。特别代表米约、如昂普斯、古雅尔丹发布的决议，可以证明以下税额。法兰西共和历雾月20日：斯蒂特赞镇3人，15万里弗尔；奥芬海姆镇3人，3万里弗尔；莫尔塞姆镇21人，36.7万里弗尔；奥贝尔奈镇17人，40.2万里弗尔；罗塞姆镇84人，50.7万里弗尔；米特齐镇10人，11.4万里弗尔。还有一份由委员会成员多姆和蒂斯朗发布的决议，他们暂时代理地区行政权，"鉴于多亏了乡村贵族们的共和国得以禁绝住战争的负荷"，他们证明以下税额：热贝波尔桑的贵族，40万里弗尔；奥贝尔舒伏尔赛的贵族，20万里弗尔；迪特勒南的贵族，15万里弗尔；迪皮甘的贵族，10万里弗尔；阿尚安的贵族，10万里弗尔；"根据地区临时检察官斯塔姆所做的分类，在斯特拉斯堡地区农村各乡镇征收的税款达319.61万里弗尔"。

衣、礼服、衬衫以及鞋履，甚至是个人的床和房间①——什么也逃脱不了他们贪得无厌的魔爪。在农村，他们连留作种子的谷物都洗劫一空；在斯特拉斯堡和上莱茵省，他们没收了所有成套的金属厨具；在奥维涅省和其他地方，连牧人的锅都被抢走。

任何有价值的东西，哪怕无法使用，都会成为被掠夺的对象。例如，巴约讷的革命委员会"以要为祖国的卫士们制作短裤为借口"，攫取了大量花缎和平纹细布。值得注意的是，这些被攫取的物品，即便是还有用的时候也不会被使用，从被掠夺到投入使用，一直伴随着浪费、失窃、贬值甚至被销毁的现象。在斯特拉斯堡②，在考察代表们的威胁下，居民们脱掉自己的衣物，几天之内给市政府上交了"6879件礼服、短裤和上衣，4767双长袜，16921双鞋子，863双靴子，1351件大衣，20518件衬衫，4524顶帽子，523副护腿套，143个皮包，2673条床单，900床被子，此外还有29公担旧布纱团，21公担旧内衣以及大量其他物品"。然而，"这些物品大部分都被堆在了商店里，一部分在此腐烂或被老鼠啃食掉了；剩下的被随便抛弃。巧取豪夺的目标已然实现"。

对于个人来说一切损失殆尽，对于国家来说也没有得到任何利

---

① 《斯特拉斯堡大革命期间历史的文件汇编》，I，23，"根据法兰西共和历二年雾月25日代表们下达的命令，24小时内在整个斯特拉斯堡行政区内，市政府派人挨家挨户抢收市民们的鞋履"。法兰西共和历二年霜月1日特别代表雷曼纳和博多颁布决议，宣布要征用成套金属餐具、带环柄小锅、小平底锅、有柄平底锅、小木桶，以及其他铜质、铅质物品，还有位于斯特拉斯堡和省内的未经加工的铜矿和铅矿。《法国国家档案》，法国档案局，II，92页（泰伊菲尔的决议，法兰西共和历二年雾月3日，阿韦龙河畔自由城），十人委员会的诞生，他们负责进行住宅搜查，有权"没收一切在嫌犯家中找到的铁器、铅器、钢、铜器，从而将一切金属餐具送入火炉进行冶炼。马莱·杜·潘，《回忆录》，II，15页。

② 《斯特拉斯堡大革命期间历史的文件汇编》，I，24页。格里高利，关于破坏文物现象的报告，法兰西共和历二年果月14日以及三年雾月24日（《箴言报》，XXII，86页，751页）。出处同上，1796年12月24日的信函："不是数百万，而是价值数十亿计的文物被毁"。出处同上，《回忆录》，I，334页："宗教、科学以及文学方面文物的损失难以估量。勃朗区（安德尔）政府的负责人告诉我，为了妥善保护一座图书馆，他们将所有的书放在了酒桶里"。"为推倒教堂里的上帝雕像共耗费了150万法郎，被推倒的雕像可以绕荣军院教堂一圈。大量物品丧失其原本的价值，例如，莫城大教堂被以600法郎的低价拍卖却找不到买家。有人估计建筑材料价值4.5万法郎，然而人工费实在太贵（一位莫城居民的叙述）"。

益,或者仅获得了微小的利润,总之革命政府的净资产负债表是这样显示的。法国3/5的土地财产被掠夺,团体和个人价值100亿至120亿的动产及不动产被攫取一空,国家公债1789年时还不到40亿,通过发行指券和国家票据①,债务规模达到500多亿,以至于无法给职员发放薪酬。为了维持军队,也为了国家的存亡,只能再从殖民地人民那里强制征收的税款中紧缩开支,整个国家濒临破产,政府抛售了2/3的公债,国家信用如此之低以至于其重新担保的保了险的1/3公债第二天损失了83%。

国家在他们手里同个人一样饱受摧残。120多万人遭受人身迫害。所有那些或多或少拥有财富的人,约好几百万人都蒙受了财产损失②。然而,在各类受压迫者中,首当其冲遭到迫害的便是名人显贵们,他们无论是人身还是财产都蒙受了最大的损害。

II

当人们评估一片森林的价值时,首先要将森林中的植物分为两类:一类是乔木林,例如橡树、山毛榉、欧洲山杨等,有的粗壮,有的中等大小;另一类是矮林和荆棘。同样,当人们想评估一个社会时,也需要将社会里的个体分为两类:一类是各个类别等级的名人显贵,另一类则是普通老百姓。如果这片森林比较古老且管理良好,那么几乎所有的百年树种都会聚集在乔木林里。与两三千万株灌木林、荆棘丛和欧石楠相比,这成千上万的大树以及保留林里三四十万或老或新的轮伐时保留的幼树作为木材更加实用或珍贵。同样,如果

---

① 欧仁·斯图尔,《现行金融体系的起源》,53页,79页。
② 梅斯纳,《巴黎之旅》(1795年末),65页:"实际上取得革命胜利的阶级……只包含那些投机商人、工程承包人、军火供应商及他们的下级、某些政府官员,还有一些因为新的所得而富起来的农场主,他们坚强而又深谋远虑,将小麦藏起来,把黄金埋藏起来,一直拒绝接受指券"。出处同上,68页,70页。在路上,他问一座美丽的城堡属于谁,人们意味深长地回答他:"属于一位从前的穷人。"在沃苏勒,旅馆老板娘对他说:"啊!先生,对于一个因革命而发财的人来说,请相信她以前穷得很。"

一个社会在司法公平的环境下长治久安,那么百年文明的成果会集中体现在名人显贵们身上。总而言之,1789年的法国社会便是这样的情形①。

首先我们来看这些重要人物。事实上,在贵族阶层中,许多家财万贯、门庭显赫的家族都不再积极出仕以求光耀门楣。宫廷里的爵爷夫人们、上流社会的主教神父们、沙龙里的议员们,大部分都只知道八面玲珑地交际应酬,风度典雅地夸耀自己以及无度挥霍。一种不恰当的文化风气使得他们偏离了本质,变成了只知奢侈豪华和消遣娱乐的大树,尽管得到丰富肥料的滋养,受到精心灌溉,但是它们空洞而又孱弱,缺乏元气活力。围绕在它们周围的经验丰富的园艺师将其分类管理,精心排列,修剪出各种造型,为了使其花开旺盛,甚至不惜掐掉果实,然而花朵还是精致美丽的。即便是在醒世作家们的眼中,这依然是一个兴盛繁荣的时期。

从礼貌、举止以及教养的角度来看,上流社会的举止风尚达到了前所未有的文明程度,在法国以及其他地方都可谓前无古人后无来者,在各个方面都摆脱原有的粗野言行,相互尊重成为最宝贵的品德。人们不仅在沙龙里相互尊重,而且在家中,在生意场上,在街上对待亲戚、朋友、下属、仆人以及陌生人都一以贯之,给人们的生命中注入了尊严和仁慈;谨慎地遵守各种礼仪成为一种习惯、一种本能和第二天性,这种后天养成的天性比原始的秉性更加高尚、可爱,因为掌控行动和言语的每个细节这一内心准则要求人们做到举止得体以及自尊自爱,同时也要体贴入微、尊重他人。

这一品行还要与精神修养相结合。没有任何一个阶层如同这般求知若渴,对语言精雕细琢,甚至有些矫揉造作;在贵族阶层中,对于文学和哲学的关注胜过其他一切讲求实际的功利主义的东西;他

---

① 下面的描述和评价是经过深入广泛调查得出的成果;我仅仅引用了所搜集到的事实和文献的1/10。我会向读者们列举清楚整个系列的印刷文献或原稿,尤其是那些我提及的文献资料,或者是在本卷中,或者是在前三卷中。

们高谈阔论，而不付诸行动。然而，在理论推理和纯文学的狭隘圈子里，他们绝对出类拔萃；作品和创作形式是他们日常聚会时的交谈话题；思想家们的思想观点都是在沙龙中激辩探讨出来的；作家们依托沙龙的品位造就出自身的才能和风格；正是在沙龙之中，孟德斯鸠、伏尔泰、卢梭、达朗伯、大大小小的百科全书编纂者们、博马舍、贝尔纳丹·德·圣-皮埃尔、尚福以及里瓦罗尔等无意中寻找到了他们的知音，他们在这里不仅找到了他们的仰慕者和主人，还结交了朋友、庇护人、赞助人、行善者和忠实的读者。在老师的教导下，弟子们都成为了博爱者。

此外，彬彬有礼的行为举止使他们富有同情心和仁慈之心。"富人们最害怕的是被人看作麻木不仁①"。他们关心儿童、穷人和农民，想方设法接济他们，虔诚地反对任何压迫，对一切不幸都怀有恻隐之心。这些高高在上、在别人眼中本该严酷苛刻的人通过各种行为释放善意，缓和其位居高位的特权威严。赫德雷曾说："大革命爆发前的10年里，法国的刑事法庭完全变了样……它们以前的精神思想改变了……我可以做证，因为我自己也是其中之一，所有年轻的法官都是按照贝卡利亚原则进行审判，而不是依照法律。"至于那些手握实权的人，例如官员和军队指挥官们，更是尽量避免流血牺牲。

不过，他们的道德品格也造成了弊端，因为过于悲天悯人，导致他们无法维护社会秩序。从1789年至1792年，我们也看到了他们对待暴乱的态度，甚至当他们手握权力时，面临极端的侮辱和致命的危险，他们也不愿动用手中的权力，没能下定决心镇压那些野蛮人、流氓和疯子。以路易十六事件为例，他们自认为是人民的带路人，却惨遭践踏而不是引领前进。归根到底，他们的心还是高尚的，甚至是宽容而伟大的。1789年，就在8月4日晚之前，在执行官管辖区大会上，他们还自发放弃自身一切的金钱特权，在最严酷的考验下，他们由良

---

① 拉克禾戴尔，《18世纪法国史》，V，2页。卷I，124页以及223页，224页。

好的教养造就出的勇气使他们的英雄主义气节尽显优雅、审慎和欢乐的气质。像奥尔良公爵这样最为率性而为的人以及比隆公爵这样淡薄麻木的人都选择高傲、淡定地死去①。那些曾经在沙龙中抱怨穿堂风的贵夫人一点儿也没抱怨睡在简陋的床或草垫上，即便是在黑暗潮湿的牢房中为了避免冻僵只能穿着所有衣服睡觉，她们也没有丝毫抱怨，每天早上，在巴黎裁判所附属监狱的院子里，人们看到她们面带一贯的微笑下楼。在监狱中，男男女女都和从前一样衣冠楚楚，透着一贯的优雅和精气神来到一个用栅栏围起来的走廊里相互交谈，即便不远处就是革命法庭，第二天就要上断头台②。显然，刚毅的品质实在难能可贵；即使受人诟病，那也是因为这一品质看似令人赞叹，却无法与现实对抗。

在上层阶级中，除了有两三千轻佻肤浅、游手好闲的贵族子弟外，也还有几乎同样数量的严肃认真的人，他们既出入沙龙，也有从事公共事务的经验。这些人当中有人担任过大使、将级军官、部长，从布

---

① 马莱·杜·潘，《回忆录》，II，493页："奥尔良公爵在接受审讯期间一直在读报"。出处同上，497页："没有人像奥尔良公爵那样，死去之时带着无比的坚定与высокой傲，灵魂闪耀着光辉，他是天生的高贵王子。在革命法庭上，当有人问他是否说些什么为自己辩护时，他回答道：'宁愿今日死去也不要苟活到明天，关于这点就请你们商议吧'。"他承认了"。比隆公爵拒绝逃走，他认为在这样一场斗争中，一切都是徒劳。"他把时光消磨在床第之欢和狂饮波尔多葡萄酒上……站在革命法庭上，当有人问他叫什么名字时，他回答道："白菜、萝卜或者比隆，随便您怎么写，写什么都一样。""什么！"法官说道，"您真是放肆无礼！""你们这些人，真是废话连篇。赶快宣判吧：处以斩刑，这就是你们想说的所有话吧，而我没什么要反驳的。"然而他们还是开始就所谓旺代省叛乱等事件审问他。"你们简直是胡言乱语，你们是对战场上的事一无所知的无知者。别问了。我已经将我的行为报告给了公安委员会，委员会当时也批准了，如今却变了，你们裁定要判我死刑，那就赶快执行吧，别浪费时间了。""比隆向上帝和国王请求宽恕：他从不曾像在囚车上那般英挺潇洒。"

② 莫瑞雷，II，31。图尔泽公爵夫人、德艾舍豪勒小姐等的《回忆录》。波钮，《回忆录》，I，200~203页："铁栅栏两侧的人们相互交流，言辞考究，带有巧妙的影射，凸显敏捷的思辨。人们自在地谈论一切，从不大惊小怪。在那里，他们对待噩运就如同对待一个受人嘲笑的讨人嫌的孩子，实际上，他们坦然地讽刺调侃马拉所谓的神性、罗伯斯庇尔的圣职以及富基埃的法官职位，仿佛是在对这群手上沾满血腥的奴仆说：'你们觉得高兴的话就随便你们杀了我们吧，但是你们阻止不了我们成为受人爱戴的人'"。《法国国家档案》，F731167（观察员沙尔蒙特的报告，法兰西共和历二年雪月29日），"观看行刑的人们看到他坚毅勇敢地走上断头台，感到特别惊讶。他们说，他仿佛是要去参加婚礼似的"，"人们无法接受这样的情形，有些人说，他被超自然的力量附体了"。

罗格利元帅到马舍和马尔塞布,像贝藏松的德·杜尔福尔阁下①这样的教区主教,实际上就地管理教区的代理主教和议事司铎,还有在普罗旺斯、朗格多克以及布列塔尼地区理所当然在外省三级会议代表中占有一席之地的高级神职人员、巴黎的神职官员和代表、修会会长、17个军政府的司令员和副司令员、每个财政区的总监、每个部的高级官吏、每个最高法院的法官、包税人、税务员总管,特别是在每个省中前两个等级的达官贵人或财主、大工场主、批发商、船主、银行家、大量的资产阶级。简而言之,这些人都是贵族阶层、教士阶层和第三等级的精英人士,从1778年到1789年,他们召开了21次省级议会,毫无疑问,他们组成了法国社会的领导力量。并不是因为他们是高层政治人物:当时他们中没有一个政客,勉强称得上是几百位握有些许权力的人,几乎人人都很特别。然而这几百个人几乎每个人都颇有才干,洞悉世事,对法国的政治情势十分了解。除了他们,其他2600万人只知道高喊危险或空洞的口号,而唯一曾经发号施令、进行磋商谈判和社会管理的人,唯一洞悉人事的人,却因此成了唯一一群难以掌控的人。

在外省国民议会中,他们曾主动发起大刀阔斧的改革。平心而论,他们秉持公平正义和爱国情怀,工作认真灵巧,成效显著。20年来,大部分的大型公私部门主管人员或副职主管人员,在哲学思想的引领下以及在舆论的支持下,都积极行善②。没有什么比这样的人更

---

① 索泽,I,引言。托克维尔,《旧制度与大革命》,166页:"我耐心地阅读了大部分从前的外省三级会议代表的报告和辩论发言,尤其是朗格多克地区的,与其他地方相比,在那里,教士还较多地介入公共行政事务,还看了1779年至1787年间的外省国民议会的会议记录。阅读时,从我所身处的时代视角来看,看到一些主教和修道院长,其中有好几位德高望重、学识渊博,看到他们就修路或开挖运河的事务做报告,在深知底细的情况下处理案件,无比专业地探讨提高农业生产、保障居民健康和促进工业繁荣的最佳措施,他们总是跟所有与其共事的世俗官员平起平坐,甚至通常地位更高,这让我惊讶不已"。

② 请参考223~224页以及397页。比舍和胡克斯,I,481页。1787年受国王召见的名人显贵的名单基本可以表明这一社会领导阶层的构成。除了主要的亲王和爵爷以外,在134名成员中还包括12位法国元帅、3位国务议员、5位审查官、14位主教和大主教、20位议长与17位议会及最高委员会总检察长、25位市长、巴黎市长、图卢兹市政长官、一些大城市的助理法官,勃艮第、阿图瓦、布列塔尼以及朗格多克地区的三级会议代表、3位部长以及两位高级官吏。各个领(转下页)

加宝贵，因为他们拥有为人服务的高尚心灵，所以不能毫无理由地用一些与他们功绩相当的人将他们替换掉。在民主政治领域、财政金融领域、司法与行政领域，在大宗买卖和大型工业企业当中，人们不可能朝夕之间就培养出领导和实践才能。国家事务涉及的领域广泛而又复杂，有各种各样的利益需要维护，有太多的短期影响和长远影响需要考量；若缺乏对专业细节的了解，就无法掌控整体。有人粗暴地干预，进行破坏，撤销他们的职务，以偏执的粗暴行径来遮掩其自以为是的无能表现。要想成为一个好的人民和资产的管理者，必须得有10年的实践经验，在这之前还得有10年的教育经历；此外，还需拥有由职业荣誉和家族传统所造就的坚毅性格，从而对抗强权。

在掌管财政事务两年以后，康邦还不知道间接税包税人和直接税收税员的职责不同。因此，将60名包税人押送到革命法庭的政令，实际上就是将他们送上断头台，而正是他将48名收税员包括在内。然而，一个专业人士、财政部专员高登听到大街上在宣读这一政令之后，跑到财政委员会解释这两群被流放的人之间"没有任何共同之处"，并且解释包税人是收取租金和风险利润的特权享有者，而收税员只是拿取固定回扣的公务员而已，第一类人承认或者不被承认的罪行不应该归咎于第二类人身上。这让那些临时出任财政官的人十分诧异。高登说："他们大声叫嚷表达不满，认为我错了。我坚持己见，重复我对康邦主席说的话，我以我的名誉保证我所说的全部是事实，并主动提交了证据；最后他们终于相信了，主席对其中一位成员说道：既然是这样，去会议记录室，把上午所发政令上收税员的名字去掉。"就是这样骇人听闻的差错，如果没有同部门经验丰富的人的提醒和阻拦，一个擅自闯入的人绝不会成功。

尽管雅各宾党人反对，康邦在他的办公厅还是保留了一些以前的工作人员。而卡诺之所以奔赴战场，是因为他自己本身就是一位经

（接上页）域的人才为了进行一场大规模改革而齐聚一堂，然而却缺乏坚定而强有力的领导力量，像黎塞留或者弗雷德里克二世那样的领导力量。

验丰富的军官,他让德·阿尔松将军、德·奥本海姆将军以及德·蒙塔朗贝尔将军这些旧制度遗留下来的杰出人物都保持原职①。在热月9日之前,由于被完全架空,只有当米罗、考勒琛、莱因哈德②等职业外交官们重新获得权力后,外交部才重新运作起来。热月9日之后,实际上只有外交官巴泰勒米一人指挥国民公会的对外政策,并缔结《巴塞尔和约》。

III

贵族、教士和资产阶级这3个等级诞生了许多高级精英,与这个国家的其他等级人群相比,也正是他们构成了精英阶层。3万名分散在各个外省的贵族从儿时起就被当成军人来培养,他们通常都很可怜,居住在简陋的乡村庄园里,与他们相伴的只有森林伐木工和猎场看守人,整日粗茶淡饭,在户外朴素地生活,所有这些都是为了锻炼出一副强健的体魄。6岁时,孩子就要学习骑马,还要学习打猎,在恶劣的天气中变得富有抵抗力③;然后在专科学校里,他们要让自己的肢体通过各种锻炼变得灵活,为了能够在帐篷里、在战场上生存,必须身体健壮而又能吃苦耐劳。从很小的时候起,这些孩子就受到尚武精神的熏陶,他们的父亲和叔伯们在饭桌上只会谈论他们在战场

---

① 马莱·杜·潘,《回忆录》,II,23页,44页:"战争委员会由工程兵部队军官和参谋部组成,其中主要人物是默尼耶、法瓦尔特、圣-费耶夫、德·阿尔松、拉斐特-克拉维及其他人。德·阿尔松指挥了敦刻尔克撤围和莫伯日撤围……这些军官都是精心挑选出来的,他们草拟准备作战计划,在战争兵站收集的大量救济品以及地图、勘察信息的帮助下,他们实际上仰仗着君主政体时代的几位大将军的经验和威望作战"。

② 米罗·德·莫里多,《回忆录》,I,47,《马莱·杜·潘与维也纳宫廷当局的通信》,安德烈·米歇尔出版,I,26(1795年1月3日):"国民公会感到迫切需要一些能够承担自身所处困境这一重担的追随者,他们如今甚至从所谓的保王党人中间寻找。例如,国民公会刚刚任命杜弗莱斯纳阁下掌管皇家金库,他是已故国王当政时期的前第一省长,于1790年被罢免。出于同样的考量,国民公会更加出人意料地打算授予杰拉德·德·雷内瓦勒阁下外交事务专员的职务,他从舒瓦瑟尔公爵担任外交大臣直到莫穆林伯爵担任外交大臣期间一直担任首席联络官,这是一位颇有想法、性格耿直的人,1790年我曾经目睹他因为厌恶大革命强力推行的准则而离开了所在的省"。

③ 马尔蒙元帅,《回忆录》。自9岁起,他就骑上马,整日与父亲一起打猎。

上的冒险经历和军旅生涯，他们对此充满向往，习惯视自己所在的等级为唯一一个与勇敢高贵的男子汉相称的等级，尚还稚嫩之时便迫不及待地投身军营。

我看了大量被杀害或被流放的贵族的兵役登记表①，他们几乎都是在16岁之前便开始戎马生涯，通常是在14岁、13岁甚至11岁。普瓦图兵团上尉德艾舍豪勒阁下②曾把他9岁的独生子和12个同样年纪的远亲带到军队里。这些孩子和老兵一样战斗，他们中一个被子弹射伤了腿，德艾舍豪勒的儿子12岁时被砍了一刀，从耳朵到上嘴唇整个脸颊都被砍了下来，当时他年纪尚小，已经受了7次伤，他因此得到了圣-路易十字勋章。为国服务、上战场、牺牲生命，在他们看来，这些都是他们所处等级的责任，是世代相传的义务。在这9000到1万名军官中，大部分都只想要完成使命，除此之外别无所求。由于缺乏钱财和支持，他们无法晋升；他们明白，高级军阶都是留给大家族的继承人和凡尔赛宫廷的宠臣的。在服完15至20年的兵役后，他们会带着一个上尉军衔的证书和圣-路易十字勋章回归故里，有时或许能得到一点微薄的抚恤金，然而他们仍然以履行了自己的义务、成为受人尊重的人而心满意足。

---

① 在其他手写文献中，M.G.西蒙·德·卡纳维耶的信，1881年3月11日（关于卡纳维耶家族和莫穆林-圣-埃赫姆家族，1789年），后一个家族留在了法国，其家族成员中两人被屠杀、两人被执行死刑，1/5的人"在人民审判之前逃脱了斩刑"，1/6的人加入革命军，在19岁时因为受枪伤而双目失明。另一个家族流亡到国外，其家族首领是卡纳维耶伯爵和子爵，一个指挥奥地利军队的一个独立部队，另一个在孔代的部队里统率一个轻骑兵团。这两支队伍中有12名军官是这两位指挥官的连襟、侄子外甥、嫡亲堂表兄弟或远亲。前者15岁入伍，后者则是11岁。请参考利涅王子的《回忆录》："在七八岁的时候，我已经经历过一次战斗，我当时在一个被包围的村庄里，透过我房间的窗户，我目睹了3次围攻。再长大一点之后，我曾被士兵包围，一些在邻国已经退伍过好几次的前任军官使我热血沸腾。杜莱纳在大炮下沉睡10年了……我十分好战尚武，因此我跟一位驻扎在两古里外的皇家军舰的上校商量好：一旦战争爆发，我会逃跑，除他之外谁也不知晓，在他的陪同下应募当兵，我只愿将我的财富化作英勇的战斗"。请参考萨克森元帅的《回忆录》。萨克森兵团里12岁的士兵，肩上扛着火枪，和其他人一起行进，他一路步行，从萨克森一直行军至佛兰德地区，不足13岁便参加了马勒普拉凯战役。

② 亚历山大·德艾舍豪勒，《一个生活在恐怖政策之下的贵族家庭》。请参考《费尼格小姐的信》，奥诺雷·波诺姆著。这两姐妹，一个16岁，另一个13岁，她们装扮成男人与她们的父亲一起在迪穆里埃将军的军队中战斗。人们在贝尔干和马蒙泰尔身上就能看到年轻贵族慷慨激昂的情感。(《自己的对手》)

大革命来临之际，他们旧时的荣耀在新思想的启示下，几乎变成了公民的道德①。自1789年至1792年，为了维持公共秩序，或者说为了最后一丝虚假的公共秩序，他们适度节制，坚忍宽容，放下自尊，忘我牺牲，沉着镇定，从不四处求救，凭借灵魂深处的毅力在受到抨击压迫时从不还击。就出身、所受教育和身处环境而言，作为爱国者和军人，他们造就了一个自然而又独特的培养人才的地方，能够将其保存下来至关重要，因为其为国防建设培养了重要力量，对内可以用来压制邪恶与暴行，对外可以用来抵御敌人。与普鲁士的乡村贵族相比，法国2.6万个贵族家庭的规矩没有那么严肃，更加闲散，比较放松，更加热衷于追逐上流社会风尚，然而他们也更加文雅和气，彬彬有礼，思想观念更加自由，他们将这些传统传给了他们的子辈。然而凭借各项才能、强健的体魄、坚毅的内心和精神②，普鲁士乡绅组成了普鲁士军队，在德国军队的统筹下，将德国打造成了欧洲第一强国。

IV

同样在教会里，几乎所有人员，包含底层和中层神职人员、本堂神父、代理主教、议事司铎及有教务会的教会的神父，小学、中学及神学院的教士或校长等6.5万多名教士，构成了这一组织健全的群体，庄严地履行着他们的职责。

德·托克维尔先生曾说③："总体来说，除了有个别成员道德败坏之外，我不知道在大革命爆发之时，世界上还有哪个教士群体比法国天主教教士更为出色、更加有修养、更加爱国。他们既有私德，也更

---

① 请参考425页和540页。出处同上，德·比西事件，183页及随后几页，卡昂82名贵族事件，199页。参看里瓦罗尔(《国家政治报》)1789年5月及6日关于凡尔赛侍卫们令人赞叹的英勇表现的详细报道。
② 旧制度下，我们可以将贵族家庭定义为童子军家庭。
③ 《旧制度与大革命》，德·托克维尔著，169页。我的看法是建立在文献研究的基础上的，不论此处还是别处，我都与德·托克维尔先生的见解一致。参考文献主要为人物传记和地方史志，由于数量众多不能一一列举。

加注重公德，同时又有虔诚的信仰……我刚开始研究旧社会时对这一群体充满偏见；后来却充满敬意。"

首先，这一点也很重要，在各个城市的本堂区、300个有教务会的教会以及主教座堂教务会的小议事司铎职务中，与现如今相比，大部分正式任职者都来自家世比较好的家庭①。当时不管是在农民家庭、小贵族家庭，还是在富有的资产阶级家庭中，都生养很多孩子，因此每个家庭都自愿将一个儿子送入修会。根本不需要强迫他们这样做，因为教士的职业要比现在更有吸引力，也不像如今这般负面新闻缠身。他们丝毫没有受到民主政治的质疑和攻击，在大街上肯定会有工人向他们致意，在农村也会有农民向他们问好。他们与当地的资产阶级关系密切，几乎可以算是一个派别。他们可以指望在固定的岗位上平静体面地度过一生，并且沉浸在公众的善意中备受人们尊重。另一方面，与如今相比，他们没有受到那么多的压制。

教士并不是拿国家俸禄的公职人员，他们的薪俸等同于私人收入，可以预先单独算，主要来源于留作专用的财产、当地的什一税。对此有专门的出纳处，绝对不会因为某位省长的一纸报告或是某位部长一时的意见就被撤销，也不会因为预算捉襟见肘或者公民的反对不断受到威胁。与教会高层人物相比，他们尊重他人，然而又不受拘束。政教和解协议签署以来，在教区里，主教并没有成为绝对的权力支配者，90%的本堂神父都不能按照其自己的意愿进行任命和罢免，有3/4的空缺职位，有时甚至是14/15的空位②，都不是由他来决定的。新的任职者或者由所在教区的主教座堂教务会指定，或者由教区内某个有教务会的教会指定，抑或由其祖辈建造了教堂或捐款

---

① 索泽，I，引言，及吕多维克·斯库特，《教士公民组织法史》，I，引言。(在索泽的作品中，请参看贝藏松教区主要教会显要的传记和等级。)只有贵族出身或有官阶才能进入主教座堂教务会和圣-玛德莱娜教堂教务会，正式领衔的人必须有一个贵族或神学家父亲，而且他们自身也必须是神学或教会法博士。类似这样的职衔，不论多低等，都是教务会议事司铎和小教堂神父们所需具备的。

② 请参考280页。请参考埃米尔·奥利维耶，《梵蒂冈主教会议上的教会与国家》，I，134页；II，516页。

给教堂的爵爷指定,有些情况下由教皇任命,偶尔由国王或市镇任命。由于情况错综复杂,各种权力之间也相互约束。

此外,议事司铎或本堂神父一旦被任命也就有了保障,不能被随意撤职。绝大多数情况下,要想免除其职务或甚至只是暂令其停职,必须预先按照规定程序在宗教裁判所或教会法庭对其提起诉讼,进行讯问或辩护。实际上,他是不可罢免的,通常其个人功绩就足以使其自保。因为,如果说获得高级教职全凭出身和恩典,那么中层教职则主要面向那些一直获得支持并且学识渊博的人。大量议事司铎和代理主教、各城市里几乎所有的本堂神父都是神学或教会法博士,他们在青年时代花费八九年的时间来研习宗教①。虽然这套教学方法已经过时,但是他们在索邦神学院和圣叙尔皮斯教堂收获良多。经过广博的学习和发散思维,他们变得逻辑性极强。杜尔哥曾经笑着对莫瑞雷说:"亲爱的神父,只有我们获得了学士学位,擅长准确地推理思辨。"

老实说,他们的神学培训有点类似我们的哲学教育,虽然其所涉及的思想没有那么广阔,但是让人们接触到了许多与之相适应的基本概念;虽然不够令人振奋,但是卓有成效。在19世纪的索邦神学院,人们研究学习完全不同的几位特立独行的大家的思想理论作品,他们并不是获得人们广泛认同的权威人士;在18世纪的索邦神学院,人们研究学习天主教会的教义、伦理、戒律、历史以及教规,而天主教会当时已经存在了1700年,而如今它拥有1.5亿信众,依然在文明社会中一半的区域盛行,并且致力于将理论和实践教育结合起来。

一位本堂神父并不是一个短暂的过客,他由国家定期付年金,身着长袍,教会神职以及一袭教士礼服便将其与俗世隔绝,从此被禁锢在宗教职务上,更何况那些议事司铎、主教代理和主教。他要管理捐

---

① 莫瑞雷,《回忆录》,I,8页,31页。索邦神学院由圣路易的亲信罗贝尔·索邦建立,是一个与牛津或剑桥学院类似的学院团体,是一个握有产权的机构,拥有一座教堂、固定收入、法定规章和寄宿生,旨在进行神学教育;其正式任职的成员约100人,其中大部分都是巴黎和一些主要城市的主教、代理主教、议事司铎和神父。它为教会的重要职务培养了许多优秀人才。

赠的资产、订立租约、组织修缮和建造工程,还要预测收成、介入修路或开凿运河事务,总而言之,他跟世俗的地主有着同样的阅历。另外,无论是进入小产业团体,例如,教务会或教堂财产管理委员会,还是进入大产业团体,即主管教区和法国天主教会,他们都直接或间接地参与大量世俗事务、加入议会、参与审议磋商、决定公共开支、批准当地预算和总预算。因此,在公共事务和行政管理方面,其所拥有的权限跟市长、总督代理人、包税人或总监的权限类似,与他们几乎处于同等地位。此外他们很自由。从低级的神父到高级的总主教,法国的教士从没有如此自由过①。

最后我们来看一下他们在领土上的分布情况。在至少4万个堂区里,有一个本堂神父或代理主教;在成千上万贫穷偏僻的小村庄里,本堂神父或代理主教是唯一能流利读写的人;在许多更大的乡镇②,除了驻扎官和个别法律界人士或教人杂七杂八知识的人之外,没有人比他们更有学问③。实际上,要让一个受过教育、懂拉丁语的男人在每年只得到600法郎甚至300法郎的情况下同意离群索居、终生不婚、清贫度日,并且整日生活在一群穷人和粗人中间,那他肯定得是教士:其终身职务使其忍受了周围的苦难。作为传道者、伦理倡导者、爱德的使者、精神生活的导师及传播者,他们教授一种令人慰藉又压抑人心的普世理论,并通过宗教礼拜活动让人们感知,而这种礼拜活动是唯一适合其信众的方式。

显然,法国人,尤其是那些从事艰苦体力劳动的法国人,只有通过

---

① 请参考全国三级会议的《教士文件资料汇编》,以及外省国民议会教士的《报告》。
② 请参考223页及随后几页。
③ 在某些教区,尤其是贝藏松教区,乡村本堂神父的职位都由一些十分优秀的人担任(索泽,I,16页)。"人们不必惊讶地发现,像柏吉尔这样在欧洲闻名遐迩的人曾长期担任弗朗热布克镇的本堂神父,而像穆盛这样的成就卓著的天文学家,则担任过拉朗孔布德布瓦的本堂神父,其著作在著名天文学家拉朗德的参考文献中占有相当大的篇幅,而他在农民中间度过了一生。在罗什让,一位思想崇高、内心博爱的神父,布瓦永先生,作为一位杰出的自然学家,将自己的本堂神父住宅改造成了一座自然历史博物馆,同时也是一所非常好的学校……一些出身自社会上层阶级的教士,都自愿隐居在乡村深处,相较于有些人生活在家族领地里,不愿意将收入分给贫苦的堂区教民,他们在临死时将一大笔财产留给了贫苦教民们"。

他们的话才能想象出理想的世界是什么样子。关于这一点,历史这个至高无上的法官已经做出了终审判决;异端思想、教会分裂、宗教改革和冉森教派运动都没有压倒这一世代相传的宗教信仰。这一信仰早已根深蒂固地与这个国家的风俗、人的性格以及这个民族的思维和感知方式结合在了一起。这一长久的习俗已经通过远古以来的传统和信仰根植在了内心、思想和观念中,变成了一种本能需求。作为正统派教徒与教皇相通的天主教神父就如同公共水池般,是每个村庄都必不可少的;神父可以解渴,缓解心灵的饥渴;除了他,没有任何人能像饮用水一般满足居民的渴望。考虑到人性的缺憾,可以说在教士阶层中,其精神的高尚与这个职业的高尚是相呼应的,至少没有人可以否认他们所做出的牺牲,因为他们为了自己奉为真理的信仰而自愿去承受苦难。在1790年,许多教士之所以对着教士公民组织法宣誓,是因为他们是态度谨慎、带有保留的,抑或是因为他们认为宣誓是合法的。然而,在主教们被罢免、教皇表示反对之后,他们中许多人冒着生命危险收回了誓言以避免沦为教会分立者。他们重新成为平民,亲身体会到了群众的粗暴和法律的严苛。

　　此外,起初,不管如何被威胁和诱惑,有2/3的教士都不愿宣誓。在上层等级中,对于那些经常出入上流社会的教士们来说,人们认为他们的信仰不坚定,放荡懈怠。但是由于缺乏信仰,为了尊严和体面,他们不得不鼓足勇气。无论老少,几乎所有人都认为维护尊严或者良心比他们的利益、安全和得救更重要。他们被剥夺了一切,像早期基督教的基督教徒一样,被流放、囚禁、处决和虐待;他们像早期基督教的基督教徒那般,通过无限的仁慈,让那些迫害他们的人不忍心施暴,化解自身所遭受的迫害,甚至让那些18世纪的幸存者转变了看法,不得不承认他们是信仰虔诚、功德圆满、无畏无惧的人。

V

在贵族和教士阶层底下，还有一个由几乎全部集中在城市里的名人显贵们构成的第三等级——资产阶级。就其上层地位、身份而言，他们与前两个等级相差不大，其构成群体从国会议员到富裕的商人和工场主，多种多样，其中还包含着一部分比较有修养的人，约有10万个家庭，他们与我们当今社会的中产阶级所处的环境类似，是一群"生活体面的有产者"，这主要是从他们的年收入来看。这些人主要包括大企业主或批发商、自由职业者、检察官、律师、公证员、医生、建筑师、工程师、艺术家、教师，还有公务人员。

然而当时为数众多的公务人员与我们当今社会的公务人员不同，主要体现在两个方面。一方面，他们当时类似如今的公证员或证券经纪人这样的官职都是私有制的。在司法执政官法庭，初等法院，财政区，盐仓，关税处，铸币厂以及河泊森林管理部门的司法和财政岗位，各民事、行政和刑事法庭中的庭长、推事以及国王委任的检察长，各税务部门中的财务官、财务大臣和收税员等职位，自一个世纪甚至更久以来，所有这些公职还有许多其他的职位都被国家出让，换取了大量现金。自此以后，它们落入了个人买主手里，每位任职者都拥有一个如同不动产一般的职位，可以合法地以商量妥当的价格公开卖掉，就如同买来时那样①。另一方面，在每座城市里，当地不同的公务人员团体组成了同业公会，类似于我们今天的公证人公会和证券经纪人联合会。这一小团体有自己的章程、议事会、出纳处，通常还具有民事能力和诉讼权利，有时还有享受政治权的权利以及市镇议会

---

① 阿尔伯特·巴布，《旧制度下的城市》，26页。（《特鲁瓦日报》上的公告，1784年，1789年）："出售塞扎讷盐仓的一个推事职位，每年汇报一次工作，800至900里弗尔，预计可以赚得1万里弗尔"，"某人想在这座城市（特鲁瓦）购买一个法官或财务官的职务，该人士愿意花费2.5万至6万里弗尔甚至更多，如有需要，此人将现金付款"。

的选举权①。因此，除个人利益以外，每个成员还享有集体利益。由此可见，他们的境况与如今截然不同。

　　自然而然，他们的特性、风俗和兴趣也甚为迥异。首先，他们更加独立，丝毫不用担心会在总督的报告上因为某个政治原因突然被撤职或调往他处，像如今这样让位给某个议员候选人或部长的亲信。这要付出昂贵的代价，事先可能需要退还其购买官职的钱，以及比购买价多出至少十倍的官职收入②。此外，为了自保并获得倚仗防止失势，在其身后可能会有整个团体的支持，通常是其他的姻亲联盟，有时也可能是遍布其亲朋好友、客户和同志的整座城市。为了应对无常的恩宠以及蛮横的专制，就如同分出的蜂群保卫着每一只蜜蜂那样，人们曾看到某个巴黎的检查官在其同事们的支持下强逼一位辱骂过他的大爵爷颜面尽失地向其道歉③。实际上，在旧制度下，公务人员几乎都是终身制的，因此他们可以安心而又体面地履行职责，不必整日窥伺上意、来巴黎摆出一副工作勤勉的样子、维持好后台力量、

---

　　①　托克维尔，356页。昂热市议会议员在其他成员类别里，两位来自初等法院，两位来自河泊森林管理处，两位来自财政区，两位来自盐会，两位来自关税处，两位来自铸币厂，两位是领事裁判官。在旧制度时期，普遍体制内聚集了所有行会个体成员，代表着所有行会的意志，尤其是所有那些由名人显贵组成的行会。因此，昂热市议会包含了两位来自律师和检察官行会的议员，两位来自公证员行会的议员，一位来自大学的议员，一位来自教堂教务会的议员，等等。在特鲁瓦（阿尔伯特·巴布，《大革命期间特鲁瓦的历史》，I，23页），在市镇的名人显贵中间，必须得有一位教士成员、两位贵族、一位司法执政官法庭的官员、一位其他同类法庭的官员、一位医生、一到两位有产者、一位律师、一位公证员或检察官、4名批发商或商人，以及两名行业公会成员。

　　②　阿尔伯特·巴布，《城市》，26页。1746年，勒泰勒的收税员职位以15万里弗尔的价格被出售，赢利1.1万至1.4万里弗尔。此外，买家还得向国家交纳金马克公职税；1762年，针对特鲁瓦司法执行官法庭的推事一职，税费达940里弗尔。巴黎议会议员德·埃斯普雷莫尼勒购买其职位付了5万里弗尔，还付了1万里弗尔的公职税。

　　③　埃米尔·博思，《国王议会的律师们》，340页。检察官佩尔诺先生坐在法兰西喜剧院的楼座里，这时莎布里兰伯爵突然到来，想要坐他的位置。检察官坚持不肯，伯爵叫来侍卫把他带到了监狱关押起来。佩尔诺先生提起诉讼，莎布里兰伯爵的朋友们以掌玺大臣的名义介入此事，贵族们纷纷奔走请求撤诉，而整个律师或检察行会则坚决不肯答应。老莎布里兰伯爵想给佩尔诺4万里弗尔让他撤回诉讼，佩尔诺拒绝接受。最后，莎布里兰伯爵被判支付损害赔偿6000里弗尔，都给了穷人和囚犯，该判决书被印刷出版了200份。狄福尔·德·舍维尔尼，《回忆录》（未出版），由罗伯特·德·克雷弗克先生校阅："从前，某人购买一个职务要付4万到5万里弗尔，就为了能获得300里弗尔的收入；然而，在此职位上所受到的尊重以及可以终生享有的安定感完全可以补偿这一损失，占据这个职位越久，对他和子女们就有更多的有利影响"。

注重人脉关系，不用担心前途未卜。

其次，他们的抱负很狭隘，不会总是想在社会等级上再提升一级，也不会想在同等官职上从一座中等城市迁往一座大城市：操作起来价钱太过昂贵，程序太过复杂。首先必须找到买家卖掉现有官职，然后要找到卖家买一个更为昂贵的官职：一个波尔多的证券经纪人或者里昂的公证员丝毫不想成为巴黎的证券经纪人或公证员。当时没有人如同这些流动移民一样按照上级命令来管理我们的每一座城市，这些短暂逗留的外来人在当地没有归属感、没有不动产和利益收入，也没有人脉关系，居住在租来的住房里，通常是月租房，有的住在旅馆中，仿佛是永恒的流浪者，时刻准备着迁居从而远走他处，平均每次要多花100埃居，干的还是同样的工作。

他们的前任也都是本地人，职位稳定，心满意足，他们不会执着于获得晋升。在同业公会和自己的城市构筑的小圈子里，他们拥有一份事业。他们适应了这种生活状态，没有任何谋求升迁的打算，也没有这种欲望；他们超脱于个人利己主义之上，建立起团体精神，秉持自尊不顾一切地捍卫团体的特权和利益。他们终其一生都在自己出生的城市安居乐业，周围都是自己的旧同事、众多亲属和童年伙伴，并且很看重他们的意见。除了令人恼火的苛捐杂税，他们至少拥有一份公职，生活还算安逸富足，并没有什么可鄙的思虑和贪婪的欲望。

由于已经养成了简朴、适度、节约的生活习惯，他们不会纠结于收支不平衡、奢华排场，也不会强求每年要赚得更多。如此这般，作为法国人本质的虚荣与慷慨的天性产生了巨大影响。作为国王的臣子，推事或财务官都自视甚高，自认为是第三等级中的贵族。与发财相比，他们更想获得尊重；他们执着于受人尊敬，成为光荣体面的人。"在任职期间……他们过着朴素而又受人尊重的日子……没有任何想要传位于子的打算……而想遗留下来一个无可指摘的好名声①"。

在资产阶级的其他群体中，同样的安居乐业、节俭朴素的习惯，同样的团体组织和风俗②孕育出了近乎相同的观念意识，其精神修养也绝非一般。当人们有闲暇时间时就会阅读；要是周围没有报纸，他们就会读一些值得阅读的书籍。在外省的老图书馆中，在某位工场主或小城市检察官的后人家里，我发现了伏尔泰、卢梭、孟德斯鸠、布丰、孔狄亚克的全集；每卷书上遗留下的标记表明，在18世纪末以前，这本书曾经被房子中的某个人阅读过。18世纪理性而又自由的哲学思想在别处绝对没有受到这样的欢迎。

在这一阶层中聚集了1789年的爱国者；不仅制宪会议大部分的参与者出自这一等级，而且自1789年7月至1791年年末所有这些管理国家的有教养的绅士也出身于此。他们面对如此多的困难与危险，即使饱受憎恶也大公无私、专注而又热忱地施政管理。这一阶层主要由斐扬派人士或拥护君主政体者组成，其中既有特鲁瓦的于埃或斯特拉斯堡的迪耶特里克这样的典型人物，也有拉法耶特和巴伊这

---

① 阿尔伯特·巴布，《城市》，27页。《特鲁瓦的历史》，I，21页。这一描述的多个特征都取材自童年的回忆以及家族的纪事，我曾有机会详细了解了两到3个外省小城，一个有6000人口，那里在1800年之前，几乎所有的名人显贵都是亲戚，来自40个家族，如今全都分散各地。研究越多的文献资料，就越能深入确切地理解孟德斯鸠所明确指出的旧体制下法国社会的主要原动力：这一原动力就是"名誉体面"。在和贵族等级界限不是很分明的部分资产阶级群体中，我是指在国会议员中，职务都是免费的，司法官职也要予以考虑。《箴言报》，V，520页，1790年8月30日，德·埃斯普雷莫尼勒的发言，"一个推事职位就值这些钱，我以我自己为例。我为我的职位付了5万里弗尔，此外还付了1万里弗尔的公职税。我的薪俸是389里弗尔10苏，这笔薪俸还得扣除367里弗尔的人头税。因为拉图尔奈勒的卓越表现，国王发放给我们45里弗尔的津贴。有人对我说：那还有讼费呢？大法庭作为接收讼费最多的地方，由180位成员构成；讼费已经涨到了25万里弗尔，这对于国家来说不算什么，可是诉讼人却难以负担。我让杜雷先生做证，他在鲁昂议会打过官司。我跟他要，凭良心而言，推事薪俸那么多的讼费，不到500里弗尔……一个判决要花诉讼人900里弗尔的话，国王要拿走其中的600里弗尔……总而言之，我的职位只能得到7里弗尔10苏"。

② 阿尔伯特·巴布，《城市》，第II章，以及《特鲁瓦的历史》，I，第I章。在特鲁瓦，50名显贵商人选举领事裁判官和两名执政官，商人行会有自己的大厅和议事会。在巴黎，呢绒商、服饰配件商、食品杂货商、皮货商、针织品商、金银器商组成了6个商人行会。商人行会位居其他工业团体之上，拥有些许特权。卢瓦瑟说过，商人们有着"体面的身份，被看作受尊敬的人、有教养的人及城市的有产者，这些身份不会赋予耕地者、士官们以及手工业者，更不会赋予体力劳动者"。关于这些资产阶级古老家族中的父权和家规，请参见博马舍和他父亲的故事（《博马舍》，德·洛梅尼著，第I卷）。

样的首脑作为代表，涵盖了第三等级最为出类拔萃、最为诚实正派的人。正是他们与贵族和教士阶层一起创造了历史上的显著成果，占据了本世纪乃至前几个世纪累积起来的精神与道德财富的绝大部分。

VI

如同一个炉子处在高处被加热，周围的环境却黑暗而又寒冷，在野蛮的人类社会中，费尽辛苦维持的高高在上的文明成果的光芒只会逐渐减弱，随着文明触及更远更深的层次，其光芒和热度也会逐渐削弱。然而二者在完全消弭前还是会渗透得相当深远，如果人们想估量18世纪末法国社会文明的力量，必须将这些半显贵人士并入名人显贵群体中，我指的是那些同老百姓一样从事体力劳动，却在百姓中占据翘楚地位的人，约有15万个家庭，主要包括富裕农场主、乡村小产业所有者、店主、零售商、手工艺师傅及包工头、乡村居民代表及行会理事[①]。他们都是有一定社会地位的人，拥有一定数量的资本，还拥有属于自己的田地和房产，抑或是营业资产、工具设备和顾客群体，也就是说他们不会通过借贷过着得过且过的生活，因此他们从开始便独立自主，甚至享有威望。总而言之，他们是这个社会工场的领班，是这支社会军队中的中士和下士，他们也无愧于自身的等级。

在乡村或行业公会中，由同僚和邻人们选举出来的理事代表绝对

---

① 阿尔伯特·巴布，《旧制度下的乡村》，56页，第3和第4章（关于乡村居民代表）。出处同上，357页，359页："农民们有权直接就有关公共事务进行磋商并自由选举其主要公务人员……他们了解自己的共同需求，他们懂得要在学校、教会……时钟维修等方面规定必要支出。他们任命自己的公务人员，通常选择那些能力最佳者"。出处同上，《旧制度下的乡村》，29页。手工业者行会在巴黎有124家、在亚眠有64家、在特鲁瓦和马恩河畔沙隆有50家、在昂热有27家。1776年颁布多项法令之后，其数量锐减，巴黎仅存44家，巴黎市议会管辖范围内的主要城市里最多只有20家。"每个行会都像一个城中城……如同公社一般，行会有自身特定的法令、选举出的首领、自己的议会、自己的公馆或至少办公的房间，还有自己的会旗、徽章、硬币以及标志性的颜色"。出处同上，《大革命时期特鲁瓦的历史》，I，23页，529页。在这些行业公会及团体中，有些在1789年撰写了请愿书，包含药剂师、金银匠和钟表匠、书商和印刷工、假发师、杂货商和蜡烛商等。在某些城市，有一两家这样的行会在大革命中坚持下来并一直延续至今，例如利摩日的肉店老板行会。

不是被盲目任命的。在他的选区,所有的选民都是有资格胜任的。其中有农民,他们曾经看到他在田地里劳作;有铁匠或细木工匠,他们曾经看到他在锻造作坊或工作台干活。由于这关系到他们的切身利益,所以他们会在自身利益最大化的前提下进行选举,不会仅凭报纸的推荐、浮夸的公开声明和假大空的漂亮话进行选举,而是会根据他们个人的经验以及他们对他的深入了解而进行选择。村庄派遣到总督辖区的人或者行会派往市政厅的人,往往都是村庄或行会中最有能力、最具威望的人,多半是那些成功人士之一。他们工作优秀、才思敏捷、为人正派、朴素节俭,可能是某位手工艺师傅或耕地者,经过长年的培训,在细节之处以及前任中都有着良好的口碑和声望,与他人相比更愿意维护公会的利益,有更多闲暇时间投身到公共事务当中。为形式所迫,此人必须取得关注、信任以及同僚们的敬重,因为他是他们指定的代表,也成了他们的法定代表人。

总而言之,在这个陈腐的社会里,虽然压迫较为集中,总体均势不够稳定,底层人民受到上层阶级的重压,然而至少在整个文明国家,用于区分良莠的选拔制度还算运行良好。虽然在中央和宫廷中这两个地方当中,一个世纪以来区分良莠的扬场机偶尔正常运作,有时甚至是反向操作,效率极其低下,然而它可能比我们的现代民主制度要更加准确。那时存在更多的机会可以让一个徒有虚名的显贵变得名副其实,要想建立、维持以及延续一个家族或一项事业不至于困难重重,人们也更倾向如此而为,他们通常不会今朝有酒今朝醉,而是会跳出狭隘的人际圈子,将目光放长远,回顾过去展望未来。我们的《民法典》所规定的平均分配法规、强制分配制度、实物分配准则以及其他条例都没有破坏继承传统,使家庭四分五裂①。家长的自由放

---

① 请阅读有关4个家族的专题论文(下布列塔尼的波尔蒂埃家族、阿马尼亚克的布拉西耶家族、下普罗旺斯的萨伏尼埃家族、拉夫当的贝藏家族)。勒·普雷先生通过其系统、准确和深入的研究为政治研究带来极大帮助,同时也促进了历史研究。他仔细观察并细致描述了旧社会结构的零散残存信息;这些残存信息的分析比较研究表明了他们所隶属的那个几近被消灭的社会阶层基础深厚、势力广泛。我自己在法国多个外省地区的实际考察情况以及我的童年记忆,跟勒·普雷先生的发现(转下页)

任以及子女的不拘礼节还没有刺激到当权者的神经,也还没有废除家族里的礼仪威严。这些有益而又合乎常理的社团绝对没有被带有成见的法律消灭在萌芽状态下或者被扼杀在发展状态中。

在旧制度下,交通运输方便而又廉价,学校拥挤而又混杂,竞争激烈,所有人都渴望拥有一席之地,抱负与贪欲都急剧膨胀,但是这些并没有使心怀不满的身份低微者以及作恶的流民大量增多,而且政治秩序没有荒唐动荡,普选没有将那些天生要从政的人挡在权力大门之外,那些为数众多的公职不是凭借招摇撞骗以及耍耍政客们的阴谋诡计就能得到的。彼时的法国不像今天这样正在变成一个装潢精良的大饭店,被交给一些碰巧遇到的管理者,注定要经历周期性的破产,这里充斥着无名的住户,互相之间漠不关心,完全没有归属感,毫无关怀更无友爱,他们仅仅是房客以及路过的消费者而已,根据编号被安排围坐在一张平常的客桌周围,每个人只顾自己,飞快夹取,能拿多少就吃多少,最后才发现在这个地方还有更好的选择,最明智的方法就是用所有的财产换取终身年金之后独自一人生活。

从前,在所有阶层以及所有外省地区都有许多在当地根基颇深的家族,延续了100年、200年甚至更久。不仅在贵族阶级当中,而且在资产阶级以及第三等级中,一项事物的法定继承人必须是家族血脉的后继者,例如,城堡和领地、有产者的房子以及世袭的公职、乡村简陋的地产、农场、商店、作坊等都是完完整整地世代相传的。无论卑微还是伟大,个人都不自私自利,既不忘过去,又高瞻远瞩,沿袭祖先荣耀的同时造福子孙后代,在绵延长久的家族链条上,他只是其中一环;他深谙传统,成为典范。有了二者的加持,其在家族内的权威就会无可争议[①]:所有的家人都听从他的领导,不出差错,毫无异议。

(接上页)也是相符的。在1789年有许多这样的家族,比如今要多很多,尤其是在加斯科涅、朗格多克、奥维涅、弗朗什-孔泰、阿尔萨斯以及诺曼底等地区。

[①] "布列塔尼人的执拗",《我父亲的一生》("父亲在勃艮第一个农民家庭的权威")。就这篇文章,请各位读者都回想一下自己的祖父母。关于资产阶级,我在前文中引述了博马舍的家族。关于贵族,请阅读1787年6月22日布丰写的一封精彩绝伦的信(布丰的通信,第2卷,由纳(转下页)

当一个家族凭借这一家规在同一地方屹立不倒且获得尊重长达一个世纪的时候，它就可以轻易提升一个等级，将其某个亲属引荐到上层阶级，就可以从种地的农民或手工艺劳动者变为小官小吏，使小官小吏们获得高位甚至议会要职，使4000多授以爵位的公职人员变成法定的贵族，使新晋贵族成为古老的贵族。

除了那两三千啄食凡尔赛宫这块公共蜜糖的金胡峰以及宫廷门客和他们的随从，法国三四十万的显贵及半显贵人士就这样获得或保住了他们的地位、名望和财富，因此他们是合法的所有者。子承父业，有地的农民、手工艺师傅每天清晨四点起床，操劳整日，废寝忘食。子承父业，工场主、批发商、公证员、律师等拥有一官半职的人，细心节俭，专业勤勉，书写规整，记账严谨。子承父业，由于攸关名誉，贵族尽职尽责，法官公正地审判，即便薪酬与其为了得到头衔或官职而倾注的金钱相比实在微不足道。这些人中的每个人都责任重大，他的财产和地位都是其后代的积蓄，是其去世之后获得相应葬礼规格的代价，是其祖先、父亲以及他自己开拓或保留下来的。在传到手里的财富中，每个金币都代表着一个生命的延续，是其家族血脉中某个人存在的证明，在这些金币中，也有他自己的一份力。

公共服务在高层贵族中都举足轻重，更不用说在中层贵族、第三等级以及平民百姓中间了。在刚刚描述的各等级显贵中，大部分在1789年时肯定都是成人，成年人占大多数，还有一些上了年纪的人。因此，要想使其地位、薪俸或盈利以及财富合法化，每个人都可以在位上服务15年、20年、30年甚至40年，比如，作为内阁高级官吏的教区大副主教，作为最高法院院长的财政区总督，还有城市本堂神父、贵族军官、公职拥有者、律师、检察官，作为富裕劳动者和社会地位良好的手工艺者的大工场主和大批发商。因此，他们不仅是精英阶层，也是国家最珍贵的部分、森林中茁壮的乔木，每棵都根系发达，

（接上页）多·德·布丰先生出版），这封信嘱咐他儿子在其妻子闹出丑闻之后要秉持操守。

通过不断萌发，内部汁液源源不断地得以运送，他们都自发茁壮生长。单就这点，他们也应该得到尊重。通过对每棵个体的双重打击和迫害以及对整片法兰西森林的破坏，雅各宾派这些伐木工正在将这片乔木林毁灭殆尽。他们秉持这一原则，绝不容许留下任何一棵乔木挺立在那里，从最高壮的橡树到最细小的幼苗，一棵显贵之树也不许留。

VII

然而破坏却未就此终结，理论的影响则更为深远。基本规则为：根据雅各宾党派的理论，任何社会地位的优越性、任何某一公民或公共团体享有而其他公民或团体不曾享有的优越条件都是不合法的。

法兰西共和历二年风月19日，总指挥官昂里奥在包围王室宫并大肆追捕嫌犯后，对此次出击进行总结："共有130位年轻的保王派被捕……他们被押送至珀蒂佩雷区。这些人并不是无套裤汉，他们都大腹便便。"昂里奥说得有道理：吃得好也是不爱国的表现。谁要是贮藏食物就是犯罪，即使此人是跋涉到远处找到的食物，即使他没有选择出高价购买本区肉铺的肉，即使他未曾强占他邻居们一盎司的食物份额。此种行为一经发现，则会被立即逮捕并受到惩罚。"一位市民从离巴黎6法里的地方牵来一头小乳猪并将其宰杀。3小时后，这头猪被特派员抓住并分给了群众，而这位市民连一片也没得到"；此外，这位所谓的物主"被捕入狱①"。对于雅各宾党人和饥肠辘辘的民众来说，没有比囤积居奇更严重的罪行，他们也只能想到这个罪名以解释最受欢迎的埃贝尔为何被捕。"据说此人在中央市场利用一位来自圣-安东尼区的伙计囤积了25里弗尔的布列塔尼黄油"；这足以将其定罪；马上，"他们一致通过将迪歇纳老爹送上断头台"。再说，各种特权中伤害性最大的就是对物资的囤积：如

---

① 道邦,《1794年的巴黎》,245页(培根的报告,法兰西共和历二年风月25日)。

今有两份食物的人必须"分一份给没有食物的人";任何一个人如果吃得比别人多,则为小偷;首先,他偷了公社的东西,因为公社是所有食物的唯一合法物主;其次,个人角度上说,他偷了所有吃的比他少的人的食物。

同样的规则也适用于人民愿意囤积的或是有用的其他事物:对于已建立的平均社会主义,某一个体享有而其他人不能享有的任何便利,都是此人从公共的桌子上偷窃的菜,这种偷窃行为会损害其他人的利益。关于这点,管理国家的理论者与无处不在的穷人们达成共识。贵族们拥有两件好衣服,而其他人大多只有一件破衣服①。他们拥有许多上好的皮鞋,而其他很多人只有木屐或是打着赤脚。他们作为物主,可以领取租金;而其他人只是租户,非但领不到租金,还要交付租金。他们租房间出去给别人住,而许多人只能租房住,或露宿街头。他们不论是有大宗资产,或是拥有一些货币、实物、田地、房屋,或是结婚那天亲戚送的6套银餐具,或是靠省吃俭用、20或30埃居一点点存起来或省下来的钱,或是少量不同的物资或商品、一年的收获,或是其杂货店的本金,尤其是倘若贵族们不愿放弃这些财产,或是受革命税、强征、最高定价或是没收稀有物资的政策影响,而不得不无偿或低价上交其为数不多的资产时表露出不满。总之,只有那些没有任何私人财产、一天天挨日子的"乞丐②"、贫民、流浪者、饥

---

① 《旅居法国》(1792年9月)。一位巴黎人的信:"穿着体面的衣服在街上走并不安全,我不得不弄到裤子、粗布上衣、彩色粗麻布的领带,每次战战兢兢地出门前我都要小心穿戴好"。波利尔,《文集》,第5卷,281页:"纨绔子弟们任凭胡子疯长,他们竖起头发,弄脏双手,穿上令人恶心的衣服。哲学家和文人们戴着毛皮高帽,上面垂下长长的狐狸尾巴,在他们的肩膀上荡来荡去,一些人在街上拖着带轮子的刀,人们说这些是鞑靼人……在召开公共议会时,在戏院的包厢里,人们在第一排只能看到一些巨大的红帽子,就像欧洲所有监狱的苦役犯都逃了出来,前仆后继地来到这座奇妙的城市做出表率,就像这座城市对欧洲其他各地做出表率一样"。《旅居巴黎》,43页(亚眠,1792年9月):"人们在街上公开辱骂那些穿着太华丽或是衣服的颜色让他们联想到贵族的女人,我有一次差点被掀倒在地,是因为我戴了一顶绿色丝带的草帽"。诺拉克,《大革命时期里昂三年回忆录》,132页:"人们公开宣布,任何拥有两件衣服的人必须将其中一件交到本区,并分发给一位良好的共和主义者,同时保障平等的实施"。

② 比舍和胡克斯,26页,455页(罗伯斯庇尔对雅各宾党人的讲话,1793年5月10日):"所有富人都在希望打倒革命,只有穷苦的人、只有人民大众能够拯救我们的国家"。出处同上,30页(罗伯斯庇尔对国民公会的讲话,1793年12月25日):"良好的品德是不幸者的特有品质,是人(转下页)

民等才被视为爱国者,而最卑微、最没文化、最贫穷的工人却被视为有罪,被当作人民的敌人。人们据此怀疑他们有一定的财产,工人们即使摊开他们满是老茧和裂口的双手也无济于事,仍免不了被抢夺、被捕入狱或被带往断头台的命运。

特鲁瓦的一位商人的可怜的女儿,用借来的钱做了些小买卖,而因破产损失近半,后因最高定价则彻底失败,这个可怜的人靠剩下的一些资本挨日子,却被罚了500里弗尔的税。政府下令在阿尔萨斯的村庄里逮捕五六或7个当地最有钱的人,即使村里一个有钱人也没有;因此只能逮捕一些不太穷的人,只因为他们不是最穷的。例如,海利根贝格的囚犯花名册上,6位"农民"被捕,其中有一位普通工人或"疑似记者",原因是他"生活富裕①"。按这种说法,没有哪个阶层比普通大众里的反革命嫌疑分子更多,商店、农田和作坊里比神父住宅或是城堡里还藏有更多的贵族。

实际上,雅各宾党人认为"所有耕种者基本都是贵族";"所有商人本质上必然是反对革命的②",尤其是供应首要生活必需品的零售商,比如酒商、面包店主和肉铺老板,他们更是名副其实的"谋反者","人民内部的敌人"。"这些贵族阶级令人难以忍受",因此在低收入者中已有许多人违法并须受惩罚。

(接上页)民大众的宝贵遗产"。《法国国家档案》,法国档案局,II,72页(蒙托邦市政府的信,法兰西共和历四年葡月23日),许多手工工场的工人已被"巧言惑众的极端分子、俱乐部的演说家"腐蚀,"他们让工人们隐约看到财富的平均性,并向他们宣传说革命是那些称他们为无套裤汉的阶级的战利品……起初实施顺利的最高定价法令、对富人的侮辱、对富人大量财产的非法扣押,似乎印证了那些美好的许诺一定会实现"。

① 《法国国家档案》,法国档案局,II,135页(斯特拉斯堡公社革命委员会决议记录节选,被关押者及其被捕事由名册,布尔市被关押者及其被捕事由名册)。奥贝尔斯沙埃福尔桑市的两名农民被捕,原因是"他们是当地最为富有的两个人"。《文件集》,第I卷,225页(韦尔克声明,革命特派员):"本人署名于下,保证在本区特派员、公民克罗尔的命令下,我将奥贝尔斯沙埃福尔桑市最富有的7位市民交送斯特拉斯堡,而我并不清楚其中缘由。"7人中的4人被送上断头台。

② 《箴言报》,XVIII,452页(埃贝尔对雅各宾党人的讲话,雾月26日)。施密特,《法国大革命全景图》,第II卷,19页(迪塔尔的报告,6月11日)。《法国国家档案》,F7,3116页(布尔瓦耶的报告,法兰西共和历二年雪月6日):"人民们抱怨内部仍有一些谋反分子,例如,肉铺老板和面包店老板,尤其是第一类人更是难以忍受的贵族阶级。他们再也不想卖肉,他们给人民的东西十分可怕。"

但受到惩罚的人远不止于此,因为对于所有涉及富裕者、涉及占有某物、涉及持有必要生活物资的罪行,都有相应的贵族阶级的罪名。我想说的是对已建立起的制度的厌恶、缺乏热忱甚至是无视,对已摧毁的制度的懊悔,与某些上层阶级的流亡者、罪犯或被拘禁者的亲属关系、联系和来往,对被放逐者提供的服务,与某位神父的交往。然而大量的穷人、农民、手工业者、用人、女仆都犯了此罪[①];在许多省、大的城市,几乎所有靠自己的双手吃饭的人都犯了此罪并一直在犯罪。据雅各宾分子所述,在阿尔萨斯省、弗朗什孔泰省、普罗旺斯省、沃克吕兹省、安茹省、普瓦图大区、旺代省、布列塔尼省、皮卡第省、佛兰德省、马赛、波尔多和里昂,据科·德·艾尔布瓦记载,仅在里昂地区,"有6万民众绝对不会拥护共和制,我们应该关心的是如何遣散他们,谨慎地将其分散于共和国各地"。最终,政府在以公告缘由追捕的人民大众之外,又加上以个人缘由追捕的普通民众。在同一村庄的农民之间,在同一行业的工人之间,在同一地区的小店主之间,总存在一些怨怼、敌意或仇恨。他们之中的雅各宾分子成为当地有权有势的人物,可以毫无顾忌地满足自己在当地的嫉妒心或是私

---

① 《文件集》,第 I 卷,69及91页。在斯特拉斯堡,大量普通民众的妻子以"贵族和狂热分子"的名义被监禁,并未登记其他事由,这是被捕人的身份:服装业女工、织挂毯女工、家庭主妇、接生婆、女面包店主等。出处同上,第 II 卷,216页,"流亡贵族的侍女乌尔苏拉·罗斯,由于知道其主人是否藏匿物资而被捕……玛丽·法贝尔,因被怀疑侍奉一位教士而被捕"。《法国国家档案》,法国档案局,II,135页(被监禁在国家监狱中的反革命女嫌疑分子名录):大多数人被捕是因其流亡贵族或被流放的教士的母亲、妻子、姐妹、女儿,而其中不少是小店主或手工业主的妻子。其中一位职业是护工,被捕事由是"贵族和狂热分子"。另一被监禁男子名册:一位修桶工,其名义为"贵族阶级";一位卖下水的商人,其名义为"太过缺乏爱国心,并从没表现出对革命的忠心";一位泥瓦匠,其名义为"从未表现出爱国精神";一位鞋匠,其名义为"始终身为贵族阶级并曾担任暴君的看门人";4位国家森林管理员,其名义为"从未有过爱国情怀";等等。《文件集》,第 II 卷,220页:"一位75岁的女市民君兹协同其44岁的女儿于1792年5月22日向其流亡的儿子提供36法郎银币而被捕,君兹及其女儿被判断头刑"。请参照索泽,第 III、IV、V 卷及附录部分的杜省流亡贵族及被监禁者名单,上面有这些人员的身份、职业及被捕事项。关于巴黎,人们对政府怨声载道:"(聚集在中央市场和各市场的)妇女们一致认为对所有事物都需要一个新的法令",她们对所有根据宪法建立的机构都颇有不满,无一例外……她们嘴里没说君主,但是恐怕在心里早就想再推举出一个君主。一位圣-安东尼郊区的妇女说:如果我们的丈夫进行了革命,我们在必要的时候会进行反革命"。

人恩怨，而这种实例并不在少数①。

这就是为何上断头台的名单和被关押或流放的名单上，社会地位低下的男人和女人们占了大多数，其数量远胜于社会地位较高与社会中层的其他民众之和。在1.2万名登记了身份和职业的死刑犯中，有7545②位农民、耕地者、犁地者、不同行业的工人、小酒馆老板及酒商、士兵、水手、仆人、手工业者的妻女、女仆和服装女工。在杜省的1900名流亡贵族中，有1100名是普通民众。1794年接近4月时，法国境内所有监狱都装满了农民③；热月9日政变前两个月，巴黎仅有的监狱中关押了2000名农民④。更不必说西部11个省份，其中500平方法里的国土被破坏，20座城市、1800座村庄被毁，雅各宾党人表明在此地的政治目的就是有步骤地全面毁灭整个国家，包括牲畜、人、建筑、粮食的收割和耕种，乃至树木也遭到了毁损。在有一些地区甚至是在某些省份，所有乡下人和工业人员全部被捕或四散而逃。比利牛斯地区，古老的巴斯克部落"被从他们出生的土地上揪起，成堆地扔在教堂里，除了布施之外再无生计"，到了冬天，1600个被捕的人死亡，"其中大部分死于寒冷和饥饿⑤"；在贝都因这座有2000人的城市，一些外来人砍倒自由之树，433座房屋被拆除或烧毁，16人被送上断头台，47人被枪毙，剩下的其他所有市民遭到驱逐，被迫"在山区流浪和躲在他们在地上挖的洞穴里⑥"存活。1793年冬天，阿尔

---

① 《外交事务档案》，331卷（贝特朗的信，尼姆，霜月3日）："我们艰难地看到在位的爱国者对于逮捕和发现罪犯的方法并不讲究，而宝贵的手工业者阶层也未能幸免"。
② 巴瑞奥特－圣普利，《大革命时期的司法》，第1版，229页。
③ 《旅居法国》，186页："我意识到当时被捕的人中大多数都是农民"。（其原因在于强征粮食和粮食最高定价法律的实施。）
④ 《革命法庭通报》，第31期（检察院秘书图坦的证言）。这些可怜的人中有1200位在热月9日政变后被释放。
⑤ 梅朗，《回忆录》，166页。
⑥ 巴瑞奥特－圣普利，《大革命时期的司法》，419页。《法国国家档案》，法国档案局，II，145页（马奈代表的决议，法兰西共和历二年花月14、15、17日）。刑事法庭将会审理几位主要罪犯并对其进行处决，其他居民应在24小时内携带家具从家中撤离。接着，整座城市被付之一炬。禁止在此处重建或进行耕种。居民将被分散至周边地区，任何人不得离开其被指定的城镇，违者将被判为流亡者，并规定每旬亲自到市政府一次，违者将视为反革命嫌疑分子或遭监禁。

萨斯的5万名农民,包括妇女而儿童,逃至莱茵河另一边①。总之,革命行动造成了大量的毁灭,不仅针对普通民众,更针对其他阶层,不仅针对"矮林",更针对"大树群",结果它们经常被齐根砍去,让位给最矮的灌木。

在这次行动中,人民群众中被保留的部分,即一些权贵,比普通民众要承受的更多,并且很明显,"伐木工"雅各宾党人再三并有选择地猛烈攻击工作或储蓄的老手、继承了几代人土地的富农、拥有运行良好和稳定客户群作坊的工人兼业主、拥有众多顾客并被认为无欠贷的小业主、各村和各行业的代理人。原因在于他们比同阶层的其他人更彻底也更明显地带有遭致"斧头"的五六个特征。他们生活更为宽裕,拥有更多的生活必需品和使生活更加舒适的物品,单这一点便违反平等的法律。他们拥有一些积蓄、几个银币,或是一笔隐藏的埃居②,有布匹和衣物储备、一些货物或商品,他们并不会心甘情愿将其拱手相让:这又犯了自私罪。一旦认定他们是自私的,则可以推测出他们对博爱的制度怀有敌意,或起码漠不关心,对共和国不上心,即为温和主义者,这即成为一项巨大的罪名③。身为其阶层的佼佼者,他们当然和贵族与资产阶级一样傲慢,并且他们自视高于穷人、流浪者或是纯正的无套裤汉者:这是第四项罪名,也是最不可原谅的。此外,鉴于他们较高的社会地位,他们必然与被放逐的阶级建立过频繁

---

① 《文件集》等,第I卷,52页(博多和拉科斯特的决议,法兰西共和历二年雨月6日):"鉴于无法在2/3居民被流亡的10法里范围内找到法官"。出处同上,第XIX卷,714页(法兰西共和历二年风月26日会议,博多的讲话):"仅在阿格诺和维桑堡两个地区,就有4万名男女老少多次穿越国境线逃出法国境内。我们手上有这些人的名单,而他们的动产都在萨维尔讷的仓库中,他们的财产已归国有"。

② 阿尔伯特·巴布,《特鲁瓦史》,第II卷,160页:"一位园林工人省吃俭用,小心地储存了8223里弗尔金币,因受到被捕入狱的威胁,他不得不将这些金币悉数上交"。

③ 《法国国家档案》,法国档案局,II,116页(帕加内尔代表的决议,图卢兹,法兰西共和历二年雾月2日):"冷漠是对爱国主义的侮辱,而漠不关心成为一项罪过,这一天终于到来了。因吝啬而发出的反对意见,我们不予理会,我们要强迫富人们他们曾抛弃的博爱的责任"。出处同上(蒙托邦市中心委员会会议纪要节选,1793年4月11日,经由让蓬·圣-安德烈同意):"这一刻终于到来了,温和主义、保皇主义、怯懦和其他所有无用并背叛国家的派别,都要从这片自由之地上消失,所有反对无套裤汉的思想都应受到谴责和惩罚"。

的交往或联系；身为管家的农民经常与其雇主或贵族主人有联系①；从前大家庭的大量的佃农、小业主、手工业者都与资产阶级或教士们有联系②，有可能其儿子或兄弟是曾在商业或工业界跻身上流阶层，或是曾上过学，后成为神父或法律人士，也可能是其女儿或姐妹嫁入好人家，并皈依宗教；然而某位反革命嫌疑分子的父母、配偶或朋友自身也是嫌疑分子。最后一条反革命特征也是关键性的特征是：作为品行规矩的老实人，他们在旧制度时期曾发达过或维持过他们的身份，所以他们必然对旧制度的各种法规仍怀有敬意；他们无意中会保留一些对国王或是宗教的崇敬；他们是遵守教规的天主教徒。因此看到教堂关闭、礼拜被禁、教士受迫害，他们会感到悲痛；他们也许仍想参加弥撒、复活节领圣体仪式，希望正统派的神父可以对他们做一些真正的圣礼，仍然希望享有洗礼、赦罪、婚姻和好的临终涂油礼的权利。综合各条考虑，他们将背井离乡的农民视为个人的敌人，并出于各项事由将其打倒；他们从前的功绩如今变成了他们的过错。如此一来，人民群众中的精英成为了主要攻击对象；革命在严惩上层阶级的斗争中，最严厉地惩处了那些次要贵族，反对最有能力行动并领导手工劳作的人，反对因其行为、节俭和其他良好的品质而最受推崇的工人。

VIII

出于同样的原因，当涉及严格意义上来讲的显要人物时，革命的惩罚则更为严厉。革命派不仅以打击旧时代有特权的人的名号打击

---

① 《法国国家档案》，F7，2471页（杜伊勒里区革命委员会记录，1793年9月17日会议）。在一个被抓捕的74人名单上，其中有一位叫德·诺阿耶的先生，批注为："逮捕其全家，包括其秘书居伊、前管家埃尔韦，圣-奥诺雷街"。

② 《外交事务档案》，第322卷（拉杜埃的信，沙隆，1792年9月17日及20日）："在莫城，强盗们已经杀害了15名囚犯，其中7人为教士，他们的亲人是本地人或临地区人。由此造成了强烈的不满"。索泽，第I卷，17页："乡下的神父基本来自农村的贵族和最有名望的农民家庭"。

贵族，还以打击不屈从的天主教徒的名号打击教士，更以打击显贵人物的名义打击贵族、教士和资产阶级，即打击那些地位高于其他人，并以其身份的优越性区别于其他人的人物。在真正的雅各宾党人看来，第三等级的显要人物和前两等级的人员同样有罪。

米迪省的一个人民协会写道："资产阶级①、商人、大地主仍怀着从前有的野心。"这个协会同时抱怨"法律没有提供任何途径以使民众擦亮眼睛来关注这些新的暴君"。有一件可怕的事情：虽然他们的身份有碍平等，但他们竟对自己的身份感到十分骄傲；更糟的是，这种地位为他们带来了公众的尊敬。因此，"本协会希望人们能授予革命法庭暂时关押这一阶层傲慢的人士的权利，人民群众可能会看到他们曾经犯下的罪行，也有可能重新尊重他们"。这些无可救药的异教徒和蔑视新教条的人非常幸运，他们被当作无宗教信仰者，有些类似中世纪的犹太人。毕竟人民原谅他们是为了随意掠夺他们，羞辱他们，让他们因为恐惧而低头。很快，人民怀着侮辱和讽刺的心理督促他们以强制捐款的形式证明自己饱受质疑的爱国心。米约代表说："考虑到②纳博讷的男女公民都被要求帮助卸载和运输草料，这天早上，代表亲自视察操作情况，他看到在运河上只有无套裤汉们和几个年轻女公民，一个纨绔子弟和富家小姐也没看见，他们的手或许太娇嫩，哪怕临时像粗壮的无套裤汉们那样参加光荣的劳动也是不行的"。另一方面，得益于他们的财富，这些人有更多的收入，所以代

---

① 《法国国家档案》，F7，4437页（加尔省克拉韦松人民协会请愿书，法兰西共和历二年穑月7日）。鲁道夫·罗伊斯，《塞利格曼·亚历山大或恐怖政策下一位斯特拉斯堡犹太人的苦难经历》，37页。狄彻将军对修道院监狱的指挥员科潘下达的命令："须投入极大热情打压贵族阶层的高傲之气"。

② 《法国国家档案》，法国档案局，II，88页（米约代表的决议，那尔波讷，法兰西共和历二年风月9日）。第II条："如果所有的船只在3天内没有完成卸货，所有货车没有在刚到达一地后马上卸货，则爱国捐助应加倍"。第IV条："市政府出于其个人责任，必须在那尔波讷最富有的市民之间进行分摊"。第VII条："若决议在24小时内未能实行，则市政府向当地负责人指明拒绝完成其份额的自私的富人"。第VIII条："指挥员专门负责在24小时内向群众代表汇报，逮捕拒不服从的富人，并以人民的名义担保准时执行现行法令"。出处同上，法国档案局，II，135页（圣-茹斯特和勒巴的决议，斯特拉斯堡，法兰西共和历二年10月）。类似的讽刺：斯特拉斯堡的富人被描述为"挑唆有钱人进行借贷，并对顽固的利己主义者采取严厉的措施"。

表打算给纳博讷的富人们一个宝贵的机会，让他们也成为对共和国有益的人，要求"纳博讷最有钱的公民们"在24小时内上交10万古斤的爱国捐助，这其中一半运送到部队医院，另外一半通过"3名革命无套裤汉组成的济贫会"发给市镇的贫民。"如果有哪位自私自利的富人拒绝缴纳他的份额，他会立刻被移送至佩皮尼昂的拘留所"。

不用亲自参加劳动，不适合从事体力劳动，在民主政体下，这被认为是人的污点，有这种污点的人，不仅要在经济上承担更多税务，还要亲自承担更多的劳役。在阿韦龙新城和康塔尔全省境内，泰伊菲尔代表和他的代表德尔泰伊委托革命委员会"使所有适合服兵役的（25以上40岁以下的）纨绔子弟参加征调和义务征兵"，虽然法律对此完全没有要求。纨绔子弟是指这个年纪未婚、不从事任何有益职业的公民，"换句话说，就是靠他们的收入生活的人。在中产阶级或上层阶级中，没有人能逃避这项决定，因为它极为严厉，可以征收额外税款，可以肆意逮捕，实行的目标不仅包括业主、收息者，还有贵族、斐扬派、温和主义者、吉伦特派、联邦派、纨绔子弟、迷信者、宗教狂、王权主义者、迷信者、联邦主义支持者、囤积居奇者、垄断者、投机商、利己主义者、看似缺乏公民品质的人，还有其他对大革命漠不关心的人"，地方委员会将会列出名单。

有时，在城市里有一些集体活动，如投票、请愿。只需要附上这张准备好的名单①，就可以认识当地所有的显贵和最正直的人，平均主义者也可以以政治镇压为借口，放纵内心对社会的憎恨。在蒙塔日，1792年6月20日的暴力活动过去9天后，228名显贵签署了一份请愿书，向皇帝表明他们的热忱和恭敬之意，21个月之后，共和权力回归，人们开始对他们进行处罚。人们兴高采烈地处罚这些全城最德高望重的人，贵族、教士、有产者或者普通平民都只得逃跑或者被驱逐。"蒙塔日的新政府被净化的同时，代表剥夺了公众对这些签字者

---

① 在里昂、马赛、波尔多和巴黎，8000或2万名为请愿签字的群众和斐扬派成员等人，都是这种情况。

的信任，将他们从所有公共职能中推搡出去"。但这还是不够的，处罚应当成为范例以儆效尤。签字者中的4个人，包括前任市长、前任税务员、行政区管理者，还有一名显贵，都被送往巴黎革命法庭，在那里依律处斩。另外包括多名前任公务人员、圣路易骑士、火枪手、贵族、教士、审判官、一名皇帝的检察长、一名法国国库官员、一名前任省区管理人员、两位贵妇（其中一人被称作"贵族侯爵夫人"），这32人都被监禁在蒙塔日拘留所，直至和平到来。另外86名，包括前任市级公务员、国民护卫队军官、法院检察官、公证员、诉讼代理人、医生、外科医生、税务员、警察局特派员、邮局局长、制造商等，无论男女、婚否，都要公开认错，被传唤至真理庙，在风月20日下午3点接受公共苦行赎罪的羞辱。

他们都来了，因为命令还声明"在规定日期、时间不到场的人，将会被逮捕并监禁至和平到来"。他们到了被雅各宾派信仰净化过的教堂，"面对着新政府、人民联盟和参加大会的公民"，一个接一个地走上去，为了让人们看得清楚些，"在一个比地面高出3法尺的讲台上"受审。国家代理人或者市长以这样的措辞对他们逐个进行谴责："你们，怯懦且卑鄙地签署了一篇全文充斥着谄媚之词的请愿书献给路易十六，而路易十六正是最可恨、最无耻的暴君，人类中的魔鬼，整日沉溺于声色犬马，背负着累累罪行的恶魔。你们被人民弹劾了。你们知道，从你们第一次做出不爱国和反革命行为起，新政府的监督会就以一种更活跃的方式伴随着你们，法庭会更为庄严，断头台会做出迅速、响亮的判决。"

每一个被叫到名字的人，聆听着对他的恐吓和训诫，在喝倒彩的声音中走下讲台，在笔录上签字。但是，他们常常没有表现出悔恨，有几个人甚至看起来根本没有悔罪的样子。所以，当仪式结束，国家代理人向议会指出"几个贵族的无耻言行，他们肮脏到连面对国家审判都不会脸红"，革命委员会立刻表示"鉴于他们刚刚表现出无动于衷和轻薄态度，此次审判，4个女人和3个男人受到国家弹劾，考虑到必须严惩根基稳固、不把道德抨击这项惩罚放在眼里的贵族",决定这7名轻罪犯"将被逮捕,并关押在圣马瑞的拘留所":无动于衷的犯人被判3个月,4名态度轻薄的犯人会一直被关押至和平到来。另外,国家代理人的命令和庭审笔录会被印刷6000份,由"最富有又最有嫌疑的"签名者承担费用。这几位签名者分别是法国的前任国库官员、一名公证人、一名食杂商、宪兵队前任指挥官的太太、一名寡妇、另一名女士"。代理人说,"所有人在财富和特权上都是非常顽固的"。"好极了!"与会的人们为他的天才喝彩,人们鼓起掌来,唱起国歌;正是晚上9点,公共苦行赎罪持续了6小时,蒙塔日的雅各宾派们陆续离开,对他们的杰作心满意足,出于对公共行政官员的尊重,他们像集体暴力事件一样惩罚了签名者,将当地的精英送上断头台,送进监狱,处以轻罚或言辞羞辱,将德高望重、显贵的男女贬黜为受管制的重犯。这些人在正常体制下最受权力的青睐,而在革命的体制下,他们几乎一无所有。①

IX

财富和教育是相辅相成的关系,也是把一个人带进上层社会的两个因素。但是有时候其中之一或者两者一起会把一个人推向欺诈、监狱和死亡,即使他证明自己是雅各宾派或者极端雅各宾派也是徒劳。

---

① 雅各宾派的想法和最终目标在斯特拉斯堡很好地表现出来(《原件汇编等》,I,77,对市政府全体官员的公开审判,比埃尔林的讲话,共和历二年牧月25日):"是否应该让你们知道(斯特拉斯堡)居民平庸的傲慢,他们心中对贵族家庭荒谬的忠诚,某些人荒谬的斐扬主义和其他人廉价的谄媚? 他们通常是怎么说的? 没有财产、从前不为人所知的闯入者,胆敢在一座几世纪以来都实行共同管理、由明智的居民和诚实的家庭组成的城市里攫取声望"。出处同上,113页(莫奈市长的讲话,共和历二年花月):"由于财富实行的拉平政策和启发了贪财人的恐怖政策,道德净化(在斯特拉斯堡)变得简单了……文明在大量小康家庭中遇到强大的障碍,这些家庭对皇帝统治时期的特权产生了回忆和懊悔。这些家庭形成了与政府分开的社会等级,小心地保存了他们祖先传下来的哥特式画作,他们只和自己人联合,人们不准他们参与公共职能。诚实的工匠们,今天在各个岗位成长起来的人们,大力推动了大革命的战车"。

埃罗特-德-塞舌尔投票处死国王,在公共救赎委员会拥有一席之地,在上莱茵省地区明目张胆地实行最差劲的革命法律①的也是他,但是因为家境殷实、身世显赫,结果他又很不幸地被送上了断头台。他落到此般田地并不难解释:他不爱国。他怎么能有2000里弗尔的收入,并且还能成为代理检察长②?二者之中的一个就足以让他坠入深渊,何况他两者兼具?首当其冲便是富有。圣-茹斯特曾说:"富足本身就是可耻的"。根据革命委员会的说法,那些被戴上"富足且自私"标签的人,其中有一些人的收入为4000里弗尔,或者在3700里弗尔左右,有的是1500里弗尔,甚至还有500里弗尔的③。另外,财富或者安逸,会让其享有者萌生出反革命的情绪,这便成了在当时来说的一大麻烦。康邦曾说:你有钱,那么你的意见会让我们"受损失"④,所以要给我们赔偿才行,同时也要对我们心存感激,感激我们在革命结束前只是把你关进牢狱中而已。

"富有、反革命和邪恶",在罗伯斯庇尔看来⑤,这3个特质是相互联系的,也正因此,富裕这个词变成了贵族的标志,也是缺乏公民意识最直观、最明显的表现,就像富歇提起过的是一枚"刻有谴责的印章"。富裕,这是对公民权赤裸裸的践踏,任何拥有超过其自身需求以外的富裕之物的人,无论是谁,他们再也不能纸醉金迷,肆意挥霍,超出自身需求的财物若不上交为民所用,那他毫无疑问会登上"怀疑分子"的黑名单。"自私的有钱人,你们是我们一切不幸的罪魁祸

---

① 《外交事务档案》,1141卷(《公民警察守则》,埃罗著;《人民的代表》,科尔马,共和历二年3月2日)。他列举了不同等级的应该被捕的人,细分的这些等级设计范围如此之广,数目如此之多,以至于有九成的当地民众都在被捕之列。

② 道邦,《1794年的巴黎》,264页(布尔瓦耶的报告,共和国6月29日):"人们通过一种特殊的方式来判定一个人是否爱国,是否有20万里弗尔,尤其是对那些代理检察长"。

③ 马特尔伯爵,《富歇》,226~228页。例如,在讷韦尔,一位62岁的老人就因为"富有、自私、盲目崇拜和对大革命没有任何贡献,并且每年有500里弗尔的收入"而被捕。

④ 比舍和胡克斯,26章,117页(康邦的演讲,1793年4月27日)。

⑤ "谁是我们的敌人? 邪恶的人和富有的人";"所有的富人都怀有反革命的愿望"(罗伯斯庇尔的笔记,1793年6—7月,以及罗伯斯庇尔对雅各宾派的讲话,1793年5月10日)。

首"。"在长裤汉登上舞台的时候,你们竟敢发出轻蔑的笑声[1];朱门酒肉臭,路有冻死骨,你们富得流油,但是你们的同胞却因饥饿离开了这个世界,你们根本不配与他们同在一片蓝天下生活;你们曾经不屑招待他们来自家桌上吃口饭,那么现在轮到你们了,轮到他们对你们破口大骂,给你们戴上镣铐,这些都是你们无知和罪行应得的报应"。换句话说,那些坐拥豪宅或者衣着华裳的人,不论男女,也不管你是勤勤恳恳还是好吃懒做,是生于贵族抑或出生寒门,都一个个成了阶下囚或被送上断头台,最好的情况也成了任人宰割的奴隶,其所拥有那些财产和积蓄若不立即上交,以后也都会变成呈堂证供。而更常见的情况是,单单是富有这一项就足以让他跌入地狱,饱受牢狱之灾。当时人们把一座城里面的这些有钱人关在一起,推断他们的家产,一个一个地榨干他们。

在斯特拉斯堡[2],有193个人被处以6000到30万里弗尔的罚款,总计高达900万里弗尔,这些罚款要求他们在24小时以内付清。这笔钱是由各个行业的领头人来收取的,包括银行家、裁缝、商人、制造商、老师、牧师、诉讼代理人、医生、外科医生、印刷匠、地毯商、皮匠、旅馆老板,等等。他们要在规定的期限里把钱收起来。"公社里最优秀的公民之一没有在一天的时间里收齐2.5万里弗尔的罚款,就被绑在了耻辱柱上[3]"。有时候逮捕涉及整个阶层,不仅仅是贵族和祭司,还包括所有从事高收入职业的人,甚至还包括手工工匠。在斯特拉斯堡,"考虑到当时的大商人对黄金的痴狂",他们"每人被处以2.5

---

[1] 观察家关于巴黎的报告,1793年8月12—13日:"富人是大革命的仇敌。"
[2] 《法国国家档案》,第二章,135页(圣-茹斯特和勒巴斯,斯特拉斯堡,共和国二年3月10日193位缴税人以及其各自的税额清单)。其中:"银行家弗兰克的遗孀,20万里弗尔"。出处同上,第二章,49页(贝尔福大革命时期缴税明细单):"老人、温和派、自私自利者,1万里弗尔;凯勒,跟自私的富人一样,7000里弗尔;贵族中长子或幼子被捕,巴泰勒米的小儿子,1万里弗尔,巴泰勒米的长子,3500里弗尔,巴泰勒米的老小,7000里弗尔,巴泰勒米的母亲,公民,7000里弗尔"。
[3] 《资料汇编》等,第一章,22页(给斯特拉斯堡当局的信)。马特尔伯爵,238页(给阿列省当局的信):"公民森西、巴洛、厄拉尔和拉瓦莱斯被推上断头台示众,足足有6小时(在穆兰),另外还有一张告示,上面写着:没有善行的卑鄙富人"。

万里弗尔的罚款，3天之内交付，否则就是公然违反法律，后果是没收其全部财产"。同样，面包商人和面粉商人要上交30万里弗尔的罚款。此外，米约和居伊亚旦写道①："我们下令逮捕所有的银行家、公证人，扣押他们的全部财产；我们相信查封的现金数目高达200万里弗尔，指券的话就更多了，有1500万里弗尔到1600万里弗尔。"

在巴黎，同样的大搜捕也在如火如荼地进行着。根据鲁里耶大省检察长的命令，所有的"银行家、银器商都被搜查，他们被关到女感化院监狱；几天后他们被宽恕，只要能交钱就可以被释放，但是走的时候每个人都有两个长裤汉看守才行②"。同样，在南特③、里昂、马赛、波尔多，监狱里面都是人满为患，断头台上熙熙攘攘，按照社会等级被一一行刑。在波尔多，一夜之间就有200人被关进监狱；在巴黎，被关的不仅有大农场主，还有议会议员。图卢兹的议员们都被撤职解雇，等着被发送到巴黎接受审判和被砍首的厄运。在艾克斯，一个职员写道："律师、贵族，一个个都被推上断头台，看着一颗颗脑袋掉下来真是再痛快不过的了"。另外，新的罪行要有新的罪名，除了爱国心缺乏罪、温和主义罪，还有一个非常流行的罪名：从商罪。有位观察家曾说："富人和商人，在这里（里尔）生来便是与平等作对的，

---

① 出处同上，第一章，159页（共和国二年3月15日的逮捕）。吕多维克·斯库特，第四章，87页，147页（在马赛执行任务的迈涅的信）："断头台上昨天和今天已经处决了43名罪犯，他们给共和国留下了3000万的财富"。博多从波尔多回来后，于共和国二年3月12日在国民公会会议上的讲话："我们已经惩罚了（斩首了）波尔多市长（赛格先生），他的身价有1000万"。卡米尔·布赫什尔，关于雅各宾在安茹的恐怖专政时代的论文，79页（马耶讷大区督政府评议记录摘要）："皮埃尔·杜比农与旺代省的强盗一直保持联系，据猜测，这个人被举报的有动产、不动产，还有生意，至少有4万里弗尔的收入"。（共和国二年3月20日被处决）"杜曼斯沙莱……2万里弗尔的保证金作为他破坏自由的惩罚"。（也同样被处决）"勒克莱尔有4万里弗尔的收入，因此，蒙弗兰是一位移民的儿子，被扣上自私的罪名，收入在3万到4万里弗尔之间"。狄福尔·德·舍维尔尼（回忆录手稿，1794年最后几个月），"他被从监狱释放，几乎倾家荡产，他跑到议员舍尔维尼劳伦斯那里。这个人看到他在这么美的地方住，用一种天真的口气喊着：什么！您还活着"。

② 《法国国家档案》，2475页（皮克革命委员会记录）。1793年9月9日，凌晨3点多，委员会宣布已经逮捕了21人，均是由于上述罪名成立。10月8日，在每个犯人家里都有两个无套裤汉看守，甚至那些没被逮捕的人家里也派了无套裤汉看着，"现在是时候采取措施了，要看好这些人，他们的无忧无虑和温和主义再也不会有滋生的温床"。

③ 贝利亚-圣-普雷，36页，38页。卡里耶宣称"那些批发商和富人"很可疑。

他们还是丑恶的联邦制的痴迷追随者","他们是要被彻底粉碎的贵族阶级的最后残余"。更确切地讲,巴赫尔在法庭上讲"商业就是牟取暴利的,反革命的①"。据他讲,这是一种邪恶的本能驱使,也是一切腐朽不堪的影响团结和缺乏公民意识的表现。几个雅各宾派建议两种方案②:要么禁止公民个人经商,要么取消商业以及相关产业,例如艺术和手工业,这样全部的法国人口中就只剩下农民和士兵了。

  名人显贵们的第二个优势,或者说是第二项罪名,那就是接受过良好的教育。1795年,一位荷兰旅行家写道:"我们可以肯定地说,有一半尚在这个社会之中的人都曾尝过牢狱之灾。"当然不要忘记那些不再生活在其中的那些人,我指的是那些送上断头台被处决的人,被驱逐的人,移居别国的人以及被流放的人。另一半侥幸没有入狱的人虽看似躲过一劫,但是日子也不好过。他们每天都在担心被捕入狱,在这样漫长难熬的等待中度日。罗伯斯庇尔政权下情况更糟糕。听老人们讲,当时的人们早上起床都不知道晚上还能不能在同一张床上睡觉。受过良好教育的人也生活在这样的恐慌之中。翻开嫌疑犯、囚犯、被流放者和受刑者的名单,我们很快就能发现其中3/4的人都"榜上有名",并且思想教育本身也是可耻的③。一位斯特拉斯堡的行政官说过:"无论你是富有还是学识渊博,你都同样有罪。雅各宾派政府揭发联邦制大学,禁止一切公共教育机构,因此逮捕了

---

① 巴雷尔的演讲,共和国二年6月17日。
② 《外交事务档案》,331卷(巴布的信,政治官员,塔布,共和国二年3月11日)。取缔商人、商业经纪人和银行家的计划:银行家这一职业被废除。公职部门的人员禁止在他们购买后再出售,没有人能再从事批发商和零售商的工作。这样类似的计划不胜枚举,至于一个纯粹的农业和军事国家的计划,我们可以在圣-茹斯特的文字中以及他与里昂的主张恐怖政策者的信件中可以看出:根据这些人的看法,新的法兰西共和国不需要丝绸工人。最后是在巴贝夫主义者那里找到了这样的表达:"为了真正的平等,必要的时候要让一切艺术都消失"(西尔万·马歇尔,《平等者宣言》)。
③ 《原始资料汇编》,第一章,29页,以及弗雷德里克的第二封信,热月25日。《法国国家档案》,法国档案局,II,111页(马林诺和阿马尔代表下达的逮捕令,格勒诺布尔,1793年4月27日)。"那些负责命令和管理公共机构的人在这座城市被称为孤儿院1号、嘉布遣会3号、宣传会4号、性奴收容院5号……他们都被逮捕,尽管他们之前辩护说他们没有在关于教学和教育的职位上工作过"。

大批大学教授和中学老师,还有所有的小学教员,不论是公立还是私立,甚至其中有些还持有公民证,但他们全部都无一例外地被捕。所有在下莱茵省的反动教育部长和教师全部都被宣判有罪,并威胁要将他们打入贝藏松的监狱。"

巴黎的雅各宾派弗克罗伊,为了求得原谅,原谅他的渊博,原谅他教授化学,原谅他没有把所有的时间花在制宪大会上的长篇大论,他因此不得不声称他是穷人,必须靠工作维生,他要"养活自己那长汉裤父亲和姐姐们"。由于是共和党人,所以他和家人才能免遭一劫。

"热月政变后的一个月里,有一大批知识分子被残害。只要有知识、读过书,就会被当作贵族抓起来。罗伯斯庇尔以极其残暴的手段让所有学识渊博、受过良好教育的人士瞬间身败名裂、臭名昭著,吃尽了苦头。他感觉那些学者绝不会在他面前屈服……当时教育机构已经瘫痪,人们还一度想把图书馆一把火烧掉。还要告诉你开会的门上到处都是错误的拼写吗?当时人们不再学习读书和写字①"。在南特,卡里耶以"解散了所有的文学社"而得意扬扬,清点那些"居心叵测"的人员时,他把"商人和有钱人"以及"有思想的人②"都列入其中。在囚犯的入狱记录上,我们经常看到一个人因为"有思想和有危害社会的可能性"而被捕,也有人因为"对当局官员说了一句:你好,先生③"被捕。这是因为礼仪也成为受过良好教育的表现之一,因此被人唾弃:风俗礼节不仅被看作旧制度的残余,也被视为对新制度的公然反抗。如果你厌恶犬鼠之交,厌恶不上台面的谩骂和市民口

---

① 《箴言报》,XXI,51页(共和国二年国民公会会议)。国家图书馆,1802页(第戎的6个部门的揭发),"公民中那些诚实善良的人,那些家境阔绰的人,那些接受良好教育的人,那些才能卓越的人,你们是不幸的人!在迫害和死亡面前,他们从前是如此真诚"。
② 《箴言报》,XVIII,51页(卡耶的信,共和国三年2月17日)。贝利亚-圣-普雷,36页和38页。
③ 贝利亚-圣-普雷,240页(布列斯特被捕者)。迪沙特利耶(《恐怖时期的布列斯特》,205页)。在那975名被捕者里面,有106位是从前的贵族,239位是贵族夫人,174位是牧师或者修士,206位是修女,工人、裁缝和缝补师(女)共111人,56位是农场主,46位是手工业者或者工人,17位是商人,3个是自由职业者。他们中间有一个人是因为"有不可告人的想法"而被监禁,另一个女孩儿被捕的理由则是"太机灵并且有嘲笑爱国者的倾向"。

中的下流话,那么你就是在与新建立的制度作对。

总之,雅各宾派统治时期大肆宣扬其主张并且付诸实践,在牢狱之灾的威胁和刽子手的威逼之下,统治者向这个国家传递的信号是,成为一个粗鲁的人,才能成为一名真正的共和党人;重新找回野蛮的天性,才能展现出你惊人的天赋;丢掉有教养人的那一套,做回苦役汉;滥用语言才能让语言进步;即使面临死刑,也要像贱民一样讲话。"西班牙乞丐衣衫褴褛,却惺惺相惜,表现出对人类的尊重。我们现在命令你们重新穿上破烂衣裳,重新用方言讲话,相互之间以你相称。快穿上你的戏服颤抖吧,找回那份质朴和愚笨,用教育的缺失来证明你的公民之心"。这是千真万确的。"良好的教育①、优秀的品质、彬彬有礼的举止、姣好幸福的面容、优雅的身体线条和思想上的熏陶,所有这些自然馈赠的品质都成了被判死刑的理由"。如果你不按照无产阶级的方式做事、讲话和穿衣,那你自己都会怀疑自己是不是成了资产者,这就是为什么"通过一种莫名其妙的伪装,原本不邪恶的人被迫表现得邪恶起来",更糟糕的是"人们甚至害怕做自己,于是就会改名易姓,穿上破烂不堪、令人生厌的衣服,每个人都害怕表现得像原来的自己"。

确实,按照雅各宾派的计划,所有的法国人要像一个模子里面刻出来的才好②;他们都很弱小,每个人都接受相同的教育,也就是手工业者或者乡巴佬式的教育。再也看不到精美绝伦、价值连城的黄

---

① 波塔利斯,出自《对判决的修正》,1795页(圣-伯夫,《周一座谈》,第五章,452页);《箴言报》,XXII,86页(格列瓦的报告,共和国二年12月14日),"杜马曾说要把所有有教养的人全部斩首……昂里奥建议一把火烧掉国家图书馆……这些提案成了马赛城里街头巷尾热议的话题……对这些有才能的人的迫害体系组织得井然有序"。我们经常能听到这样的喊叫:"不要相信这个人,他曾经读过书"。

② 《图卢兹监狱概览》,佩斯盖尔著,被捕者,共和国三年,317页(共和国二年10月22日)。看守秘书班松这样教导老格雷曼公爵:"公民,你被捕其实是国家爱惜你,是一种让你走上正道的方式。你亲近的人中其中8个因为没有这样的机会而被送上断头台。你怎么能逃过法律的制裁呢? 说吧,把你现在心里面的感受说出来吧,告诉我们你的想法。难道你仅仅只是放下了旧制度时候的那种骄傲自大吗? 你相信通过自然建立起来的平等和国民公会颁布的法令吗? 你经常去拜访的那些无套裤汉都是些什么人? 这监狱难道不是从前的那些贵族的集中营吗?……将来我将主宰这个社会,我会让你知道什么是共和国原则,我会让你爱上这些原则并纠正你的误解"。

金装饰或者水晶花瓶,它们早已全部被打碎,以后就只能生产陶瓷制品,并且这些陶瓷器全部都材质相同、大小一致、颜色无差,由公共手工工场大批量统一生产。其用途也是简单粗暴的:留给农民或者士兵在生活当中使用,其他高雅层次的用途都不会再出现。多努曾写道:"当时的执政者严酷压制卓越的才能和坚毅的品质,在极短的时间里便结出了胜利之花或者说迎来了国家的希望。"平均社会主义①主张公民是简单机械的,是服务于国家的工具。他们大同小异,温和听话,没有思想和追求,进取心、好奇心缺失,不追求公平正义。不论是谁,只要是接受了良好教育,主动去思考或者想要张扬自己的个性,那么就逾越了不可触碰的那根红线,并且会被视为动摇政府统治基础的反动者。要与众不同,要张扬个性,有羞耻之心,或者站到精英阶级的队伍里去,那就是反革命。在布雷斯地区布尔格公民社会里,雅沃克代表曾说:"共和国就是在最后一批正直善良的人的尸体上建立起来的。"

X

就这样,在法国,一方面,那些出身显贵、家境富有的精英们,那些具有优秀品质和卓越才能的贵族或被流放,或被关进大牢,或被送上断头台;另一方面,那些原本在各个阶级失势的人,那些自命不凡、靠招摇撞骗起家的粗暴的暴发户们则一个个身居要职,开始了肆意妄为的独裁政治。当我们把统治者和被统治的人放到一起时,经常可以发现对比是很明显的,甚至会觉得这种对比是事先设计好的。

---

① 各哈尼尔·德·卡萨涅,《督政府历史》,第一章,107页(巴贝夫诉讼案,邦纳罗蒂节选):"禁止一切形式的有关宗教启示的字眼;孩子统一教育;孩子不再随父姓;任何法国人不准离开法兰西领土。摧毁城市,踏平城堡,废除书籍。法国人要身着特殊服饰;军队由公民法官指挥;死去的人要被审判,只有那些被法庭宣判无罪的人才能有墓地埋葬;没有政府的批准不准发表任何言论和文章"。参见圣-茹斯特的《基本法》。

在巴黎西部的赛福大街上的监狱里①，被关起来的那些人都是圣-日尔曼区有头有脸的人物，例如大主教、官员、大领主和尊贵的夫人，例如德·克莱蒙-多纳尔先生、克鲁索·德·昂布瓦斯的先生、德·科尔森先生、德·圣-西蒙先生、阿格德主教、纳博讷-伯雷伯爵夫人、格拉蒙公爵夫人、希迈公主、雷蒙·德·纳博讷伯爵夫人和她10岁的女儿，总之都是原来那些为整个欧洲羡慕敬仰和效仿的社会中的顶尖人物。正因为有了他们，法国才得以追平乃至超越了希腊以及意大利、罗马的先进文明中最精华和耀眼的部分。看一下他们生死的仲裁人，在同一个街区，这些统治者对他们下达了逮捕令，把他们囚禁起来，剥削他们，让他们眼睁睁地看着自己的财富被挥霍：这些就是红十字革命委员会的人。我们曾经提到过的那18个可笑无耻的人，原来的马夫、看守、修鞋匠、不知哪里跑出来的审计员、掏粪工、倾家荡产的人、造假的人、原来或者早晚要被法院或者警察抓起来的人。巴黎的另一边，小王太子还活着，尽管与姐姐和母亲分隔两地；在法国没有一人值得怜悯或尊重，因为如果有法国的话，一定归功于35名军队首领和皇帝。如果没有他们在10个世纪期间不屈不挠的政治活动和世代相传的指挥权，那些刚刚践踏了他们在圣丹尼的墓冢、将他们的骨骸丢弃在公共墓穴的国民公会议员②就不会是法国人了。

此时此刻，如果有选举自由，大部分人民，95%的法国人，将认定他们的国王是天真无辜的孩子，是种族的继承者，而他们应该属于同一民族，有着一个共同的祖国。这是一个8岁的孩子，罕见的早熟，乖巧聪慧，外表英俊温和。但是围绕在他身边的是侮辱的言辞和挥起

---

① 《监狱回忆录》，I，211页；II，187页。博略，《随笔》，V，320页，"监狱在当时成了上层人士的集会地"。

② 夏多布里昂，《基督教的才子书》，第四部分，II，关于圣但尼挖掘的笔记，归一名修道士、见证人所有。1793年8月6日至8日期间，毁坏了51座墓碑。卡米尔·布赫什尔，《关于安茹恐怖时代的随笔》，223页（博蒂尔-朗格卢瓦的证词）："我看到我们杰出的勒内公爵的心脏，放在昂热方济会的圣贝尔纳丁小教堂，让工人们拿来玩耍，互相抛来抛去"。

的拳头,是另外一张面孔,因为喝了烧酒而发热的凶神恶煞的脸。他是补鞋匠西蒙,也是这个孩子的司令、指派教师、专制的指挥者,他凶恶、下流、卑鄙、陶醉于权力中,让王储忍饥挨饿,不让他睡觉,对他拳打脚踢;因为受到命令,也因为天性使然,他将一切暴力、败坏的东西加诸王储身上,只是为了腐蚀他,让他堕落,陷入困顿的境地①。

在法院里,如果将功绩和过失、无辜的人和恶棍调换位置,丹普尔宫和塞夫尔路监狱之间的对比结果几乎是完全相同的;更大的对比是人们让罪犯坐到了法官的席位上,让法官坐到了罪犯的位置。花月1日和2日,公共权力的前任占有者、君主立宪时期自由的代表和捍卫者、巴黎和图卢兹最高法院的25位法官,都被法官和陪审员、连润色判决书的能力都没有的野蛮人和刽子手送上了断头台。他们中很多人都具有高尚的精神,具有最高的修养和最尊贵的性格,他们中间有历史上最有名的法国法官艾蒂安·帕基耶先生、勒菲夫尔·奥米松先生、莫勒·德·尚普拉特鲁先生、阿穆瓦尼翁·德·马勒塞布先生。马勒塞布先生在看过起诉状之后说:"哪怕有常识都不会这么写!"

实际上,宣读判决的人是在供认自己的罪行,"可靠的陪审员,出色的无套裤汉,有着人类天性的人们②"是怎样的天性啊! 他们中的一个叫特兰夏尔的人,是奥弗涅的细木工,在庭审前给他的女人写了这样一张字条:"我青爱(亲爱)的朋由(友),来看看审判吧,收(受)审的24个人都是从前巴黎和图卢兹最高法院的义(议)长和参义(议)员。我相(想)请你带点东西过来,应(因)为我们3小时绝对完不了。吻你我亲爱的朋由(友)和半吕(伴侣)。"在同一个法庭上,化学家、伟大的发明者拉瓦锡被判了死刑。他向法庭要求两周的缓刑期,希望在此期间完成一项试验,而考菲纳勒议长——另一个奥

---

① R.尚特劳兹,《路易十七》(由未出版文献编辑而成)。此书完全没有任何夸张,由批判手法写成,对于此问题是最准确的答案。

② 比舍与胡克斯,XXXV,75页,102页(弗奇尔-提维勒),特兰夏尔陪审员的发言。

弗涅人,答复他说:"共和国不需要学者。"共和国也不需要诗人,谢尼埃是当时最重要的诗人、敏锐的艺术家、重新打开古代源头和开启现代源头的诗人,他也被处斩了。我们有当时询问的笔录原稿手写本,虽然充斥着看不懂的言语和野蛮的观念,但那是真正的杰作,理应将它完整誊写下来,包括"他们卑劣的观念和拼写[①]"。如果您想看一个有才华的人被献给粗笨、易怒、专制的野兽,可以读读看。野兽们什么都不能,什么都不懂,甚至都听不懂常用单词,被错误牵绊,为了假装聪慧,愚昧得语无伦次,服从革命政府的法国变得像被迫用脚思考、用头走路的人类一样。

[①] 康帕顿,II,350。参见《周一座谈》,IV,164,圣伯夫关于讯问的评论。"谢尼埃是康斯坦丁当地人……他的兄弟是西班牙副领事"。注意他的健康问题、通信和讽刺闹剧《科特之家》。他被问到1792年8月2日服侍过他的用人在哪里,他回答说不知道,他表示在那个时候所有好的公民都知道他们的期限,听说打败了将军,这是一个原因。另外为了认出所有好的公民和确认他会被任用来拯救共和国的原因,他回答说他说的都是事实,被问到什么是事实,他回答说以上都是。

第八章 民生

Ⅰ.复杂的经济活动使消费者获得生活必需品—操作情况—可用的投资—资金不再可用的情况—资金的持有者不再愿意提供资金的情况。Ⅱ.1789年至1793年雅各宾派政策的经济效力—对产权人的侵犯—直接侵犯—起义,实行的充公和社会主义教义信条声明—间接侵犯—公共财富的不良管理—税赋的变化和无效收入—开支过度—1793年起的战争与民生预算—纸币—过量发行—指券丧失信誉—公共债权人及全部债权人破产—法国大革命期间的利率—商贸和工业中止—新业主的不当经营管理—生产活动的减少—只有乡间小业主进行有效生产—拒绝指券的原因—农夫不必再立即出售产品—昂贵的衣食—食物很难抵达市场,市场上物资匮乏—城市高价买入低价卖出—价格持续提高,饥荒开始—1793年上半年物价。Ⅲ.悲剧的首要和主要原因—革命政府的社会主义原则—针对大小财产的补充措施—对仅存财产的征用,大量发行纸币,强行流通,强行借贷,征收铸币和银币,改革税额,特殊机构的裁撤—对小额财产的措施—最大化征收物资和劳动力—店主、农场主和工人的情况—针对小规模工程的措施—销售停止。Ⅳ.饥荒—外省—巴黎—革命政府统治下巴黎的队伍—物资质量—苦难与忧伤。Ⅴ.变革的补救措施—对悖逆者的严格举措—使国家成为物资保管者和分发者的法令和决定—建立生产招募制度的尝试—农民的消极态度—农民拒绝耕种—强制农民收割的法令—农民的顽抗—无数被监禁的农场主—国民公会被迫扩大—意外情况将法国从极端的饥荒中拯救出来。Ⅵ.热月政变后的革命制度放宽—废除死刑—农民的新处境—农民重新开始耕作—国家征用粮食—农夫优先获得补偿—指券涨跌起伏日益明显—承担重负的阶层—法兰西共和历三年和四年上半年期间的饥荒和贫困—在农村—在小镇和小城市中—在大中城市。Ⅶ.巴黎的饥荒和贫困—政府为确保首都生活供给施行的措施—每月国库为此所付开支—1784年至1785年冬的严寒和食物短缺—面包质量—日常配给的削减—城市平民尤受其害—由于不堪生理和心理上的痛苦，1795年，随着资源耗尽，自杀和死于饥寒的事件发生—统治者的晚餐—惨剧导致的死亡人数—社会主义对富裕和死亡的影响。

Ⅰ

假设有一种必须以头朝下、脚朝上姿势行走的人类，那么保持这种姿势实在困难重重，所以坚持一段时间之后，人就很可能会碰得鼻青脸肿，或者头破血流。此外更有可能的是脚部痉挛和受伤。不过可以确定的是，如果人一直被过度的焦虑占据，最终一定会倒下；血液不再循环，人会窒息；躯干和双腿也会像头部一样受到伤害；双脚失去温度，变得无力。这大概就是雅各宾派教化下的法国历史。他们刻板的理论、持续不断的暴行，将一种反自然的姿态强加于民族，致使民不聊生，苦难日益深重；政府瘫痪，职能混乱，直至停止运转，连最后的①也最为关键的职能——我是指个人的生理维持和日常食品补给等——都变得如此困难。面对如此多的难题，面对未知和贫乏，有耐力的人最终在缺吃少穿日益严重的环境中生存，日复一日地担忧明天是否会比今天还要糟糕，半饥半饱后是不是很快就会饥肠辘辘。

生理运作的方式表面上看来极其简单，而实质上却最为复杂。在人体组织中，适当的养分源源不断又分毫不差地输送到需要的位

---

① 参见罗坎的《雾月政变法兰西状况》，及各省长公布的自法兰西共和历九年至十三年的《各省统计数据》：其他更加复杂的职能，如对于道路、运河、堤坝、港口、公共建筑、照明、清洁、卫生的维护，对于高、中、初级教育，医疗服务，儿童收容所和其他救助机构的维护，对道路安全、犯罪管制、野兽清剿等的实施……几乎所有服务都会停止，读者可以在以上文献中了解到服务撤销的结果。

置,供给无数的细胞,持续不断,经久不息。同样,经济运作也是在看第一眼时觉得最为简单,而深入了解起来却最为复杂。在社会体制中,生活必需品和其他必需品必须分配至领土范围内的任何一处,才能满足所有消费者的需要。也就是说,社会体系如同人体一样,在行为发生前根据早期数据预估所需的量和品质,进行初步准备、分类转化、适当的排泄,源源不断地将养料运输到所需位置,这是一个潜移默化的过程,各个环节缺一不可;运作的机构极其精细敏锐,哪怕受到一丁点影响都会出现紊乱,它们密切相连,出现任意一个闪失都会改变其他机构的运作,从而破坏最后的结果,它们之间的关系是相互协助相互促进的。

想象一下这些珍贵的经济机构和它们的运作方式。在一个较文明的社会中生存的,首先是通过积累获得财产的人,人拥有各种财产,无论是金属货币、纸币或任何形式的实物,如土地、房产、矿山、运河、船只、机械、动物、工具、货物以及各种生活必需品,并且知道它们的用途。持有财产的人,提取财产的一部分进行消费,将可用的剩余部分放在某项事业中,比如,资本家的流动资产,地产所有人的土地和农场的建筑,农民的牲畜、种子和农具,生产商的厂房和原料,运输者的船只、车辆和马匹,批发商的仓库和可供应两周的存货。无论是哪一种,农业、商业、工业,都必须获得现金,用于在月底支付雇员的薪水,或在周末支付工人的报酬,否则就无法耕作、建设、生产、运输、布置和销售。无论工作是多么有用的事业,没有金钱或实物的成本,它们都不能实施,甚至无法开始。在任何事业中,收获都必须以耕作和播种为前提。如果我想要挖个洞,那就必须租把十字镐,雇用劳动力,也就是说必须要有投资。

投资应以两个条件为前提:首先是有能力实现的人,也就是说有余力投资的人;其次是有意愿实现的人,工程必须对他有利无弊。如果我破产或濒临破产了,如果我的房客和佃户①不交租金,如果我的土地和货物在市场上只值现在一半的价钱,如果我其余的财产面临被没收或掠夺的危险,或者财产的价值降低,那么未来会更令我惴惴不安。除了下一次消费,我还需要保证长远消费,所以我需要增加储备,尤其是增加衣食和货币。我将拥有的一切财产都贮存下来,再没有剩余的部分,不能够再借贷给他人,也不能承包生意。另一方面,如果借贷或生意不能赚钱而是让我蒙受损失,如果除正常的风险外,不再有效、不再坚持正义的法律为我的事业增添额外的风险,如果我的事业成功后就会成为政府、强盗或者随便什么人的战利品,如果我的货物和商品只能卖出一半的价钱,如果我无法生产、储存、运输或销售,无法得到带来的利润,确定无法得到任何投资回报,那我不会进行这项投资,也不会借贷给他人。资本的拥有者们就是这样的情况。

当社会处于无政府状态,当国家衰败并且无法履行其正常职责,公共权力无法为财产提供应有保护的时候;当乡村涌现起义、城市被骚乱侵扰的时候;当城堡被洗劫,工地被烧毁,商店被洗劫,衣食被掠夺,交通中止的时候;当人们不再交付房租和地租,法庭不敢宣判,执达吏不敢准备法律文件,宪兵渎职,警察擅离职守的时候;当偷盗者和纵火犯也被赦免;当革命使身无分文、道德败坏、敌视有产者的冒险家掌控地方和中央权力时;当国家成为掠夺者而不是私有财产的护卫者,只会毁坏或侵占财产,当他将几大群体的财物据为己有时;当他废除多种合法债券而不付分毫;当他由于负债累累而最终无力偿还时;当他利用纸币和强制货币流通制度废除债权人手中的债券,使债务人几乎不费一分一厘就得以从债务中抽身时;当他专横地霸占流动资本时;当他强制借贷、征调时;当食品的定价低于成本、货

---

① 罗伯特·德克雷弗克,《圣约翰·德克雷弗克》,216页(德古弗小姐的来信,1800年7月):"我们正在谈判,希望至少拿到1789年之后期满的阿拉斯产业的利息"。(德古弗先生和他的姐妹并未移民,然而他们已经有10年没有拿到钱了。)

物的定价低于购进价格时；当他强制生产商和商人亏本生产、销售时；当他从部分没收走向全面没收时；通过某种演变关系，社会就会从一个阶段走向另一阶段，就像毒药的药效蔓延往复，每一个功能都会因为上游功能的紊乱而被破坏。资产面对的危险、毁坏、消灭使剩余价值日益减少，人们也不敢再拿它冒险，投资的能力和意愿都不复存在了。由于缺少款项，积极的事业萎靡不振，走向灭亡或停滞不前。随后，必需品生产、供应、投放市场的步伐都逐渐放缓或中止。杂货店里的肥皂、白糖和蜡烛变少了，燃料店里的木柴和煤变少了，集市上的牛羊变少了，肉店里的肉类变少了，市场里的粮食和面粉变少了，面包店里的面包变少了。这些生活中必不可少的物资总量不足，价格就因此提升，而大家开始争夺物资时，短缺的问题就显得益发严重；有钱人为争夺物资倾家荡产，穷人拼命挣扎也没有用处，人们的生活难以为继。

II

当雅各宾派掌权后，法国就已经处于这种困境中，事实上雅各宾派正是困境的始作俑者。因为在此前的4年间，他们对财产发动了成体系的斗争。在下层，他们煽动、原谅、赦免、宽容或允许所有对产权的侵犯，所以爆发了数以千计的骚乱，7次连续不断的起义，其中几次大到同时波及9个或者10个省，而最后一次更是涉及整个法国。掠夺无时无刻不在发生，穷人、流浪者、流氓的专制，各种形式的偷窃，从拒缴房租和地租，到洗劫城堡、别墅、市场和粮仓，所有人都肆无忌惮。他们又假借政治借口，肆意敲诈勒索各个阶层的嫌疑犯，不仅包括贵族和富人，还有生活小康的农夫和手工业者，总之就是倒退回原始状态，致使欲望和贪婪掌控了一切，人们似乎开始回归到了原始丛林中。

1793年2月，基于马拉的建议加上和雅各宾当局串通，巴黎的流氓无赖搞垮了1200家杂货店,他们现场将糖、肥皂、烧酒和咖啡抢购一空,有些是明抢,有些则是随便付些款。在上层,他们进行、完成、增加了对产权的严重侵犯,大肆掠夺和各种其他掠夺方式让数以亿计的收入化为泡影,数十亿的资产被没收,不附带任何赔偿条件地废除什一税和其他杂税,剥夺教士、流亡贵族、马耳他骑士团、宗教、慈善和教育组织或基金组织的财产所有权,甚至还剥夺了非教会人士对银器、圣瓶或教堂宝贵的家具的所有权。而且自他们当权之日起,除了抢劫之外,他们还允许其他更加广泛的财产掠夺。自8月10日之后,他们在巴黎的报纸上和他们在外省的委员里开始宣讲"土地法、混杂产业、财富平均、统治者每一派别的权利"能够以牺牲资金和生活必需品所有人为前提,对富裕的追求相当于对"产权人、重要商人、金融业者和有多余物资的人"的流放。自建立国民公会的前几个月,卢梭的信条"果实是大家所有的,土地是不属于任何人的",就已经得到了法国大多数人的认可。然后,在议会的商议中,社会主义占了上风,然后获得了支配权。罗伯斯庇尔说①,"维持生活必需的一切,都是属于整个社会的共有财产。只有剩余的部分是个人财产,可以被应用于商人的产业"。在《人权宣言》中,这种说法被至高无上的雅各宾派联盟一致通过。由派别的权威人士记录的用语:"社会必须供养所有成员。富人有义务为穷人提供所有的财产和交易,产权是有限的,只适用于被法律保障的部分。所有的占有和买卖,一旦侵犯了其他人的生活,就成为不正当、不道德的",成了新派的奠基石②。大家理解了这个概念,而且很快,认为拥有和交易杂货会损害他们利益的雅各宾派贫民就总结出,杂货业的垄断是不正当和不道德的,因

---

① 比舍和胡克斯,XXII,178页(罗伯斯庇尔在国民公会的演讲,1792年12月2日)。马莱·杜·潘,《回忆录》,I,400页。在几乎同一天,"一名加尔省的代表特意要求分配2.5亿作为给农夫的补偿,因为他们的粮食已经被归为国家财产。该代表还说,这笔巨额款项对于政府而言,不过是一项虚构的资金,这些财富和打造成货币的金属,都不属于社会中的任何一个人。"

② 比舍和胡克斯,XXVI,95页(罗伯斯庇尔在雅各宾派联盟发出的人权宣言,1793年4月21日)。

此，贫民抢劫了杂货店。在平民阶层和山岳派的统治下，国民公会将这理论付诸实践，在任何地方圈入资本，然后以这项理论的名义向穷人声明"富人的腰包能够满足他们的需要"。①

除了这些明显直接的做法和暗中直接的做法，他们还通过更深层的方面的做法，缓慢地使已有的和未来的产业从根本上坍塌了。政府的事是每一个人的事，如果政府破产，人人都会连带着破产。因为政府是国家最大的负债人和债权人，而且是最难以把握的负债人和最有吸收能力的债权人，因为它制定了法律，并且有权力，它在任何时候都能废止它的债务让等待收取利息的人们两手空空，之后再提高税额，从纳税人口袋里搜刮走最后一分钱。对于私有财产而言，公共财产管理不善是最大的危险。然而，在雅各宾派准则和雅各宾派的压制之下，法国的财产管理者们对于财产的管理，看起来就好像他们出于偏私而想要毁掉他们的委托人一样。所有已知的能毁灭财富的方式他们都使用过了。

首先，他们让它失去了3/4的收入。为了取悦于人民，诸如消费税、间接税、救济税、入市税，盐、饮料、肉类、烟草、皮制品和糖类的税费都被废除了，而用于代替旧税种的新税种建立缓慢，分配不完整，征收困难，根本无法收回。到1793年2月1日②，对于1791年的动产和不动产税额，国库实际只收到1.5亿而不是3亿，对于1792年的动产和不动产，则根本没有税收入库。在那时，革命4年期间，纳税人的总欠款额达到6.32亿。无法收回的债券，事实上已经贬值一半，因为即使债务人曾经想要还清债务，他也只能使用当时的纸币付款，而那

---

① 为了使工资和面包价格成比例，颁布了在每个市镇确立富人税的法令。在每座大城市，还有另外一项税，所征款项用于招募无套裤汉，负责限制贵族，4月5日至7日。从富人处强借10亿款项的法令，5月20日至25日。比舍和胡克斯，XXV，156页（夏斯莱的演讲，3月27日）。戈萨斯，《省区来信》，1793年5月15日（西蒙在安纳西俱乐部的演讲）。居夫互瓦、夏尔特尔、夏里埃和伙伴们在里昂的其他相似演讲等。

② 《汇报》，克拉维埃尔部长，1793年2月1日，27页；参见《孟德斯鸠先生的报告》，1791年9月9日，47页："在革命最初的这26个月里，实际征收税款比应收税款少了3.36亿"。城市收入出现赤字，尤其是由于入市税的废除，巴黎每年损失1000万收入。

时纸币已经贬值50%。其次,新的管理人将公共开支增至4倍①,国民自卫军的装备和训练、国家阅兵和庆祝会、文字作品的印刷和出版、取消职务的补偿、新管理者的就职、贫民援助等,这些都需要庞大的开支。不过,以上这些费用,政府都已经支付了绝大部分。在1793年4月末,它在巴黎这唯一一座城市投入了1.1亿,无支付能力的公社又从它这里搜刮了数百万②。除了这个问题外,雅各宾派还制造了更大的困难,那就是战争。在1793年上半年,他们在战争上每月投入1.4亿、1.6亿,直至1.9亿;在1793年下半年,战争和供给每月耗费近3亿,而当越多的钱投入这两个问题中时,困难就变得越发严峻。

当然,不再获得收入的时候,支出的问题就显得更加明显,此时就必须利用手中的土地,所以土地被一块块卖出,然后花费所得。自然,当市场上找不到现金的时候,就会发行更多的钞票,竭力让钞票流通,把欠条给供应商承诺之后付款,花费信用。这就是纸币和指券。第三种支付方式是损耗财富最快的方式,但是雅各宾派将这种方式使用得淋漓尽致。制宪会议的背景下,由于仅存的善意和诚意,人们首先竭力确保清还签发的票据,几乎使指券持有者有了保障;第一次用国家财产进行抵押;并承诺不再使用该抵押物进行借贷,不再签发指券③。然而他们言而无信:抵押物被利用特权侵占,因此持有抵押权的人们失去了收回款项的机会,抵押价值也降低了。1792年4

---

① 《报告》,康邦,法兰西共和历三年雨月3日,第5页:"在4年半的时间里,大革命和战争除正常支出外还耗费了53.5亿"。(康邦在计算的时候,刻意夸大了君主立宪时的日常开销。从内克尔的预算中看出,1789年的固定支出是5.31亿,而不是康邦所说的7亿,这使4年半时间内的革命和战争的支出达到71.21亿,也就是每年15.82亿,相当于每年正常支出的3倍。)城市的支出也如国家的支出一样增加了。

② 斯舍米德特,《巴黎情况》,I,93页,96页。1789年上半年,共有1.7万名工人在蒙马特国家失业工人车间领取每天20苏的薪水。1790年,1.9万名工人,1791年,3.1万名工人,这意味着每年要花费6万法郎。1799年,政府花费7500万以确保巴黎4古斤的面包价格维持在11苏。出处同上,113页。在1793年上半年,为了将面包的价格维持在3苏每古斤,政府每天会向巴黎的面包店支付7.5万法郎。

③ 1790年9月29日的法令:"流通的指券不会超过12亿,超出的部分会被回收焚毁,即使没有立法机关的法令也可能会进行新的制造和发行,但指券发行量不能超过国家财产总额,流通量不能超过12亿,以上两点为前提"。

月27日，根据康邦的报告，雅各宾派开始无限发行指券。雅各宾派金融专家们说，为了支付战争费用，只能按照承诺让机器运转。1793年6月，已经印发了43.2亿指券，然而没有人明白这场游戏已经不可避免地加快了步伐，这就是抵押物大幅增加后仍然无法满足大量抵押权的原因，因为抵押权已经大大超过抵押物的数量，它毫无基础，自然会崩塌。

在巴黎，100法郎的指券在1791年6月时只值约85法郎，在1792年1月时大约值66法郎，1792年3月值53法郎，在1793年1月份，立法议会结束后，得益于新的没收条例价值略有回升，而后价值又回到了55法郎，4月时值47法郎，6月时值40法郎，7月时值33法郎①。这就是国家诈欺债权人的债券款项的方式，而且欺诈的对象不仅是政府的债权人，而是任何债权人，因为任何欠款人都有权力使用指券来清偿欠款。还有，您可以想想个人偷欠他人款项的情况，受害的债权人包括基金出资者和私人工商业公司股东，各笔款项借期长短不一的贷款人，合同中付款期限或长或短的不动产销售者，将房产长租出去的房东，个人或某领域的终身年金所有者，如工业家、批发商、农夫等。这些人中没有任何一个人的财产可以用指券相抵，或如果他们的收入用指券来支付，那么他们的收入都会按照指券贬值的比例不停地缩水；因此，不仅是政府自身破产倒闭，按照法律，全法所有债务人都会因此破产。

同样的情况，如何创立或维持一家公司呢？尤其是在成本很高、收回成本遥遥无期的时候，谁敢冒这个风险？谁敢将资金长期出借？如果有人仍敢放贷，那么他一定不是按年计算，而是按月计算。利息方面，资产阶级大革命前是每年6.5%甚至只有4%，现在是每月2%，还需要有抵押物，之后很快还会继续增长。人们会看到在巴黎、在斯特拉斯堡，很快就会涨到4%、5%、6%，甚至是每个月7%②，就

---

① 斯舍米德特，《巴黎情况》，第一卷，104页，138页，144页。
② 菲里克思·罗康，《法国在雾月18日》，240页（拉奎的报告，法兰西共和历九年）。《执政（转下页）

像在印度和在柏柏尔国家一样。有哪个原材料和成品的所有者还敢像往常一样运送货物,并按照一贯的规矩给自己的客户3个月信用期?有哪个大的工业家想要生产?哪个大的批发商想要发货?现在确信收回投资成本不仅会用更久时间,并且只能收回一半,更有可能的是成本打了水漂。

一年又一年,大型商店接连破产,在贵族灭亡和富人离开之后,所有在巴黎和里昂的奢侈品行业为整个欧洲做了示范。在圣-多明戈的黑色革命和安迪列斯群岛的骚乱动乱之后,殖民贸易瓦解,南特和波尔多的繁荣不再,生产运输业和销售棉花、糖和咖啡的产业停歇①。在向英国宣战之后,所有的沿海贸易停滞;在宣布对欧洲作战后,所有的内陆贸易中止②。破产和失败比比皆是,大规模、有组织、有成效的工程普遍崩溃。除了风雨飘摇的产业外,我根本看不到任何产业蒸蒸日上,所剩的都像农业和商业的寄生虫,旧货和投机产业者从酒店和修道院那里搬走家具,拆毁城堡或教堂,将它们贱价卖出,贩卖国家财产以肥私。

试着想象一下,一个临时的占有者,负债、贫穷,面临着还款期限的威胁,他能够给不稳定的行业带来怎样的损害?他完全不想漏掉任何东西,要尽可能地搜刮利润③;他不会放过磨坊的一个轮子,堤坝

(接上页)府省长的汇报)(下莱茵省长劳蒙的报告,法兰西共和历九年,摩泽尔省长科尔臣,共和历九年,及其他),斯舍米德特,《巴黎情况》,Ⅲ,205页:"大革命期间,利息是每月4%至5%;1796年,利息是每月6%至8%;最少的是每月2%的抵押贷款"。

① 阿瑟·扬,《游历法国》,勒萨日译本,Ⅱ,360页:"我认为波尔多比除伦敦外的英格兰任何城市都更富有,商业更发达"。

② 阿瑟·扬,出处同上,Ⅱ,357页。1787年法国出口额是3.49亿,进口额是3.4亿(洛林地区,阿尔萨斯,梅斯、图尔、凡尔登3个主教管辖区和安的列斯群岛除外)。出处同上,360页。1785年,从安的列斯群岛至法国的进口额为1.74亿,其中圣多明戈占了4400万法郎,进出口往来依靠569艘船只进行,共计16.2万吨,其中波尔多提供了246条船和7.5万吨。关于其他产业的毁灭,参看法兰西共和历九年、十年、十一年和十二年的省长报告,包括各省的具体细节。阿瑟·扬(法兰西共和历二年,144页)认为"与其他阶层相较而言,制造业在大革命中所受影响更为严酷"。

③ 《省长报告》(法兰西共和历九年,奥恩省):"买主花光资金对时下的产品进行投资,大部分人都破坏了地里的作物、围墙,甚至果树"。菲里克思·罗康,出处同上,110页。佛克罗伊在不列塔尼的报告:"农村建筑的情况需要大量的资金……但是任何需要长时间或者较高稳定性的投资都是行不通的"。236页(拉奎关于巴黎附近省份的报告):"有些不确定的国家土地所有人,他(转下页)

上的一块石头，屋顶上的一块瓦片；他不会再买肥料，将泥土里的养分耗尽；他还会毁掉树林，割让田地；他会分割农场，破坏土地和工具车间、居住的房屋，售卖玻璃、铅、马蹄铁，还有窗户和门。为了得到现金，他敢于造成任何损失。他放任情况恶化，极其糟糕，很长时间内都不会再产出。类似，被破坏和抢劫之后的市镇很快就会就被分割，那么多的机关因为短暂的利益被村庄里的贫民损害，以牺牲高效的生产和未来的富足为代价①。

在几百万停止工作或工作不当的人当中，只有渺小的农夫继续工作并且卓有成效。他们减轻了赋税的负担、什一税的负担和租金的负担，以很低的价格甚至分文未付地购置了小块土地，卖力干活②，计算着从今往后他的收获不会再被封建领主、收税人和皇帝剥削，收成全归他自己所有，盼着将收成高价卖到正在遭受饥荒的城市。因此他的耕作比以往更加卖力，甚至开垦了荒地，只用了免费或近乎免费的地和近乎为零的投资，因为投资只需要种子、肥料，还有他自己和牲畜的辛苦劳动。因为其他产业的崩溃，或许其他消费品还会有短缺，比如，织物、鞋子、糖、肥皂、油、蜡烛、葡萄酒、烧酒；也可能因为农业转化的不熟练，不是必需品的食物比如肉类、葡萄酒、利口酒、黄油和蛋会变得稀缺。无论如何，法国最好的食物在田地里，或者成捆地堆在谷仓里。1792年、1793年甚至1794年③，法国都有足够的粮食保证每个法国人日常的面包供给。

（接上页）们耕作技术很差，毁掉了很多作物"。

① 《省长报告》，法兰西共和历九年、十年、十一年、十二年。总的来说，乡镇财产的分配带来了灾难性的影响，尤其是在山区和牧区。杜省："在所有乡镇，与其说乡镇财产的分配改善了人们的命运，不如说是它让穷人完全破产了"。洛泽尔省："1793年6月10日法令规定的乡镇财产分配，对于农业而言是有害无利的"。财产分配有不同的形式（摩泽尔省）："686个乡镇中，107个按人头分配财产，579个乡镇以家庭为单位分配，119个乡镇仍保持财产共有"。

② 《省长报告》（摩泽尔省）。1792年出生率很高，"但是这一年的情况比其他年份都严重，各方面都很混乱，逃税、租金拒缴、国家财产被贱卖，这些现象在富裕阶层中也很普遍，而占人口大部分的穷人们，他们也愿意给家庭带来更多的收入，希望有一天能让家庭幸福富足"。

③ 马莱·杜·潘，《回忆录》，II，29页（1794年2月1日）："总的来说，上次法国的收成不错，在几个省份特别好……我看了关于27个省份的两份清单，粮食剩余在1.5万到3.5万色提埃（当时的谷物容量单位，1色提埃约合150升至300升）之间，所以事实上没有粮食短缺"。

但是这还是不够,因为为了让每个法国人每天领取到他的面包,还需要有足够的粮食运到市场上,使每天面包店能有足够的面粉加工面包。此外,面包店售卖的面包价格还不能超过大多数消费者能负担得起的价格。然而事实上,在新制度下,这两个条件没有任何一个能够被满足。小麦和面包都太贵了,就算按照以往的定价也是太贵了,有无数人不名一文,或者生活拮据。在地产业、工业和商业经受了多次打击之后,现在这么多的工人和职员失业,有这么多的物主和有产者收不回租金,几十亿的收入、红利、工资和薪水都不复存在。先是小麦,继而是面包,价格都没有保持在原来的价位。从前,巴黎一袋小麦的价格是50法郎,1793年2月的价格是65法郎,1793年5月是100法郎,后来涨到了150法郎;所以从1793年1月开始,在巴黎,面包的价格从每古斤3苏涨到了6苏,南方某些省份的价格是7到8苏,很快,在很多地方,价格就涨到了10到12苏每古斤①。因此,从1791年8月10日开始,在皇帝垮台,人们铲除了苦苦支撑社会结构的关键阶层之后,焦虑的农民决心拒绝使用指券,除非用金属货币交易,否则他们就不再出售粮食。将好好的麦子换成脏兮兮的破纸,这样的交易像是一场骗局,而且这是很合理的,因为在城里的商人那里,他们用等值的纸币换取到的货物越来越少。他们喜欢有积蓄,总是未雨绸缪,他们希望在角落里藏些钱,那种带头像的硬币,这样他们就可以将钱堆在罐子里,或者是藏在羊毛下面;要么给金属货币,要么他们就不卖粮食。因为他们不像过去一样,要在收获之后即刻将收获的粮食脱手,尽快付清税款和田地租金;催税员和执达吏已经不复存在,不能约束他们:在这混乱的时刻,政府孱弱无力,执法不公,无论是公共债权人,或是个人债权人,都无法强迫债务人付款,

---

① 斯舍米德特,《巴黎情况》, I, 110页及后几页。比舍和胡克斯, XX, 416页(勒齐尼欧的报告,1792年11月27日)。《通报》,XVII, 2页(克莱蒙的信,多姆山,1793年6月15日):"近15天来,面包的价格是16至18苏每古斤。我们的山区处于极度的贫困中,政府给每人发放1/8色提埃的食物,大家都必须等待两天以上才能领到自己的份额……一名女性因窒息而死,此外还有其他伤者"。

往日推动农夫销售粮食的大棒已经变得脆弱无力,因此他避免接受指券。

此外农民还有更好的拒绝接受指券的理由。在路上和城市的入口,流浪者和饥民会抢劫装运粮食的大车;在市场和广场上,女人们用剪刀剪破袋子,或者市政厅迫于平民的压力,将粮食定低价[1]。城市越大,就需要越多的粮食来充盈市场;因为城市需要从更远的地方获取食物;每个省,每个区,每个镇,都通过合法的要求或者暴力的方式,为自己预留粮食;主要的小麦商人根本不可能继续做生意;人们说他们囤积居奇;人群冲入他们的商店;人们甚至恨不得将他们绞死[2]。再加上政府宣布他们的投机活动是"犯罪",政府会取缔他们的交易,由政府来代替他们[3]。

但是,政府的代替反而加剧了粮食的匮乏,市政府进行收购也是枉然。虽然它对富人征税,但是借贷和负债远超他们的收入能力[4],所以政府只是令情况益发恶化。当巴黎市政府每天耗费1.2万法郎确保市场里的面粉维持低价时,市场里没有足够的面粉来满足巴黎市的60万张嘴。当他们每天花费7.5万法郎补偿面包店的时候,郊区的人也都被这项举措吸引过来了,他们来巴黎寻找更低价的面包,而

---

[1] 参见501~502页,716页,734页;比舍和胡克斯,XX,431页(勒坎特·皮哈沃的报告,1792年11月30日)。几千人聚集在给食品定价的省份,国民公会的3个代表本想居中调停,但是也只能宣布通过人们强加的价格,以确保自身安全。出处同上,409页(罗兰的报告,1792年11月27日);XXI,198页(罗兰的另一封信,1792年12月6日),"在利锡,在米隆堡,在儒阿尔堡,人们截停了车队,去往巴黎的运粮车被迫退至隆瑞莫和莫城附近"。

[2] 《法国国家档案》,F7,3265页(大卫的信,下塞纳省农夫和管理人,1792年10月11日;鲁昂特别委员会的信,10月22日;行政权利代表的信,10月10日,等):"农夫在他们的教区里受到跟贵族一样的待遇……各个省份相互排斥,不相往来。"

[3] 比舍和胡克斯,XX,409页(罗兰的信,1792年11月27日):"食品流通长久以来都遭遇着极大的障碍,现如今已经没有任何人敢接手这种生意"。出处同上,417页(勒齐尼欧的演讲):"粮食的囤积在地主和农户中几乎成了普遍现象,这个结果其实是出于恐惧,而这恐惧又从何而来?个中缘由是社会的动荡、威胁,还有某些地方对农夫、地主和粮食运输者这些被认为是粮商的人的迫害"。1792年9月16日和1793年5月4日的法令。

[4] 比舍和胡克斯,XIX,51页(康邦的报告,9月22日):"国库收不到税款了,因为在几个省份,税款被用于粮食购买"。出处同上,XIX,219页(康邦的演讲,1792年10月12日),"你们在自己的省里看到了,富人们为了得到穷人的帮助,不得不做了多少牺牲。在许多城市,为了购买粮食和得到各种各样的救济,人们又做了其他努力"。

此时面包店里的面包又不能满足巴黎市区和郊区的这70万张嘴了。来得晚的会发现面包已经销售一空，因此每个人都开始早来，之后就越来越早，黎明时分来，天不亮就来，后来干脆在天亮前五六小时就到了。1793年2月，面包店门口已经排起了早间队伍，这队伍到了4月还在变长，6月的队伍就已经是人山人海了①。由于没有面包，人们自然而然地就会寻找其他食物，这些食物继而开始涨价。就这样，人们吃什么，什么的价格就会飞涨。将这种现象和雅各宾派政策的多种应用和反响相结合，就会导致各种衣食用度和生活必需品更加昂贵；道路严重毁坏，导致运输缓慢成本更加高昂。这对于货币外流和从境外购买的生活必需品而言是一种保护。法令强制每个个人开办的公司"每年将利润的1/4缴纳给国库"，旺代省收获了不少，每周从巴黎拿到600头牛，军队要消费普瓦西市场上一半的牛。正是这样，制造业和商业才走向终结，无论在沿海还是在内陆。波尔多、马赛和南部的暴动使杂货的价格更高，包括糖、肥皂、油、蜡烛、葡萄酒和烧酒。1793年年初的几个月中，法国牛肉的平均价格由6苏每古斤上涨为20苏每古斤；5月，巴黎的烧酒价格为94苏，而在6个月之前它的价格仅仅是35苏；7月，小牛肉价格由原来的5苏涨到22苏。由于雅各宾派的推动，法国进入了不幸的灾难中，这是地狱的第一层；除了第一层，还有其他几层，越走越深邃、越逼仄、越阴森；在雅各宾派的影响下，法国最终会否跌落到最后一层呢？

III

显然，如果一个社会的食物供给退化，甚至在部分地区中断，那是因为它深深触及了经济体制的内在肌理。显然，这正是人们爱惜

---

① 出处同上，XX，409页（罗兰的信，1792年9月27日）。XXI，199页（临时行政委员会决议，1792年9月3日）。道邦，《1793年的舆论蛊惑》，64页（狄余那尔·德·波利尔）。出处同上，152页。

财产,担心财产遭受变故,一方面避免其减少,一方面努力增加这种财产的意识的体现。显然,对于个体来说,这种强烈、顽固、总是激动而又活跃的意识,正如它的构成一样,是内在力量的来源。个体总是节衣缩食、绞尽脑汁、卓有成效地用双手、智慧和资本为自己和他人工作,并因此进行生产活动,储存、创造财富和福利,而上述内在力量能提供个体所需的不懈努力、殚精竭虑和不屈意志的3/4甚至全部①。即使如此,也仅仅是触及了这种内在力量的一半,并且集中在富裕阶层;因此,人们也仅破坏了一半的有效力量,并因此失去了享受富裕阶层提供的服务的机会;人们废除的不过是资本家、物主和企业家的工作,即大规模的、有预见性的、联合的工作,以及相关的以奢侈、舒适为目的的产品和需求量大、配送方便、自发分配的必需品。此外,还需要清除劳作供给营养的肌理的残留部分,消灭有效力量的剩余部分,将其在大众中彻底根除,尽其所能废除小规模的粗糙的手工工作,以及相关的初级产品,以鼓励下层小业主、手工业者和农民,其最终目的是使街头杂货店主不再敢售卖红糖和蜡烛,使街头的鞋匠不再敢制鞋,使面粉业主废弃磨坊,使车夫弃用马车,使农民相信,从今以后,变卖马匹、杀猪自食②、不再喂牛,甚至不再收割庄稼才是明智的做法。

所有这一切,雅各宾党人乐于照做,因为这都是他们所鼓吹并实施的理论所带来的必然后果。据此理论,激发个体坚持为自己和家

---

① 或许对他人、对人类和祖国的无私和纯粹的感情仅占人类行为原始动机的百分之一。应该指出,当人们做出行动时,至少是出于最基本的动机叠加而成的混合物,即对荣誉的渴望、自我欣赏、证明自己的需要,对惩罚的恐惧和对身后之名的期望,除了千分之二三极其优秀的灵魂外,如果一个人没有这些利己的动机,那些无私的动机也无法生效。

② 《法国国家档案》,D,§I,第二卷(乔弗瓦的信件,奥布河畔巴尔镇附近的国家机构人员,法兰西共和历三年芽月5日):"为免受征用,许多耕种者都售卖马匹,以牛代替"。《狄福尔·德·舍维尔尼回忆录》(手写,由罗伯特·德克雷弗克提供),1793年6月,整整一周,征用命令像冰雹一样落在麦子、干草、麦秆、燕麦等"一切按特派员之意应征用的事物之上,他们出低价购买或者赊账"。接下来是猪的征用,"这就相当于切断乡下人的食物来源。因为征用的是活猪,于是制造了一场圣巴托罗缪地区猪的惨案。每家每户都宰杀自家的猪,并藏在腌缸里"(布卢瓦镇周围),拒收庄稼则是之后的情况。道邦,《1794年的巴黎》,229页(昂里奥总命令),"一个叫作贵龙的市民在值班期间目击了一些市民割麦子喂兔子"。

人保存财产和物品的粗鲁、有力而又深刻的本能,则正是人们应不惜一切代价扼杀或打击的不健康肌理。它真正的名字是"自私"、"无德",而其运行则是对公社的妨害,对财产、劳动甚至人身和服务的唯一合法所有者的挑衅。

人们的身体和灵魂无一属于个人,而均属于国家,并且,如果有必要,国家有权自行定价,收回土地或资产,对粮食、牲畜、车辆、驾车的牲口、蜡烛、红糖征用或收税;自定标准,对鞋匠、裁缝、磨坊主、车夫、农夫、收割工人或打谷人囤积或征税。将人和物全部扣押就是这种机制的职责,而新的物主则必须尽其所能进行偿还,原因在于贫困实际上如影随形,骚乱时有发生。头脑疯狂和肠胃空空如也的买主、贫困而又懒散的平民、巴黎的贱民不明白缘由,他们随便而又盲目地提要求,人们有义务马上满足他们,接二连三地仓促完成他们要求的法令,即使这些法令是难以施行甚至是有害的,因为使外省的民众挨饿、提前支取以后的粮食来喂养巴黎的人民是有必要的。在民众的叫嚣和威胁声中,人们忙于解决燃眉之急:随地随意地抢夺;以暴制暴;根据人的等级征用财产;根据物品的等级将其据为己有;富人之后,便是穷人遭劫。14个月内,革命政府两手操控:一方面没收大型或中型资产;一方面取缔小型资产。

针对大型或中型资产,革命政府只需扩大并加重先前的法令。它掠夺现存的最后几个团体的方式,是将医院、公社以及所有科学团体或文学团体的物资充公[①],以及掠夺政府债权人及所有的债权人。革命政府在14个月内发行了51亿指券,有时一部政令便会发行14亿乃至20亿的指券,这种行为导致后来的整体经济的彻底破产。政府禁止价值15亿的印有国王头像的指券流通,通过修改国家债券人名册的方法随意兑换减缩国债,导致部分经济破产;对于不接受等价指券

[①] 《法兰西共和历二年获月23日政令》,国家方面关于医院、救助站、济贫站等的资产与负债归并。(关于此法令实施的后果、对医院的破坏和给病患、弃儿及残疾人带来的灾难,参照法兰西共和历九年至十二年的行政长官报告。)1793年8月8日及12日、1794年7月24日《关于科学院和文学团体的政令》,1793年8月24日《关于公社资产负债的政令》。

的公民实施6个月的监禁,如有重犯则处以20年的奴役;如有叛国意图则处以极刑:以上措施针对任意所有债权人①。在对个人资产的掠夺上,革命政府针对富人发行10亿义务公债,征用为反对等价的指券而铸造的货币,扣押他们家中的银器首饰,对赋税人的资产甚至贷款肆意征收革命税,直至搜干刮净②,收回了300年来个人资产中相关的公共部分:现在又需要多少年的努力才能修复自由流动的资产,在法国重新建立并填补这些像每个公司里转轮上的电动马达一样的倾注储蓄的私人储户呢?再加上被革命政策的实施完全摧毁的公司,以及里昂、马赛、波尔多大批被放逐③、处以极刑、入狱或逃亡的厂主和批发商,这些损失有多大呢?

  在卡里埃统治下的南特,圣-茹斯特治下的斯特拉斯堡,及其他各处④,"商业遭遇灭顶之灾",一位在巴黎的瑞士商人写道⑤,政府似乎也执意使制度变得越发难以实施。1793年6月27日,国民公会下令关闭交易所;1794年4月15日,下令取缔"金融公司",并规定"禁止银行家、批发商以及任何人以任何借口或任何名号开设类似功能的机构"。1793年9月8日,公社派人逮捕了"所有的银行家、证券经

---

① 施密特,I,144页(1793年9月27日,20亿;1794年6月19日,14亿)。1793年8月24日至9月13日《关于兑换证券和制定国家债务人名册的政令》,1793年7月31日、8月30日至9月5日《关于禁止印有国王头像的指券流通的政令》,1793年8月1日及9月5日《关于拒不接受等价指券的政令》。

② 《法国国家档案》,F7,4421页(法兰西共和历二年雾月11日关于对特鲁瓦地区征收革命税的文件),共有373人被征税,其中大部分为工业家、商人和地主,税金最低为100法郎,最高为5万法郎。76封附加在文件中的请愿书清晰地展现了征税使当时的商业、工场和产业遭受的境况,以及资产阶级和半资产阶级的财产和信贷状况。

③ 马莱·杜·潘,《回忆录》,II,17页:"仅在马赛,我就看到了第32份流亡国外的名单,他们的财产已被充公变卖,共有1.2万余人,而这并不是名单的全部"。《行政长官报告》(瓦尔省,伏赛编写,第9年):"1793年,有相当数量的马赛和土伦批发商流亡到意大利的里窝那及周边。这些人中大部分为工场主,已经在此处开了超过160个肥皂作坊,并在当地权贵中间打开了市场。此次事件的商业影响,可以与南特废除政令事件进行比较"。请参照罗讷省、奥德省、洛特-加龙省、下比利牛斯省及奥恩省报告。

④ 《外交事务档案》,332卷(德格朗日的信件,波尔多,共和历二年雾月12日):"实际发生的交易数量绝对多于我们在此讨论的数量"。

⑤ 詹博士,《家庭文件中的文献与信件选集》,144页(热代翁·詹的信件,巴黎银行家,1793年11月18日):"这些棘手而又危险的贸易经常会产生明显的损失,资源和信贷基本沦为无用"。

纪人、商人、货币商人①",并将其关押;后因考虑这些人开具的汇票仍需有人支付,公社特赦将他们暂时释放,条件是在自己家中继续接受监禁,并由"两位良好市民监视",费用自理。

在巴黎以及其他各城市,不仅显要商人遭此境遇,公证人、财产托管的相关法律人士以及资产经理人都难以幸免;一名手持武器的革命者负责他们在家办公时的监视工作,陪同他们上街走访顾客。试想一下,在这样的制度之下,如何开展研究和进行贸易?为免受牵连,各行业老板都尽快清算账目,缩小生意规模。各行业职员意志消沉,担心会因某项所谓的游手好闲罪被捕入狱,因此更无心工作。经济行业各个负责生产、制造、接收、入库、保藏、交换、传播的机构普遍陷入瘫痪;由此,大型机构无法提供销售、中介以及供给服务,小型从属机构受到牵连,生意难免会受阻衰退。

尽管小型机构境遇堪忧,但它们仍像正常运转时一样尽力维持着,然而国民公会秉承一贯的思维僵化和目光短浅,愚蠢地将魔爪伸向了小型机构,妄图通过挤压、压榨甚至损坏小型机构的方式以期达到拯救自我的目的。除规定每位农民每周必须拿等量份额物品到市场售卖外,它还禁止农民进行买卖,并派士兵进行掠夺,迫使农民上交分配份额②,命令小业主"每日公开售卖他们持有的必需品和物资",设定"面包、面粉、谷物、蔬菜、水果、葡萄酒、醋、苹果酒、啤酒、烧酒、鲜肉、腌肉、肥肉、牲口、干鱼、咸鱼、熏鱼、腌鱼、黄油、蜂蜜、糖、无硫油、燃烧油、蜡烛、木柴、木炭、煤、盐、肥皂、苏打、草碱、皮具、铁

---

① 《法国国家档案》,F7,2475 页(鲁里耶的信件,巴黎省的财产理事,1793 年 9 月 10 日;革命委员会长矛分会成员报告,1793 年 9 月 8 日及 10 日)。请参照特鲁瓦、斯特拉斯堡、波尔多等地受监禁商人、法律界人士的请愿书。《法国国家档案》,法国档案局,II,271 页(弗朗卡斯泰尔代表的信件):"在南特,至少有 3000 囤积居奇的贵族遭到逮捕……这并不是最后一次清洗行动"。
② 1793 年 5 月 4 日、8 月 15 日、19 日、20 日、23 日及 30 日政令。1793 年 7 月 26 日、8 月 15 日、9 月 11 日、29 日及 1794 年 2 月 24 日政令。卡米尔·布赫什尔,《关于安茹恐怖主义的评论》,254 页(比萨尔写给朋友马克西米连·罗伯斯庇尔的信,阿拉斯,法兰西共和历二年雨月 14 日):"粮食富余时,我们却面临饥荒;我认为应该杀死唯利是图的贵族,就像杀死权贵和神父一样。能利用物资给养站的平民才是唯一有权做生意的人,我的这个想法经过论证,有实现的可能;如此一来,所有的商业利润将转投共和国所有,也就是归销售者和购买者所有"。

具、钢材、铸铁、铅、铜、麻、亚麻、羊毛、粗布、布料、木鞋、皮鞋和烟草"等商品的最高价格,禁止任何人以更高价格进行交易;如果有人囤积的商品超过自己的需求量,则将被判囤积居奇罪,并被处以罚金;定价超过规定价格的商户将被处以巨额罚金、投入监狱或示众①。

以上便是革命政府简单而直接的法令,它类似野人砍树取食,是革命政府的自发创造。结果是,从第一次实施最高价格政策起,小业主便无法再做生意;商店被迫突然降价,老主顾在最初几天便成群洗劫了这些店铺②;以先前价格的一半出售商品③的小业主只能收回一半成本。因此,小业主只能在降低信用或相关代理人接受其法定货币、银器和剩余指券的情况下,才能结清进货。如此一来,第二个月,购买者在废弃的商店列出物品清单的门板上已经找不到什么可购买的东西了。

---

① 《法国国家档案》,法国档案局,II,49页(大革命期间贝尔福地区提高赋税的文件,法兰西共和历二年雾月30日):"凡尼亚(父)因藏匿其姐妹存放在其家中以逃避以后征税的物品,而被征收1万里弗尔的税"。甘伯顿,I,292(斯特拉斯堡革命委员会判决书),"赫克特药房的职员因以54苏的价格出售两盎司的大黄和甘露蜜被起诉,而店主赫克特被判缴税1.5万里弗尔,罗塞姆的零售商玛德莱纳·迈尔,因以10苏的价格出售一支蜡烛被判缴税1000里弗尔,并强制在3日内执行;肉店兼小酒馆老板布劳恩因以20苏的价格出售半升酒,被判缴税4万法郎,被捕入狱直至缴清上述数目,并被绑在家门口的柱子上示众4小时,告示上写:'破坏国家钱币'"。《斯特拉斯堡革命史研究史料合集》(补充,21,30,64页):"女仆玛丽·乌尔苏拉·施耐林和玛丽·舒兹曼,因非法囤积牛奶,前者被处以示众一整天的处罚,并注明'囤积居奇者',一手持钱,一手持牛奶;后者是市民特伦纳家的女仆,其主人被处以300里弗尔的罚金,强制在3日内执行。多萝特·弗朗茨因以20苏的价格出售沙拉,并因此使指券贬值,被处以3000里弗尔的罚金,关押6个月,并示众两小时"。出处同上,I,18页:"尽管冰糖并不属于政府定价商品,一位杂货店主因以高于定价的金额出售冰糖而被处以1万里弗尔的罚金,并被关押直至解放"。关于圣－茹斯特和勒巴的决议,法兰西共和历二年雪月3日,"当事人因毁坏某位投机倒把犯的住宅,并以高于政府的定价出售商品,而受到下莱茵省刑事法庭的审判",因此,雪月7日,一位名叫肖尔的皮货商的家被拆毁。

② 《外交事务档案》,322卷(豪普特的信件,贝尔福,法兰西共和历二年雾月3日):"我来到这里时,最高定价已经在这颁布执行……(但是)人们并没有采取有效措施阻止乡下人成群地涌向商铺,夺走所有商品,造成人为短缺,并形成新一轮的囤积居奇"。

③ 《法国国家档案》,F7,4421页。(特鲁瓦地区商户,特别是针织品商、粗布制造商、棉布制造商、羊毛商人、铁具商人、大麻商人、织布工人、作坊主和杂货店主关于革命税的请愿书。商户们的损失基本为进价的一半甚至3/4。)

与此同时，随着最高定价政策的颁布①，农民拒绝将物品搬至市场，而革命军队也没有足够的警力强制搬运所有地区的物品。农民们将收割的谷物尽可能长时间地成捆堆放，并借口说没有足够的打谷人，必要时则将其藏匿或喂食牲畜。他们经常拿谷物兑换木材、猪肉或是抵一天工，晚上便将粮食长途运到国家定价最高的邻县。农民们知道周围还有哪些人手头有现金，便暗中向其提供粮食。他们尤其会掩藏自己的富余，装作像以前一样穷苦。他们和村里的当权人士、市长或是国家工作人员勾结，这些人和他们一样逃避法律；他们向当权人员行贿，任由被追捕或被投入监狱。他们的固执使行政部门再三执法也徒劳无功。因此，市场上的面粉、麦子、牲畜等逐星期递减，猪肉店里的肉和面包店里的面包也都变得越发紧俏。

　　如此一来，雅各宾党人就破坏了小型机构的供求平衡，剩下的则是用老练的手段和强硬的手法使小型机构陷入瘫痪。也就是说，他们只需要用义务的国家作坊替换私人自由作坊，用按日工作替代计件工作，用那些强制招揽的即使工作拖拉也照领底薪因而此漫不经心的工人，替代那些通过商讨薪酬招揽而来、为多赚钱而专注工作、精力充沛的工人。雅各宾党人便是这样向当局索要各种工人②，"所有可以处理、运输或销售必需品物资的人，通常情况下都是忙于收割的乡下人"，具体地说，包括打谷人、收割人、车夫、伐木工，甚至鞋匠、裁缝、木匠，以及大量其他工人。在所有社会机构的据点，同样政策

---

　　① 《外交事务档案》，330卷（布鲁图的信件，马赛，法兰西共和历二年雪月6日）："最高定价颁布以来，马赛各类物资均出现短缺"。出处同上（索利尼与戈斯的信件，蒂永维尔，法兰西共和历二年雪月7日）："没有一个农民愿意拿任何东西到市场，他们宁愿走很远多卖些钱，因此他们之前所属的公社遭遇粮荒……依据付银币或指券的不同，有时200兑100，但基本上是100兑100"。《旅居法国》，188~189页。《法国国家档案》，D，§I，第2卷（阿尔贝代表的信件，法兰西共和历三年芽月5日）："政府赦免自身的征收，而将其强加给农民或无力承担的地主。纳税人之间指标分配的不公令人愤慨……出于利益、亲属关系、朋友关系，不公之事时有发生"。

　　② 《1793年9月29日政令》（第8、9条），1794年5月4日、30日及6月26日政令。《法国国家档案》，法国档案局，II，68~72页。救国委员会决议，法兰西共和历二年牧月26日："赶马车的木炭商人的马匹和车辆，被用于向巴黎陆运一部分塞纳—马恩省烧制的木炭，直到明年雾月1日都将被征用于向巴黎运送木炭，在此期间其他任何机构不得对其征用"（在此文件夹中还有大量关于生活必需品的决议，其中大部分出自罗伯特·蓝德之手。）

的实施带来了相同的效果。外在的、人工的、机械的压缩代替了内在的、自然的、有活力的压缩,最后只会造成普遍的衰退;人们的产品遭到抢夺;更甚的是用强力迫使他们进行生产;将他们的时间和人力充公,将其压榨到小土地所有者的境地,让这些农民感觉自己就是小土地所有者。当局只能得到这些人的工作和产品当中的最小的量,这显然不足以养活稠密的人口,因为这些人口增长依据的是更高级而又多产的文明,在野蛮、低等、生产力低下的社会中,它是无法长期存续的。系统而又全面地征用之后,人们看到了制度带来的恶果,不仅是粮食短缺,还出现了大规模的饥荒,以及上百万生命的终结。雅各宾党人①中有一些因愤怒而变得理智,比如,居夫互瓦、安托内洛、让蓬·圣-安德烈、科洛·德布瓦等,他们预见到了革命的结果,并有原则地将其接受;其他人则拒绝正视结局,更加一意孤行地实施政策,不论是选择正视或是视而不见,这些人都在拼命加剧苦难,悲剧也将在他们眼前上演。

IV

1793年11月6日,里昂的科洛·德布瓦写道:"这里的食物供给仅够维持两天。"第二天,他写道:"里昂目前的人口至少为13万,必需品供给仅够维持3天。"第三天:"必需品的状况十分不乐观。"第四天:"饥荒即将爆发②。"1794年2月,在里昂附近的蒙布里松,几乎没有"民众可用的食物和给养",所有东西都被征用和掠夺,包括稻谷种子,因此田地里一片荒芜③。在马赛,"自颁布最高价格法案以来,

---

① 请参照第603页。道邦,《1794年的巴黎》。供给者报告,1794年3月15日,"很久之前便有传闻说当局要杀死所有的老人,这则谣言传至各地"。
② 《法国国家档案》,F7,4435页,第10卷(科洛·德布瓦的信件,法兰西共和历二年雾月17日、19日)。马尔泰勒伯爵,《富歇》,340~341页(科洛·德布瓦的信件,1793年11月7日、9日)。
③ 马尔泰勒伯爵,出处同上,462页(加欧格宣言,法兰西共和历二年雨月13日)。

所有物资无一不短缺；渔民再不出海捕鱼，鱼产品无法贴补必需品的供给①。在卡奥尔，尽管征用令的数量不断增加，洛特省政府和代表人泰尔弗②却宣布："超过一周以来，居民们只能食用含少量小麦、掺杂了大麦和小米等谷物的混合面包。"在尼姆，为延长即将消耗殆尽的谷物供应，政府下令面包店和个人不得筛面粉，保留麦麸，将"混合面粉原封不动地"搅拌烘焙。在格勒诺布尔，"面包店不烤面包，农民不提供一丁点小麦，商人将商品藏匿，或是交由其邻居藏匿或运走"。于南格③的官员写道："情况越来越糟；有大胆的言论说，与其按照税率售卖物品，还不如将其进献给野兽。"各地城市的居民按量供食，食量少得可怜，仅够使人不至于饿死。另一位官员写道："自从我来到塔布，每人每天被征半磅面包的税，其中包括1/3小麦和1/2玉米面，庆祝暴君之死的第二天，一点面包都没了。""埃夫勒④"也是半磅面包，征税事宜困难重重，人们被迫到乡下向农夫乞讨"。而面包、面粉、小麦这些物资，"农夫们也拿不出半点，因为都被强制运往埃夫勒补给军队和供应巴黎了"。

鲁昂和波尔多的情况更糟。雾月时，鲁昂的民众每人每天只能领1/4斤面包。波尔多的一位官员说⑤：3个月以来，人们睡在面包店门口，花高价也很难买到一块劣质面包……今天不烤面包，那么第二天每人只能领到半磅燕麦和蚕豆做的面包……如果哪天面包也没了，人们只能领到极少量的蚕豆、栗子或大米，4盎司面包、5盎司大米

---

① 《外交事务档案》，330卷（布鲁图的信件，政客，雪月6日）。
② 《法国国家档案》，法国档案局，II，116页（泰尔弗、马拉·瓦莱塔以及洛特省政府的决议，法兰西共和历二年雾月20日）。
③ 豪普特的信件，贝尔福，雾月29日："我认为我们应该听从马拉的意见，如果没有足够多的断头台用来处决囤积居奇者，则应该另建上百个绞刑架。我愿尽一切可能，只为有一天能看到这些人受到惩罚"。
④ 《埃夫勒一位资产阶级的回忆录及日记》，83~85页（1794年6月、7月）。芒特也是如此（道邦，《1794年的巴黎》，149页，3月4日）。
⑤ 《外交事务档案》，331及332卷（德格朗日的信，雾月3日及8日，霜月3日及10日）："很多农民一两周都没吃过面包了，大部分人已经不再工作"。比舍和胡京斯，32卷，426页，《赛纳回忆录》，《箴言报》，18卷，346页（国民公会会议，雾月14日，勒让德的讲话）。

或栗子。"我要告诉你们,我本人也有八九顿饭没吃面包了;如果能换成土豆,我也非常乐意;但是土豆也非常紧俏"。5个月后,人们还在挨饿,并一直持续到恐怖时代结束,不仅是城里人挨饿,全省各地人都挨饿。塔利安写道①,"在卡迪亚克镇,饿殍遍地,饥荒盛行;农村的居民争夺田里的草;我吃过狗牙草做的面包";农民个个瘦弱不堪,妻子孩子面如菜色,到野地里挖菜根,连耕犁的力气都没有。所有谷物产量少或是谷仓被革命政府掠夺一空的地区,都是这种景象。一位被任命的代表写道②:"安德尔省的一些城镇,基本物资严重短缺;在一些更为严重的城镇,人们甚至不得不依靠橡栗、麦麸或是其他有害健康的食物为生……"尤其是"拉沙特尔和阿让通的一些城镇的群众如果不及时得到救援,恐怕很快就会饿死……田地被荒废,大部分居民跑到邻省寻找食物",而能否找到值得怀疑。

在谢尔省,"肉铺被禁止营业,商店空空如也"。在阿列省,"所有的肉铺和公共市场都被荒废,找不到任何种类的食物或蔬菜,旅馆关门歇业"。洛泽尔地区的5个大区中只有一个大区黑麦产量富余,自从最高价格出台以来,此大区的加尔省和上卢瓦尔省面临的只是各种强制征收,代表们从这两个大省征用的物资"被用于供给市镇政府,再由政府转供贫民;无数家庭、穷人甚至富人的食物在一周左右的时间内多次遭到强征③"。然而民众并没有发动暴动,而只是"眼含热泪",苦苦哀求。

各省的民众挨饿但顺从,巴黎则不那么太平,因此政府将多余的物资运往巴黎④,其中不但包括公共财产,即国库每周拨给巴黎的一

---

① 《箴言报》,19卷,691页(塔利安的讲话,1794年3月12日)。比舍和胡克斯,32卷,423页(朱利安的信,1794年6月15日)。

② 《法国国家档案》,法国档案局,II,111页(米肖的信,沙托鲁,法兰西共和历二年雨月18、19日)。

③ 道邦,《1794年的巴黎》,480页,492页,494页(桑宽镇国家官员的信,法兰西共和历二年热月9日;阿列省政府官员的信,热月9日;维勒福尔国家官员的信,热月19日)。莫里斯总督(给华盛顿的信,1794年4月10日):"许多地方饥荒肆虐。因为没有途径购买面包,许多人活活饿死"。

④ 沃尔内伯爵,《东方游记》,第2卷,344页:"如果伊斯坦布尔海峡缺乏给养,革命政府会让20多个省的民众挨饿来供给海峡"。

200万①，还包括政府勒紧其他地区来贴补巴黎的物资，6个大省向其提供谷物，26个大省向其提供猪肉②，革命军队来回巡逻，以最高定价强制征收，一旦有拒交或藏匿行为，则面临入狱或处以极刑的危险：首要任务是保证首都的供给。可以想见，在这种优惠政策之下，巴黎人民是如何吃饭和生活的。

面包店门口发生"可怕的聚集"，然后是肉店和杂货铺，接着是到菜市场讨要黄油、鸡蛋、鱼和蔬菜，随后到港口和码头要酒、木柴、煤，以上种种在治安报告中时有出现③。这种情景在革命政府存续期间的14个月里始终存在。人们排队领面包、领肉、领油、领肥皂、蜡烛，"排队领牛奶、领黄油、领木柴、领煤、领任何物资"。

"有一次，杂货店门口的人从巴黎的小市场一直排到了蒙托格伊街"。人们从凌晨3点、凌晨1点，甚至从午夜就开始排队，并且队伍不断壮大。请想象一样这样的场景：难民们排成一队，男人和女人一起，天好的时候睡在地上④，天气不好的时候，尤其是冬天，人们站着等，双腿僵直，不停哆嗦，淋着雨，踩着雪，在黑黢黢、堆满垃圾、臭气熏天的街上等待数小时。因为缺少油，只点一半的路灯。因为没有

---

① 《法国国家档案》，法国档案局，II，46页，68页（救国委员会决议）。1793年8月2日，国库向巴黎市拨款200万用于必要物资；8月14日，300万；9月2日，100万；9月8日，100万；9月16日，100万；9月23日，100万。其他如下：霜月10日，100万；17日，100万；22日，100万；26日，200万；雪月17日，200万；雨月5日，200万；雨月20日，200万；风月7日，100万；风月24日，200万；芽月7日，200万；芽月15日，200万。从1793年8月7日到法兰西共和历二年芽月19日，国库共向巴黎拨款3100万。

② 《法国国家档案》，法国档案局，II，68页。雾月14日、雪月7日及芽月22日关于指定大省向巴黎提供物资补给的决议。比舍和胡克斯，第28卷，487页（丹东对雅各宾党人的发言，1793年8月28日）："我始终强调，如果巴黎有需要，必须向其提供补给，以养活市民……向巴黎拨款1.1亿，可以救巴黎，更可以救共和国"。

③ 《外交事务档案》，第1410、1411卷。1793年6月20日、21日，7月21日、22日、28日、29日、31日以及8月、9月全月每日的报告。施密特，《法国大革命全景图》，第2卷，多处。道邦，《1794年的巴黎》（尤其是关于法兰西共和历二年风月整个月的描述）。《法国国家档案》，F7，31167（法兰西共和历二年风月报告）。

④ 《外交事务档案》，1411页（1793年8月1日、2日报告）："凌晨1点时，我们很惊讶地看到男男女女沿街睡在路上，悄无声息地等着商店开门"。道邦，231页（风月24日报告）。每逢杀猪的日子，在巴黎植物园附近，"为了以3.1法郎的价格买到平时30苏的内脏，妇女们纷纷睡在地上，拿着她们的小篮子，一等就是四五小时"。

钱,政府不再砌路,也不派人打扫,墙边的粪便垃圾堆积如山①。人们穿得又脏又破,穿着破鞋走着,因为鞋匠早就不工作了;人们的衣服肮脏不堪,因为早就没有肥皂了;这些衣衫褴褛、摩肩接踵的人们在精神上和身体上互相污染。

拥挤、接触、烦躁、等待、夜晚,这些释放了人们粗野的本能;尤其在夏天,人的兽性和巴黎人的放肆互相助长。"一些不良从业者②",排成一队招揽生意;对于她们来说这是一段插曲,老远能听到她们"轻佻的话语和夸张的笑声"。地点对于她们也很适宜,在队伍两侧或几步之遥的地方,招揽人到"大门虚掩的阴暗小道",有些妇女甚至搬来了床垫,"在那里睡觉,做一些龌龊的勾当"。规矩的工人的妻女,以及正直的女仆,都能听到和看到这些,这对她们来说是"很好的"例子。"男人们在这一队妓女面前停留,选择他们的'心上人';有些男人更大胆,粗鲁地冲撞这些女人,挨个占便宜"。这难道不是爱国的雅各宾党人推崇的博爱?帕什市长的女儿或夫人难道不会到政治俱乐部里对喝醉的雅各宾党人大献殷勤?卫队又能说什么呢?人们很难遏制这种动物天性,只能视而不见听而不闻,像面对苦难、希望、失望一样,感到愤怒。

在每间肉店开门之前,"快被半头牛的重量压弯的搬运工,必须飞奔以避免被周围蜂拥而至、贪婪地盯着生肉的人群攻击"。搬运工命令人群让路,从后面进入商铺,大家认定分发即将开始;宪兵骑着马,以驱散拥挤的人群;"一些不良分子,受公社雇用",在12月或1月寒冷的清晨,指挥"瑟瑟发抖的"妇女两两排队等候。但是,依照法律,肉店老板应事先③为医院、孕妇、产妇和哺乳期妇女留出一份,此外,

---

① 《法国国家档案》,F731167(风月9日及28日报告):"巴黎的街道状况总是非常糟糕,政府不敢使用灯罩"。道邦,120页(风月9日):"圣安娜街靠近卢瓦街的一侧堆满了垃圾,成堆垃圾靠墙堆放,在这里已经存放了两周有余"。

② 《外交事务档案》,1411卷(1793年8月9日报告)。梅西耶,第I卷,353页。道邦,530页(法兰西共和历二年果月27日):"总有大批民众聚集在煤炭港,从午夜或凌晨一两点就开始排队,一些老手利用夜色进行猥琐的勾当"。

③ 施密特,《法国大革命全景图》,第2卷,155页(风月25日报告)。道邦,188页[风月19(转下页)

尽管法律不允许,还要为当地的革命委员会、助理特派员、督察员、当地的恶霸,最后还有出高价的有钱顾客留出一份。为此,"脚夫们用宽大的肩膀在商店前面形成难以穿越的人墙,抬起整块牛肉";在这之后,妇女们发现肉案空空如也,"苦苦等待4小时之后",许多人只能空手而归。见此情景,人群开始恐慌骚动;除了前排的人,没人能确定是否能领到自己的一份;队尾的人带着愤怒,默默羡慕着靠前的人。叫喊声此起彼伏,不时爆发争吵和冲突;妇女们①辱骂和推搡男人,人们挤来挤去。突然队伍散开,人人都向前猛冲,靠前的位置被最强壮和粗鲁的人占据,人们为了抢占前排,只能从周围人身上踩过。

暴力冲突每天都在上演②。如果一群人很安静,旁观者就会提醒大家注意。一般来说,"人们互相打斗③,互相从手里抢面包,没领到面包的人强迫领到的人把手里的东西分成更小的几份。女人们撕心裂肺地叫喊……孩子们被大人扔在一旁",瘦弱的人被扔到河里。如果物资分配不够④,谁膀大腰圆,谁就能拿到。道邦写道:"今天早晨,几位妇女为了抢夺1/4磅的黄油差点丧命"。妇女们比男人更敏感和暴力,"她们不讲道理,更不想讲道理⑤,她们像鸟一样",冲向集市

(接上页)日报告]。出处同上,69页(风月2日报告)。出处同上,126页(风月10日报告)。《法国国家档案》,F731167(法兰西共和历二年雪月28日报告)。妇女们叫喊:"反对肉贩违背最高价格规定、兜售穷人劣质肉品的行为"。出处同上(雪月6日报告):"看到肉贩如何对待穷人的行径令人十分愤慨"。

① 梅西耶,《大革命时期的巴黎》,353页:"妇女们同男人使劲冲撞,互相辱骂……队尾的人知道怎么混进队首"。比舍和胡克斯,28卷,364页(山岳派日报,1793年7月28日):"7月12日星期天,在格维利耶街,一位市民在试图保护花6里弗尔为家人买的面包时被杀死。同一天在弗罗德-芒托街,另一位居民手臂被砍,一位孕妇受伤,腹中胎儿窒息而亡"。

② 道邦,256页(风月27日报告)。圣安东尼郊区市场:"两三天来一直冲突不断"。

③ 《外交事务档案》,1410卷(1793年8月6日、7日报告)。

④ 道邦,144页(风月13日报告)。

⑤ 出处同上,199页(风月19日报告)。道邦,《1793年的舆论蛊惑》,470页:"农民们刚到市场,妇女们就像哈尔比亚一样冲向他们,抢夺商品。昨天,有个农民因为想以高于最高定价的价格出售商品而被妇女们殴打"(1793年10月19日)。道邦,《1794年的巴黎》,144页,173页,199页(风月13日、17日、19日报告)。《外交事务档案》,1410卷(1793年6月26日、27日报告)。抢劫运蜡烛的车、船和运肥皂的船。

刚来的马车上；她们殴打司机,黄油和蔬菜散落一地,妇女们挤作一团,因为动作幅度太大而翻倒在地；有几位妇女"遭到踩踏,差点被踩扁,被抬出来的时候已经奄奄一息"。人人为己,饥肠辘辘的人们想到:想要填饱肚子,只能靠自己,必须抢在别人前面,要在分发食物、卸车,甚至物资到来之前就有所行动。"一艘载酒的船只被发现之后,人群蜂拥而至进行抢夺,导致船只沉没",不知是否有人员一同溺亡①。其他人群设置关卡,在农民的马车到达市场之前就将其拦下,进行抢夺。妇女和儿童在关卡前面向牛奶工人投掷石头,迫使他们就地卸车供货。更严重的是,成群结队的巴黎人趁夜里埋伏在离大路一两法里的地方,拦截并扣押供往巴黎的物资。一位督察员说:"今天上午圣安东尼郊区的人们分散到万塞讷镇的路上,抢走了所有运往巴黎的物资；有些人付钱,有些人明抢……被洗劫的农民声称不再运货到巴黎。"各人想尽办法防止饥荒,反而使其不断扩大。

政府要求征用物资供给巴黎,似乎巴黎被包围了一样,并明确规定各省、各城镇、各区、各县应供给的谷物质量,却只是徒劳。各省、各城镇、各区、各县自然要采取措施确保自身给养②:做慈善首先要从怜悯自己开始。尤其在农村,镇长、当局官员和农民对接济巴黎一事反应冷淡,他们在清点的时候少报粮食数量,找出各种原因和借口,欺骗或贿赂负责必需品的专员,后者本身不熟悉情况、能力有限、收入微薄,村里的人请专员大吃大喝,用钱财贿赂,因此专员们对物资的配送睁一只眼闭一只眼,包庇村里的人,只要求提供3/4或1/2的规定量,并且纵容他们以次充好。没有劣质粮食的村民向邻居求助,往往规定100担,专员只运走50担,因此在巴黎的市场上,不仅谷物数

---

① 道邦,《1794年的巴黎》,45页(雨月17日报告),227页(风月28日报告),160页(风月15日报告),340页(芽月28日报告),87页(风月5日报告)。
② 《法国国家档案》,法国档案局,II,116页(帕加内尔决议、卡斯特尔决议、法兰西共和历二年雨月6日、7日)。"清点措施未达到目的……申报不实或不准确"。有关细节请参照其他受任命的代表的通信。道邦,《1794年的巴黎》,190页(富基埃-坦维尔的国民公会讲话,风月19日):"蓬·圣·马克桑斯镇的镇长妄言:'巴黎要先向我们供糖,我们才考虑要不要运给他们鸡蛋和黄油'"。

量不够,腐烂发芽的小麦或是发霉的面粉也供不应求。

政府指定面包商、肉店老板、杂货商为经销商和代理人,对他们大批买进并零售的商品只给5%或10%的利润,并根据法国物价,人为造成巴黎商品降价,但这都无济于事。根据政府定价只卖3苏的面包①,自然会偷偷流入到面包值6苏的郊区;即使政府规定其他商铺以相同价格供货的物资,也从巴黎偷偷流出;税率是造成商品外流的重要原因,这些物资像斜坡上的水一样,不仅流出巴黎城,还在城内各处流通。"杂货店主"自然会"派人私下兜售他们的糖、蜡烛、肥皂、黄油、干菜、面条等商品,给不惜代价购买物资的人们"。肉店老板自然会把大块和精心挑选的肉留给大客户和有钱的顾客,不管要价多高,他们都会答应。任何有权有势的人自然会将权力私用,首先满足自己的商品需求;各种委员会、督察员、革命分子以权谋私的情况并不鲜见;后来政府规定每人按配额领物资,一些垄断者则会设法独吞多份;无论如何②,负责路障的警卫队会将运来的物资据为己有,即使第二天在议事日程上受到批评也于事无补。

这就是制度的双面效应。不仅巴黎的食品供应短缺,情况糟糕,普通消费者和排队的群众也只能买到一部分劣质商品③。

有一位到小麦市场寻找面粉样品的督察员写道:"这几乎不能被

---

① 《外交事务档案》,1411卷(1793年8月7日、8日报告):"政府在不同路障处截获了即将流出的7500磅面包"。道邦,45页(雨月17日命令)。在驿站建起路灯,"特别是巴黎沙滩广场和帕西区,以期照亮河流,防止食品流出"。梅西耶,第1卷,355页。道邦,181页(风月18日报告),210页(风月21日报告)。190页(富基埃谈话,风月19日):"由于最高定价限制,巴黎的肉商将买到的肉运到塞夫尔的肉店,并以合适的价格出售"。257页(风月27日):"每天晚上10点左右,都能看到一些贵族或是利己主义者,他们来到平等之家的商铺购买母鸡和火鸡,并将其小心地藏在大衣之下"。

② 道邦,255页(昂里奥的日程表,风月27日):"我呼吁共同战斗的同志们不要抢夺任何物资,不给任何不怀好意的人肆意诽谤我们的机会"。出处同上,359页,"花月29日凌晨四五点左右,红帽区一队大概15人的巡逻队,以某个特派员打头,扣留了奥尔良路上的物资并将其运往自己的区域"。

③ 出处同上,341页(必需品委员会报告,芽月23日):"群众认为物资遭到窃取,他们拿到的都是劣质商品"。委员会没想到的是,向零售商供货数量巨大,但真正到消费者手中的则寥寥无几。

称为面粉①……只能说是磨碎的麦麸",因为它不含任何营养物质。"面包店主被迫购买这些面粉,市场上的面粉基本全是这种质量"。20天之后,"必需品奇缺,质量低劣,面包难以入口,造成很多人感染疾病,比如,某种痢疾和一些炎症性疾病"。同样,3个月之后的雪月:人们抱怨面包质量太差,据说很多人因此染病,造成内脏莫名疼痛,伴随着损害健康的发热。风月时,"各种短缺全面爆发②",肉类短缺最严重。莫贝广场的妇女排队等6小时也买不到一小块肉,一些肉摊全部缺货,连一盎司也没有,给病人做肉汤的一小块也没有;工人在小餐馆里找不到一点肉腥,只能选择不点汤,靠"面包和熏鱼"过活。许多人抱怨"两个多星期没吃肉",妇女们说"已经一个月没做过蔬菜牛肉浓汤","蔬菜极为稀缺并且价格奇高","两个苏只能买到一个不太好的胡萝卜或两棵大葱"。有2000位妇女到中央市场等候分配四季豆,但只有600人能领到。一斗土豆的价格在一周内从两法郎涨到3法郎,精白面粉和豌豆粉的价格涨了3倍。"杂货铺里的粗红糖断货,即使是病人也吃不到",而蜡烛和肥皂只能按半磅出售。两周后,一些地区蜡烛全面缺货,只有本区商店还有存货,但也基本空空如也,每人只能分到一支蜡烛的份额;因为缺少蜡烛,许多家庭只得天还亮着就睡了,因为缺少煤炭,也无法做饭。鸡蛋像"看不见的神一样受到崇拜",而黄油"遍寻不见,已被神化③"。工人们说:"如果再这样下去,我们只能互相残杀,因为实在没东西可吃了④。""生病的妇女⑤和襁褓中孩子都躺在雪里",在巴黎市中心也是如此,维维安街、皇家大桥上,他们就这样"在夜晚来临前待在那里,向过往的路

---

① 《外交事务档案》,1411卷(1793年8月11日、12日、31日,9月1日报告)。《法国国家档案》,F7,31167(法兰西共和历二年雪月7日、12日报告)。

② 道邦,《1794年的巴黎》,60页、68页、69页、71页、82页、93页、216页、231页。施密特,《巴黎全景图》,第2卷,187页,190页。《法国国家档案》,F731167(勒阿瑞威尔的报告,雪月7日)。领官饷的武器制造工人,也说他们已经很多天没吃过面包和奶酪了。

③ 道邦,231页(佩里埃的报告,风月24日):"黄油已经被神化"。

④ 出处同上,68页(风月2日报告)。

⑤ 《法国国家档案》,F731167(风月28日报告)。道邦,144页(风月14日报告)。

人请求一点施舍","人们每走一步就被乞讨者拦住,其中有男也有女,他们中大多数都健康而强壮",据他们本人说,乞讨是因为没有工作。更何况还有很多虚弱的人或残疾人,没有办法加入这些抢夺的队伍中,他们在家中安静地慢慢死去,因此没有人看到他们所承受的痛苦,"我们在街上,在市场上只能看到一张张饥饿而惊恐的脸,""一大群市民奔跑着互相冲撞",哭喊着,"呈现出一片绝望的景象①"。

V

雅各宾党人认为,之所以出现这样的短缺,是因为没有严格执行反对囤积居奇和反对售价高于最高定价的法令;是因为农民的利己心理和商人的贪婪没有被震慑住;是因为违法分子经常逃过法令的处罚。因此务必严格执行这些处罚,加重对这些人和他们的帮凶的处罚,拧紧约束机器上的螺母。所以,他们对物资进行重新清点和确认,到家中进行搜查,扣押他们所认为的过于丰富的物资②,限定每位消费者的份额,对被关押者强制采取统一的饭盒,对所有要吃东西的人提供同样的用麦麸做的灰面包,严禁生产其他种类的面包,没收各种面罗和筛子③,若民众抵抗或逃避征用,则负责的政府官员负有"个人"和私人责任,其财产和个人将交由第三方保管,处以罚金、监禁、示众乃至断头刑以促进强征或压制自由交易。所有这些骇人的机制

---

① 道邦,81页(拉图尔-拉蒙塔涅报告,风月4日)。
② 《埃夫勒一位资产阶级的回忆录及日记》,83页:"1794年6月15日星期五,有人宣布所有家中储存了小麦、大麦、黑麦、面粉甚至面包的人必须在24小时内进行申报,违者将被视为国家公敌,并被宣布为反革命嫌疑分子,被逮捕并移送至法庭"。施密特,《法国大革命全景图》,第2卷,214页。在帕西区的市民吕塞家中扣押了两头猪、40磅黄油、6斗四季豆等物资,他囤积物资是为了供养家里的16口人。
③ 《法国国家档案》,法国档案局,II,68页。救国委员会法令,雨月23日,为呼应雾月25日规定,通过禁止从超过15磅麦麸中提取一担面粉的法律,下令没收面包店主和磨坊主筛面的工具;若有人在其家以外的地方偷偷保存或藏匿这些工具,则"将被视为反革命嫌疑分子并被逮捕,一直关押到和平时期。"巴瑞奥特-圣普利,357页,362页。图卢兹的3位公民以囤积居奇罪被处以死刑;蒙彼利埃的一位面包商、两位女商人和一位批发商被处以断头刑,罪名是"让人开发票、自行开发票并藏匿和保存了"一定数量的圆薄饼,而这种薄饼是"反革命分子独有的食物"。

发挥了巨大作用,尤其是针对佃农和农民。

从1794年4月起①,成群的农民被投入监狱,而大革命时期被打压的也是这些农民,他们忧郁而又惊愕地游荡在院子和走廊上,一点都不明白这世道到底要变成什么样,就算有人向他们解释:"他们收获的粮食都是国家财产,他们不过是暂时保管②",这也无济于事,他们顽固的头脑从来不会再接受新的规定。出于习惯和本能,他们总是与之背道而驰。对他们就免了这诱惑吧!拉开他们的手,直接拿走他们所有的收获;希望国家能成为法兰西土地上粮食的唯一持有者和分配者;希望只有国家以固定的价格参与买卖所有的粮食。因此,巴黎③的救国委员会同意"征收共和国领土内的所有燕麦,在一周时间内,所有持有燕麦的人都必须将其上缴到当地政府指定的商店",价格为最高定价;否则,"将被视为反革命嫌疑分子并按此罪名处置"。

与此同时,根据另一项更易理解的法令,塔恩省的帕加内尔、热尔省和上加龙省的达尔提古艾特④下令每个乡镇建立自己的公共谷仓,命令"每位市民将自己的粮食、面粉、小麦、混合麦、黑麦、大麦、燕麦、黍、荞麦等储备全部上缴至公共谷仓",价格为最高定价;每个人自留家中的分量均不可超过每月的储备量,即每人50磅面粉或小麦。通过这种方式,掌管着各商店的政府就可以在各省、各行政区、各乡镇和各人之间"实行最有效的物资的均等"。每个公共谷仓派一位仓库管理员监管,由市政府分配每日配额。此外,"市政府须采取恰当

---

① 《旅居法国》(1794年4月22日)。
② 吕多维克·斯库特,第Ⅳ卷,236页(菲尼斯泰尔省在任代表宣言):"人民的行政官们,请告诉物主和农民们收获的粮食均为国有财产,他们不过是暂时保管"。《法国国家档案》,法国档案局,第Ⅱ卷,92页(康塔尔省代表博欧的决议,雨月8日):"鉴于共和国的所有公民组成了一个大的家庭……所有借口无法提供完整粮食储备而拒绝向其临近的兄弟伸出援手的公民,都应被视为反革命嫌疑分子"。
③ 《法国国家档案》,法国档案局,第Ⅱ卷,68页(牧月28日救国委员会决议)。燕麦的最高定价是每担14法郎;获月30日后,仅为11法郎。
④ 《法国国家档案》,法国档案局,第Ⅱ卷,116页,106页(帕加内尔的决议,卡斯特尔市,雨月6日及7日;达尔提古艾特的决议,花月23、25及29日)。

的措施以保证在其严格监视下,将蚕豆和蔬菜根据其成熟度进行分配",一般按人数以最高定价分配,否则将面临"特别刑事法庭"的撤职、逮捕或传票。

劳动成果已经得到分配,如此一来,剩下的则是如何分配劳动。为此,马奈①规定沃克吕兹省和罗讷河口省的所有市镇政府马上制定两份名单,一是当地短工名单,二是当地财主名单。"如果财主当天需要农夫",可以直接去市政府咨询;市政府"根据布告命令"分配给财主所需人数,并给财主一张卡片,给相关工人编号。对于拒不登记在册或要价高于最高定价的工人,处以两年奴役和示众的处罚。剩下的工作便是为在计算人数或登记在册方面有困难的3000多个城镇建立并整理新登记者名单。每个城镇建一个公共谷仓,或是征用3到4个谷仓,用于发酵未好好风干或分类的谷物;雇用10万不为自己或亲朋谋私的清廉仓库管理员和计量员;雇用20万自愿放弃工作的义务负责每日物资配送的秘书以扩充3.5万雇员的必需品委员会②。更确切地说,要供养四五百万宪兵,每家固定分配一个,在白天参与购买、出售等交易行为,晚上核对物资数目;简单来说就是派一半的法国人监督另一半的法国人。在这种条件下,必需品的生产和分配都有了保障,为保证供应,只需在全法国建立招工和征粮制度。

不幸的是,农民们不相信理论,只相信事实。他们仔细计算,所依据的事实非常确定、不容置疑,也非常实际,因此他们得出另外一个结论③:"获月时,政府以11法郎指券征用了我去年所有的燕麦,热月

---

① 《法国国家档案》,法国档案局,II,147页(马奈决议,阿维尼翁,牧月2日)。
② 《箴言报》,13卷,397页(杜布瓦·德·柯昂思,1795年5月5日):"商业(及供给)委员会旗下有3.5万名雇员"。
③ 《法国国家档案》,法国档案局,II,68页(救国委员会决议,牧月28日)。法兰西共和历二年获月8日政令:"本季收割的各种谷物和草料均归政府征用"。新一轮清查,个人有义务申报收割总量,若有数量不清,则核对、充公,必须扎捆打麦"。道邦,490页(维勒福尔国家官员报告,热月19日)。农民们有自己的小算盘,他们减少播种数量,"不是因为人力有限,而是想降低损失,他们认为,花大价钱播种并收割,却只能以低价出售,连成本都收不回"。《法国国家档案》,法国档案局,II,106页(达尔提古艾特给热尔省及上加龙省政府官员的信,花月25日):"似乎在这里,收割过后,政府将谷物全部拉走,不给农民留生计;政府公然宣布征用所有必需品,置民众于饥饿恐慌之中"。

时又以11法郎指券征用了今年所有的燕麦；既然价格如此之低，我今年不想再种燕麦；此外我也不再需要这样做，因为政府征用了我的马匹为军队运输，种跟以前一样多的黑麦和小麦只会亏本。我只种一点够自己吃的，就算是国家要把我今年的口粮全部征用，我还是宁愿荒着田。现在又强征3个月以上的活猪，幸好我早做打算，把自己的猪宰了腌起来，但政府很快就会像强征其他腌制食物一样强征腌肉，新的负责人还不如以前的。不出6个月，我们都得饿死；最好现在就甩手不干，让他们把我们抓进监狱，至少在监狱里不干活也有饭吃。"实际上，上千个小业主和农民都被抓进了监狱，必需品委员会的领导人蓝德①惊恐地发现，没人耕田，也没人养牲畜，很有可能明年国内就没有什么可吃的，说不定今年就会断粮。

因为欧洲要发生一件异常的闻所未闻的事情，此事对于想要了解法国农民及其对土地的感情的人来说是难以置信的。在这片他们曾亲手努力耕种、播种、施肥、耙地、清理的土地上，这珍贵的收获是属于他们自己的收获，是他们满心期待7个月之久的收获。现在虽然谷物都已成熟，农民们却一点都不想收割，因为这不过是为他人做嫁衣，因为是替政府收割，政府已经承担了最后的费用，所以政府应该自行负担收割、扎捆、运输和打谷入仓。每到这时，受任命的代表人就欢呼起来，有的人提高嗓门，有的人压低声音。

达尔提古艾特写道："许多农民②对这伟大的收获表现出难以想象的冷漠，只有像我一样亲眼见到，才能相信在一些地区粮食是怎么

---

① 《箴言报》，22卷，21页（蓝德的讲话，1794年9月20日）："长久以来我们一直担心无人耕田也无人放牧，但同时又逮捕农田和牧场的主人，那些小业主和农民。"《法国国家档案》，D，§1，1卷（塞纳河畔巴尔镇报告，法兰西共和历三年风月14日）："最高定价使得人们把小麦藏起来，货物通运准毁坏消费者，令其绝望。在别处为妻子孩子寻找食物，而没有被逮捕、关押、充公、罚款或是判刑的可怜人，又有多少？"

② 《法国国家档案》，法国档案局，II，106页（达尔提古艾特，《箴言报》，花月25日）："有一条政策必须落实，那就是让市政主管官员对耕田的荒废负责"。如果有人胆敢吃和本区其他农民不一样的面包，我就会派人将其连同市政官员一起逮捕至法院，后者因纵容而应被视为首要罪犯……若有必要，将不工作居民的粮食供给缩减至1/4，年轻的保王派肯定有食物来源，在别处过着悠闲的生活"。

被忽视的,田里的野草是怎样妨碍谷物生长的……如果有必要,则应强征某区的居民去另一区工作……除休息日外,拒不工作的人都将被视为糟糕的公民或保王党人受到惩罚。"费里[①]写道:"大自然最慷慨的朋友们,请从本次收获季节开始,向身边的人们普及公共工作的习俗,使其得以流传下去……不要姑息游手好闲的人们,他们是社会的寄生虫,而其中可能包括你们之中的某些人。若是如此,我们将必须忍受我们之中懒惰的男男女女们!共和党的警察们又在哪里呢?……这一法令一旦被通过,每个公社的政府官员们就会将女性市民聚集到神庙前,以法律的名义命令她们投身于收割的工作之中。拒绝这项爱国事业的妇女将被开除出议会,被剥夺参加国庆的权利,而女性良好市民有权剥夺她们参加收割的机会。男性良好市民会被邀请赋予这乡下的节日适宜的情感特征。"而人们或是以田园诗的形式,或是以徭役的形式展开这项活动。

在阿维尼翁[②]附近,总指挥官,成群的志愿者,爱国者,"爱国的妇女和少女们"都报名参与收割。在阿尔勒附近,"政府当局调用了所有市民,巡逻队被派到乡下以监视所有从事其他工作的人投入收割工作"。而国民公会方面下令[③]暂时释放"居民数量超过1200人的乡下、市镇及公社的农夫、散工、收割者、职业手工业者以及被视为可疑分子关押的嫌犯"。换句话说,人力需要迫使荒谬的理论噤声,首先必须将可用的人力用于收割工作。即使是只从目前来看——并直到最后一刻——法兰西的指挥者们也得采取措施填补巨大的缺口,并遏制目前和未来会出现的饥荒。法兰西早就遭遇了饥荒,而能够幸免纯属奇迹。

最后一刻同时出现的4个巧合将法国挽留在崩溃的边缘。第一

[①] 《法国国家档案》,法国档案局,II,111页(费里的信,布尔日,获月23日,致"人民协会的会员们",及"安德尔省和谢尔省的民众")。
[②] 《箴言报》,XXI,171页(阿维尼翁的信,获月9日,以及阿尔勒雅各宾党人的信)。
[③] 出处同上,XXI,184页(获月21日政令)。

点在于①冬天太暖和了，蔬菜填补了面包的短缺，并替代了紧缺的肉食，提供了4月和5月的粮食，而几乎是自发的极好的收成提前了3周。第二点，从美洲来的大批船队，装满粮食的116艘船只，不顾英国方面的巡航，于1794年6月8日抵达布雷斯特，此举也多亏了8天前为掩护这些船只而付出牺牲的舰队。第三点，获胜的军队进入敌国，通过对比利时、帕拉蒂纳以及意大利和西班牙边境省份进行强征获得了补给。最后一点，至上的幸福源于罗伯斯庇尔、圣-茹斯特、库东、巴黎公社以及有原则的雅各宾党人都于7月28日被处决，随之而来的是专制社会主义的倒台；从此以后，雅各宾党派的建筑出现了巨大裂缝并逐渐坍塌，而事实上建筑的大部分已经不能支撑。

1794年12月末，国民公会将其从法律上拆除：农民们可自愿进行售卖，并可根据支付方式为指券或是银币设定两个不同的价格。这使农民重获希望和信心，1794年10月和11月，他们靠自己耕地播种，并在1795年7月更加愉快地进行收获。但是，根据他们后来经历的4个月的绝望，我们可以推断出他们在这种无限期被控制的体系中将会陷入何种沮丧的境地。在一半的土地上，耕种极有可能在一年或两年后沦为无用或停止产出的田地。显然，在一切鼓励和威胁之下，农民们早已变得懒惰，表面上麻木且迟钝，就像过度劳累的负重的牲口，在鞭打之下变得越发顽固，或是摔倒在地，不再动弹。显然，如果圣-茹斯特抓住它的脖子，就像在斯特拉斯堡那样，用斯巴达式的空想将它的头和脚层层捆在一起，它早就不能动弹了，因为它能看到工作被简化到了什么形式，更能看到在政府的手段、行政管理和人道主义的傀儡的操纵之下，这些工作最终什么也无法带来。11世纪的中国早有先例，长久以来，按照规则，政府运用万能且装备良好的操纵手段，施加于世界上最勤劳、最朴实的人身上，而这些人像苍蝇

---

① 莫里斯总督（给华盛顿的信，1794年3月27日及4月10日）："收获季史无前例地提前到来了，黑麦已经接穗，驴食草已经开花，4月中旬杏子已经像鸽子蛋那么大，让人十分惊异……对于饥荒更加严重的中部地区，我有必要认为土地已经开始向其居民提供食物……一场与去年5月（1793年）遭遇的严寒类似的灾害，加重了欧洲所有军队和海军面临的饥荒"。

一样大批死去。如果说1794年年末和随后几年之中,法国人没有像苍蝇一样死去,原因就在于雅各宾制度过早地得到了缓和。

VI

抛开幸存的奠基者不谈,如果说雅各宾派的制度从热月开始逐渐缓和,如果说缚住人们脖颈上主要的绳索从人们窒息之时就已经断裂,那么其他束缚人们的绳索仍在,而绷得最紧的几根皮带甚至已经渗透进皮肉之中。

首先,征用仍在继续,因为没有其他的方式来供给军队与城市,宪兵队总是在进行要求各个村庄按照法定价格倒空自己的粮食配额的工作。拒不执行者将面临被查处、充公、罚款或是监禁的处罚,无论男女,都将被带到当地法令规定的地方进行监禁,"费用自理"。法兰西共和历三年雨月17日,奥布河畔巴尔地区关押了22人;芽月7日,特鲁瓦地区关押了45人;同一天,塞纳河畔的诺让关押了45人;一周后,同一地区的泰讷公社就关押了另外20人[①]。当然,种植者的

[①]《法国国家档案》,AF,II,73页(卡尔瓦多斯督政的信,法兰西三年牧月26日):"商店中已经没有一粒粮食,而监狱中则关满了农民"。出处同上,D,§1,第3卷(阿尔贝代表签署法令的委托人,法兰西共和历三年雨月19日,芽月7日及芽月16日)。关于征用过程中的细节,遇到的困难与不便之处,请参照此文件与前后5个文件。塞纳河畔诺让地区附近一位国家官员的信,法兰西共和历三年芽月13日:"在本区法庭前,我已命人指出大批延迟上缴各自行政机关向其征收的物品的种植者与业主……其中大部分人宣称自己永远不可能提供所征收的全部份额,然而我们还是让他们领了种子。法院宣判上述的所有粮食充公,并对相关人员处以与征收的物资等价的罚款……目前我的工作是将此项判决落实。但我必须让您明白,如果不减轻罚金,会使他们之中的许多人感到绝望,所以我一直等您的回复来指导自己的行动"。同一官员的另外信件,芽月9日:"无法为维亚宗市场供应物资,为此受到征用的7个城镇受到塞扎讷地区的限制,后者始终派遣武装力量控制这7个城镇,粮食一脱完壳就被运走"。奇怪的是,这些官员都记录下了审讯者的情感,并事无巨细地记录了耕种(马金库尔市政笔录,风月7日)。为使文意清晰,我有必要整理原文的书写):"据宪兵克鲁瓦泽讲述,他曾跟随政府官员到未能按时上交物资的人家中,其中不得不提的是让·曼钦,他极度自私,只为自己考虑,让人不得不记下他的行为。他对我们说,如果在收割前他还有余粮,他会将其分给有需要的民众。唉,是的,怎么可能不逮捕这个不顾同胞利益、只为自己考虑的利己主义者呢?其中一项证据就是,这个人在家中养了3条狗、至少150只家禽及鸽子,这些动物要消耗很多粮食,因此很难保证物资的征用。反正没有院子,他完全可以不养狗,他也完全可以只养30只家禽,这样就可以保证上缴的物资数量"。这份文件署名为贝特朗·阿让。根据这份文件,曼钦被关押在特鲁瓦,费用自理。

境遇也不会好到哪里去,政府出动警力、不计代价地从这些人身上夺走政府所要的一切。此外,政府要求他们以实物的形式交出其份额的一半,并明确此时唯一的直接的份额将从每法郎当中抽取12到13苏。然而,在这种与穆斯林国家农夫的境遇相同的条件下,法国农民像叙利亚和突尼斯农民一样,仍然能够维持生计;因为一旦废除最高定价,私人交易回归自由,农民就可以从这里获得补偿。只要基于双方意愿,农民可以向个人,甚至向城市①售卖货物,条件均可讨论,农民可以随意要价,尤其是因为政府的强征已经使谷仓里的谷物所剩无几,并且供不应求;因此,农民在政府方面遭受的损失在老百姓那里可以得到补偿。总之农民是有所收益的,这就是为什么他们要坚持耕种。

但这些减轻的负担又会加在受压制的购买者身上,并且受到革命制度另一方面的影响,本来就很沉重的负担可能会十倍百倍地增加。实际上,个人手头拥有的钱财也在自己手中迅速减少并消失。只要刑罚制度不再起作用,失去人为附加价值的指券,其实际价值也会下降。1794年8月,指券贬值66%,10月贬值72%,12月贬值78%,1795年1月贬值81%。从那时开始,革命政府不停地大量发行指券,从每月5亿,变为10亿、15亿,最后是每月20亿②,这无疑会加速指券的贬值。指券越是贬值,政府就越要增大发行量以供使用,然后发行量越大,就越是更加贬值,因此贬值促进发行,而又更加重贬值,如此反复,直到指券变得一文不值。1795年3月11日,金路易值205法郎的指券;5月11日,400法郎;6月12日,1000法郎;到

---

① 《法国国家档案》,法国档案局,II。塞纳河畔巴尔地区报告,法兰西共和历三年风月14日。自从废除最高定价,"居民们为买粮食跋涉三四十法里"。特鲁瓦市政府的信,风月15日,"根据现在买卖双方自愿购买谷物的价格,到下个休息日,面包会涨到每磅15苏"。

② 施密特,《巴黎的形势》,第1卷,145~220页(重新开放证券市场,1795年4月25日)。出处同上,第1卷,322页;第2卷,82页,105页,《西奥博尔德·沃尔夫·托恩回忆录》,200页(1796年2月3日)。在勒阿弗尔,一个金路易值5000法郎,相应的,一个埃居值6法郎。在巴黎(2月12日),一个金路易值6500法郎,而王室宫的一顿两人餐要花费1500法郎。马耶尔(《1796年的法国》)请10个人吃饭,花了30万指券,当时,乘坐马车一趟要1000法郎,一小时要6000千法郎。

10月，1700法郎；11月13日，2850法郎；11月21日，3000法郎，6个月后，1.9万法郎。1795年6月，面值100法郎的指券价值4法郎；8月，值3法郎；11月，值15苏，后来值5苏。所有物资的价格自然会相应增长：1796年1月2日，巴黎一磅面包要50法郎的指券，一磅肉要60法郎，一磅蜡烛要180法郎，一斗土豆要200法郎，一瓶酒要100法郎。为此，您可以想象一下那些靠年金过活的人、职员、城市工人、无固定工作的手工业者①等人生活的艰辛，他们手头只有少量指券，而从事的也不是与生产酒、蜡烛、肉、土豆或者面包直接相关的必要工作。

最高定价废除后不久，饥荒愈演愈烈。几个月来，随着必需品价格不断上涨，饥荒爆发得更加严重，尤其是1795年夏天，临近收割季的时候，1794年收割后填满的粮仓早已消耗殆尽。有数以百万计的民众遭受饥荒，国内的几个省生产的粮食不能自给自足，对于一些小麦产量高的省份的某些地区也是如此。所有的城市，无论大小，均是如此。每个村里都有大批农民挨饿，原因是没有田地可以获取粮食，或者是他们再也没有力气，身体状况很糟，没有工作也没有收入。

塞纳-马恩省的一位市政官员②写道："两周多以来，我们区有至少200位民众缺少面包、小麦和面粉；他们只能以麦麸和蔬菜为食。我们很痛心地看到一些孩子没有东西可吃，他们的妈妈因为过度消

---

① 《马莱·杜·潘与维也纳皇室的通信》，第1卷，253页（1795年7月18日）："现在已经与革命初期有很大不同，不再只是涉及某些社会阶层；如今这场灾难无时无刻不在影响所有人，涉及社会存在的所有部分。商品和食品每天涨价的幅度已经远超指券贬值的程度，巴黎完全沦为旧货商的城市……这场购买不动产证券的巨大竞赛使商品的价格每周上涨25%。食品也一样，一袋3担重的小麦目前要价9000法郎，一磅油脂要36法郎，一双鞋100法郎。而手工业者不可能以这么高这么快的比重提高他们的工钱"。请参照《马姆斯伯里勋爵的日记》，第3卷，290页（1796年10月2日）。从1795年起，有产业的农民和生产者获得了巨大的利润，从1792年到1796年，他们聚集并藏匿了大部分的货币，"他们有勇气也有办法保护自己的私有财产不受革命政府强征"，因此，当指券贬值时，他们以极低的价格买入土地；1796年，他们大量种植，大量生产。

② 《法国国家档案》，法国档案局，II，72页（尚地区、拉尼絮地区的决议，法兰西共和历三年牧月22日。莫城财产理事的信，获月3日。罗祖瓦地区、塞纳-马恩省当局的信，获月4日）。出处同上，法国档案局，II，74页（厄梅瑞维尔当局的信，经莫城督政府证实，获月14日）："本地只有燕麦面包以供应市民，并要从较远地区购买。这种食物质量低劣，无法给长期务农的居民提供必要的营养，使人们丧失勇气并患病，人们失去了干农活的积极性，人手严重不足"。

瘦,无法给他们喂奶,老人们饿得昏倒,虚弱的年轻人待在田里,却没有力气工作……"本区的其他城镇情况也"大同小异"。整个法兰西岛大区、整个诺曼底大区、整个皮卡第省,都是同样一番景象。在迪耶普周围的乡下①,"城镇民众都以草和麦麸充饥"。一些政府主管官员写道:"我们无法维系与市民代表的联系,同乡们指责我们强征他们的粮食以支援大城市。"卢维耶地区报告中写道②:"所有的谋生手段都已枯竭,一个多月以来,我们只能以麦麸面包和野草粥为食,而这种粗劣的食物也越来越少。试想一下,本区有7.1万居民因面对饥饿的巨大恐慌而备受折磨,很多居民活活饿死,有些则因为食用低劣的食物患病致死。"在卡昂地区③,"人们开始食用青豌豆、喂马的豌豆、蚕豆、青大麦还有黑麦"。因为没有食物,女人和小孩索性跑到田里;"蔬菜已消耗殆尽,穷苦阶级人民的家产和富余的东西已经成为自私农民的牺牲品;这一阶级的人们已再无东西可变卖,因此亦无途径谋到一片面包"。受任命的代表写道:"等着下一轮收获而不采取新的救援是行不通的。只要还有麦麸,人们就会都吃掉,但现在再也找不到了,情况绝望至极。从我来到这里就没晴过天,今年的收割起码要晚足足一个月。该怎么做?将来会是如何?"博韦镇报告中写道④:"在皮卡第地区,大部分乡镇的木头都被翻遍了",为的是寻找蘑菇、浆果和野果。巴波姆镇的报告写道:"人们觉得能找到动物的口粮充饥也是很幸运的。"韦尔万地区报告记录:"许多地区的民众被迫以牧草充饥。"拉昂地区特派员写道:"两三个月以来,全县有许多

---

① 《法国国家档案》,法国档案局,II,73页(迪耶普镇政府的信,牧月21日)。
② 《法国国家档案》(卢维耶地区政府官员的信,牧月26日)。
③ 《法国国家档案》(卡昂地区财产理事的信,获月23日。救国委员会代表博舍的信,获月26日。同上,牧月26日):"我认为本地区(卡尔瓦多斯省)的情况非常可怕……关于本省必需品方面困境的描述丝毫不夸张,情况糟糕至极"。
④ 《法国国家档案》,法国档案局,II,74(博韦地区政府官员的信,牧月15日。巴波姆地区政府官员的信,牧月24日。韦尔万地区政府官员的信,获月7日。拉昂地区特派员的信,获月1日)。出处同上,阿布维尔地区的信,牧月11日:"一担小麦卖到了1000法郎指券,此外农民不再收指券,只有银币能换来粮食,但大部分民众手头没有银币,农民们贪婪地从他们衣服上剥下银子,或是要求他们以家具等抵押"。

家庭吃不上面包,只能以麦麸和野草充饥……经常有来政府索要面包的妇女、儿童、老人、孕妇等,昏倒在政府官员怀里。"

乡下的灾荒已经十分严重,而城市里的情况则更加糟糕。因为城里的饥民拥入乡下,想尽方法寻找各种可充饥的食物,却往往是徒劳。罗祖瓦政府官员写道[1]:"3/4的民众被迫停止工作,到乡下四处奔走,拿着银币向农民要求换粮食,他们像最悲惨的穷人一样苦苦哀求,但大部分人只能眼含泪水,无功而返,不仅找不到小麦,连面包也没有。"滨海蒙特勒伊镇政府官员写道[2]:"昨天有200多位市民到乡下乞讨。"如果他们要不来,便去抢。"这群强盗[3]分散在乡下,对稍偏僻的住所加以抢劫……谷物、面粉、面包、牲畜、家禽、麻布等全都不放过;受到惊吓的牧羊人不愿再在牧场过夜,纷纷逃走"。胆小的人则趁夜里偷挖土豆,或是在白天捡蒲公英;但是他们习惯了城市饮食,肠胃无法消化这些食物。圣日耳曼的财产理事写道:"近日[4],田里发现了一位父亲的尸体,嘴里塞满了强迫自己下咽的野草,这样的情景激怒了那些将会有同样命运的人。"

如何维系人民城市的生活?小型城市和小镇的市政府利用宪兵,对周围地区实施武力征用,有时会收到政府拨给的小麦、燕麦、大米或指券。但政府给的粮食数量极少,人们不得不考虑在这样的制度实施两三个月、半年,甚至一年以后,怎样才能避免半数的人民死于

---

[1] 《法国国家档案》,法国档案局,II,71页(塞纳—马恩省罗祖瓦镇政府官员的信,法兰西共和历三年获月4日),罗祖瓦周围一斗小麦要价300法郎。

[2] 《法国国家档案》,法国档案局,II,74页(滨海蒙特勒伊镇政府官员的信,法兰西共和历三年牧月29日)。

[3] 《法国国家档案》(韦尔万地区政府官员的信,牧月11日。索姆河畔拉沙佩勒镇的信,牧月24日)。

[4] 《法国国家档案》,法国档案局,II,70页(圣日耳曼地区财产理事的信,法兰西共和历三年热月10日)。这份文件描述了巴黎周围城镇悲惨而可怕的景象,在许多能体现工人悲惨命运的事例之中,有一份法兰西共和历三年获月28日来自马尔利35位机械工人的请愿书:"马尔利的机械工人与职员要告诉您高昂的物价令我们的生活变得极为悲惨,平时我们每天只能赚5里弗尔12苏,最近4个多月,我们每天只能领到2里弗尔16苏,连半磅面包也买不起,因为每磅要15到16法郎。但我们依旧怀着勇气和耐心,希望日子能更好过些,我们仍旧被迫变卖大部分家产,并开始吃难以下咽的麦麸面包,有样品为证,大部分人病倒,其他人也很虚弱"。施密特,《巴黎全景图》,热月9日:"在巴黎市场广场,农民们抱怨在田里和路上被人抢劫,连袋子都被扯破"。

饥饿。只能假设活下来的人可以靠自家的花园为生,靠乡下的田地为生,或是靠家人、邻居、朋友的接济维持生计。无论如何,人类的身体适应能力极强,就算每天只有少量食物也可以存活很长时间。在奥布省的埃尔维[1],"最近两次集市上找不到一粒粮食"。"明天[2],即牧月25日,本区首府巴波姆只有两升面粉的食物储备"。"最近一旬(10天),滨海布洛涅的民众每人只领到两磅劣质大麦,对于下一旬,就连这点供应也无法保证"。"布里翁的1660位市民中,有1360[3]位靠从市场领取极少量的小麦糊口,而很久以来,市场每周提供给每个人的分量从8盎司到7盎司、6盎司、5盎司、4盎司,甚至3盎司"。

在塞纳-马恩省[4],3个月以来,"莫城、费尔泰镇、拉尼镇、达马尔坦镇以及其他首府的每位居民每天只能领到半磅劣质面包"。塞纳-瓦兹省位于巴黎周围的城镇,甚至凡尔赛[5]的居民表示他们的粮食份额只有1/4磅面包。圣但尼镇[6]有6000居民,其中大部分为了生存拥进救助站;工人们因为没有食物,无心工作;许多妇女、母亲还有哺乳期妇女在家中被发现时已经失去意识,没有生命体征,其中一些死去时怀里还抱着吃奶的孩子。即使是在稍大一些、政府提供更多救助的城市,例如圣日耳曼,其悲惨程度也是超出想象[7],"每人半磅面

---

[1] 《法国国家档案》,D,§1,第2卷(埃尔维市政府的信,奥布,法兰西共和历三年花月17日):"乡下的农民极度自私,完全不服从法律,他们拒绝向难民售卖粮食,或是以对方拿不出的高价进行勒索"。(这份文件对此进行了详细记录,以说明本省当时的粮食状况。)

[2] 《法国国家档案》,法国档案局,II,74页(巴波姆镇政府官员的信,牧月24日。滨海布洛涅政府官员的信,牧月24日)。

[3] 《法国国家档案》,法国档案局,II,73页(贝尔奈地区布里翁市政府的信,牧月7日)。农民们不拿来他们的小麦,而是将其销往别处,一袋330磅的小麦可以卖到1500到2000法郎。

[4] 《法国国家档案》,法国档案局,II,71页(莫城财产理事的信,获月2日):"许多城镇面临相同的命运",政府控制本地区的粮食供应"以增加对巴黎地区和对军队的供给"。

[5] 施密特,《巴黎全景图》(治安报告,法兰西共和历三年雨月6日)。出处同上,芽月16日:"德龙省方面来信说有民众饿死,其面包价格为每磅3法郎"。

[6] 《法国国家档案》,法国档案局,II,70页(法朗西亚省议会决议,法兰西共和历三年热月9日)。

[7] 《法国国家档案》,法国档案局,II,70页(圣日耳曼地区财产理事的信,热月10日);德勒克吕泽,《六十年回忆录》,10页(1794年及1795年的大半年间,德勒克吕泽一家定居默东镇)。德勒克吕泽先生及其儿子以10个金路易的价格,从莫城一位农民手中购买了一袋重325磅质量不错的面粉;他们极其小心地偷偷将其带回家,"父子二人将这袋珍贵的面粉放在马车底部,上面覆以干草和野草,然后保持距离,跟着一位农民的车队行走",德勒克吕泽夫人用这面粉亲自和面烤制了面包。

粉",这并不是每天的量,而是相隔不知多少时日的量;"面包卖到每磅15到16法郎;其他物资价格相应提高;人们备受煎熬,陷入绝望并慢慢死去;昨天是热月政变纪念日,却没有任何欢乐的迹象,反而有一种全面而深层衰退的症状;满街都是虚弱的人,到处是因折磨人的饥饿而发出的痛苦的声音,以及愤怒的吼叫。所有人都陷入最后的痛苦,大家觉得死亡反而是一件好事"。

到处都是这种饥饿人群大规模聚集的景象,土地因为人的居住而变得贫瘠,只能长出石头,住在这里的30万、50万甚至上百万的痛苦的人们不得不从别处,从10法里、20法里、30法里以外的地方获得第一口甚至最后一口粮食。每天,在封闭的牧场里,许多人像绵羊一样围着空空如也的秫槽排着长队,颤抖着,呻吟着,牧羊人每天要付出极大的努力才能为这些人提供少许食物。在民众巨大的呼声中,政府扩大并明确了征用物资的范围。政府允许借贷和强征,借贷或给予民众上百万指券①,偶尔有特殊需要时,政府拨给民众一周的谷物或大米,令其去政府商店领取。但实际上,像这样生活并不能称得上是生活,只能说不至于饿死。为了生存,一半,甚至超过一半民众要靠排队领取政府减价发给民众的定额食物过活。那是多少的量,又是多么劣质的面包呀!

---

① 《法国国家档案》,法国档案局,II,74页。以下是政府开支的几个实例(亚眠公社决议,法兰西共和历三年热月8日):"公社收到政府资助的120万法郎,捐助其他公社40万法郎,强制借贷240万法郎,政府拨给的各种未付款的谷物制品40万法郎"(里尔市政府的信,果月7日)。"由于购入谷物的价格与向穷人派发面包的价格有差距,我们接管政府时,有2270023法郎的亏损,这个数额不断增加,到热月时已达到8312956法郎"。政府因此破产,并负巨额债务。《法国国家档案》,法国档案局,II,72页(图尔市政府的信,法兰西共和历四年葡月19日)。图尔市没有资金购买路灯所需的油,因此晚上不点路灯。为使巴黎必需品官员向其特派员交付20担油,政府发布政令,使得340盏路灯中有100盏可以延续到芽月1日。图卢兹也是同样的情况(德特朗的信,《箴言报》,1798年6月24日)。1794年11月26日,波尔多无法支付用于清洗断头台的30桶水的72法郎(各哈尼尔·德·卡沙纳克,第1卷,13页,《波尔多档案》节选)。政府授权波尔多出售先前被征用的1000桶酒,波尔多可通过自由贸易渠道,向政府支付先前征用的价格,而出售价格越高越好,通过此项措施的收益,波尔多政府可购买谷物发放给市民。《法国国家档案》,法国档案局,II,72页,法兰西共和历四年葡月4日决议。)关于政府以指券形式对各市和各省进行的援助,请参见相同卷宗:雨月18日向普瓦捷省拨款40万法郎;雨月17日向里尔市拨款400万法郎;从热月14日起,每月向南特市拨款300万法郎;霜月和雨月向埃罗省拨款1000万法郎,等等。

特鲁瓦市政官员写道①:"在农村似乎有针对城市的公开谴责。以前只有质量好的粮食送到城里,有问题的则留在农村,由农民自行消耗。如今情况正好反过来,而且更加严重,因为送到城里的不只有最劣质的小麦,还有发霉的大麦和黑麦;没有发霉粮食储备的村子与有的村子相互勾搭,从后者处购买劣质粮食并将其送往城里,或售卖到别处。"雨月时,特鲁瓦市1.3万或1.4万难民每天能领到半磅面包,后来变成1/4磅,最后变成两盎司,以及一些大米和干蔬菜,"而这么微薄的供应也会短缺②"。雨月,亚眠的2万灾民每人半磅粮食,但这数量却有名无实,因为"每个人经常只能领到4盎司,有几次一连三天没有发放救济"。这种情况持续发生,6个月之后,果月7日,亚眠③市场只有69担面粉,"这数量并不能满足当日供给,第二天便一点食物也无法发放,第三天,本市难民会完全陷入饥荒"。

因为极度的"绝望",已经发生了好几起"自杀"事件,愤怒的人们制造了好几起骚乱。芽月21日,埃夫勒发生骚乱④,原因是政府只给每人每周两磅面粉的配额,而且3天前,人们只领到了一磅半面粉。牧月14日、15日,迪耶普发生骚乱,"原因是当地居民只能领到3盎司或4盎司面包"。牧月9日,韦尔万发生骚乱,原因是市政府将价值7到8法郎一磅的面包的价格从25苏提高到了50苏。获月4日,里尔发生骚乱,原因是市政府对价值9法郎一磅的面包向民众要价

---

① 《法国国家档案》,D,§1,第2卷(特鲁瓦公社决议,法兰西共和历三年风月15日)。《旅居法国》(1795年5月9日,亚眠),"我们搞到了6里弗尔,接着置办了一些小麦储备……M.D.和仆人吃的面包是3/4麦麸和1/4面粉做的……我们做饭时,必然紧闭房门,任何人叫门也不开,一直到所有吃过饭的痕迹被清除,才开门迎客……政府现在发放的是发霉的小麦、豌豆和黑麦的混合物,一点也不像面包"。出处同上(4月12日):"那时每天只能领到1/4磅面包。很多人看起来还比较富裕,因此什么也领不到"。
② 《法国国家档案》,D,§1,第2卷。特鲁瓦市政府的信,法兰西共和历三年风月15日及芽月6日,市政府3位议员致巴黎的信,法兰西共和历三年雨月(日期不明)。
③ 《旅居法国》(亚眠,1795年1月30日)。《法国国家档案》,法国档案局,II,74页(亚眠公社决议,法兰西共和历三年热月8日及果月7日)。
④ 《埃夫勒一位资产阶级的回忆录及日记》,97页。(一些妇女阻截了一辆运小麦的马车,将其扣押一晚,用石头打伤了贝尼耶的代表,每人分得8磅小麦。)

20到30苏。雪月,里昂城有"整整5天"①一点面包都没有。热月15日②,夏尔特尔的民众从一个月前开始每天只能领到8盎司面包,然后供应中断,直到热月20日。拉罗谢尔政府记录:果月25日③,"政府的救济已经紧缩为7盎司面包,但马上面临断粮的危险"。潘伯夫市4个月来的救济只有1/4个面包。同样,在南特,有8.2万位居民和无数难民,一年以来,"每天的救济从未超过4盎司"。同样的情况发生在有6万市民的鲁昂,另外,最近半个月来,救济已经三次中断。此外,富裕阶级的人们或许比穷人更难熬,因为他们无法领取政府的救济,并且"可以说,他们所有可以自救的途径都被切断了"。

卡昂市及周边地区的4万市民4个月来每天只有5盎司的面包④。"城里和乡下的很多居民以麦麸和野草为生"。牧月末,城里的商店再也找不到一斗粮食,政府即使再动用武力强制征收,也所获甚微甚至徒劳无功。"一周周过去,灾难不断加重",完全没有办法想象。卡昂人民以麦麸面包和牛血为食……在所有人的脸上都能看到饥饿的痕迹……铅灰色的、苍白的脸……人们无法等到下次收获,或是等到果月结束。到处能听到这样的呼喊:现在要越过最后的狭道,最窄、最恐怖的道路;两周的饥荒夺走了数以万计人民的生命⑤。此时政府

---

① 《马莱·杜·潘与维也纳皇室的通信》,第1卷,90页。出处同上,131页。一个月后,里昂每担小麦卖到200法郎,一磅面包要价45苏。

② 《法国国家档案》,法国档案局,II,73页(夏尔特尔三大行政机构杰出议员的信,热月15日:"以饱受饥馑之苦的本公社之名","夏尔特尔的居民甚至连用粮食交付地租的权利都没有,所有的粮食都送到了政府的商店里")。

③ 《法国国家档案》,拉罗谢尔公社请愿书,果月25日;潘伯夫公社请愿书,果月9日;南特市政府请愿书,热月14日;鲁昂市政府请愿书,果月9日。出处同上,法国档案局,II,72页(巴约讷公社的信,果月1日)。"两年多以来一直处于生活必需品匮乏的状态,政府6个月来每天向其民众严格发放半磅玉米面包……尽管政府买入面包价格为每磅5法郎,向民众要价仅为25苏",自从取缔最高定价,政府每天亏损大约2.5万法郎。

④ 《法国国家档案》,法国档案局,II,72页(博舍代表的信,卡昂,牧月24日,获月3日、26日。卡昂市政府的信,获月3日)。

⑤ 《法国国家档案》,法国档案局,II,71页(奥克赛尔镇政府的信,获月19日):"如今我们靠工业生活,确实是令人意想不到,其间必然付出了非凡的努力、巨大的代价以及超常的行动。然而,从现在起到热月末,还有一个月。我们应该如何生存?我们的同胞中大部分为农民和(转下页)

慢慢打开商店的门，在承诺偿还的情况下提供了几袋食物，借给瑟堡市几百担燕麦，人们依靠燕麦面包支撑到了收割季。最重要的是增加了警力和装备。一位游客[①]在南锡看到"至少3000民众徒然地索求一些面包"，却被武力驱散。对农民施以武力以教育他们爱国，对市民施以武力以教育他们忍耐，以所有人的名义对所有人施以肉体的束缚：独裁的社会主义只能找到这一种方法来分配物资、对抗饥饿。

VII

独裁政府采取一切肉体束缚措施以保证首都的食物供给，因为首都是政府所在地，如果巴黎的饥荒加重，政府很可能会被推翻。每周听取官员进行日常汇报，都让政府领导人感觉政府即将崩溃；法兰西共和历三年芽月和牧月，发生了两次群众暴动，几小时内就推翻了政府，而其得以维持的条件是分发给难民面包，或是给予他们领到面包的希望。为此，政府在巴黎周围分段设置军事据点，一直到距离道路18法里处；常设巡逻队并互通消息，以监督车夫，并现场征用增援马匹；从巴黎派遣护卫队与车队接头，征用"可参与运输工作的所有车辆和马匹，用于所有工程和公务的运输"；命令大路周围的所有公社将废石料或肥料铺在难走的路面，并在上面铺一层土，保障车队在薄冰路面通行；命令国家官员征用所需数量的工人，破除水磨周围的冰；征用"国土范围内所有收割的大麦"；下令将大麦以"与其他粮食混合的方式烤制面包"；禁止啤酒商用大麦酿啤酒，禁止淀粉商用马铃薯制作淀粉；违令者将被视为"破坏食品物资"而被判处死刑；

（接上页）手工业者，每人每天只能领到半磅面包的救济，而剩余库存最多只能维持10到12天"。

[①] 梅斯纳，《巴黎之旅》，339页："我们住的旅舍只有一小片面包，我找了五六个面包店和糕点店，全部空空如也"，直到最后一家商店，梅斯纳才找到了一些陈的萨瓦饼干，并花了15法郎买下。关于政府在必需品方面的军事措施，请参考救国委员会《决议》，大多数出自蓝德之手，法国档案局，II，68至74页。

关闭所有啤酒厂和淀粉制造厂,直到禁令解除①;巴黎需要粮食,不论种类,不论何种方式,不论价格,不是下周需要,也不是后天,而是明天,甚至今天就要,因为如果饥饿蔓延,则会立刻吞噬一切,得到粮食以后,又要以居民可承受的价格出售。

然而,进价与售价之间会因此产生巨大的缺口,并会随着指券的贬值而增大,这一切均由政府承担。法兰西共和历三年花月16日,杜布瓦·德·柯昂思说:②"政府将价值4法郎的面包以3苏出售,巴黎的小麦日消耗量为8000担,仅此一项每年要花费12亿。"7个月后,面粉价格上涨到每袋1.3万法郎,上述开销增加到每月5.46亿。在旧制度时期,巴黎城虽然规模大,却非常有用;城市消耗大,但能生产更多;其产出能补偿并超出其消耗;每年,巴黎能向国库贡献7700万。新的社会制度将巴黎变为长在法兰西心脏的可怕毒瘤,这只贪婪的寄生虫以其60万爪牙,榨干了周围方圆40法里的地区,每月能消耗政府一年的收入,不论国库向其拨款多少,不论向其提供粮食的其他各省多么疲惫不堪,巴黎依旧贫瘠。

食品制度仍未改变,巴黎每个区都有人从黎明甚至凌晨开始排队,人们在黑暗中开始漫长的等待,却往往空手而归,暴力冲突和放荡的丑闻时有发生。热月9日,连续17个月来,等待必需品的人群每天一无所获,那天之后,这样的情况又持续了22个月,局势便演变得更加混乱。因为人们的恐惧和顺从慢慢减少,而粗暴与激烈与日俱

---

① 《法国国家档案》,法国档案局,II,68页。法兰西共和历三年雨月19日、风月5日、花月4日、花月24日决议。(作为例外,只有敦刻尔克区的6个啤酒厂仍为政府工作。)对于其他必需品也采取同样的措施,对核桃、油菜和其他油类作物进行清点,对牛脚和羊脚制作的油产品进行清点,对所有可产油的材料进行征用,下令运转榨油机,"行政机构负责监督肉商在售卖肉制品前已对其进行去油脂工作,并禁止其私自将油脂加工为蜡烛,或将油脂卖给肥皂制造商"等(法兰西共和历三年葡月28日)。"第七执行委员会派人集合800头牛以将其分配给木材商,用于将木材和煤从加工开采地运送到港口。政府一并分配了800对车轮和相应数量的马具,政府征用所需数量的车夫,后者像军用车队的车夫一样领工钱并受到监督。为保证牛的喂养,当地政府管理人员可优先使用必要的草场和牧场",等等。(法兰西共和历三年雨月10日决议。)

② 《箴言报》,24卷,397页。施密特,《巴黎全景图》(法兰西共和历四年霜月16日报告):"各省民众不能理解,为何自己处于饥荒,却要每月向巴黎提供5.46亿的面包。作为对革命各项福利有唯一优先权的城市,这样搞特殊的行为对民众精神带来了恶劣影响";梅斯纳,345页。

增;因为自由交易的物资变得越来越贵,而人们却越来越贫穷;因为救济的数量越来越少,而人们却越来越绝望;因为每个家庭已经消耗完自身的粮食储备,再也没有物资用于自救或是填补公共施舍的缺口。更糟的是,1794年到1795年的冬天非常冷①,塞纳河结了冰,人们在河面上行走,货船无法到达巴黎。为得到木柴,人们只得"砍伐布洛涅森林,万塞讷镇、韦里耶尔、圣克卢、默东和其他郊区城镇的树木"。"一捆木柴400法郎,一斗煤炭50苏,一小捆细柴20苏……有些难民当街将床锯开,用来煮食物和取火,防止自己被冻死"。当满是冰块的河上重新开始运输时,"装卸工人刚把流送的木材卸下船,便开始售卖,人们不得不在港口等待3晚,才能凭借号码领到木材"。"雨月3日,在卢维耶港起码有2000人",每人领到了一张卡片,凭此卡片可花15苏领到4根木柴,因此,人们互相拥挤、吵闹、制造混乱,蜂拥而入,"商户吓得逃跑,督察员差点丢掉性命",靠警局的特派员才得以保命,"民众自取木材"。第二天也发生了"凶残的抢夺",被派去维持秩序的宪兵和炮手"疯了似的冲向木柴,将其掠走"。请注意当天的温度为零下16摄氏度,同时在各面包店和肉店门前耐着严寒排起了一二百个队伍,这样的情况持续了一个多月:人们在晚上和凌晨排着长队等待五六小时,凛冽的北风将衣衫褴褛的他们手脚冻僵,言语已经无法描述难民们所承受的痛苦。

　　风月初,救济的配额压缩到了一磅半②。风月末,34.4万工人还可以领到一磅半面包,剩下的人则缩减为一磅;实际上,许多人只能领到半磅、1/4磅,甚至有人什么都领不到。芽月初,救国委员会发现

---

① 梅西耶,《大革命时期的巴黎》,第1卷,355~357页。施密特,《巴黎的形势》,第1卷,224页。(12月31日塞纳河结冰,1月23日气温为零下16摄氏度。)施密特,《巴黎全景图》(雨月2日、3日、4日治安报告)。

② 施密特,《巴黎的形势》,第1卷,228页起:2月25日,每人每天能领到救济的量缩减为1.5磅;3月17日,工人每天的份额为1.5磅,其他人为一磅;3月31日,最终缩减为1/4磅。出处同上,251页,关于今后的救济配额。狄福尔·德·舍维尔尼的《回忆录》手写本(1795年4月):德·舍维尔尼先生住到了旧卢浮宫附近的朋友塞代纳家,"我尽最大努力弄到粮食救助他们,他们说,如果没有我的接济,就算他们再富裕,也早就饿死了"。

商店已无存货,将每日救济配额缩减为 1/4 磅。因此,芽月 12 日,工人和妇女制造了大规模骚乱;国民公会被占领,后依靠军队将其解放,巴黎宣布戒严,重新夺权的政府下令缩减食物。此后①,每 5 天或 10 天发放 1/4 磅肉类,平均每天发放 4 盎司面包,偶尔为 5 盎司、6 盎司或 7 盎司,极少时候为 8 盎司,经常只有 3 盎司、两盎司、一盎司,半盎司,甚至什么都领不到;而黑色的"劣质"的面包质量越来越差,越来越难以下咽。富裕家庭的人们以土豆为食,但仅限于富裕阶层,因为芽月中旬,土豆涨到了每斗 15 法郎,月末为 20 法郎,获月末涨到了 45 法郎,督政府时期最初几个月变为 180 法郎,最后涨到了 224 法郎,其他物资也同样疯狂涨价。

自从废除最高定价,人们的痛苦不仅来自食物短缺,更来自物资的高额定价:商店有了库存,有钱人只需到店购买即可②,因此过去的有钱人、业主或是大财主只要付成捆的指券,拿出偷藏的金路易,变卖首饰、家当、家具、衣服等,就能买到食物;而新兴的富人、投机商、供货商、走运而又大手大脚的小偷等,他们花费 400 法郎,然后是 1000 法郎、3000 法郎,甚至 5000 法郎,就能在大饭店吃上一顿大餐,享用高档红酒和精致菜肴,粮食短缺对于他们不再是负担。如今,承受着难以忍耐的痛苦的,是那些职员、靠年金生活的人③、大批的工

---

① 施密特,《巴黎全景图》(法兰西共和历三年芽月 15 日、芽月 29 日、获月 28 日报告,法兰西共和历四年雾月 23 日、霜月 14 日报告)。出处同上(法兰西共和历三年芽月 15 日),每磅黄油 8 法郎,每磅鸡蛋 28 法郎。出处同上(获月 9 日),每磅面包 16 法郎;(获月 28 日),每磅黄油 14 法郎;(法兰西共和历四年雾月 29 日),一袋 325 磅的面粉要价 1.4 万法郎。

② 施密特,出处同上(法兰西共和历三年芽月 12 日报告):"饭店老板和糕点商的食品供应比以前更丰富"。狄福尔·德·舍维尔尼《回忆录》(手写版):"我的弟媳购买了 4 万里弗尔国债,不得不与两个女佣一起在花园种菜,从前的邮政总管德·里什堡先生,为了生计,不时变卖摆钟或衣柜"。"我的朋友说,那天为了招待我们,他变卖了一座摆钟"。施密特(法兰西共和历四年霜月 17 日报告):"一位交易所的熟客将一个金路易卖了 5000 法郎,他花了 1000 里弗尔吃饭,并高喊:'我吃饭花了 4 里弗尔 10 苏,这些指券真是美味! 我以前花 12 法郎也吃不到这么好的一顿饭'"。

③ 施密特(法兰西共和历四年霜月 9 日报告):"这些报告为我们描述了靠年金生活的人的悲惨遭遇,他们已经变卖家产,可以说即将身无分文,很快就弄不到任何吃的,只得等待被命运无情地夺去生命"。出处同上,霜月 2 日:"靠年金生活的人耗尽家财,还是买不起必需品,职员们也是同样的遭遇",而随着指券贬值,这些职员和靠年金生活的人每况愈下。这是 1795 年年末一个家庭的记账簿(《博马舍与其所处的时代》,德·洛梅尼先生著,第 2 卷,488 页。朱莉·德·博(转下页)

人、城市的平民、巴黎下层人民，他们挣扎度日，坚信雅各宾党的精神，他们参与革命是为了过上好日子，却陷入更加糟糕的境地，他们牧月1日发动起义，高喊着"我们要面包！维护1793年宪法"，强行冲进杜伊勒利宫，他们占领了最高权力机关国民公会，杀害了代表菲罗，宣布回归恐怖时代，然而他们受到了国民警卫队的镇压，被解除武装，最终被迫投降，他们只能承担自己的暴行、亲自建立的社会主义和经济制度带来的后果。

巴黎的工人因试图暴动推翻政权而沦为乞丐，又因他们使业主和资本家破产，所以个人无法提供给工人工作机会。工人又破坏了国库，而政府决定只在表面上给他们施舍。因此所有工人都挨饿，许多人死去，还有很多人自杀。芽月6日，在天文台区，分发救济时①，"41个人没领到面包，几位孕妇想要马上分娩，以杀死腹中的孩子，还有一些向别人索要刀子打算自杀"。芽月8日，"军火库区的治安特派

（接上页）马舍的信，1795年12月）："我亲爱的朋友，当你给我这4000法郎（指券）时，我的心剧烈地跳动。我想你能给我这一大笔钱，一定是疯了，我迅速把它们塞到了口袋里，为使你分心，我跟你说了些别的事情。回到家，在价格变得更高之前，我立刻买了木柴和食物回来！我让老女仆杜邦赶快各处奔走进行采购，当我看到不包括每月食物开销的4275法郎的账单时，我终于明白了：一车木柴，1460法郎；9磅8支装的蜡烛，每磅100法郎，900法郎；糖，4磅，每磅100法郎，400法郎；3升单价为40法郎的粮食，120法郎；7升单价为100法郎的油，700法郎；12根单价为5法郎的灯芯，60法郎；一斗半价格为每斗200法郎的土豆，300法郎；本月浆洗费用，215法郎；一磅香粉，70法郎；两盘司香脂（以前为3盎司），现单价为25法郎，50法郎；共计4275法郎，以及每月的食物开销，如您所知，100法郎的黄油与鸡蛋，25到30法郎的肉，以及所有其他相应的物品，507法郎；已经两天没有面包，两天内我们只找到一块，又增加了开销，两天内我只以45法郎每磅的价格买到了4磅面包，180法郎；总计5022法郎。如你所说，这份"盛大的"开支让我麻木地花费1.8万到2万法郎，我一想到这些，就想让制度什么的见鬼去吧；这2万法郎确实能兑换六七个金路易，而我的4000法郎（的膳宿费）却能给我带来160个金路易，这确实很不一样……两周来我花费的1万法郎令我感到极度恐惧和可怜，以至于我无法再用这样的方法计算我的收入；只3天时间，木柴价格就从4200法郎涨到了6500法郎，正如我先前写给你的，如此产生的意外开支使得木柴的价格上涨，最后每车价格变为7100法郎。现在，每周的蔬菜牛肉汤或是蔬菜肉块需要700到800法郎的预算，不包括黄油、牛肉和其他种种材料；浆洗的价格每天都在上涨，如今每月8000法郎的预算都不够"。博马舍夫人的信里提到，她的一位朋友到巴黎附近为她寻找一点面包，"那时面包比钻石还珍贵"。（1795年6月5日苏瓦斯写道："据说去布里亚尔镇能找到面粉，如果可行的话，我打算在那边找个可靠的人买些面粉，让他用马拉舟船给你们从布里亚尔运到巴黎……与此同时，我希望能找到些面包"。博马舍的一位朋友的来信："算上纸、笔、墨水、灯油的钱，这封信会花费你100法郎；为了省钱，我还是到你家里给你写吧"。

① 参照施密特，《巴黎全景图》，第2卷及第3卷（文中相关日期的治安报告）。

员说,许多人因为食物的问题病倒,已经掩埋了很多人……同一天,据说五六位市民因为没有食物也买不起食物,投到塞纳河里自杀"。芽月26日,"一些妇女说,因为饥饿和穷困,她们感到十分愤怒绝望,必然会做出一些坏事……国家之友区的一半人没有面包可吃……3个人在圣殿大道饿昏过去"。花月2日,"因为没有粮食,共和区的大半工人都离开了巴黎"。花月5日,"80位督察员中的18位都听说人民的耐心已经到了极点,再也无法多忍受一天"。花月14日,救济发放情况很差,只有1/4磅面包,2/3的人弃领。一位妇女因为看到丈夫过于狂热,而4个孩子已经两天没有面包可吃,一边敲自己的头一边十分绝望地向河边走去;然后她愤怒地重新站起,好像要投到水里去"。花月20日,所有人都叫喊说每天只有3盎司这么劣质的面包,谁都活不下去。母亲和孕妇们因虚弱而倒下"。

花月21日,"督察员们报告说街上有许多虚弱的人饿昏过去"。花月23日,"一位母亲因为没有东西给孩子吃,把他系在身上,一起投河。一位叫莫泰的市民,因为贫穷而绝望地自刎而死"。花月25日,"许多人因为实在无法维持生计,陷入彻底的绝望,筋疲力尽地倒下……格维利耶区发现了两个饿死的人……治安官员汇报了好几起市民死亡事件;一位是自刎,还有一位被发现死在自己的床上"。花月28日,"大量群众因缺少食物而虚弱地倒下,昨天发现一个男人饿死,而其他人也已断粮"。牧月24日,"督察员莱涅汇报说贫民们被迫到边界处成堆的垃圾里找食物"。获月1日①,"一位名叫皮卡德的先生上午10点晕倒在法律街上,到晚上7点才被人扶起,他被人用担架抬到了收容所"。获月11日,"太多的人投河,圣克卢地区用来打捞这些人的网已经明显不够"。获月19日,"在边界处发现一个快饿死的人"。获月27日"下午4点,一位叫作马塞兰的植物园工人饿晕在莫贝广场,并在人们为其实施抢救期间死

---

① 道邦,《1794年的巴黎》,562页,568页,572页。

亡"。昨天是攻占巴士底狱纪念日,"一位工人在兑换桥上说他已经一整天没吃东西了。另一人回答说,他一直没回家,因为没有食物带给家里快饿死的妻子和孩子"。差不多同一天,马莱·杜·潘的一位朋友写信告诉他:"我每天都能在街上看到饿死的群众,其他人,尤其是女人,只能以垃圾、腐烂的蔬菜茎秆、肉店里流出的血为食。工人们基本已经减少了工作时间,他们因为没有食物而筋疲力尽,没有足够的力气工作①"。

国民公会政府就此垮台,虽然其曾很好地维护人民的利益。根据政府自身的督察员的报告,人们反对政府,"各地饥肠辘辘的人们高喊着报仇,打倒公会,鸣响警钟②……人们思考着每天为了维持生计而做的种种牺牲,感到对于他们而言,只对死亡还抱有希望"。长久以来,靠武力镇压群众的国民公会,作为新的政府,能够减轻人民的苦难吗?③

雾月23日,"圣殿区与格维利耶区的多数工人因为没有食物而不能工作"。雾月24日,"因为缺少必需品,所有社会阶层的居民都拒绝工作"。雾月25日,格维利耶区的妇女们说她们已经把手里能卖的东西都卖了,安东尼区的另外一些妇女则表示,她们宁愿将这些物品放在炮筒里。雾月30日,"一位妇女愤怒地跑到面包店,要求杀死自己的孩子,因为她没有任何东西可给他们吃了"。霜月1日、2日、3日与4日,"很多区只在晚上配发面包,有些区选择凌晨1点,而且面

---

① 马莱·杜·潘,《与维也纳皇室的通信》,第1卷,254页(1795年7月18日)。
② 施密特,《巴黎全景图》(法兰西共和历三年果月3日报告)。
③ 施密特,出处同上,第2卷、第3卷(文中相关日期的治安报告)。华,《一位巴黎高等法院律师的回忆录》(逃亡至埃纳省库西乡下):"1795年爆发了一场恐怖的饥荒。气候异常并不是唯一的原因,相关责任者的无能和缺乏远见也是另外一个原因,因为当时政府下令囤粮。之前在全国各地建起的谷仓,一时之间成为饥荒时期的粮食供应源。被发回的潮湿小麦堆积在一起,缺乏空气,也无人照料,很快发霉腐坏。给人吃的面包甚至比不上动物的草料。物资的短缺导致价格疯涨,而另一方面,贪得无厌的农民也在哄抬物价。他们只想要金币,而人们手头只有指券。人们为免于饿死而拿给农民的银器、妇女的十字架和首饰等,他们都一一夺去"(203页)。出处同上,204页(华买到并带回一袋面粉的惊险之旅):"那时食物是最不受尊重的东西。从第二天起,人们开始抢夺。我们到下次收割之前都有存粮;但仍需要选择一些看起来最成熟的黑麦提前收割,晒在院子里铺的呢子布上"。

包品质非常差……昨天很多区没有发放面包……很多区已经两天没有发放面包"。霜月7日,督察员们宣称"很快收容所就会无力接纳成群的病人和可怜的人"。霜月14日,"一位正在喂奶的妇女饿晕在市场上"。几天前,"一位市民在穿过布尔-拉贝街的时候晕倒"。中央办公室的管理人员说,"所有的报告里面都充满了绝望的呐喊……"人民陷入恐慌,"我们觉得所有人都患了癔症,因为我们在街上经常遇到独自一人却指手画脚、高声讲话的人"。一位在1795年最后几个月住在巴黎的瑞士游客[1]写道:"我多次遇到饿昏的人,在边界上苦苦支撑,或是一摔倒在地,就再也没力气站起来"。一位记者说他曾目睹,"10分钟的光景,一条街上有7个人饿晕过去,一个吃奶的孩子死在母亲枯瘪的胸部,一位妇女和一条狗在下水道旁争抢骨头[2]"。梅斯纳再从酒店出来的时候都会把口袋里塞满面包。他说:"我看着人们接受这些以前连穷人都看不上的面包,而且有时是怀着巨大的感激。"据一些很有修养的人说:"那位跟狗抢食骨头的妇女以前是修女,无亲无故,到处遭到嫌弃。"梅斯纳说:"我在巴克街上遇到一位穿着体面的妇女,我不无震惊地听到她虚弱而低沉的声音,夹杂着羞耻与绝望,她拦住我并对我说:'啊,先生,请救救我吧!我不是难民;我是个有才华的人,可能您的客厅里还有我的作品。但我两天没吃东西了,我快饿疯了。'"

1796年6月,督察员们报告说:"人们绝望忧愁到了极点,只能听到一种呼声:不幸啊……我们的报告中充斥着抱怨与呻吟……

---

[1] 梅斯纳,《巴黎之旅》,132页。出处同上,104页:"这面包是用粗糙的糊状的黑色面粉做的,因为人们在里面掺了土豆、蚕豆、玉米和小米,而且烤不熟"。各哈尼·德·卡沙纳克,《督政府历史》,第1卷,51页(奥多先生写给作者的信):"可能有几天能领到3/4磅面包,但是有时候是1/2磅、1/4磅,但大多数是两盎司。那时我还是个12岁的孩子,凌晨4点就去老戏剧院街上排队,等着派发两盎司的面包。这面包极软,里面有1/4麦麸、1/4多余的水分。我们有4个人,我就带回8盎司面包,这是一整天的粮食"。各省也是同样的光景。(《法国国家档案》,法国档案局,II,72页,格勒诺布尔省议会的信,法兰西共和历六年葡月报告。)在乡下没有房产的人面临困境,因为城里已经没有粮食供应。"人们的苦难到了极点,绝望刻印在每个人的脸上"。

[2] 道邦,586页。

每个人脸上只能看到苍白与痛苦……每天都是更加痛苦和悲惨的景象。"有好几次①，这些督察员将他们零散的汇集成总的报告："有种阴郁的平静，每个人脸上都是深深的苦难，民众普遍对政府有明显的恨意，随着他们之间相互的交流而不断加深，对所有构成当前权力机关的组成部分都十分不屑。那些在自家谷仓饿死、冻死的靠年金生活的不幸者，他们承受了过多巨大的、侮辱性的苦难，他们没有勇气再拖着身子去国库领食物，再维持几天自己的生命；正直的父亲们定下家中每天需要变卖的一样家产以贴补微薄的工资，因为只靠这些工资，连半磅面包也搞不到；各种物资的价格以每小时60倍的速度疯涨；商业的基本单位（销售者们）靠指券的破产得以维持；各个政党的阴谋家们互相推翻以谋取职位；军人沉醉于他们之前和现在所拥有的权力，无耻地醉心于荒淫无度的生活；商铺变为匪窝；厚颜无耻的贪婪和极度的自私。这就是巴黎的图像②"。

图像中还缺少一组人，这组人就是主宰这场灾难的领导者，他们应该在图画的最上部。某位热衷表现对比、有强烈逻辑性的大画家，似乎是特意画了他们，构图时有意用其无形的手不断描绘出人的面孔，用一种凄惨的讽刺突出这场荒诞的闹剧和死亡的悲剧，并将其结合起来。

---

① 施密特，《巴黎全景图》（法兰西共和历四年雾月24日与霜月13日报告）。
② 巴黎和各省的灾难在此时期之后持续发生。请参照，施密特《巴黎全景图》，第3卷。菲利克斯·罗坎，《雾月18日的法国政府》（富克鲁瓦报告，法兰西共和历九年雪月5日）。运送小麦的车队只能到达布列斯特，因为英国人封锁了海面，而陆路难以通行。"我们确定，从很久之前，布列斯特的救济就已缩减为一半，甚至1/4"。

有多少人在这场灾难中死去?极有可能超过百万[1]。请试着看一

---

[1] 对此很难获得准确数字,连近似数也没有,但是以下指数足以说明本观点:

1.我对比了许多地方在大革命时期和旧制度时期的死亡率,发现各地都是前者高于后者,包括没有受到内战影响的国内地区,而大革命时期死亡率的增长速度很快,尤其是法兰西共和历二年、三年和四年。特鲁瓦人口数量为25282(1790年),1786年、1787年、1788年、1789年及1792年(1790年与1791年的数据丢失)的年平均死亡人数为991人,即39‰;法兰西共和历二年、三年和四年,年平均死亡人数为1166人,即46‰;因此年增长量为7‰,接近原数值的1/5。(根据阿尔伯特·巴布先生提供的文件。)兰斯市1780年到1789年的年平均死亡人数为1350,而人口数为32597(1790年),因此死亡率为每年41‰。法兰西共和历二年,1836人死亡,因此这两年的年平均死亡率为64‰,每年增加23‰,超过原来的一半。(数据由加达先生提供,兰斯市档案。)利摩日市1789年的人口数为2万,年平均死亡人数为825,即41‰。从1792年1月到1794年9月,共有3449人死亡,即平均每年63‰,增加22‰,超过原来的一半,而且死亡的大部分为穷人,因为从1793年1月17日到1794年9月22日死亡的2073人中,有超过半数,即1100人,死在了医院。(路易·吉贝尔,《利摩日堂区旧录》,40页,45页,47页)。普瓦捷市在法兰西共和历九年人口为18223,而近10年来的平均死亡人数为每年724例。然而在法兰西共和历二年,死亡人数为2094例,法兰西共和历三年,2032例,大部分在教堂;如此,即使与大革命期间10年的平均死亡率相比,法兰西共和历二年和三年的死亡率也达到了其3倍。卢丹市也是同样情况,平均死亡人数为151例,而法兰西共和历二年的死亡人数增长至425。沙泰勒罗市的此项数字不是3倍,而是2倍。(维埃纳省档案,由省长科雄提供,法兰西共和历九年)。尼奥尔市人口为1.1万,而1793年之前10年内的年平均死亡人数为423例,即38‰。法兰西共和历二年,死亡人数为1872例,即170‰,死亡率增加了4倍;法兰西共和历三年,死亡人数为1122例,即102‰,死亡率基本为之前的3倍。(德塞夫勒省档案,省长杜班提供,卷宗2,法兰西共和历九年。)在斯特拉斯堡《史料合集》,第I卷,32页,市政公告),"去年(法兰西共和历二年)的死亡人数是之前所有年份死亡人数的两倍"。根据以上提供的数字与数据,可以推断,在法兰西共和历二年、三年期间,以及法兰西共和历四年上半年,年死亡率增幅超过50%。然而,根据莫欧与内克的统计(皮伽特,《法兰西基本档案》,1805年,239页),法国的年平均死亡率为1/30,对于2600万人口来说,死亡人数为866666例。而死亡率在两年半的时间内增加了50%以上,因此增加了108万例死亡人数。

2.在整个督政府时期,灾难持续发生,而死亡率居高不下,尤其针对老弱病残人群,因为政府征收了医院的物资,而公共救援基本无用。比如,在里昂市,"法兰西共和历二年、三年、四年以及五年的一段时间内,收容所不再提供救助,无法给当时收容的儿童提供食物或哺乳,因此死去的儿童数量惊人"。(罗讷省档案,由省长韦尔尼克提供,法兰西共和历十年。)在内克执政期间,法国大概有800间收容所、医院及慈善机构,收治人数为10万或11万。(皮伽特,出处同上,256页。)但由于缺少食物与治疗,这些人大批死去,尤其是弃婴的死亡数量剧增:1790年,死亡人数不到2.3万例;法兰西共和历十年,超过6.3万例(皮伽特,260页),"这是一场浩劫",报告中如此记述;埃纳省的死亡人数不是400,而是1097;洛特-加龙省的此项数据为1500(埃纳省、热尔省、洛特-加龙省档案),这些儿童生下来就是为了死去。几个月后,厄尔省的儿童死亡率为6/7,里昂市为792/820(厄尔省、罗讷省档案);在马赛,此数字为600/61;在土伦,为101/104;平均为19/20(罗坎,《雾月18日的法国政府》,33页,南特的弗朗赛伯爵)。在特鲁瓦,法兰西共和历四年登记人数为164,死亡人数为134;法兰西共和历七年登记人数为147,死亡人数为136(阿尔伯特·巴布,第2卷,452页)。在巴黎,法兰西共和历四年,儿童登记人数为3122,死亡人数2907(《箴言报》,法兰西共和历五年,231期),患病者也同样大批死去。在土伦,80个病人每人只能领到9磅肉,南特的弗朗赛伯爵记录:"我在市民收容所看到一位刚接受膀胱切开取食术的妇女只拿到一盘蚕豆作为食物"(罗坎,出处同上,第3页及多处,尤其是波尔多、卡昂、阿朗松、圣洛等市的记录),乞讨的人更是不计其数;法兰西共和历九年,各省乞讨人数为3000或4000,法国境内共有约30万;(转下页)

眼在这2600万平方法里的国土上发生的奇异景象。看看城里乡下无数挨饿的人，3年来每座城市里排队的妇女，以及这座有2万人口的城市，3个月间，有1/20的人在医院死去。看看每间救助站门口成群排队的人，成队进入救助站的担架，还有成队抬出的棺材；没有物资、严重超员的收容所，再也无法养活成群的孤儿，这些孩子食不果腹，刚生下来没多久就面黄肌瘦，脸上没有血色，"像老人的脸一样皱皱巴巴"。看看饥饿带来的疾病如何加重了其他的疾病，看看顽强的生命因为在痛苦中苦苦坚持、不愿放弃而受到的长期煎熬，看看在破陋的房子里、在沟渠里终结的生命。

接下来再对比看看得以存续并发展壮大的雅各宾党人们，他们懂得如何得到好的位置，并不惜一切代价将其抓牢。

早晨快10点的时候，救国委员会的主席①康巴塞雷斯走进客厅的平等之旗下——这位谨慎而敏锐的胖男人，后来成为帝国的司法部长，以其对美食的创造和其他颠覆传统的独特鉴赏力而闻名。刚一入座，康巴塞雷斯就在壁炉里放上一大份蔬菜牛肉浓汤，并在桌上摆了一些"好酒、上等白面包，而这几样东西，据一位宾客称，都是在巴黎极为稀缺的"。从正午到下午2点，委员会的同僚们接连到这里喝点汤、吃片牛肉、喝口酒，然后回到各自办公室，找到自己的小圈子，安排点这个，出售点那个，做些自己的工作。在国民公会的最后时期，再也没有公共事务，只有私人利益、个人利益。

（接上页）"毫不夸张地说，在布列塔尼大区的4个省，有1/3的人口依靠其余2/3生存，或是通过偷盗，或是通过强迫性施舍"（罗坎，巴尔贝-马布瓦报告，93页）。

3.法兰西共和历九年，政府询问各省议会自从1789年后人口增长还是下降（法兰西共和历九年各省议会报告分析），共收到58个省份的回复，其中有37省人数下降，12个省份人数增长，9个省份保持稳定，在人数稳定和增长的21个省份中，有13个省份将其保持稳定或增长的原因归结于为逃避服兵役的早婚，以及数量巨大的私生子。因此保持人口数量不下降的不是现有生命的维持，而是新生命代替老生命的更迭。尽管如此，波尔多市的人口减少1/10，兰斯减少1/8，波城减少1/7，尚贝里减少1/4，雷恩减少1/3；而对于一些经历了内战的省份，阿让通夏托市人口减少2/3，布雷叙尔市人口数量从3000减至630人，在被包围后，里昂城人口数量从13万减少至8万。（各省议会报告分析，各省长报告。）

① 拉·雷威利尔·德·雷波，《回忆录》，第1卷，248页。（作者为委员会成员，并为见证人。）

上马恩省的鲁,是管理必需品的议员、还俗的本笃会修士,从前主张恐怖政策,后受到富歇的保护和重用,并与其一同受警察追捕,鲁抵制每天到杜伊勒利宫排队乞讨面包的妇女。鲁身材宽大,双颊圆润,为人华而不实,有着不知疲劳的肺,选他做这个职务真是选对了人。他的办公室位置选得很成功,坐落在杜伊勒利宫最高处,下面是一条又窄又陡的楼梯,妇女们自下而上排着队,她们被挤在两堵墙之间,挤得满满当当,队伍不断延长,变得一动也不能动。除了排在前面的两三个妇女,没人能自由地开口讲话或闭口不言,而鲁可以口无遮拦,滔滔不绝。有一天,他的长篇大论一直从上午9点讲到晚上5点,从楼梯顶端传到了楼底。在他口若悬河之际,人们感到十分厌烦,最后纷纷散去。

晚上9点或10点,救国委员会召集会议,但并不是为了商议大事。拉·雷威利尔和多努讲了些空话,每个人都太自私、太疲倦了。大家让康巴塞雷斯畅所欲言,他更喜欢保持沉默,不愿再指挥一切,但有两件必需品是他冒着死罪也要提供的。他以悲哀的口气说:"我们在晚上印第二天必需的指券是不够的。如果再这样继续下去,我肯定,我们很有可能被吊死在路灯杆上……去乌里·埃洛伊的办公室告诉他,既然他负责财政事务,那么就请求他再支援我们十几天的物资;即将建立督政府,所有人应尽其所能。那么基本物资应怎么处理?明天我们还能有什么呢?咳!咳!对此我一无所知;但我会派人找我们的同事,鲁,他会告诉我们。"然后鲁先生走了进来,他是能言善辩的官方发言人,是像驯服狗一样驯服饥肠辘辘的人民的大腹便便、爱嘲讽人的驯兽师。"唉,鲁,关于巴黎的必需品供应,我们该何去何从?""公民主席先生,我们还有丰富的库存;应保持每人每天分配两盎司面包,至少针对巴黎大部分的区。""见鬼去吧!你说的富裕等于砍我们的头。"接着是沉默;与会者很可能预料到了这样的结局。然后其中一个人说:"主席先生,你在酒吧台为我们准备食物了吗?每天辛苦工作后,我们也需要恢复体力。""当然,那里有上好的牛腰肉,有大菱鲆,有大块甜点,以及其他东西。"人们又高兴地吃起东西,喝起香槟来,互相说了许多好话。大概半夜11点,其他委员会的成员来到,人们放心地签署他们的决议,连读也不读;现在轮到这些成员坐在桌前,这些"教皇选举会"成员忙着填饱自己"至高无上"的肚子,完全记不得上百万饥肠辘辘的人民。

第九章　革命政府的终结

Ⅰ. 热月9日政变后的国民公会—与主张恐怖政策者的对抗—国民公会议员引起全面反感—失势后的危机。Ⅱ. 关于重新选举2/3议员的法令—为数不多的投票者—妨碍选民对法令投票的手段—计票过程的舞弊行为—以武力维护法令—招募铁腕人物—使用军队与炮兵部队—葡月13日（保王党起义）。Ⅲ. 弑君者选定的督政府—在同一阵线人员中挑选政府官员—反对雅各宾党的主要人物被剥夺公民权利—释放主张恐怖政策者，恢复其公民权利—布卢瓦市扩大并成立新的行政人员的案例。Ⅳ. 舆论的抵制—法兰西共和历四年巴黎与各省举行选举—督政府受到极端雅各宾分子威胁—雅各宾党被迫缓和统治。Ⅴ.法兰西共和历五年选举—当选者的身份与看法—立法团新的多数党；立法团的政策与纲领—少数派雅各宾党人的危机与忧虑—温和派的犹豫、不和、顾虑与软弱—雅各宾派的果断、鲁莽、强势和手段—果月18日政变。Ⅵ.督政府的独裁统治—督政府新的特权—立法团的肃清运动—行政当局与司法当局的肃清运动—各省的军事委员会—禁办报纸—仅雅各宾党人拥有投票权—督政府的专断—恐怖时代的更迭—以流放取代砍头—被放逐者到达圭亚那、雷岛、奥莱龙岛路途上的遭遇—雅各宾党封建主义的复辟。Ⅶ. 恐怖时代法律的实施与加重—镇压公民宗教信仰的措施—逮捕、流放和处死教士—驱逐所有反对雅各宾党人士的方案—宣布未流亡国外的贵族或有爵位者失去本国国籍—反对流亡者的法令—反对幸存业主的措施—破产、义务公债、关于人质的法律。Ⅷ.对别国传道与征战的政策—和平的即将到来与益处—果月政变者与英国的谈判破裂、侵略邻国的动机—果月政变者如何建立新的共和政体—政变者如何管理建立起来的政体—对国外进行掠夺的数量做出估价—战争期间死亡的法国人数量。Ⅸ.国民不认可新制度—国民政府瘫痪—雅各宾派内部不和—法兰西共和历六年花月22日政变—法兰西共和历七年牧月30日政变—无法建立可运行的政府—巴勒斯与西耶斯的计划。Ⅹ.团体与派别的反社会性—平民与军队的对比—对机构、习俗、军队观念进行改组的要素—法兰西共和历八年雾月18日建立起的制度的特征。

Ⅰ

然而心满意足的统治者们也有自己的担忧,而且他们刚刚发现这担忧并不是小事:他们需要保住自己的地位,保住自己的命,从今以后他们要做的就只有这些。

热月9日前,如果雅各宾党人选择视而不见,那还可以继续坚信其政党的信条①,除非像苏布蓝内、罗姆或古戎一样先天失明,除非像固执的伊斯兰教苦行僧一样狂热,国民公会里没有人再相信社会契约,相信提倡平均而专制的社会主义,相信恐怖时代的功绩,或是相信笃信者提倡的天赋人权。为免笃信者丧命,只有将最虔诚的罗伯斯庇尔和圣-茹斯特、库东送上断头台,将党派最大的教士送上断头台。那天,山岳派成员不仅放弃了他们的精神导师,也放弃了他们的纲领,如此一来国民公会再没有可依靠的领导人或纲领;实际上,在处死罗伯斯庇尔和及其正派的党羽之前,国民公会已经处死了他们认为属于异党的吉伦特党人、艾贝尔和丹东。如今"受欢迎的偶像与政治骗子已不可挽回地消失了"②。在血迹斑斑的圣殿里,在空空荡荡的庙宇前,人们总是吟诵一贯的信条,高声唱诵往常的赞美诗,但人

---

① 高登,加埃特公爵,《回忆录》,第1卷,28页。热月9日晚,国库特派员高登遇到本区革命委员会主席,后者是一位出色的雅各宾党人,他向高登说:"哎!这是怎么了?亡命徒罗伯斯庇尔?这么可能?他们到底想如何?之前的一切可是都顺利进行哪!"("高登后补充说基本每天有五六十人掉脑袋"。)"我回答他说还想怎么样呢?有些人总是不满意"。

② 马莱·杜·潘,《回忆录》,第2卷,116页(1795年1月8日的信)。出处同上,《与维也纳皇室的通信》,第1卷,23页,25页,32页,34页(1795年1月8日,关于组成国民公会的4个政党。)

们已经失去信仰,能进行革命弥撒唱诵的也只剩下企图变成大祭司的四品修士、以前的辅祭、持后裙者或低级教士,总之是在杀害主人后夺取权杖和主教冠的教堂里的侍从。

逐月以来,在舆论压力下,他们放弃了曾主持的祭祀。事实上,这些意识扭曲而麻痹的人不会承认他们支持已久的雅各宾派其实就是偷盗与谋杀的政党。热月之前,空洞的官方词句以其教条的吼声[①]掩盖了对鲜活真理的呐喊,国民公会的每个圣器保管员和世俗执事幽闭在自己的小团体里,只会清晰地想起他们曾亲手参与的活人祭献。热月之后,死去民众的亲人与朋友、不计其数的受压迫者开口讲话,他们不得不全面而细致地审视自己通过赞同或投票而或多或少亲手造成的罪行。例如,墨西哥城的维齐洛波的住持教士,在其寺庙地下室的60万头骨堆中散步。在法兰西共和历三年期间,借助新闻界的自由和公开大讨论,真相被接连揭露。首先是132个南特人被拖着从南特走去巴黎的悲惨故事,以及他们亡命之旅的细节,人们为其中94名幸存者的无罪释放而激动不已。然后是对那些著名的屠杀制造者的诉讼,对卡里埃及南特革命委员会的起诉,对弗奇尔·提维勒和巴黎革命法院的起诉,对约瑟夫·勒邦的起诉。在连续进行的三四十场会议上,提交的上百份经证实的详尽证言最终形成了完美的证据。而在国民公会的旁听席上又提交了多份新的证据,其中有新任命的代表的信,各城市对其已下台的暴君的揭发,对马奈、达尔提古艾特、皮欧舍费尔·伯纳德、勒瓦瑟、克拉索斯、加欧格、莱基尼奥、勒菲奥特、皮奥里、匹耐、莫内斯捷、富歇、拉普朗诗、勒·卡尔邦提耶及其他人的揭发;包括负责调查旧独裁者行为的委员会的报告,有科洛·德·艾尔布瓦、俾约-瓦伦、巴雷尔、阿玛尔、午朗德、瓦迪尔和大卫;包括负责调查已废除制度的某一部门的代表报告,例如,格

[①] 马尔沙勒·马尔蒙,《回忆录》,第1卷,120页(杜高米埃尔将军关于占领土伦的报告):"这个难忍的日子为腐坏局部意志的普遍意愿报仇,是这普遍意愿引起的狂热带来了这些最恶劣的结果"。

列高利关于革命期间破坏文物的报告，康邦关于革命期间征税的报告，库图瓦关于罗伯斯庇尔的文件的报告。所有这些星星之火形成燎原之势，使得人们不得不正视这件事。

如今显而易见的是，法国在过去的14个月期间遭到一群恶人①的洗劫。如果要为那些曾经最正派、最显贵的人辩解，我们只能说他们生性愚钝但后来变得疯狂。随着证据不断增加，国民公会中的大多数成员都无法逃脱干系，而山岳派成员令国民公会感到厌恶，尤其是后者对前者有些积怨：73位被捕者和16位被流放者重新获得席位，长期以来在威胁之下保持沉默的400位议员回忆起曾经遭受的压迫而站起来反抗种种恶行和委员会的旧成员。

关于这点，山岳派按照惯例在法兰西共和历三年芽月和牧月的骚乱事件中发动并支持其普通的拥护者、挨饿的平民和下层雅各宾党人，并宣布实施对恐怖时期的复辟，国民公会又一次感到岌岌可危。在年轻人和国民护卫队的拯救下，国民公会由于太恐惧而不得不鼓起勇气，对主张恐怖政策者实行恐怖统治。圣·安东尼区被解除武装，1万多雅各宾党人被捕，60多个山岳派党人遭到起诉，宣布流放科洛·德·艾尔布瓦、巴雷尔、俾约－瓦伦和瓦迪尔；旧委员会的9名成员被捕入狱；最后几位真正的狂热分子，如罗姆、古戎、苏布蓝内、迪凯努瓦、布尔波特和杜卢瓦被判死刑，判决宣布后，他们其中的5人在法院楼梯上以匕首自尽，其中两名伤者被带至断头台，与第6位一

---

① 当时印刷的大量文件足以表现地方统治者的品行。安省的主要人物有"曾将马拉的头放在自己商店的安塞姆；在5月31日前以其工场为生的木工杜克洛，此人后来成了一位靠财产租金为生的大人物，他购买了国有地产，拥有名丝名马和大量指券；成衣店主莱芒，先前负债，后突然大肆购买旧制度时期的奢侈家具以装饰其公寓，他拥有许多价值100皮斯托尔的床；到处查封物产的市长阿尔班，他从前做锁匠维持家庭和孩子的生计，后来突然放弃锁匠的工作，摆脱之前的困苦状态变得十分显赫，他需要各种钻石和首饰，他总是有许多新衣服、荷兰亚麻细布衬衫、平纹料子领带、丝质长袜……当人们撕下被拘押或被砍头的人家门上的封条时，发现里面基本没有东西。阿尔班因为被举报向一名妇女家要400里弗尔用于关照其丈夫而被逮捕……这就是安省的爱国者，其中一位叫罗列特的人令乡下的群众十分恐慌，而纷纷从其周围逃走，他曾将两位农民绑在车上，赶着他们驱车走了很远……另一位夏尔科在大革命前就曾当街行凶并被驱逐3年"。(法国国家图书馆，Lb，41，1318号：《针对安省污蔑对应的真相》，胡克斯的信，法兰西共和历三年葡月。)

同被处决；另外两位同样刚强的山岳派党人，鲁尔和摩尔在宣判前自杀[①]。此后成员们认为被清洗过的国民公会变得纯净；最后的严厉抵偿了以往的松懈，在其倾倒的罪恶血液中，国民公会用所倾倒的纯洁血液为自己清洗。

不幸的是，在宣判主张恐怖政策者有罪的同时，国民公会也宣判了自己有罪，原因在于是它授权并批准了这些人的罪行。许多革命政府的成员、真正的主张恐怖政策者，比如，瓦兹省的布尔东、戴尔马、本塔博尔、勒贝尔，仍在国民议会或委员会占据席位，有些还担任小领导集团的主席或首脑职位。此外还有九月公社的主席，例如马里-约瑟夫·谢尼埃；5月31日事件的策划人，比如勒让德；使法国出现60万反革命嫌疑分子的始作俑者，如梅尔兰·德·杜埃；最粗暴、最残忍、最爱偷盗、最厚颜无耻的各省刽子手，如安德烈·迪蒙、费雷隆、塔利安、巴勒斯等。国民公会"内部"的400位沉默议员，在罗伯斯庇尔的领导下，自己也变成了告发者，投票者，捧场者，反对宗教、物产、个人的最恶劣的法令施动者。73位被捕者和16位被流放者在其被捕或被流放之前就奠定了恐怖时代的所有基础。除了10到12人弃权，国民公会一致通过对法律提起诉讼并宣布其有罪，以吉伦特党人为首的大多数公会议员投票同意废除法律。

大厅里的并不是50位值得尊敬的人，他们的品质并不能保持他们的良心，他们并不像朗热内伯爵一样，有权抬起高昂的头[②]。在任何一部法令中，无论是好的法令还是坏的法令，这700个议员从未把他

[①] 法兰西共和历三年芽月12日法令：科洛、巴雷尔、俾约-瓦伦和瓦迪尔将被流放，8名山岳派党人将被关押。芽月14日法令：对9名其他山岳派党人采取同样的措施。芽月29日法令：对马瑞邦-蒙托采取同样措施。牧月6日法令：29名山岳派党人将遭到起诉。牧月8日法令：6名山岳派党人遭到逮捕。牧月9日法令：9名旧委员会成员遭到逮捕。从法兰西共和历三年牧月10日到热月22日，共有6名山岳派党人被处以死刑，一名遭到流放，20名被逮捕。

[②] 巴尔贝-马布瓦，《回忆录》，前言，Ⅷ："共有大概50人，他们从前都是正直有教养的人，但历史上从未出现过这样一个最高权力议会，集各种弊端、卑劣和无知于一身"。比舍和胡克斯，37，第7页。勒让德发言，法兰西共和历三年热月17日："我们认为在议会中最多只有20位正直的人"。出处同上，27页（勒佩勒捷地区决议，法兰西共和历四年葡月10日）："可以确定的是，当今统治者的无能与掠夺，要为我们深陷饥荒和其带来的各种恶果负责"。

们同胞的利益视为首要目标，而是将个人利益摆在第一位。只要山岳派和平民的恶劣行径仅触及大众的利益，这些议员就会支持、赞扬和实施这些行为，而这些人最终选择反抗山岳派和平民，也只是为了在最后时刻拯救自己的性命。在热月9日之前与之后，在牧月1日之前与之后，对于懦弱的压迫者与被动的解放者来说，无耻与自私是他们行为最大的动力。这就是为何"民众将蔑视与憎恶大把大把地向他们发泄①，只有雅各宾党人才最可憎"。人们之所以继续支持这些不忠的议员，那是因为想要尽快把他们赶走。

当过早宣布将要解散国民公会的消息时②，路人在街上相互攀谈并高喊："我们终于废除了这些议员；这些强盗快滚吧！……人们欢呼雀跃，仿佛无法抑制自己的满足。人们谈论的话题只有幼小的君主（被囚禁在丹普尔宫的路易十七）和选举，所有人都同意驱逐现任议员们……人们如今很少谈论每个人的罪行，谈论更多的则是聚集的无意义，而以前使用的无赖、恶棍等修饰语，也被腐败、陈旧、腐朽等词替代"。

在巴黎也是如此，在公会统治的最后几个月，议员们甚至不敢公开露面。"他们穿着最脏最破的衣服③，如此一来，带有金色流苏的三色肩带让他们更为显眼，他们努力避开群众，尽管如此低调，他们还是免不了受到侮辱，更多的则是受到路人的咒骂"。而对于各省的议员来说，情况更糟：他们的生命受到威胁，他们觉得最少会被推到河里。"除了20多个人以外"，这些人无法进入新的立法团，便使用手段在巴黎谋得一席之地，成为"政府的信使、各办公室的雇员或是政府部门的接待员"，因为找不到别的工作，就连"大厅清扫工"他们也欣然接受。所有这些避难所对于他们对抗公众的指责都是有用的，这些指责不断增加，并已经将他们淹没。

---

① 马莱·杜·潘，《与维也纳皇室的通信》，第1卷，211页（1795年5月27日）。
② 《1792年至1795年旅居法国》，267页，271页（亚眠，1795年3月13日及4月12日）。
③ 梅斯纳，《巴黎之旅》，123页，351页（作者于1795年9月22日抵达巴黎）。

II

除了最高权力外,无法寻求别的庇护,除了专断、背信弃义和暴力手段外,没有别的办法可维护统治。在议员们制定的宪法中,他们仍然希望成为法兰西的最高统治者,因此他们首先规定,不管愿不愿意,国家要在他们之中选择2/3的人成为新代表[1],为使国家做出对的决定,应谨慎地向其施加选择。老实说,对于剥夺政府选择其2/3议员的特殊法令,人们假装征求国家意愿,但正如1792年和1793年一样,是议员们替国家做出了决定[2]。

首先,大家觉得有一多半选民会弃权。事实上,长久以来,因为实践经历,人们早已对全民公投的闹剧感到厌烦,而且持续的恐怖时代压抑了他们对公共利益的想法[3],每个人只考虑自身的利益。热月以来,很难在城镇和乡下找到市长、政府官员,甚至一等或二等选民,人们早已明白行使公民权利是无用而危险的,他们早已放弃公共职能。一位外国人在穿越法国,从布雷斯地区布尔格走到巴黎之后[4]写下:"我无数次询问:'公民们,你们这一区的初级议会运行如何?'10次有9次得到这样的回答:'身为公民,我又能做什么呢?真是!要表达自己的意愿真是太困难了,那么您还想要什么呢?我们人数太少;正直的人们都待在家里'。"实际上,60万选民中,至少50万人没有响应号召[5],政府一点也不担心他们的选票,因为他们是不会

---

[1] 法兰西共和历三年果月5日及13日法令。

[2] 马莱·杜·潘,《与维也纳皇室的通信》,第1卷,292页(1795年8月30日)。《箴言报》,25卷,518页,551页(果月3日会议)。十一人救国委员会最初的方案,是令国民公会自行选定这2/3的代表。马莱·杜·潘说:"反对者利用民众的呼声推翻这一吉伦特派阴谋集团"。果月3日,卢韦为支持委员会的最初方案3次登上主席台,他说:"唉!还能有什么选举委员会比你们自己更好呢?你们所有人都十分了解彼此。"卢韦又加上一句意味深长的话:"军队也会投票同意新的宪法,我对他们的选择有信心。"

[3] 《箴言报》,22卷,22页(蓝德的报告,法兰西共和历二年第4个无套裤汉日):如今每个人都专注于自己的家庭,一心计算家庭收入。

[4] 梅斯纳,58页。

[5] 法兰西共和历三年果月5日法令:"所有参与近期初级议会投票的法国人都会按照宪法规定被纳入议会"。《法国国家档案》,A,Ⅱ,B,638页[关于共和三年宪法投票和果月5日及(转下页)

投票的。

其次，政府早已采取预防措施，使打算对宪法进行投票的人失去对其他两项法令进行投票的想法。宪法和两项法令中没有一条要求公民进行投票，他们只隐约提到一点，那就是在一封出台很晚的请愿书中的一个疑问句①。此外，在拿到从巴黎寄来的印刷单页上，人们发现只有三栏，一栏用于标记接受宪法的人数，一栏用于标记否决宪法的人数，第三栏用来标注可能有的"意见"。没有明确的栏目用于标记接受或否决两项法令的具体人数。在这方面，不识字的选民或被草草通知的选民可能会以为他们被召集在一起是为了对宪法投票，而不是为两项法令投票。这样的情况尤其发生在较远的省份和农村的委员会。此外，更靠近巴黎的地方或是一些城市里的议会明白，即使国民公会向其咨询意见，也不过是走走过场；即使给出否定的答案也无济于事，甚至可能招来危险，因此还不如选择沉默。因此，人们一提起两项法令，这些极其谨慎的议会就要求对会议日程"一致通过"②。因此造成每5个对宪法进行投票的初级议会中，只有一个同时对两项法令进行表决③。这就是政府为了采集民意而使用的合法手

（接上页）13日法令的政体摘要，依国民公会命令印制，法兰西共和历四年葡月]，对宪法进行投票的人数为1107368。

① 《箴言报》，25卷，637页（拉·雷威利尔·德·雷波以十一人救国委员会的名义向法国人民发出的请愿书，附于果月13日法令后）："希望大家停止质疑本次行动的合法性！唯一合法的是可以救国的。此外，如果国家初级议会中的大多数支持，谁又敢说人民在表达意愿的同时会放弃他们的权利？"关于各省选举的细节与状况，请参照索泽，VII卷，653～667页。

② 《法国国家档案》，A，II，B，688页（下塞纳省初级议会记录，迪耶普，自由区，果月20日会议）。44名投票者以唱名表决的方式一致通过宪法，"在提名选民之前，已阅读有关重新选举2/3国民公会议员方式的法律，主席已询问是否有人对此法律有异议，大会每项进程均阅读会议议程"。任命选民后，议会马上开始筹备。请注意负责汇总会议记录的官员在空白处写道："44位选民一致通过新的宪法，'以及果月5日及13日法令'"。很明显此名官员已收到关于两项法令的指示，虚报接受法令的人数，因此造成国民公会提供数字的真实性值得怀疑。

③ 《法国国家档案》，A，II，B，638页，总摘要。我记录下按字母顺序排列在前22个的法国省份的初级议会数量，因此涉及全国1/4的地区，也就可以按比例推出全国的情况。在这22个省份中有1570个初级议会对宪法进行了投票，而328个仅对两项法令进行了投票。一些数据如下：北海滨省初级议会数量为84个，只有一个对两项法令进行投票并通过。罗讷河口省初级议会数量为90个，共有4个对两项法令进行投票，其中两个通过，两个否决。奥德省初级议会数量为83个，共有4个对两项法令进行投票，其中3个通过，一个否决。阿列日省初级议会数量为59个，共有两个对两项法令进行投票。下阿尔卑斯省初级议会数量为48个，共有两个对两项法令进行投票。（转下页）

段。政府表面上支持人民讲话,实际上却想方设法令其保持沉默。

最后一种方法,也是最精明的方法就是,如果某个初级议会反应强烈,则会被无视。巴黎大区的选民比各省的选民更有教养更聪明,在已知的18个省,甚至其他省份中,所有对两项法令进行投票的省都投了反对票,甚至有些地方记录为"一致"否定,但会议记录上遗漏了投"反对"票的人数。在所有反对两项法令的记录中,始终未统计反对的人数[①]。通过这种舞弊手段,仅在巴黎,国民公会就成功减少了5万反对选举的人数,同样,在各省,他们的行径与奸商无异,因为有义务清点数目,则索性将数字隐瞒并以减法代替加法。如此一来,在两项法令上,国民公会统计了30万投票者,声称有20万人赞同,10万人反对,并宣布拥有国家最高权力、身为国家主人的人民给予了国民公会整体收据、完整性证书和资格证书,并再一次完全信任国民公会,明确延长其任期。

接下来需要以武力维护靠舞弊获得的权力。刚刚结束对雅各宾党人骚乱的镇压,受到右派威胁的国民公会转向左派,因为国民公会需要同盟,需要执行者。它在所有能找到同盟的地方选取同盟者,联合在热月前后一直在镇压的团体。因此国民公会的领导委员会停止针对主要山岳派党人的行动,在牧月1日后被逮捕的大量主张恐怖政策者、从前的各区主席以及"各区有地位的人",在一个月后都重获自

(接上页)滨海阿尔卑斯省初级议会数量为23个,没有议会对两项法令进行投票。

[①] 《法国国家档案》,A,Ⅱ,B,688页(塞纳省初级议会记录,十一区,葡月9日会议)。本区得知其针对两项法令投的反对票"在进行总数据分析时被记为零",因而提出抗议并宣称:"在果月22日举行会议进行投票时,共有845位市民代表2594名投票者"。然而在葡月的总摘要中,本区的投票人数仍为零。忠诚区也是同样的情况,其会议记录上说本区"一致"反对两项法令,而共有1300位市民参与投票。在总摘要中,投票人数被归零。摘要中给出的总数据如下:关于宪法的投票共有1107368票,其中支持为1057390票,反对为49978票。关于两项法令的投票共有314282票,其中支持为205498票,反对为108794票。马莱·杜·潘(第1卷,313页)认为巴黎地区对两项法令投反对票的选举人为8万。费芙,《与波拿巴的通信》,引言,126页(葡月13日前几天,费芙与其他两名特派员以法兰西剧院区的名义到国民公会办公室确认国民公会发布的数据):"我们将文件分为3份,每位特派员负责亲自用笔抄录一份,我们工作中尽责的部分在于,尽管国民公会已经组织群众进行投票,但对于当时法国的每个群体来说,大多数声音坚定地反对国民公会的计划。因为选举法的通过在宪法的庇护之下进行,因此二者都受到了排斥"。

由①。这些人可以成为政府出色的爪牙,他们擅长在毫无预兆的情况下使用强力手段,尤其是擅长打击或杀害正人君子。舆论越是不支持政府,政府就越会转投好用武力的人、不臣服的人、"被初级议会驱逐的人"、9月2日和5月31日的英雄、危险的游民、比赛特的隐居者、无业杀手、盲人院和圣-安东尼郊区的暴力分子②。最后,在法兰西共和历三年葡月11日,政府共召集1500至1800人,将其武装并组织成部队③。这完完全全是些盗匪。第二天,"内地军团军长和巴黎武装力量司令"梅努在其参谋部几名官员的陪同下前来,并对五人委员会宣布其不想让这些匪徒加入自己的军队、听从自己的号令。他说:"带着由这样一些恶棍和杀人犯组成的所谓的'89爱国军',我将无法行进。"实际上,真正能被称为89爱国军的是另一些人,包括1791年的立宪党人、真诚的自由党人、"4万名业主与商人"④、巴黎的精英与人民大众、"大多数真正关心公众事务的人",而此刻他们唯一的目标就是维护公共安全。

无论是共和制还是君主制,对于他们来说不过是次要问题,没有人想着重建旧制度,也很少有人操心建立君主立宪制⑤。当人们询问

---

① 施密特,《大革命期间巴黎全景图》(法兰西共和历三年获月1日与22日报告):"宣布释放大量革命委员会成员的消息令正直的市民们感到恐慌","人们普遍不赞成释放多名主张恐怖政策者"。
② 马莱·杜·潘,《与维也纳皇室的通信》,第1卷,259页,261页,321页(1795年9月26日信):"最卑鄙的恐怖政策主张者被释放,甚至被拘禁在哈姆堡的囚犯也被释放。政府将这些人从全国各地召回,甚至从国外召回:德国、比利时、萨瓦地区、日内瓦等。这些人进入巴黎,政府授予他们官职并进行重组。9月11日与12日,这些人开始公开聚集,制造恐慌。我有证据证明一些密使受命从我提到的地区招收这些人,并负担其到达首都的路费"。
③ 比舍和胡克斯,37卷,36页,49页(梅尔兰·德·杜埃与巴勒斯关于葡月13日的信)。蒂博多,《国民公会与督政府历史》,第1卷,209页。奥德省的法布尔,《督政府密史》,第1卷,10页:"国民公会从监狱释放了1500到1800名狂热的雅各宾党人,这些人是救国委员会前成员的心腹"。马莱·杜·潘(出处同上,第1卷,332页,337页,361页)认为拉拢的主张恐怖政策者人数为3000人。
④ 巴尔贝-马布瓦,《回忆录》,9页。梅斯纳,246页。
⑤ 马莱·杜·潘,出处同上,第1卷,282页(1795年8月16日):"1789年,在巴黎,爱国者,即从前的立宪党人,已经重新占优势。判处路易十六死刑的人们对这一阶级怀有巨大的恐惧,因为他们比被宣判的贵族危险100倍"。出处同上,316页。梅斯纳,229页:"巴黎地区国民自卫军并非特别渴望共和制或君主制,他们只希望一些有教养而正直的人进入新的国民公会"。

那些"最狂热分子"究竟希望国民公会产生怎样的政府时,他们回答说①:"我们不希望国民公会继续执政,也不希望他们做任何事情,我们只希望建立共和制,希望由一些正直的人来领导我们。"

他们的起义并不是为反对已建立的政府形式而进行的政治暴动,而是为反对当权罪犯而进行的道德起义。因此,当这些人看到国民公会武装起从前的刽子手、恐怖时代的"暴君们"、十足的恶人来对抗自己时,实在是无法忍耐下去。巴黎的一位外国人说②:"那天许多公共场所贴满了标语,我能感觉到人们深深的绝望、愤怒与狂热……如果没有这项不幸的法令,那么起义也极有可能不会发生。"人们拿起武器,是因为发现自己又置身于九月大屠杀参与者和罗伯斯庇尔的武力威胁之下。但人们拥有的只有国家警卫队,而其中大部分人没有武器③并缺乏弹药,装备最齐全的也只能发射5到6枪。"绝大多数人并不想作战",他们幻想着"自己的出现不过是为了声援请愿书";他们没有重型武器,没有真正的领导人,有的只是狂怒、混乱、仓促和各种失误④。相反,国民公会这边却有从前跟随昂里奥的坏分子,以及八九千装备正规的士兵、波拿巴。国民公会的大炮穿过圣-奥诺雷街和伏尔泰滨河路,打倒了五六百个国民自卫军士兵,剩下的人四散而逃,从此以后,无论雅各宾党人再怎么做,被打败的巴黎人都不敢以武力反抗。

---

① 拉瓦莱特,《回忆录》,第1卷,162页,170页。
② 梅斯纳,236页,许多细节能反映此处提到的雅各宾党人的形象与性格,无论男女。比如,卡诺特(《回忆录》,第1卷,581页)在其关于先前的暴动(牧月1日)的叙述中说道:"一个面容惊悚的生物骑在我的长椅上不停地重复着'今天就是你们的死期',而看台上的一些悍妇做着砍头的手势。"
③ 梅斯纳,238页。费芙,第1卷,127页及后续几页。
④ 马莱·杜·潘,第1卷,333页及后续几页(1795年10月24日信):"巴勒斯没有重蹈8月10日皇室的覆辙,即将自己关在城堡和杜伊勒利宫里:他装备了所有道路的军队和炮兵……握着大把的银子和指券,费雷隆和其他两个代表在圣-安东尼郊区召集起四五百恶徒以追随主张恐怖政策者;这就是所谓的忠诚区的部队,而有人得意扬扬地将其汇报给国民公会。除了从一开始就与其他区分开的盲人院区外,没有区派遣部队。杜伊勒利宫的花园和庭院看起来像大吃大喝的营房,因为各个委员会组织派发酒和各种食物,大量的守卫者喝得醉醺醺。公会以大量的钱和物资维持将要上前线的部队"。葡月13日后,为控制巴黎局势,国民公会又引入一支8000到9000人的增援部队。

III

最高统治权就这样再次落入革命派小团体手中。根据果月两项法令规定,选民首先要从国民公会中选定2/3的新代表,而各选举议会不顾法令规定,未能重新选举出足够数量的国民公会议员,因此国民公会需在国家安全委员会指定的名单中选定缺少的104位议员。国民议会以这种方式在两个立法院,即五百人院与元老院中能确保占多数。在督政府期间,国民公会能保证行政权的一致性,五百人院巧妙选定名单,并向元老院强行提交其候选人,提前选定其中5位:巴勒斯,拉·雷威利尔·德·雷波、勒贝尔、勒托内尔、西耶斯,而后西耶斯被否决,由卡诺特顶替,以及所有弑君者,他们因弑君者这一恐怖的名号,不得不负责维护弑君小团体的势力——督政府自然会在同一阵线人员中挑选政府官员①、部长和各部人员、大使与领事、各级别公务人员、直接税的税务人员、间接税的税务人员、国家各方面事务的主管官员、驻民事法庭与轻罪法庭的特派员、驻各省与各市政府的特派员。

此外,督政府还可使用其终止和罢黜选举出的公务人员的权力。如若某座城市、区或大省的当局有反雅各宾党倾向,督政府有权将其撤销,或是在当地负责人或立法团的同意下以当地的雅各宾党人取而代之②。此外,国民公会大力协助其被保护者摆脱最显贵的对手和最受欢迎的竞争者:国民公会解散前夕③,它将会把以下人物排挤出"立法部门、行政部门、市政管理部门和司法部门",甚至是审判部门。这些被排挤的人包括:无论有无依据,被列入流亡贵族名单而名字未被画去的人,及其父亲、儿子、孙子、兄弟、连襟、同等级别的同盟

---

① 《共和三年宪法》,第6编与第7编。
② 阿尔伯特·巴布,《特鲁瓦史》,第2卷,367页起。索泽,《大革命期间杜省迫害史》,第8卷,第52章、54章。法兰西共和历四年雨月4日法规定行政督政府有权任命波尔多、里昂、马赛和巴黎市政府成员,直到法兰西共和历四年热月1日。
③ 法兰西共和历四年雾月3日法令。

者、叔侄等，共有两三千法国侨民，基本包括国家所有精英阶级分子，而国民公会又加上了精英阶级的其他人，即所有曾在初级议会或选举议会"挑唆或签署"反对专制政府示威行动的刚正之人。对于仍在任者，国民工会限其24小时内离职，否则将受到永久驱逐。它还通过法律手段剥夺反雅各宾党参政的能力，使雅各宾党人获得了完全自由的活动范围，所以在许多地方，由于没有符合心意的候选人，大量选民弃权。

另外，恐怖政策主张者重新启用了他们之前的手段——暴力手段[1]。一旦获得政府的支持，他们又抬起头，如今他们是正儿八经的红人。国民公会重新赋予这些人剥夺其对手公民权利的权力：所有反对他们的"起诉令或逮捕令"，所有执行或未执行的逮捕证，所有已经开始的审判或追捕，所有关于他们革命行为的判决，全部废除[2]。"最凶残的"山岳派党人、沾满鲜血的最肮脏的掌权者、达尔提古艾特、皮欧舍费尔·伯纳德、达赫德、勒邦、罗西尼奥尔的秘书、九月屠杀的参与者、旧革命委员会的主席、"打破封条的人、偷盗的革命党人"、刽子手们，如今都高昂着头走在巴黎的大街上[3]。巴雷尔曾被判处流放，在全民的咒骂中走遍法国，而在其所到之处，奥尔良、图尔、普瓦捷、

---

[1]《法国国家档案》，法国档案局，第2卷，65页（凯尔莫尔文将军致救国委员会的信，瓦朗谢讷，法兰西共和历三年果月22日）。在瓦朗谢讷选举期间，"各区闹事者胆敢派人用武力将有资格获得选票的正直的人驱逐出初级议会……我早知道闹事者包括那些打破封条的人、偷盗的革命党人、曾侵吞国家或私人财产的人，还有享用着以低于其价值百倍占有流亡贵族房屋和资产的公社成员……这些人都被提名为选民……有人贿赂他们……使他们煽动人心，恐吓正直的人，以此保存并伺机继续持有其侵吞的资产……在选举结束时，他们派出付钱雇用的恶棍当场羞辱路人，辱骂他们为朱安党人，保王党人"（他提出备邮寄会议记录作为依据）。梅西埃，《新巴黎》，第2卷，315页。在巴黎，温顺的群众为免于"被椅子袭击或被打耳光"，拒绝参加投票。索泽，第8卷，9页。1795年11月6日在贝藏松，在5309名登记者中，只有1324名参加投票，而所有当选者均为主张恐怖政策者。《法国国家档案》，F7，7090页（关于法兰西共和历四年雪月4日及5日雅各宾党人暴乱的文档，阿尔勒）："那些独断的人和受到大赦的人只把宪法看作通过垄断占有席位而实现新的无政府状态的途径"，"叫喊声和呼声此起彼伏：'马拉万岁！向先贤祠致敬！向罗伯斯庇尔致敬'"，"主要组成人员包括真正的主张恐怖政策者，以及在罗伯斯庇尔的统治下拥护断头刑的人，他们在街上各处用专门做好的假人模仿罗伯斯庇尔的这一恐怖行径"，"他们搜查住宅……各处搜查，偷走首饰、银币和证券"。

[2] 法兰西共和历四年雾月4日法令。

[3] 马莱·杜·潘，第2卷，363页（雾月26日、27日治安报告）。

尼奥尔等,都差点被群众撕碎,他并没有在圭亚那被杀死,因为有人纵容其逃跑,他躲藏起来,在波尔多平静地生活。一些最恶劣的国民公会议员则更走运,例如莫内斯捷和富斯杜瓦尔,他们回到出生的省份,以政府特派员的身份进行管理。

请考虑一下这类释放和提名在布卢瓦这样曾经见证过杀人犯行径,并在两个月内一直关注其诉讼的城市会引起怎样的效果①。他们中的7人为革命委员会成员、武装部队指挥官、本区或本省成员、安德尔-卢瓦尔省的官员。他们负责领导或接收800个农夫、农民、教士和嫌疑犯组成的队伍,出于自卫和防止其逃跑的目的,在沿途派人枪毙、刀砍、溺死和打死其中600人,而这些可怜的人被两两拴在一起,像绵羊一样慢慢走着,连哼也不敢哼一声。这种行为的目的是塑造一个良好的革命典型,使被统治者处于恐惧之中,也为了填满自己的口袋②。

一场详细的调查在法官、陪审员和布卢瓦公众面前揭开了一系列严肃而真实的证据。8天的辩论已经整合了现行的证据,而宣判即将被执行。突然,在葡月13日前两周,一项法律宣布取消已经花费60万里弗尔的诉讼,并规定以其他形式重新开始。接着,葡月13日后,一位叫塞韦斯特的代表来到布卢瓦,而其首要待办事项是释放屠杀者。30多个恶棍在恐怖统治时期在布卢瓦为非作歹,除了4到5人,

---

① 狄福尔·德·舍维尔尼(《回忆录》)(手写),由罗伯特·德克雷弗克提供)。法兰西共和历三年热月13日,检察官根据获月16日陪审团主席与西农、索米尔、图尔、昂布瓦斯、布卢瓦、博让西等市初审法庭审判员提交的文件和诉讼案卷,做出的关于法兰西共和历二年霜月30日检举卢瓦尔-谢尔省高级官员和法兰西共和历二年霜月19日布卢瓦执行枪决的报告。

② 从索米尔到蒙索罗,人们可以循着路上的血迹跟上队列,长官下令射杀累倒的囚犯。霜月18日到达布卢瓦,在市政府前,哈齐内说:"明天早晨要好好惩罚他们,要让布卢瓦人看看我们怎么处理他们。"第二天,哈齐内和吉杜安与护卫队的首领勒珀蒂一起在旅舍院子里散步,并告诉他:"你要为我们把他们杀掉,对于我们来说,需要让人射杀这些无赖教士,给民众做个典型。"勒珀蒂让人带出来4名农民,让他们在河边排成一队,射杀了他们并将其扔在了水里。哈齐内和吉杜安高喊:"国家万岁!"接着吉杜安对勒珀蒂说:"你只让人射杀这几位农民吗?为什么不杀几个神父给我们看看?"接着5位神父被射死。在博让西又发生了新的枪杀事件,长官们拿到了最好的战利品,其中,勒珀蒂让人抬了一个箱子到他房间里,将其中的物品据为己有,并变卖了一张床和一张床垫。

其余全是外地人,"所有人都多多少少有案在身"。为首的刽子手有哈齐内、吉杜安、他们在临区的同谋西蒙和博诺,以及布卢瓦的前任市长博萨德,他以前是军人,犯有贪污罪,偷盗酒窖并进行私藏;贝尔热,他是前科尔得列俱乐部成员,后来是龙骑兵,曾手持手枪强迫其前修道院上司交出团体的财物;吉奥,原为伺候国王大弟进餐的仆人,后为九月屠杀的法官、比利牛斯军的特派员,并在西班牙进行掠夺,后来成为默伦法院的秘书,并偷盗了法院金库;还有许多流浪者和失去社会地位的人,他们境况相同,大部分人嗜酒、贪吃,有一位以前是学校校长,一位以前是给女人理发的,一位以前是皇家倒便盆特使。

政府选出的公务人员就是此等货色,他们顶着新的名号,却占着以前的职位。率领军队的是勃纳尔将军,他随身带着一名少女,整日只顾狂欢,到处偷盗行骗,因此3个月后,他被罚奴役6年[①];来到布卢瓦后,他组建了"一支吃军饷的自卫队,包括所有最卑鄙的雅各宾党人"。其他地方也与此类似[②],这就是恐怖统治时期的政府人员,他们是热月政变后失势的暴君,也代表着政治上的放纵分子重回权力中心——看来雅各宾党人通过葡月13日政变又一次征服了法兰西。

IV

然而这实际上并没实现,因为雅各宾党派虽然重新夺回了统治权,却没能恢复独裁。巴勒斯和塔利安、杜布瓦·德·柯昂思、梅尔兰·德·杜埃、J.谢尼埃先生、戴尔马、卢韦、西耶斯和他们的同伙,

---

① 狄福尔·德·舍维尔尼,《回忆录》(1796年3月):"然而一些年轻的原告躲了起来,他们被迫给勃纳尔钱财,尽管如此,勃纳尔还是要赶走他们。战事特派员巴雍说他在12天内给了勃纳尔90万里弗尔指券,20天内给了140万;在诉状上,记录了3.5万里弗尔的笔、小刀、墨水和纸的开销"。

② 马莱·杜·潘,《与维也纳皇室的通信》,第1卷,383页(1795年12月13日信):"督政府继续将主张恐怖政策者安插在亲信位置。政府官员随意罢免各省根据宪法建立的机构,并以雅各宾党人代之"。

一些头号败类、热衷权力的老手、不择手段的独裁理论家,妄图无限期推迟立法团的设立、破坏选举、对国民公会成员进行清洗、按照自己的意愿建立起权力集中制,像以前的救国委员会打着革命政府的旗号把法国变为独裁者的统治区,但这都是白费心机①。因为国民公会开始为自己担忧,在最后一刻,阴谋被揭穿了,阴谋者的计划未能成形②,颁布的宪法受到牵连,法制代替了专制制度。

仅因此一点,雅各宾派的侵略受到遏制,随后被终止,国家进入自我防御状态,并开始自卫,逐渐夺回失去的领土,甚至夺回国家的中心。巴黎立法团③必须从国民公会中选择2/3的议员,却并未在代表巴黎的弑君代表团中选出任何一人;立法团选出的所有人,包括朗热内伯爵、拉里维埃尔、德腓门、萨拉丁、布瓦西当格拉斯等都曾希望拯救法律,但基本都在5月31日后遭到驱逐。

各省也是同样的情景,明确表现出兴趣的国民公会成员正好都是最著名的反雅各宾党人,蒂博多受到32个选举团的支持而再次当选,71个选举团支持洛泽尔的珀莱,72个支持布瓦西当格拉斯,73个支持朗热内伯爵。而新的第三等级中的250人,为1789年的自由党人,或是1791年的温和主义者④,其中大部分人值得尊敬,很多人受过良好教育,有过真正的功绩,比如,法律顾问、公务员、高级官员、议会选

---

① 蒂博多,《国民公会史》,第1卷,243页:"塔利安、巴勒斯、谢尼埃和卢韦只谈论取消选举的事情……法庭上也只能看到最革命的提案。山岳派党人出奇的放肆,公共法庭里全是他们的同伙,都愤怒地叫好……塔利安和巴勒斯夺回并共同参与独裁统治。葡月13日以来,国民公会只能在营地中间进行商议,而其周围、法院中和大厅里全部被军人和主张恐怖政策者占领"。马莱·杜·潘,《与维也纳皇室的通信》,第1卷,248页(1795年10月31日信)。

② 蒂博多,出处同上,第1卷,246页起。《箴言报》(雾月1日会议),蒂博多的发言。

③ 马莱·杜·潘,出处同上,第1卷,328页(1795年11月4日):"巴黎所有被提名的选民基本都是从前的政府高级官员、明智而杰出的作家,因其地位、财富或是才智而备受推崇的人,即1789年的保王党,所以这些人基本都是朝着1791年被其最根本的基层修改过的宪法的方向。前财政大臣、孔陶侯爵,德·奥梅松先生,前最高行政法院审查官,德·旺杜先生,前巴黎夏特莱顾问,加尼尔先生,以及他们同样级别的人,都在选民之列。这完全是另一幅光景:不过一个月的时间,就像倒退了5年之久"。出处同上,343页,350页,359页,373页。

④ 巴尔贝-马布瓦,《一位被流放者的日记》,前言,14:"除了五六个可被视为可疑的保王主义者,那些最活跃的分子不过是对独裁行径和督政府督政官的恶劣行为不满,而并不是针对共和制度"。

举出的制宪会议或斐扬派成员马蒂厄·迪马、沃布兰、杜邦·德·内穆尔、西美昂、巴尔贝－马布瓦、特朗森·杜·库德赖等。尤其是巴黎选择了前巴黎议会代理检察长当布雷,以及路易十六时期的前部长帕斯托雷。而曾在国民公会为法律辩护的两位著名律师,特龙谢和德·塞兹,则被凡尔赛提名。

不过,在葡月13日前,国民公会的200名成员已经与巴黎选民[①]一起开始抵制恐怖政策主张者,因此造成立法团内极小部分反对者在宪法的保护下进行行动的现象。与此同时,更好的是,精英阶层和大多数法国人躲在了国民公会和200名成员之后。督政府不得不谨慎对待这一备受舆论支持的群体,因此对其不敢施加太过残暴的统治,更不得不毕恭毕敬,虽做不到尊敬法律的精神,却也必须遵循法律条文,不敢对地方选举中施加太过无耻的约束。这就是为什么地方选举基本还比较自由的原因。尽管法律严禁流亡贵族的一切亲属和一切政府公开反对者担任目前或以后的职位,尽管有恐惧、疲乏和厌恶的情绪,尽管投票人数少、候选人稀少而当选人经常拒绝[②],国家还是按照自己的意愿实行了任命高级官员和法官的职能。因此,新任命的国家官员中的绝大多数——无论是各省、各区还是各市的,以及新任法官中的绝大多数,包括各民事法庭、刑事法庭、治安法庭,他们都和新选举出的1/3的国民公会议员一样——是有身份的人,特别纯正的人,他们保持着89年的希望,但一开始就未受侵蚀,或是从革命的高烧中迅速痊愈。在他们手中,关于抢夺和虐待的法令作用减弱了,依靠现有选民坚持而又明确的意志,人们看到他们与督政府

[①] 马莱·杜·潘,出处同上,第1卷,369页(1795年11月22日):"各区的反抗从未如此一致而持久过,既没有国民公会中200位拥护君主政体者的鼓动,也没有他们曾经承诺过的援助。他们曾承诺到法院为首都辩护,并煽动大多数人,万一他们无法迫使规定'三分之二'选举的法令被撤销,则会从国民公会脱离,到各区任职。这200位成员的怯懦使他们无法遵守任何诺言……我能保证这条传闻的真实性"。

[②] 《埃夫勒一位资产阶级的回忆录及日记》,103页,106页:"宪法已被极小部分市民接受;因为在北方地区,按估算往往需要1200到1500选民的地方,最多只有150位选民(1795年9月6日)","11月10日星期二,埃夫勒地区的议会完成了对治安法官及其陪审员,以及5位市政官员的任命。这一过程因遭到许多人反对而耗时良久"。

的特派员对抗,至少敢于对滥用职权和粗暴的行为提出抗议,采取拖延手段支持被流放者,消磨或转移雅各宾党人的武力之剑。

另一方面,政府并不敢像救国委员会一样,将这把剑插入国家警卫之中。如果政府用以前的方式操纵这把剑,那么这把剑就极有可能会脱手。在政府自己的阵营中,那些狂怒者已做好夺走这把剑的准备,使政府感到了剑刃之锋利。政府应该好好防范复兴的俱乐部,防范巴贝夫及其同盟,防范那些企图通过夜间偷袭而抬高格纳勒格阵营的绝望者。在巴黎,有四五千参与者要建立"一个国民的圣巴泰勒米",为首的是那些没有被再次选举为国民公会议员的人,比如,德鲁埃、阿玛尔、瓦迪尔、锐高尔德、莱涅洛、舒迪厄、于盖、库赛特、加欧格,此外还有沙利叶的亲信,罗伯斯庇尔和马拉学派的信徒,圣-茹斯特的门徒,里昂的贝特朗、比奥纳罗蒂、安东奈尔、罗西尼奥尔、巴贝夫等。在此之后还有当街的强盗、"大革命期间的无赖"、盗用公款的失业者或九月大屠杀参与者,总之是主张恐怖政策者或是革命军队中的残余力量。他们的计划与其之前的计划相符,也符合自身特点和原则,不仅包括驱逐"居住豪宅的坏分子、财主、囤积居奇者",所有没有在收到传票时马上辞职的议员和公务人员,还特别包括杀死"内部军团将领及其参谋,7位部长和5位来自卢森堡的不同党派人员",也就是说督政府的5位督政官。这样的同盟并不让人感到舒服。

政府将这些人视为自己走失的孩子,而且在关键时刻需要他们,或许会尽最大可能宽赦他们[①],比如,放掉逃跑的德鲁埃,以及使关于巴贝夫主义者的诉讼延期。在他们之中只有巴贝夫和达赫德两个人被送上断头台,剩下的人中大部分被释放或是逃跑了。然后,为了自己的安全着想,政府被引导着与丧失理智的雅各宾党人分离,并因而与温和的市民们拉近关系。因为这种统治阶级的内部矛盾,正直的

---

① 蒂博多,《国民公会与督政府历史》,第2卷,58页。马莱·杜·潘,《与维也纳皇室的通信》,第2卷,281页。狄福尔·德·舍维尔尼,《回忆录》(手写)(作者出于好奇,在旺多姆参与了诉讼):"热尔曼很高兴也很有精神,还嘲笑了那些法官,他说:'他们真蠢,竟看不出这里的阴谋,因为这是迄今为止完成得最好的阴谋……此外我也是参与了策划,我一直在密谋'"。

人坚守其在法兰西共和历四年选举中获得的席位,没有任何一部法令可以剥夺他们合法的武器,而在立法团内部与政府和法院一样,他们考虑在共和历五年的选举中获得新职位。

V

埃夫勒的一位小商人写道①:"参加选举的人已经很久没有这么多了……人们任命了8名选民代表本市,他们在第一轮投票就收到了绝大多数的选票……所有人都参与选举,为的是不让任何主张恐怖政策的分子成为选民,因为这些人宣布他们的统治即将重新开始。"一位在布卢瓦附近的十分谨慎而悲观的业主,在其日记中写下②:"这是一个需要奋不顾身的时刻……所有有思想的人都保证不会拒绝任何别人为其提供的职位,为的是将大门对雅各宾党人彻底关闭……我们十分理智地希望多数选民不是主张恐怖政策者,而立法团里的多数人是正直的,是只存在了一年的愤激派中的少数人,可以在1798年让位于正直而无犯罪记录的人……雅各宾党人在乡下做的事情也都是徒然。富裕阶层的人们雇用了一部分投票者,并获得了他们的选票,而所有业主都希望能有序投票……温和派并不介意投票给哪位候选人,只要不是雅各宾派……省里的230位选民中,有180位是正直而有名望的人……他们忠诚于最新宪法,并把其当作护城圣物,除了一小撮人,没有人想着重建旧制度。"

没有什么能比他们的目的更为清楚。他们支持宪法,反对国民公会,支持有限决定权,反对自由决定权,支持所有制,反对偷盗,支持正直的人,反对无赖分子。奥布省的一位官员说③:"你们是否愿努力

---

① 《埃夫勒一位资产阶级的回忆录及日记》,118页(1797年3月24日)。
② 狄福尔·德·舍维尔尼,《回忆录》(1797年3月)。
③ 阿尔伯特·巴布,第2卷,408页起(奥布省官员关于法兰西共和历五年选举的请愿书)。出处同上,414页。特鲁瓦中央学校图书管理员埃吕松的讲话,法兰西共和历五年热月10日发表于市政府大厅,听众为督政府特派员,并受到广泛欢迎:"革命党人中有一些很愚蠢,有一些很疯(转下页)

制止糟糕的法律重新统治大多数人,阻止囤积居奇重蹈覆辙,阻止恢复使用纸币?是否愿意再次做出行动,为使自己过上无可指责的生活,避免自己被羞辱、被抢、被监禁,被最卑鄙的、最可恶、最无耻的暴君折磨?那么你们只有一条路可走:努力使自己进入初级议会,并想方设法使自己留在其中。"

关于这一点,那些选民由于接受了个人近期血腥回忆的教训,成群结队去参加选举,并按照自己的意愿投票。尽管政府通过强加的许诺、通过选定政府支持的候选资格、通过设定特别特派员、通过恐吓和贿赂,把全部的分量压在选民的意志上,尽管讷韦尔、马孔等地的雅各宾党人用武力驱逐了合法选举出的领导机构,并血洗了选举大厅①,"84个旧省中66个省的被选选民中,大多数仍然为反对共和党者,8个省的结果不算好也不算差,只有10个省选择忠于雅各宾派②"。我们可以据此推测,由此等选民任命的新的1/3议员是什么样子。"250名国民公会议员通过抽签的方式被开除出议会,五六名议员又被重新选举,还不算雅各宾党人取得几个席位的8个省份"。新代表上任后,立即清算了立法团的票数,发现"政府从250名元老院议员中选择了70名,从500名青年委员会中选择了200名",此议会中的人数很快降到200以下③,后来最多为130人,而这些人在下次换届中必然会被清除,因为选举变得越来越反对雅各宾派。各级政府证明,一年之后,没有一位国民公会议员或是雅各宾党人在立法团占有席位,因此革命者认为法兰西共和历六年发生了反革命事件。这意味着法兰西共和历六年,革命就会结束,和平的依法治国将代替从前

(接上页)狂,还有一些很罪恶,第一类人因其幻觉而愚蠢,第二类人因其幻想而疯狂,而第三类人的行为很罪恶……我们到处都能看到两个刽子手,一打仆人,其中一半都为自己担心,上百个证人,而其中大部分不情愿地成为上千个受害者的见证人……我们不应该为此寻仇,个人的复仇从不会对大众起作用。应该任由他们自甘堕落,应该让他们的存在成为蔑视和憎恶的对象"。索泽,出处同上,第8卷,659页起。

① 蒂博多,第2卷,152~153页。马莱·杜·潘,第2卷,262页。
② 马莱·杜·潘,第2卷,265页,268页,278页。
③ 蒂博多,第2卷,244页,248页。

暴力的以暴治国。

实际上,绝大部分的代表和几乎全部法国人没有别的目标,他们想摆脱从1792年8月10日起开始承受的社会和公民制度,热月9日政变后,制度虽得到缓和,但葡月13日政变后又被复辟,一直通过最可恨的法律和最可耻的官员延续至今。除此之外,他们别无所求。在两个议会中,只能找到20位公开或坚定的保王党[①];只有5到6人仍与路易十八保持联系并随时准备投降,其中包括英伯特-科洛梅斯、皮舍格吕、维罗特、德拉鲁。在其余500人的愿景中,甚至是在私下的想法中,合法君主的复辟,或是建立某个君主政体,都不过是第二位的计划;他们不过是远远瞧着这些希望,将其看成可能实现的补充部分,看成现在所投身的事业在未来的不确定的结果。无论如何,他们只接受"温和的君主政体",1788年的革命党希望实现的,穆尼埃在10月5日和6日呼吁建立的,巴纳夫在从瓦伦截回路易十六后支持建立的,那些法兰西的出色观察家、真正的专家,比如,马鲁埃、毛瑞斯、马莱·杜·潘等始终推崇的"温和的君主政体"[②]。他们中没有一个人建议宣传君权神授,或是重建封建贵族制度,所有人都呼吁废除革命权并摧毁雅各宾党的封建制度。

他们从原则上谴责的是无政府主义理论及独裁,是现行的社会契约[③],是通过政变建立起来、通过专断实施、通过恐怖政策维护的独裁与专制,是一直以来系统而教条般存在的针对个人、物产、意识的暴力行为,是少数狂热者和腐败分子的僭越。5年来,他们一直洗劫国家,并以在各地要求人权的借口维持战争,从而对国外推广自己的制度。真正使这些人厌恶的,是督政府及其团伙,是巴勒斯及其充满

---

① 卡诺特,《回忆录》,第2卷,108页:"不超过15个头目"。拉克禾戴尔,《苦难十年》,308页:"20到30人信奉君主制观念,但并不敢当众表达"。

② 马莱·杜·潘,第2卷,267页,278页,331页。

③ 出处同上,第2卷,265页:"巴黎人不仅驱逐了共和党人,还有从前有名的或是受到批评的制宪会议议员,即曾在第一次革命中起重要作用的人……那么选择就落在了追求改良的君主制度,而不是变质了的君主制度的人身上。人们自然也不会投票给保王党分子、旧制度的信徒和暴力的反革命分子"。

贪得无厌的供货人和情妇的后院,是勒贝尔及其贪污腐败的家庭,以及他暴发户般的狂妄自大和小旅店主般的行事方式,是拉·雷威利尔·德·雷波及其弯腰弓背的卖弄,其自诩为哲学家的自负、宗教主义的狭隘、书呆子般的愚蠢。他们在法院①要求的是净化行政阶层、镇压投机行为、终结虐待事件;要求的是依据在位的雅各宾党人是活跃还是保守,对其进行司法惩罚或是一般停职,对针对牧师、宗教、流亡者和贵族的法律进行迅速而全面的废止或是部分而有计划的改革②。无论是宪法,还是公共权力的分配,或是对中央和地方政府的任命,没有一处想到革新。

马蒂厄·迪马写道:"我以自己的名誉做担保,我的意愿始终是维持共和宪法,使人民相信,通过温和而公正的统治,宪法可以给法国带来太平,使人民体会并珍惜自由,通过时间来修复革命带来的恶果。我发誓,我从未直接或间接地通过自己的行动、言语或是沉默,通过近期或长远的方法,赞成任何其他利益胜过共和国或宪法利益的提案。"卡米耶·约当说:"有一些议员可能还是倾向于君主制,但他们并不敢密谋造反。他们将宪法视为自身荣誉的存放处……他们将自己最宝贵的从属的思想体系与国家意志相连,明白君主制只能通过国家意志的发展平缓地建立。"巴尔贝-马布瓦说:"我们之中有些人与督政府行事方式持不同政见,却没有人认为不应该维持宪法的运行③。"几乎直到最后一刻,他们仍然始终严格按照合法权利行事,到最后他们有一丝逃出去的意识,那也不过是为了防御举过其头

---

① 出处同上,第2卷,298页:"这些议员并不是抨击某部革命法令,因此人们并不怀疑他们企图毁灭革命成果,而且他们每次谈到要调整共和国,人们就会指责他们打共和国的主意"。

② 蒂博多,第2卷,171页。卡诺特,第2卷,106页。巴泰勒米的计划体现在下面这句简单的话语中:"我希望使共和国变得行政化"。在对外政策方面,他审慎、主张和平,而非常有法国特点的想法受到其他督政官的嘲笑与排挤。(安德烈·勒邦,《英格兰与法国大革命时期贵族的流亡》,第235页)。

③ 马蒂厄·迪马,《回忆录》,第3卷,153页。卡米耶·约当,《关于果月18日革命写给委托人的信》,26页:"宪法,只有宪法才是使克利希人民归顺的唯一关键词"。巴尔贝-马布瓦,《一位被流放者的日记》,第1卷,12页及前言,"有太多的人希望我们只关注未来,而不拘泥于过去"。

顶的屠刀①。毫无疑问,他们的领导者是"共和国最受尊敬和最有能力的人②",是自由选举、成熟的社会舆论和获得经验的唯一的代表,只有依靠他们,有秩序而公正的共和国才可能实现。这就是为什么一些徒有虚名的共和主义者必须要摧毁他们。

实际上,在一个针对人民、公共或私有财产的暴力行动都遭到谴责的政府领导下,不但雅各宾党的理论难以维系,雅各宾党人的行动也会枯竭。雅各宾党人虽然已公开放弃其理论,却忘不了以前的行为。从1795年选出新的1/3议员起,他们便开始害怕,新任议员中的一位写道③:"那些国民公会议员不过将我们视为有一天会将他们交由法办的人。"而1797年第二批1/3议员上任后,他们的恐惧又增加了,弑君者们甚至感觉到"只有专断和独裁的统治才能保证他们的安全④"。有一天,著名的弑君者特雷亚尔在与拉法耶特侯爵的朋友、前斐扬派成员、谨慎而又以正直出名的马蒂厄·迪马独处时告诉他:"你们都是非常正直、非常有能力的人,我相信你们由衷地想要支持如今的政府,因为无论是你们还是我们,都找不到其他方式来维持统治。但我们这些国民公会议员不能任由你们这样做,不管你们是否愿意,终究是你们带着我们走向最终的失败,我们之间没有任何共通之处。""那你们究竟需要什么样的保证呢?""只有一个。只要你们能做到,我们就会按照你们的要求去做,我们也保证不再让你们忧

---

① 马莱·杜·潘,第2卷,336页:"80名受到威胁的议员从8月30日起就在外露宿,并聚集在私人住宅里,害怕半夜被人从自己家中掳走"。马蒂厄·迪马,第3卷,110页:"我无法继续居住在巴黎偏僻的福赛斯-都-圣殿大街的房子里,因为有可能受到督政府打手的攻击,他们在俱乐部里宣布必须在家里为人民报仇"。马莱·杜·潘,第2卷,343页:"这场被三执政归咎于议会的所谓的阴谋,与罗伯斯庇尔的故事很像"。出处同上,346页:"立法团并没有专门针对督政府实施任何阴谋",只是"在法国,如果革命没有及时被革命领导人摧毁,那么所有宪法都会扼杀革命;这是因为4/5的法国人都与革命无关,选举只会将反革命分子送往立法和行政职位"。

② 马姆斯伯里勋爵,《日记》,第2卷,544页(1797年9月9日,科尔尚先生的发言):"人们说所有被捕的人都是共和国值得尊敬和有能力的人。他们因为这个原因才被捕入狱,而不是因为什么保王主义的政策(因为这些政策并不能让他们定罪)。他们可能曾经支持宪法,但要求限定政府的行政权,并要求剥夺督政府任何获得或实施非法权力的途径"。

③ 巴尔贝-马布瓦,《一位被流放者的日记》,前言,16页。

④ 马蒂厄·迪马,第3卷,84页,86页。

心。只要你们能保证,我们会盲目地追随你们。""那么究竟是什么保证?""我们要求你们到法院去宣布,如果你们曾是国民公会的成员,你们肯定曾投票赞同处死路易十六。""您这是在要求不可能的事情,如果你们处于我们的位置,你们也不可能这样做。这是要将整个法国陷入无意义的焦虑之中。""不,这盘比赛并不公平,这是在用我们的脑袋做赌注。"

在弑君者眼中,他们的脑袋也许是应该争取的,而他们的权力、官爵、财富、奢侈和欢愉也必然是值得拼命维护的。每天早晨,巴黎70家报纸和许多省份大城市的地区报纸,都会刊登各种文件、数字和细节,不仅报道他们从前的恶行,还报道他们如今的腐败、他们建立在渎职和贪污基础上的暴富、他们盗用公款的行径和收受的回扣。比如收受了军粮供货公司为表示感激赠予的一套装修豪华的官邸,又如一位大法官或平庸修士的检察官之子,购买了骷髅地并花大价钱将其改造成为追逐打猎的地方,还有人囤积买入了塞纳-瓦兹省的最好地界,成了4座城堡的临时买主,还有人发了1500万或1800万的财[1]。他们放肆而专横的行径,他们圈钱而又挥霍的品行,他们的卖弄和恬不知耻,他们大吃大喝,他们阿谀奉承,他们包养情妇,全都见诸报端。

如何否认这种种行径呢?尤其是他们的行为并不只这些。那些关于主权在民、整体意志和公共安全的抽象理论,对这些过时的信仰,他们从不关心;那些单薄而脆弱、徒有其表的豪言壮语,他们以前用来掩饰自己内心贪欲的自私与邪恶的华丽语句,开始土崩瓦解,重重摔落在地。他们承认自己所担心的从来都不是共和国,而是他们自己,只有他们自己。如果共和国的利益与他们自己的利益相冲突,那么共和国又算什么呢?根据西耶斯后来的言论,这件事已经不再

---

[1] 龚古尔兄弟,《督政府时期的法国社会史》,298页,386页。出处同上,巴黎的《茶》《怨民》《报界审查官》等,以及无数小册子。各省的报纸如下:图卢兹的《反对恐怖统治》,贝藏松的《新热月》,特鲁瓦的《特鲁瓦年鉴》等。

涉及拯救大革命，而是拯救革命者。他们已经彻底看穿，也不再有一丝顾虑，他们知道现在必须孤注一掷，像8月10日、9月2日和5月31日的同盟者一样，果断地采取各种方式赢得这场比赛，因此他们也会像8月10日、9月2日和5月31日的同盟者一样，获得最终胜利。

然而，温和主义者这次一点也不想知道战争已经打响——而且是武力战争。他们并不同意发动战争，他们拖延、犹豫，他们坚持符合宪法的形式，他们不作为。80位坚定而又清醒的议员主张使用强力手段，但是这种看法被目光短浅、立场不坚定、怯懦的其他300名议员削弱或否决了[1]。他们甚至不敢使用法律武器，不敢将奥热罗革职，不敢挡下3位谋反的督政官架在他们喉咙上的利刃。在督政府时期，他们当中只有一些被动而中立的同盟者，例如宁愿被暗杀也不愿做杀人者的巴泰勒米；不敢让共和国冒险，并忘不了自己曾投票同意处死国王并投票同意法定军令的忠实公仆卡诺特[2]。在五百人院和元老院中，蒂博多和特朗森·杜·库德赖是两位"中心"领导人，他们制止了皮舍格吕和其他有能力的人的打击行为，不许他们出击，只允许防卫，但是一般来说这于事无补。果月18日前3天，他们发动了众所周知的最后一击，80位因不想在自己家中被捕的议员四处窜逃，但也

---

[1] 马莱·杜·潘，第2卷，309页，316页，323页，324页，329页，333页，339页，347页："督政府在采取革命进攻的同时，以符合宪法的形式自卫，无疑是将自己推向不可避免的失败"，"缺乏胆量的立法团就是不打雷的闪电，他们应该拥有百倍的能力"，"立法团有1792年路易十六没有的更多办法，如果它不能以战争回应战争，如果它不宣布第一批敢于迅速处理其军队决议的将军是政府的叛徒，那么行事如当时的路易十六的立法团也会面临同样的命运"，"立法议会在等待时机，这是对8月中旬停止对卢森堡进攻的致命推迟，而皮舍格吕、维罗特、米拉达将军以及所有有远见的议员们对此始终坚持……拘泥于符合宪法形式的自卫是愚昧的坚持……80位坚定而积极的议员在目的与方式上与其他300位不团结的议员团结一致，这非常有必要，而正是这必要性决定了议会的悲剧命运"。

[2] 卡诺特，《回忆录》，第2卷，161页："糟糕的情况已经到了最后一个阶段，现在我们需要的是再进行一次6月20日事件，而不是再重复一次5月31日事件"。马莱·杜·潘，第2卷，333页，334页："阻止奥热罗的军队内部分裂计划必须从8月15日到20日执行；如果当时三巨头坚持，那么皮舍格吕和维罗特已经进攻卢森堡。卡诺特拒不接受这一计划，除非人们授权他提名3位新督政官"。德拉鲁，《果月18日史》："卡诺特对要求他一起行动的温和派党人说：我希望能得到王室的牢固的口头恩赐，因为我对王室的话并没有什么信心"。

并未下定决心发动进攻。那天①,一位目击者找到马蒂厄·迪马并告诉他,前夜,人们在巴勒斯家中决定将两院中的40位议员处死或流放至卡宴——第二政党已占上风。关于这点,一位国民自卫军部队的指挥官曾在半夜将迪马带到杜伊勒利宫的花园,指给他看藏在树后面的士兵,他们早已武装起来,随时准备一听到命令就开始行动,他负责马上夺取守卫松懈的卢森堡,与巴勒斯和勒贝尔在那里展开战争。在战场上,人们杀死对方,是为了不被对方杀死,如果敌人将枪口对准了你,那么你必须立即开枪。指挥官说:"我只希望您能保证向法院承认是您下令开展这次进攻,请以您的名誉向我保证。"马蒂厄·迪马拒绝了,恰巧是因为迪马自己是个守信用的人。拿破仑就此事对迪马说:"您当时太蠢了,您根本不懂革命。"实际上,荣誉,忠诚,对流血的恐惧,对法律的遵守,这是政党的软肋。

然而与这些情感相反的东西则是对立政党的强项。至于三巨头方面,他们当中没有一个人因道德问题而感到不安,巴勒斯②不会,他只是一个擅长使用武力并寻找最高出价买家的雇佣兵头目;勒贝尔不是,他只是一个容易失去理智、气得发狂的粗人;梅尔兰·德·杜埃不是,他只是残忍的法学家、世俗的裁判所法官、登堂入室的刽子手。按照雅各宾党人的习惯,他们很快就会拔出军刀开始战斗。他们无视宪法,挑唆军队进行商议,并威胁立法团威胁:如果不做出让步,就会被人拿刺刀挑出门外。雅各宾党人"像以前一样"③,对立法团使用他们的政治无赖手段,并派"由男女组成的恶棍"占据街道和法院。他们重新召集有腕力的心腹,从巴黎和各省找来五六千名

---

① 马蒂厄·迪马,《回忆录》,第3卷,113页。
② 马莱·杜·潘,第2卷,327页:"巴勒斯是唯一一位光明磊落的人,此外,不顾冒着各种事故的危险,他还是愿意尽一切努力使雅各宾主义获胜"。出处同上,339页:"三巨头直到周五都犹豫不决,巴勒斯是这3人中最为愤怒的,作为奥热罗的领导,他也是三巨头的领头人"。出处同上,351页:"巴勒斯与勒贝尔反复动摇这位既可怜又卖弄的哲学家拉·雷威利尔的幻想,最终成功改变了他的想法"。蒂博多,第2卷,272页:"那天晚上,巴勒斯是唯一一位还怀有独裁者名誉的人……拉·雷威利尔将自己关在家中,就像是找到了别人无法进入的避难所。已经变得有些贪婪的勒贝尔,这时在其住所内派人贴身保护自己"。
③ 马莱·杜·潘,第2卷,304页,305页,331页。卡诺特,第2卷,117页。

主张恐怖政策者，以及2000名退役和领半饷的军官。因为奥什违反宪法的计划已经被泄露和禁止，他们就选派专程从意大利回来的奥热罗公开宣布："我为清剿保王党而来。"没有人能比这个粗野的人更会装腔作势，更为愚蠢。勒贝尔本人在看到奥热罗时也忍不住说道："真是个傲慢的土匪！"

果月18日，这位官方派遣的粗鲁大兵，带领8000到1万士兵包围并进攻了杜伊勒利宫，代表们纷纷在委员会中或家中被捕，或是被追查，或是被追捕，其中包括其他著名的反对派、军官、首长、记者、前任部长、督政官，以及巴泰勒米和卡诺特本人。巴尔贝-马布瓦[①]质疑人们是依据哪部法律对其实施逮捕，一位军官回答他说："我们手中的刀就是法律。"而公安部长索丹笑着说："你看看我随身带的东西就能知道迁就不迁就、迁就多少，根本就不重要。"经过这样的人员肃清，两个议院完成了自我清洗。他们取消了49个大省对议员的选举；通过各种法令，通过流放，通过各种强制或自愿的签发，214位代表被清除出立法团，而其他180位出于恐惧或是厌恶，也不再出席会议[②]。像克伦威尔统治时期的英国议会，两议院中只剩下在出鞘的剑下运行的"残余会议"。

在果月18日午夜[③]签署流亡法令的元老院中，"一队队举止野蛮、讲话粗鲁、行为可怕的精锐士兵"，手持上了刺刀的枪，包围了楼厅，一些平民暴徒混在士兵中大声叫喊发出指令。这就是支撑督政府编造的污蔑性故事的事实。督政府需要这些证据，以便于使选民相信其揭发的大阴谋，以便于使巴泰勒米、卡诺特、西美昂、巴尔贝-马布瓦、布瓦西当格拉斯、马蒂厄·迪马、帕斯托雷、特朗森·杜·库德赖与其同伙一起，加入少数次等阴谋家、愚蠢的"小人物"、没有头脑的人和告密者当中。对于这些人，警察自6月前便有文件记录，并在狱

---

① 巴尔贝-马布瓦，《一位被流放者的日记》，34页，35页。
② 马莱·杜·潘，第2卷，343页。
③ 巴尔贝-马布瓦，出处同上，46页。

中已得到招供①。人们将这些人全都系在一根绳上,故意混淆他们的名字,在没有证据、不讲究形式的情况下将其大批定罪。一位演讲人说:"要什么证据! 要推翻保王党小团体,不需要什么证据。我能保证。"另一个人喊道:"要什么形式! 如果保王党获得胜利,这些本党的对手才不会要求他们曾蔑视的形式主义。"第三个人指着十几个在场的面色极差的人说:"人民就在这里,人民大众必将战胜少数个体。"一位想要加速审议的士兵说道:"快! 同胞们,加快进度!"

然而审议一直拖延,失去耐心的政府只得派信使介入。这位信使说:"人民,人民想知道共和国究竟会怎样,想知道你们对共和国做了什么……'谋反者甚至与你们中的人一样聪明'"。听到这里,代表们立刻明白,如果他们不流放这些人,那么他们就会遭到流放。之后,"14或15位议员同意这项法令,7人反对,其他人不发表意见"。就是这样,这项法令以拯救宪法的名义被自由合法地颁布。4年前,为了驱逐吉伦特党人,一项相似的法令也以相似的方式被通过,只有一处不同,那就是当时山岳派使用的是平民,而如今使用的是军队。但是,除了更换了这些配角,这场已经结束的演出不过是历史的重演,这幕剧在6月2日第一次上演,在果月18日又重新上演②。

VI

如此一来,1793年的制度又卷土重来了,所有的公共权力都集中在寡头势力中,围绕五六位领导人集中起来的上百人开始实行独裁统治。督政府比前救国委员会更独立,更专制,更持久,它授予自身

---

① 马莱·杜·潘,第2卷,228页,342页:"两个月来人们就知道三巨头预谋利用昂特雷格的官员"。请参照蒂博多,第2卷,279页,关于证据的模糊、缺乏和督政府断言的赤裸裸的错误。

② 马姆斯伯里勋爵的《日记》,第3卷,559页(1797年9月17日)。新的政变后,在里尔,"很奇怪的是到处都笼罩在恐怖之中,让人想到恐怖统治即将卷土重来……人们仿佛看到一位要毁灭一切的天使即将到来……剧院里的演员们都是同样的感觉。一位叫帕里斯的督政官对雇用他的罗斯说:毫无疑问我们将被毁灭"。

戒严某个公社和把军队引入宪法圈子的法定权力①,目的是使自己可以任意违背巴黎和立法团的意愿。在这个被督政府破坏并受其雇用杀手监视②的立法团里,一些被动的、僵化的沉默者感到"精神上遭到放逐,处于半驱逐状态③",他们放弃了话语权和投票权,将其拱手让给督政府收买的走狗④。实际上,两院像从前的国民公会一样,已经沦为"登记"机构,沦为督政府指定签署其命令的立法机构。对其从属机构,督政府采取了更为专制的统治。

在法令中按名称列举的49个省份中,所有省、区和市的管理者,所有市长,所有民事和刑事法庭的法官,所有治安法庭的法官,所有民众选举中的获选人被大批撤职⑤,而在法国其他地区,清扫行动也大范围展开。可以通过以下例子对此估计:在未列入清扫名单的杜省,1797年,530位政府管理者与市政官员遭到驱逐,1798年,另外49人遭到驱逐;督政府任命亲信取代这些人的职位。政府、大区、市政和司法组成方式突然之间从之前的美式变为拿破仑式;地方官员不再代表人民,而是代表政府。请特别注意这样的越权中最可怕的地方,注意政府是如何操纵司法,如何操纵其授予个人的生和死的权利:政府不仅随心所欲地撤销和重组了普通的刑事法庭,不仅从最虔诚的雅各宾党人中挑选并更换了最高法院法官,还在每个军区设立了由军官、士官和顺从的士兵组成的有终审权的特别法庭,有权全天候24小时以流亡贵族或教士的名义审判和枪决不服从统治的任

---

① 法兰西共和历五年果月18、19日政令,第39条。
② 蒂博多,第2卷,277页:"我去参加了果月10日的会议。奥德翁街道被大革命中的下级官员包围,这些人总是在活动结束后出现,就像战斗结束后战场上出现的食肉鸟类。他们辱骂、威胁失败者,并巴结胜利者"。
③ 出处同上,第2卷,309页。
④ 出处同上,第2卷,277页:"我一进大厅,好多议员都走了过来,他们眼含热泪拥抱我;议会的整体气氛很悲凉,就像它所在的照明不良的剧院;所有人脸上写满恐惧,只有几位议员讲话和签署文件。大部分人面无表情,或是看起来像在参加一场葬礼——自己的葬礼"。
⑤ 果月19日政令,第4、5、28、29、30、16、17和35条,以及果月22日政令。索泽,第9卷,103页。杜省的300个公社在果月后就这样遭到肃清。出处同上,537页。陪审员也受到同样的清洗。

何人。统治者发明了上百万个罪名,没有人能幸免,甚至不能有所抱怨。42家反对或有反对嫌疑的报纸被同时禁止,他们的物资被掠夺,出版物品被销毁;3个月后轮到其他16家,一年后是其他11家。那些出版业主、出版商、编辑还有合作者,包括拉阿尔普、丰塔纳、费芙、米肖、拉克雷泰尔,以及无数受尊敬和杰出的作者,构成出版业领导团队的四五百个人,所有未经审判就被判处流放或入狱的人,全部被捕、逃跑、藏匿或保持沉默。从今以后,法国的所有民众只敢发表支持政府的言论。

显然,投票权与写作权同样受限。果月政变的胜利者不仅独揽话语权,还独揽选举权。从第一天起,政府便改革了日薄西山的国民公会曾提出的反对流亡贵族同党及亲属的法令,另外,政府驱逐了初级议会议员的所有亲属与同党,并禁止初级议会选择这些人作为选民。此后,正直或仅仅是追求安稳的人们受到了教训,从此闭门不出,投票成为一种最高权力的象征,因此也成了新的统治者的特权,这也是统治者和国民们希望的结果[1]:"一小部分依法行事的共和党人必须战胜一大部分受保王主义影响的人们[2]"。

在选举的时候,人们就会看到政府"向各省安插特派官员","以恐吓、许诺和各种引诱的手段"控制选票,派人"逮捕初级议会的选民和主席[3]",甚至打压雅各宾党的顽固分子。如果政府对选举结果

---

[1] 埃夫勒,《一位资产阶级的回忆录及日记》,143页(1799年3月20日):"第二天,初级议会开始运行,只有很少人到场:没人愿意费事离开家来为不喜欢的人投票"。狄福尔·德·舍维尔尼,《回忆录》,1799年3月:"有些人清楚地知道他们去不去投票都不重要。督政府早已做出选择并明确示人,人民大众早已被无视"。3月24日,"在这座有1.2万人的城市里(布卢瓦),初级议会里聚集的全都是人民的败类,只有少数的正直人露面;可疑分子、流亡贵族的家属、教士们,全都被驱逐,留出足够的空间给统治者策划阴谋。没有一位业主得到提名。4个选区中有3个被主张恐怖政策者占领……巴贝夫主义者都使用一样的花招,他们到街上招揽那些出售投票权的人,那些人为一瓶酒就可以多次出卖自己的权利"。4月12日,据一位从巴黎来的"聪明人"说:"在巴黎,基本没人到初级议会去,而得票最多的人也不超过200票。"索泽,第9卷,第83章(关于1798年贝藏松选举,一位目击者的证词),499页:"一些最可怕的人采取手段使雅各宾党人获选。他们送给当地驻军许多酒,并获得其支持,他们的获选依靠的是刺刀和棍棒。有许多天主教徒受伤"。

[2] 阿尔伯特·巴布,第2卷,444页(关于法兰西共和历六年选举,里尼地区少数爱国分子和分裂分子的声明)。

[3] 《英国信使》,1799年8月25日刊(7月15日及8月5日向五百人院提交的关于督政(转下页)

不满意，就可以宣布多数人的选举结果无效，而认定少数人的结果有效，换句话说，这就是使自己成为所有中央机构或地方机构最大的选民。总而言之，宪法、法律、公共权力、私人权利，全被践踏在地，而国家、个人、财富，正如罗伯斯庇尔统治时期一样，成了统治者的私人财产，只有一处不同，那就是恐怖统治时期人们推迟了宪法的颁布，法律明确宣布了政府的绝对权力，而现在的统治者虚伪地依靠着他们曾毁坏的宪法，打着不得实行君主制的旗号进行统治。

事实上，如今的统治者也是靠着恐怖政策维持统治。出于其伪善的本质，他们并不想公然从事刽子手的行径。督政府作为国民公会的继承人，假装抛弃了国民公会的遗产。布莱·德拉默尔特说："那些想重新启用断头台的人真是该死！"不应再有断头刑，它摧残了太多民众；人们看到血水在身边流过，在精神上对这一切的制造者怀有深深的恐惧，最好采用远距离、缓慢、无意识也不会流血的、"干净的"、更为平和的死刑，而不是其他更为痛苦也更没安全感的死刑；囚徒可以被拘禁在罗什福尔沼泽地，或是被流放到炎热的圭亚那。国民公会的方法与督政府的方法的不同，便是"国民公会将'杀死'与'处死'区别开来"①。

此外，在遣送被放逐者的路上，人们穷尽各种暴力手段，用恐惧压制他们的愤怒。第一队被放逐者中包括巴塞尔协约的谈判人巴泰勒米、征服荷兰的皮舍格吕、五百人院主席拉芬·德·拉德巴、元老院主席巴尔贝－马布瓦以及其他13人。起初为他们准备的是轿式马车，督政府下令换为囚车，即一个带锁的、紧闭大门的铁笼，笼子上面是栅栏，下雨时则倾盆如注，只有一些光秃秃的木板作为座位。这个沉重的机器不停地在坑坑洼洼的路上快速前进，而每一次颠簸都把囚犯们甩向车顶或橡树做成的隔板。其中一人到了布卢瓦后，"给大家看他已经撞得青肿的胳膊"。为这个押送队挑选的负责人是军队

（接上页）官勒贝尔、拉·雷威利尔·德·雷波、梅尔兰·德·杜挨埃、特雷亚尔行为的报告。

① 费芙的话，《与波拿巴的通信》，第1卷，147页。

中最无耻最粗暴的恶棍迪泰特,他在大革命前是制锅师傅,后来成为国家官员,因在旺代省战争期间偷盗而被判奴役,他天生好偷盗,包括在这次押送的路上也对自己队伍的军饷下手。通过这一点我们可以很好地了解这个人的品性。抵达布卢瓦后,"他与兄弟朋友彻夜狂欢",这些都是前面提到过的贪污分子和刽子手。迪泰特辱骂前来与丈夫告别的巴尔贝-马布瓦夫人,当场将搀扶这位半昏迷夫人的宪兵队指挥官撤职;见到所有居民甚至官员对这些囚犯表现出的关心与尊重,他大叫道:"你们这不过是对这些4天后就要死的人装腔作势。"在押送犯人的船上,快到拉罗谢尔时,他们看到一艘为了靠近他们的船而奋力划桨的小艇,有人喊道:"我是拉芬·德·拉德巴的儿子,求求你们让我见见我的父亲。"而大船上的喇叭里喊道:"快点离开,否则向小艇开火。"在路上,囚犯们的船舱密闭,臭气熏天,而他们只能4人一起登上甲板,每天早上或晚上待一小时,水手和士兵都不可与他们讲话;他们每天的食物只有一个水手的份额,而且送给他们的都是变质食物,到最后他们便开始挨饿。在圭亚那时,他们每个人的房间里只有一根蜡烛;不给他们衣服穿;水严重缺乏,没有饮用水;在被带去锡纳马里河的16个人中,只有两人得以存活。

第二年被流放的人们,包括教士、修士、议员、记者、被控流亡国外的手工业者,他们遭遇的境况更差。在所有通往罗什福尔的路上,都能看到囚车上成堆的可怜人,或是像从前的苦役犯一样成队步行前进。"一位82岁的老人,坎佩尔的杜洛朗先生就这样穿过了4个省份",并且戴着镣铐。随后,在十年号和巴约讷人号的甲板间,那些挤在一起的不幸者,因为缺氧和酷热而窒息,被虐待、抢夺,最终饿死或窒息而死。22个月后,十年号上的193个人只剩下39个,而巴约讷人号上的120人只剩下一人生还。而法国在雷岛和奥莱龙岛的防御工事中,超过1200个教士窒息而死,尸体腐败;在各省设立的特别军事法庭到处进行枪杀。在巴黎及其周围,在马赛、里昂、波尔多、雷恩和大部分大城市中,突然的逮捕和秘密绑架大量发生。"没有人在睡下的时候能知道第二天醒来时是否还拥有自由……从巴约讷到布鲁塞尔,人们只有一种感觉,那就是无边的悲凉。人们不敢讲话,不敢相互打招呼,不敢互相看或是伸出援手。每个人都将自己孤立起来,惶惶不安,避之不及"。

最终,通过第三次反扑,雅各宾党的胜利被终结,而获胜的新兴封建制度永久站住了脚跟。一位图赖讷人写道:"所有经过这里的人都说,如今我们国家与罗伯斯庇尔统治下的国家没有任何分别……土地已经守不住了,我们就像在受侵略的国家一样,随时都有遭到敲诈勒索的危险……业主们被沉重的赋税压垮,以至于无法保证自己每日的开销,更不能进行耕种活动。我当时的堂区,获得20苏的收入,基本上就要交13苏的税……利息升高到了每月4%……图尔在恐怖统治时期就为主张恐怖政策者所苦,因为他们不仅在全省掠夺,还占领了许多地方,而如今的状况更为可悲,所有稍微富裕些的家庭,所有的商人,纷纷逃走。"

恐怖统治时期的乡绅、杀人犯和抢劫老手都卷土重来。图卢兹①的巴罗在1792年前是制鞋匠,因其对罗伯斯庇尔的统治极为不满而出名,另一位叫德巴罗的也是1793年的狂热分子,从前是一位喜剧演员,在台上主要饰演仆人角色,1795年时因戏剧被迫下跪请求原谅,因没有求得原谅,最终触犯众怒被赶下台。如今这两位分别担任剧场出纳和省高级官员的职务。布卢瓦市活跃的都是从前卑鄙狠毒的人物、杀人犯和小偷等,比如,哈齐内、吉奥、韦纳耶、博萨德、贝尔热、吉杜安。果月政变后,他们很快围绕第一批被流放者聚集起自己平日的支持者,即"一些懒汉、港口聚集的流氓和社会渣滓",并对被流放者极尽侮辱。这种行径成了其爱国的新证据,因此政府恢复了他们行政或司法的职务。

尽管他们十分可恶,人们还是选择了忍受,沉默地顺从着他们。

---

① 《法国国家档案》,F7,3219页(阿尔基耶先生给首席执政的信,法兰西共和历八年雨月18日):"我曾想看到的是中央统治,而看到的却是1793年的思想和语言"。

"每天看到这些元老和流亡贵族被执行死刑都让人非常愤怒①,并且不停看到被流放者从这里经过……在死亡名单上,列上所有令政府不满的人的名字",以及一些所谓的流亡贵族,还有这种"颇有名望但从未逃出省"的神父。正直的人们绝不可能在初级议会投票,因此"选举十分可怕……兄弟和朋友们都高喊不应再有什么贵族、教士、业主、商人甚至公正,要洗劫一切"。法国就算灭亡,也好过被这些人统治!"那些恶棍早就宣布,要归还他们的席位,除非他们先颠覆一切,破坏宫殿,纵火烧毁巴黎"。当然,有虔诚的雅各宾党人在,人们会重新看到纯正的雅各宾主义,提倡平均、反基督教的社会主义和丧葬年的安排,总之是一些宗派的僵硬、简单、毁灭性的想法,就像罗伯斯庇尔、俾约-瓦伦和科洛·德布瓦的旧衣服下掩藏的沾满鲜血的匕首②。

VII

首先出现的是哲学老学究们最爱的刻板想法——我想谈论的是最后的计划——而在此之后则是建立世俗的宗教,即强迫2600万法国人遵守教规并接受理论信条,并借此彻底铲除基督教及其神职人员。

当职的宗教裁判所法官有着非凡的毅力和细心,增加了许多规

---

① 狄福尔·德·舍维尔尼,《回忆录》(1799年2月26日、3月31日、9月6日)。拉·雷威利尔·德·雷波这个严守道德原则的可怜笨蛋,与巴勒斯和勒贝尔一起反对巴泰勒米和卡诺特,参与制造了果月18日政变,为不想做目击者,他将自己关在房间,如此就证明了与他同一战线的人的品质(《回忆录》,第2卷,364页),"果月18日政变迫使督政府做出诸多改变,安排共和党人担任已被撤职的公务员或是雇员的职务已经走不通,现在首先要做的是安排一些正直、明智、有智慧的人任职,而之前由新的议会成员做出选择,大部分落在无政府主义者、擅用暴力和抢夺者身上"。
② 拉克禾戴尔,《苦难十年》,317页。果月政变后几天,在布里-孔德-罗伯特的街上,一位老雅各宾党人高兴地大喊:"所有保王党都要被驱逐、被送上断头台。"在《法国国家档案》中,F7系列包括上百个关于每个政府、城市或区从法兰西共和历三年到八年的"现状"、"公共精神"的卷宗,我就此研究了好几个月;因为篇幅有限,在此不能一一引述。在这些卷宗里,尽是共和国最后5年的负面历史,而马莱·杜·潘的两部作品《与维也纳皇室的通信》和《英国信使》准确给出了当时的整体印象。

定,并加大了力度,目的是强制改变整个国家的宗教信仰,并以政府在抽象逻辑下机械地产生的临时性仪式代替18个世纪以来受实践滋养的内心习惯。三流文人和传统蹩脚诗人平淡无奇的想象,学究对自己文章怀有的可笑情怀,狭隘执拗的伪信教者令人厌恶的坚持,所有这些东西的发展,都从未像如今在立法团的法令下,在督政府的政令下,在索旦、勒托内尔、兰布莱奇、迪瓦尔和(纳夫夏托的)弗朗索瓦等部长的指导下掺杂了这么多情感上的夸张色彩和政府的干预①。

反对礼拜日、反对旧立法、反对素食;共和历的休息日强制休息,否则会被罚款或入狱②;强制规定每年1月21日及果月18日为庆祝日;所有公务员及其家人必须改信新宗教;强制公立或私立小学的教员及男女学生出席国民典礼;强制参加礼拜仪式;教理书和宗教纲要在巴黎被禁。关于装饰、唱诗、阅读、姿态、欢呼和诅咒的规定如下:如果人们看不出这位表面上有道德寓意的使徒,其实是一位会监禁、处决和杀人的暴徒,那么在这些刻板的规定和机械的检阅前,人们只能耸耸肩。

果月19日的法令不仅规定恐怖统治时期反对不宣誓教士、其藏匿者或是信奉者的所有法令重新生效,还规定督政府首先有权"通过有根据的个别法令",自行决定如何处置"扰乱公共安宁"的所有教士,即所有履行其宗教信仰职责和讲道职责的人③,政府还有权全天候枪毙所有被1792年和1793年法令驱逐,而又留在法国或自行回法

---

① 索泽,X,第89、90章。吕多维克·斯库特,IV,第17章(请特别参阅索泽的书,X,270页,281页,1798年12月16日迪瓦尔命令,以及1798年11月20日到1799年6月18日弗朗索瓦通报。每个文件都是此类的代表文件。)

② 《埃夫勒一位资产阶级的回忆录及日记》,134页(1798年6月7日):"第二天是休息日,而一些女园丁像平时一样在大路上摆摊,却因违抗和蔑视休息日,遭到6里弗尔的罚款"。1799年1月21日,"第一次被抓到在休息日工作的人被处以3里弗尔的罚款,如若再犯,罚金加倍,并被关押入狱"。

③ 吕多维克·斯库特,IV,601页。以下是援引用于说明流放法令的"个别根据"的实例:某人拒绝给只去民政机关登记结婚而未举行宗教婚礼的父母所生孩子行洗礼;某人曾"向其听众宣布,在教堂举行婚礼是最好的";有人"煽动民众";有人"宣传反对宪法的有害思想";有人"一出现就可能引发骚乱",等等。被判刑的人中有七旬老人、宣誓派教士,甚至还有结过婚的教士。出处同上,634页,637页。

的教士。第一种类别基本包含了所有教士甚至宣过誓的人,仅在杜省①就有366人登记在案,而埃罗省有556人。第二种类别包含了上千名教士,仅从西班牙回到法国,并在米迪省游荡的教士,登记在案的就有超过1800人。

关于这点,所有法国境内在其位的"道德家"们都展开了对隐藏猎物的追捕,而在有些地方追捕是全方位的,没有例外,亦毫不留情。比如,在刚归入法国的比利时,所有的神职人员,不论是入修会的还是在俗的,都一同被驱逐,或是被捕后流放,乌尔特地区和森林地区有560位教士,埃斯考地区有539人,热玛卑斯地区有883人,桑布尔-默兹河地区有884人,利斯河地区有926人,大小内特河地区有957人,默兹下游地区有1043人,戴尔地区有1469人,登记在册的共有7260人,不包括未登记的人数②。他们中的多数逃亡国外或是躲藏起来,其他人则被捕,而被捕人数众多,囚车不停地被大量犯人装满。一位布卢瓦的居民写道③:"最近7天到20天,加尔默罗会没有一天不接待人留宿",而且人数越来越多。第二天,他们重新上路,去雷岛的掩蔽所或是锡纳马里沼泽地,人们知道他们将面临怎样的命运——几个月后,3/4的人丧命。在法国境内,人们不时枪毙这些教士以示众,贝藏松有7人被枪毙,里昂一人,罗讷河口省有3人,而宗教狂热派的反对者、官方所谓的慈善家和受果月政变启发出现的自然神论者,利用这些被伪装和示众的谋杀案建立对理性的崇拜。

政府依旧需要利用理性崇拜巩固对平等的统治,这是雅各宾党派信条中的第二条。应该打倒所有超过公共水平的人,而这次的打击,不再是按个人进行打击,而是打击上层阶级。圣-茹斯特只隐晦地提出过一个范围相当大、相当犀利的方案,而西耶斯、梅尔兰-德-杜

---

① 索泽,IX,715页。
② 吕多维克·斯库特,IV,656页。
③ 狄福尔·德·舍维尔尼,《回忆录》,1798年9月。出处同上,1799年2月26日:"21名来自比利时的教士到达加尔默罗会"。1799年9月9日:"我们刚送走两辆装满教士的囚车,他们要被发往雷岛和奥莱龙岛"。

挨、勒贝尔、沙扎尔、J.谢尼埃先生、布莱·德拉默尔特则更为坚定和坦率。他们认为①应当"调整放逐政策",流放"所有想法、意图甚至其存在都与共和政府不相容的人"。换而言之,不仅包括教士,还包括贵族、获得爵位者、国会议员、富裕而有贵族称号的资产阶级和从前有名望的人。受到前贵族巴勒斯和"商人与工人"阶级呐喊的影响,原本的驱逐政策改为罢黜公民权利。此后②,所有的贵族和有爵位的人,即使他们从未离开法国,即使他们始终严格遵守所有革命法令,即使他们没有任何亲人或朋友是流亡者,他们都被剥夺了法国公民的身份,只是因为他们在1789年之前是贵族或有爵位。至于15万已流亡或考虑流亡的贵族、资产阶级、手工业者和耕地者,如果他们已经回到法国,则限其24小时内从巴黎或人口超过2万的城市撤离,最晚在两周内离开法国,否则一律被捕,移送至特别军事法庭并当场枪毙③。实际上,在巴黎、贝藏松、里昂等许多城市,他们当中的许多人已经被枪毙了。如此一来,大量未离开法国④,甚至从未离开其所在的省份或城镇的所谓流亡者,政府将其列入名单只是为了剥夺其财产。他们一看到新法律出台,也就意味着提前看到了行刑队;他们家乡的土地在脚下灼烧,只得选择流亡⑤。另一方面,无论对错,一个

---

① 蒂博多,第2卷,318~321页。马莱·杜·潘,第2卷,367页,368页。这些方案影响更为深远:"所有将子女留在国内的流亡贵族或是被诬陷为流亡贵族的人将被剥夺子女的抚养权,委托给共和国的监护人抚养,其财产交由共和国管理"。

② 法兰西共和历六年霜月9日政令。(不包括督政府现任成员、各部长、现役军人和各国家议会成员,除了在1789年制宪会议中曾反对废除贵族制度者。)一位可能成为下一帝国公爵的人发表讲话,希望请求被记入公民登记册的所有贵族签署如下声明:"身为拥护共和政体的公民,我反对以出身决定身份的无理迷信,更反对相信出身可决定身份和支持这种观点的怯懦可耻的迷信思想"。

③ 法兰西共和历五年果月19日法令。

④ 拉利-托勒达勒,《保护流亡贵族》(巴黎,1797年),第2部分,49页,62页,74页。波塔利斯向五百人院提交的报告,1796年2月18日:"看看这个从未离开共和国国土的人数众多的可怜阶级"。迪布勒依的讲话,1796年8月26日:"在阿韦龙省,补充名单上有1004或1005个名字。然而我可以保证,在这个巨大的流放名单中,只有不超过6个人是真正的流亡贵族"。

⑤ 吕多维克·斯库特,Ⅳ,610页(约讷省政府报告,法兰西共和历六年霜月):"宪兵队被派往桑斯、奥克赛尔和其他城镇上被登记在流亡贵族名单上的居民家中,而这些人从大革命时期起就从未离开所在的城镇。但宪兵队并未找到这些人,这让人相信他们逃亡到了瑞士,或是向你们请求最终被从名单上除名"。

名字一旦出现在名单上，就不可能再被画去；政府出于偏见，拒绝将名字抹去，并颁布两项法令①杜绝删改名单的可能性；如此一来，出现在掠夺或死亡名单上的每个名字就为大革命除去了任何可能的对手，并为其谋得了更多可用的财产。

为反对剩余的幸存业主，督政府重新启用并加重国民议会的举措：破产不再需要遮遮掩掩，而是公开进行；剥夺 38.6 万名靠年金过活的人和领抚恤金者 2/3 的收入和财产②；对"富裕阶级"逐步征收义务公债 1 亿；最后是关于人质的法律，这项残暴的法令由 1792 年 9 月的精神孕育，受著名的科洛·德布瓦反对被拘禁者的提案和俾约－瓦伦反对年幼的路易十七的提案的启发，由于提出者是在司法上更为冷静且更有远见的管理者，因此范围被扩大，也更加精确，具有更大范围的可适用性，并被投入实施。

请注意，除了大范围并长期发生暴动的新归入的比利时省份，这项法律在超过一半的法国国土上实施。因为根据法律③，在法国本土 86 个省份中，当时有 85 个省份"明显处于国内矛盾中"。根据官方报告，在这些省份中，事实上，"各地的应征入伍者都集结起来，以武力手段对抗负责招募他们的当局；200、300 或 800 人的团伙在国内流窜，强盗队伍强行进入监狱，杀死宪兵，释放关押人员；税务官被抢夺、杀死或致残，市政官员被割喉，业主被勒索，土地被破坏，各行各

---

① 法兰西共和历六年葡月 20 日及霜月 9 日政令，获月 10 日政令。
② 狄福尔·德·舍维尔尼，《回忆录》。(作者在大革命前有 6 万里弗尔的收入，而之后降为 5000 里弗尔。)"阿姆洛夫人的收入也被缩减，只能对外出租旅馆以维生计；出于与我们相似却也同样不妥当的谨慎，她并没有利用以指券偿还债主的便利"。另外一位耗尽资财的夫人，努力在乡下人家找到一个为自己和孩子谋生的职位。摩泽尔省数据，由省长科尔尚提供，法兰西共和历十一年："由于改用纸币偿还，加上国库缩减年金的支付，许多靠年金过活的人在痛苦和绝望中死去"。狄福尔·德·舍维尔尼，出处同上，1799 年 3 月："从前的贵族甚至稍富裕些的市民都不应该指望政策能得到缓解……他们能盼来的只可能是物资财产的彻底废除……赚钱的途径越来越少……沉重的赋税使整个国家挨饿"。马莱·杜·潘，《英国信使》，1799 年 1 月 25 日："上千装假肢的残疾人驻扎在纳税人门口，而后者并不情愿向税务员缴税。如今各城市税收比例与旧制度时期相比普遍为 32% 到 88%"。
③ 托克维尔，《作品全集》，第 5 章，65 页(共和政府秘密报告节选，1799 年 9 月 26 日)。法兰西共和历七年获月 24 日政令。

业工作被荒废"。尽管如此,在所有省、区或市镇,有三类人被作为打击对象,第一类为流亡贵族的亲戚或同党,第二类为从前的贵族或是有爵位者,第三类为"非前贵族或流亡贵族亲属的"结党营私的个人的父母或祖父母、外祖父母。这三类人要对这些暴力事件"从私人角度和民事上"负责。即使暴力事件"即将"发生,省政府仍要列出其管辖范围内所有男女责任人的名单。政府将这些人视为"人质",将其关押在公共场所,费用自理。此外,如果这些人逃跑,则一律被视为流亡贵族,随即被处死,可能造成的损失则由这些"人质"赔付。如果有谋杀案或是绑架案发生,则其中4人将被流放。还要指出的是,若造成严重后果,当局有权立即执行法律,而当时的政府是极端雅各宾主义者,为列出人质名单,暂且不说贵族和资产阶级,只说受人尊敬的手工业者或是老实的农民,当地统治者只需指定其某一失踪、逃跑或是死亡的子孙为"明显"的暴动者或逃兵役者,则其财产、人身自由和生命都依法由在位的独裁者和有敌意的平均主义者的意愿决定。当时的人们认为此项法律累及20万人[①],而督政府在其执政的最后3个月内,在17个省份实施了这项法令,成千上万的妇女和老人被捕、被关押,还有许多被发配往卡宴,而当局竟称此为尊重人权。

VIII

根据果月政变者在法国建立的社会制度,可以推测出其在国外采取的政策。在名称与事件之间有同样的对照,他们使用同样的词句以掩盖同样的恶行,同样在宣告自由的同时实施着偷盗的行为。也许对于从旧独裁走到新独裁统治的被占领省份,宣扬华丽的词句在最初会起到一定的作用,但在几周或几个月后,那些遭受勒索、被强制入伍和强制加入法籍的当地居民会明白,革命权比神权更具压迫

[①] 托克维尔,《作品全集》,第5章,65页(共和政府秘密报告节选,1799年9月26日)。法兰西共和历七年获月24日政令。

性也更为贪婪。

　　这便是最强者的权利。无论对国内还是国外，当权的雅各宾党人一点也不了解其他权利，而身处用这些权利为自己谋得的职位之上，他们像普通的政治家一样，并不被恰当的国家利益、经验和传统、长远打算或是目前和未来的军力计算所牵制。因信奉同一宗派，他们使法国服从于自己教派教义的需要，而身为目光短浅、狂妄自大的宗派分子，他们排斥异己、控制欲强，有布道和侵略的本能。他们从议会选举时期便开始，就体现出了好战而专制的精神，在国民公会时期则陷入自我陶醉。热月政变①和葡月政变后，他们仍没有改变，仍然强烈反对"旧阵线的小团体"，并反对所有谨慎的政策。他们先是反对主张和平的少数派，而后反对主张和平的多数派，反对全体法国人，反对他们自己的军事首领和"胜利的制造者"卡诺特。简单地说，卡诺特并不想无缘无故地给法国制造麻烦，对于法国不能有效而可靠地守卫的事物也并不觊觎。如果说果月政变前，他与3位雅各宾党的盟友勒贝尔、巴勒斯、拉·雷威利尔决裂，并不只是因为内部原因，也有些外部因素。卡诺特反对滥用武力的人掌管政党，所以当他们得知莱奥本准备的协定对法国非常有益时，感到非常愤怒，他们谴责

---

①　阿尔伯特·索雷尔，《历史杂志》，1882年3月及5月刊，《1795年宪法的界线》："1795年热月托斯卡纳、普鲁士和西班牙签订的协议表明，和平是比较容易争取的，并且对共和国的认识甚至在共和政府成立前就已经产生……不论法国采取君主制还是共和制，法国国力都有一个无法逾越的界线，因为这并不与法国真正的力量成正比，也不与欧洲其他政府间力量的分配成正比。国民公会在这关键性的一点上大错特错，并且有意为之……经过长时间的思考计算做出了选择；但是他们算错了，而法国也为此付出了沉重的代价"。马莱·杜·潘，第2卷，288页，1795年8月23日："拥护君主政体者和许多国民公会议员将所有的征战都贡献于加速和平到来和最终获得和平，但狂热的吉伦特党人和西耶斯委员会坚持紧张状态。他们这样做有3个动机：第一，在扩张领土的同时扩张其宗教信条；第二，妄图逐渐使欧洲联邦化以壮大法兰西共和国；第三，妄图通过延长局部战争以延长特别权利和革命手段。"卡诺特，《回忆录》，第1卷，476页（递交救国委员会的报告，法兰西共和历二年获月28日）："目前看来，更为明智的举措，是将我们扩张的计划限制在完全必要的范围内，以最高限度地提高国家安全"。出处同上，第2卷，132页，134页，136页（给波拿巴的信，1796年10月28日及1797年1月8日）："将革命之火过为强烈地引向意大利未免太过轻率……希望您只在皮埃蒙特、米兰、罗马和那不勒斯实行改革；我认为最好与这些国家缔结条约，征收献纳金，并利用他们国家自己的机构对其进行遏制"。

使条约得以缔结的卡诺特①,而当时最有能力也最值得称赞的外交官巴泰勒米加入阵营时,却因其思想太有见地、太有权威性而受到这些人的嘲弄②。三巨头固执地希望占领瑞士,夺取汉堡,"羞辱英格兰","坚持对救国委员会有害的体制",即采用战争、侵略和宣传的政策。既然果月18日政变已经发生,巴泰勒米被流放,而卡诺特出逃,他们的政策也就可以开始实行了。

和平从未如此靠近③,人们似乎已经将其握在手中,剩下的只是在里尔会议上全身而退。作为最后一个敌人,也是最顽固的敌人,英格兰一直在裁军,英国认可了法国的扩张,对比利时和莱茵河左岸的兼并。

作为荷兰、热那亚和阿尔卑斯山南共和国的保护国,共和国或隐蔽或公开地兼并了受保护国的主权,还恢复了一些法国殖民地,比如,除亭可马里外④所有的荷兰殖民地,除特里尼泰外所有的西班牙殖民地。所有自尊心要求的东西,法国当时都已得到,并且比保守估计的还要多,所有有能力并爱国的法国政客都是怀着深深的喜悦签署了条约。在果月政变前,触及了卡诺特和巴泰勒米的动机,在果月政变后触及了科尔尚和马雷的动机,但这并没有触及果月政变参与者。对于他们来说,法国并不重要;他们只关心自己的小团体和自己的权力。出于虚荣,督政府的主席拉·雷威利尔"十分希望在这整体和平上加上自己的名字",却受到想通过战争浑水摸鱼的巴勒斯的制

---

① 卡诺特,《回忆录》,第2卷,147页:"巴纳斯像疯了一样对我说:是的,全是因为你,莱奥本才签订了这个可耻的条约"。

② 安德烈·乐邦,《英格兰与法国大革命时期贵族的流亡》,235页(给威克姆的信,1797年6月27日,巴泰勒米对德·欧比尼先生讲的话)。

③ 马姆斯伯里勋爵的《日记》,第2卷,541页(1797年9月9日):"巴黎的暴力革命推翻了我们所有的希望,使我们所有的推论化为乌有,我认为这是发生过的最不幸的事件"。出处同上,593页(坎宁的信,1797年9月29日):"我们当时距离和平已经很近了……然而巴黎爆发了这可恶的革命,三巨头残酷的、咄咄逼人的、无情及无知的傲慢,阻止我们获得和平;如果当时是温和派取得胜利,那么结果会更好些,不仅对我们,对法国,对欧洲,乃至对全世界都有好处"。

④ 卡诺特,第2卷,152页:"勒贝尔反驳说:'你们认为我要求归还开普敦和亭可马里是为了荷兰吗?问题首先在于要回这两个殖民地;为此荷兰人必须提供钱财和军舰。之后我会让他们明白这些殖民地是属于我们的'"。

止①,尤其是彻底的雅各宾分子勒贝尔,他"无知且自负,带有未受过教育的人所有的最低俗的偏见",属于粗野、暴力、狭隘、固执己见的排斥异己者。这些人的"原则在于以武力手段革新一切,却并不探究为什么②"。对于他们来说,没必要知道为什么革命。动物贮藏的本性足以推动雅各宾党人走下坡路,而长久以来,他们眼中有远见的思想家和权威人物西耶斯等人,不停地对其灌输:"如果雅各宾党人选择讲和,那么就意味着输了③"。

为了在国内实施种种暴力行为,在外就必须承担一些风险。没有了维护公共安全的借口,他们再也不能继续其篡位、独裁、专制、苛刻审查、放逐和滥用职权的行为。假设已经争取到和平,一直以来受到憎恶和蔑视的政府能否抵挡众怒并使自己的帮凶在下次选举中获选?数量众多的归国将士能否同意只领取半饷,然后顺从地过着游手好闲的生活?激进而专制的奥什和酝酿政变已久④的波拿巴,是否会愿意成为4位没有头衔的小律师或文人以及从未参加过实战的街头将军巴勒斯的保镖?此外,经过5年掠夺而饱受摧残的法国政府,如何用这躯壳供养两年来只能靠侵略邻国来维持生计的人员冗杂的军队?如何辞退40万饥肠辘辘的官员与士兵?还有,政府刚刚给民众希望,再如何通过颁布一项正式的法令,以国家报酬的名义为亏空的国库筹集10亿款项⑤?只有故意延长或重新开始战争,以征战和

---

① 马姆斯伯里勋爵的《日记》,第3卷,526页(巴黎的信,法兰西共和历五年果月17日)。——出处同上,第483页(埃利斯先生与潘先生的对话)。

② 出处同上,第3卷,519页,544页(马雷与科尔尚的讲话),"卡诺特说,勒贝尔看起来完全相信正直与公民责任心是'两样绝对不能调和的事物'"。

③ 马莱·杜·潘,第2卷,49页(西耶斯的谈话,1796年3月27日)。出处同上,第1卷,288页,407页;第2卷,4页,49页,350页,361页,386页。这句话千真万确,而这种预测也为英国大使做出让步提供了说明。(马姆斯伯里勋爵的《日记》,第3卷,519页,马姆斯伯里给坎宁的信,1797年8月29日):"除了众所周知的原因外,我十分渴望和平,因为我相信和平会使这个国家陷入瘫痪;他们在战争中使用的所有暴力方式都会像反弹的情绪一样转向他们自身,会彻底摧毁如今软弱又无根基的政体。这样,和平带来的后果比我们现在能在合约里加入任何对己方的有利条件更为重要"。

④ 马蒂厄·迪马,第3卷,256页。米罗·德·莫里多,第1卷,163页,195页(与波拿巴的谈话,1797年6月、11月)。

⑤ 马莱·杜·潘,《英国信使》,1798年11月10日刊。"如何用自己的土地养活这庞大而挑

抢夺供养的战争才能养活军队,才能笼络将士,令其放弃国家利益而支持统治者的权力。如此一来,统治者的职位、利益、安逸淫乱的生活才能得到保障。这就是统治者们为何先通过突然发布最后通牒与英格兰决裂,后又通过百般刁难,与奥地利和帝国决裂,最后通过预先策划的各种行动,与瑞士、皮埃蒙特、托斯卡纳、那不勒斯、马耳他、俄罗斯甚至奥斯曼帝国决裂①。最终,最后的帷幕揭开,雅各宾派的真实面目公之于世。保卫国家,解救人民,这些宏大的字眼终究还只是纸上谈兵。雅各宾派露出真面目,不过是一帮到处奔走的强盗,在自己土地上掠夺后,又跑去更远的地方,无恶不作。这群人在侵吞法国后,又策划着蚕食整个欧洲②。

讲述这些雅各宾党人出演并让别国出演的悲喜剧又有什么意义呢? 这不过是他们8年来在巴黎耍的把戏在别国的一个体现,不过是译成佛拉芒语、荷兰语、德语、意大利语的荒唐而即兴的翻译,不过是原样照搬,又增加了一些变动、删节、缩写等当地化的改编,但结尾总是相同,即一阵密集的刀剑枪炮落在所有业主、公社和个人身上,逼他们交出钱财和所有值钱的东西。他们就这样掠夺,连一分一毫也不放过。

政府的基本运作规则是:在这个他们应该彻底挖掘的小舞台上,离得最近的将士或有头衔的外交官,为反对现行的权力机构,负责煽动存在于所有体制中的不满者,尤其是失去社会地位者、投机者、咖啡馆里多嘴的人、易怒的年轻人,总而言之是各个国家的雅各宾分子。对于法国代表来说,这些人就是国家的臣民,尽管他们只能代表最恶劣的少数。这些代表禁止合法政府镇压他们或处罚他们,认为

剥的军队? 如何以从这样一个贫瘠的、工业和航海都不发达、失去信心的民族手中直接或间接夺取10亿款项为荣? 如何革新这笔金通过没收而来的8年来养活共和国的巨款? 只有每年征服一个新的国家,并洗劫其国库、教堂、当铺和业主。两年来,如果共和国的征战被限制在本国范围内,他们早就放下武器了"。

① 马莱·杜·潘,出处同上,1798年11月25日及12月25日刊,多处。
② 马莱·杜·潘,出处同上,1799年1月25日刊:"法兰西共和国像剥朝鲜蓟一样,一片一片蚕食欧洲。他们在各国进行革命,不过是为了对其进行掠夺,而掠夺,是为了维持自己的国家"。

他们是不可侵犯的。通过威胁或是暴力手段,法国代表进行干涉,意图支持他们的暴力行动或使其被接受。法方代表自己或是指使这些雅各宾分子破坏有活力的社会机构,比如,某国的君主政体、贵族制度、参议制度和司法制度,还有各国旧的等级制度,各区、各省或各城镇的法规,延续百年的联邦或是宪法制度。法国代表们在这块白板上建立起理性政府,即对法国政体的拙劣仿制。为此,他们自行任命新的行政官员。如果这些人真的获选,也是被他们的保护人通过暴力手段实现的。如此一来就形成了一个从属共和国,美其名曰同盟国,而巴黎来的特派员会对其严格要求。他们擅自对此政府实施革命体制和等级制的、掠夺性的、平均主义的法律,反复在这个国家实行果月18日政变,三番两次以军事手段对立法团和督政府进行肃清①,只派一些走狗担任领导人,将其军队并入法国军队。比如,他们在瑞士为法国外籍兵团招募2万瑞士士兵,利用他们攻打瑞士和及其盟国;在刚归入法国的比利时义务征兵;压迫、压榨并伤害国家情感与宗教情感,直到造成宗教起义和国家起义②,在比利时、瑞士、皮埃蒙特、威尼斯共和国、伦巴第、罗马帝国和那不勒斯等地造成了五六起与旺代叛乱相似的事件,而为了镇压这样的起义,他们则要放火、洗劫和屠杀。关于这一点,所有的语言都苍白无力,应该以数字做支撑,而我只能列出其中两组数字。

---

① 荷兰政体进行重组和当局的肃清行动,1798年1月22日由拉克鲁瓦执行;对阿尔卑斯山南共和国政体进行重组和当局的肃清行动,1798年2月由贝尔蒂埃执行,1798年8月改为特鲁夫负责,1798年9月改为布律纳负责;对瑞士政体进行重组和当局的肃清行动,1798年由拉皮纳负责等。

② 马莱·杜·潘(《英国信使》,1798年11月25日、12月25日,1799年3月10日、7月10日刊)。关于比利时、瑞士、施瓦本、摩德纳、罗马帝国、皮埃蒙特和所有意大利北部地区起义的细节与文件。法国军队一名军官的信,追溯其地点为都灵,在巴黎付印:"民事委员会经过的各地,民众都会暴动,尽管我4次差点成为此类暴动的受害者,我却不能指责这些不幸的人:连他们床上的稻草都被抢走。我写信时,皮埃蒙特大部分地区已起义反对'法国贼',因为我们就是这样对待他们的。自从我们在这里进行了持续三四个月所谓的革命,我们已经掠夺了1000万法令货币、1500(转下页)(接上页)万纸币、无数钻石、王室的各种动产等,听到这些,你会不会感到惊讶呢? 这些民众根据我们的行动来评判我们;他们害怕我们,也厌恶我们"。

第一组是在境外偷盗的财产数量①,并且只包括官员、将领、士兵或是特派员下令执行的公开抢夺。这组数字十分巨大,并未被计入。我们唯一能给出的估算的总和,是1798年12月起雅各宾党人经上级书信批准在法国境外对公务人员或平民实施的抢夺的真实记录。在比利时、荷兰、德国、意大利,通过法令强征的税,以法定货币为单位,共计6.55亿;俘获或抢夺的金银、银器、首饰、工艺品和其他珍贵物品,共计3.05亿;征用的实物,共计3.61亿;没收被剥夺权利的统治者、入修会与不入修会的教士、不完全法人、各团体、非宗教团体、失踪或逃亡业主的财产、动产与不动产,总计7亿;3年总计为20亿。

如果仔细观察这一组可怕的数字,我们会像翻找阿尔及利亚海盗的宝箱一样,发现至今为止天主教参战国、入修会的军队的指挥官都不愿得到的战利品,而对此,雅各宾党的领导人却爱不释手。荷兰、列日地区、下莱茵地区的选举领地教堂里的银器和全部家具,0.25亿;伦巴第地区、3个特使辖区、威尼斯共和国、摩德纳、教皇国地区教堂里的银器和全部家具,0.65亿;米兰、博洛尼亚、拉韦纳、摩德纳、威尼斯、罗马等地的钻石、餐具、金十字架和当铺里的其他物资,0.56亿;米兰与其他城市里医院的现金,500万;维也纳别墅和布伦

---

① 马莱·杜·潘,《英国信使》,1799年1月10日刊(包括细节、数字与日期的分条列举清单)。出处同上,1799年5月25日刊,根据目击者杜保的日记中记载的洗劫罗马细节。出处同上,1799年2月10日与2月25日刊,对在瑞士、伦巴第、卢卡和皮埃蒙特地区掠夺的细节。关于几个特别的掠夺,以下为几组数据:在瑞士,"督政府特派员拉瓦纳、绍姆堡总将军和国家预算的拨款审核委员鲁利埃每人夺走100万图尔城币";"此外,鲁利埃通过每个他向公务承包人下达的命令抽取20%的提成,并因此获得35万里弗尔收益。他的第一个秘书图森,仅在伯尔尼就偷盗了15万里弗尔。拉皮纳的秘书安贝格,携款30万里弗尔潜逃";洛奇将军从锡永抢夺了16.5万里弗尔,布律纳抢夺了30万图尔币现金,还有大量从伯尔尼市政府掠夺的金币;他的两个旅长,兰蓬和皮永,每人侵吞21.6万里弗尔;"驻扎在布赖斯高的迪埃姆将军每天派两三个村民同时拿来当天菜单,并命令其按要求供餐,他向一人要求提供物品,同时向另一人要求钱财。他有一天要求100弗罗林的配额,先是物品,后是钱";马塞纳进入米兰时已经是晚上11点,而他凌晨4点便派人带来所有修道院、社团、医院和有钱当铺的所有私人现金,没有财产清单也没有收据,并派人占领贝尔吉欧加索王子的钻石宝库。马塞纳当晚以手120万里弗尔"。(马莱·杜·潘,《英国信使》,1799年2月10日刊,手写版《日报》,1797年2月。)关于意大利人的看法,请参考杜班中尉的信,法兰西共和历八年牧月27日(乔治·桑,《我的一生》,第2卷,251页)。对直到下午2点战败的马伦戈战争的描述:"我已经想到,要越过波河与提契诺河,要穿过整个国家,而其中的每个居民都是我们的敌人。"

塔王宫的全部家具和工艺品，650万；像以前波旁宫的外国雇佣兵一样装进口袋的战利品、古董、收藏、画作、青铜器、雕塑、梵蒂冈和各王宫的珍宝、金银珠宝，乃至督政府特派员从教皇手上亲自夺去的主教戒指，0.43亿。

所有这些，并不包括其他类似的物品，尤其是因富人或业主的身份对某些个人征收的记名税[1]，一些与卡拉布里亚和希腊劫匪们对他们在大路上抓到旅客索要的酬金相似的真正赎金。当然，这些只有使用强制手段才能实施。这些巴黎来的执行者还需要军用"机器人"和足够数量的"军刀把"。否则，如果攻击次数过多，就会严重损坏刀把，必须将其替换。

1798年10月，需要20万新刀把，而为此征用来的年轻人纷纷逃走[2]，甚至进行武力抵抗，尤其是在比利时发生了一场持续了好几个月的暴动[3]，而其口号是"宁愿死在这里也不去别处"。为使这些人归队，政府对他们进行追捕，捆着他们的手，把他们关进拘留所；如果他们逃跑，则派士兵在其亲属家中蹲点等候；如果被征用者逃到国外或同盟国，例如西班牙，他们的名字会被记录在流亡贵族名单上，因此，一旦回国，他们就会在24小时内被枪毙。与此同时，其财产交由第三

---

[1] 马莱·杜·潘，《英国信使》，1799年1月10日："1796年12月31日，利塔侯爵已经上缴了50万米兰里弗尔的税，T.侯爵为42万里弗尔，格雷皮伯爵为90万里弗尔，而其他业主也按比例缴税"，"米兰十人队长的俘虏，以及其他被运往法国的人质值150万里弗尔"。这些便符合雅各宾派的理论，在从前卡诺特下达的命令中有这样一句话："应该只对富人征税，这样人民群众就会觉得我们是解放者……你们可以像他们的恩人一样进入，同时也成为法国的大人物、富人和法国敌人的克星"。

[2] 吕多维克·斯库特，第4章，770页（法兰西共和历七年报告，《法国国家档案》，F7，7701页，7718页）："在1400名曾经的第一营备用军新兵成员中，有1087人可耻地抛弃了他们的军旗（上卢瓦尔省），而近期在中央高原省召集用于组成第二营核心的900人中，300人效仿了这种叛逃的行为"。狄福尔·德·舍维尔尼，《回忆录》，1799年9月9日："人们得知，被关在布卢瓦城堡中的400名新兵，原定于今晚出发，而其中100人失踪"。1799年10月12日，"聚集在城堡的新兵有500到600人。他们中的大部分人说，为不连累家人，他们只能上路离开本省"。10月14日，"200人已经逃跑；只剩下300人"。《法国国家档案》，F7，3267页（法兰西共和历八年，塞纳-瓦兹省关于被军事警察逮捕的叛逃兵役者和逃兵的每旬的报告），仅在这一省，葡月有66人被捕，雾月为136人，霜月56人，雨月86人。

[3] 马莱·杜·潘，《英国信使》，1799年1月25日刊（从比利时来的信）："今天，联合省进行了反对阿尔巴公爵的暴动；从腓力二世起，比利时人还从未有过这样顽强的报仇之心"。

方保管，其"父母和直系亲属"的财产也一样。当时有人说："从前，理性和哲学还能为施加在叛逃者身上的酷刑申诉，但是自从法国人的理性受到了自由概念的改进之后，若有士兵逃跑，就不再只是某些规定的等级被惩罚或处死，而是变成所有的等级均会受罚。最后的酷刑已经满足不了这些'博爱的'立法者，他们还加上了财产充公，并以子女的错误为理由掠夺其父母，还以军事罪和个人罪为由，使妇女受到牵连。"

督政府的算盘打得很精明，就是说，如果失去一个士兵，就能得到一些钱财，所以如果督政府缺钱花，就开始征兵吧。督政府会以各种方式填满国库和军官名册，而只有保证党派的人员充足，才能继续对欧洲实施掠夺，给各种活动提供所需要的法国人口。督政府每年在这方面需要10万人，再加上国民公会消耗的人口数量，8年便达到了将近90万[①]。在那个时候，这5个督政官及其帮凶成功地减少了法国成年男子的人口，并破坏了国家的精英和力量[②]，而且是出于众所

---

① 莱昂斯·德·拉韦涅(1789年来法国的农村经济，38页)认为从1792年到1800年，法国有100万人死于战争。"一些在一年前经手军事局数据的诚信官员向我证实，1794年到1795年中期的数字最多为90万，其中65万人因战斗或叛逃而死在医院"(马莱·杜·潘，1798年12月10日刊)。出处同上，1799年3月10日刊："迪马在立法团证实，国民警卫队已经3次更换国家保卫军队……医院管理层的无耻已经得到证实，在将士、特派员和议员的证明下，士兵因为缺少食物和药品而死去。如果再加上军队指挥员指使的滥杀行为，就更能明白为何7年内会3次更换人员"。1789年，一个有450人的村庄在14个月内(1792年与1793年)提供了50位士兵。(《大革命时期塞纳－瓦兹省克鲁瓦西村历史》，康珀农著)。旺代是个无底洞，而后来的西班牙和俄罗斯也一样。"一位负责向旺代军队提供了15个月物资的正直的共和党人向我保证，在他看到的奔赴这个深渊的20万人中，能逃离的只有1万"。(梅斯纳，《巴黎之旅》，338页，1795年的最后一月。)随后的数字(各省长数据，从法兰西共和历九年到法兰西共和历十年)非常详细，8个省份(杜省、安省、厄尔省、默尔特省、埃纳省、奥德省、德龙省、摩泽尔省)给出了他们志愿兵、被征用者和新兵的整体数据，为191343人。然而这8个省份(阿瑟·扬，《法国之旅》，第2卷，317页)在1790年给出的人数为244.6万。这个比例说明，在2600万法国人中，有200多万人曾参军。另一方面，5个省(杜省、厄尔省、默尔特省、埃纳省、摩泽尔省)不仅给出了军人数据，为131322，也给出了死亡人数，为56976；也就是说，每1000名参军的人中，就有435人死亡。这个比例表明，在200万参军的人中，有87万人死亡。

② 这些省长和省议会在法兰西共和历九年给出的数据一致证明成年男性人口明显减少。1796年马姆斯伯里勋爵已做出同样的注释(《日记》，1796年10月21日及23日，从加莱到巴黎)："孩子和妇女在田里劳作。男人的数量明显下降。许多犁地的事情要靠妇女来做，而更多的则是老人或小孩子去做。男性人数已经明显下降，因为我们在路上遇到的女性和男性的比例已经超过4∶1"，而人口总数的缺口被填满的地方，则是因为儿童和妇女的人数增长。几乎所有的省(转下页)

周知的原因,为了众所周知的目的。我想没有任何一个文明的国度曾为此等目的做出过这样的牺牲,况且是在这样的政府领导下:包括帮派和宗派的残余势力,几百位不再相信自己教条的布道者,一些人们蔑视和厌恶的篡位者,一些偶然发横财的人。而他们之所以有很高的地位,并不是因为他们的能力或功绩,而是因为革命中盲目的沉浮,他们因没有重量而浮在表面,像肮脏的泡沫一样被抬到最后一波浪潮的顶端,这就是那些借口解救法国却将其捆绑的人,借口使国家强大而将其屠宰的人,借口解放人民却征服他们的人,借口改革群众却搜刮他们的人。从布雷斯特到卢塞恩,从阿姆斯特丹到那不勒斯,他们大规模、成体系地烧杀抢掠,只为了加固与他们的粗暴、荒谬和腐败不一致的独裁。

IX

这一次,获得胜利的雅各宾主义表现出了它的反社会本质、毁灭的能力、重建的力量。国家被战胜、挫败,不再对雅各宾主义进行抵抗。如果国家能忍受这些,那就像是一场瘟疫,国家下令流放,进行行政清理,发布城市戒严令,每日的暴行只能激化无声的憎恶。

一位信仰坚定的雅各宾派[①]说:"我们竭尽全力消灭大批参与大革命和共和国的公民,还有促进君主制度灭亡的人……只要我们在革命道路上前进,不顾那些在大革命中提升的朋友……我们就能看到自己的队伍变得更加纯洁,也能看到第一批自由捍卫者脱离了我们的事业。"雅各宾派不可能拿法国开玩笑,用他们的实践和信条使法国归附,在这点上,他们自己的官员没有留下任何暗示。特鲁瓦的

(接上页)长和省议会都宣布,因为义务征兵,早婚的数量过度增加。狄福尔·德·舍维尔尼(《回忆录》,1800年9月1日)写道:"义务征兵赦免已婚者,因此所有年轻人都在17岁结婚,而村里孩子数量是从前的两三倍"。

① 索泽,X,471页(代表人布瑞奥特演说,1799年8月29日)。

官员①写道:"在这里,公众的思维不仅仅要被唤醒,还需要被重塑。几乎 1/5 的公民不符合政府的主张,这 1/5 的人……是大部分人仇恨和蔑视的目标……国家节日由谁庆祝和装饰? 由法律规定的公职人员,可事实上很多人都不愿意做这件事。公众思维不允许诚实正直的人参加节庆和相关演说,他们与妇女不同,妇女需要制作基本的装饰……同样的公众思维只是冷漠或轻蔑地看待台上的英勇的共和党人的行动,热烈欢迎所有暗讽皇室和旧制度的事物。"小店主们故意在法兰西共和历一旬中的第十(休息日)开摊工作,却在礼拜日关门,"这不是为了忙于他们的信仰,大部分的公民也都没有因为这一偏见而受到攻击,他们只是不想表现得像个共和党人"。

法国大革命的发迹者同样如此,将军、议员厌恶雅各宾派的制度法规②,把自己的孩子送进了"礼拜堂和天主教会学校,1792 年、1793 年的议员更积极地反抗那些在第一次领圣体期间说他们女儿没教养的教士"。孩子比大人更怀有敌意。一个农村区县的特派员③写道:"不幸却千真万确的事实是,人民大众不想要我们的任何指示……他们的基调很好,就连农村的人民也都轻视所有同共和党人有关的习惯……我们富有的耕地者在大革命期间是最赚钱的,却是对大革命形式最恨之入骨的敌人。一位公民用了他们一点东西,也想给他们公民称号,就会马上被他们赶出家门。""公民"是个侮辱性的字眼,而革命党则更具侮辱性;因为这个名称的所指不仅仅是雅各宾派、刽子手的党徒、强盗小偷、当时被称作"吃人的人"④,更糟糕的

---

① 阿尔伯特·巴布,Ⅱ,466 页(米罗尼书信,1798 年 7 月,特派员朋特书信,法兰西共和历六年获月)。
② 施密特,Ⅲ,374 页(关于塞纳省情况的报告,法兰西共和历七年风月)。狄福尔·德·舍维尔尼,《回忆录》,1799 年 10 月 22 日:"今天,流动特遣队出发。特遣队只有不到 60 人;他们都是有偿或无偿的办事员,依附于共和国,他们都是来自省、地区和各个部门的负责人"。
③ 施密特,Ⅲ,313 页(塞纳省区县附近的皮埃尔菲特督政府特派员,贵耶尔报告,法兰西共和历六年芽月)。
④ 拉法耶特,《回忆录》,Ⅱ,162 页(1799 年 7 月 2 日书信):"那天,在圣-洛什的弥撒上,一个男人在我们亲爱的格拉蒙身边,生气地说:上帝啊,可怜可怜我们吧,消灭这个国家吧!'确实,他只是想说:上帝啊,让我们摆脱国民公会制度吧"。

是，这个词还被歪曲，失去了威信。报告说①再没有人对公共利益挂心，没有人想成为国家警卫员或是市长。"公众思维患上了嗜睡症，似乎有被灭绝的危险。我们的幻想或成就既不能换来担忧，又不能换来喜悦②。在阅读战役的历史时，我们似乎在读另一个种族的历史。内部的改变不会更多地刺激情感，我们出于好奇向彼此发问，得到的答案也没有意义，我们只能冷漠地接受"。"巴黎的喜悦③没有被接连而来的危机和人们所惧怕的骤变搞得更糟。表演和公共场所从来没有聚集过那么多人。在蒂沃利，情况前所未有的糟糕，人们把祖国称作病夫，载歌载舞"。

  这些问题包括：当公共事务已不存在时，当所有人的公共遗产成了集团的私有财产时，当集团内部人员侵吞、挥霍、滥用公共财产时，人们如何对公共事务感兴趣？凭借决定性的胜利，雅各宾派使得爱国主义干涸了，也就是个人能够为国家提供实体、生命和力量的深厚源泉枯竭了。更为徒劳的是，他们增加了严厉而蛮横的规定，在针对消极抵抗和难以遏制的全面而不公开的抵御中，每次的出击力量都减弱了一半。他们不会获得国民的无意识顺从，没有了这种被动合作，法律就成了一纸空文④。如此年轻的共和国"患上了这种无名的疾病，只会打击旧政府，这是一种衰退的消耗，我们只能以'存在困难'以外的方式定义；没有人做出努力推翻共和国；但她似乎已经失去

---

  ① 施密特，298页，352页，377页，451页等。(法兰西共和历七年风月，雾月，果月。)
  ② 同上，Ⅲ(法兰西共和历七年牧月报告，塞纳省)。
  ③ 拉法耶特，《回忆录》，Ⅱ，164页(1799年7月14日信件)；托克维尔，《作品全集》，Ⅴ，270页(一个当代人的证明；索泽，Ⅹ，470页，471页(布瑞奥特和艾斯沙色瑞奥的演说)："我不知道何种可怖的麻木占据了人民的思维；人们习惯于什么也不相信，什么也不感知，什么也不做……国家战胜了一切，建立了一切，国家的概念却似乎只是存在于军队和一些高贵的灵魂中"。
  ④ 洛尔德·马尔梅斯博瑞，《日记》(1796年11月5日)，"荣多诺出版了所有的法律规定……他话很多，但是聪明……自1789年起，发布了1万部法律，但是只有70部法律被投入使用"。吕多维克·斯库特，Ⅳ，770页(法兰西共和历七年报告)。在多姆山省，"286个市镇有200个官员在身份登记、行为考察、个人兵役方面犯下错误。这里还出现过20到25岁的年轻人，同72、80岁甚至去世很久的女人结婚的错误。这里，还有证明了一个在世且身体很好的人的死亡记录"，"为了逃避军役，人们提供假证明。年轻的士兵和80岁的老太结婚，因为一系列的错误，一位女士发现自己同10或12个新兵结了婚"(法兰西共和历七年风月9日，罗昂宪兵大队负责人书信)。

了站立起来的力量①"。

他们的统治不仅没有使国家活跃,反而使国家瘫痪了。他们亲手破坏了自己构建的秩序,而无论合法不合法,对他们来说,这都是无所谓的,因为他们是统治者,无须宪法章程,没有任何一个政府能禁得住这样做,就连他们领导的政府也禁不住。一旦成为了法国的主人,他们就开始窝里斗,每个人都为自己谋求所有的战利品。有地位的想要保住地位,没有地位的想要谋求地位。由此,他们在集团内部形成了两个集团,每个都向对方策动了曾经共同针对国家政权实施的政变。

对于进行统治的小帮派而言,他们的对手只是"无政府主义者"、曾经的九月大屠杀参与者、罗伯斯庇尔的亲信、巴贝夫的同谋、前赴后继的阴谋家。然而,就像在法兰西共和历六年那样,5个摄政者仍然紧紧地握住军刀,按自己的意愿为立法团投票。花月22日,49个省的政府都被全部或部分摧毁了,不仅有针对代表人的新选举,还有针对法官、公共控诉人和高等陪审员的选举。之后,在省市,他们撤销了恐怖主义政府部门②。受统治的小帮派认为,督政府及其官员不过是伪革命党人、篡权者、压迫者、法律的蔑视者、贪污者和无能的政客。这都是事实。在法兰西共和历七年,21个月的绝对权力使得督政府衰退了,幻想家们失去了信心,将军们嗤之以鼻,挨打而无报酬的军队怀恨在心,督政府不敢也不能再举起军刀,极端雅各宾派再次进攻,被同僚们推选出来,再次赢得了立法团的大多数席位。牧月30日,他们清洗了督政府,特瑞阿尔德、梅尔兰·德·杜艾和拉·瑞威耶尔-乐博被赶走,他们的位置让给了狂热分子高耶尔、穆兰、洛基·杜

---

① 德·托克维尔先生的话。贵左特先生,《布若格力公爵》(布若格力公爵的话):"那些没有经历过这一时代的人,不会深刻地理解果月18日和雾月8日期间,法国所陷入的失望境地"。

② 比舍和胡克斯,480页(法兰西共和历六年花月13日,督政府消息,巴叶乐报告,花月18日):"议员选举为我们推荐了坏结果,我们相信会建议你们取消这一选举……有人会说:'你的计划实际上是个废除名单'","不会甚于果月19日法案"。参考,索泽,X,第86章。阿尔伯特·巴布,II,486页,在督政府统治的4年间,特鲁瓦行政机构全部或部分革新了7次。

克斯。恐怖政策的幽灵进入了部委就职,罗伯特·蓝德在财政部任职,富歇在警部工作。然而,在各个省份,人们在行政岗位安排或重新安排了"专属人选",也就是说安排了一些已经被认定的无赖们①。在马奈日大厅,雅各宾派以他们从前的名字重新开放了他们的政治俱乐部,立法团的两个领导人和150名成员在那里同"最恶毒,最招人厌的人民渣滓"亲如兄弟。他们在那里歌颂罗伯斯庇尔和巴贝夫,有人要求人民大众起义,解除嫌疑分子的武装。在一次祝酒会上,佐登喊道:"让标枪复兴!让人民拿起标枪铲除敌人!"在五百人院的高等法院,佐登建议宣布"国家处于危险当中"。在犹豫不决的代表人周围,簇拥着政治商议流氓、街头和观众席上的疯狗,同1793年一样。

  但是,1793年的制度会在法国建立吗?不。取得胜利之后,牧月30日的胜利者立即分成了两个敌对阵营,他们手中拿着武器互相监视,互相攻击,互相谩骂。一方面,这些头脑简单的强盗,最坏的贱民,马拉的走狗,无可救药的偏执狂,傲慢且固执,罪行同他们的自尊心相关联,与其承认自己有罪,他们更愿意一错再错,这些愚蠢的独断主义者总是走在前面,闭上眼睛,忘记了一切,而且什么也没学到。另一面,人们还有些常识,稍稍利用自己的经验,就知道政治俱乐部和武力政府会走向何方,他们为自己害怕,不想一步一步地重新来过,在这个疯狂的行程中,他们每走一步都有可能丧命:一方面是督政府的两个成员,旧政府的少数派,五百人院的大多数,巴黎最底层的贱民;另一方面是旧政府的多数派,五百人院的少数派,督政府

---

① 比舍和胡克斯,61页(法兰西共和历七年牧月30日)。索泽,X,第87章。雷伍宗-乐杜克,《同瑞典法庭的通信录》,293页(男爵布伦科曼的信件,1799年7月1日、7日、11日、19日,8月4日,9月23日):"现如今我们常常谈论清理公职人员,这完全不是为了使党徒脱离党派,不顾道德水准地用另一党派成员代替他们……这都是不正直、不公正、没有任何诚实信仰的人的选择。他们想要获得最重要的震慑人的位置,尤其是当时同国家切实关联的位置","在所有的报告记录中,政治俱乐部的开放都被当作一件灾难性的事件。一旦人们隐约看到共和国政府效仿1793年的雅各宾政权,所有的社会阶层都被深深的恐惧所胁迫","这些煽动性的政治党派是法国唯一按照其计划坚持取得结果的党派"。

的3个成员,他们是行政人员①。

  这两个队伍中的哪一个可以粉碎另一个?没有人知道,因为大部分人已经准备好根据成功机会的大小从一个阵营转到另一个阵营。这种估计之中或预料之外的背叛能够把少数派变成多数派。明天的多数派会在哪儿?下次的政变会来自哪一方?谁会出手?是极端雅各宾派吗?如果热月9日的局势扭转,温和雅各宾派会"无法无天"吗?若是果月18日局势扭转,温和雅各宾派会将极端雅各宾派关押起来吗?如果尝试了某个打击计划,他们能成功吗?如果成功了,人们最终能有一个稳定的政府吗?西耶斯很清楚,答案是否定的。除去理论的不现实性,从他们的行动中就可以预见到这一点。他掌权,有领导人头衔,是明智的共和国对抗愚蠢的共和国的顾问和凶手;他知道,只要这些人是两个集团的共和党人,他们就走进了死胡同②。巴勒斯也这么认为,他走在前面,然后向右转弯,答应同路易十八合作复兴合法的君主政体,而作为回报,他会获得诏书,恩惠,未来免于一切起诉的豁免权以及许诺的1200万的财产。

  西耶斯则更为敏锐,他在军事领域寻找力量。他让朱贝尔特准备好,试探莫侯,在向波拿巴投降之前想到了佐登、波尔那多特、麦克多拿尔德,因为"他需要一把剑"。布雷·德拉·莫尔特在英国革命的小册子中对法国大革命做出比较,宣布要建立军事保护领地。五百人院的成员之一布丹对旧制度官员高尔奈说:"法兰西共和历三年建立的宪法不再适用,只是我也不知道它能在哪里执行。"雅各宾派共和国还存活着,它的仆人、医生已经高声谈论丧葬事宜,外来人和法

---

  ① 雷伍宗-乐杜克,《同瑞典法庭的通信录》,328页,329页(9月19日、23日急件)。马莱·杜·潘,《英国信使》,1799年10月25日号刊(9月15日,巴黎当局信件,表现了党派的时局和名单:"我承认督政府成功对抗雅各宾派的战斗——因为,虽然督政府本身也是雅各宾派的产物,但它已经背弃了自己的主子——至于这场战争,我说是有些让雅各宾派团结起来的意味,如果他们有时间,就可以进行报复"。

  ② 高耶尔,《回忆录》(在西耶斯进入督政府时同他的交谈),他对西耶斯说:"我们是政府的成员,不能对政府视而不见,政府受到崩溃的威胁。然而,当玻璃碎了之后,灵巧的领路人可以从崩溃中脱身,崩溃的政府不一定会带来领头人的毁灭"。

定继承人都在失去知觉的垂死者的房间里,就像是临死的蒂贝拉的亲信在他米塞纳的宫殿里①。如果死者死得太慢,会有人来帮忙。罪孽深重的老恶棍在紫色的坐垫上发出嘶哑的喘息声,眼睛已经闭上,脉搏渐衰,呼吸不足。床的四周聚集着卡普瑞放荡的内阁、罗马的杀人犯、男宠和刽子手,他们公然共享新的统治权;旧制度结束了;在尸体前,没必要再小心谨慎,保守秘密。突然,垂死的人再次睁开双眼,说起了话,要吃东西。军事法案评议委员会委员不屈不挠,他是行刑者,他让别人撤离了房间,把一堆毯子扔到了老人的头上,加速了最后一口气的完结。最后一击仅限于此。一小时之后,呼吸自行停止了。

X

如果雅各宾派共和国灭亡了,不仅仅是因为年迈老弱者被杀害,还因为它出生后就不可存活。追溯到起源,它只拥有解体的信条,致命而私密的毒药,这不仅针对他人,也针对自己。支撑政治社会的是成员的互相尊重,尤其是统治者和被统治者之间的相互尊重,因此,拥有互相信任的习惯也是必须的。对于被统治者来说,他们确立了统治者不会打击个人权利的信念;对于统治者来说,他们坚信被统治者不会袭击公共权力;对于他们双方的内在认知而言,这些多少有些宽泛或局限的权利是不可违背的,这些多少有些广泛或受限的权利是合法而正当的;冲突发生时,诉讼会根据法律或习俗所采纳的形式进行劝说,在辩论过程中,更强的一方不会滥用自己的力量,辩论结束时,胜者也没有完全击败输的一方。仅在此条件下,才会有统治者和受统治者之间的协调一致性,所有人都是为了集体事业,内部的和平、稳定、安全、福利和力量而合作。如果没有这一对于思维和情感

---

① 达奚特,《一年期限》,Ⅵ卷,50页:"马克罗沉着冷静,不屈不挠,做出了许多决定"。

执着的默契,人与人之间的联系会缺失。这样的布局构成了完美的社会情感,我们可以说,如果国家是身体,这种布局就是灵魂。

然而,在雅各宾派的国家,这一灵魂已经消亡了。它不是因为意料之外的事故而消亡,而是因为体系的必然效应而消亡,这也是投机理论的现实结果。这一理论将每个人上升为至高无上的统治者,让每个人都与其他人为敌,以革新人种为借口,解开了束缚最为罪恶的人性的锁链,并允许、认可它们;所有对于专制、统治、特权的禁锢也被释放并默许了。雅各宾派以并不存在的理想人民的名义,宣布自己是最高统治者,他们用暴力霸占了所有的公共权力,粗鲁地废除了所有的私人权益,把活生生的人民当成畜生看待,更糟糕的是,他们把人民看作木偶,为其施加最残酷的约束,为了让他们保持无意识而不正常的僵直姿势,并根据规定处罚他们。自此以后,他们和国民之间的所有联系都被打破了。国民被剥削,被搜刮,被征服,如果他们想要逃跑,就会被一而再再而三地束缚、禁言,雅各宾派完全能够做出这些事。因此,国民永远不会同他们的政府言归于好。

在他们之间,出于同一个原因、同一个理论、同一个结果,并且由于受同种欲望的不同影响,任何关联都不能够维持下来。在党派内部,每一宗派都根据自己的逻辑和需求建立了理想人民的模式,他们为自己请愿,拥有正统性的优先权和最高统治的专利[①]。为了确保获得绝对权力的好处,各个宗派通过制约、违反或破坏选举来打击对手,采用阴谋、背叛、圈套诡计、暴力、贱民的长矛、士兵的刺刀来对付对手,后来,他们又屠杀、枪决了遭流放的战败者、叛徒、暴君、反抗者,所有幸存者都记得这些。他们知道这些被他们视为不朽的机构

[①] 马莱·杜·潘,《英国信使》,1798年12月25日号刊,1799年10月10日号刊。"法国大革命开始时,在爱国者抗议的喧闹声中,有为人民和自由献身引发的民间情感,但在不同的党派中从没有基本的设想;建立权利后夺取权力的构想,用各种方式稳固权力的方法,将权力限制在拥有特权的委员会中,并排斥大多数人……很快,他们就装订起了宪法的条款,抓捕了国家的领导,统治党派恳求国民信赖它,相信理智的力量不会换来顺从……权力和金钱,金钱和权力,为了保住他们自己的脑袋,获得竞争者的脑袋,所有的计划在此中止。自1789年的煽动者至1798年的暴君,从米拉波到巴勒斯,每个人只是为了尽力给自己打开财富和权力之门而工作,他们还要亲手关上这扇门"。

所承受的一切,他们知道自己的声明、誓言和尊重权利、司法和人道主义的价值几何,他们有自知之明,也知道自己对于凯恩斯兄弟意味着什么①,所有人多少都有些卑鄙和危险,因为自己的工作而变得肮脏堕落——这些人有不可治愈的疑心病。他们还可以颁布宣言、政令,策动阴谋和革命,但是要配合从属于正当的统治力量,以及一些人或他们中的一些人所承认的权威。经历了10年的相互谋害,3000名在至高无上议会中占有席位的立法者中,没有一个人能够指望获得尊重或获得100个法国人的忠诚。社会机构被瓦解了,对于崩解的几百万原子来说,只剩下了一个自发凝聚的核心,也是一个具有稳定协调作用的核心。公民的法国不能自发重建,靠路上的污泥和尘埃也不可能建立起巴黎圣母院或罗马圣伯多禄大殿。

法国的军队则有所不同。在那里,人们互相考验,互相效忠,下属忠于领导,领导忠于下属,所有人都效力于伟大的事业。强烈而健康的情感将人类的意愿汇集在一起,相互的同情、信任、尊重、敬佩之情漫溢着,真诚的友谊在上下级之间共存②,自由欢乐的情感受到法国人民的珍视,紧密了这一团体的联系。

在这个保存着政治污点而拥有高贵忘我习惯的世界里,有能够构成社会并继续推进社会前进的一切因素,不光是外在的表面因素,还有内在的道德因素:毋庸置疑的身份,受承认的优势,被接受的隶属关系,印刻在良知中的权利与义务。简而言之,就是在革命团体中留下印记的内心守则。给这些人下达命令的时候,他们不会对其讨论,只要是合法或似乎合法,他们就会执行,不仅仅是针对外来人,也针

---

① 马莱·杜·潘,《英国信使》,1799年4月10日期刊。对于雅各宾派:"他们仇恨的源泉,狂怒的原因,政变的因由一直都是他们相互怀疑的因素……体系中无道德感的叛乱分子,因欲望变得残忍,因谨慎变得虚伪,他们总是怀有邪恶的意图。卡诺特承认国民公会里自认廉正的人不会超过10个"。

② 关于这一文章,参见,乔治·桑《我的一生》,卷Ⅱ、Ⅲ、Ⅳ,乔治·桑父亲的通信,他在1798年自愿入伍,成为了马伦戈的副官。参见军官马尔蒙特的《回忆录》,Ⅰ,186页,282页,296页,304页:"在这个时代,我们的抱负完全是次要的,我们只忙于自己的责任和意愿,最坦诚真挚的合作在我们中间形成"。

对法国人。因此，在葡月13日，他们用枪炮扫射了巴黎人民，果月18日，他们清洗了立法团。要是有位显赫的将军前来，只要他保留准则，就会被追随者拥护，并可开始一次新的清洗。结果真的来了这样一个人，3年里他都不考虑其他事情，这次却只想做出对自己有利的行动；他是所有人中最著名的，也是罪恶的带领人和两名发起人之一。葡月13日，他亲手犯下罪行，果月18日，他的副官奥格荣做出了恶事。如果他打着某个决议的幌子赋予自己权力，让自己被某个委员会的少数派任命为军事总指挥，军事力量就会受他领导。如果他发布一般的通告，就会号召他的"同志们"拯救共和国，清空五百人院的大厅：他的投弹手进入室内，由刺刀开路，看到像穿着戏服一般的议员慌忙跳窗而逃，他们甚至笑了起来①。如果安排好过渡，他就能避免独裁者的恶名，如果采取了谦逊、传统、正统、革命的称号，他就会和另外两个人成为普通的裁判官：军人没有闲暇成为政论作者，表面上的共和党人也不会要求得到好处；他们发现自己的制度对法国人民有利，没有独裁制度就没有军队，绝对领导只属于一个人。

如果镇压了极端雅各宾派，也就废除了他们最近关于人质和强制借贷的决议，也就给人民、物主、良知带来了安全和保障，恢复了行政机构的秩序和效率。如果他提供公共服务、医院、公路和学校，那么所有的法国公民都会为国家的解放者、拯救者和维修者②鼓掌。按他

---

① 《库瓦奈上尉陈情书》，76页："随后，我们看到胖先生们经过了窗子；外套、漂亮的帽子、羽毛笔掉到了地上；投弹手夺走了漂亮外套上的饰带"。参见78页，投弹手托马斯记叙，"所有的粗爪鸽子都被那些窗户救了，我们曾经是大厅的主人"。

② 狄福尔·德·舍维尔尼，《回忆录》，1800年9月1日："波拿巴被幸运地安排在了政府的前列，引领革命50多年，罪恶之杯已经斟满且外溢。对于难于根绝的祸患，他砍了750个脑袋，将权力集于自己一身，制止初级议会为我们新派遣1/3的歹徒以填补逃跑者的位置……自从我停止写东西以来，一切都变化很大，革命事件似乎已经过去了20多年。每天，革命的痕迹都日益消减……人民不会再被这10年的话题所折磨，只有当局才会对此关注……人们在境内旅行无须通行证……从属关系再次在部队中建立，所有元老都加入进来……政府不了解任何党派，一位保王党与一位狂热的共和党同时就职，可以说他们俩都变得中立了。第一裁判官比路易十四更加像国王，在委员会上宣读了所有罪人的名单，不管他们现在或曾经的身份"。安娜·普鲁普特，《旅居法国三年记述，从1802年至1805年》，I，326页，329页："被命名为人民的阶级，当然是大部分对波拿巴有利的群体……这一阶级的人所讲述的悲惨事件都与上帝和波拿巴有关"。凭借其平庸的洞察力，马莱·杜·潘（《英国信使》，1799年11月25日，12月10日期刊）很快就明白了最近所发生的革命的特点和影响范围，"雅各宾派可能获得的统治使各个年龄、各种条件的人（转下页）

自己的话来说,他所带来的制度是"哲学和军刀的结合"。哲学指的是将抽象的信条应用于政治之中,根据一般的普通提案制定的国家逻辑,规律而有序的社会方案。然而,正如人们所见到的那样①,理论包含着两种方案,一种是无政府主义,另一种是专制主义。自然,领导人采取的是第二个方案,而且他根据该方案,用注重实际的人手、沙和石灰建造了坚固而适宜居住的建筑,这符合他的目的。所有肩负重任的群众、民法典、大学、政教协定、省和中央的行政机构,所有的治理和分配细节都是为了促进整体效果,这也是国家的最高权力和政府的绝对权力。他取消了地方和个人的积极性,消灭了自由自愿的联合机构,逐渐分散了自发性的小组织,预防性地禁止世袭长远事业,扑灭了个人在过去和将来的超越自我的情感。我们从来没有建造过这么好的营房,它结构匀称而具有装饰性,从表面上看很理智,也令人满意,于平凡的常规而言,也更容易被接受,比狭隘的自私主义更为实用,安排得更加合理明了,更有利于驯服人性中平庸或卑鄙的部分,也削弱或破坏了人性中高贵的部分。我们已经在这所智慧的营房中居住了80年。

(接上页)不知所措……难道不是什么都没有受到保护吗? 一年之间,宗派集团在自己的统治下搞破坏,没有人能睡个安稳觉,它将所有的当权职务都取消了,每个人看到他们第二次带着火把、杀人犯、税收人和土地法侵入法国,不都会不寒而栗吗? ……这场革命采取了新的方式,但我们看来,它同1789年的革命同样重要"。

① 卷I,182页。

译后记

伊波利特·泰纳（Hippolyte Adolphe Taine，1828—1893）是法国著名文艺批评家与史学家，在艺术、哲学、史学领域都大有建树。泰纳深受德国哲学家黑格尔与法国实证主义哲学家孔德的影响，认为事物的产生、发展、演变和消亡都有其内在规律。他认为精神科学和自然科学在内在精神和研究方法上是一致的，区别仅在于研究对象的不同。自然科学的研究方法因此可以应用于精神科学（包括文学艺术）领域。

秉承这一原则，自1870年起，泰纳全身心地投入《现代法国的起源》（Les Origines de la France contemporaine）的撰写，这一多卷本著作是实证主义史学的代表，在史学界反响强烈。

《大革命之革命政府》是《现代法国的起源》的第四卷，作者从法国大革命中革命政府的创立、雅各宾派计划、领导者、被领导者、革命政府的终结几方面入手，力图为"真理的探寻者们"还原一个褪去"神性外壳"的法国大革命。

除两位署名译者外，中国海洋大学的尹伟老师和马姗姗老师分别承担了第一章和最后一章的翻译工作，为译稿的完成作出了重大贡献，特表示感谢。

因本书的翻译周期短，译文还存在不足与纰漏，敬请读者不吝指正。

陈思宇
2015年6月